文学名著
一本读

老舍 林海音 等
著

北京联合出版公司
Beijing United Publishing Co.,Ltd.

序言

人的一生中，中小学时期是积累知识与文化的关键时期，读万卷书，行万里路，要想开阔自己的视野，必须多读书，读好书。托尔斯泰曾说："理想的书籍，是智慧的钥匙。"好书可以增进人们知识的深度和广度，使其拥有一个更加广阔的世界。

《文学名著一本读》涵盖了中国学生必读文学作品，以体裁为纲，以作品为目，甄选名作名译，帮助读者选读。在众多的必读名著中，我们将最具代表性的作品汇集于一册，窥一斑而知全豹，读一册而品万端，开卷可博览古今，掩卷可视野顿开。

在选择作品的过程中,我们广泛征求了专家学者和教学经验丰富的教师的意见，并逐一斟酌，书中包含了散文、诗歌、儿童文学、剧本、传记、小说等不同体裁的精华之作。

优秀的书籍是一个由优美语言与闪光思想所构成的神奇世界，选择一本好书，不仅可以让我们品味一时，更可以受益一世。

"如果你想从阅读中获得值得你永远铭记在心的知识，你就应该花更多的时间去研读那些无疑是富有天才的作家们的作品，不断地从他们那里取得养料。"

——塞涅卡

第一卷	导读			2
散文	《朝花夕拾》 鲁迅○著			4
	《背影》 朱自清○著			30
	《空山灵雨》 许地山○著			50

第二卷	导读			106
诗歌	《再别康桥》 徐志摩○著			108
	《飞鸟集》［印度］泰戈尔○著 郑振铎○译			141

第三卷	导读			184
儿童文学	《夜莺与玫瑰》［英］奥斯卡·王尔德○著 林徽因○译			186
	《小王子》［法］圣埃克苏佩里○著 郑克鲁○译			192

I

第四卷	导读	246
剧本	《茶馆》 老舍○著	248
	《哈姆莱特》［英］威廉·莎士比亚○著　朱生豪○译	306

第五卷	导读	412
传记	《贝多芬传》［法］罗曼·罗兰○著　傅雷○译	413

第六卷	导读	446
小说	《城南旧事》 林海音○著	448
	《阿Q正传》 鲁迅○著	551
	《骆驼祥子》 老舍○著	584

第 一 卷

散文

导读

本卷收录鲁迅《朝花夕拾》、朱自清《背影》、许地山《空山灵雨》中部分文章。

鲁迅(1881—1936),著名文学家、思想家,原名周樟寿,后改名周树人,字豫才。"鲁迅"是在发表《狂人日记》时使用的笔名。《朝花夕拾》原书收录了鲁迅1926年所作回忆性散文十篇,这些散文在《莽原》杂志发表时总题为"旧事重提",1927年编集成书,改名为《朝花夕拾》。作品记叙了作者的童年生活和青年求学历程,追忆了难忘的故人,抒发了怀念之情。本书收录了其中经典篇目《狗·猫·鼠》《阿长与〈山海经〉》《二十四孝图》《五猖会》《从百草园到三味书屋》《藤野先生》。

朱自清(1898—1948),字佩弦,现代诗人、散文家。1928年出版散文集《背影》,标志着朱自清在散文领域取得成功,形成了自己的个人风格。20世纪60年代,唐弢先生提出了"情致说",认为朱自清的散文之所以被读者喜爱、经久不衰,是因为写出了情致。《背影》《荷塘月色》《桨声灯影里的秦淮河》这些名篇,使人久久不忘，就在于写出了情致。所谓情致，就是散文中带有个人风格的味道，读起来富于情趣。本卷以1928年开明书店出版的《背影》为底本，精选了其中广为流传的篇目，又增选了《春》等其他著名篇目。

许地山（1893—1941），名赞堃，字地山，笔名落华生（落花生），中国现代著名文学家、学者，代表作《落花生》流传甚广。其散文集《空山灵雨》是"现代小品文最初成册的书"，本书以《空山灵雨》为底稿，选摘数篇，收集了许地山先生一生的散文精华。

《朝花夕拾》

鲁迅 ⊙ 著

狗·猫·鼠

从去年起,仿佛听得有人说我是仇猫的。那根据自然是在我的那一篇《兔和猫》;这是自画招供,当然无话可说,——但倒也毫不介意。一到今年,我可很有点担心了。我是常不免于弄弄笔墨的,写了下来,印了出去,对于有些人似乎总是搔着痒处的时候少,碰着痛处的时候多。万一不谨,甚而至于得罪了名人或名教授,或者更甚而至于得罪了"负有指导青年责任的前辈"之流,可就危险已极。为什么呢?因为这些大脚色是"不好惹"的。怎地"不好惹"呢?就是怕要浑身发热之后,做一封信登在报纸上,广告道:"看哪!狗不是仇猫的么?鲁迅先生却自己承认是仇猫的,而他还说要打'落水狗'!"这"逻辑"的奥义,即在用我的话,来证明我倒是狗,于是而凡有言说,全都根本推翻,即使我说二二得四,三三见九,也没有一字不错。这些既然都错,则绅士口头的二二得七,三三见千等等,自然就不错了。

我于是就间或留心着查考它们成仇的"动机"。这也并非敢妄学现下的学者以动机来褒贬作品的那些时髦,不过想给自己预先洗刷洗刷。据我想,这在动物心理学家,是用不着费什么力气的,可惜我没有这学问。后来,在覃哈特博士（Dr.O.Dähnhardt）的《自然史底国民童话》里，总算发见了那原因了。据说，是这么一回事：动物们因为要商议要事，开了一个会议，鸟，鱼，兽都齐集了，单是缺了象。大会议定，派伙计去迎接它，拈到了当这差使的阄的就是狗。"我怎么找到那象呢？我没有见过它，也和它不认识。"它问。"那容易，"大众说，"它是驼背的。"狗去了，遇见一匹猫，立刻弓起脊梁来，它便招待，同行，将弓着脊梁的猫介绍给大家道："象在这里！"但是大家都嗤笑它了。从此以后，狗和猫便成了仇家。

日耳曼人走出森林虽然还不很久，学术文艺却已经很可观，便是书籍的装潢，玩具的工致，也无不令人心爱。独有这一篇童话却实在不漂亮；结怨也结得没有意思。猫的弓起脊梁，并不是希图冒充，故意摆架子的，其咎却在狗的自己没眼力。然而原因也总可以算作一个原因。我的仇猫，是和这大大两样的。

其实人禽之辨，本不必这样严。在动物界，虽然并不如古人所幻想的那样舒适自由，可是噜苏做作的事总比人间少。它们适性任情，对就对，错就错，不说一句分辩话。虫蛆也许是不干净的，但它们并没有自鸣清高；鸷禽猛兽以较弱的动物为饵，不妨说是凶残的罢，但它们从来就没有竖过"公理""正义"的旗子，使牺牲者直到被吃的时候为止，还是一味佩服赞叹它们。人呢，能直立了，自然是一大进步；能说话了，自然又是一大进步；能写字作文了，自然又是一大进步。然而也就堕落，因为那时也开始了说空话。说空话尚无不可，甚至于连自己也不知道说着违心之论，则对于只能嗥叫的动物，实在免不得"颜厚有忸怩"。假使真有一位一视同仁的造物主，高高在上，那么，对于人类的这些小聪明，也许倒以为多事，正如我们在万生园[1]里，看见猴子翻筋斗，母象请安，虽然往往破颜一笑，但同时也觉得不舒服，甚至于感到悲哀，以为这些多余的聪明，倒不如没有的好罢。然而，既经为人，便也只好"党同伐异"，学着人们的说话，随俗来谈一谈，——辩一辩了。

1.也作万牲园，今北京动物园的前身。

现在说起我仇猫的原因来，自己觉得是理由充足，而且光明正大的。一，它的性情就和别的猛兽不同，凡捕食雀鼠，总不肯一口咬死，定要尽情玩弄，放走，又捉住，捉住，又放走，直待自己玩厌了，这才吃下去，颇与人们的幸灾乐祸，慢慢地折磨弱者的坏脾气相同。二，它不是和狮虎同族的么？可是有这么一副媚态！但这也许是限于天分之故罢，假使它的身材比现在大十倍，那就真不知道它所取的是怎么一种态度。然而，这些口实，仿佛又是现在提起笔来的时候添出来的，虽然也像是当时涌上心来的理由。要说得可靠一点，或者倒不如说不过因为它们配合时候的嗥叫，手续竟有这么繁重，闹得别人心烦，尤其是夜间要看书，睡觉的时候。当这些时候，我便要用长竹竿去攻击它们。狗们在大道上配合时，常有闲汉拿了木棍痛打；我曾见大勃吕该尔（P.Bruegel d.Ä）的一张铜版画 Allegorie der Wollust 上，也画着这回事，可见这样的举动，是中外古今一致的。自从那执拗的奥国学者弗罗特（S.Freud）提倡了精神分析说——Psychoanalysis，听说章士钊先生是译作"心解"的，虽然简古，可是实在难解得很——以来，我们的名人名教授也颇有隐隐约约，检来应用的了，这些事便不免又要归宿到性欲上去。打狗的事我不管，至于我的打猫，却只因为它们嚷嚷，此外并无恶意，我自信我的嫉妒心还没有这么博大，当现下"动辄获咎"之秋，这是不可不预先声明的。例如人们当配合之前，也很有些手续，新的是写情书，少则一束，多则一捆；旧的是什么"问名""纳采"，磕头作揖，去年海昌蒋氏在北京举行婚礼，拜来拜去，就十足拜了三天，还印有一本红面子的《婚礼节文》，《序论》里大发议论道："平心论之，既名为礼，当必繁重。专图简易，何用礼为？……然则世之有志于礼者，可以兴矣！不可退居于礼所不下之庶人矣！"然而我毫不生气，这是因为无须我到场；因此也可见我的仇猫，理由实在简简单单，只为了它们在我的耳朵边尽嚷的缘故。人们的各种礼式，局外人可以不见不闻，我就满不管，但如果当我正要看书或睡觉的时候，有人来勒令朗诵情书，奉陪作揖，那是为自卫起见，还要用长竹竿来抵御的。还有，平素不大交往的人，忽而寄给我一个红帖子，上面印着"为舍妹出阁"，"小儿完姻"，"敬请观礼"或"阖第光临"这些含有"阴险的暗示"的句子，使我不化钱[1]便总觉得有些过意不去的，我也不十分高兴。

但是，这都是近时的话。再一回忆，我的仇猫却远在能够说出这些理由之前，也许是还在十岁上下的时候了。至今还分明记得，那原因是极其简单的：只因为它吃老鼠，——吃了我饲养着的可爱的小小的隐鼠。

听说西洋是不很喜欢黑猫的，不知道可确；但Edgar Allan Poe的小说里的黑猫，却实在有点骇人。日本的猫善于成精，传说中的"猫婆"，那食人的惨酷确是更可怕。中国古时候虽然曾有"猫鬼"，近来却很少听到猫的兴妖作怪，似乎古法已经失传，老实起来了。只是我在童年，总觉得它有点妖气，没有什么好感。那是一个我的幼时的夏夜，我躺在一株大桂树下的小板桌上乘凉，祖母摇着芭蕉扇坐在桌旁，给我猜谜，讲故事。忽然，桂树上沙沙地有趾爪的爬搔声，一对闪闪的眼睛在暗中随声而下，使我吃惊，也将祖母讲着的话打断，另讲猫的故事了——

"你知道么？猫是老虎的先生。"她说。"小孩子怎么会知道呢，猫是老虎的师父。老虎本来是什么也不会的，就投到猫的门下来。猫就教给它扑的方法，捉的方法，吃的方法，像自己的捉老鼠一样。这些教完了；老虎想，本领都学到了，谁也比不过它了，只有老师的猫还比自己强，要是杀掉猫，自己便是最强的脚色了。它打定主意，就上前去扑猫。猫是早知道它的来意的，一跳，便上了树，老虎却只能眼睁睁地在树下蹲着。它还没有将一切本领传授完，还没有教给它上树。"

这是侥幸的，我想，幸而老虎很性急，否则从桂树上就会爬下一匹老虎来。然而究竟很怕人，我要进屋子里睡觉去了。夜色更加黯然；桂叶瑟瑟地作响，微风也吹动了，想来草席定已微凉，躺着也不至于烦得翻来复去了。

几百年的老屋中的豆油灯的微光下，是老鼠跳梁的世界，飘忽地走着，吱吱地叫着，那态度往往比"名人名教授"还轩昂。猫是饲养着的，然而吃

---

1. 即"花钱"，"化"旧同"花"。

饭不管事。祖母她们虽然常恨鼠子们啮破了箱柜，偷吃了东西，我却以为这也算不得什么大罪，也和我不相干，况且这类坏事大概是大个子的老鼠做的，决不能诬陷到我所爱的小鼠身上去。这类小鼠大抵在地上走动，只有拇指那么大，也不很畏惧人，我们那里叫它"隐鼠"，与专住在屋上的伟大者是两种。我的床前就帖着两张花纸，一是"八戒招赘"，满纸长嘴大耳，我以为不甚雅观；别的一张"老鼠成亲"却可爱，自新郎新妇以至傧相，宾客，执事，没有一个不是尖腮细腿，像煞读书人的，但穿的都是红衫绿裤。我想，能举办这样大仪式的，一定只有我所喜欢的那些隐鼠。现在是粗俗了，在路上遇见人类的迎娶仪仗，也不过当作性交的广告看，不甚留心；但那时的想看"老鼠成亲"的仪式，却极其神往，即使像海昌蒋氏似的连拜三夜，怕也未必会看得心烦。正月十四的夜，是我不肯轻易便睡，等候它们的仪仗从床下出来的夜。然而仍然只看见几个光着身子的隐鼠在地面游行，不像正在办着喜事。直到我熬不住了，快快睡去，一睁眼却已经天明，到了灯节了。也许鼠族的婚仪，不但不分请帖，来收罗贺礼，虽是真的"观礼"，也绝对不欢迎的罢，我想，这是它们向来的习惯，无法抗议的。

　　老鼠的大敌其实并不是猫。春后，你听到它"咋！咋咋咋咋！"地叫着，大家称为"老鼠数铜钱"的，便知道它的可怕的屠伯已经光降了。这声音是表现绝望的惊恐的，虽然遇见猫，还不至于这样叫。猫自然也可怕，但老鼠只要窜进一个小洞去，它也就奈何不得，逃命的机会还很多。独有那可怕的屠伯——蛇，身体是细长的，圆径和鼠子差不多，凡鼠子能到的地方，它也能到，追逐的时间也格外长，而且万难幸免，当"数钱"的时候，大概是已经没有第二步办法的了。

　　有一回，我就听得一间空屋里有着这种"数钱"的声音，推门进去，一条蛇伏在横梁上，看地上，躺着一匹隐鼠，口角流血，但两胁还是一起一落的。取来给躺在一个纸盒子里，大半天，竟醒过来了，渐渐地能够饮食，行走，到第二日，似乎就复了原，但是不逃走。放在地上，也时时跑到人面前来，而且缘腿而上，一直爬到膝髁。给放在饭桌上，便检吃些菜渣，舐舐碗沿；放在我的书桌上，则从容地游行，看见砚台便舐吃了研着的墨汁。这使我非常惊喜了。我听父亲说过的,中国有一种墨猴,只有拇指一般大,全身的毛是漆黑而且发亮的。它睡在笔筒里,一听到磨墨,便跳出来,等着,等到人写完字,套上笔,就舐尽了砚上的余墨,仍旧跳进笔筒里去了。我就极愿意有这样的一个墨猴,可是得不到;问那里有,那里买的呢,谁也不知道。"慰情聊胜无",这隐鼠总可以算是我的墨猴了罢,虽然它舐吃墨汁,并不一定肯等到我写完字。

现在已经记不分明,这样地大约有一两月;有一天,我忽然感到寂寞了,真所谓"若有所失"。我的隐鼠,是常在眼前游行的,或桌上,或地上。而这一日却大半天没有见,大家吃午饭了,也不见它走出来,平时,是一定出现的。我再等着,再等它一半天,然而仍然没有见。

长妈妈,一个一向带领着我的女工,也许是以为我等得太苦了罢,轻轻地来告诉我一句话。这即刻使我愤怒而且悲哀,决心和猫们为敌。她说:隐鼠是昨天晚上被猫吃去了!

当我失掉了所爱的,心中有着空虚时,我要充填以报仇的恶念!

我的报仇,就从家里饲养着的一匹花猫起手,逐渐推广,至于凡所遇见的诸猫。最先不过是追赶,袭击;后来却愈加巧妙了,能飞石击中它们的头,或诱入空屋里面,打得它垂头丧气。这作战继续得颇长久,此后似乎猫都不来近我了。但对于它们纵使怎样战胜,大约也算不得一个英雄;况且中国毕生和猫打仗的人也未必多,所以一切韬略,战绩,还是全部省略了罢。

但许多天之后,也许是已经经过了大半年,我竟偶然得到一个意外的消息:那隐鼠其实并非被猫所害,倒是它缘着长妈妈的腿要爬上去,被她一脚踏死了。

这确是先前所没有料想到的。现在我已经记不清当时是怎样一个感想,但和猫的感情却终于没有融和;到了北京,还因为它伤害了兔的儿女们,便旧隙夹新嫌,使出更辣的辣手。"仇猫"的话柄,也从此传扬开来。然而在现在,这些早已是过去的事了,我已经改变态度,对猫颇为客气,倘其万不得已,则赶走而已,决不打伤它们,更何况杀害。这是我近几年的进步。经验既多,一旦大悟,知道猫的偷鱼肉,拖小鸡,深夜大叫,人们自然十之九是憎恶的，而这憎恶是在猫身上。假如我出而为人们驱除这憎恶，打伤或杀害了它，它便立刻变为可怜，那憎恶倒移在我身上了。所以，目下的办法，是凡遇猫们捣乱，至于有人讨厌时，我便站出去，在门口大声叱曰："嘘！滚！"小小平静，即回书房，这样，就长保着御侮保家的资格。其实这方法，中国的官兵就常在实做的，他们总不肯扫清土匪或扑灭敌人，因为这么一来，就要不被重视，甚至于因失其用处而被裁汰。我想，如果能将这方法推广应用，我大概也总可望成为所谓"指导青年"的"前辈"的罢，但现下也还未决心实践，正在研究而且推敲。

一九二六年二月二十一日

阿长与《山海经》

　　长妈妈，已经说过，是一个一向带领着我的女工，说得阔气一点，就是我的保姆。我的母亲和许多别的人都这样称呼她，似乎略带些客气的意思。只有祖母叫她阿长。我平时叫她"阿妈"，连"长"字也不带；但到憎恶她的时候，——例如知道了谋死我那隐鼠的却是她的时候，就叫她阿长。

　　我们那里没有姓长的；她生得黄胖而矮，"长"也不是形容词。又不是她的名字，记得她自己说过，她的名字是叫作什么姑娘的。什么姑娘，我现在已经忘却了，总之不是长姑娘；也终于不知道她姓什么。记得她也曾告诉过我这个名称的来历：先前的先前，我家有一个女工，身材生得很高大，这就是真阿长。后来她回去了，我那什么姑娘才来补她的缺，然而大家因为叫惯了，没有再改口，于是她从此也就成为长妈妈了。

　　虽然背地里说人长短不是好事情，但倘使要我说句真心话，我可只得说：

我实在不大佩服她。最讨厌的是常喜欢切切察察，向人们低声絮说些什么事，还竖起第二个手指，在空中上下摇动，或者点着对手或自己的鼻尖。我的家里一有些小风波，不知怎的我总疑心和这"切切察察"有些关系。又不许我走动，拔一株草，翻一块石头，就说我顽皮，要告诉我的母亲去了。一到夏天，睡觉时她又伸开两脚两手，在床中间摆成一个"大"字，挤得我没有余地翻身，久睡在一角的席子上，又已经烤得那么热。推她呢，不动；叫她呢，也不闻。

"长妈妈生得那么胖，一定很怕热罢？晚上的睡相，怕不见得很好罢？……"

母亲听到我多回诉苦之后，曾经这样地问过她。我也知道这意思是要她多给我一些空席。她不开口。但到夜里，我热得醒来的时候，却仍然看见满床摆着一个"大"字，一条臂膊还搁在我的颈子上。我想，这实在是无法可想了。

但是她懂得许多规矩；这些规矩，也大概是我所不耐烦的。一年中最高兴的时节，自然要数除夕了。辞岁之后，从长辈得到压岁钱，红纸包着，放在枕边，只要过一宵，便可以随意使用。睡在枕上，看着红包，想到明天买来的小鼓，刀枪，泥人，糖菩萨……。然而她进来，又将一个福橘放在床头了。

"哥儿，你牢牢记住！"她极其郑重地说，"明天是正月初一，清早一睁开眼睛，第一句话就得对我说：'阿妈，恭喜恭喜！'记得么？你要记着，这是一年的运气的事情。不许说别的话！说过之后，还得吃一点福橘。"她又拿起那橘子来在我的眼前摇了两摇，"那么，一年到头，顺顺流流……。"

梦里也记得元旦的，第二天醒得特别早，一醒，就要坐起来。她却立刻伸出臂膊，一把将我按住。我惊异地看她时，只见她惶急地看着我。

她又有所要求似的，摇着我的肩。我忽而记得了——

"阿妈，恭喜……。"

"恭喜恭喜！大家恭喜！真聪明！恭喜恭喜！"她于是十分欢喜似的，笑将起来，同时将一点冰冷的东西，塞在我的嘴里。我大吃一惊之后，也就忽而记得，这就是所谓福橘，元旦辟头的磨难，总算已经受完，可以下床玩耍去了。

她教给我的道理还很多，例如说人死了，不该说死掉，必须说"老掉了"；死了人，生了孩子的屋子里，不应该走进去；饭粒落在地上，必须拣起来，最好是吃下去；晒裤子用的竹竿底下，是万不可钻过去的……。此外，现在大抵忘却了，只有元旦的古怪仪式记得最清楚。总之：都是些烦琐之至，至今想起来还觉得非常麻烦的事情。

然而我有一时也对她发生过空前的敬意。她常常对我讲"长毛"。她之所谓"长毛"者，不但洪秀全军，似乎连后来一切土匪强盗都在内，但除却革命党，因为那时还没有。她说得长毛非常可怕，他们的话就听不懂。她说先前长毛进城的时候，我家全都逃到海边去了，只留一个门房和年老的煮饭老妈子看家。后来长毛果然进门来了，那老妈子便叫他们"大王"，——据说对长毛就应该这样叫，——诉说自己的饥饿。长毛笑道："那么，这东西就给你吃了罢！"将一个圆圆的东西掷了过来，还带着一条小辫子，正是那门房的头。煮饭老妈子从此就骇破了胆，后来一提起，还是立刻面如土色，自己轻轻地拍着胸脯道："阿呀，骇死我了，骇死我了……。"

我那时似乎倒并不怕，因为我觉得这些事和我毫不相干的，我不是一个门房。但她大概也即觉到了，说道："像你似的小孩子，长毛也要掳的，掳去做小长毛。还有好看的姑娘，也要掳。"

"那么，你是不要紧的。"我以为她一定最安全了，既不做门房，又不是小孩子，也生得不好看，况且颈子上还有许多灸疮疤。

"那里的话？！"她严肃地说。"我们就没有用么？我们也要被掳去。城外有兵来攻的时候，长毛就叫我们脱下裤子，一排一排地站在城墙上，外面的大炮就放不出来；再要放，就炸了！"

这实在是出于我意想之外的，不能不惊异。我一向只以为她满肚子是麻烦的礼节罢了，却不料她还有这样伟大的神力。从此对于她就有了特别的敬意，似乎实在深不可测；夜间的伸开手脚，占领全床，那当然是情有可原的了，倒应该我退让。

这种敬意，虽然也逐渐淡薄起来，但完全消失，大概是在知道她谋害了我的隐鼠之后。那时就极严重地诘问，而且当面叫她阿长。我想我又不真做小长毛，不去攻城，也不放炮，更不怕炮炸，我惧惮她什么呢！

但当我哀悼隐鼠，给它复仇的时候，一面又在渴慕着绘图的《山海经》了。这渴慕是从一个远房的叔祖惹起来的。他是一个胖胖的，和蔼的老人，爱种一点花木，如珠兰、茉莉之类，还有极其少见的，据说从北边带回去的马缨花。他的太太却正相反，什么也莫名其妙，曾将晒衣服的竹竿搁在珠兰的枝条上，枝折了，还要愤愤地咒骂道："死尸！"这老人是个寂寞者，因为无人可谈，就很爱和孩子们往来，有时简直称我们为"小友"。在我们聚族而居的宅子里，只有他书多，而且特别。制艺和试帖诗，自然也是有的；但我却只在他的书斋里，看见过陆玑的《毛诗草木鸟兽虫鱼疏》，还有许多名目很生的书籍。我那时最爱看的是《花镜》，上面有许多图。他说给我听，曾经有过一部绘图的《山海经》，画着人面的兽，九头的蛇，三脚的鸟，生着翅膀的人，没有头而以两乳当作眼睛的怪物，……可惜现在不知道放在那里了。

我很愿意看看这样的图画，但不好意思力逼他去寻找，他是很疏懒的。问别人呢，谁也不肯真实地回答我。压岁钱还有几百文，买罢，又没有好机会。有书买的大街离我家远得很，我一年中只能在正月间去玩一趟，那时候，两家书店都紧紧地关着门。

玩的时候倒是没有什么的，但一坐下，我就记得绘图的《山海经》。

大概是太过于念念不忘了，连阿长也来问《山海经》是怎么一回事。这是我向来没有和她说过的，我知道她并非学者，说了也无益；但既然来问，也就都对她说了。

过了十多天，或者一个月罢，我还很记得，是她告假回家以后的四五天，她穿着新的蓝布衫回来了，一见面，就将一包书递给我，高兴地说道：

"哥儿，有画儿的'三哼经'，我给你买来了！"

我似乎遇着了一个霹雳，全体都震悚起来；赶紧去接过来，打开纸包，是四本小小的书，略略一翻，人面的兽，九头的蛇，……果然都在内。

这又使我发生新的敬意了，别人不肯做，或不能做的事，她却能够做成功。她确有伟大的神力。谋害隐鼠的怨恨，从此完全消灭了。

这四本书，乃是我最初得到，最为心爱的宝书。

书的模样，到现在还在眼前。可是从还在眼前的模样来说，却是一部刻印都十分粗拙的本子。纸张很黄；图像也很坏，甚至于几乎全用直线凑合，连动物的眼睛也都是长方形的。但那是我最为心爱的宝书，看起来，确是人面的兽；九头的蛇；一脚的牛；袋子似的帝江；没有头而"以乳为目，以脐为口"，还要"执干戚而舞"的刑天。

此后我就更其搜集绘图的书，于是有了石印的《尔雅音图》和《毛诗品物图考》，又有了《点石斋丛画》和《诗画舫》。《山海经》也另买了一部石印的，每卷都有图赞，绿色的画，字是红的，比那木刻的精致得多了。这一部直到前年还在，是缩印的郝懿行疏。木刻的却已经记不清是什么时候失掉了。

我的保姆，长妈妈即阿长，辞了这人世，大概也有了三十年了罢。我终于不知道她的姓名，她的经历；仅知道有一个过继的儿子，她大约是青年守寡的孤孀。

仁厚黑暗的地母呵，愿在你怀里永安她的魂灵！

三月十日

《二十四孝图》

我总要上下四方寻求，得到一种最黑，最黑，最黑的咒文，先来诅咒一切反对白话，妨害白话者。即使人死了真有灵魂，因这最恶的心，应该堕入地狱，也将决不改悔，总要先来诅咒一切反对白话，妨害白话者。

自从所谓"文学革命"以来，供给孩子的书籍，和欧，美，日本的一比较，虽然很可怜，但总算有图有说，只要能读下去，就可以懂得的了。可是一班别有心肠的人们，便竭力来阻遏它，要使孩子的世界中，没有一丝乐趣。北京现在常用"马虎子"这一句话来恐吓孩子们。或者说，那就是《开河记》

上所载的，给隋炀帝开河，蒸死小儿的麻叔谋；正确地写起来，须是"麻胡子"。那么，这麻叔谋乃是胡人了。但无论他是甚么人，他的吃小孩究竟也还有限，不过尽他的一生。妨害白话者的流毒却甚于洪水猛兽，非常广大，也非常长久，能使全中国化成一个麻胡，凡有孩子都死在他肚子里。

只要对于白话来加以谋害者，都应该灭亡！

这些话，绅士们自然难免要掩住耳朵的，因为就是所谓"跳到半天空，骂得体无完肤，——还不肯罢休。"而且文士们一定也要骂，以为大悖于"文格"，亦即大损于"人格"。岂不是"言者心声也"么？"文"和"人"当然是相关的，虽然人间世本来千奇百怪，教授们中也有"不尊敬"作者的人格而不能"不说他的小说好"的特别种族。但这些我都不管，因为我幸而还没有爬上"象牙之塔"去，正无须怎样小心。倘若无意中竟已撞上了，那就即刻跌下来罢。然而在跌下来的中途，当还未到地之前，还要说一遍：

只要对于白话来加以谋害者，都应该灭亡！

每看见小学生欢天喜地地看着一本粗拙的《儿童世界》之类，另想到别国的儿童用书的精美，自然要觉得中国儿童的可怜。但回忆起我和我的同窗小友的童年，却不能不以为他幸福，给我们的永逝的韶光一个悲哀的吊唁。我们那时有什么可看呢，只要略有图画的本子，就要被塾师，就是当时的"引导青年的前辈"禁止，呵斥，甚而至于打手心。我的小同学因为专读"人之初性本善"读得要枯燥而死了，只好偷偷地翻开第一叶[1]，看那题着"文星高照"四个字的恶鬼一般的魁星像，来满足他幼稚的爱美的天性。昨天看这个，今天也看这个，然而他们的眼睛里还闪出苏醒和欢喜的光辉来。

在书塾以外，禁令可比较的宽了，但这是说自己的事，各人大概不一样。我能在大众面前，冠冕堂皇地阅看的，是《文昌帝君阴骘文图说》和《玉历钞传》，都画着冥冥之中赏善罚恶的故事，雷公电母站在云中，牛头马面布满地下，不但"跳到半天空"是触犯天条的，即使半语不合，一念偶差，也

---

1. "叶"旧同"页"。

都得受相当的报应。这所报的也并非"睚眦之怨",因为那地方是鬼神为君,"公理"作宰,请酒下跪,全都无功,简直是无法可想。在中国的天地间,不但做人,便是做鬼,也艰难极了。然而究竟很有比阳间更好的处所:无所谓"绅士",也没有"流言"。

  阴间,倘要稳妥,是颂扬不得的。尤其是常常好弄笔墨的人,在现在的中国,流言的治下,而又大谈"言行一致"的时候。前车可鉴,听说阿尔志跋绥夫曾答一个少女的质问说,"惟有在人生的事实这本身中寻出欢喜者,可以活下去。倘若在那里什么也不见,他们其实倒不如死。"于是乎有一个叫作密哈罗夫的,寄信嘲骂他道:"……所以我完全诚实地劝你自杀来祸福你自己的生命,因为这第一是合于逻辑,第二是你的言语和行为不至于背驰。"

  其实这论法就是谋杀,他就这样地在他的人生中寻出欢喜来。阿尔志跋绥夫只发了一大通牢骚,没有自杀。密哈罗夫先生后来不知道怎样,这一个欢喜失掉了,或者另外又寻到了"什么"了罢。诚然,"这些时候,勇敢,是安稳的;情热,是毫无危险的。"

  然而,对于阴间,我终于已经颂扬过了,无法追改;虽有"言行不符"之嫌,但确没有受过阎王或小鬼的半文津贴,则差可以自解。总而言之,还是仍然写下去罢:

  我所看的那些阴间的图画,都是家藏的老书,并非我所专有。我所收得的最先的画图本子,是一位长辈的赠品:《二十四孝图》。这虽然不过薄薄的一本书,但是下图上说,鬼少人多,又为我一人所独有,使我高兴极了。那里面的故事,似乎是谁都知道的;便是不识字的人,例如阿长,也只要一看图画便能够滔滔地讲出这一段的事迹。但是,我于高兴之余,接着就是扫兴,因为我请人讲完了二十四个故事之后,才知道"孝"有如此之难,对于先前痴心妄想,想做孝子的计划,完全绝望了。

  "人之初,性本善"么?这并非现在要加研究的问题。但我还依稀记得,我幼小时候实未尝蓄意忤逆,对于父母,倒是极愿意孝顺的。不过年幼无知,只用了私见来解释"孝顺"的做法,以为无非是"听话","从命",以及长大之后,给年老的父母好好地吃饭罢了。自从得了这一本孝子的教科书以后,才知道并不然,而且还要难到几十几百倍。其中自然也有可以勉力仿效的,如"子路负米","黄香扇枕"之类。"陆绩怀橘"也并不难,只要有阔人请我吃饭。"鲁迅先生作宾客而怀橘乎?"我便跪答云,"吾母性之所爱,欲归以遗母。"阔人大佩服,于是孝子就做稳了,也非常省事。"哭竹生笋"就可疑,怕我的精诚未必会这样感动天地。但是哭不出笋来,还不过抛脸而已,一到"卧冰求鲤",可就有性命之虞了。我乡的天气是温和的,严冬中,水面也只结一层薄冰,即使孩子的重量怎样小,躺上去,也一定哗喇一声,冰破落水,鲤鱼还不及游过来。自然,必须不顾性命,这才孝感神明,会有出乎意料之外的奇迹,但那时我还小,实在不明白这些。

其中最使我不解,甚至于发生反感的,是"老莱娱亲"和"郭巨埋儿"两件事。

我至今还记得,一个躺在父母跟前的老头子,一个抱在母亲手上的小孩子,是怎样地使我发生不同的感想呵。他们一手都拿着"摇咕咚"。这玩意儿确是可爱的,北京称为小鼓,盖即鼗也,朱熹曰,"鼗,小鼓,两旁有耳;持其柄而摇之,则旁耳还自击,"咕咚咕咚地响起来。然而这东西是不该拿在老莱子手里的,他应该扶一枝拐杖。现在这模样,简直是装佯,侮辱了孩子。我没有再看第二回,一到这一叶,便急速地翻过去了。

那时的《二十四孝图》,早已不知去向了,目下所有的只是一本日本小田海僊所画的本子,叙老莱子事云:"行年七十,言不称老,常著五色斑斓之衣,为婴儿戏于亲侧。又常取水上堂,诈跌仆地,作婴儿啼,以娱亲意。"大约旧本也差不多,而招我反感的便是"诈跌"。无论忤逆,无论孝顺,小孩子多不愿意"诈"作,听故事也不喜欢是谣言,这是凡有稍稍留心儿童心理的都知道的。

然而在较古的书上一查,却还不至于如此虚伪。师觉授《孝子传》云,"老莱子……常著斑斓之衣,为亲取饮,上堂脚跌,恐伤父母之心,僵仆为婴儿啼。"(《太平御览》四百十三引)较之今说,似稍近于人情。不知怎地,后之君子却一定要改得他"诈"起来,心里才能舒服。邓伯道弃子救侄,想来也不过"弃"而已矣,昏妄人也必须说他将儿子捆在树上,使他追不上来才肯歇手。正如将"肉麻当作有趣"一般,以不情为伦纪,诬蔑了古人,教坏了后人。老莱子即是一例,道学先生以为他白璧无瑕时,他却已在孩子的心中死掉了。

至于玩着"摇咕咚"的郭巨的儿子,却实在值得同情。他被抱在他母亲的臂膊上,高高兴兴地笑着;他的父亲却正在掘窟窿,要将他埋掉了。说明云,"汉郭巨家贫,有子三岁,母尝减食与之。巨谓妻曰,贫乏不能供母,子又分母之食。盍埋此子?"但是刘向《孝子传》所说,却又有些不同:巨家是富的,他都给了两弟;孩子是才生的,并没有到三岁。结末又大略相像了,"及掘坑二尺,得黄金一釜,上云:天赐郭巨,官不得取,民不得夺!"

我最初实在替这孩子捏一把汗,待到掘出黄金一釜,这才觉得轻松。然而我已经不但自己不敢再想做孝子,并且怕我父亲去做孝子了。家景正在坏下去,常听到父母愁柴米;祖母又老了,倘使我的父亲竟学了郭巨,那么,该埋的不正是我么?如果一丝不走样,也掘出一釜黄金来,那自然是如天之福,但是,那时我虽然年纪小,似乎也明白天下未必有这样的巧事。

现在想起来,实在很觉得傻气。这是因为现在已经知道了这些老玩意儿,本来谁也不实行。整饬伦纪的文电是常有的,却很少见绅士赤条条地躺在冰上面,将军跳下汽车去负米。何况现在早长大了,看过几部古书,买过几本新书,什么《太平御览》咧,《古孝子传》咧,《人口问题》咧,《节制生育》咧,《二十世纪是儿童的世界》咧,可以抵抗被埋的理由多得很。不过彼一时,此一时,彼时我委实有点害怕:掘好深坑,不见黄金,连"摇咕咚"一同埋下去,盖上土,踏得实实的,又有什么法子可想呢。我想,事情虽然未必实现,但我从此总怕听到我的父母愁穷,怕看见我的白发的祖母,总觉得她是和我不两立,至少,也是一个和我的生命有些妨碍的人。后来这印象日见其淡了,但总有一些留遗,一直到她去世——这大概是送给《二十四孝图》的儒者所万料不到的罢。

五月十日

五猖会

　　孩子们所盼望的,过年过节之外,大概要数迎神赛会的时候了。但我家的所在很偏僻,待到赛会的行列经过时,一定已在下午,仪仗之类,也减而又减,所剩的极其寥寥。往往伸着颈子等候多时,却只见十几个人抬着一个金脸或蓝脸红脸的神像匆匆地跑过去。于是,完了。

　　我常存着这样的一个希望:这一次所见的赛会,比前一次繁盛些。可是结果总是一个"差不多";也总是只留下一个纪念品,就是当神像还未抬过之前,化一文钱买下的,用一点烂泥,一点颜色纸,一枝竹签和两三枝鸡毛所做的,吹起来会发出一种刺耳的声音的哨子,叫作"吹都都"的,叱叱地吹它两三天。

　　现在看看《陶庵梦忆》,觉得那时的赛会,真是豪奢极了,虽然明人的文章,怕难免有些夸大。因为祷雨而迎龙王,现在也还有的,但办法却已经很简单,不过是十多人盘旋着一条龙,以及村童们扮些海鬼。那时却还要扮故事,而且实在奇拔得可观。他记扮《水浒传》中人物云:"……于是分头四出,寻黑矮汉,寻梢长大汉,寻头陀,寻胖大和尚,寻茁壮妇人,寻姣长妇人,寻青面,寻歪头,寻赤须,寻美髯,寻黑大汉,寻赤脸长须。大索城中;无,则之郭,之村,之山僻,之邻府州县。用重价聘之,得三十六人,梁山泊好汉,个个呵活,臻臻至至,人马称娖而行。……"这样的白描的活古人,谁能不动一看的雅兴呢?可惜这种盛举,早已和明社一同消灭了。

　　赛会虽然不像现在上海的旗袍,北京的谈国事,为当局所禁止,然而妇孺们是不许看的,读书人即所谓士子,也大抵不肯赶去看。只有游手好闲的闲人,这才跑到庙前或衙门前去看热闹;我关于赛会的知识,多半是从他们的叙述上得来的,并非考据家所贵重的"眼学"。然而记得有一回,也亲见过较盛的赛会。开首是一个孩子骑马先来,称为"塘报";过了许久,"高照"到了,长竹竿揭起一条很长的旗,一个汗流浃背的胖大汉用两手托着;他高兴的时候,就肯将竿头放在头顶或牙齿上,甚而至于鼻尖。其次是所谓

"高跷"，"抬阁"，"马头"了；还有扮犯人的，红衣枷锁，内中也有孩子。我那时觉得这些都是有光荣的事业，与闻其事的即全是大有运气的人，——大概羡慕他们的出风头罢。我想，我为什么不生一场重病，使我的母亲也好到庙里去许下一个"扮犯人"的心愿的呢？……然而我到现在终于没有和赛会发生关系过。

要到东关看五猖会去了。这是我儿时所罕逢的一件盛事。因为那会是全县中最盛的会，东关又是离我家很远的地方，出城还有六十多里水路，在那里有两座特别的庙。一是梅姑庙，就是《聊斋志异》所记，室女守节，死后成神，却篡取别人的丈夫的；现在神座上确塑着一对少年男女，眉开眼笑，殊与"礼教"有妨。其一便是五猖庙了，名目就奇特。据有考据癖的人说：这就是五通神。然而也并无确据。神像是五个男人，也不见有什么猖獗之状；后面列坐着五位太太，却并不"分坐"，远不及北京戏园里界限之谨严。其实呢，这也是殊与"礼教"有妨的，——但他们既然是五猖，便也无法可想，而且自然也就"又作别论"了。

因为东关离城远，大清早大家就起来。昨夜预定好的三道明瓦窗的大船，已经泊在河埠头，船椅，饭菜，茶炊，点心盒子，都在陆续搬下去了。我笑着跳着，催他们要搬得快。忽然，工人的脸色很谨肃了，我知道有些蹊跷，四面一看，父亲就站在我背后。

"去拿你的书来。"他慢慢地说。

这所谓"书"，是指我开蒙时候所读的《鉴略》，因为我再没有第二本了。我们那里上学的岁数是多拣单数的，所以这使我记住我其时是七岁。

我忐忑着，拿了书来了。他使我同坐在堂中央的桌子前，教我一句一句地读下去。我担着心，一句一句地读下去。

两句一行，大约读了二三十行罢，他说：

"给我读熟。背不出，就不准去看会。"

他说完，便站起来，走进房里去了。

我似乎从头上浇了一盆冷水。但是，有什么法子呢？自然是读着，读着，强记着，——而且要背出来。

粤自盘古，生于太荒，

首出御世，肇开混茫。

就是这样的书，我现在只记得前四句，别的都忘却了；那时所强记的二三十行，自然也一齐忘却在里面了。记得那时听人说，读《鉴略》比读《千字文》，《百家姓》有用得多，因为可以知道从古到今的大概。知道从古到今的大概，那当然是很好的，然而我一字也不懂。"粤自盘古"就是"粤自盘古"，读下去，记住它，"粤自盘古"呵！"生于太荒"呵！……

应用的物件已经搬完，家中由忙乱转成静肃了。朝阳照着西墙，天气很清朗。母亲，工人，长妈妈即阿长，都无法营救，只默默地静候着我读熟，而且背出来。在百静中，我似乎头里要伸出许多铁钳，将什么"生于太荒"之流夹住；也听到自己急急诵读的声音发着抖，仿佛深秋的蟋蟀，在夜中鸣叫似的。

他们都等候着；太阳也升得更高了。

我忽然似乎已经很有把握，便即站了起来，拿书走进父亲的书房，一气背将下去，梦似的就背完了。

"不错。去罢。"父亲点着头，说。

大家同时活动起来，脸上都露出笑容，向河埠走去。工人将我高高地抱起，仿佛在祝贺我的成功一般，快步走在最前头。

我却并没有他们那么高兴。开船以后，水路中的风景，盒子里的点心，以及到了东关的五猖会的热闹，对于我似乎都没有什么大意思。

直到现在，别的完全忘却，不留一点痕迹了，只有背诵《鉴略》这一段，却还分明如昨日事。

我至今一想起，还诧异我的父亲何以要在那时候叫我来背书。

五月二十五日

从百草园到三味书屋

我家的后面有一个很大的园，相传叫作百草园。现在是早已并屋子一起卖给朱文公的子孙了，连那最末次的相见也已经隔了七八年，其中似乎确凿只有一些野草；但那时却是我的乐园。

不必说碧绿的菜畦，光滑的石井栏，高大的皂荚树，紫红的桑椹；也不必说鸣蝉在树叶里长吟，肥胖的黄蜂伏在菜花上，轻捷的叫天子（云雀）忽然从草间直窜向云霄里去了。单是周围的短短的泥墙根一带，就有无限趣味。油蛉在这里低唱，蟋蟀们在这里弹琴。翻开断砖来，有时会遇见蜈蚣；还有斑蝥，倘若用手指按住它的脊梁，便会拍的一声，从后窍喷出一阵烟雾。何首乌藤和木莲藤缠络着，木莲有莲房一般的果实，何首乌有拥肿[1]的根。有人说，何首乌根是有像人形的，吃了便可以成仙，我于是常常拔它起来，牵连不断地拔起来，也曾因此弄坏了泥墙，却从来没有见过有一块根像人样。如果不怕刺，还可以摘到覆盆子，像小珊瑚珠攒成的小球，又酸又甜，色味都比桑椹要好得远。

长的草里是不去的，因为相传这园里有一条很大的赤练蛇。

长妈妈曾经讲给我一个故事听：先前，有一个读书人住在古庙里用功，晚间，在院子里纳凉的时候，突然听到有人在叫他。答应着，四面看时，却见一个美女的脸露在墙头上，向他一笑，隐去了。他很高兴；但竟给那走来夜谈的老和尚识破了机关。说他脸上有些妖气，一定遇见"美女蛇"了；这是人首蛇身的怪物，能唤人名，倘一答应，夜间便要来吃这人的肉的。他自然吓得要死，而那老和尚却道无妨，给他一个小盒子，说只要放在枕边，便可高枕而卧。他虽然照样办，却总是睡不着，——当然睡不着的。到半夜，果然来了，沙沙沙！门外像是风雨声。他正抖作一团时，却听得豁的一声，一道金光从枕

1.即"臃肿"。

边飞出,外面便什么声音也没有了,那金光也就飞回来,敛在盒子里。后来呢?后来,老和尚说,这是飞蜈蚣,它能吸蛇的脑髓,美女蛇就被它治死了。

结末的教训是:所以倘有陌生的声音叫你的名字,你万不可答应他。

这故事很使我觉得做人之险,夏夜乘凉,往往有些担心,不敢去看墙上,而且极想得到一盒老和尚那样的飞蜈蚣。走到百草园的草丛旁边时,也常常这样想。但直到现在,总还是没有得到,但也没有遇见过赤练蛇和美女蛇。叫我名字的陌生声音自然是常有的,然而都不是美女蛇。

冬天的百草园比较的无味;雪一下,可就两样了。拍雪人(将自己的全形印在雪上)和塑雪罗汉需要人们鉴赏,这是荒园,人迹罕至,所以不相宜,只好来捕鸟。薄薄的雪,是不行的;总须积雪盖了地面一两天,鸟雀们久已无处觅食的时候才好。扫开一块雪,露出地面,用一支短棒支起一面大的竹筛来,下面撒些秕谷,棒上系一条长绳,人远远地牵着,看鸟雀下来啄食,走到竹筛底下的时候,将绳子一拉,便罩住了。但所得的是麻雀居多,也有白颊的"张飞鸟",性子很躁,养不过夜的。

这是闰土的父亲所传授的方法,我却不大能用。明明见它们进去了,拉了绳,跑去一看,却什么都没有,费了半天力,捉住的不过三四只。闰土的父亲是小半天便能捕获几十只,装在叉袋里叫着撞着的。我曾经问他得失的缘由,他只静静地笑道:你太性急,来不及等它走到中间去。

我不知道为什么家里的人要将我送进书塾里去了,而且还是全城中称为最严厉的书塾。也许是因为拔何首乌毁了泥墙罢,也许是因为将砖头抛到间壁的梁家去了罢,也许是因为站在石井栏上跳了下来罢,……都无从知道。总而言之:我将不能常到百草园了。Ade,我的蟋蟀们! Ade,我的覆盆子们和木莲们!……

出门向东,不上半里,走过一道石桥,便是我的先生的家了。从一扇黑油的竹门进去,第三间是书房。中间挂着一块匾道:三味书屋;匾下面是一幅画,画着一只很肥大的梅花鹿伏在古树下。没有孔子牌位,我们便对着那匾和鹿行礼。第一次算是拜孔子,第二次算是拜先生。

第二次行礼时,先生便和蔼地在一旁答礼。他是一个高而瘦的老人,须发都花白了，还戴着大眼镜。我对他很恭敬，因为我早听到，他是本城中极方正，质朴，博学的人。

不知从那里[1]听来的，东方朔也很渊博，他认识一种虫，名曰"怪哉"，冤气所化，用酒一浇，就消释了。我很想详细地知道这故事，但阿长是不知道的，因为她毕竟不渊博。现在得到机会了，可以问先生。

"先生，'怪哉'这虫，是怎么一回事？……"我上了生书，将要退下来的时候，赶忙问。

"不知道！"他似乎很不高兴，脸上还有怒色了。

我才知道做学生是不应该问这些事的，只要读书，因为他是渊博的宿儒，决不至于不知道，所谓不知道者，乃是不愿意说。年纪比我大的人，往往如此，我遇见过好几回了。

我就只读书，正午习字，晚上对课。先生最初这几天对我很严厉，后来却好起来了，不过给我读的书渐渐加多，对课也渐渐地加上字去，从三言到五言，终于到七言。

三味书屋后面也有一个园，虽然小，但在那里也可以爬上花坛去折蜡梅花，在地上或桂花树上寻蝉蜕。最好的工作是捉了苍蝇喂蚂蚁，静悄悄地没有声音。然而同窗们到园里的太多，太久，可就不行了，先生在书房里便大叫起来：

"人都到那里去了？！"

人们便一个一个陆续走回去；一同回去，也不行的。他有一条戒尺，但是不常用，也有罚跪的规则，但也不常用，普通总不过瞪几眼，大声道：

"读书！"

于是大家放开喉咙读一阵书，真是人声鼎沸。有念"仁远乎哉我欲仁斯仁至矣"的，有念"笑人齿缺曰狗窦大开"的，有念"上九潜龙勿用"的，有念"厥土下上上错厥贡苞茅橘柚"的……。先生自己也念书。后来，我们的声音便低下去，静下去了，只有他还大声朗读着：

---

1. 即"哪里"，"那"旧同"哪"。

"铁如意，指挥倜傥，一座皆惊呢～～；金叵罗，颠倒淋漓噫，千杯未醉嗬～～……。"

我疑心这是极好的文章，因为读到这里，他总是微笑起来，而且将头仰起，摇着，向后面拗过去，拗过去。

先生读书入神的时候，于我们是很相宜的。有几个便用纸糊的盔甲套在指甲上做戏。我是画画儿，用一种叫作"荆川纸"的，蒙在小说的绣像上一个个描下来，像习字时候的影写一样。读的书多起来，画的画也多起来；书没有读成，画的成绩却不少了，最成片段的是《荡寇志》和《西游记》的绣像，都有一大本。后来，因为要钱用，卖给一个有钱的同窗了。他的父亲是开锡箔店的；听说现在自己已经做了店主，而且快要升到绅士的地位了。这东西早已没有了罢。

九月十八日

藤野先生

东京也无非是这样。上野的樱花烂熳的时节，望去确也像绯红的轻云，但花下也缺不了成群结队的"清国留学生"的速成班，头顶上盘着大辫子，顶得学生制帽的顶上高高耸起，形成一座富士山。也有解散辫子，盘得平的，除下帽来，油光可鉴，宛如小姑娘的发髻一般，还要将脖子扭几扭。实在标致极了。

中国留学生会馆的门房里有几本书买，有时还值得去一转；倘在上午，里面的几间洋房里倒也还可以坐坐的。但到傍晚，有一间的地板便常不免要咚咚咚地响得震天，兼以满房烟尘斗乱；问问精通时事的人，答道，"那是在学跳舞。"

到别的地方去看看,如何呢?

我就往仙台的医学专门学校去。从东京出发,不久便到一处驿站,写道:日暮里。不知怎地,我到现在还记得这名目。其次却只记得水户了,这是明的遗民朱舜水先生客死的地方。仙台是一个市镇,并不大;冬天冷得利害[1];还没有中国的学生。

大概是物以希为贵罢。北京的白菜运往浙江,便用红头绳系住菜根,倒挂在水果店头,尊为"胶菜";福建野生着的芦荟,一到北京就请进温室,且美其名曰"龙舌兰"。我到仙台也颇受了这样的优待,不但学校不收学费,几个职员还为我的食宿操心。我先是住在监狱旁边一个客店里的,初冬已经颇冷,蚊子却还多,后来用被盖了全身,用衣服包了头脸,只留两个鼻孔出气。在这呼吸不息的地方,蚊子竟无从插嘴,居然睡安稳了。饭食也不坏。但一位先生却以为这客店也包办囚人的饭食,我住在那里不相宜,几次三番,几次三番地说。我虽然觉得客店兼办囚人的饭食和我不相干,然而好意难却,也只得别寻相宜的住处了。于是搬到别一家,离监狱也很远,可惜每天总要喝难以下咽的芋梗汤。

从此就看见许多陌生的先生,听到许多新鲜的讲义。解剖学是两个教授分任的。最初是骨学。其时进来的是一个黑瘦的先生,八字须,戴着眼镜,挟着一叠大大小小的书。一将书放在讲台上,便用了缓慢而很有顿挫的声调,向学生介绍自己道:

"我就是叫作藤野严九郎的……。"

后面有几个人笑起来了。他接着便讲述解剖学在日本发达的历史,那些大大小小的书,便是从最初到现今关于这一门学问的著作。起初有几本是线装的;还有翻刻中国译本的,他们的翻译和研究新的医学,并不比中国早。

那坐在后面发笑的是上学年不及格的留级学生,在校已经一年,掌故颇为熟悉的了。他们便给新生讲演每个教授的历史。这藤野先生,据说是穿衣

---

1. 同"厉害"。

服太模胡了,有时竟会忘记带领结;冬天是一件旧外套,寒颤颤的,有一回上火车去,致使管车的疑心他是扒手,叫车里的客人大家小心些。

他们的话大概是真的,我就亲见他有一次上讲堂没有带领结。

过了一星期,大约是星期六,他使助手来叫我了。到得研究室,见他坐在人骨和许多单独的头骨中间,——他其时正在研究着头骨,后来有一篇论文在本校的杂志上发表出来。

"我的讲义,你能抄下来么?"他问。

"可以抄一点。"

"拿来我看!"

我交出所抄的讲义去,他收下了,第二三天便还我,并且说,此后每一星期要送给他看一回。我拿下来打开看时,很吃了一惊,同时也感到一种不安和感激。原来我的讲义已经从头到末,都用红笔添改过了,不但增加了许多脱漏的地方,连文法的错误,也都一一订正。这样一直继续到教完了他所担任的功课:骨学,血管学,神经学。

可惜我那时太不用功,有时也很任性。还记得有一回藤野先生将我叫到他的研究室里去,翻出我那讲义上的一个图来,是下臂的血管,指着,向我和蔼地说道:

"你看,你将这条血管移了一点位置了。——自然,这样一移,的确比较的好看些,然而解剖图不是美术,实物是那么样的,我们没法改换它。现在我给你改好了,以后你要全照着黑板上那样的画。"

但是我还不服气,口头答应着,心里却想道:

"图还是我画的不错;至于实在的情形,我心里自然记得的。"

学年试验完毕之后,我便到东京玩了一夏天,秋初再回学校,成绩早已发表了,同学一百余人之中,我在中间,不过是没有落第。这回藤野先生所担任的功课,是解剖实习和局部解剖学。

解剖实习了大概一星期,他又叫我去了,很高兴地,仍用了极有抑扬的声调对我说道:

"我因为听说中国人是很敬重鬼的,所以很担心,怕你不肯解剖尸体。现在总算放心了,没有这回事。"

但他也偶有使我很为难的时候。他听说中国的女人是裹脚的,但不知道详细,所以要问我怎么裹法,足骨变成怎样的畸形,还叹息道,"总要看一看才知道。究竟是怎么一回事呢?"

有一天,本级的学生会干事到我寓里来了,要借我的讲义看。我检出来交给他们,却只翻检了一通,并没有带走。但他们一走,邮差就送到一封很厚的信,拆开看时,第一句是:

"你改悔罢!"

这是《新约》上的句子罢,但经托尔斯泰新近引用过的。其时正值日俄战争,托老先生便写了一封给俄国和日本的皇帝的信,开首便是这一句。日本报纸上很斥责他的不逊,爱国青年也愤然,然而暗地里却早受了他的影响了。其次的话,大略是说上年解剖学试验的题目,是藤野先生在讲义上做了记号,我预先知道的,所以能有这样的成绩。末尾是匿名。

我这才回忆到前几天的一件事。因为要开同级会,干事便在黑板上写广告,末一句是"请全数到会勿漏为要",而且在"漏"字旁边加了一个圈。我当时虽然觉到圈得可笑,但是毫不介意,这回才悟出那字也在讥刺我了,犹言我得了教员漏泄出来的题目。

我便将这事告知了藤野先生;有几个和我熟识的同学也很不平,一同去诘责干事托辞检查的无礼,并且要求他们将检查的结果,发表出来。终于这流言消灭了,干事却又竭力运动,要收回那一封匿名信去。结末是我便将这托尔斯泰式的信退还了他们。

中国是弱国,所以中国人当然是低能儿,分数在六十分以上,便不是自己的能力了:也无怪他们疑惑。但我接着便有参观枪毙中国人的命运了。第二年添教霉菌学,细菌的形状是全用电影来显示的,一段落已完而还没有到下课的时候,便影几片时事的片子,自然都是日本战胜俄国的情形。但偏有中国人夹在里边:给俄国人做侦探,被日本军捕获,要枪毙了,围着看的也是一群中国人;在讲堂里的还有一个我。

"万岁!"他们都拍掌欢呼起来。

这种欢呼，是每看一片都有的，但在我，这一声却特别听得刺耳。此后回到中国来，我看见那些闲看枪毙犯人的人们，他们也何尝不酒醉似的喝采，——呜呼，无法可想！但在那时那地，我的意见却变化了。

到第二学年的终结，我便去寻藤野先生，告诉他我将不学医学，并且离开这仙台。他的脸色仿佛有些悲哀，似乎想说话，但竟没有说。

"我想去学生物学，先生教给我的学问，也还有用的。"其实我并没有决意要学生物学，因为看得他有些凄然，便说了一个慰安他的谎话。

"为医学而教的解剖学之类，怕于生物学也没有什么大帮助。"他叹息说。

将走的前几天，他叫我到他家里去，交给我一张照相，后面写着两个字道："惜别"，还说希望将我的也送他。但我这时适值没有照相了；他便叮嘱我将来照了寄给他，并且时时通信告诉他此后的状况。

我离开仙台之后，就多年没有照过相，又因为状况也无聊，说起来无非使他失望，便连信也怕敢写了。经过的年月一多，话更无从说起，所以虽然有时想写信，却又难以下笔，这样的一直到现在，竟没有寄过一封信和一张照片。从他那一面看起来，是一去之后，杳无消息了。

但不知怎地，我总还时时记起他，在我所认为我师的之中，他是最使我感激，给我鼓励的一个。有时我常常想：他的对于我的热心的希望，不倦的教诲，小而言之，是为中国，就是希望中国有新的医学；大而言之，是为学术，就是希望新的医学传到中国去。他的性格，在我的眼里和心里是伟大的，虽然他的姓名并不为许多人所知道。

他所改正的讲义，我曾经订成三厚本，收藏着的，将作为永久的纪念。不幸七年前迁居的时候，中途毁坏了一口书箱，失去半箱书，恰巧这讲义也遗失在内了。责成运送局去找寻，寂无回信。只有他的照相至今还挂在我北京寓居的东墙上，书桌对面。每当夜间疲倦，正想偷懒时，仰面在灯光中瞥见他黑瘦的面貌，似乎正要说出抑扬顿挫的话来，便使我忽又良心发现，而且增加勇气了，于是点上一枝烟，再继续写些为"正人君子"之流所深恶痛疾的文字。

十月十二日

《背影》

朱自清 ⊙ 著

荷塘月色

这几天心里颇不宁静。今晚在院子里坐着乘凉,忽然想起日日走过的荷塘,在这满月的光里,总该另有一番样子吧。月亮渐渐地升高了,墙外马路上孩子们的欢笑,已经听不见了;妻在屋里拍着闰儿,迷迷忽忽地哼着眠歌。我悄悄地披了大衫,带上门出去。

沿着荷塘,是一条曲折的小煤屑路。这是一条幽僻的路;白天也少人走,夜晚更加寂寞。荷塘四面,长着许多树,蓊蓊郁郁的。路的一旁,是些杨柳,和一些不知道名字的树。没有月光的晚上,这路上阴森森的,有些怕人。今晚却很好,虽然月光也还是淡淡的。

路上只我一个人,背着手踱着。这一片天地好像是我的;我也像超出了平常的自己,到了另一世界里。我爱热闹,也爱冷静;爱群居,也爱独处。像今晚上,一个人在这苍茫的月下,什么都可以想,什么都可以不想,便觉是个自由的人。白天里一定要做的事,一定要说的话,现在都可不理。这是独处的妙处,我且受用这无边的荷香月色好了。

曲曲折折的荷塘上面,弥望的是田田的叶子。叶子出水很高,像亭亭的舞女的裙。层层的叶子中间,零星地点缀着些白花,有袅娜地开着的,有羞涩地打着朵儿的;正如一粒粒的明珠,又如碧天里的星星,又如刚出浴的美人。微风过处,送来缕缕清香,仿佛远处高楼上渺茫的歌声似的。这时候叶子与花也有一丝的颤动,像闪电般,霎时传过荷塘的那边去了。叶子本是肩并肩密密地挨着,这便宛然有了一道凝碧的波痕。叶子底下是脉脉的流水,遮住了,不能见一些颜色;而叶子却更见风致了。

月光如流水一般,静静地泻在这一片叶子和花上。薄薄的青雾浮起在荷塘里。叶子和花仿佛在牛乳中洗过一样;又像笼着轻纱的梦。虽然是满月,天上却有一层淡淡的云,所以不能朗照;但我以为这恰是到了好处——酣眠固不可少,小睡也别有风味的。月光是隔了树照过来的,高处丛生的灌木,落下参差的斑驳的黑影,峭楞楞如鬼一般;弯弯的杨柳的稀疏的倩影,却又像是画在荷叶上。塘中的月色并不均匀;但光与影有着和谐的旋律,如梵婀铃[1]上奏着的名曲。

荷塘的四面,远远近近,高高低低都是树,而杨柳最多。这些树将一片荷塘重重围住;只在小路一旁,漏着几段空隙,像是特为月光留下的。树色一例是阴阴的,乍看像一团烟雾;但杨柳的丰姿,便在烟雾里也辨得出。树梢上隐隐约约的是一带远山,只有些大意罢了。树缝里也漏着一两点路灯光,没精打采的,是渴睡人的眼。这时候最热闹的,要数树上的蝉声与水里的蛙声;但热闹是它们的,我什么也没有。

忽然想起采莲的事情来了。采莲是江南的旧俗,似乎很早就有,而六朝时为盛;从诗歌里可以约略知道。采莲的是少年的女子,她们是荡着小船,唱着艳歌去的。采莲人不用说很多,还有看采莲的人。那是一个热闹的季节,也是一个风流的季节。梁元帝《采莲赋》里说得好:

于是妖童媛女,荡舟心许;鹢首徐回,兼传羽杯;櫂将移而藻挂,

---

[1].英文单词"violin"的音译,意为"小提琴"。

船欲动而萍开。尔其纤腰束素,迁延顾步;夏始春余,叶嫩花初,恐沾裳而浅笑,畏倾船而敛裾。

可见当时嬉游的光景了。这真是有趣的事,可惜我们现在早已无福消受了。

于是又记起《西洲曲》里的句子:

采莲南塘秋,莲花过人头;
低头弄莲子,莲子清如水。

今晚若有采莲人,这儿的莲花也算得"过人头"了;只不见一些流水的影子,是不行的。这令我到底惦着江南了。——这样想着,猛一抬头,不觉已是自己的门前;轻轻地推门进去,什么声息也没有,妻已睡熟好久了。

背影

我与父亲不相见已二年余了,我最不能忘记的是他的背影。那年冬天,祖母死了,父亲的差使也交卸了,正是祸不单行的日子,我从北京到徐州,打算跟着父亲奔丧回家。到徐州见着父亲,看见满院狼藉的东西,又想起祖母,不禁簌簌地流下眼泪。父亲说,"事已如此,不必难过,好在天无绝人之路!"

回家变卖典质,父亲还了亏空;又借钱办了丧事。这些日子,家中光景很是惨淡,一半为了丧事,一半为了父亲赋闲。丧事完毕,父亲要到南京谋事，我也要回北京念书，我们便同行。

到南京时，有朋友约去游逛，勾留了一日；第二日上午便须渡江到浦口，下午上车北去。父亲因为事忙，本已说定不送我，叫旅馆里一个熟识的茶房陪我同去。他再三嘱咐茶房，甚是仔细。但他终于不放心，怕茶房不妥帖；颇踌躇了一会。其实我那年已二十岁，北京已来往过两三次，是没有什么要紧的了。他踌躇了一会，终于决定还是自己送我去。我两三回劝他不必去；他只说，"不要紧，他们去不好！"

我们过了江，进了车站。我买票，他忙着照看行李。行李太多了，得向脚夫行些小费，才可过去。他便又忙着和他们讲价钱。我那时真是聪明过分，总觉他说话不大漂亮，非自己插嘴不可。但他终于讲定了价钱；就送我上车。他给我拣定了靠车门的一张椅子；我将他给我做的紫毛大衣铺好座位。他嘱我路上小心，夜里警醒些，不要受凉。又嘱托茶房好好照应我。我心里暗笑他的迂：他们只认得钱，托他们真是白托！而且我这样大年纪的人，难道还不能料理自己么？唉，我现在想想，那时真是太聪明了！

我说道，"爸爸，你走吧。"他往车外看了看，说，"我买几个橘子去。你就在此地，不要走动。"我看那边月台的栅栏外有几个卖东西的等着顾客。走到那边月台，须穿过铁道，须跳下去又爬上去。父亲是一个胖子，走过去自然要费事些。我本来要去的，他不肯，只好让他去。我看见他戴着黑布小帽，穿着黑布大马褂，深青布棉袍，蹒跚地走到铁道边，慢慢探身下去，尚不大难。可是他穿过铁道，要爬上那边月台，就不容易了。他用两手攀着上面，两脚再向上缩；他肥胖的身子向左微倾，显出努力的样子。这时我看见他的背影，我的泪很快地流下来了。我赶紧拭干了泪，怕他看见，也怕别人看见。我再向外看时，他已抱了朱红的橘子往回走了。过铁道时，他先将橘子散放在地上，自己慢慢爬下，再抱起橘子走。到这边时，我赶紧去搀他。他和我走到车上，将橘子一股脑儿放在我的皮大衣上。于是扑扑衣上的泥土，心里很轻松似的，过一会说，"我走了；到那边来信！"我望着他走出去。他走了几步，回过头看见我，说，"进去吧，里边没人。"等他的背影混入来来往往的人里，再找不着了，我便进来坐下，我的眼泪又来了。

近几年来，父亲和我都是东奔西走，家中光景是一日不如一日。他少年出外谋生，独力支持，做了许多大事。哪知老境却如此颓唐！他触目伤怀，自然情不能自已。情郁于中，自然要发之于外；家庭琐屑便往往触他之怒。他待我渐渐不同往日。但最近两年的不见，他终于忘却我的不好，只是惦记着我，惦记着我的儿子。我北来后，他写了一信给我，信中说道，"我身体平安，惟膀子疼痛利害，举箸提笔，诸多不便，大约大去之期不远矣。"我读到此处，在晶莹的泪光中，又看见那肥胖的，青布棉袍，黑布马褂的背影。唉！我不知何时再能与他相见！

桨声灯影里的秦淮河

一九二三年八月的一晚，我和平伯同游秦淮河；平伯是初泛，我是重来了。我们雇了一只"七板子"，在夕阳已去，皎月方来的时候，便下了船。于是桨声汩——汩，我们开始领略那晃荡着蔷薇色的历史的秦淮河的滋味了。

秦淮河里的船，比北京万牲园、颐和园的船好，比西湖的船好，比扬州瘦西湖的船也好。这几处的船不是觉着笨，就是觉着简陋、局促；都不能引起乘客们的情韵，如秦淮河的船一样。秦淮河的船约略可分为两种：一是大船；一是小船，就是所谓"七板子"。大船舱口阔大，可容二三十人。里面陈设着字画和光洁的红木家具，桌上一律嵌着冰凉的大理石面。窗格雕镂颇细，使人起柔腻之感。窗格里映着红色蓝色的玻璃；玻璃上有精致的花纹，也颇悦人目。"七板子"规模虽不及大船，但那淡蓝色的栏杆，空敞的舱，也足系人情思。而最出色处却在它的舱前。舱前是甲板上的一部。上面有弧形的顶，两边用疏疏的栏杆支着。里面通常放着两张藤的躺椅。躺下，可以谈天，可以望远，可以顾盼两岸的河房。大船上也有这个，便在小船上更觉清隽罢了。舱前的顶下，一律悬着灯彩；灯的多少、明暗，彩苏的精粗、艳晦，是不一的。但好歹总还你一个灯彩。这灯彩实在是最能勾人的东西。夜幕垂垂地下来时，大小船上都点起灯火。从两重玻璃里映出那辐射着的黄黄的散光，反晕出一片朦胧的烟霭；透过这烟霭，在黯黯的水波里，又逗起缕缕的明漪。在这薄霭和微漪里，听着那悠然的间歇的桨声，谁能不被引入他的美梦去呢？只愁梦太多了，这些大小船儿如何载得起呀？我们这时模模糊糊地谈着明末的秦淮河的艳迹，如《桃花扇》及《板桥杂记》里所载的。我们真神往了。我们仿佛亲见那时华灯映水，画舫凌波的光景了。于是我们的船便成了历史的重载了。我们终于恍然秦淮河的船所以雅丽过于他处，而又有奇异的吸引力的，实在是许多历史的影像使然了。

　　秦淮河的水是碧阴阴的；看起来厚而不腻，或者是六朝金粉所凝么？我们初上船的时候，天色还未断黑，那漾漾的柔波是这样的恬静，委婉，使我们一面有水阔天空之想，一面又憧憬着纸醉金迷之境了。等到灯火明时，阴阴的变为沉沉了：黯淡的水光，像梦一般；那偶然闪烁着的光芒，就是梦的眼睛了。我们坐在舱前，因了那隆起的顶棚，仿佛总是昂着首向前走着似的；于是飘飘然如御风而行的我们，看着那些自在的湾泊着的船，船里走马灯般的人物，便像是下界一般，迢迢的远了，又像在雾里看花，尽朦朦胧胧的。这时我们已过了利涉桥，望见东关头了。沿路听见断续的歌声：有从沿河的妓楼飘来的，有从河上船里渡来的。我们明知那些歌声，只是些因袭的言辞，从生涩的歌喉里机械地发出来的；但它们经了夏夜的微风的吹漾和水波的摇拂，袅娜着到我们耳边的时候，已经不单是她们的歌声，而混着微风和河水的密语了。于是我们不得不被牵惹着，震撼着，相与浮沉于这歌声里了。从东关头转湾，不久就到大中桥。大中桥共有三个桥拱，都很阔大，俨然是三座门儿；使我们觉得我们的船和船里的我们，在桥下过去时，真是太无颜色了。桥砖是深褐色，表明它的历史的长久；但都完好无缺，令人太息于古昔工程的坚美。桥上两旁都是木壁的房子，中间应该有街路？这些房子都破旧了，多年烟熏的迹，遮没了当年的美丽。我想象秦淮河的极盛时，在这样宏阔的桥上，特地盖了房子，必然是髹漆得富富丽丽的；晚间必然是灯火通明的。现在却只剩下一片黑沉沉！但是桥上造着房子，毕竟使我们多少可以想见往日的繁华；这也慰情聊胜无了。过了大中桥，便到了灯月交辉，笙歌彻夜的秦淮河；这才是秦淮河的真面目哩。

　　大中桥外，顿然空阔，和桥内两岸排着密密的人家的大异了。一眼望去，疏疏的林，淡淡的月，衬着蓝蔚的天，颇像荒江野渡光景；那边呢，郁丛丛的，阴森森的，又似乎藏着无边的黑暗：令人几乎不信那是繁华的秦淮河了。但是河中眩晕着的灯光，纵横着的画舫，悠扬着的笛韵，夹着那吱吱的胡琴声，终于使我们认识绿如茵陈酒的秦淮水了。此地天裸露着的多些，故觉夜来的独迟些；从清清的水影里，我们感到的只是薄薄的夜——这正是秦淮河的夜。大中桥外，本来还有一座复成桥，是船夫口中的我们的游踪尽处，或也是秦淮河繁华的尽处了。我的脚曾踏过复成桥的脊，在十三四岁的时候。但是两次游秦淮河，却都不曾见着复成桥的面；明知总在前途的，却常觉得有些虚无缥缈似的。我想，不见倒也好。这时正是盛夏。我们下船后，借着新生的晚凉和河上的微风，暑气已渐渐消散；到了此地，豁然开朗，身子顿然轻了——习习的清风荏苒在面上，手上，衣上，这便又感到了一缕新凉了。南京的日光，大概没有杭州猛烈；西湖的夏夜老是热蓬蓬的，水像沸着一般，秦淮河的水却尽是这样冷冷地绿着。任你人影的憧憧，歌声的扰扰，总像隔着一层薄薄的绿纱面幂似的；它尽是这样静静地，冷冷地绿着。我们出了大中桥，走不上半里路，船夫便将船划到一旁，停了桨由它荡着。他以为那里正是繁华的极点，再过去就是荒凉了；所以让我们多多赏鉴一会儿。他自己却静静地蹲着。他是看惯这光景的了，大约只是一个无可无不可。这无可无不可，无论是升的沉的，总之，都比我们高了。

　　那时河里闹热极了；船大半泊着，小半在水上穿梭似的来往。停泊着的都在近市的那一边，我们的船自然也夹在其中。因为这边略略的挤，便觉得那边十分的疏了。在每一只船从那边过去时，我们能画出它的轻轻的影和曲曲的波，在我们的心上；这显着是空，且显着是静了。那时处处都是歌声和凄厉的胡琴声，圆润的喉咙，确乎是很少的。但那生涩的，尖脆的调子能使人有少年的，粗率不拘的感觉，也正可快我们的意。况且多少隔开些儿听着，因为想象与渴慕的作美，总觉更有滋味；而竞发的喧嚣，抑扬的不齐，远近的杂沓，和乐器的嘈嘈切切，合成另一意味的谐音，也使我们无所适从，如随着大风而走。这实在因为我们的心枯涩久了，变为脆弱；故偶然润泽一下，便疯狂似的不能自主了。但秦淮河确也腻人。即如船里的人面，无论是和我们一堆儿泊着的，无论是从我们眼前过去的，总是模模糊糊的，甚至渺渺茫茫的；任你张圆了眼睛，揩净了眦垢，也是枉然。这真够人想呢。在我们停泊的地方，灯光原是纷然的；不过这些灯光都是黄而有晕的。黄已经不能明了，再加上了晕，便更不成了。灯愈多，晕就愈甚；在繁星般的黄的交错里，秦淮河仿佛笼上了一团光雾。光芒与雾气腾腾地晕着，什么都只剩了轮廓了；所以人面的详细的曲线，便消失于我们的眼底了。但灯光究竟夺不了那边的月色；灯光是浑的，月色是清的，在浑沌的灯光里，渗入了一派清辉，却真是奇迹！那晚月儿已瘦削了两三分。她晚妆才罢，盈盈地上了柳梢头。天是蓝得可爱，仿佛一汪水似的；月儿便更出落得精神了。岸上原有三株两株的垂杨树，淡淡的影子，在水里摇曳着。它们那柔细的枝条浴着月光，就像一只只美人的臂膊，交互的缠着，挽着；又像是月儿披着的发。而月儿偶然也从它们的交叉处偷偷窥看我们，大有小姑娘怕羞的样子。岸上另有几株不知名的老树，光光地立着；在月光里照起来，却又俨然是精神矍铄的老人。远处——快到天际线了，才有一两片白云，亮得现出异彩，像美丽的贝壳一般。白云下便是黑黑的一带轮廓；是一条随意画的不规则的曲线。这一段光景，和河中的风味大异了。但灯与月竟能并存着，交融着，使月成了缠绵的月，灯射着渺渺的灵辉；这正是天之所以厚秦淮河，也正是天之所以厚我们了。

这时却遇着了难解的纠纷。秦淮河上原有一种歌妓，是以歌为业的。从前都在茶舫上，唱些大曲之类。每日午后一时起；什么时候止，却忘记了。晚上照样也有一回。也在黄晕的灯光里。我从前过南京时，曾随着朋友去听过两次。因为茶舫里的人脸太多了，觉得不大适意，终于听不出所以然。前年听说歌妓被取缔了，不知怎的，颇涉想了几次——却想不出什么。这次到南京，先到茶舫上去看看，觉得颇是寂寥，令我无端的怅怅了。不料她们却仍在秦淮河里挣扎着，不料她们竟会纠缠到我们，我于是很张皇了。她们也乘着"七板子"，她们总是坐在舱前的。舱前点着石油汽灯，光亮炫人眼目；坐在下面的，自然是纤毫毕见了——引诱客人们的力量，也便在此了。舱里躲着乐工等人，映着汽灯的余晖蠕动着；他们是永远不被注意的。每船的歌妓大约都是二人；天色一黑，她们的船就在大中桥外往来不息地兜生意。无论行着的船，泊着的船，都要来兜揽的。这都是我后来推想出来的。那晚不知怎样，忽然轮着我们的船了。我们的船好好地停着，一只歌舫划向我们来的；渐渐和我们的船并着了。烁烁的灯光逼得我们皱起了眉头；我们的风尘色全给它托出来了，这使我踧踖不安了。那时一个伙计跨过船来，拿着摊开的歌折，就近塞向我的手里，说，"点几出吧！"他跨过来的时候，我们船上似乎有许多眼光跟着。同时相近的别的船上也似乎有许多眼睛炯炯地向我们船上看着。我真窘了！我也装出大方的样子，向歌妓们瞥了一眼，但究竟是不成的！我勉强将那歌折翻了一翻，却不曾看清了几个字；便赶紧递还那伙计，一面不好意思地说，"不要，我们……不要。"他便塞给平伯。平伯掉转头去，摇手说，"不要！"那人还腻着不走。平伯又回过脸来，摇着头道，"不要！"于是那人重到我处。我窘着再拒绝了他。他这才有所不屑似的走了。我的心立刻放下，如释了重负一般。我们就开始自白了。

我说我受了道德律的压迫，拒绝了她们；心里似乎很抱歉的。这所谓抱歉，一面对于她们，一面对于我自己。她们于我们虽然没有很奢的希望；但总有些希望的。我们拒绝了她们，无论理由如何充足，却使她们的希望受了伤；这总有几分不作美了。这是我觉得很怅怅的。至于我自己，更有一种不足之感。我这时被四面的歌声诱惑了，降服了；但是远远的，远远的歌声总仿佛隔着重衣搔痒似的，越搔越搔不着痒处。我于是憧憬着贴耳的妙音了。在歌舫划来时，我的憧憬，变为盼望；我固执地盼望着，有如饥渴。虽然从浅薄的经验里，也能够推知，那贴耳的歌声，将剥去了一切的美妙；但一个平常的人像我的，谁愿凭了理性之力去丑化未来呢？我宁愿自己骗着了。不过我的社会感性是很敏锐的；我的思力能拆穿道德律的西洋镜，而我的感情却终于被它压服着。我于是有所顾忌了，尤其是在众目昭彰的时候。道德律的力，本来是民众赋予的；在民众的面前，自然更显出它的威严了。我这时一面盼望，一面却感到了两重的禁制：一，在通俗的意义上，接近妓者总算一种不正当的行为；二，妓是一种不健全的职业，我们对于她们，应有哀矜勿喜之心，不应赏玩地去听她们的歌。在众目睽睽之下，这两种思想在我心里最为旺盛。它们暂时压倒了我的听歌的盼望，这便成就了我的灰色的拒绝。那时的心实在异常状态中，觉得颇是昏乱。歌舫去了，暂时宁靖之后，我的思绪又如潮涌了。两个相反的意思在我心头往复：卖歌和卖淫不同，听歌和狎妓不同，又干道德甚事？——但是，但是，她们既被逼得以歌为业，她们的歌必无艺术味的；况她们的身世，我们究竟该同情的。所以拒绝倒也是正办。但这些意思终于不曾撇开我的听歌的盼望。它力量异常坚强；它总想将别的思绪踏在脚下。从这重重的争斗里，我感到了浓厚的不足之感。这不足之感使我的心盘旋不安，起坐都不安宁了。唉！我承认我是一个自私的人！平伯呢，却与我不同。他引周启明先生的诗，"因为我有妻子，所以我爱一切的女人，因为我有子女，所以我爱一切的孩子。"

  他的意思可以见了。他因为推及的同情，爱着那些歌妓，并且尊重着她们，所以拒绝了她们。在这种情形下，他自然以为听歌是对于她们的一种侮辱。但他也是想听歌的，虽然不和我一样，所以在他的心中，当然也有一番小小的争斗；争斗的结果，是同情胜了。至于道德律，在他是没有什么的；因为他很有蔑视一切的倾向，民众的力量在他是不大觉着的。这时他的心意的活动比较简单，又比较松弱，故事后还怡然自若；我却不能了。这里平伯又比我高了。

  在我们谈话中间，又来了两只歌舫。伙计照前一样地请我们点戏，我们照前一样地拒绝了。我受了三次窘，心里的不安更甚了。清艳的夜景也为之减色。船夫大约因为要赶第二趟生意，催着我们回去；我们无可无不可地答应了。我们渐渐和那些晕黄的灯光远了，只有些月色冷清清地随着我们的归舟。我们的船竟没个伴儿，秦淮河的夜正长哩！到大中桥近处，才遇着一只来船。这是一只载妓的板船，黑漆漆的没有一点光。船头上坐着一个妓女；暗里看出，白地小花的衫子，黑的下衣。她手里拉着胡琴，口里唱着青衫的调子。她唱得响亮而圆转；当她的船箭一般驶过去时，余音还袅袅的在我们耳际，使我们倾听而向往。想不到在弩末的游踪里，还能领略到这样的清歌！这时船过大中桥了，森森的水影，如黑暗张着巨口，要将我们的船吞了下去，我们回顾那渺渺的黄光，不胜依恋之情；我们感到了寂寞了！这一段地方夜色甚浓，又有两头的灯火招邀着；桥外的灯火不用说了，过了桥另有东关头疏疏的灯火。我们忽然仰头看见依人的素月，不觉深悔归来之早了！走过东关头，有一两只大船湾泊着，又有几只船向我们来着。嚣嚣的一阵歌声人语，仿佛笑我们无伴的孤舟哩。东关头转湾，河上的夜色更浓了；临水的妓楼上，时时从帘缝里射出一线一线的灯光；仿佛黑暗从酣睡里眨了一眨眼。我们默然地对着，静听那汩——汩的桨声，几乎要入睡了；朦胧里却温寻着适才的繁华的余味。我那不安的心在静里愈显活跃了！这时我们都有了不足之感，而我的更其浓厚。我们却只不愿回去，于是只能由懊悔而怅惘了。船里便满载着怅惘了。直到利涉桥下，微微嘈杂的人声，才使我豁然一惊；那光景却又不同。右岸的河房里，都大开了窗户，里面亮着晃晃的电灯，电灯的光射到水上，蜿蜒曲折，闪闪不息，正如跳舞着的仙女的臂膊。我们的船已在她的臂膊里了；如睡在摇篮里一样，倦了的我们便又入梦了。那电灯下的人物，只觉像蚂蚁一般，更不去萦念。这是最后的梦；可惜是最短的梦！黑暗重复落在我们面前，我们看见傍岸的空船上一星两星的，枯燥无力又摇摇不定的灯光。我们的梦醒了，我们知道就要上岸了；我们心里充满了幻灭的情思。

春

盼望着，盼望着，东风来了，春天的脚步近了。

一切都像刚睡醒的样子，欣欣然张开了眼。山朗润起来了，水长起来了，太阳的脸红起来了。

小草偷偷地从土里钻出来，嫩嫩的，绿绿的。园子里，田野里，瞧去，一大片一大片满是的。坐着，躺着，打两个滚，踢几脚球，赛几趟跑，捉几回迷藏。风轻悄悄的，草绵软软的。

桃树、杏树、梨树，你不让我，我不让你，都开满了花赶趟儿。红的像火，粉的像霞，白的像雪。花里带着甜味，闭了眼，树上仿佛已经满是桃儿、杏儿、梨儿！花下成千成百的蜜蜂嗡嗡地闹着，大小的蝴蝶飞来飞去。野花遍地是：杂样儿，有名字的，没名字的，散在草丛里，像眼睛，像星星，还眨呀眨的。

"吹面不寒杨柳风"，不错的，像母亲的手抚摸着你。风里带来些新翻的泥土的气息，混着青草味，还有各种花的香，都在微微润湿的空气里酝酿。鸟儿将窠巢安在繁花嫩叶当中，高兴起来了，呼朋引伴地卖弄清脆的喉咙，唱出宛转的曲子，与轻风流水应和着。牛背上牧童的短笛，这时候也成天在嘹亮地响。

雨是最寻常的，一下就是三两天。可别恼，看，像牛毛，像花针，像细丝，密密地斜织着，人家屋顶上全笼着一层薄烟。树叶子却绿得发亮，小草也青得逼你的眼。傍晚时候，上灯了，一点点黄晕的光，烘托出一片安静而和平的夜。乡下去，小路上，石桥边，撑起伞慢慢走着的人；还有地里工作的农夫，披着蓑，戴着笠的。他们的草屋，稀稀疏疏的在雨里静默着。

天上风筝渐渐多了，地上孩子也多了。城里乡下，家家户户，老老小小，他们也赶趟儿似的，一个个都出来了。舒活舒活筋骨，抖擞抖擞精神，各做各的一份事去。"一年之计在于春"；刚起头儿，有的是工夫，有的是希望。

春天像刚落地的娃娃，从头到脚都是新的，它生长着。

春天像小姑娘，花枝招展的，笑着，走着。

春天像健壮的青年，有铁一般的胳膊和腰脚，他领着我们上前去。

匆匆

  燕子去了，有再来的时候；杨柳枯了，有再青的时候；桃花谢了，有再开的时候。但是，聪明的，你告诉我，我们的日子为什么一去不复返呢？——是有人偷了他们吧：那是谁？又藏在何处呢？是他们自己逃走了吧：现在又到了哪里呢？
  我不知道他们给了我多少日子；但我的手确乎是渐渐空虚了。在默默里算着，八千多日子已经从我手中溜去；像针尖上一滴水滴在大海里，我的日子滴在时间的流里，没有声音，也没有影子。我不禁头涔涔而泪潸潸了。
  去的尽管去了，来的尽管来着；去来的中间，又怎样地匆匆呢？早上我起来的时候，小屋里射进两三方斜斜的太阳。太阳他有脚啊，轻轻悄悄地挪移了；我也茫茫然跟着旋转。于是——洗手的时候，日子从水盆里过去；吃饭的时候，日子从饭碗里过去；默默时，便从凝然的双眼前过去。我觉察他去得匆匆了，伸出手遮挽时，他又从遮挽着的手边过去，天黑时，我躺在床上，他便伶伶俐俐地从我身上跨过，从我脚边飞去了。等我睁开眼和太阳再见，这算又溜走了一日。我掩着面叹息。但是新来的日子的影儿又开始在叹息里闪过了。
  在逃去如飞的日子里，在千门万户的世界里的我能做些什么呢？只有徘徊罢了，只有匆匆罢了；在八千多日的匆匆里，除徘徊外，又剩些什么呢？过去的日子如轻烟，被微风吹散了，如薄雾，被初阳蒸融了；我留着些什么痕迹呢？我何曾留着像游丝样的痕迹呢？我赤裸裸来到这世界，转眼间也将赤裸裸地回去吧？但不能平的，为什么偏要白白走这一遭啊？
  你聪明的，告诉我，我们的日子为什么一去不复返呢？

扬州的夏日

　　扬州从隋炀帝以来，是诗人文士所称道的地方；称道的多了，称道得久了，一般人便也随声附和起来。直到现在，你若向人提起扬州这个名字，他会点头或摇头说：好地方！好地方！特别是没去过扬州而念过些唐诗的人，在他心里，扬州真像蜃楼海市一般美丽；他若念过《扬州画舫录》一类书，那更了不得了。但在一个久住扬州像我的人，他却没有那么多美丽的幻想，他的憎恶也许掩住了他的爱好；他也许离开了三四年并不去想它。若是想呢，——你说他想什么？女人；不错，这似乎也有名，但怕不是现在的女人吧？——他也只会想着扬州的夏日，虽然与女人仍然不无关系的。

　　北方和南方一个大不同，在我看，就是北方无水而南方有。诚然，北方今年大雨，永定河、大清河甚至决了堤防，但这并不能算是有水；北平的三海和颐和园虽然有点儿水，但太平衍了，一览而尽，船又那么笨头笨脑的。有水的仍然是南方。扬州的夏日，好处大半便在水上——有人称为瘦西湖，这个名字真是太瘦了，假西湖之名以行，雅得这样俗，老实说，我是不喜欢的。下船的地方便是护城河，蔓延开去，曲曲折折，直到平山堂，——这是你们熟悉的名字——有七八里河道，还有许多杈杈丫丫的支流。这条河其实也没有顶大的好处，只是曲折而有些幽静，和别处不同。

　　沿河最著名的风景是小金山、法海寺、五亭桥；最远的便是平山堂了。金山你们是知道的，小金山却在水中央。在那里望水最好，看月自然也不错——可是我还不曾有过那样福气。下河的人十之九是到这儿的，人不免太多些。法海寺有一个塔，和北海的一样，据说是乾隆皇帝下江南，盐商们连夜督促匠人造成的。法海寺著名的自然是这个塔；但还有一桩，你们猜不着，是红烧猪头。夏天吃红烧猪头，在理论上也许不甚相宜；可是在实际上，挥汗吃着，倒也不坏的。五亭桥如名字所示，是五个亭子的桥。桥是拱形，中一亭最高，两边四亭，参差相称；最宜远看，或看影子，也好。桥洞颇多，乘小船穿来穿去，另有风味。平山堂在蜀冈上。登堂可见江南诸山淡淡的轮廊；"山色有无中"一句话，我看是恰到好处，并不算错。这里游人较少，闲坐在堂上，可以永日。沿路光景，也以闲寂胜。从天宁门或北门下船。蜿蜒的城墙，在水里倒映着苍黝的影子，小船悠然地撑过去，岸上的喧扰像没有似的。

船有三种：大船专供宴游之用，可以携妓或打牌。小时候常跟了父亲去，在船里听着谋得利洋行的唱片。现在这样乘船的大概少了吧？其次是小划子，真像一瓣西瓜，由一个男人或女人用竹篙撑着。乘的人多了，便可雇两只，前后用小凳子跨着；这也可算得方舟了。后来又有一种洋划，比大船小，比小划子大，上支布篷，可以遮日遮雨。洋划渐渐地多，大船渐渐地少，然而小划子总是有人要的。这不独因为价钱最贱，也因为它的伶俐。一个人坐在船中，让一个人站在船尾上用竹篙一下一下地撑着，简直是一首唐诗，或一幅山水画。而有些好事的少年，愿意自己撑船，也非小划子不行。小划子虽然便宜，却也有些分别。譬如说，你们也可想到的，女人撑船总要贵些；姑娘撑的自然更要贵啰。这些撑船的女子，便是有人说过的瘦西湖上的船娘。船娘们的故事大概不少，但我不很知道。据说以乱头粗服，风趣天然为胜；中年而有风趣，也仍然算好。可是起初原是逢场作戏，或尚不伤廉惠；以后居然有了价格，便觉意味索然了。

北门外一带，叫作下街，茶馆最多，往往一面临河。船行过时，茶客与乘客可以随便招呼说话。船上人若高兴时，也可以向茶馆中要一壶茶，或一两种小笼点心，在河中喝着，吃着，谈着。回来时再将茶壶和所谓小笼，连价款一并交给茶馆中人。撑船的都与茶馆相熟，他们不怕你白吃。扬州的小笼点心实在不错：我离开扬州，也走过七八处大大小小的地方，还没有吃过那样好的点心；这其实是值得惦记的。茶馆的地方大致总好，名字也颇有好的。如香影廊、绿杨村、红叶山庄，都是到现在还记得的。绿杨村的幌子，挂在绿杨树上，随风飘展，使人想起"绿杨城郭是扬州"的名句。里面还有小池、丛竹、茅亭，景物最幽。这一带的茶馆布置都历落有致，迥非上海，北平方方正正的茶楼可比。

下河总是下午。傍晚回来，在暮霭朦胧中上了岸，将大褂折好搭在腕上，一手微微摇着扇子；这样进了北门或天宁门走回家中。这时候可以念"又得浮生半日闲"那一句诗了。

绿

我第二次到仙岩的时候，我惊诧于梅雨潭的绿了。

梅雨潭是一个瀑布潭。仙岩有三个瀑布，梅雨瀑最低。走到山边，便听见花花花花的声音；抬起头，镶在两条湿湿的黑边儿里的，一带白而发亮的水便呈现于眼前了。我们先到梅雨亭。梅雨亭正对着那条瀑布；坐在亭边，不必仰头，便可见它的全体了。亭下深深的便是梅雨潭。这个亭踞在突出的一角的岩石上，上下都空空儿的；仿佛一只苍鹰展着翼翅浮在天宇中一般。三面都是山，像半个环儿拥着；人如在井底了。这是一个秋季的薄阴的天气。微微的云在我们顶上流着；岩面与草丛都从润湿中透出几分油油的绿意。而瀑布也似乎分外的响了。那瀑布从上面冲下，仿佛已被扯成大小的几绺；不复是一幅整齐而平滑的布。岩上有许多棱角；瀑流经过时，作急剧的撞击，便飞花碎玉般乱溅着了。那溅着的水花，晶莹而多芒；远望去，像一朵朵小小的白梅。微雨似的纷纷落着。据说，这就是梅雨潭之所以得名了。但我觉得像杨花，格外确切些。轻风起来时，点点随风飘散，那更是杨花了。——这时偶然有几点送入我们温暖的怀里，便倏地钻了进去，再也寻它不着。

梅雨潭闪闪的绿色招引着我们；我们开始追捉她那离合的神光了。揪着草，攀着乱石，小心探身下去，又鞠躬过了一个石穹门，便到了汪汪一碧的潭边了。瀑布在襟袖之间；但我的心中已没有瀑布了。我的心随潭水的绿而摇荡。那醉人的绿呀！仿佛一张极大极大的荷叶铺着，满是奇异的绿呀。我想张开两臂抱住她；但这是怎样一个妄想呀。——站在水边，望到那面，居然觉着有些远呢！这平铺着，厚积着的绿，着实可爱。她松松地皱缬着，像少妇拖着的裙幅；她轻轻地摆弄着，像跳动的初恋的处女的心；她滑滑地明亮着，像涂了"明油"一般，有鸡蛋清那样软，那样嫩，令人想着所曾触过的最嫩的皮肤；她又不杂些儿尘滓，宛然一块温润的碧玉，只清清的一色——但你却看不透她！我曾见过北京什刹海拂地的绿杨，脱不了鹅黄的底子，似乎太淡了。我又曾见过杭州虎跑寺旁高峻而深密的"绿壁"，丛叠着无穷的碧草与绿叶的，那又似乎太浓了。其余呢，西湖的波太明了，秦淮河的也太暗了。可爱的，我将什么来比拟你呢？我怎么比拟得出呢？大约潭是很深的，故能蕴蓄着这样奇异的绿；仿佛蔚蓝的天融了一块在里面似的，这才这般的鲜润呀。——那醉人的绿呀！我若能裁你以为带，我将赠给那轻盈的舞女；她必能临风飘举了。我若能挹你以为眼，我将赠给那善歌的盲妹；她必明眸善睐了。我舍不得你；我怎舍得你呢？我用手拍着你，抚摩着你，如同一个十二三岁的小姑娘。我又掬你入口，便是吻着她了。我送你一个名字，我从此叫你"女儿绿"，好么？

我第二次到仙岩的时候，我不禁惊诧于梅雨潭的绿了。

潭柘寺　戒坛寺

早就知道潭柘寺、戒坛寺。在商务印书馆的《北平指南》上，见过潭柘的铜图，小小的一块，模模糊糊的，看了一点没有想去的意思。后来不断地听人说起这两座庙；有时候说路上不平静，有时候说路上红叶好。说红叶好的劝我秋天去；但也有人劝我夏天去。有一回骑驴上八大处，赶驴的问逛过潭柘没有，我说没有。他说潭柘风景好，那儿满是老道，他去过，离八大处七八十里地，坐轿骑驴都成。我不大喜欢老道的装束，尤其是那满蓄着的长头发，看上去啰里啰唆，醒里醒醒的。更不想骑驴走七八十里地，因为我知道驴子与我都受不了。真打动我的倒是"潭柘寺"这个名字。不懂不是？就是不懂的妙。躲懒的人念成"潭拓寺"，那更莫名其妙了。这怕是中国文法的花样；要是来个欧化，说是"潭和柘的寺"，那就用不着咬嚼或吟味了。还有在一部诗话里看见近人咏戒台松的七古，诗腾挪夭矫，想来松也如此。所以去。但是在夏秋之前的春天，而且是早春；北平的早春是没有花的。

　　这才认真打听去过的人。有的说住潭柘好，有的说住戒坛好。有的人说路太难走，走到了筋疲力尽，再没兴致玩儿；有人说走路有意思。又有人说，去时坐了轿子，半路上前后两个轿夫吵起来，把轿子搁下，直说不抬了。于是心中暗自决定，不坐轿，也不走路；取中道，骑驴子。又按普通说法，总是潭柘寺在前，戒坛寺在后，想着戒坛寺一定远些；于是决定住潭柘，因为一天回不来，必得住。门头沟下车时，想着人多，怕雇不着许多驴，但是并不然——雇驴的时候，才知道戒坛去便宜一半，那就是说近一半。这时候自己忽然逞起能来，要走路。走吧。

　　这一段路可够瞧的。像是河床，怎么也挑不出没有石子的地方，脚底下老是绊来绊去的，叫人心烦。又没有树木，甚至于没有一根草。这一带原有煤窑，拉煤的大车往来不绝，尘土里饱和着煤屑，变成黯淡的深灰色，叫人看了透不出气来。走一点钟光景。自己觉得已经有点办不了，怕没有走到便筋疲力尽；幸而山上下来一条驴，如获至宝似的雇下，骑上去。这一天东风特别大。平常骑驴就不稳，风一大真是祸不单行。山上东西都有路，很窄，下面是斜坡；本来从西边走，驴夫看风势太猛，将驴拉上东路。就这么着，有一回还几乎让风将驴吹倒；若走西边，没有准儿会驴我同归哪。想起从前人画风雪骑驴图，极是雅事；大概那不是上潭柘寺去的。驴背上照例该有些诗意，但是我，下有驴子，上有帽子眼镜，都要照管；又有迎风下泪的毛病，常要掏手巾擦干。当其时真恨不得生出第三只手来才好。

　　东边山峰渐起，风是过不来了；可是驴也骑不得了，说是坎儿多。坎儿可真多。这时候精神倒好起来了：崎岖的路正可以练腰脚，处处要眼到心到脚到，不像平地上。人多更有点竞赛的心理，总想走上最前头去，再则这儿的山势虽然说不上险，可是突兀、丑怪、巉刻的地方有的是。我们说这才有点儿山的意思；老像八大处那样，真叫人气闷闷的。于是一直走到潭柘寺后门；这段坎儿路比风里走过的长一半，小驴毫无用处，驴夫说："咳，这不过给您做个伴儿！"

墙外先看见竹子，且不想进去。又密，又粗，虽然不够绿。北平看竹子，真不易。又想到八大处了，大悲庵殿前那一溜儿，薄得可怜，细得也可怜，比起这儿，真是小巫见大巫了。进去过一道角门，门旁突然亭亭地矗立着两竿粗竹子，在墙上紧紧地挨着；要用批文章的成语，这两竿竹子足称得起"天外飞来之笔"。

正殿屋角上两座琉璃瓦的鸱吻，在台阶下看，值得徘徊一下。神话说殿基本是青龙潭，一夕风雨，顿成平地，涌出两鸱吻。只可惜现在的两座太新鲜，与神话的朦胧幽秘的境界不相称。但是还值得看，为的是大得好，在太阳里嫩黄得好，闪亮得好；那拴着的四条黄铜链子也映衬得好。寺里殿很多，层层折折高上去，走起来已经不平凡，每殿大小又不一样，塑像摆设也各出心裁。看完了，还觉得无穷无尽似的。正殿下延清阁是待客的地方，远处群山像屏障似的。屋子结构甚巧，穿来穿去，不知有多少间，好像一所大宅子。可惜尘封不扫，我们住不着。话说回来，这种屋子原也不是预备给我们这么多人挤着住的。寺门前一道深沟，上有石桥；那时没有水，若是现在去，倚在桥上听潺潺的水声，倒也可以忘我忘世。过桥四株马尾松，枝枝覆盖，叶叶交通，另成一个境界。西边小山上有个古观音洞。洞无可看，但上去时在山坡上看潭柘的侧面，宛如仇十洲的《仙山楼阁图》；往下看是陡峭的沟岸，越显得深深无极，潭柘简直有海上蓬莱的意味了。寺以泉水著名，到处有石槽引水长流，倒也涓涓可爱。只是流觞亭雅得那样俗，在石地上楞刻着蚯蚓般的槽；那样流觞，怕只有孩子们愿意干。现在兰亭的"流觞曲水"也和这儿的一鼻孔出气，不过规模大些。晚上因为带的铺盖薄，冻得睁着眼，却听了一夜的泉声；心里想要不冻着，这泉声够多清雅啊！寺里并无一个老道，但那几个和尚，满身铜臭，满眼势利，教人老不能忘记，倒也麻烦的。

第二天清早，二十多人满雇了牲口，向戒坛而去，颇有浩浩荡荡之势。我的是一匹骡子，据说稳得多。这是第一回，高高兴兴骑上去。这一路要翻罗喉岭。只是土山，可是道儿窄，又曲折，虽不高，老那么凸凸凹凹的。许多处只容得一匹牲口过去。平心说，是险点儿。想起古来用兵，从间道袭敌人，许也是这种光景吧。

戒坛在半山上，山门是向东的。一进去就觉得平旷；南面只有一道低低的砖栏，下边是一片平原，平原尽处才是山，与众山屏蔽的潭柘气象便不同。进二门，更觉得空阔疏朗，仰看正殿前的平台，仿佛汪洋千顷。这平台东西很长，是戒坛最胜处，眼界最宽，叫人想起"振衣千仞冈"的诗句。三株名松都在这里。"卧龙松"与"抱塔松"同是偃仆的姿势，身躯奇伟，鳞甲苍然，有飞动之意。"九龙松"老干槎桠，如张牙舞爪一般。若在月光底下，森森然的松影当更有可看。此地最宜低回流连，不是匆匆一览所可领略。潭柘以层折胜，戒坛以开朗胜；但潭柘似乎更幽静些。戒坛的和尚，春风满面，却远胜于潭柘的；我们之中颇有悔不该住潭柘的。戒坛后山上也有个观音洞。洞宽大而深，大家点了火把嚷嚷闹闹地下去；半里光景的洞满是油烟，满是声音。洞里有石虎、石龟、上天梯、海眼等等，无非是凑凑人的热闹而已。

还是骑骡子。回到长辛店的时候，两条腿几乎不是我的了。

《空山灵雨》

许地山 ◎ 著

《空山灵雨》弁言

  生本不乐,能够使人觉得稍微安适的,只有躺在床上那几小时,但要在那短促的时间中希冀极乐,也是不可能的事。

  自入世以来,屡遭变难,四方流离,未尝宽怀就枕。在睡不着时,将心中似忆似想的事,随感随记;在睡着时,偶得趾离过爱,引领我到回忆之乡,过那游离的日子,更不得不随醒随记。积时累日,成此小册。以其杂沓纷纭,毫无线索,故名《空山灵雨》。

十一年一月二十五日 落华生[1]

蝉

  急雨之后,蝉翼湿得不能再飞了。那可怜的小虫在地

---

[1] 作者许地山的笔名。古汉语中"华"同"花",所以又称落花生。

面慢慢地爬,好容易爬到不老的松根上头。松针穿不牢的雨珠从千丈高处脱下来,正滴在蝉翼上。蝉嘶了一声,又从树的露根摔到地上了。

雨珠,你和他开玩笑么?你看,蚂蚁来了!野鸟也快要看见他了!

蛇

在高可触天的桄榔树下。我坐在一条石磴上,动也不动一下。穿彩衣的蛇也蟠在树根上,动也不动一下。多会让我看见他,我就害怕得很,飞也似的离开那里,蛇也和飞箭一样,射入蔓草中了。

我回来,告诉妻子说:"今儿险些不能再见你的面!"

"什么缘故?"

"我在树林见了一条毒蛇:一看见他,我就速速跑回来;蛇也逃走了。……到底是我怕他,还是他怕我?"

妻子说:"若你不走,谁也不怕谁。在你眼中,他是毒蛇;在他眼中,你比他更毒呢。"

但我心里想着,要两方互相惧怕,才有和平。若有一方大胆一点,不是他伤了我,便是我伤了他。

山响

群峰彼此谈得呼呼地响。他们的话语,给我猜着了。

这一峰说:"我们的衣服旧了,该换一换啦。"

那一峰说:"且慢吧,你看,我这衣服好容易从灰白色变成青绿色,又从青绿色变成珊瑚色和黄金色——质虽是旧的,可是形色还不旧。我们多穿一会吧。"

正在商量的时候,他们身上穿的,都出声哀求说:"饶了我们,让我们歇歇吧。我们的形态都变尽了,再不能为你们争体面了。"

"去吧,去吧,不穿你们也算不得什么。横竖不久我们又有新的穿。"群峰都出着气这样说。说完之后,那红的、黄的彩衣就陆续褪下来。

我们都是天衣,那不可思议的灵,不晓得甚时要把我们穿着得非常破烂,才把我们收入天橱。愿他多用一点气力,及时用我们,使我们得以早早休息。

蜜蜂和农人

雨刚晴,蝶儿没有蓑衣,不敢造次出来,可是瓜棚的四围,已满唱了蜜蜂的工夫诗:

"彷彷,徨徨!徨徨,彷彷!
生就是这样,徨徨,彷彷!
趁机会把蜜酿。

大家帮帮忙；
别误了好时光。
彷彷，徨徨！徨徨，彷彷！"

蜂虽然这样唱，那底下坐着三四个农夫却各人担着烟管在那里闲谈。

人的寿命比蜜蜂长，不必像它们那么忙么？未必如此。不过农夫们不懂它们的歌就是了。但农夫们工作时，也会唱的。他们唱的是：

"村中鸡一鸣，
阳光便上升，
太阳上升好插秧。
禾秧要水养，
各人还为踏车忙。
东家莫截西家水；
西家不借东家粮。
各人只为各人忙——
'各人自扫门前雪，不管他人瓦上霜。'"

落花生

我们屋后有半亩隙地。母亲说："让它荒芜着怪可惜，既然你们那么爱吃花生，就辟来做花生园吧。"我们几姊弟和几个小丫头都很喜欢——买种的买种，动土的动土，灌园的灌园；过不了几个月，居然收获了！

妈妈说:"今晚我们可以做一个收获节,也请你们爹爹来尝尝我们的新花生,如何?"我们都答应了。母亲把花生做成好几样的食品,还吩咐这节期要在园里的茅亭举行。

那晚上的天色不大好,可是爹爹也到来,实在很难得!爹爹说:"你们爱吃花生么?"

我们都争着答应:"爱!"

"谁能把花生的好处说出来?"

姊姊说:"花生的气味很美。"

哥哥说:"花生可以制油。"

我说:"无论何等人都可以用贱价买它来吃;都喜欢吃它。这就是它的好处。"

爹爹说:"花生的用处固然很多,但有一样是很可贵的。这小小的豆不像那好看的苹果、桃子、石榴,把它们的果实悬在枝上,鲜红嫩绿的颜色,令人一望而发生羡慕的心。它只把果子埋在地底,等到成熟,才容人把它挖出来。你们偶然看见一棵花生瑟缩地长在地上,不能立刻辨出它有没有果实,非得等到你接触它才能知道。"

我们都说:"是的。"母亲也点点头。爹爹接下去说:"所以你们要像花生,因为它是有用的,不是伟大、好看的东西。"我说:"那么,人要做有用的人,不要做伟大、体面的人了。"爹爹说:"这是我对于你们的希望。"

我们谈到夜阑才散,所有花生食品虽然没有了,然而父亲的话现在还印在我心版上。

梨花

她们还在园里玩,也不理会细雨丝丝穿入她们的罗衣。池边梨花的颜色被雨洗得更白净了,但朵朵都懒懒地垂着。

姊姊说:"你看,花儿都倦得要睡了!"

"待我来摇醒他们。"

姊姊不及发言,妹妹的手早已抓住树枝摇了几下。花瓣和水珠纷纷地落下来,铺得银片满地,煞是好玩。

妹妹说:"好玩啊,花瓣一离开树枝,就活动起来了!"

"活动什么?你看,花儿的泪都滴在我身上哪。"姊姊说这话时,带着几分怒气,推了妹妹一下。她接着说:"我不和你玩了,你自己在这里吧。"

妹妹见姊姊走了,直站在树下出神。停了半晌,老妈子走来,牵着她,一面走着,说:"你看,你的衣服都湿透了;在阴雨天,每日要换几次衣服,教人到哪里找太阳给你晒去呢?"

落下来的花瓣,有些被她们的鞋印入泥中;有些粘在妹妹身上,被她带走;有些浮在池面,被鱼儿衔入水里。那多情的燕子不歇把鞋印上的残瓣和软泥一同衔在口中,到梁间去,构成他们的香巢。

春的林野

春光在万山环抱里,更是泄漏得迟。那里的桃花还是开着;漫游的薄云从这峰飞过那峰,有时稍停一会,为的是挡住太阳,教地面的花草在它的荫下避避光焰的威吓。

岩下的荫处和山溪的旁边满长了薇蕨和其他凤尾草，红、黄、蓝、紫的小草花点缀在绿茵上头。

天中的云雀，林中的金莺，都鼓起它们的舌簧。轻风把它们的声音挤成一片，分送给山中各样有耳无耳的生物。桃花听得入神，禁不住落了几点粉泪，一片一片凝在地上。小草花听得大醉，也和着声音的节拍一会倒，一会起，没有镇定的时候。

林下一班孩子正在那里捡桃花的落瓣哪。他们捡着，清儿忽嚷起来，道："嘎，邕邕来了！"众孩子住了手，都向桃林的尽头盼望。果然邕邕也在那里摘草花。

清儿道："我们今天可要试试阿桐的本领了。若是他能办得到，我们都把花瓣穿成一串璎珞围在他身上，封他为大哥如何？"

众人都答应了。

阿桐走到邕邕面前，道："我们正等着你来呢。"

阿桐的左手盘在邕邕的脖上，一面走一面说："今天他们要替你办嫁妆，教你做我的妻子。你能做我的妻子么？"

邕邕狠视了阿桐一下，回头用手推开他，不许他的手再搭在自己脖上。孩子们都笑得支持不住了。

众孩子嚷道："我们见过邕邕用手推人了！阿桐赢了！"

邕邕从来不会拒绝人，阿桐怎能知道一说那话，就能使她动手呢？是春光的荡漾，把他这种心思泛出来呢？或者，天地之心就是这样呢？

你且看：漫游的薄云还是从这峰飞过那峰。

你且听：云雀和金莺的歌声还布满了空中和林中。在这万山环抱的桃林中，除那班爱闹的孩子以外，万物把春光领略得心眼都迷蒙了。

生

　　我的生活好像一棵龙舌兰，一叶一叶，慢慢地长起来。某一片叶在一个时期曾被那美丽的昆虫做过巢穴；某一片叶曾被小鸟们歇在上头歌唱过。现在那些叶子都落掉了！只有瘢楞的痕迹留在干上，人也忘了某叶某叶曾经显过的样子；那些叶子曾经历过的事迹唯有龙舌兰自己可以记忆得来，可是他不能说给别人知道。

　　我的生活好像我手里这管笛子。他在竹林里长着的时候，许多好鸟歌唱给他听；许多猛兽长啸给他听；甚至天中的风雨雷电都不时教给他发音的方法。

　　他长大了，一切教师所教的都纳入他的记忆里。然而他身中仍是空空洞洞，没有什么。

　　做乐器者把他截下来，开几个气孔，搁在唇边一吹，他从前学的都吐露出来了。

面具

　　人面原不如那纸制的面具哟！你看那红的、黑的、白的、青的、喜笑的、悲哀的、目眦怒得欲裂的面容，无论你怎样褒奖，怎样弃嫌，他们一点也不改变。红的还是红，白的还是白，目眦欲裂的还是目眦欲裂。

　　人面呢？颜色比那纸制的小玩意儿好而且活动，带着生气。可是你褒奖他的时候，他虽是很高兴，脸上却装出很不愿意的样子；你指摘他的时候，他虽是懊恼，脸上偏要显出勇于纳言的颜色。

人面到底是靠不住呀！我们要学面具，但不要戴它，因为面具后头应当让它空着才好。

海

我的朋友说："人的自由和希望，一到海面就完全失掉了！因为我们太不上算，在这无涯浪中无从显出我们有限的能力和意志。"

我说："我们浮在这上面，眼前虽不能十分如意，但后来要遇着的，或者超乎我们的能力和意志之外。所以在一个风狂浪骇的海面上，不能准说我们要到什么地方就可以达到什么地方；我们只能把性命先保持住，随着波涛颠来簸去便了。"我们坐在一只不如意的救生船里，眼看着载我们到半海就毁坏的大船渐渐沉下去。

我的朋友说："你看，那要载我们到目的地的船快要歇息去了！现在在这茫茫的空海中，我们可没有主意啦。"幸而同船的人，心忧得很，没有注意听他的话。我把他的手摇了一下说："朋友，这是你纵谈的时候吗？你不帮着划桨吗？""划桨吗？这是容易的事。但要划到哪里去呢？"

我说："在一切的海里，遇着这样的光景，谁也没有带着主意下来，谁也脱不了在上面泛来泛去。我们尽管划吧。"

海世间

我们的人间只有在想象或淡梦中能够实现罢了。一离了人造的海上社会，心里便想到之后我们要脱离等等社会律的桎梏，来享受那乐行忧违的潜龙生活。谁知道一上船，那人造人间所存的受、想、行、识，都跟着我们入了这自然的海洋！这些东西，比我们的行李还多，把这一万二千吨的小船压得两边摇荡。同行的人也知道船载得过重，要想一个好方法，让它的负担减轻一点，但谁能有出众的慧思呢？想来想去，只有吐些出来，此外更无何等妙计。

这方法虽是很平常，然而船却轻省得多了。这船原是要到新世界去的哟，可是新世界未必就是自然的人间。在水程中，虽然把衣服脱掉了，跳入海里去学大鱼的游泳，也未必是自然。要是闭眼闷坐着，还可以有一点勉强的自在。

船离陆地远了，一切远山疏树尽化行云。割不断的轻烟，缕缕丝丝从烟筒里舒放出来，慢慢地往后延展。故国里，想是有人把这烟揪住吧。不然就是我们之中有些人的离情凝结了，乘着轻烟家去。

呀！他的魂也随着轻烟飞去了！轻烟载不起他，把他摔下来。堕落的人连浪花也要欺负他，将那如弹的水珠一颗颗射在他身上。他几度随着波涛浮沉，气力有点不足，眼看要沉没了，幸而得文鳐的哀怜，展开了帆鳍搭救他。

文鳐说："你这人太笨了，热火燃尽的冷灰，岂能载得你这焰红的情怀？我知道你们船中定有许多多情的人儿，动了乡思。我们一队队跟船走，又飞又泳，指望能为你们服劳，不料你们反拍着掌笑我们，驱逐我们。"

他说："你的话我们怎能懂得呢？人造的人间的人，只能懂得人造的语言罢了。"

文鳐摇着他口边那两根短须，装作很老成的样子，说："是谁给你分别的，什么叫人造人间，什么叫自然人间？只有你心里妄生差别便了。我们只有海世间和陆世间的分别，陆世间想你是经历惯的；至于海世间，你只能从想象中理会一点。你们想海里也有女神，五官六感都和你们一样，戴的什么珊瑚、珠贝,披的什么鲛纱、昆布。其实这些东西,在我们这里并非稀奇难得的宝贝。而且一说人的形态便不是神了。我们没有什么神,只有这蔚蓝的盐水是我们生命的根源。可是我们生命所从的水,于你们反有害处。海水能夺去你们的生命。若说海里有神,你应当崇拜水,无须再造其他的偶像。"

他听得呆了,双手扶着文鳐的帆鳍,请求他领他到海世间去。文鳐笑了,说:"我明说水中你是生活不得的,你不怕丢了你的生命吗?"

他说:"下去一分时间,想是无妨的。我常想着海神的清洁、温柔、娴雅等等美德;又想着海底的花园有许多我不曾见过的生物和景色,恨不得有人领我下去一游。"

文鳐说:"没有什么,没有什么,不过是咸而冷的水罢了,海的美丽就是这么简单——冷而咸。你一眼就可以望见了。何必我领你呢?凡美丽的事物,都是这么简单的。你要求它多么繁复、热烈,那就不对了。海世间的生活,你是受不惯的,不如送你回船上去吧。"

那鱼一振鳍,早离了波皋,飞到舷边。他还舍不得回到这真是人造的陆世界来,眼巴巴只怅望着天涯,不信海就是方才所听情况。从他想象里,试要构造些海底世界的光景。他的海中景物真的实现在他梦想中了。

暾将出兮东方

在山中住,总要起得早,因为似醒非醒地眠着,是山中各样的朋友所憎恶的。破晓起来,不但可以静观彩云的变幻;和细听鸟语的婉转;有时还从山巅、树表、溪影、村容之中给我们许多可说不可说的愉快。

我们住在山压檐牙阁里,有一次,在曙光初透的时候,大家还在床上眠着，耳边恍惚听见一队童男女的歌声，唱道：

"榻上人，应觉悟！
晓鸡频催三两度。
君不见——
'暾将出兮东方'，
微光已透前村树？
榻上人，应觉悟！"

往后又跟着一节和歌：

"暾将出兮东方！
暾将出兮东方！
会见新曦被四表，
使我乐兮无央。"

那歌声还接着往下唱，可惜离远了，不能听得明白。

啸虚对我说："这不是十年前你在学校里教孩子唱的吗？怎么会跑到这里唱起来？"

我说："我也很诧异，因为这首歌，连我自己也早已忘了。"

"你的暮气满面，当然会把这歌忘掉。我看你现在要用赞美光明的声音去赞美黑暗哪。"

我说："不然，不然。你何尝了解我？本来，黑暗是不足诅咒，光明是无须赞美的。光明不能增益你什么，黑暗不能妨害你什么，你以何因缘而生出差别心来？若说要赞美的话：在早晨就该赞美早晨；在日中就该赞美日中；在黄昏就该赞美黄昏；在长夜就该赞美长夜；在过去、现在、将来一切时间，就该赞美过去、现在、将来一切时间。说到诅咒，亦复如是。"

那时，朝曦已射在我们脸上，我们立即起来，计划那日的游程。

鬼赞

你们曾否在凄凉的月夜听过鬼赞？有一次，我独自在空山里走，除远处寒潭的鱼跃出水声略可听见以外，其余种种，都被月下的冷露幽闭住。我的衣服极其润湿，我两腿也走乏了。正要转回家中，不晓得怎样就经过一区死人的聚落。我因疲极，才坐在一个祭坛上少息。在那里，看见一群幽魂高矮不齐，从各坟墓里出来。他们仿佛没有看见我，都向着我所坐的地方走来。

他们从这墓走过那墓，一排排地走着，前头唱一句，后面应一句，和举行什么巡礼一样。我也不觉得害怕，但静静地坐在一旁，听他们的唱和。

第一排唱："最有福的是谁？"

往下各排挨着次序应。

"是那曾用过视官，而今不能辨明暗的。"

"是那曾用过听官，而今不能辨声音的。"

"是那曾用过嗅官，而今不能辨香味的。"

"是那曾用过味官，而今不能辨苦甘的。"

"是那曾用过触官，而今不能辨粗细、冷暖的。"

各排应完，全体都唱："那弃绝一切感官的有福了！我们的骷髅有福了！"

第一排的幽魂又唱："我们的骷髅是该赞美的。我们要赞美我们的骷髅。"

领首的唱完，还是挨着次序一排排地应下去。

"我们赞美你，因为你哭的时候，再不流眼泪。"

"我们赞美你，因为你发怒的时候，再不发出紧急的气息。"

"我们赞美你，因为你悲哀的时候，再不皱眉。"

"我们赞美你，因为你微笑的时候，再没有嘴唇遮住你的牙齿。"

"我们赞美你，因为你听见赞美的时候，再没有血液在你的脉里颤动。"

"我们赞美你，因为你不肯受时间的拨弄。"

全体又唱："那弃绝一切感官的有福了！我们的骷髅有福了！"

他们把手举起来一同唱："人哪，你在当生、来生的时候，有泪就得尽量流；有声就得尽量唱；有苦就得尽量尝；有情就得尽量施；有欲就得尽量取；有事就得尽量成就。等到你疲劳，等到你歇息的时候，你就有福了！"

他们诵完这段，就各自分散。一时，山中睡不熟的云直往下压，远地的丘陵都给埋没了。我险些儿也迷了路途，幸而有断断续续的鱼跃出水声从寒潭那边传来，使我稍微认得归路。

笑

我从远地冒着雨回来。因为我妻子心爱的一样东西让我找着了，我得带回来给她。

一进门，小丫头为我收下雨具，老妈子也借故出去了。我对妻子说："相离好几天，你闷得慌吗？……呀，香得很！这是从哪里来的？"

"窗棂下不是有一盆素兰吗？"

我回头看，几箭兰花在一个汝窑钵上开着。我说："这盆花多会移进来的？这么大雨天，还能开得那么好，真是难得啊！……可是我总不信那些花有如此的香气。"

我们并肩坐在一张紫檀榻上。我还往下问："良人，到底是兰花的香，是你的香？"

"到底是兰花的香，是你的香？让我闻一闻。"她说时，亲了我一下。小丫头看见了，掩着嘴笑，翻身揭开帘子，要往外走。

"玉耀，玉耀，回来。"小丫头不敢不回来，但，仍然抿着嘴笑。

"你笑什么？"

"我没有笑什么。"

我为她们排解说:"你明知道她笑什么,又何必问她呢,饶了她吧。"

妻子对小丫头说:"不许到外头瞎说。去吧,到园里给我摘些瑞香来。"小丫头抿着嘴出去了。

香

妻子说:"良人,你不是爱闻香么?我曾托人到鹿港去买上好的沉香线;现在已经寄到了。"她说着,便抽出妆台的抽屉,取了一条沉香线,燃着,再插在小宣炉中。

我说:"在香烟绕缭之中,得有清谈。给我说一个生番故事吧,不然,就给我谈佛。"

妻子说:"生番故事,太野了。佛更不必说,我也不会说。"

"你就随便说些你所知道的吧,横竖我们都不大懂得;你且说,什么是佛法吧。"

"佛法么?一一色,一一声,一一香,一一味,一一触,一一造作,一一思维,都是佛法;唯有爱闻香的爱不是佛法。"

"你又矛盾了!这是什么因明?"

"不明白么?因为你一爱,便成为你的嗜好;那香在你闻觉中,便不是本然的香了。"

愿

南普陀寺里的大石，雨后稍微觉得干净，不过绿苔多长一些。天涯的淡霞好像给我们一个天晴的信。树林里的虹气，被阳光分成七色。树上，雄虫求雌的声，凄凉得使人不忍听下去。妻子坐在石上，见我来，就问："你从哪里来？我等你许久了。"

"我领着孩子们到海边捡贝壳咧。阿琼捡着一个破贝，虽不完全，里面却像藏着珠子的样子。等他来到，我教他拿出来给你看一看。"

"在这树荫底下坐着，真舒服呀！我们天天到这里来，多么好呢！"

妻说："你哪里能够？"

"为什么不能？"

"你应当作荫，不应当受荫。"

"你愿我作这样的荫吗？"

"这样的荫算什么！我愿你作无边宝华盖，能普荫一切世间诸有情；愿你为如意净明珠，能普照一切世间诸有情；愿你为降魔金刚杵，能破坏一切世间诸障碍；愿你为多宝盂兰盆，能盛百味，滋养一切世间诸饥渴者；愿你有六手，十二手，百手，千万手，无量数那由他如意手，能成全一切世间等等美善事。"

我说："极善，极妙！但我愿做调味的精盐，渗入等等食品中，把自己的形骸融散，且恢复当时在海里的面目，使一切有情得尝咸味，而不见盐体。"

妻子说："只有调味，就能使一切有情都满足吗？"

我说："盐的功用，若只在调味，那就不配称为盐了。"

你为什么不来

在夭桃开透、浓荫欲成的时候，谁不想伴着他心爱的人出去游逛游逛呢？在密云不飞、急雨如注的时候，谁不愿在深闺中等她心爱的人前来细谈呢？

她闷坐在一张睡椅上，紊乱的心思像窗外的雨点——东抛，西织，来回无定。在有意无意之间，又顺手拿起一把九连环慵懒懒地解着。

丫头进来说："小姐，茶点都预备好了。"

她手里还是慵懒懒地解着，口里却发出似答非答的声："……他为什么还不来？"

除窗外的雨声，和她手中轻微的银环声以外，屋里可算静极了！在这幽静的屋里，忽然从窗外伴着雨声送来几句优美的歌曲：

"你放声哭，
因为我把林中善鸣的鸟笼住么？
你飞不动，
因为我把空中的雁射杀么？
你不敢进我的门，
因为我家养狗提防客人么？
因为我家养猫捕鼠，
你就不来么？
因为我的灯火没有笼罩，
烧死许多美丽的昆虫
你就不来么？
你不肯来，
因为我有……？"

"有什么呢？"她听到末了这句，那紊乱的心就发出这样的问。她心中接着想：因为我约你，所以你不肯来；还是因为大雨，使你不能来呢？

爱就是刑罚

"这什么时候了，还埋头在案上写什么？快同我到海边去走走吧。"

丈夫尽管写着，没站起来，也没抬头对他妻子行个"注目笑"的礼。妻子跑到身边，要抢掉他手里的笔，他才说："对不起，你自己去吧。船，明天一早就要开，今晚上我得把这几封信赶出来，十点钟还要送到船里的邮箱去。"

"我要人伴着我到海边去。"

"请七姨子陪你去。"

"七妹子说我嫁了，应当和你同行；她和别的同学先去了。我要你同我去。"

"我实在对不起你，今晚不能随你出去。"他们争执了许久，结果还是妻子独自出去。

丈夫低着头忙他的事体，足有四点钟工夫。那时已经十一点了，他没有进去看看那新婚的妻子回来了没有，披起大衣大踏步地出门去。

他回来，还到书房里检点一切，才进入卧房。妻子已先睡了。他们的约法：睡迟的人得亲过先睡者的嘴才许上床。所以这位少年走到床前，依法亲了妻子一下。妻子急用手在唇边来回擦了几下。那意思是表明她不受这个接吻。

丈夫不敢上床，呆呆地站在一边。一会，他走到窗前，两手支着下颔，点点的泪滴在窗棂上。他说："我从来没受过这样刑罚！……你的爱，到底在哪里？"

"你说爱我,方才为什么又刑罚我,使我孤零?"妻子说完,随即起来,安慰他说:"好人,不要当真,我和你闹玩哪。爱就是刑罚,我们能免掉么?"

花香雾气中的梦

在覆茅涂泥的山居里,那阻不住的花香和雾气从疏帘窜进来,直扑到一对梦人身上。妻子把丈夫摇醒,说:"快起吧,我们的被褥快湿透了。怪不得我总觉得冷,原来太阳被囚在浓雾的监狱里不能出来。"

那梦中的男子,心里自有他的温暖,身外的冷与不冷他毫不介意。他没有睁开眼睛便说:"哎呀,好香!许是你桌上的素馨露洒了吧?"

"哪里?你还在梦中哪。你且睁眼看帘外的光景。"

他果然揉了眼睛,拥着被坐起来,对妻子说:"怪不得我净梦见一群女子在微雨中游戏。若是你不叫醒我,我还要往下梦哪。"

妻子也拥着她的绒被坐起来说:"我也有梦。"

"快说给我听。"

"我梦见把你丢了。我自己一人在这山中遍处找寻你,怎么也找不着。我越过山后,只见一个美丽的女郎挽着一篮珠子向各树的花叶上头乱撒。我上前去向她问你的下落,她笑着问我:'他是谁,找他干什么?'我当然回答,他是我的丈夫——"

"原来你在梦中也记得他!"他笑着说这话,那双眼睛还显出很滑稽的样子。

妻子不喜欢了。她转过脸背着丈夫说:"你说什么话!你老是要挑剔人家的话语,我不往下说了。"她推开绒被,随即呼唤丫头预备洗脸水。

丈夫速把她揪住,央求说:"好人,我再不敢了。你往下说吧。以后若再饶舌,情愿挨罚。"

"谁稀罕罚你?"妻子把这次的和平画押了。她往下说,"那女人对我说,你在山前柚花林里藏着。我那时又像把你忘了……"

"哦,你又……不,我应许过不再说什么的;不然,我就要挨罚了。你到底找着我没有?"

"我没有向前走,只站在一边看她撒珠子。说来也很奇怪:那些珠子粘在各花叶上都变成五彩的零露,连我的身体也沾满了。我忍不住,就问那女郎。女郎说:'东西还是一样,没有变化,因为你的心思前后不同,所以觉得变了。你认为珠子,是在我撒手之前,因为你想我这篮子决不能盛得露水。你认为露珠时,在我撒手之后,因为你想那些花叶不能留住珠子。我告诉你:你所认的不在东西,乃在使用东西的人和时间;你所爱的,不在体质,乃在体质所表的情。你怎样爱月呢?是爱那悬在空中已经老死的暗球吗?你怎样爱雪呢?是爱它那种砭人肌骨的凛冽吗?'"

"她一说到雪,我打了一个寒噤,便醒起来了。"

丈夫说:"到底没有找着我。"

妻子一把抓住他的头发,笑说:"这不是找着了吗?……我说,这梦怎样?"

"凡你所梦都是好的。那女郎的话也是不错。我们最愉快的时候岂不是在接吻后,彼此的凝视吗?"他向妻子痴笑,妻子把绒被拿起来,盖在他头上,说:"恶鬼!这回可不让你有第二次的凝视了。"

荼蘼

我常得着男子送给我的东西，总没有当它们做宝贝看。我的朋友师松却不如此，因为她从不曾受过男子的赠予。

自鸣钟敲过四下以后，山上礼拜寺的聚会就完了。男男女女像出圈的羊，争要下到山坡觅食一般。那边有一个男学生跟着我们走，他的正名字我忘记了，我只记得人家都叫他作"宗之"。他手里拿着一枝荼蘼，且行且嗅。荼蘼本不是香花，他嗅着，不过是一种无聊举动便了。

"松姑娘，这枝荼蘼送给你。"他在我们后面嚷着。松姑娘回头看见他满脸堆着笑容递着那花，就速速伸手去接。她接着说："很多谢，很多谢。"宗之只笑着点点头，随即从西边的山径转回家去。

"他给我这个，是什么意思？"

"你想他有什么意思，他就有什么意思。"我这样回答她。走不多远，我们也分途各自家去了。

她自下午到晚上不歇把弄那枝荼蘼。那花像有极大的魔力，不让她撒手一样。她要放下时，每觉得花儿对她说："为什么离夺我？我不是从宗之手里递给你，交你照管的吗？"

呀，宗之的眼、鼻、口、齿、手、足、动作，没有一件不在花心跳跃着，没有一件不在她眼前的花枝显现出来！她心里说："你这美男子，为甚缘故送给我这花儿？"她又想起那天经坛上的讲章，就自己回答说："因为他顾念他使女的卑微，从今而后，万代要称我为有福。"

这是她爱荼蘼花，还是宗之爱她呢？我也说不清，只记得有一天我和宗之正坐在榕树根谈话的时候，他家的人跑来对他说："松姑娘吃了一朵什么花，说是你给她的，现在病了。她家的人要找你去问话咧。"

他吓了一跳，也摸不着头脑，只说："我哪时节给她东西吃？这真是……！"

我说："你细想一想。"他怎么也想不起来。我才提醒他说："你前个月在斜道上不是给了她一朵荼䕷吗？"

"对呀，可不是给了她一朵荼䕷！可是我哪里让她吃了呢？"

"为什么你单给她，不给别人？"我这样问他。

他很直接地说："我并没有什么意思，不过随手摘下，随手送给别人就是了。我平素送了许多东西给人，也没有什么事；怎么一朵小小的荼䕷就可使她着了魔？"

他还坐在那里沉吟，我便促他说："你还能在这里坐着么？不管她是误会，你是有意，你既然给了她，现在就得去看她一看才是。"

"我哪有什么意思？"

我说："你且去看看罢。蚌蛤何尝立志要生珠子呢？也不过是外间的沙粒偶然渗入它的壳里，它就不得不用尽功夫分泌些黏液把那小沙裹起来罢了。你虽无心，可是你的花一到她手里，管保她不因花而爱起你来吗？你敢保她不把那花当作你所赐给爱的标识，就纳入她的怀中，用心里无限的情思把它围绕得非常严密吗？也许她本无心，但因你那美意的沙无意中掉在她爱的贝壳里，使她不得不如此。不用踌躇了，且去看看吧。"

宗之这才站起来，皱一皱他那副冷静的脸庞，跟着来人从林菁的深处走出去了。

银翎的使命

黄先生约我到狮子山麓阴湿的地方去找捕蝇草。那时刚过梅雨之期，远地青山还被烟霞蒸着，唯有几朵山花在我们眼前澹定地看那在溪涧里逆行的鱼儿喋着他们的残瓣。

我们沿着溪涧走。正在找寻的时候，就看见一朵大白花从上游顺流而下。我说："这时候，哪有偌大的白荷花流着呢？"

我的朋友说："你这近视鬼！你准看出那是白荷花么？我看那是……"

说时迟，来时快，那白的东西已经流到我们跟前。黄先生急把采集网拦住水面；那时，我才看出是一只鸽子。他从网里把那死的飞禽取出来，诧异说："是谁那么不仔细，把人家的传书鸽打死了！"他说时，从鸽翼下取出一封长的小信来，那信已被水浸透了；我们慢慢把它展开，披在一块石上。

"我们先看看这是从哪里来，要寄到哪里去的，然后给他寄去，如何？"我一面说，一面看着。但那上头不仅地址没有，甚至上下的款识也没有。

黄先生说："我们先看看里头写的是什么，不必讲私德了。"

我笑着说："是，没有名字的信就是公的，所以我们也可以披阅一遍。"

于是我们一同念着：

"你教昆儿带银翎、翠翼来，吩咐我，若是他们空着回去，就是我还平安的意思。我恐怕他知道，把这两只小宝贝寄在霞妹那里；谁知道前天她开笼搁饲料的时候，不提防把翠翼放走了！

嗳，爱者，你看翠翼没有带信回去，定然很安心，以为我还平安无事。我也很盼望你常想着我的精神和去年一样。不过现在不能不对你说的，就是过几天人就要把我接去了！我不得不叫你速速来和他计较。你一来，什么事都好办了，因为他怕的是你和他讲理。

嗳，爱者，你见信以后，必得前来，不然，就见我不着；以后只能在累累荒冢中读我的名字了，这不是我不等你，时间不让我等你哟！

我盼望银翎平平安安地带着它的使命回去。"

我们念完，黄先生道："这是怎么一回事？"

"谁能猜呢？反正是不幸的事罢了。现在要紧的，就是怎样处置这封信。我想把它贴在树上，也许有知道这事的人经过这里，可以把它带去。"我摇着头，且轻轻地把信揭起。

黄先生说："不如拿到村里去打听一下，或者容易找出一点线索。"

我们商量之下，就另抄一张起来，仍把原信系在鸽翼底下。黄先生用采掘锹子在溪边挖了一个小坑，把鸽子葬在里头。回头为他立了一座小碑，且从水中淘出几块美丽的小石压在墓上。那墓就在山花盛开的地方，我一翻身，就把些花瓣摇下来，也落在这使者的墓上。

我想

我想什么？

我心里本有一条达到极乐园地的路，从前曾被那女人走过的，现在那人不在了，这条路不但是荒芜，并且被野草、闲花、棘枝、绕藤占据得找不出来了！

我许久就想着这条路，不单是开给她走的，她不在，我岂不能独自来往？

但是野草、闲花这样美丽、香甜，我怎舍得把它们去掉呢？棘枝、绕藤又那样横逆、蔓延，我手里又没有器械，怎敢惹它们呢？我想独自在那路上徘徊，总没有实行的日子。

日子一久，我连那条路的方向也忘了。我只能日日跑到路口那个小池的岸边静坐，在那里怅望，和沉思那草掩、藤封的道途。

狂风一吹，野花乱坠，池中锦鱼道是好饵来了，争着上来喽喋。我所想的，也浮在水面被鱼喋入口里；复幻成泡沫吐出来，仍旧浮回空中。

鱼还是活活泼泼地游；路又不肯自己开了；我更不能把所想的撇在一边。呀！

我定睛望着上下游泳的锦鱼，我的回想也随着上下游荡。

呀，女人！你现在成为我"记忆的池"中的锦鱼了。你有时浮上来，使我得以看见你；有时沉下去，使我费神猜想你是在某片落叶底下，或某块沙石之间。

但是那条路的方向我早忘了，我只能每日坐在池边，盼望你能从水底浮上来。

别话

素辉病得很重，离她停息的时候不过是十二个时辰了。她丈夫坐在一边，一手支颐，一手把着病人的手臂，宁静而恳挚的眼光都注在他妻子的面上。

黄昏的微光一分一分地消失，幸而房里都是白的东西，眼睛不至于失了它们的辨别力。屋里的静默，早已布满了死的气色，看护妇又不进来，她的脚步声只在门外轻轻地蹀过去，好像告诉屋里的人说："生命的步履不往这里来，离这里渐次远了。"

强烈的电光忽然从玻璃泡里的金丝发出来，光的浪把那病人的眼睑冲开。丈夫见她这样，就回复他的希望，恳挚地说："你——你醒过来了！"

素辉好像没听见这话，眼望着他，只说别的。她说："嗳，珠儿的父亲，在这时候，你为什么不带她来见见我？"

"明天带她来。"

屋里又沉默了许久。

"珠儿的父亲哪，因为我身体软弱、多病的缘故，教你牺牲许多光阴来看顾我，还阻碍你许多比服待我更要紧的事。我实在对你不起，我的身体实不容我……"

"不要紧的，服侍你也是我应当做的事。"

她笑，但白的被窝中所显出来的笑容并不是欢乐的标识。她说："我很对不住你，因为我不曾为我们生下一个男儿。"

"哪里的话！女孩子更好。我爱女的。"

凄凉中的喜悦把素辉身中预备要走的魂拥回来。她的精神似乎比之前强些，一听丈夫那么说，就接着道："女的本不足爱，你看许多人——连你——为女人惹下多少烦恼！……不过是——人要懂得怎样爱女人，才能懂得怎样爱智慧。不会爱或拒绝爱女人的，纵然他没有烦恼，他是万灵中最愚蠢的人。珠儿的父亲，珠儿的父亲哪，你佩服这话么？"

这时，就是我们——旁边的人——也不能为珠儿的父亲想出一句答辞。

"我离开你以后，切不要因为我，就一辈子过那鳏夫的生活。你必要为我的缘故，依我方才的话爱别的女人。"她说到这里把那只几乎动不得的右手举起来，向枕边摸索。

"你要什么？我替你找。"

"戒指。"

丈夫把她的手扶下来，轻轻在她枕边摸出一只玉戒指来递给她。

"珠儿的父亲，这戒指虽不是我们订婚用的，却是你给我的；你可以存起来，以后再给珠儿的母亲，表明我和她的连属。除此以外，不要把我的东西给她，恐怕你要当她是我；不要把我们的旧话说给她听，恐怕她要因你的话就生出差别心，说你爱死的妇人甚于爱生的妻子。"她把戒指轻轻地套在丈夫左手的无名指上。丈夫随着扶她的手与他的唇边略一接触。妻子对于这番厚意，只用微微睁开的眼睛看着他。除掉这样的回报，她实在不能表现什么。

丈夫说："我应当为你做的事，都对你说过了。我再说一句，无论如何，我永久爱你。"

"咦，再过几时，你就要把我的尸体扔在荒野中了！虽然我不常住在我的身体内，可是人一离开，再等到什么时候，在什么地方才能互通我们恋爱的消息呢？若说我们将要住在天堂的话，我想我也永无再遇见你的日子，因为我们的天堂不一样。你所要住的，必不是我现在要去的。何况我还不配住在天堂？我虽不信你的神，我可信你所信的真理。纵然真理有能力，也不为我们这小小的缘故就永远把我们结在一块。珍重吧，不要爱我于离别之后。"丈夫既不能说什么话，屋里只可让死的静寂占有了。楼底下恍惚敲了七下自鸣钟。他为尊重医院的规则，就立起来，握着素辉的手说："我的命，再见吧，七点钟了。"

"你不要走，我还和你谈话。"

"明天我早一点来，你累了，歇歇吧。"

"你总不听我的话。"她把眼睛闭了，显出很不愿意的样子。丈夫无奈，又停住片时，但她实在累了，只管躺着，也没有什么话说。

丈夫轻轻蹑出去。一到楼口，那脚步又退后走，不肯下去。他又蹑回来，悄悄到素辉床边，见她显着昏睡的形态，枯涩的泪点滴不下来，只挂在眼睑之间。

爱流汐涨

月儿的步履已踏过嵇家的东墙了。孩子在院里已等了许久，一看见上半弧的光刚射过墙头，便忙忙跑到屋里叫道："爹爹，月儿上来了，出来给我燃香吧。"

屋里坐着一个中年的男子，他的心负了无量的愁闷。外面的月亮虽然还像去年那么圆满，那么光明，可是他对于月亮的情绪就大不如去年了。当孩子进来叫他的时候，他就起来，勉强回答说："宝璜，今晚上不必拜月，我们到院里对着月光吃些果品，回头再出去看看别人的热闹。"

孩子一听见要出去看热闹，更喜得了不得。他说："为什么今晚上不拈香呢？记得从前是妈妈点给我的。"

父亲没有回答他。但孩子的话很多，问得父亲越发伤心了。他对着孩子不甚说话，只有向月不歇地叹息。

"爹爹今晚上不舒服么？为何气喘得那么厉害？"

父亲说："是，我今晚上病了。你不是要出去看热闹吗？可以教素云姐带你去，我不能去了。"

素云是一个年长的丫头。主人的心思、性地，她本十分明白，所以家里无论大小事几乎是她一人主持。她带宝璜出门，到河边看看船上和岸上各样的灯色，便中就告诉孩子说："你爹爹今晚不舒服了，我们得早一点回去才是。"

孩子说："爹爹白天还好好的，为何晚上就害起病来？"

"唉，你记不得后天是妈妈的百日吗？"

"什么是妈妈的百日？"

"妈妈死掉，到后天是一百天的工夫。"

孩子实在不能理会那"一百日"的深密意思，素云只得说："夜深了，咱们回家去吧。"

素云和孩子回来的时候，父亲已经躺在床上，见他们回来，就说："你们回来了。"她跑到床前回答说："二舍，我们回来了。晚上大哥儿可以和我同睡，我招呼他，好不好？"

父亲说："不必。你还是睡你的吧。你把他安置好，就可以去歇息，这里没有什么事。"

这个七岁的孩子就睡在离父亲不远的一张小床上。外头的鼓乐声，和树梢的月影，把孩子飘得不能睡觉。在睡眠的时候，父亲本有命令，不许说话，所以孩子只得默听着，不敢发出什么声音。

乐声远了，在近处的杂响中，最刺激孩子的，就是从父亲那里发出来的啜泣声。在孩子的思想里，大人是不会哭的。所以他很诧异地问："爹爹，你怕黑吗？大猫要来咬你吗？你哭什么？"他说着就要起来，因为他也怕大猫。

父亲阻止他，说："爹爹今晚上不舒服，没有别的事。不许起来。"

"咦，爹爹明明哭了！我每哭的时候，爹爹说我的声音像河里水声㳇㵦潲地响；现在爹爹的声音也和那个一样。呀，爹爹，别哭了。爹爹一哭，教宝璜怎能睡觉呢？"

孩子越说越多，弄得父亲的心绪更乱。他不能用什么话来对付孩子，只说："璜儿，我不是说过，在睡觉时不许说话吗？你再说时，爹爹就不疼你了。好好地睡吧。"

孩子只复说一句："爹爹要哭，教人怎样睡得着呢？"以后他就静默了。

这晚上的催眠歌，就是父亲的抽噎声。不久，孩子也因着这声就发出微细的鼾息；屋里只有些杂响伴着父亲发出哀音。

三迁

花嫂子着了魔了！她只有一个孩子，舍不得教他入学。她说："阿同的父亲是因为念书念死的。"

阿同整天在街上和他的小伙伴玩：城市中应有的游戏，他们都玩过。他们最喜欢学警察、人犯、老爷、财主、乞丐。阿同常要做人犯，被人用绳子捆起来，带到老爷跟前挨打。

一天，给花嫂子看见了，说："这还了得！孩子要学坏了。我得找地方搬家。"

她带着孩子到村庄里住。孩子整天在阡陌间和他的小伙伴玩：村庄里应有的游戏，他们都玩过。他们最喜欢做牛、马、牧童、肥猪、公鸡。阿同常要做牛，被人牵着骑着，鞭着他学耕田。

一天，又给花嫂子看见了，就说："这还了得！孩子要变畜生了。我得找地方搬家。"

她带孩子到深山的洞里住。孩子整天在悬崖断谷间和他的小伙伴玩。他的小伙伴就是小生番、小猕猴、大鹿、长尾三娘、大蛱蝶。他最爱学鹿的跳跃，猕猴的攀缘，蛱蝶的飞舞。

有一天，阿同从悬崖上飞下去了。他的同伴小生番来给花嫂子报信，花嫂子说："他飞下去吗？那么，他就有本领了。"

呀，花嫂子疯了！

愚妇人

从深山伸出一条蜿蜒的路，窄而且崎岖。一个樵夫在那里走着，一面唱：

"鸧鹒，鸧鹒，来年莫再鸣！
鸧鹒一鸣草又生。
草木青青不过一百数十日，
到头来，又是樵夫担上薪。
鸧鹒，鸧鹒，来年莫再鸣！
鸧鹒一鸣虫又生。
百虫生来不过一百数十日，
到头来，又要纷纷扑红灯。
鸧鹒，鸧鹒，来年莫再鸣！……"

他唱时，软和的晚烟已随他的脚步把那小路封起来了，他还要往下唱，猛然看见一个健壮的老妇人坐在溪涧边，对着流水哭泣。

"你是谁？有什么难过的事？说出来，也许我能帮助你。"

"我吗？唉！我……不必问了。"

樵夫心里以为她一定是个要寻短见的人，急急把担卸下，进前几步，想法子安慰她。他说："妇人，你有什么难处，请说给我听，或者我能帮助你。天色不早了，独自一人在山中是很危险的。"

妇人说："我从来就不知道什么叫作难过。自从我父母死后，我就住在这树林里。我的亲戚和同伴都叫我作石女。"她说到这里，眼泪就融下来了。往下她的话语就支离得怪难明白。过一会，她才慢慢说："我……我到这两天才知道石女的意思。"

"知道自己名字的意思，更应当喜欢，为何倒反悲伤起来？"

"我每年看见树林里的果木开花，结实；把种子种在地里，又生出新果木来。我看见我的亲戚、同伴们不上两年就有一个孩子抱在她们怀里。我想我也要像这样——不上两年就可以抱一个孩子在怀里。我心里这样说，这样盼望，到如今，六十年了！我不明白，才打听一下。呀，这一打听，叫我多么难过！我没有抱孩子的希望了……然而，我就不能像果木，比不上果木吗？"

"哈，哈，哈！"樵夫大笑了，他说，"这正是你的幸运哪！抱孩子的人，比你难过得多，你为何不往下再向她们打听一下呢？我告诉你，不曾怀过胎的妇人是有福的。"

一个路旁素不相识的人所说的话，哪里能够把六十年的希望——迷梦——立时揭破呢？到现在，她的哭声，在樵夫耳边，还可以约略地听见。

补破衣的老妇人

她坐在檐前,微微的雨丝飘摇下来,多半聚在她脸庞的皱纹上头。她一点也不理会,尽管收拾她的筐子。

在她的筐子里有很美丽的零剪绸缎,也有很粗陋的麻头、布尾。她从没有理会雨丝在她头、面、身体之上乱扑,只提防着筐里那些好看的材料沾湿了。

那边来了两个小弟兄。也许他们是学校回来。小弟弟管她叫作"衣服的外科医生"。现在见她坐在檐前,就叫了一声。

她抬起头来,望着这两个孩子笑了一笑。那脸上的皱纹虽皱得更厉害,然而生的痛苦可以从那里挤出许多,更能表明她是一个享乐天年的老婆子。

小弟弟说:"医生,你只用筐里的材料在别人的衣服上,怎么自己的衣服却不管了?你看你肩脖补的那一块又该掉下来了。"

老婆子摸一摸自己的肩脖,果然随手取下一块小方布来。她笑着对小弟弟说:"你的眼睛实在精明!我这块原没有用线缝住;因为早晨忙着要出来,只用浆子暂时糊着,盼望晚上回去弥补;不提防雨丝替我揭起来了!……这揭得也不错。我,既如你所说,是一个衣服的外科医生,那么,我是不怕自己的衣服害病的。"

她仍是整理筐里的零剪绸缎,没理会雨丝零落在她身上。

哥哥说:"我看爸爸的手册里夹着许多的零剪文件,他也是像你一样,不时地翻来翻去。他……"

弟弟插嘴说:"他也是另一样的外科医生。"

老婆子把眼光射在他们身上,说:"哥儿们,你们说得对了。你们的爸爸爱惜小册里的零碎文件,也和我爱惜筐里的零剪绸缎一般。他凑合多少地方的好意思,等用得着时,就把他们编连起来,成为一种新的理解。所不同的,就是他用的头脑,我用的只是指头便了。你们叫他作……"

说到这里,父亲从里面出来,问起事由,便点头说:"老婆子,你的话很中肯。我们所为，原就和你一样，东搜西罗，无非是些绸头、布尾，只配用来补补破衲袄罢了。"

父亲说完，就下了石阶，要在微雨中到葡萄园里，看看他的葡萄长芽了没有。这里孩子们还和老婆子争论着要号他们的爸爸做什么样医生。

"小俄罗斯"的兵

短篱里头，一棵荔枝，结实累累。那朱红的果实，被深绿的叶子托住，更是美观；主人舍不得摘它们，也许是为这个缘故。

三两个漫游武人走来，相对说："这棵红了，熟了，就在这里摘一点吧。"他们嫌从正门进去麻烦，就把篱笆拆开，大摇大摆地进前。一个上树，两个在底下接；一面摘，一面尝，真高兴呀！

屋里跑出一个老妇人来，哀声求他们说："大爷们，我这棵荔枝还没有熟哩，请别作践它；等熟了，再送些给大爷们尝尝。"

树上的人说："胡说，你不见果子已经红了吗？怎么我们吃就是作践你的东西？"

"唉，我一年的生计，都看着这棵树。罢了，罢……"

"你还敢出声吗？打死你算得什么；待一会，看把你这棵不中吃的树砍来做柴火烧，看你怎样。有能干，可以叫你们的人到广东吃去。我们那里也有好荔枝。"

唉，这也是战胜者、强者的权利吗？

爱的痛苦

在绿荫月影底下，朗日和风之中，或急雨飘雪的时候，牛先生必要说他的真言，"啊，拉夫斯偏！"他在三百六十日中，少有不说这话的时候。

暮雨要来，带着愁容的云片，急急飞避；不识不知的蜻蜓还在庭园间遨游着。爱诵真言的牛先生闷坐在屋里，从西窗望见隔院的女友田和正抱着小弟弟玩。

姊姊把孩子的手臂咬得吃紧；擘他的两颊，摇他的身体；又掌他的小腿。孩子急得哭了。姊姊才忙忙地拥抱住他，堆着笑说："乖乖，乖乖，好孩子，好弟弟，不要哭。我疼爱你，我疼爱你！不要哭。"不一会孩子的哭声果然停了。可是弟弟刚现出笑容，姊姊又该咬他、擘他、摇他、掌他咧。

檐前的雨好像珠帘，把牛先生眼中的对象隔住。但方才那种印象，却萦回在他眼中。他把窗户关上，自己一人在屋里蹀来踱去。最后，他点点头，笑了一声："哈，哈！这也是拉夫斯偏！"

他走近书桌子，坐下，提起笔来，像要写什么似的。想了半天，才写上一句七言诗。他念了几遍，就摇头，自己说："不好，不好。我不会作诗，还是随便记些起来好。"

牛先生将那句诗涂掉以后，就把他的日记拿出来写。那天他要记的事情格外多。日记里应用的空格，他在午饭后，早已填满了。他裁了一张纸，写着：

"黄昏，大雨。田在西院弄她的弟弟，动起我一个感想，就是：人都喜欢见他们所爱者的愁苦；要想方法让所爱者难受。所爱者越难受，爱者越喜欢，越加爱。

"一切被爱的男子，在他们的女人当中，直如小弟弟在田的膝上一样。他们也是被爱者玩弄的。

"女人的爱最难给，最容易收回去。当她把爱收回去的时候，未必不是一种游戏的冲动；可是苦了别人哪。

"唉，爱玩弄人的女人，你何苦来这一下！愚男子，你的苦恼，又活该呢？"

牛先生写完，复看一遍，又把后面那几句涂去，说："写得太过了，太过了！"他把那张纸附贴在日记上，正要起身，老妈子把哭着的孩子抱出来，一面说："姊姊不好，爱欺负人。不要哭，咱们找牛先生去。"

"姊姊打我！"这是孩子所能对牛先生说的话。

牛先生装作可怜的声音，忧郁的容貌，回答说："是吗？姊姊打你吗？来，我看看打到哪步田地？"

孩子受他的抚慰，也就忘了痛苦，安静过来了。现在吵闹的，只剩下外间急雨的声音。

信仰的哀伤

在更阑人静的时候，伦文就要到池边对他心里所立的乐神请求说："我怎能得着天才呢？我的天才缺乏了，我要表现的，也不能尽地表现了！天才可以像油那样，日日添注入我这盏小灯吗？若是能，求你为我，注入些少。"

"我已经为你注入了。"

伦先生听见这句话，便放心回到自己的屋里。他舍不得睡，提起乐器来，一口气就制成一曲。自己奏了又奏，觉得满意，才含着笑，到卧室去。

第二天早晨，他还没有盥漱，便又把昨晚上的作品奏过几遍；随即封好，教人邮到歌剧场去。

他的作品一发表出来，许多批评随着在报上登载八九天。那些批评都很恭维他：说他是这一派，那一派。可是他又苦起来了！

在深夜的时候，他又到池边去，垂头丧气地对着池水，从口中发出颤声说："我所用的音节，不能达我的意思吗？呀，我的天才丢失了！再给我注入一点吧。"

"我已经为你注入了。"

他屡次求,心中只听得这句回答。每一作品发表出来,所得的批评,每每使他忧郁不乐。最后,他把乐器摔碎了,说:"我信我的天才丢了,我不再作曲子了。唉,我所依赖的,枉费你眷顾我了。"

自此以后,社会上再不能享受他的作品;他也不晓得往哪里去了。

暗途

"我的朋友,且等一等,待我为你点着灯,才走。"

吾威听见他的朋友这样说,便笑道:"哈哈,均哥,你以我为女人吗?女人在夜间走路才要用火;男子,又何必呢?不用张罗,我空手回去吧——省得以后还要给你送灯回来。"

吾威的村庄和均哥所住的地方隔着几重山,路途崎岖得很厉害。若是夜间要走那条路,无论是谁,都得带灯。所以均哥一定不让他暗中摸索回去。

均哥说:"你还是带灯好。这样的天气,又没有一点月影,在山中,难保没有危险。"

吾威说:"若想起危险,我就回去不成了……"

"那么,你今晚上就住在我这里,如何?"

"不,我总得回去,因为我的父亲和妻子都在那边等着我呢。"

"你这个人,太过执拗了。没有灯,怎么去呢?"均哥一面说,一面把点着的灯切切地递给他。他仍是坚辞不受。

他说:"若是你定要叫我带着灯走,那让我更不敢走。"

"怎么呢？"

"满山都没有光，若是我提着灯走，也不过是照得三两步远，且要累得满山的昆虫都不安。若凑巧遇见长蛇也冲着火光走来，可又怎么办呢？再说，这一点的光可以把那照不着的地方越显得危险，越能使我害怕。在半途中，灯一熄灭，那就更不好办了。不如我空着手走，初时虽觉得有些妨碍，不多一会，什么都可以在幽暗中辨别一点。"

他说完，就出门。均哥还把灯提在手里，眼看着他向密林中那条小路穿进去，才摇摇头说："天下竟有这样怪人！"

吾威在暗途中走着，耳边虽常听见飞虫、野兽的声音，然而他一点害怕也没有。在蔓草中，时常飞些萤火出来，光虽不大，可也够了。他自己说："这是均哥想不到，也是他所不能为我点的灯。"

那晚上他没有跌倒，也没有遇见毒虫野兽，安然地到他家里。

难解决的问题

我叫同伴到钓鱼矶去赏荷，他们都不愿意去，剩我自己走着。我走到清佳堂附近，就坐在山前一块石头上歇息。在瞻顾之间，小山后面一阵唧咕的声音夹着蝉声送到我耳边。

谁愿意在优游的天日中故意要找出人家的秘密呢？然而宇宙间的秘密都从无意中得来。所以在那时候，我不离开那里，也不把两耳掩住，任凭那些声浪在耳边荡来荡去。

辟头一声，我便听得："这实是一个难解决的问题……"

既说是难解决，自然要把怎样难的理由说出来。这理由无论是局内、局外人都爱听的。以前的话能否钻入我耳里，且不用说，单是这一句，使我不能不注意。

山后的人接下去说："在这三位中，你说要哪一位才合适？……梅说要等我十年；白说要等到我和别人结婚那一天；区说非嫁我不可——她要终身等我。"

"那么，你就要区吧。"

"但是梅的景况，我很了解。她的苦衷，我应当原谅。她能为了我牺牲十年的光阴，从她的境遇看来，无论如何，是很可敬的。设使梅居区的地位，她也能说，要终身等我。"

"那么，梅、区都不要，要白如何？"

"白吗？也不过是她的环境使她这样达观。设使她处着梅的景况，她也只能等我十年。"

会话到这里就停了。我的注意只能移到池上，静观那被轻风摇摆的芰荷。呀，叶底那对小鸳鸯正在那里歇午哪！不晓得他们从前也曾解决过方才的问题没有？不上一分钟，后面的声音又来了。

"那么，三个都要如何？"

"笑话，就是没有理性的兽类也不这样办。"

又停了许久。

"不经过那些无用的礼节，各人快活地同过这一辈子不成吗？"

"唔……唔……唔……这是后来的话，且不必提，我们先解决目前的困难吧。我实不肯故意辜负了三位中的一位。我想用拈阄的方法瞎挑一个就得了。"

"这不更是笑话吗？人间哪有这么新奇的事！她们三人中谁愿意遵你的命令，这样办呢？"

他们大笑起来。

"我们私下先拈一拈，如何？你权当作白，我自己权当作梅，剩下是区的份。"

他们由严重的密语化为滑稽的谈笑了。我怕他们要闹下坡来，不敢逗留在那里，只得先走，钓鱼矶也没去成。

债

他一向就住在妻子家里，因为他除妻子以外，没有别的亲戚。妻家的人爱他的聪明，也怜他的伶仃，所以万事都尊重他。

他的妻子早已去世，膝下又没有子女。他的生活就是念书、写字，有时还弹弹七弦。他绝不是一个书呆子，因为他常要在书内求理解，不像书呆子只求多念。

妻子的家里有很大的花园供他游玩，有许多奴仆听他使令。但他从没有特意到园里游玩，也没有呼唤过一个仆人。

在一个阴郁的天气里，人无论在什么地方都不舒服的。岳母叫他到屋里闲谈，不晓得为什么缘故就劝起他来。岳母说："我觉得自从丽儿去世以后，你就比前格外客气。我劝你无须如此，因为外人不知道都要怪我。看你穿成这样，还不如家里的仆人，若有生人来到，教我怎样过得去？倘或有人欺负你，说你这长那短，尽可以告诉我，我责罚他给你看。"

"我哪里懂得客气？不过我只觉得我欠的债太多，不好意思多要什么。"

"什么债？有人问你算账吗？唉，你太过见外了！我看你和自己的子侄一样，你短了什么，尽管问管家的要去；若有人敢说闲话，我定不饶他。"

"我所欠的是一切的债。我看见许多贫乏人、愁苦人，就如该了他们无量数的债一般。我有好的衣食，总想先偿还他们。世间若有一个人吃不饱足，穿不暖和，住不舒服，我也不敢公然独享这具足的生活。"

"你说得太玄了！"她说过这话，停了半晌才接着点头说，"很好，这才是读书人'先天下之忧而忧'的精神。……然而你要什么时候才还得清呢？你有清还的计划没有？"

"唔……唔……"他心里从来没有想到这个，所以不能回答。

"好孩子，这样的债，自来就没有人能还得清，你何必自寻苦恼？我想，你还是做一个小小的债主吧。说到具足生活，也是没有涯岸的：我们今日所谓具足，焉知不是明日的缺陷？你多念一点书就知道生命即是缺陷的苗圃，是烦恼的秧田；若要补修缺陷，拔除烦恼，除弃绝生命外，没有别条道路。然而，我们哪能办得到？个个人都那么怕死！你不要做这种非非想，还是顺着境遇做人去吧。"

"时间……计划……做人……"这几个字从岳母口里发出，他的耳鼓就如受了极猛烈的椎击。他想来想去，已想昏了。他为解决这事，好几天没有出来。

那天早晨，女佣端粥到他房里，没见他，心中非常疑惑。因为早晨，他没有什么地方可去：海边呢？他是不轻易到的。花园呢？他更不愿意在早晨去。因为丫头们都在那个时候到园里争摘好花去献给她们几位姑娘。他最怕见的是人家毁坏现成的东西。

女佣四围一望，蓦地看见一封信被留针刺在门上。她忙取下来，给别人一看，原来是给老夫人的。

她把信拆开，递给老夫人。上面写着：

亲爱的岳母：

你问我的话，让我实在想不出好回答。而且，因你这一问，使我越发觉得我所负的债更重。我想做人若不能还债，就得避债，决不能教债主把他揪住，使他受苦。若论还债，依我的力量、才能，是不济事的。我得出去找几个帮忙的人。如果不能找着，再想法子。现在我去了，多谢你栽培我这么些年。我的前途，望你记念；我的往事，愿你忘却。我也要时时祝你平安。

婿容融留字

老夫人念完这信，就非常愁闷。以后，每想起她的女婿，便好几天不高兴。但不高兴尽管不高兴，女婿至终没有回来。

万物之母

在这经过离乱的村里，荒屋破篱之间，每日只有几缕零零落落的炊烟冒上来，那人口的稀少可想而知。你一进到无论哪个村里，最喜欢遇见的，是不是村童在阡陌间或园圃中跳来跳去；或走在你前头，或随着你步后模仿你的行动？村里若没有孩子们，就不成村落了。在这经过离乱的村里，不但没有孩子，而且有"人"向你要求孩子！

这里住着一个不满三十岁的寡妇，一见人来，便要求，说："善心善行的人，求你对那位总爷说，把我的儿子给回。那穿虎纹衣服、戴虎儿帽的便是我的儿子。"

她的儿子被乱兵杀死已经多年了。她从不会忘记：总爷把无情的剑拔出来的时候，那穿虎纹衣服的可怜儿还用双手招着，要她搂抱。她要跑去接的时候，她的精神已和黄昏的霞光一同麻痹而熟睡了。唉，最惨的事岂不是人把寡妇怀里的独生子夺过去，且在她面前害死吗？要她在醒后把这事完全藏在她记忆的多宝箱里，可以说，比剖芥子来藏须弥还难。

她的屋里排列了许多零碎的东西，当时她儿子玩过的小团也在其中。在黄昏时候，她每把各样东西抱在怀里说："我的儿，母亲岂有不救你，不保护你的？你现在在我怀里咧。不要作声，看一会人来又把你夺去。"可是一过了黄昏，她就立刻醒悟过来，知道那所抱的不是她的儿子。

那天，她又出来找她的"命"。月的光明蒙着她，使她在不知不觉间进入村后的山里。那座山,就是白天也少有人敢进去,何况在盛夏的夜间,杂草把樵人的小径封得那么严!她一点也不害怕,攀着小树,缘着茑萝,慢慢地上去。

她坐在一块大石上歇息,无意中给她听见了一两声的儿啼。她不及判别,便说:"我的儿,你藏在这里吗?我来了,不要哭啦。"

她从大石下来,随着声音的来处,爬入石下一个洞里。但是里面一点东西也没有。她很疲乏,不能再爬出来,就在洞里睡了一夜。

第二天早晨,她醒时,心神还是非常恍惚。她坐在石上,耳边还留着昨晚上的儿啼声。这当然更要动她的心,所以那方从霭云被里钻出来的朝阳无力把她脸上和鼻端的珠露晒干了。她在瞻顾中,才看出对面山岩上坐着一个穿虎纹衣服的孩子。可是她看错了!那边坐着的,是一只虎子,它的声音从那边送来很像儿啼。她立即离开所坐的地方,不管当中所隔的谷有多深,尽管攀缘着,向那边去。不幸早露未干,所依附的都很湿滑,一失手,就把她溜到谷底。

她昏了许久才醒回来。小伤总免不了,却还能够走动。她爬着,看见身边暴露了一副小骷髅。

"我的儿,你方才不是还在山上哭着么?怎么你母亲来得迟一点,你就变成这样?"她把骷髅抱住,说:"呀,我的苦命儿,我怎能把你医治呢?"悲苦尽管悲苦,然而,自她丢了孩子以后,不能不算这是她第一次的安慰。

从早晨直到黄昏,她就坐在那里,不但不觉得饿,连水也没喝过。零星几点,已悬在天空,那天就在她的安慰中过去了。

她忽想起幼年时代,人家告诉她的神话,就立起来说:"我的儿,我抱你上山顶,先为你摘两颗星星下来,嵌入你的眼眶,让你看得见,然后给你找相像的皮肉来补你的身体。可是你不要再哭,恐怕给人听见,又把你夺过去。"

"敬姑,敬姑。"找她的人们在满山中这样叫了好几声,也没有一点影响。

"也许她被那只老虎吃了。"

"不,不对。前晚那只老虎是跑下来捕云哥圈里的牛犊被打死的。如果那东西把敬姑吃了,绝不再下山来赴死。我们再进深一点找吧。"

唉,他们的工夫白费了!纵然找着她,若是她还没有把星星抓在手里,她心里怎能平安,怎肯随着他们回来?

光的死

光离开他的母亲去到无量无边,一切生命的世界上。因为他走的时候脸上常带着很忧郁的容貌,所以一切能思维、能造作的灵体也和他表同情;一见他,都低着头容他走过去,甚至带着泪眼避开他。

光因此更烦闷了。他走得越远,力量越不足;最后,他躺下了。他躺下的地方,正在这块大地。在他旁边有几位聪明的天文家互相议论说:"太阳的光,快要无所附丽了,因为他冷死的时期一天近似一天了。"

光垂着头,低声诉说:"唉,诸大智者,你们为何净在我母亲和我身上担忧?你们岂不明白我是为饶益你们而来吗?你们从没有在我面前做过我曾为你们做的事。你们没有接纳我,也没有……"

他母亲在很远的地方,见他躺在那里叹息,就叫他回去说:"我的命儿,我所爱的你回去吧。我一天一天任你自由地离开我,原是为众生的益处,他们既不承受,你何妨回来?"

光回答说:"母亲,我不能回去了。因为我走遍了一切世界,遇见一切能思维、能造作的灵体,到现在还没有一句话能够对你回报的。不但如此,这里还有人正咒诅我们哪!我哪有面目回去呢?我就安息在这里吧。"

他的母亲听见这话,一种幽沉的颜色早已现在脸上。他从地上慢慢走到海边,带着自己的身体、威力,一分一厘地浸入水里。母亲也跟着晕过去了。

再会

靠窗棂坐着那位老人家是一位航海者，刚从海外归来的。他和萧老太太是少年时代的朋友，彼此虽别离了那么些年，然而他们会面时，直像忘了当中经过的日子。现在他们正谈起少年时代的旧话。

"蔚明哥，你不是二十岁的时候出海的吗？"她屈着自己的指头，数了一数，才用那双被阅历染浊了的眼睛看着她的朋友说，"呀，四十五年就像我现在数着指头一样地过去了！"

老人家把手捋一捋胡子，很得意地说："可不是！……记得我到你家辞行那一天，你正在园里饲你那只小鹿；我站在你身边一棵正开着花的枇杷树下，花香和你头上的油香杂窜入我的鼻中。当时，我的别绪也不晓得要从哪里说起，但你只低头抚着小鹿。我想你那时也不能多说什么，你竟然先问一句：'要等到什么时候我们再能相见呢？'我就慢答道：'无须多少时候。'那时，你……"

老太太接着说："那时候的光景我也记得很清楚。当你说这句的时候，我不是说'要等再相见时，除非是黑墨有洗得白的时节'。哈哈！你去时，那缕漆黑的头发现在岂不是已被海水洗白了吗？"

老人家摸摸自己的头顶，说："对啦！这也算应验哪！可惜我见不着芳哥，他过去多少年了？"

"唉，久了！你看我已经抱过四个孙儿了。"她说时，看着窗外几个孩子在瓜棚下玩，就指着那最高的孩子说，"你看鼎儿已经十二岁了，他公公就在他弥月后去世的。"

他们谈话时，丫头端了一盘牡蛎煎饼来。老太太举手让着蔚明哥说："我定知道你的嗜好还没有改变，所以特地为你做这东西。

"你记得我们少时，你母亲有一天做这样的饼给我们吃。你拿一块，吃完了才嫌饼里的牡蛎少，助料也不如我的多，闹着要把我的饼抢去。当时，你母亲说了一句话，教我常常忆起，就是'好孩子，算了吧。助料都是搁在一起渗匀的。做的时候，谁有工夫把分量细细去分配呢？这自然是免不了有些多，有些少的，只要饼的气味好就够了。你所吃的原不定就是为你做的，可是你已经吃过，就不能再要了'。蔚明哥，你说末了这话多么感动我呢！拿这个来比我们的境遇吧：境遇虽然一个一个排列在面前，容我们有机会选择，有人选得好，有人选得歹，可是选定以后，就不能再选了。"

老人家拿起饼来吃，慢慢地说："对啦！你看我这一生净在海面生活，生活极其简单，不像你这么繁复，然而我还是像当时吃那饼一样——也就饱了。"

"我想我老是多得便宜。我的'境遇的饼'虽然多一些助料，也许好吃一些，但是我的饱足是和你一样的。"

谈旧事是多么开心的事！看这光景，他们像要把少年时代的事迹一一回溯一遍似的。但外面的孩子们不晓得因什么事闹起来，老太太先出去做判官，这里留着一位矍铄的航海者静静地坐着吃他的饼。

桥边

我们住的地方就在桃溪溪畔。夹岸遍是桃林：桃实、桃叶映入水中，更显出溪边的静谧。真想不到仓皇出走的人还能享受这明媚的景色！我们日日在林下游玩；有时踱过溪桥，到朋友的蔗园里找新生的甘蔗吃。

这一天，我们又要到蔗园去，刚踱过桥，便见阿芳——蔗园的小主人——很忧郁地坐在桥下。

"阿芳哥，起来领我们到你园里去。"他举起头来，望了我们一眼，也没有说什么。

我哥哥说："阿芳，你不是说你一到水边就把一切的烦闷都洗掉了吗？你不是说,你是水边的蜻蜓吗?你看歇在水荇花上那只蜻蜓比你怎样?"

"不错。然而今天就是我第一次的忧闷。"

我们都下到岸边,围绕住他,要打听这回事。他说:"方才红儿掉在水里了!"红儿是他的腹婚妻,天天都和他在一块儿玩的。我们听了他这话,都惊讶得很。哥哥说:"那么,你还能在这里闷坐着吗?还不赶紧去叫人来?"

"我一回去,我妈心里的忧郁怕也要一颗一颗地结出来,像桃实一样了。我宁可独自在此忧伤,不忍使我妈妈知道。"

我的哥哥不等说完,一股气就跑到红儿家里。这里阿芳还在皱着眉头,我也眼巴巴地望着他,一声也不响。

"谁掉在水里啦?"

我一听,是红儿的声音,速回头一望,果然哥哥携着红儿来了!她笑眯眯地走到芳哥跟前,芳哥像很惊讶地望着她。很久,他才出声说:"你的话不灵了吗?方才我贪着要到水边看看我的影儿,把他搁在树丫上,不留神轻风一摇,把他摇落水里。他随着流水往下流去;我回头要抱他,他已不在了。"

红儿才知道掉在水里的是她所赠予的小团。她曾对阿芳说那小团也叫红儿,若是把他丢了,便是丢了她。所以芳哥这么谨慎看护着。

芳哥实在以红儿所说的话是千真万真的,看今天的光景,可就教他怀疑了。他说:"哦,你的话也是不准的!我这时才知道丢了你的东西不算丢了你,真把你丢了才算。"

我哥哥对红儿说:"无意的话倒能教人深信:芳哥对你的信念,头一次就在无意中给你打破了。"

红儿也不着急,只优游地说:"信念算什么?要真相知才有用哪。……也好,我借着这个就知道他了。我们还是到蔗园去吧。"

我们一同到蔗园去,芳哥方才的忧郁也和糖汁一同吞下去了。

头发

这村里的大道今天忽然点缀了许多好看的树叶,一直达到村外的麻栗林边。村里的人,男男女女都穿得很整齐,像举行什么大节期一样。但六月间没有重要的节期,婚礼也用不着这么张罗,到底是为甚事?

那边的男子们都唱着他们的歌,女子也都和着。我只静静地站在一边看。

一队兵押着一个壮年的比丘从大道那头进前。村里的人见他来了,歌唱得更大声。妇人们都把头发披下来,争着跪在道旁,把头发铺在道中!从远一望,直像整匹的黑练摊在那里。那位比丘从容地从众女人的头发上走过;后面的男子们都嚷着:"可赞美的孔雀旗呀!"

他们这一嚷就把我提醒了,这不是倡自治的孟法师入狱的日子吗?我心里这样猜,赶到他离村里的大道远了,才转过篱笆的西边。刚一拐弯,便遇着一个少女摸着自己的头发,很懊恼地站在那里。我问她说:"小姑娘,你站在此地,为你们的大师伤心么?"

"固然。但是我还咒诅我的头发为什么偏生短了,不能摊在地上,教大师脚下的尘土留下些少在上头。你说今日村里的众女子,哪一个不比我荣幸呢?"

"这有什么荣幸?若你有心恭敬你的国土和你的大师就够了。"

"咦!静藏在心里的恭敬是不够的。"

"那么,等他出狱的时候,你的头发就够长了。"

女孩子听了,非常喜欢,以至于跳起来说:"得先生这一祝福,我的头发在那时定能比别人长些。多谢了!"

她跳着从篱笆对面的流连子园去了。我从西边一直走,到那麻栗林边。那里的土很湿,大师的脚印和兵士的鞋印在上头印得很分明。

疲倦的母亲

那边一个孩子靠近车窗坐着：远山，近水，一幅一幅，次第嵌入窗户，射到他的眼中。他手画着，口中还咿咿呀呀地，唱些没字曲。

在他身边坐着一个中年妇人，支着头瞌睡。孩子转过脸来，摇了她几下，说："妈妈，你看看，外面那座山很像我家门前的呢。"

母亲举起头来，把眼略睁一睁；没有出声，又支着颐睡去。

过一会，孩子又摇她，说："妈妈，不要睡吧，看睡出病来了。你且睁一睁眼看看外面八哥和牛打架呢。"

母亲把眼略略睁开，轻轻打了孩子一下；没有作声，又支着头睡去。

孩子鼓着腮，很不高兴。但过一会，他又唱起来了。

"妈妈，听我唱歌吧。"孩子对着她说了，又摇她几下。

母亲带着不喜欢的样子说："你闹什么？我都见过，都听过，都知道了，你不知道我很疲乏，不容我歇一下吗？"

孩子说："我们是一起出来的，怎么我还顶精神，你就疲乏起来？难道大人不如孩子吗？"

车还在深林平畴之间穿行着。车中的人，除那孩子和一二个旅客以外，少有不像他母亲那么鼾睡的。

处女的恐怖

深沉院落，静到极地；虽然我的脚步走在细草之上，还能惊动那伏在绿丛里的蜻蜓。我每次来到庭前，不是听见投壶的音响，便是闻得四弦的颤动；今天，连窗上铁马的轻撞声也没有了！

我心里想着这时候小坡必定在里头和人下围棋，于是轻轻走着，也不声张，就进入屋里。出乎主人的意想，跑去站在他后头，等他蓦然发觉，岂不是很有趣？但我轻揭帘子进去时，并不见小坡，只见他的妹子伏在书案上假寐。我更不好声张，还从原处蹑出来。

走不远，方才被惊的蜻蜓就用那碧玉琢成的一千只眼瞧着我。一见我来，它又鼓起云母的翅膀飞得飒飒作响。可是破岑寂的，还是屋里大踏大步的声音。我心知道小坡的妹子醒了，看见院里有客，紧紧要回避，所以不敢回头观望，让她安然走入内衙。

"四爷，四爷，我们太爷请你进来坐。"我听得是玉笙的声音，回头便说："我已经进去了，太爷不在屋里。"

"太爷随即出来，请到屋里一候。"她揭开帘子让我进去。果然他的妹子不在了！丫头刚走到衙内院子的光景，便有一股柔和而带笑的声音送到我耳边说："外面伺候的人一个也没有，好在是西衙的四爷，若是生客，教人怎样进退？"

"来的无论生熟，都是朋友，又怕什么？"我认得这是玉笙回答她小姐的话语。

"女子怎能不怕男人，敢独自一人和他们应酬吗？"

"我又何尝不是女子？你不怕，也就没有什么。"

我才知道她并不曾睡去，不过回避不及，装成那样的。我走近案边，看见一把画未成的纨扇搁在上头。正要坐下，小坡便进来了。

"老四，失迎了。舍妹跑进去，才知道你来。"

"岂敢，岂敢。请原谅我的莽撞。"我拿起纨扇问道，"这是令妹写的？"

"是。她方才就在这里写画。笔法有什么缺点，还求指教。"

"指教倒不敢，总之，这把扇是我捡得的，是没有主的，我要带它回去。"我摇着扇子这样说。

"这不是我的东西，不干我事。我叫她出来与你当面交涉。"小坡笑着向帘子那边叫，"九妹，老四要把你的扇子拿去了！"

他妹子从里面出来，我忙趋前几步——赔笑，行礼。我说："请饶恕我方才的唐突。"她没作声，尽管笑着。我接着说："令兄应许把这扇送给我了。"

小坡抢着说："不！我只说你们可以直接交涉。"

她还是笑着，没有作声。

我说："请九姑娘就案一挥，把这画完成了，我好立刻带走。"

但她仍不作声。她哥哥不耐烦，促她说："到底是允许人家是不允许，尽管说，害什么怕？"妹子捋了他一眼，说："人家就是这么害怕嚟。"她对我说，"这是不成东西的，若是要，我改天再奉上。"

我速速说："够了，我不要更好的了。你既然应许，就将这一把赐给我吧。"于是她仍旧坐在案边，用丹青来染那纨扇。我们都在一边看她运笔。小坡笑着对妹子说："现在可不怕人了。"

"当然。"她含笑对着哥哥。自这声音发出以后，屋里、庭外，都非常沉寂，窗前也没有铁马的轻撞声。所能听见的只有画笔在笔洗里拨水的微响，和颜色在扇上的运行声。

乡曲的狂言

在城市住久了，每要害起村庄的相思病来。我喜欢到村庄去，不单是贪玩那不染尘垢的山水，并且爱和村里的人攀谈。我常想着到村里听庄稼人说两句愚拙的话语，胜过在郡邑里领受那些智者的高谈大论。

这日，我们又跑到村里拜访耕田的隆哥。他是这小村的长者，自己耕着几亩地，还艺一所菜园。他的生活倒是可以羡慕的。他知道我们不愿意在他矮陋的茅茆里，就让我们到篱外的瓜棚底下坐坐。

横空的长虹从前山的凹处吐出来，七色的影印在清潭的水面。我们正凝神看着，蓦然听得隆哥好像对着别人说："冲那边走吧，这里有人。"

"我也是人，为何这里就走不得？"我们转过脸来，那人已站在我们跟前。那人一见我们，应行的礼，他也懂得。我们问过他的姓名，请他坐。隆哥看见这样，也就不作声了。

我们看他不像平常人，但他有什么毛病，我们也无从说起。他对我们说："自从我回来，村里的人不晓得当我做个什么。我想我并没有坏意思，我也不打人，也不叫人吃亏，也不占人便宜，怎么他们就这般地欺负我——连路也不许我走？"

和我同来的朋友问隆哥说："他的职业是什么？"隆哥还没作声，他便说："我有事做，我是有职业的人。"说着，便从口袋里掏出一本小折子来，对我的朋友说，"我是做买卖的。我做了许久了，这本折子里所记的账不晓得是人该我的，还是我该人的，我也记不清楚，请你给我看看。"他把折子递给我的朋友，我们一同看，原来是同治年间的废折！我们忍不住大笑起来，隆哥也笑了。

隆哥怕他招笑话，想法子把他哄走。我们问起他的来历，隆哥说他从少在天津做买卖，许久没有消息，前几天刚回来的。我们才知道他是村里新回来的一个狂人。

隆哥说："怎么一个好好的人到城市里就变成一个疯子回来？我听见人家说城里有什么疯人院，是造就这种疯子的。你们住在城里，可知道有没有这回事？"

我回答说："笑话！疯人院是人疯了才到里边去，并不是把好好的人送到那里教疯了放出来的。"

"既然如此，为何他不到疯人院里住，反跑回来，到处骚扰？"

"那我可不知道了。"我回答时，我的朋友同时对他说："我们也是疯人，为何不到疯人院里住？"

隆哥很诧异地问："什么？"

我的朋友对我说："我这话，你说对不对？认真说起来，我们何尝不狂？要是方才那人才不狂呢。我们心里想什么，口又不敢说，手也不敢动，只会装出一副脸孔；倒不如他想说什么便说什么，想做什么就做什么，那份诚实，是我们做不到的。我们若想起我们那些受拘束而显出来的动作，比起他那真诚的自由行动，岂不是我们倒成了狂人？这样看来，我们才疯，他并不疯。"

隆哥不耐烦地说："今天我们都发狂了，说那个干什么？我们谈别的吧。"

瓜棚底下闲谈，不觉把印在水面上的长虹惊跑了。隆哥的儿子赶着一对白鹅向潭边来。我的精神又贯注在那纯净的家禽身上。鹅见着水也就发狂了，它们互叫了两声，便拍着翅膀趋入水里，把静明的镜面踏破。

公理战胜

那晚上要举行战胜纪念第一次的典礼，不曾尝过战苦的人们争着要尝一尝战后的甘味。式场前头的人，未到七点钟，早就挤满了。

那边一个声音说："你也来了！你可是为庆贺公理战胜来的？"这边随着回答道："我只来瞧热闹，管他公理战胜不战胜。"

在我耳边恍惚有一个说话带乡下土腔的说："一个洋皇上生日倒比什么都热闹！"

我的朋友笑了。

我郑重地对他说："你听这愚拙的话，倒很入理。"

"我也信——若说战神是洋皇帝的话。"

人声、乐声、枪声，和等等杂响混在一处，几乎把我们的耳鼓震裂了。我的朋友说："你看，那边预备放烟花了，我们过去看看吧。"

我们远远站着，看那红黄蓝白诸色火花次第地冒上来。"这真好，这真好！"许多人都是这样颂扬。但这是不是颂扬公理战胜？

旁边有一个人说："你这灿烂的烟花，何尝不是地狱的火焰？若是真有个地狱，我想其中的火焰也是这般好看。"

我的朋友低声对我说："对呀，这烟花岂不是从纪念战死的人而来的？战死的苦我们没有尝到，由战死而显出来的地狱火焰我们倒看见了。"

我说："所以我们今晚的来，不是要趁热闹，乃是要凭吊那班愚昧可怜的牺牲者。"

谈论尽管谈论，烟花还是一样地放。我们的声音常是沦没在腾沸的人海里。

美的牢狱

嫘求正在镜台边理她的晨妆，见她的丈夫从远地回来，就把头拢住，问道："我所需要的你都给带回来了没有？"

"对不起！你虽是一个建筑师，或泥水匠，能为你自己建筑一座'美的牢狱'；我却不是一个转运者，不能为你搬运等等材料。"

"你念书不是念得越糊涂，便是越高深了！怎么你的话，我一点也听不懂？"

丈夫含笑说："不懂吗？我知道你开口爱美，闭口爱美，多方地要求我给你带等等装饰回来；我想那些东西都围绕在你的体外，合起来，岂不是成为一座监禁你的牢狱吗？"

她静默了许久，也不作声。她的丈夫往下说："妻呀，我想你还不明白我的意思。我想所有美丽的东西,只能让它们散布在各处,我们只能在它们的出处爱它们;若是把它们聚拢起来,搁在一处,或在身上,那就不美了……"

她睁着那双柔媚的眼,摇着头说:"你说得不对。你说得不对。若不剖蚌,怎能得着珠玑呢?若不开山,怎能得着金刚、玉石、玛瑙等等宝物呢?而且那些东西,本来不美,必得人把它们琢磨出来,加以装饰,才能显得美丽咧。若说我要装饰,就是建筑一所美的牢狱,且把自己监在里头,且问谁不被监在这种牢狱里头呢?如果世间真有美的牢狱,像你所说,那么,我们不过是造成那牢狱的一沙一石罢了。"

"我的意思就是听其自然,连这一沙一石也无须留存。孔雀何为自己修饰羽毛呢?芰荷何尝把他的花染红了呢?"

"所以说他们没有美感!我告诉你,你自己也早已把你的牢狱建筑好了。"

"胡说!我何曾?"

"你心中不是有许多好的想象,不是要照你的好理想去行事吗?你所有的,是不是从古人曾经建筑过的牢狱里检出其中的残片?或是在自己的世界取出来的材料呢?自然要加上一点人为才能有意思。若是我的形状和荒古时候的人一样,你还爱我吗?我准敢说,你若不好好地住在你的牢狱里头,且不时时把牢狱的墙垣垒得高高的,我也不能爱你。"

刚愎的男子,你何尝佩服女子的话?你不过会说:"就是你会说话!等我思想一会儿,再与你决战。"

第 二 卷

诗歌

导读

　　本卷收录徐志摩诗集中的经典篇目及泰戈尔的《飞鸟集》。

　　徐志摩（1897—1931），字槱森，原名徐章垿，留学英国时改名为徐志摩。现代诗人、散文家，新月派代表诗人，新月诗社成员。《志摩的诗》首版是作者于1925年8月自费排印聚珍宋版线装本，由新月书店出版。1928年新月书店把此书重排为平装本，作者对这本诗集曾说过一段话："大部分还是情感的无关阑的泛滥，什么诗的艺术或技巧……我的笔本来是最不受羁勒的一匹野马，看到了一多的谨严的作品，我方才憬悟到我自己的野性。"

　　本卷《再别康桥》的篇目选自徐志摩生前自编的四本诗集《志摩的诗》《翡冷翠的一夜》《猛虎集》《云游集》，除了知名度颇高的《沙扬娜拉》《再别康桥》等，还有对诗人自己具有重要意义的作品。

　　泰戈尔（1861—1941），印度著名诗人、文学家、社会活动家。生于印度一个传统文化与西方文化得到和谐交融的书香门第，曾留学英国。1913年，凭借《吉檀迦利》等作品荣获诺贝尔文学奖，从此跻身世界文坛。《飞鸟集》是印度诗人泰戈尔创作的诗集，它包括325首清丽的无标题小诗，首次出版于1916年。绝大多数的诗只有一两行，或者捕捉一个自然景观，或者述说一个事理，是诗人在日常生活中的感触、思考、情思的片段的记录。在他的笔下，一只鸟、一朵花、一颗星，仿佛都被赋予了人性，充满了真理和智慧。其诗被译为多国语言，备受追捧。

　　本卷中的《飞鸟集》选用的是中国现代翻译家郑振铎先生的译本，郑振铎先生同时也是杰出的诗人、学者、文学评论家。

《再别康桥》

◆

徐志摩 ⊙ 著

再别康桥

轻轻的我走了,
正如我轻轻的来;
我轻轻的招手,
作别西天的云彩。

那河畔的金柳,
是夕阳中的新娘;
波光里的艳影,
在我的心头荡漾。

软泥上的青荇,
油油的在水底招摇;
在康河的柔波里,
我甘心做一条水草!

那树荫下的一潭,
不是清泉,是天上虹,
揉碎在浮藻间,
沉淀着彩虹似的梦。

寻梦？撑一支长篙，
向青草更青处漫溯，
满载一船星辉，
在星辉斑斓里放歌。

但我不能放歌，
悄悄是别离的笙箫；
夏虫也为我沉默，
沉默是今晚的康桥！

悄悄的我走了，
正如我悄悄的来；
我挥一挥衣袖，
不带走一片云彩。

雪花的快乐

假如我是一朵雪花，
翩翩的在半空里潇洒，
我一定认清我的方向——
飞飏，飞飏，飞飏，——
这地面上有我的方向。

不去那冷寞的幽谷，
不去那凄清的山麓，
也不上荒街去惆怅——
飞飏，飞飏，飞飏，——
你看，我有我的方向！

在半空里娟娟的飞舞，
认明了那清幽的住处，
等着她来花园里探望——
飞飏，飞飏，飞飏，——
啊，她身上有朱砂梅的清香！

那时我凭借我的身轻，
盈盈的，沾住了她的衣襟，
贴近她柔波似的心胸——
消溶，消溶，消溶——
溶入了她柔波似的心胸！

沙扬娜拉（赠日本女郎）

最是那一低头的温柔，
像一朵水莲花不胜凉风的娇羞，
道一声珍重，道一声珍重，

那一声珍重里有蜜甜的忧愁。

沙扬娜拉!

落叶小唱

一阵声响转上了阶沿
(我正挨近着梦乡边;)
这回准是她的脚步了,我想——
在这深夜!

一声剥啄在我的窗上
(我正靠紧着睡乡旁;)
这准是她来闹着玩——
你看,我偏不张皇!

一个声息贴近我的床,
我说(一半是睡梦,一半是迷惘:)——
"你总不能明白我,你又何苦
多叫我心伤!"

一声喟息落在我的枕边,
(我已在梦乡里留恋;)
"我负了你!"你说——你的热泪

烫着我的脸!

这音响恼着我的梦魂
(落叶在庭前舞,一阵,又一阵;)
梦完了,呵,回复清醒;恼人的——
却只是秋声!

问谁

问谁?啊,这光阴的播弄
向谁去声诉,
在这冻沉沉的深夜,凄风
吹拂她的新墓?

"看守,你须用心的看守,
这活泼的流溪,
莫错过,在这清波里优游,
青脐与红鳍!"

那无声的私语在我的耳边
似曾幽幽的吹嘘,——
像秋雾里的远山,半化烟,
在晓风前卷舒。

因此我紧揽着我生命的绳网,
像一个守夜的渔翁,
兢兢的,注视着那无尽流的时光——
私冀有彩鳞掀涌。

但如今,如今只余这破烂的渔网——
嘲讽我的希冀,
我喘息的怅望着不复返的时光:
泪依依的憔悴!

又何况在这黑夜里徘徊:
黑夜似的痛楚:
一个星芒下的黑影凄迷——
留连着一个新墓!

问谁……我不敢怆呼,怕惊扰
这墓底的清淳;
我俯身,我伸手向她搂抱——
啊!这半潮润的新坟!

这惨人的旷野无有边沿,
远处有村火星星,
丛林中有鸥鸦在悍辩——
此地有伤心,只影!

这黑夜,深沉的,环包着大地:
笼罩着你与我——
你,静凄凄的安眠在墓底;

我，在迷醉里摩挲！

正愿天光更不从东方
按时的泛滥：
我便永远依偎着这墓旁——
在沉寂里消幻——

但青曦已在那天边吐露，
苏醒的林鸟，
已在远近间相应的喧呼——
又是一度清晓。

不久，这严冬过去，东风
又来催促青条；
便妆缀这冷落的墓宫，
亦不无花草飘摇。

但为你，我爱，如今永远封禁
在这无情的地下——
我更不盼天光，更无有春信：
我的是无边的黑夜！

去吧

去吧，人间，去吧！
我独立在高山的峰上；
去吧，人间，去吧！
我面对着无际的苍穹。

去吧，青年，去吧！
与幽谷的香草同埋；
去吧，青年，去吧！
悲哀付于暮天的群鸦。

去吧，梦乡，去吧！
我把幻景的玉杯摔破；
去吧，梦乡，去吧！
我享受着山峰的海涛之贺。

去吧，种种，去吧！
当前有插天的高峰；
去吧，一切，去吧！
当前有无穷的无穷！

一星弱火

我独坐在半山的石上,
看前峰的白云蒸腾,
一只不知名的小雀,
嘲讽着我迷惘的神魂。

白云一饼饼的飞升,
化入了辽远的无垠;
但在我逼仄的心头,
啊,却凝敛着惨雾与愁云!
皎洁的晨光已经透露,
洗净了青屿似的前峰;
像墓墟间的磷光惨澹,
一星的微焰在我的胸中。

但这惨澹的弱火一星,
照射着残骸与余烬,
虽则是往迹的嘲讽,
却绵绵的长随时间进行!

为要寻一个明星

我骑着一匹拐腿的瞎马,
向着黑夜里加鞭;——
向着黑夜里加鞭,
我跨着一匹拐腿的瞎马!

我冲入这黑绵绵的昏夜,
为要寻一颗明星;——
为要寻一颗明星,
我冲入这黑茫茫的荒野。

累坏了,累坏了我胯下的牲口,
那明星还不出现;——
那明星还不出现,
累坏了,累坏了马鞍上的身手。

这回天上透出了水晶似的光明,
荒野里倒着一只牲口,
黑夜里躺着一具尸首。——
这回天上透出了水晶似的光明!

不再是我的乖乖

一

前天我是一个小孩,
这海滩最是我的爱;
早起的太阳赛如火炉,
趁暖来和我做我的功夫:
在这海砂上起造宫阙:
哦,这浪头来得凶恶,
冲了我得意的建筑,——
我喊一声海,海!
你是我小孩儿的乖乖!

二

昨天我是一个"情种",
到这海滩上不发疯;
西天的晚霞慢慢地死,
血红变成姜黄,又变紫,
一颗星在半空里窥伺,
我匍匐在砂堆里画字,
一个字,一个字,又一个字,
谁说不是我心爱的游戏?
我喊一声海,海!
不许你有一点儿的更改!

三

今天!咳,为什么要有今天?
不比从前,没了我的疯癫,
再没有小孩时的新鲜,
这回再不来这大海的边沿!
头顶不见天光的方便
海上只暗沉沉的一片
暗潮侵蚀了砂字的痕迹
却冲不淡我悲惨的颜色——
我喊一声海,海!
你从此不再是我的乖乖!

我有一个恋爱

我有一个恋爱;——
我爱天上的明星;
我爱他们的晶莹:
人间没有这异样的神明。

在冷峭的暮冬的黄昏,
在寂寞的灰色的清晨。
在海上,在风雨后的山顶——
永远有一颗,万颗的明星!

山涧边小草花的知心,
高楼上小孩童的欢欣,
旅行人的灯亮与南针:——
万万里外闪烁的精灵!

我有一个破碎的魂灵,
像一堆破碎的水晶,
散布在荒野的枯草里——
饱啜你一瞬瞬的殷勤。

人生的冰激与柔情,
我也曾尝味,我也曾容忍;
有时阶砌下蟋蟀的秋吟,
引起我心伤,逼迫我泪零。

我袒露我的坦白的胸襟,
献爱与一天的明星,
任凭人生是幻是真地球在或是消泯——
大空中永远有不昧的明星!

消息

雷雨暂时收剑了;

双龙似的双虹,
显现在雾霭中,
夭娇,鲜艳,生动,——
好兆!明天准是好天了。

什么!又(是一阵)打雷了,——
在云外,在天外,
又是一片暗淡,
不见了鲜虹彩,——
希望,不曾站稳,又毁了。

夜半松风

这是冬夜的山坡,
坡下一座冷落的僧庐,
庐内一个孤独的梦魂:
在忏悔中祈祷,在绝望中沉沦;——

为什么这怒叫,这狂啸,
鼍鼓与金钲与虎与豹?
为什么这么幽诉,这私慕?
烈情的惨剧与人生的坎坷——
又一度潮水似的淹没了

这彷徨的梦魂与冷落的僧庐?

月下雷峰

我送你一个雷峰塔影,
满天稠密的黑云与白云;
我送你一个雷峰塔顶,
明月泻影在眠熟的波心。

深深的黑夜,依依的塔影,
团团的月彩,纤纤的波鳞——
假如你我荡一支无遮的小艇,
假如你我创一个完全的梦境!

沪杭车中

匆匆匆!催催催!
一卷烟,一片山,几点云影,

一道水，一条桥，一支橹声，
一林松，一丛竹，红叶纷纷：

艳色的田野，艳色的秋景，
梦境似的分明，模糊，消隐，——
催催催！是车轮还是光阴？
催老了秋容，催老了人生！

难得

难得，夜这般的清净，
难得，炉火这般的温，
更是难得，无言的相对，
一双寂寞的灵魂！

也不必筹营，也不必详论，
更没有虚骄，猜忌与嫌憎，
只静静的坐对着一炉火，
只静静的默数远巷的更。

喝一口白水，朋友，
滋润你的干裂的口唇；
你添上几块煤，朋友，

一炉的红焰感念你的殷勤。

在冰冷的冬夜,朋友,
人们方始珍重难得的炉薪;
在这冰冷的世界,
方始凝结了少数同情的心!

古怪的世界

从松江的石湖塘
上车来老妇一双,
颤巍巍的承住弓形的老人身,
多谢(我猜是)普渡山的盘龙藤:

青头棉袄,黑布棉套,
头毛半秃,齿牙半耗:
肩挨肩的坐落在阳光暖暖的窗前,
畏葸的,呢喃的,像一对寒天的老燕;

震震的干枯的手背,
震震的皱缩的下颊:
这二老,是妯娌,是姑嫂,是姊妹?——
紧挨着,老眼中有伤悲的眼泪!

怜悯，贫苦不是卑贱，
老衰中有无限庄严；——
老年人有什么悲哀，为什么凄伤？
为什么在这快乐的新年，抛却家乡？

同车里杂沓的人声，
轨道上疾转着车轮；
我独自的，独自的沉思这世界古怪——
是谁吹弄着那不调谐的人道的音籁？

天国的消息

可爱的秋景！无声的落叶，
轻盈的，轻盈的，掉落在这小径，
竹篱内，隐约的，有小儿女的笑声；
呖呖的清音，缭绕着村舍的静谧，
仿佛是幽谷里的小鸟，欢噪着清晨，
驱散了昏夜的暗塞，开始无限光明。

霎那的欢欣，昙花似的涌现，
开豁了我的情绪，忘却了春恋，
人生的惶惑与悲哀，惆怅与短促——
在这稚子的欢笑声里，想见了天国！

晚霞泛滥着金色的枫林，
凉风吹拂着我孤独的身形；
我灵海里啸响着伟大的波涛，
应和更伟大的脉搏，更伟大的灵潮！

乡村里的音籁

小舟在垂柳荫间缓泛——
一阵阵初秋的凉风，
吹生了水面的漪绒，
吹来两岸乡村里的音籁。

我独自凭着船窗闲憩，
静看着一河的波泛，
静听着远近的音籁——
又一度与童年的情景默契！

这是清脆的稚儿的呼唤，
田野上工作纷纭，
竹篱边犬吠鸡鸣：
但这无端的悲鸣与凄婉！

白云在蓝天里飞行：

我欲把恼人的年岁,
我欲把恼人的情爱,
托付与无涯的空灵——消泯;
回复我纯朴的,美丽的童心:
像山谷里的冷泉一勺,
像晓风里的白头乳鹊,
像池畔的草花,自然的鲜明。

她是睡着了

她是睡着了——
星光下一朵斜欹的白莲,
她入梦境了——
香炉里袅起一缕碧螺烟。

她是眠熟了——
涧泉幽抑了喧响的琴弦,
她在梦乡了——
粉蝶儿,翠蝶儿,翻飞的欢恋。

停匀的呼吸:
清芬渗透了她的周遭的清氛;
有福的清氛,

怀抱着，抚摩着，她纤纤的身形！

奢侈的光阴！
静，沙沙的尽是闪亮的黄金，
平铺着无垠，——
波鳞间轻漾着光艳的小艇。

醉心的光景：
给我披一件彩衣，啜一坛芳醴，
折一支藤花，
舞，在葡萄丛中颠倒，昏迷。

看呀，美丽！
三春的颜色移上了她的香肌，
是玫瑰，是月季，
是朝阳里水仙，鲜妍，芳菲！

梦底的幽秘，
挑逗着她的心——纯洁的灵魂——
像一只蜂儿，
在花心恣意的唐突——温存。

童真的梦境！
静默；休教惊断了梦神的殷勤；
抽一丝金络，
抽一丝银络，抽一丝晚霞的紫曛；

玉腕与金梭，

织缣似的精审，更番的穿度——
化生了彩霞，
神阙，安琪儿的歌，安琪儿的舞。

可爱的梨涡，
解释了处女的梦境的欢喜，
像一颗露珠，
颤动的，在荷盘中闪耀着晨曦！

翡冷翠[1]的一夜

你真的走了，明天？那我，那我，……
你也不用管，迟早有那一天；
你愿意记着我，就记着我，
要不然趁早忘了这世界上
有我，省得想起时空着恼，
只当是一个梦，一个幻想；
只当是前天我们见的残红，
怯怜怜的在风前抖擞，一瓣，两瓣，
落地，叫人踩，变泥……

1.即佛罗伦萨，位于意大利的一座城市。

唉，叫人踩，变泥——变了泥倒干净，
这半死不活的才叫是受罪，
看着寒伧，累赘，叫人白眼——
天呀！你何苦来，你何苦来……
我可忘不了你，那一天你来，
就比如黑暗的前途见了光彩，
你是我的先生，我爱，我的恩人，
你教给我什么是生命，什么是爱，
你惊醒我的昏迷，偿还我的天真。
没有你我哪知道天是高，草是青？
你摸摸我的心，它这下跳得多快；
再摸我的脸，烧得多焦，亏这夜黑
看不见；爱，我气都喘不过来了，
别亲我了；我受不住这烈火似的活，
这阵子我的灵魂就像是火砖上的
熟铁，在爱的槌子下，砸，砸，火花
四散的飞洒……我晕了，抱着我，
爱，就让我在这儿清静的园内，
闭着眼，死在你的胸前，多美！
头顶白杨树上的风声，沙沙的，
算是我的丧歌，这一阵清风，
橄榄林里吹来的，带着石榴花香，
就带了我的灵魂走，还有那萤火，
多情的殷勤的萤火，有他们照路，
我到了那三环洞的桥上再停步，
听你在这儿抱着我半暖的身体，
悲声的叫我，亲我，摇我，咂我，……
我就微笑的再跟着清风走，

随他领着我,天堂,地狱,哪儿都成,
反正丢了这可厌的人生,实现这死
在爱里,这爱中心的死,不强如
五百次的投生?……自私,我知道,
可我也管不着……你伴着我死?
什么,不成双就不是完全的"爱死",
要飞升也得两对翅膀儿打伙,
进了天堂还不一样的要照顾,
我少不了你,你也不能没有我;
要是地狱,我单身去你更不放心,
你说地狱不定比这世界文明
(虽则我不信,)像我这娇嫩的花朵,
难保不再遭风暴,不叫雨打,
那时候我喊你,你也听不分明,——
那不是求解脱反投进了泥坑,
倒叫冷眼的鬼串通了冷心的人,
笑我的命运,笑你懦怯的粗心?
这话也有理,那叫我怎么办呢?
活着难,太难就死也不得自由,
我又不愿你为我牺牲你的前程……
唉!你说还是活着等,等那一天!
有那一天吗?——你在,就是我的信心;
可是天亮你就得走,你真的忍心
丢了我走?我又不能留你,这是命;
但这花,没阳光晒,没甘露浸,
不死也不免瓣尖儿焦萎,多可怜!
你不能忘我,爱,除了在你的心里,
我再没有命;是,我听你的话,我等,

等铁树儿开花我也得耐心等；
爱，你永远是我头顶的一颗明星：
要是不幸死了，我就变一个萤火，
在这园里，挨着草根，暗沉沉的飞，
黄昏飞到半夜，半夜飞到天明，
只愿天空不生云，我望得见天
天上那颗不变的大星，那是你，
但愿你为我多放光明，隔着夜，
隔着天，通着恋爱的灵犀一点……

六月十一日，一九二五年翡冷翠山中

呻吟语

我亦愿意赞美这神奇的宇宙，
我亦愿意忘却了人间有忧愁，
像一只没挂累的梅花雀，
清朝上歌唱，黄昏时跳跃；——
假如她清风似的常在我的左右！
我亦想望我的诗句清水似的流，
我亦想望我的心池鱼似的悠悠；
但如今膏火是我的心，
再休问我闲暇的诗情？——

上帝！你一天不还她生命与自由！

偶然

我是天空里的一片云，
偶尔投影在你的波心——
你不必讶异，
更无须欢喜——
在转瞬间消灭了踪影。

你我相逢在黑夜的海上，
你有你的，我有我的，方向；
你记得也好，
最好你忘掉，
在这交会时互放的光亮！

珊瑚

你再不用想我说话,
我的心早沉在海水底下,
你再不用向我叫唤:
因为我——我再不能回答!

除非你——除非你也来在
这珊瑚骨环绕的又一世界,
等海风定时的一刻清静,
你我来交互你我的幽叹。

变与不变

树上的叶子说:
"这来又变样儿了,
你看,
有的是抽心烂,有的是卷边焦!"
"可不是,"答话的是我自己的心:
它也在冷酷的西风里褪色,凋零。

这时候连翩的明星爬上了树尖;

"看这儿"它们仿佛说:"有没有改变?"
"看这儿,"无形中又发动了一个声音,
"还不是一样鲜明?"——
插话的是我的魂灵。

丁当——清新

檐前的秋雨在说什么?
它说摔了她,忧郁什么?
我手拿起案上的镜框,
在地平上摔一个丁当。

檐前的秋雨又在说什么?
"还有你心里那个留着做什么?"
蓦地里又听见一声清新——
这回摔破的是我自己的心!

三月十二日深夜大沽口外

今夜困守在大沽口外；
绝海里的俘虏，
对着忧愁申诉；
桅上的孤灯在风前摇摆：
天昏昏有层云裹，
那掣电是探海火！

你说不自由是这变乱的时光？
但变乱还有时罢休，
谁敢说人生有自由？
今天的希望变作明天的怅惘；
星光在天外冷眼瞅，
人生是浪花里的浮沤！

我此时在凄冷的甲板上徘徊，
听海涛迟迟的吐沫，
心空如不波的湖水；
只一丝云影在这湖心里晃动
不曾渗透的一个迷梦，
不忍渗透的一个迷梦！

最后那一天

在春风不再回来的那一年,
在枯枝不再青条的那一天,
那时间天空再没有光照,
只黑蒙蒙的妖氛弥漫着,
太阳,月亮,星光死去了的空间;

在一切标准推翻的那一天,
在一切价值重估的那时间,
暴露在最后审判的威灵中,
一切的虚伪与虚荣与虚空,
赤裸裸的灵魂们匍匐在主的跟前;——

我爱,那时间你我再不必张皇,
更不须声诉,辨冤,再不必隐藏,——
你我的心,像一朵雪白的并蒂莲,
在爱的青梗上秀挺,欢欣,鲜妍,——
在主的跟前,爱是唯一的荣光。

渺小

我仰望群山的苍老,
他们不说一句话。
阳光描出我的渺小,
小草在我的脚下。

我一人停步在路隅,
倾听空谷的松籁;
青天里有白云盘踞——
转眼间忽又不在。

阔的海

阔的海空的天我不需要,
我也不想放一只巨大的纸鹞
上天去捉弄四面八方的风;
我只要一分钟
我只要一点光
我只要一条缝,——
像一个小孩爬伏
在一间暗屋的窗前

望着西天边不死的一条缝，
一点光，
一分钟。

山中

庭院是一片静，
听市谣围抱；
织成一地松影——
看当头月好！

不知今夜山中，
是何等光景：
想也有月，有松，
有更深的静。

我想攀附月色，
化一阵清风，
吹醒群松春醉，
去山中浮动；

吹下一针新碧，
掉在你窗前；

轻柔如同叹息——
不惊你安眠!

难忘

这日子——从天亮到昏黄,
虽则有时花般的阳光,
从郊外的麦田,
半空中的飞燕,
照亮到我劳倦的眼前,
给我刹那间的舒爽,
我还是不能忘——
不忘旧时的积累,
也不分是恼是愁是悔,
在心头,在思潮的起伏间,
像是迷雾,像是诅咒的凶险:
它们包围,它们缠绕,
它们狰露着牙,它们咬,
它们烈火般的煎熬,
它们伸拓着巨灵的掌,
把所有的忻快拦挡……

《飞鸟集》

[印度]泰戈尔 ⊙ 著

郑振铎 ⊙ 译

1

夏天的飞鸟,飞到我窗前唱歌,又飞去了。

秋天的黄叶,它们没有什么可唱,只叹息一声,飞落在那里。

2

世界上的一队小小的漂泊者呀,请留下你们的足印在我的文字里。

3

世界对着它的爱人,把它浩翰的面具揭下了。

它变小了,小如一首歌,小如一回永恒的接吻。

4

是大地的泪点,使她的微笑保持着青春不谢。

5

无垠的沙漠热烈追求一叶绿草的爱,她摇摇头笑着飞开了。

6

如果你因失去了太阳而流泪,那么你也将失去群星了。

7

跳舞着的流水呀,在你途中的泥沙,要求你的歌声,你的流动呢。你肯挟跛足的泥沙而俱下吗?

8

她的热切的脸,如夜雨似的,搅扰着我的梦魂。

9

有一次,我们梦见大家都是不相识的。

我们醒了,却知道我们原是相亲相爱的。

10

忧思在我的心里平静下去,正如暮色降临在寂静的山林中。

11

有些看不见的手指,如懒懒的微飔似的,正在我的心上奏着潺湲的乐声。

12

"海水呀,你说的是什么?"

"是永恒的疑问。"

"天空呀,你回答的话是什么?"

"是永恒的沉默。"

13

静静地听,我的心呀,听那世界的低语,这是它对你求爱的表示呀。

14

创造的神秘,有如夜间的黑暗——是伟大的。而知识的幻影却不过如晨间之雾。

15

不要因为峭壁是高的,便让你的爱情坐在峭壁上。

16

我今晨坐在窗前,世界如一个过路人似的,停留了一会儿,向我点点头又走过去了。

17

这些微飔,是绿叶的簌簌之声呀;它们在我的心里欢悦地微语着。

18

你看不见你自己,你所看见的只是你的影子。

19

神呀,我的那些愿望真是愚傻呀,它们杂在你的歌声中喧叫着呢。
让我只是静听着吧。

20

我不能选择那最好的。
是那最好的选择我。

21

那些把灯背在背上的人,把他们的影子投到了自己前面。

22

我的存在，对我是一个永久的神奇，这就是生活。

23

"我们萧萧的树叶都有声响回答那风和雨。你是谁呢，那样的沉默着？"
"我不过是一朵花。"

24

休息与工作的关系，正如眼睑与眼睛的关系。

25

人是一个初生的孩子，他的力量，就是生长的力量。

26

神希望我们酬答他，在于他送给我们的花朵，而不在于太阳和土地。

27

光明如一个裸体的孩子，快快活活地在绿叶当中游戏，它不知道人是会欺诈的。

28

啊，美呀，在爱中找你自己吧，不要到你镜子的谄谀中去找寻。

29

我的心把她的波浪在世界的海岸上冲激着，以热泪在上边写着她的题记："我爱你。"

30

"月儿呀,你在等候什么呢?"
"向我将让位给他的太阳致敬。"

31

绿树长到了我的窗前,仿佛是喑哑的大地发出的渴望的声音。

32

神自己的清晨,在他自己看来也是新奇的。

33

生命从世界得到资产,爱情使它得到价值。

34

枯竭的河床,并不感谢它的过去。

35

鸟儿愿为一朵云。
云儿愿为一只鸟。

36

瀑布歌唱道:"我得到自由时便有歌声了。"

37

我说不出这心为什么那样默默地颓丧着。
是为了它那不曾要求、不曾知道、不曾记得的小小的需要。

38

妇人，你在料理家事的时候，你的手足歌唱着，正如山间的溪水歌唱着在小石中流过。

39

当太阳横过西方的海面时，对着东方留下他的最后的敬礼。

40

不要因为你自己没有胃口而去责备你的食物。

41

群树如表示大地的愿望似的，踮起脚来向天空窥望。

42

你微微地笑着，不同我说什么话。而我觉得，为了这个，我已等待得久了。

43

水里的游鱼是沉默的，陆地上的兽类是喧闹的，空中的飞鸟是歌唱着的。但是，人类却兼有海里的沉默，地上的喧闹与空中的音乐。

44

世界在踌躇之心的琴弦上跑过去，奏出忧郁的乐声。

45

他把他的刀剑当作他的上帝。
当他的刀剑胜利时他自己却失败了。

46

神从创造中找到他自己。

47

阴影戴上她的面幕,秘密地,温顺地,用她的沉默的爱的脚步,跟在"光"后边。

48

群星不怕显得像萤火那样。

49

谢谢神,我不是一个权力的轮子,而是被压在这轮下的活人之一。

50

心是尖锐的,不是宽博的,它执着在每一点上,却并不活动。

51

你的偶像委散在尘土中了,这可证明神的尘土比你的偶像还伟大。

52

人不能在他的历史中表现出他自己,他在历史中奋斗着露出头角。

53

玻璃灯因为瓦灯叫它作表兄而责备瓦灯。但明月出来时,玻璃灯却温和地微笑着,叫明月为——"我亲爱的,亲爱的姐姐"。

54

我们如海鸥之与波涛相遇似的,遇见了,走近了。海鸥飞去,波涛滚滚地流开，我们也分别了。

55

我的白昼已经完了，我像一只泊在海滩上的小船，谛听着晚潮跳舞的乐声。

56

我们的生命是天赋的，我们唯有献出生命，才能得到生命。

57

当我们是大为谦卑的时候，便是我们最近于伟大的时候。

58

麻雀看见孔雀负担着它的翎尾，替它担忧。

59

决不要害怕刹那——永恒之声这样唱着。

60

飓风于无路之中寻求最短之路，又突然地在"无何有之国"终止了它的寻求。

61

在我自己的杯中，饮了我的酒吧，朋友。
一倒在别人的杯里，这酒的腾跳的泡沫便要消失了。

62

"完全"为了对"不全"的爱，把自己装饰得美丽。

63

神对人说道："我医治你所以伤害你，爱你所以惩罚你。"

64

谢谢火焰给你光明，但是不要忘了那执灯的人，他是坚忍地站在黑暗当中呢。

65

小草呀，你的足步虽小，但是你拥有你足下的土地。

66

幼花的蓓蕾开放了，它叫道："亲爱的世界呀，请不要萎谢了。"

67

神对于那些大帝国会感到厌恶，却决不会厌恶那些小小的花朵。

68

错误经不起失败，但是真理却不怕失败。

69

瀑布歌唱道："虽然渴者只要少许的水便够了，我却很快活地给与了我全部的水。"

70

把那些花朵抛掷上去的那一阵子无休无止的狂欢大喜的劲儿，其源泉是在哪里呢？

71

樵夫的斧头,问树要斧柄。

树便给了他。

72

这寡独的黄昏,幕着雾与雨,我在我心的孤寂里,感觉到它的叹息。

73

贞操是从丰富的爱情中生出来的财富。

74

雾,像爱情一样,在山峰的心上游戏,生出种种美丽的变幻。

75

我们把世界看错了,反说它欺骗我们。

76

诗人——飙风,正出经海洋和森林,追求它自己的歌声。

77

每一个孩子出生时都带来信息说:神对人并未灰心失望。

78

绿草求她地上的伴侣。

树木求他天空的寂寞。

79

人对他自己建筑起堤防来。

80

我的朋友，你的语声飘荡在我的心里，像那海水的低吟声绕缭在静听着的松林之间。

81

这个不可见的黑暗之火焰，以繁星为其火花的，到底是什么呢？

82

使生如夏花之绚烂，死如秋叶之静美。

83

那想做好人的，在门外敲着门；那爱人的，看见门敞开着。

84

在死的时候，众多合而为一；在生的时候，一化为众多。
神死了的时候，宗教便将合而为一。

85

艺术家是自然的情人，所以他是自然的奴隶，也是自然的主人。

86

"你离我有多远呢，果实呀？"
"我藏在你心里呢，花呀。"

87

这个渴望是为了那个在黑夜里感觉得到，在大白天里却看不见的人。

88

露珠对湖水说道:"你是在荷叶下面的大露珠,我是在荷叶上面的较小的露珠。"

89

刀鞘保护刀的锋利,它自己则满足于它的迟钝。

90

在黑暗中,"一"视若一体;在光亮中,"一"便视若众多。

91

大地借助于绿草,显出她自己的殷勤好客。

92

绿叶的生与死乃是旋风的急骤的旋转,它的更广大的旋转的圈子乃是在天上繁星之间徐缓的转动。

93

权势对世界说道:"你是我的。"
世界便把权势囚禁在她的宝座下面。
爱情对世界说道:"我是你的。"
世界便给予爱情以在她屋内来往的自由。

94

浓雾仿佛是大地的愿望。
它藏起了太阳,而太阳原是她所呼求的。

95

安静些吧,我的心,这些大树都是祈祷者呀。

96

瞬刻的喧声,讥笑着永恒的音乐。

97

我想起了浮泛在生与爱与死的川流上的许多别的时代,以及这些时代之被遗忘,我便感觉到离开尘世的自由了。

98

我灵魂里的忧郁就是她的新婚的面纱。
这面纱等候着在夜间卸去。

99

死之印记给生的钱币以价值,使它能够用生命来购买那真正的宝物。

100

白云谦逊地站在天之一隅。
晨光给它戴上了霞彩。

101

尘土受到损辱,却以她的花朵来报答。

102

只管走过去,不必逗留着采了花朵来保存,因为一路上花朵自会继续开放的。

103

根是地下的枝。

枝是空中的根。

104

远远去了的夏之音乐，翱翔于秋间，寻求它的旧垒。

105

不要从你自己的袋里掏出勋绩借给你的朋友，这是污辱他的。

106

无名的日子的感触，攀缘在我的心上，正像那绿色的苔藓，攀缘在老树的周身。

107

回声嘲笑着她的原声，以证明她是原声。

108

当富贵利达的人夸说他得到神的特别恩惠时，上帝却羞了。

109

我投射我自己的影子在我的路上，因为我有一盏还没有燃点起来的明灯。

110

人走进喧哗的群众里去，为的是要淹没他自己的沉默的呼号。

111

终止于衰竭的是"死亡"，但"圆满"却终止于无穷。

112

太阳只穿一件朴素的光衣,白云却披了灿烂的裙裾。

113

山峰如群儿之喧嚷,举起他们的双臂,想去捉天上的星星。

114

道路虽然拥挤,却是寂寞的,因为它是不被爱的。

115

权势以它的恶行自夸,落下的黄叶与浮游的云片却在笑它。

116

今天大地在太阳光里向我营营哼鸣,像一个织着布的妇人,用一种已经被忘却的语言,哼着一些古代的歌曲。

117

绿草是无愧于它所生长的伟大世界的。

118

梦是一个一定要谈话的妻子。
睡眠是一个默默地忍受的丈夫。

119

夜与逝去的日子接吻,轻轻地在他耳旁说道:"我是死,是你的母亲。我就要给你以新的生命。"

120

黑夜呀，我感觉到你的美了。你的美如一个可爱的妇人，当她把灯灭了的时候。

121

我把在那些已逝去的世界上的繁荣带到我的世界上来。

122

亲爱的朋友呀，当我静听着海涛时，我好几次在暮色深沉的黄昏里，在这个海岸上，感到你的伟大思想的沉默了。

123

鸟以为把鱼举在空中是一种慈善的举动。

124

夜对太阳说道："在月亮中，你送了你的情书给我。"
"我已在绿草上留下我的流着泪点的回答了。"

125

伟人是一个天生的孩子，当他死时，他把他的伟大的孩提时代给了世界。

126

不是槌的打击，乃是水的载歌载舞，使鹅卵石臻于完美。

127

蜜蜂从花中啜蜜，离开时营营地道谢。
浮华的蝴蝶却相信花是应该向它道谢的。

128

如果你不等待着要说出完全的真理,那么把真话说出来是很容易的。

129

"可能"问"不可能"道:
"你住在什么地方呢?"
它回答道:"在那无能为力者的梦境里。"

130

如果你把所有的错误都关在门外时,真理也要被关在外面了。

131

我听见有些东西在我心的忧闷后面萧萧作响,——我不能看见它们。

132

闲暇在动作时便是工作。
静止的海水荡动时便成波涛。

133

绿叶恋爱时便成了花。
花崇拜时便成了果实。

134

埋在地下的树根使树枝产生果实,却不要求什么报酬。

135

阴雨的黄昏,风无休止地吹着。

我看着摇曳的树枝，想念万物的伟大。

136

子夜的风雨，如一个巨大的孩子，在不合时宜的黑夜里醒来，开始游戏和喧闹。

137

海呀，你这暴风雨的孤寂的新妇呀，你虽掀起波浪追随你的情人，但是无用呀。

138

文字对工作说道："我惭愧我的空虚。"
工作对文字说道："当我看见你时，我便知道我是怎样地贫乏了。"

139

时间是变化的财富。时钟模仿它，却只有变化而无财富。

140

真理穿了衣裳，觉得事实太拘束了。
在想象中，她却转动得很舒畅。

141

当我到这里那里旅行着时，路呀，我厌倦你了；但是现在，当你引导我到各处去时，我便爱上你，与你结婚了。

142

让我设想，在群星之中，有一颗星是指导着我的生命通过不可知的黑暗的。

143

妇人，你用了你美丽的手指，触着我的什物，秩序便如音乐似的生出来了。

144

一个忧郁的声音，筑巢于逝水似的年华中。
它在夜里向我唱道："我爱你。"

145

燃着的火，以它熊熊的光焰警告我不要走近它。
把我从潜藏在灰中的余烬里救出来吧。

146

我有群星在天上，
但是，唉，我屋里的小灯却没有点亮。

147

死文字的尘土沾着你。
用沉默去洗净你的灵魂吧。

148

生命里留了许多罅隙，从中送来了死之忧郁的音乐。

149

世界已在早晨敞开了它的光明之心。
出来吧，我的心，带着你的爱去与它相会。

150

我的思想随着这些闪耀的绿叶而闪耀；我的心灵因了这日光的抚触而歌

唱；我的生命因为偕了万物一同浮泛在空间的蔚蓝、时间的墨黑中而感到欢快。

151

神的巨大的威权是在柔和的微飓里，而不在狂风暴雨之中。

152

在梦中，一切事都散漫着，都压着我，但这不过是一个梦呀。当我醒来时，我便将觉得这些事都已聚集在你那里，我也便将自由了。

153

落日问道："有谁继续我的职务呢？"
瓦灯说道："我要尽我所能地做去，我的主人。"

154

采着花瓣时，得不到花的美丽。

155

沉默蕴蓄着语声，正如鸟巢拥围着睡鸟。

156

大的不怕与小的同游。
居中的却远而避之。

157

夜秘密地把花开放了，却让那白日去领受谢词。

158

权势认为牺牲者的痛苦是忘恩负义。

159

当我们以我们的充实为乐时,那么,我们便能很快乐地跟我们的果实分手了。

160

雨点吻着大地,微语道:"我们是你的思家的孩子,母亲,现在从天上回到你这里来了。"

161

蛛网好像要捉露点,却捉住了苍蝇。

162

爱情呀,当你手里拿着点亮了的痛苦之灯走来时,我能够看见你的脸,而且以你为幸福。

163

萤火对天上的星说道:"学者说你的光明总有一天会消灭的。"
天上的星不回答它。

164

在黄昏的微光里,有那清晨的鸟儿来到了我的沉默的鸟巢里。

165

思想掠过我的心上,如一群野鸭飞过天空。
我听见它们鼓翼之声了。

166

沟洫总喜欢想：河流的存在，是专为它供给水流的。

167

世界以它的痛苦同我接吻，而要求歌声做报酬。

168

压迫着我的，到底是我的想要外出的灵魂呢，还是那世界的灵魂，敲着我心的门，想要进来呢？

169

思想以他自己的语言喂养它自己而成长起来。

170

我把我的心之碗轻轻浸入这沉默之时刻中，它盛满了爱了。

171

或者你在工作，或者你没有。
当你不得不说"让我们做些事吧"时，那么就要开始胡闹了。

172

向日葵羞于把无名的花朵看作它的同胞。
太阳升上来了，向它微笑，说道："你好吗，我的宝贝儿？"

173

"谁如命运似的推着我向前走呢？"
"那是我自己，在身背后大跨步走着。"

174

云把水倒在河的水杯里，它们自己却藏在远山之中。

175

我一路走去，从我的水瓶中漏出水来。
只剩下极少极少的水供我回家使用了。

176

杯中的水是光辉的；海中的水却是黑色的。
小理可以用文字来说清楚；大理却只有沉默。

177

你的微笑是你自己田园里的花，你的谈吐是你自己山上的松林的萧萧；但是你的心呀，却是那个女人，那个我们全都认识的女人。

178

我把小小的礼物留给我所爱的人，——大的礼物却留给一切的人。

179

妇人呀，你用泪海包绕着世界的心，正如大海包绕着大地。

180

太阳以微笑向我问候。
雨，他的忧闷的姐姐，向我的心谈话。

181

我的昼间之花，落下它那被遗忘的花瓣。
在黄昏中，这花成熟为一颗记忆的金果。

182

我像那夜间之路，正静悄悄地谛听着记忆的足音。

183

黄昏的天空，在我看来，像一扇窗户，一盏灯火，灯火背后的一次等待。

184

太急于做好事的人，反而找不到时间去做好人。

185

我是秋云，空空地不载着雨水，但在成熟的稻田中，可以看见我的充实。

186

他们忌妒，他们残杀，人反而称赞他们。
然而上帝却害了羞，匆匆地把他的记忆埋藏在绿草下面。

187

脚趾乃是舍弃了其过去的手指。

188

黑暗向光明旅行，但是盲者却向死亡旅行。

189

小狗疑心大宇宙阴谋篡夺它的位置。

190

静静地坐着吧，我的心，不要扬起你的尘土。

让世界自己寻路向你走来。

191

弓在箭要射出之前,低声对箭说道:"你的自由就是我的自由。"

192

妇人,在你的笑声里有着生命之泉的音乐。

193

全是理智的心,恰如一柄全是锋刃的刀。
它叫使用它的人手上流血。

194

神爱人间的灯光甚于他自己的大星。

195

这世界乃是为美之音乐所驯服了的狂风骤雨的世界。

196

晚霞向太阳说道:"我的心经了你的接吻,便似金的宝箱了。"

197

接触着,你许会杀害;远离着,你许会占有。

198

蟋蟀的唧唧,夜雨的淅沥,从黑暗中传到我的耳边,好似我已逝的少年时代沙沙地来到我梦境中。

199

花朵向星辰落尽了的曙天叫道:"我的露点全失落了。"

200

燃烧着的木块,熊熊地生出火光,叫道:"这是我的花朵,我的死亡。"

201

黄蜂认为邻蜂储蜜之巢太小。
他的邻人要他去建筑一个更小的。

202

河岸向河流说道:"我不能留住你的波浪。
让我保存你的足印在我心里吧。"

203

白日以这小小地球的喧扰,淹没了整个宇宙的沉默。

204

歌声在空中感到无限,图画在地上感到无限,诗呢,无论在空中、在地上都是如此。
因为诗的词句含有能走动的意义与能飞翔的音乐。

205

太阳在西方落下时,他的早晨的东方已静悄悄地站在他面前。

206

让我不要错误地把自己放在我的世界里而使它反对我。

207

荣誉使我感到惭愧,因为我暗地里求着它。

208

当我没有什么事做时,便让我不做什么事,不受骚扰地沉入安静深处吧,一如那海水沉默时海边的暮色。

209

少女呀,你的纯朴,如湖水之碧,表现出你的真理之深邃。

210

最好的东西不是独来的,
它伴了所有的东西同来。

211

神的右手是慈爱的,但是他的左手却可怕。

212

我的晚色从陌生的树木中走来,它用我的晓星所不懂得的语言说话。

213

夜之黑暗是一只口袋,迸出黎明的金光。

214

我们的欲望把彩虹的颜色借给那只不过是云雾的人生。

215

神等待着,要从人的手上把他自己的花朵作为礼物赢得回去。

216

我的忧思缠扰着我，要问我它们自己的名字。

217

果实的事业是尊贵的，花的事业是甜美的；但是让我做叶的事业吧，叶是谦逊地、专心地垂着绿荫的。

218

我的心向着阑珊的风张了帆，要到无论何处的荫凉之岛去。

219

独夫们是凶暴的，但人民是善良的。

220

把我当作你的杯吧，让我为了你，而且为了你的人而盛满水吧。

221

狂风暴雨像是在痛苦中的某个天神的哭声，因为他的爱情被大地所拒绝。

222

世界不会流失，因为死亡并不是一个罅隙。

223

生命因为付出了的爱情而更为富足。

224

我的朋友，你伟大的心闪射出东方朝阳的光芒，正如黎明中一个积雪的孤峰。

225

死之流泉，使生的止水跳跃。

226

那些有一切东西而没有您的人，我的上帝，在讥笑着那些没有别的东西而只有您的人呢。

227

生命的运动在它自己的音乐里得到它的休息。

228

踢足只能从地上扬起灰尘而不能得到收获。

229

我们的名字，便是夜里海波上发出的光，痕迹也不留就泯灭了。

230

让睁眼看着玫瑰花的人也看看它的刺。

231

鸟翼上系上了黄金，这鸟便永不能再在天上翱翔了。

232

我们地方的荷花又在这陌生的水上开了花，放出同样的清香，只是名字换了。

233

在心的远景里，那相隔的距离显得更广阔了。

234

月儿把她的光明遍照在天上，却留着她的黑斑给她自己。

235

不要说"这是早晨"，别用一个"昨天"的名词把它打发掉。你第一次看到它，把它当作还没有名字的新生孩子吧。

236

青烟对天空夸口，灰烬对大地夸口，都以为它们是火的兄弟。

237

雨点向茉莉花微语道："把我永久地留在你的心里吧。"
茉莉花叹息了一声，落在地上了。

238

愀怯的思想呀，不要怕我。
我是一个诗人。

239

我的心在朦胧的沉默里，似乎充满了蟋蟀的鸣声——声音的灰暗的暮色。

240

爆竹呀，你对群星的侮蔑，又跟着你自己回到地上来了。

241

您曾经带领着我，穿过我的白天的拥挤不堪的旅程，而到达了我的黄昏的孤寂之境。

在通宵的寂静里，我等待着它的意义。

242

我们的生命就似渡过一个大海，我们都相聚在这个狭小的舟中。
死时，我们便到了岸，各往各的世界去了。

243

真理之川从它的错误之沟渠中流过。

244

今天我的心是在想家了，在想着那跨过时间之海的那一个甜蜜的时候。

245

鸟的歌声是曙光从大地反响过去的回声。

246

晨光问毛莨道："你是骄傲得不肯和我接吻吗？"

247

小花问道："我要怎样地对你唱，怎样地崇拜你呢？太阳呀？"
太阳答道："只要用你的纯洁的素朴的沉默。"

248

当人是兽时，他比兽还坏。

249

黑云受光的接吻时便变成天上的花朵。

250

不要让刀锋讥笑它柄子的拙钝。

251

夜的沉默,如一个深深的灯盏,银河便是它燃着的灯光。

252

死像大海的无限的歌声,日夜冲击着生命的光明岛的四周。

253

花瓣似的山峰在饮着日光,这山岂不像一朵花吗?

254

"真实"的含义被误解,轻重被倒置,那就成了"不真实"。

255

我的心呀,从世界的流动找你的美吧,正如那小船得到风与水的优美似的。

256

眼不以能视来骄人,却以它们的眼镜来骄人。

257

我住在我的这个小小世界里,生怕使它再缩小一丁点儿。把我抬举到您的世界里去吧,让我有高高兴兴地失去我的一切的自由。

258

虚伪永远不能凭借它生长在权力中而变成真实。

259

我的心,同着它的歌的拍拍舐岸的波浪,渴望着要抚爱这个阳光熙和的绿色世界。

260

道旁的草,爱那天上的星吧,你的梦境便可在花朵里实现了。

261

让你的音乐如一柄利刃,直刺入市井喧扰的心中吧。

262

这树的颤动之叶,触动着我的心,像一个婴儿的手指。

263

小花睡在尘土里。
它寻求蛱蝶走的道路。

264

我是在道路纵横的世界上。
夜来了。打开您的门吧,家之世界呵!

265

我已经唱过了您的白天的歌。
在黄昏时候,让我拿着您的灯走过风雨飘摇的道路吧。

266

我不要求你进我的屋里。

你到我无量的孤寂里来吧，我的爱人！

267

死亡隶属于生命，正与生一样。

举足是走路，正如落足也是走路。

268

我已经学会了你在花与阳光里微语的意义。——再教我明白你在苦与死中所说的话吧。

269

夜的花朵来晚了，当早晨吻着她时，她战栗着，叹息了一声，萎落在地上了。

270

从万物的愁苦中，我听见了"永恒母亲"的呻吟。

271

大地呀，我到你岸上时是一个陌生人，住在你屋内时是一个宾客，离开你的门时是一个朋友。

272

当我去时，让我的思想到你那里来，如那夕阳的余光，映在沉默的星天的边上。

273

在我的心头燃点起那休憩的黄昏星吧，然后让黑夜向我微语着爱情。

274

我是一个在黑暗中的孩子。

我从夜的被单里向您伸出我的双手,母亲。

275

白天的工作完了。把我的脸掩藏在您的臂间吧,母亲。

让我入梦吧。

276

集会时的灯光,点了很久,会散时,灯便立刻灭了。

277

当我死时,世界呀,请在你的沉默中,替我留着"我已经爱过了"这句话吧。

278

我们在热爱世界时便生活在这世界上。

279

让死者有那不朽的名,但让生者有那不朽的爱。

280

我看见你,像那半醒的婴孩在黎明的微光里看见他的母亲,于是微笑而又睡去了。

281

我将死了又死,以明白生是无穷无尽的。

282

当我和拥挤的人群一同在路上走过时,我看见您从阳台上送过来的微笑,我歌唱着,忘却了所有的喧哗。

283

爱就是充实了的生命,正如盛满了酒的酒杯。

284

他们点了他们自己的灯,在他们的寺院内,吟唱他们自己的话语。

但是小鸟们却在你的晨光中,唱着你的名字,——因为你的名字便是快乐。

285

领我到您的沉寂的中心,使我的心充满了歌吧。

286

让那些选择了他们自己的焰火哔哔的世界的,就生活在那里吧。

我的心渴望着您的繁星,我的上帝。

287

爱的痛苦环绕着我的一生,像汹涌的大海似的唱着;而爱的快乐却像鸟儿们在花林里似的唱着。

288

假如您愿意,您就熄了灯吧。

我将明白您的黑暗,而且将喜爱它。

289

当我在那日子的终了,站在您的面前时,您将看见我的伤疤,而知道我有我的许多创伤，但也有我的医治的法儿。

290

总有一天，我要在别的世界的晨光里对你唱道："我以前在地球的光里，在人的爱里，已经见过你了。"

291

从别的日子里飘浮到我的生命里的云，不再落下雨点或引起风暴了，却只给予我的夕阳的天空以色彩。

292

真理引起了反对它自己的狂风骤雨，那场风雨吹散了真理的广播的种子。

293

昨夜的风雨给今日的早晨戴上了金色的和平。

294

真理仿佛带了它的结论而来；而那结论却产生了它的第二个。

295

他是有福的，因为他的名望并没有比他的真实更光亮。

296

您的名字的甜蜜充溢着我的心，而我忘掉了我自己的——就像您的早晨的太阳升起时，那大雾便消失了。

297

静悄悄的黑夜具有母亲的美丽，而吵闹的白天具有孩子的美。

298

当人微笑时,世界爱了他;当他大笑时,世界便怕他了。

299

神等待着人在智慧中重新获得童年。

300

让我感到这个世界乃是您的爱的成形吧,那么,我的爱也将帮助着它。

301

您的阳光对着我的心头的冬天微笑着,从来不怀疑它的春天的花朵。

302

神在他的爱里吻着"有涯",而人却吻着"无涯"。

303

您越过不毛之年的沙漠而到达了圆满的时刻。

304

神的静默使人的思想成熟而为语言。

305

"永恒的旅客"呀,你可以在我的歌中找到你的足迹。

306

让我不至羞辱您吧,父亲,您在您的孩子们身上显现出您的光荣。

307

这一天是不快活的。光在蹙额的云下,如一个被责打的儿童,灰白的脸上留着泪痕;风又叫号着,似一个受伤的世界的哭声。但是我知道,我正跋涉着去会我的朋友。

308

今天晚上棕榈叶在嚓嚓地作响,海上有大浪,满月啊,就像世界在心脉悸跳。从什么不可知的天空,您在您的沉默里带来了爱的痛苦的秘密?

309

我梦见一颗星,一个光明岛屿,我将在那里出生。在它快速的闲暇深处,我的生命将成熟它的事业,像秋天阳光下的稻田。

310

雨中的湿土的气息,就像从渺小的无声的群众那里来的一阵巨大的赞美歌声。

311

说爱情会失去的那句话,乃是我们不能够当作真理来接受的一个事实。

312

我们将有一天会明白,死永远不能够夺去我们的灵魂所获得的东西。因为她所获得的,和她自己是一体。

313

神在我的黄昏的微光中,带着花到我这里来。这些花都是我过去的,在他的花篮中还保存得很新鲜。

314

主呀，当我的生之琴弦都已调得谐和时，你的手的一弹一奏，都可以发出爱的乐声来。

315

让我真真实实地活着吧，我的上帝。这样，死对于我也就成了真实的了。

316

人类的历史在很忍耐地等待着被侮辱者的胜利。

317

我这一刻感到你的眼光正落在我的心上，像那早晨阳光中的沉默落在已收获的孤寂的田野上一样。

318

在这喧哗的波涛起伏的海中，我渴望着咏歌之鸟。

319

夜的序曲是开始于夕阳西下的音乐，开始于它对难以形容的黑暗所作的庄严的赞歌。

320

我攀登上高峰，发现在名誉的荒芜不毛的高处，简直找不到一个遮身之地。我的引导者啊，领导着我在光明逝去之前，进到沉静的山谷里去吧。在那里，一生的收获将会成熟为黄金的智慧。

321

在这个黄昏的朦胧里，好些东西看来都仿佛是幻象一般——尖塔的底层在黑暗里消失了，树顶像是墨水的模糊的斑点似的。我将等待着黎明，而当我醒来的时候，就会看到在光明里的您的城市。

322

我曾经受苦过，曾经失望过，曾经体会过"死亡"，于是我以我在这伟大的世界里为乐。

323

在我的一生里，也有贫乏和沉默的地域。它们是我忙碌的日子得到日光与空气的几片空旷之地。

324

我的未完成的过去，从后边缠绕到我身上，使我难于死去。请从它那里释放了我吧。

325

"我相信你的爱。"让这句话做我的最后的话。

第三卷

儿童文学

导读

本卷收录奥斯卡·王尔德《夜莺与玫瑰》、圣埃克苏佩里《小王子》。

奥斯卡·王尔德（1854—1900），出生于爱尔兰都柏林，19世纪英国作家、艺术家，以其剧作、诗歌、童话和小说闻名，唯美主义代表人物。

《夜莺与玫瑰》是一篇脍炙人口、充满想象的童话故事，也像是一篇内涵深沉的散文。华丽的辞藻、优雅的文体，无不散发着美的气息。同时，这篇童话作品又是一篇发人深省的批判议论，作者以极大的同情与怜悯写成，是真诚与虚伪的对立，在这种对立中讴歌了真、善、美，鞭挞了假、恶、丑。王尔德推崇的唯美主义艺术主张在《夜莺与玫瑰》中发挥到了极致。本卷中的《夜莺与玫瑰》选用了著名作家林徽因的经典译本。

圣埃克苏佩里（1900—1944），法国作家，法国最早的一代飞行员之一，1944年在执行飞行侦察任务时失踪。

《小王子》是其于1942年写成的著名儿童文学短篇小说。本书的主人公是来自外星球的小王子。书中以一位飞行员作为故事叙述者，讲述了小王子在从自己星球出发前往地球的过程中，所经历的各种奇遇。作者以小王子的孩子式的眼光，透视出成人的空虚、盲目、愚妄和死板教条，用浅显天真的语言写出了人类孤独寂寞、没有根基随风流浪的命运。同时，也表达出作者对金钱关系的批判，对真善美的讴歌，被誉为"每个人不可不读的心灵之书"，被译为多种语言。

  本卷中的《小王子》选用的是著名翻译家郑克鲁先生的经典译本。

《夜莺与玫瑰》

◆ [英]奥斯卡·王尔德 ⊙著 林徽因 ⊙译

"她说我若为她采得红玫瑰，便与我跳舞。"青年学生哭着说，"但我全园里何曾有一朵红玫瑰。"

夜莺在橡树上巢中听见，从叶丛里往外看，心中诧异。

青年哭道："我园中并没有红玫瑰！"他秀眼里满含着泪珠。"呀！幸福倒靠着这些区区小东西！古圣贤书我已读完，哲学的玄秘，我已彻悟，然而因为求一朵红玫瑰不得，我的生活便这样难堪。"

夜莺叹道："真情人竟在这里。以前我虽不曾认识，我却夜夜地歌唱他：我夜夜将他的一桩桩事告诉星辰，如今我见着他了。他的头发黑如风信子花，嘴唇红比他所切盼的玫瑰，但是热情已使他脸色憔悴，烦恼已在他眉端印着痕迹。"

青年又低声自语："王子今晚宴会跳舞，我的爱人也将与会。我若为她采得红玫瑰，她就和我跳舞直到天明，我若为她采得红玫瑰，我将把她抱在怀里，她的头，在我肩上枕着，她的手，在我掌中握着。但我园里没有红玫瑰，我只能寂寞的坐着，看她从我跟前走过。她不睬我，我的心将要粉碎了。"

"这真是个真情人。"夜莺又说着，"我所歌唱，是他尝受的苦楚：在我是乐的，在他却是悲痛。'爱'果然是件非常的东西。比翡翠还珍重，比玛瑙更宝贵。珍珠，榴石买不得他，黄金亦不能作他的代价，因为他不是在市上出卖，也不是商人贩卖的东西。"

青年说："乐师们将在乐坛上弹弄丝竹，我那爱人也将按着弦琴的音节舞蹈。她舞得那么翩翩，莲步都不着地，华服的少年们就会艳羡的围着她。但她不同我跳舞，因我没有为她采到红玫瑰。"于是，他卧倒在草里，两手掩着脸哭泣。

绿色的小壁虎说："他为什么哭泣？"说完就竖起尾巴从他跟前跑过。

蝴蝶正追着太阳光飞舞，她亦问说："唉，怎么？"金盏花亦向她的邻居低声探问："唉，怎么？"夜莺说："他为着一朵红玫瑰哭泣。"

他们叫道："为着一朵红玫瑰！真笑话！"那小壁虎本来就刻薄，于是大笑。

然而夜莺了解那青年烦恼里的秘密，她静坐在橡树枝上细想"爱"的玄妙。

忽然，她张起棕色的双翼，冲天地飞去。她穿过那树林如同影子一般，如同影子一般的，她飞出了花园。

草地当中站着一株绝美的玫瑰树，她看见那树，向前飞去落在一枝枝头上。

她叫道："给我一朵鲜红玫瑰，我为你唱我最婉转的歌。"

可是那树摇头。

"我的玫瑰是白的。"那树回答她，"白如海涛的泡沫，白过山巅上的积雪。请你到古日规[1]旁找我兄弟，或者他能应你所求。"

于是，夜莺飞到日规旁边那丛玫瑰上。

她又叫道："给我一朵鲜红玫瑰，我为你唱最醉人的歌。"

可是那树摇头。

1.即"日晷"，古代一种利用太阳投射的影子来测定时刻的装置。

"我的玫瑰是黄的，"那树回答她，"黄如琥珀座上人鱼神的头发，黄过割草人未割以前的金水仙。请你到那青年窗下找我兄弟，或者他能应你所求。"

于是，夜莺飞到青年窗下那丛玫瑰上。

他仍旧叫道："给我一朵鲜红玫瑰，我为你唱最甜美的歌。"

可是那树摇头。

那树回答她说："我的玫瑰是红的，红如白鸽的脚趾，红过海底岩下扇动的珊瑚。但是严冬已冻僵了我的血脉，寒霜已啮伤了我的萌芽，暴风已打断了我的枝干，今年我不能再开了。"

夜莺央告说："一朵红玫瑰就够了。只要一朵红玫瑰！请问有甚法子没有？"

那树答道："有一个法子，只有一个，但是太可怕了，我不敢告诉你。"

"告诉我吧，"夜莺勇敢地说，"我不怕。"

那树说道："你若要一朵红玫瑰，你须在月色里用音乐制成，然后用你自己的心血染她。你须将胸口顶着一根尖刺，为我歌唱。你须整夜地为我唱，那刺须刺入你的心头，你生命的血液将流到我的心房里变成我的。"

夜莺叹道："拿死来买一朵红玫瑰，代价真不小，谁的生命不是宝贵的，坐在青郁的森林里看太阳在黄金车里，月娘在白珠辇内驰骋，真是一桩乐事。山茶花的味儿真香，山谷里的吊钟花和山坡上的野草真美。然而'爱'比生命更可贵，一个鸟的心又怎能和人的心比？"

于是她张起棕色的双翼，冲天地飞去。她过那花园如同影子一般，如同影子一般，她荡出了那树林子。

那青年仍旧偃卧在草地上方才她离他的地方，他那副秀眼里的泪珠还没有干。

夜莺喊道："高兴罢，快乐罢；你将要采到你那朵红玫瑰了。我将用月下的歌音制成她，再用我自己的心血染红她。我向你所求的酬报，仅是要你做一个真挚的情人。因为哲理虽智，爱比她更慧；权力虽雄，爱比她更伟。焰光的色彩是爱的双翅，烈火的颜色是爱的躯干。她有如蜜的口唇，若兰的吐气。"

青年从草里抬头侧耳静听，但是他不懂夜莺对他所说的话，因他只晓得书上所讲的一切。

那橡树却是懂得，他觉得悲伤，因为他极爱怜那枝上结巢的小夜莺。

他轻声说道："唱一首最后的歌给我听罢，你别去后，我要感到无限的寂寥了。"

于是，夜莺为橡树唱起来。她恋别的音调就像在银瓶里涌溢的水浪一般的清悦。

她唱罢时，那青年站起身来从衣袋里抽出一本日记簿和一枝笔。

他一面走出那树林，一面自语道："那夜莺的确有些恣态。这是人所不能否认的；但是她有感情么？我怕没有。实在她就像许多美术家一般，尽是仪式，没有诚心。她必不肯为人牺牲。她所想的无非是音乐，可是谁不知道艺术是为己的。虽然，我们总须承认她有醉人的歌喉。可惜那种歌音也是毫无意义，毫无实用。"于是他回到自己室中，躺在他的小草垫的床上想念他的爱人；过了片时他就睡去。

待月娘升到天空，放出她的光艳时，那夜莺也就来到玫瑰枝边，将胸口插在刺上。她胸前插着尖刺，整夜的歌唱，那晶莹的月亮倚在云边静听。她整夜的，啭着歌喉，那刺越插越深，她生命的血液渐渐溢去。

最先为歌颂的是稚男幼女心胸里爱恋的诞生。于是那玫瑰的顶尖枝上结了一苞卓绝的玫瑰蕾，歌儿一首连着一首的唱，花瓣一片跟着一片的开。起先那瓣儿是黯淡得如同河上罩着的薄雾——黯淡得如同晨曦的脚迹，银灰得好似曙光的翅翼，那枝上玫瑰蕾就像映在银镜里的玫瑰影子或是照在池塘的玫瑰化身。

但是那树还催迫着夜莺紧插那枝刺。"靠紧那刺，小夜莺。"那树连声的叫唤，"不然，玫瑰还没开成，晓光就要闯来了。"

于是夜莺越紧插入那尖刺，越扬声的唱她的歌，因她这回所歌颂的是男子与女子性灵里烈情的诞生。

如今那玫瑰瓣上生了一层娇嫩的红晕，如同初吻新娘时新郎的绛颊。但是那刺还未插到夜莺的心房，所以那花心尚留着白色，因为只有夜莺的心血可以染成玫瑰花心。

那树复催迫着夜莺紧插那枝刺："靠紧那刺，小夜莺。"那树连声的叫唤，"不然玫瑰还没开成，晓光就要闯来了。"

于是，夜莺紧紧插入那枝刺，那刺居然插入了她的心，但是一种奇痛穿过她的全身，那种惨痛愈猛，愈烈，她的歌声越狂，越壮，因为她这回歌颂的是因死而完成的挚爱和冢中不朽的烈情。

那卓绝的玫瑰于是变作鲜红，如同东方的天色。花的外瓣红同烈火，花的内心赤如绛玉。

夜莺的声音越唱越模糊了，她的双翅拍动起来，她的眼上起了一层薄膜。她的歌声模糊了，她觉得霎间哽咽了。

于是她放出末次的歌声，白色的残月听见，忘天晓，挂在空中停着。那玫瑰听见，凝神战栗着，在清冷的晓风里瓣瓣的开放。回音将歌声领入山坡上的紫洞，将牧童从梦里惊醒。歌声流到河边苇丛中，苇丛将这信息传与大海。

那树叫道："看，这玫瑰已制成了。"然而夜莺并不回答，她已躺在乱草里死去，那刺还插在心头。

日午时青年开窗往外看。

他叫道："怪事：真是难遇的幸运；这儿有朵红玫瑰；这样好玫瑰，我生来从没有见过。它这样美红定有很繁长的拉丁名字。"说着便俯身下去折了这花。

于是，他戴上帽子，跑往教授家去，手里拈着红玫瑰。

教授的女儿正坐在门前卷一轴蓝色绸子，她的小狗伏在她脚前。

青年叫道："你说过我若为你采得红玫瑰，你便同我跳舞。这里有一朵全世界最珍贵的红玫瑰。你可以将她插在你的胸前，我们同舞的时候，这花便能告诉你，我怎样的爱你。"

那女郎只皱着眉头。

她答说："我怕这花不能配上我的衣裳；而且大臣的侄子送我许多珠宝首饰，人人都知道珠宝比花草贵重。"

青年怒道："我敢说你是个无情义的人。"她便将玫瑰掷在街心；掉在车辙里，让一个车轮轧过。

女郎说："无情义？我告诉你罢，你实在无礼；况且到底你是谁？不过一个学生文人，我看像大臣侄子鞋上的那银扣，你都没有。"说着站起身来走回房去。

青年走着自语道："爱好傻呀，远不如伦理学那般有实用，它所告诉我们的，无非是空中楼阁，实际上不会发生的，和缥缈虚无不可信的事件。在现在的世界里存在，首要有实用的东西，我还是回到我的哲学和玄学书上去吧。"

于是他回到房中取出一本笨重的，满堆着尘土的大书埋头细读。

《小王子》 ◆ [法]圣埃克苏佩里 ⊙著 郑克鲁 ⊙译

献给莱昂·维尔特

我要请孩子们原谅将这本书献给一个大人。我要求原谅是认真的：这个大人是我在世上最好的朋友。我另外需要原谅的是：这个大人什么都懂，甚至懂得儿童作品。我要提出第三个需要原谅的地方：这个大人住在法国，他在那里饥寒交迫。他非常需要安慰。如果所有这些要求你们原谅的地方都不作数的话，那么，我很愿意将这本书献给这个大人当年身为孩子的他。所有的大人首先是孩子（不过，他们当中只有少数人记得这一点）。因此，我将题词改为：

献给小男孩时代的莱昂·维尔特

一

我六岁的时候，有一次在一本描写原始森林、题名为《真实的故事》的书中，看到一幅美妙绝伦的画。画的是一条蟒蛇吞吃一头巨兽。这就是画的复制品。

这本书写着："蟒蛇是整个儿吞吃猎获物，而不咀嚼的。随后，蟒蛇不再动弹，要睡上半年去消化。"

于是，我对丛林的弱肉强食思索良久，我用一支彩色铅笔成功地画出我的第一张画。这是我的一号画。它是这样的：

我把我的杰作拿给大人看，我问他们，我的画是不是使他们害怕。

他们回答我："为什么一顶帽子会让人害怕呢？"

我画的不是一顶帽子。画的是一条蟒蛇正在消化一头大象。于是我把蟒蛇的腹腔内部画出来，让大人能够明白。大人总是需要解释。我的二号画是这样的：

大人劝我把封闭的或者剖开的蟒蛇图放在一边，还不如去关心地理、历史、算术和语法。这样，我在六岁的时候就放弃了当画家的美好生涯。我的一号画和二号画的失败使我泄气了。大人单靠自己是从来什么也弄不懂的，对孩子来说，老是给他们做解释真烦死人了……

因此我不得不选择另一种职业，我学会了驾驶飞机。我差不多都飞到过世界各地。不错，地理帮了我的大忙。我一眼就能认出中国和亚利桑那。如果在黑夜里迷失航向，这可有用了。

这样，在我的生活中，我跟多不胜数的人有过多不胜数的接触。我长期生活在大人中间。我就近观察过他们。这并没有改善我对他们的看法。

当我遇到一个在我看来算是头脑清醒的大人时，我把始终带在身上的一号画拿出来，在这个大人身上试试看。我想知道这个大人是不是当真有良好的理解力。但是大人回答我："这是一顶帽子。"于是我不向他谈起蟒蛇、原始森林，也不谈起星星。我转到他能理解的范围内。我向他谈起桥牌、高尔夫球、政治和领带。大人对认识一个如此善解人意的人感到十分高兴……

二

我这样独个儿生活，没有能推心置腹地交谈的人，直至六年前在撒哈拉沙漠遇到了一次故障。我的发动机有样东西碎裂了。由于我身边既没有机械师，又没有同机的人，我准备尝试独自修好发动机，虽然这很困难。对我来说，这是一个生死问题。我的水只够喝一星期。

这样，第一天晚上，在远离人居有几千里的地方，我睡在沙子上。我比在大洋中遇难的人待在木筏上还要孤独。您可以想象，当黎明时分一个古怪的轻微声音叫醒我时，我是多么吃惊啊。这个声音说：

"请你……给我画一只绵羊！"

"嗯！"

"请你给我画一只绵羊……"

我一蹦而起，仿佛受到了雷击。我使劲擦眼睛。我定睛细看。我看到一个妙不可言的小人儿庄重地注视着我。这就是后来我给他画成的、最好的一幅肖像。当然啰，我的画远远不如原型可爱迷人。这不是我的错儿。我在六岁时本想当画家，却被大人弄得泄了气，我压根儿没有学会绘画，除了画身体封闭的蟒蛇和被剖开的蟒蛇。

因此，我惊讶得睁圆了眼睛，望着这从天而降的人儿。别忘了我待在远离人居有几千里的地方。可是我的小人儿似乎既没有迷路，也没有饿得要命，渴得要命，害怕得要命。从表面看来，他丝毫不像一个迷失在沙漠中的孩子，远离有人住的地方几千里路。我终于能够说话了，便对他说：

"可是……你在这儿干吗？"

他柔声细气地对我又说一遍，仿佛在说一件十分严肃的事儿：

"请你……给我画一只绵羊……"

当神秘不可测的事儿如雷贯耳的时候，那是不可抗拒的。不管我觉得在远离有人住几千里的地方，身处死亡险境，再遇到这样的情况是多么荒谬，我还是从衣兜里掏出一张纸和一支钢笔。但这时我想起我专门研究过地理、历史、算术和语法，我便对小人儿说（有点儿没好气地）我不会绘画。他回答我说：

"没关系。请你给我画一只绵羊。"

由于我从来没有画过绵羊，我给他重新画了我只会画的、两幅画中的一幅。就是身体封闭的蟒蛇。我惊讶地听到小人儿对我说：

"不！不！我不要画一条蟒蛇吞吃了一只大象。蟒蛇多么吓人啊，一只大象占满了地方。我那里地方很小。我需要画一只绵羊。请你给我画一只绵羊吧。"

于是我画出来了。

他仔细地瞧了瞧，然后说：

"不！这一头已经病歪歪的。请你再画一只羊。"

我又画了一只羊：

我的朋友可爱而宽容地露出微笑：

"你看得很清楚……这不是一只绵羊，这是一只山羊。它有角……"

我又画了一只羊：

但是这幅画像前两幅画一样被拒绝了：

"这只羊太老了。我要一只还能活很久的羊。"

于是，我失去耐心，由于我急于开始拆卸发动机，我便乱画了一幅：

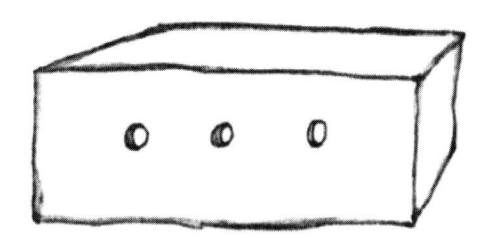

我说：

"这是一只箱子。你要的绵羊就在里面。"

我非常吃惊地看到我的小鉴定家喜上眉梢：

"这正是我想要的！你认为这只绵羊要吃很多草吗？"

"为什么这样问？"

"因为我们那里的羊是小不点的……"

"草一准够了。我给你画的是一只小不点的绵羊。"

他俯身对着这幅画：

"这只羊不小……瞧！它睡着了……"

我就是这样认识了小王子。

三

我需要花很多时间才明白他是从哪儿来的。小王子向我提出许多问题，却似乎从来不听我提问题。东一句西一句说出的话逐渐给我透露了全部真相。因此，当他第一次看到我的飞机（我不会画我的飞机，对我来说，这是一幅太过复杂的画）的时候，他问我：

"这是什么东西？"

"这不是东西。它会飞。这是一架飞机。这是我的飞机。"

我自豪地告诉他，我会飞行。于是他大声说：

"怎么！你是从天而降的！"

"是的。"我谦虚地说。

"啊！真有趣！……"

小王子发出非常清脆的笑声，这笑声令我火冒三丈。我希望别人严肃地看待我的不幸。接着他又说：

"那么，你也是从天而降的！你是哪个星球的？"

我立马从他神秘的出现中看到一缕显现真相的亮光，突然问道：

"难道你来自另一个星球吗？"

可是他没有回答我。他一面望着我的飞机，一面轻轻地摇摇头：

"不错，你坐在上面，不可能来自遥远的地方……"

他陷入久久的沉思中。然后，他从口袋里取出我画的绵羊，注视着他珍爱的图画。

您可以想象，来自"别的星球"这种欲言又止的话会使我多么惊诧。因此我竭力了解得更清楚些：

"我的小家伙。你来自哪儿？你的家在什么地方？你想把我画的绵羊带到哪儿去？"

他沉吟一下，然后回答我：

"幸好，有了你给我的箱子，夜里可以给它用做屋子。"

"当然啰。要是你乖乖的，我会给你一根绳子，用来白天拴住它。还有一根木桩。"

这个建议看来冒犯了小王子：

"拴住它？多么可笑的想法！"

"要是你不拴住它，它会到处乱跑，会跑丢呢。"

我的朋友又发出哈哈大笑：

"你想它会跑到哪儿去？"

"不管哪儿。笔直往前……"

这时小王子庄重地说：

"没关系，我们那里地方小得很！"

也许他有点儿悲哀，又说：

"笔直往前，走不了很远呀……"

四

这样,我知道了第二件很重要的事:就是他的星球几乎不比一幢房子更大!

这并不能令我大为惊奇。我知道,除了一些大星球,像有名字的地球、木星、火星、金星,还有成百上千的其他星球,有时小到用天文望远镜也很难看得清。当一个天文学家发现了其中一个的时候,他就以数字来给它命名。比如,他命名为"325号小行星"。

我有正儿八经的理由相信,小王子来自的星球是B612号小行星。这个小行星仅仅在1909年被一个土耳其天文学家观测到一次。

当时,他在一次天文学国际代表大会上对他的发现作了详尽的论证。可是,由于他的服装,没有人相信他的话。大人嘛,都是这样的。

幸好,为了B612号小行星获得声誉起见,土耳其的独裁者强制他的臣民以欧洲人的方式穿着,否则判处死刑。这个天文学家在1920年穿着笔挺,重新作了一次论证。这一回,大家都赞同他的意见。

如果我给您叙述这些有关B612号小行星的琐事,如果我把它的编号告诉您,这是因为大人的缘故。大人喜欢数字。当您对他们谈起一个新朋友时,他们绝对不问您主要的东西。他们绝对不对您说:"他的嗓音是怎么样的?他喜欢什么游戏?他搜集蝴蝶吗?"他们问您:"他多大岁数?他有几个兄弟?他有多重?他的父亲挣多少钱?"仅仅这样,他们就以为了解他了。如果您对大人说:"我看到了一幢粉红色的漂亮房子,窗沿放着天竺葵,屋顶上有鸽子……"他们无法想象这幢房子是什么样子。必须对他们说:"我看到了一幢价值十万法郎的房子。"于是他们会叫起来:"真漂亮啊!"

因此,如果您对他们说:"小王子存在的证据是,他可爱极了,他笑口常开,他想要一只绵羊。有人想要一只绵羊,就证明他存在。"他们会耸耸肩,把您看作太过孩子气了!但是,如果您告诉他们:"他来自的星球是B612号小行星,"于是他们会确信无疑,他们提的问题会让您心安理得。他们就是这样的。用不着埋怨他们。孩子应该对大人宽容嘛。

不过,当然啰,我们是理解生活的,我们对数字才嗤之以鼻呢!我宁愿以童话的方式开始叙述这篇故事。我宁愿说:

"从前,有一个小王子,他住在一个比他稍大一点儿的星球上,他需要一个朋友……"对于那些理解生活的人来说,这样叙述看来要真实得多。

因为我不喜欢别人以轻率的态度阅读我的书。叙述这些回忆时,我感到多么伤心啊。我的朋友带着他的绵羊一去不复返已经六年了。倘若我在这儿力图描绘他,那是为了不致忘记他。忘记一个朋友是很悲哀的事。不是所有人都有朋友的。而且我也可能成为那些大人那样,只对数字感兴趣。正因此,我买了一盒颜料和几支铅笔。一个人只在六岁的时候画过一条身体封闭的蟒蛇和一条身体剖开的蟒蛇,就再也没有画过什么,到了我这个年龄,又开始绘画,这可是难事啊!自然啰,我会千方百计尽量活灵活现地画肖像。但我没有十分的把握画成功。这一幅画过得去,而另一幅画一点儿不像。我对身材也有一点搞错了。这儿,小王子太大了,那儿,他太小了。我对他的服装颜色也犹豫不定。于是我这样那样,好歹摸索着。临了,我会搞错一些更重要的细节。这个,应该原谅我。我的朋友从来没有解释什么。兴许他以为我酷似他。我呢,不幸的是,我不会透过箱子的表面去看里面的绵羊。我也许有点像大人。我该是变老了。

五

每天,我对他的星球、启程、游历都了解到一点东西。这是慢慢地、随着思索而来的。正是这样，第三天，我得知了猴面包树的惨剧。

这一回仍然由于绵羊的缘故，因为小王子好似切实地疑惑起来，冷不丁地问我：

"绵羊吃小灌木，这可是真的吗？"

"是的，不假。"

"啊！我很高兴。"

我不明白为什么绵羊吃小灌木是那么重要。但小王子又说：

"因此，它们也吃猴面包树啰？"

我对小王子说，猴面包树不是小灌木，而是像教堂那样高大的树，即使他把一群大象带回去，这群大象也达不到仅仅一棵猴面包树的顶部。

一群大象的想法使小王子笑了起来：

"那就该把大象一只只摞起来……"

但是他明智地指出：

"猴面包树在长大之前，开始也是小树。"

"不错！不过，为什么你希望绵羊吃小猴面包树呢？"

他回答我："是呀！当然！"仿佛这是显而易见的事。而我必须挖空心思才能独自理解这个问题。

确实，在小王子的星球上，就像在一切星球上，有良莠两种草。因此，有好草的好种子和莠草的坏种子。但是，种子埋在土里看不见，沉睡在泥土的深处，直到其中的一颗种子忽发奇想，要苏醒过来。于是它伸伸懒腰，先怯生生地朝着阳光萌发出一株可爱柔弱的小嫩芽。如果是红皮白萝卜或者是蔷薇的嫩芽，人们就让它自由自在地生长。但是，如果是一棵有害的植物，一旦能够识别出来，就必须马上把它拔掉。然而，在小王子的星球上，有一些可怕的种子……这是猴面包树的种子。这个星球的泥土受到它们的侵害。要是猴面包树在土里长得太久了，就再也拔不出来了。整个星球被分布得满满当当。树根要扎穿星球。如果星球太小，而猴面包树又太多，就要把星球爆裂开来。

"这是一个节制自己的问题，"小王子后来对我说，"早上打扮好以后，就应该细心地打扮星球了。猴面包树很小的时候，跟蔷薇非常相像；一旦能够将猴面包树和蔷薇区分开来，就必须强制自己——拔掉猴面包树。这是一项非常令人讨厌，却是容易得很的工作。"

有一天，他建议我尽力画成一幅出色的画，以便让这幅画进入我家乡孩子的头脑里。"如果他们有朝一日去旅行，"他对我说，"这会对他们有用。推迟自己的工作，有时候并非不利。不过，如果涉及猴面包树，这始终是一个灾难。我熟悉一个懒人居住的星球。他忽略了三棵灌木……"

我在小王子的指点下，画出这个星球。我不太喜欢摆出道德家的腔调。但是，猴面包树的危险鲜为人知，迷失在一个小行星中的人所经历的危险是这样大，以致我偶一为之，破例表示要谨慎。我说："孩子们！要小心猴面包树！"这是为了提醒我的朋友们，他们长期像我一样，一无所知地与危险擦身而过，于是我用心画这幅画。我提出的告诫与我作出的努力是相称的。您也许会问："为什么在这本书里其他画都比不上这幅猴面包树的画更有气派？"回答很简单：我作过尝试画得更有气派，可是我做不到。当我画猴面包树的时候，我受到迫切感的激励。

六

啊，小王子，我逐渐懂得了你忧心忡忡的生活。长久以来，你只有日落的温馨时分才能消闲。第四天早上，当你对我说出这句话时，我知道了这个新情况：

"我非常喜欢落日。咱们去看落日吧……"

"可是要等待……"

"等待什么？"

"等待落日西沉。"

你先是面露惊诧之色，然后你笑自己了。你对我说：

"我总是以为在我那里！"

确实，美国中午的时候，众所周知，在法国却是夕阳西下了。只要在一分钟之内赶到法国便能看落日。不幸的是，法国远隔万里。而在你的小星球上，只消将你的椅子移开几步。每当你想看夕阳时，就能看得到。

"有一天，我看了四十四次太阳沉落！"

稍后，你添上说：

"你知道……一个人愁肠百结的时候，爱看落日……"

"看了四十四次那天，你愁肠百结吗？"

小王子没有应声。

七

第五天，始终是由于绵羊，小王子向我袒露了他的生活奥秘。他突如其来、开门见山地问我，有如一个问题经过长期沉思默想结出的果实：

"如果绵羊吃小灌木，它也吃花朵吗？"

"绵羊遇到什么都吃。"

"甚至有刺的花？"

"是的，甚至有刺的花。"

"那么，刺有什么用呢？"

我不知道。当时我正忙于设法把发动机上一颗拧得很紧的螺栓松开。我心烦意乱,因为我开始觉得故障相当严重,饮用水耗尽使我担心灾难临头。

"刺有什么用呢?"

小王子一旦提出一个问题,便决不会放弃。我被螺栓搞得满肚子火,随口回答:

"刺毫无用处,这纯粹是出自花的虚张声势!"

"哦!"

可是他沉吟一下,带着一种埋怨对我脱口而出:

"我不信你的话!花儿弱不禁风。它们是纯真的。它们尽可能保证自身安全。它们带刺以为自己很厉害……"

我不作回答。当下我想:"如果这颗螺栓还拧不动,我就一锤把它敲下来。"小王子又打乱我的思索:

"你呀,你以为花……"

"不!不!我什么也不以为!我是随口回答。我呀,我专心在做严肃的事!"

他诧异地望着我。

"严肃的事!"

他看到我手里拿着锤子,手指沾满黑乎乎的油污,俯身对着他觉得很难看的一样东西。

"你说话像大人!"

这句话使我有点羞愧。但他毫不留情地又说:

"你把一切搅浑了……你把一切弄乱了!"

他当真气得要命。他在风中晃动着满头金发:

"我熟悉一个星球,那里有一位脸色绯红的先生。他从来没有闻过一朵花。他从来没有看过一颗星星。他从来没有爱过一个人。除了做加法,他没有做过别的事。整个白天,他像你一样一再说:'我是一个严肃的人!我是一个严肃的人!'这使他自我膨胀,傲气十足。但这不是一个人,而是一只蘑菇!"

"一只什么？"

"一只蘑菇！"

小王子眼下气得脸色刷白。

"花儿长出刺来已经有千百万年。绵羊仍然吃花已经有千百万年。要试图理解为什么花儿费那么多事，要长出根本没用的刺来，难道不严肃吗？绵羊和花朵开战，这不重要吗？一个肥胖的、脸色绯红的先生做加法，难道会更严肃、更重要吗？我呀，如果我知道世上有一朵独一无二的花，除了在我的星球上，任何地方都不存在，一头小绵羊一天早上，就像这样，可以一口消灭它，却没有想到它所做的事，这样的事难道也不重要？！"

他的脸涨得通红，然后继续说：

"如果有个人喜欢这样一朵花，它只存在于千百万颗繁星中堪称典范的一颗星星上面，当他注视这些星星时，他足以感到幸福。他心想：'我的花在某个地方……'可是，如果绵羊吃掉花儿，对它来说，就像所有的星星突然之间熄灭了！难道这也不重要？！"

他说不下去了。骤然间他号啕大哭起来。夜幕降临了。我放下了工具。我不在乎我的锤子、螺栓、口渴和死亡。在一颗星星，一个星球，我的星球，也就是地球上，有一个小王子需要安慰！我把他抱在怀里。我把他摇呀摇。我对他说："你喜欢的花儿没有危险……我会给你的绵羊画上一只嘴套……我会给你的花儿画上一副盔甲……我……"我不太知道该说什么了。我感到自己很笨拙。我不知道怎么触及他的心灵，在哪里同他会合……眼泪之国是多么神秘啊！

八

我很快学会更好地理解这朵花。在小王子的星球上，总是有一些非常普通、只有一圈花瓣的鲜花，根本不占位置，不妨碍任何人。一天早上，她们出现在草丛中，到晚上便凋谢了。但是这朵花有一天萌芽了，种子不知道从哪里捎来的，小王子就近守护这株不同寻常的嫩枝。这可能是新种猴面包树。但是小灌木很快就停止生长，开始准备开出一朵花。小王子看到一个很大的花蕾形成了，感到会从中绽放出一朵奇异的花，可是花儿在它绿色的花室中没完没了地打扮着，希望自己美艳些示人。她细心选择色彩。她慢慢地穿衣，逐一调整它的花瓣。她不愿像丽春花那样全身皱巴巴地露面。她只愿意出现时光彩照人。唉！是的。她非常爱俏！她神秘的衣装能延续好多天。然后，一天早上，就在旭日升起时，她款款而出。

经过精心打扮的她，打着哈欠说：

"啊！我刚刚醒来……我请您原谅……我头发还是乱蓬蓬的……"

小王子禁不住赞叹起来：

"您多么美丽啊！"

"可不是嘛，"花儿柔声细气地回答，"我和太阳一起出生……"

小王子捉摸出，她可不太谦虚，不过她是那样艳丽动人！

"我想是到吃早饭的时候了，"她随即又说，"您可有善心想到我吗……"

小王子不好意思，去找一只装满清水的喷水壶，给花儿侍候一番。

这样，她以这种有点敏感的虚荣心纠缠着小王子。例如有一天，谈到她的四根刺时，她对小王子说：

"就让老虎张牙舞爪地来吧！"

"我的星球上没有老虎，"小王子反驳了一句，"况且老虎不吃草。"

"我不是一棵草。"花儿柔声细气地说。

"对不起……"

"我根本不担心老虎，我可是怕风吹。您没有屏风吗？"

"怕风吹……对一棵植物来说，可不走运。"小王子注意到这一点。"这朵花真烦人……"

"晚上，您要把我放在玻璃罩里。您这里很冷。待在这里不舒服。我来的那个地方……"

她止住了话头。她来的时候是颗种子。她根本不可能了解别的世界。让人发现自己准备这样幼稚地扯谎，她感到羞耻，便咳嗽了两三声，想让小王子理解错：

"屏风呢？……"

"我这就去找，您已经对我说过了！"

这时，她硬逼出几声咳嗽，仍然要让小王子感到内疚。

这样，虽然小王子喜欢她是发自内心的，他还是很快对她产生怀疑。他认真对待微不足道的话，变得日子很不好过。

"我本该不听她说话，"一天他对我说，"绝对不该听花儿说话。应该观赏她们，闻闻她们的清香。我那朵花使我的星球芬芳扑鼻，可是我不会享受。老虎爪子的事本该令我同情，却使我这样恼火……"

他还对我推心置腹：

"当时我根本不会去理解！我本该根据行为而不是根据言语去判断她。她给了我芳香和启发。我决不应该逃之夭夭！我本该在她可怜的花招后面猜出她的温情。花儿是那样自相矛盾！但是我太年轻了，不懂得去爱她。"

九

我想小王子是利用一群野禽迁徙的机会跑出来的。在出发那天早上，他料理好他的星球。他仔细地通一通活动火山。他有两座活动火山。这对热一下早餐很方便。他还有一座死火山。但是，正像他所说的："这是摸不准的！"因此，他同样通一通死火山。如果火山通得好，就会缓缓地和有规律地燃烧，而不会爆发。火山爆发就像壁炉的火一样。显然，在地球上，我们个子太小了，无法通我们的火山。因而火山给我们带来多少麻烦啊。

小王子带着一点儿忧虑，把最后几棵猴面包树的幼苗也拔掉了。这天早上，所有这些家常事使他感到极其亲切。当他最后一次给花儿浇水，准备把她隐藏在玻璃罩子里的时候，他发现自己想哭泣。

"再见。"他对花儿说。

可是她不回答。

"再见。"他再说一遍。

花儿咳嗽一下。但这不是由于感冒。

"我真傻，"她终于对他说，"请你原谅。尽力得到幸福吧。"

他对她毫不责备感到惊讶。他呆在那里不知所措，手里举着玻璃罩子。他不明白这种平静温柔。

"是的，我喜欢你，"花儿对他说，"由于我的过错，你对这个一无所知。这毫无关系。你也像我一样傻。尽力得到幸福吧……把这个玻璃罩子放在一边吧。我不再需要它了。"

"但是，刮风……"

"我不会因此而得重感冒……夜里的新鲜空气会令我舒适。我是一朵花。"

"但是，虫子和野兽……"

"如果我想认识蝴蝶，我就该忍受两三只青虫的爬行。看来这是如此的美妙。不然有谁会来拜访我呢？你呢，你远隔一方。至于野兽，我一点儿不怕。我有爪子。"

她天真地显示她的四根刺。然后她又说：

"别这么磨蹭了，这令人心烦。你已经决定要走。走吧。"

因为她不愿意他看到她哭泣。这是一朵如此倨傲的花……

十

他待在325号、326号、327号、328号、329号和330号小行星这个区域中。因此，他先从访问这些小行星开始，想找到一点事儿，长长见识。

第一颗小行星上住着一个国王。国王身穿紫红色和白鼬皮的衣服，坐在非常简单而又有气派的宝座上。

当他看见小王子时，叫了起来："啊！来了一个臣民！"

小王子心想："既然他从来没有见过我，他怎么会认得我呢？"

他不知道，对国王来说，世界是非常简单的。所有人都是他的臣民。

"你走近些，让我看仔细。"国王向他说，对自己终于成为某个人的国王而傲傲然。

小王子用眼睛扫视，寻找能坐的地方，可是这个星球被华丽的白鼬皮大衣占得满满腾腾。因此他依然站着，由于他很疲惫，他打了个哈欠。

"在国王面前打哈欠是违犯礼节的，"这个君主对他说，"我禁止你打哈欠。"

"我禁不住这样做，"小王子羞愧地说，"我长途旅行，没有睡觉。"

"那么，"国王对他说，"我命令你打哈欠。我有很多年没有看到人打哈欠了。对我来说，打哈欠新奇有趣。好吧！再打哈欠。这是命令。"

"这让我胆怯了……我打不出哈欠……"小王子涨红了脸说。

"哼！哼！"国王回答，"那么我……我命令你时而打哈欠，时而……"他有点嘟哝着，显得很恼怒。

因为国王主要看重的是他的权威是否受到尊重。他不能容忍不服从。这是一个专制君主。不过，由于他心地和善，他下的命令都是有理智的。

"倘若我下命令，"他常常说，"倘若我对一个将军下令变成一只海鸟，倘若将军不服从，这不是将军的错儿。这会是我的错儿。"

"我可以坐下吗？"小王子胆怯地问道。

"我命令你坐下。"国王回答,他威严地把白鼬皮大氅的下摆拉回来。

但小王子很惊奇。这个星球只有弹丸之地。国王能够统治什么呢?

"陛下,"他对国王说,"请原谅我向您提一个问题……"

"我命令你向我提问。"国王匆匆地说。

"陛下……您统治什么?"

"统治一切。"国王简捷地回答。

"统治一切?"

国王以审慎的手势指点他的星球、别的星球和满天繁星。

"统治这一切吗?"

"统治这一切……"国王回答。

因为这不仅是一个专制君主,而且是全宇宙的君主。

"满天繁星都服从您吗?"

"当然啰,"国王对他说,"它们立马服从。我不能容忍不听从指挥。"

这样的权力令小王子赞叹不已。如果他掌握这样的权力,他就可以在同一天看到不止四十四个落日,而是七十二个,甚至一百个,甚至两百个落日,根本不必移动他的椅子!他想到被自己抛弃的小行星,不禁有点黯然神伤,他贸然地向国王提出一个请求:

"我想看落日……请您满足我……命令落日吧……"

"倘若我命令一个将军像蝴蝶那样从一朵花飞到另一朵花,或者写一个悲剧,或者变成一只海鸟,倘若将军不执行接到的命令,过错在谁身上,在他还是在我身上呢?"

"应该是在您身上。"小王子斩钉截铁地回答。

"正确。应该要求每个人做他能够做的事,"国王又说,"权威首先建立在理性之上。倘若你命令你的人民去投海,就会发生革命。我有权要求服从,因为我的命令是合理的。"

"那么我想看落日呢?"小王子提醒说,他一旦提出问题,从来不忘记。

"你想看落日,你会看到的。我会提出这个要求。不过,根据我的统治经验,我要等到条件成熟。"

"这会是什么时候？"小王子问道。

"嗯！嗯！"国王先要看看一厚本日历，然后回答他，"嗯！嗯！要到将近……将近……要到今天晚上将近七点四十分。你会看到我的命令得到一丝不苟的服从。"

小王子打哈欠。他遗憾错过了日落。随后他有点儿厌烦：

"我在这儿没什么事可干了，"他对国王说，"我要再动身了！"

"你别走，"国王回答，他因为有了一个臣民而傲然自得。"你别走，我任命你为大臣！"

"什么大臣？"

"司……司法大臣！"

"可是没有人要审判！"

"情况还没有弄清楚。我还没有周游过我的王国。我已经年迈，我没有地方放我的华丽马车，走路我累得慌。"

"噢！我已经看到了，"小王子说，他探身朝星球的另一边瞥了一眼。"那边也空无一人。"

"那么你自我审察好了，"国王回答他。"这是最困难的。自我审察要比审判别人困难得多。倘若你成功地审察自己，你就真正有自知之明。"

"我呀，"小王子说，"我能够在任何地方自我审察。我不需要住在这里。"

"嗯！嗯！"国王说，"我相信在我的星球上的某个地方有一只老耗子。夜里我听到它的声音。你可以审判这只老耗子。你不时地判处它死刑。这样，它的生命取决于你的审判。但是你每一次都赦免它，为的是节约老鼠。因为只有一只老鼠。"

"我呀，"小王子回答，"我不喜欢判处死刑，我认为我要走。"

"不要走。"国王说。

小王子已经做好准备，但又不想使老国王难过：

"如果陛下希望得到不折不扣的服从，陛下可以给我下一道合理的命令，比如，可以命令我在一分钟之内离开。我觉得条件是成熟的……"

国王一言不发，小王子先是犹豫一下，然后叹了一口气，就拔腿走了……

"我任命你为我的大使。"国王匆匆地喊道。

国王摆出威风凛凛的神态。

"大人真奇特。"小王子在旅途中这样思忖。

十一

第二个行星上住着一个爱虚荣的人："哈！哈！来了一位仰慕者！"爱虚荣的人从老远看到小王子，便喊叫起来。

因为对于爱虚荣的人来说，别人都是他的仰慕者。

"你好，"小王子说，"你的帽子很古怪。"

"这是为了向人致意，"爱虚荣的人回答，"这是为了在别人向我欢呼的时候，用来致意。遗憾的是，从来没有人打这儿经过。"

"是吗？"小王子说，他不明白是怎么回事。

"请你用一只手拍击另一只手。"爱虚荣的人建议说。

小王子拍起手来。爱虚荣的人掀起他的帽子，谦逊地致意。

"这比拜访国王更有趣。"小王子心想。他又开始拍起手来。爱虚荣的人又掀起帽子致意。

这样运作了五分钟之久,小王子对单调的游戏感到厌倦了,他问:

"要让您的帽子掉下来,该怎么做呢?"

但爱虚荣的人听而不闻他的话。爱虚荣的人从来只听得见赞颂之词。

"你果真非常仰慕我吗?"他问小王子。

"'仰慕'是什么意思?"

"'仰慕'意味着承认我是星球上最俊美,衣服最华丽,最富有和最聪明的人。"

"可是,你的星球上只有你一个人啊!"

"你高抬贵手吧。请你仍然仰慕我!"

"我仰慕你,"小王子耸了耸肩说,"可是,是什么东西这样使你感兴趣呢?"

小王子走了。

"大人准定很古怪。"他在旅途中简简单单地这样想。

十二

下一个行星上住着一个酒鬼。这次拜访时间很短,但却使小王子陷入深深的忧郁中:

"你在那儿干什么?"他问酒鬼,他看到这个酒鬼默默地坐在一堆空瓶子和一堆装满酒的瓶子面前。

"我在喝酒。"酒鬼愁容满面地回答。

"你为什么喝酒?"小王子问他。

"为了忘却。"酒鬼回答。

"为了忘却什么?"小王子问道,已经怜悯起他。

"为了忘却我羞愧难当。"酒鬼耷拉着脑袋照实说。

"羞愧什么?"小王子询问,想给他帮助。

"羞愧喝酒!"酒鬼说完以后,最终闭口不言了。

小王子困惑地走了。

"大人准定非常非常古怪。"他在旅途中寻思。

十三

第四个行星是商人的星球。这个人忙得不可开交，小王子到来的时候，他甚至连头都没有抬起来。

"你好，"小王子对他说，"您的香烟熄灭了。"

"三加二等于五。五加七等于十二。十二加三等于十五。你好。十五加七等于二十二。二十二加六等于二十八。没有时间再点燃香烟。二十六加五等于三十一。喔唷！一共是五亿零一百六十二万二千七百三十一。"

"五亿什么呀？"

"嗯？你始终待在这儿？五亿零一百万……我再也不知道是什么了……我的工作堆积如山！我做事认真，我呀，我不会闲聊消遣！二加五等于七……"

"五亿零一百万什么？"小王子再问一遍，他一旦提出问题，有生以来决不会放弃。

商人抬起头来：

"自从我住这个星球上五十四年以来，我只被人打扰过三次，第一次是二十二年前，不知道从哪儿掉下来一只金龟子打扰了我。它发出可怕的声音，我在算加法时出了四次错。第二次是十一年前，风湿病发作。我缺少锻炼。我没有时间闲逛。我呀，我做事认真。第三次……就是这一次！我是说五亿零一百万……"

"五亿多什么？"

商人明白他没有希望太平了：

"五亿多这些小东西，有时在空中可以看到。"

"是苍蝇吗？"

"不，是闪闪发光的小东西。"

"是蜜蜂吗？"

"不。是使懒汉陷入沉思遐想的金色小东西。我呀，我可是做事认真的！我没有时间沉思遐想。"

"啊！是星星吗？"

"不错。是星星。"

"你拿这五亿颗星星干什么？"

"五亿零一百六十二万二千七百三十一颗星星。我呀，我做事很认真，我是精确的。"

"你拿这些星星干什么？"

"我拿来干什么？"

"是的。"

"什么也不干。我拥有它们。"

"你拥有星星？"

"是的。"

"可是我已经看到一个国王……"

"国王们并不拥有。他们是在'统治'。这是迥然不同的。"

"拥有星星对你有什么用？"

"我用来变得富有。"

"富有对你又有什么用？"

"用来买别的星星，如果有人找到星星的话。"

"这个人，"小王子寻思，"他有点像那个酒鬼一样思考。"

但他还提出问题：

"怎样才能拥有星星呢？"

"星星属于谁？"商人暴躁地反驳说。

"我不知道。不属于任何人。"

"那么，它们就属于我，因为是我第一个想到的。"

"这样行吗？"

"当然行。当你找到一颗不属于任何人的钻石时，它就是属于你的。当你找到一个不属于任何人的岛时，它就是属于你的。当你第一个有个想法时，你可以申请专利证：它就是你的。我呢，我拥有星星，因为在我之前，从来没有人想到要拥有它们。"

"这倒是真的,"小王子说,"你拿星星来干什么?"

"我管理星星。我算了又算,"商人说,"这很困难。但我是一个认真的人!"

小王子仍然不满足。

"我呢,如果我有一条围巾,我能把它围在脖子上带走。我呢,如果我有一朵花,我可以把花摘下来带走。但是我不能摘星星!"

"是不能,但是我可以把它们存在银行里。"

"这是什么意思?"

"就是说,我在一张小纸片上写上我的星星的数目。然后我将这张纸锁在一个抽屉里。"

"完事大吉了?"

"这就够了。"

"有意思,"小王子想道,"蛮有诗意。不过,这不是实实在在的。"

对于实在的事,小王子与大人有截然不同的想法。

"我呢,"他又说,"我有一朵花,天天给它浇水。我拥有三座火山,每个星期通一通它们。因为我也通熄灭的火山。不知道它会不会再爆发。我拥有火山和花,对它们是有用的。但是你对星星没有用……"

商人张口结舌,找不到话回答,小王子走了。

"大人准定万分奇特。"小王子在旅途中作如是想。

十四

第五颗小行星十分奇特。这是所有行星中最小的一颗。刚好容得下一盏路灯和一个点路灯的人。小王子无法解释,天空中一个没有房子和居民的小行星上,一盏路灯和一个点路灯的人有什么用场。他心里还是想:

"也许这个人是荒诞的,不过,他不像国王、爱虚荣的人、商人和酒鬼那么荒诞。至少,他的工作有意义。当他点燃路灯时,仿佛他增添了一颗星星,或者一朵花。当他熄灭了路灯时,就让花儿或者星星安睡。这是十分美妙的差事。既然美妙,便确实有用。"

当小王子来到这个小行星时,他毕恭毕敬地向点灯人致意:
"早上好。为什么你刚熄灭路灯?"
"这是命令,"点灯人说,"早上好。"
"命令是什么?"
"就是熄灭路灯。晚上好。"
他又点燃路灯。
"为什么你又重新点燃路灯?"

"这是命令。"点灯人回答。

"我不明白。"小王子说。

"没有什么要弄明白的,"点灯人说,"命令就是命令。早上好。"

他熄灭了路灯。

然后他用一块红方格的手帕擦拭额角。

"我在这儿干的是一种可怕的职业。但这是合情合理的。我早上熄灯,晚上点灯。白天的其余时间我休息,晚上的其余时间我睡觉……"

"打那以来,命令改变了吗?"

"命令没有改变,"点灯人说,"悲剧就在这里!这颗行星一年比一年转得快,而命令没有改变!"

"怎么会这样?"小王子问。

"如今它每分钟转一圈,我没有一刻休息。我每分钟要点燃和熄灭一次路灯!"

"真逗!你这儿每天只有一分钟长。"

"一点儿不逗,"点灯人说,"我们在一起说话的时间已经过了一个月。"

"一个月?"

"是的。三十分钟。三十天!晚上好。"

他又点燃路灯。

小王子望着他,他喜欢这个如此尽忠守职的点灯人。他想起以前也要移动椅子去寻找落日。他想帮助他的朋友。

"你知道……我了解一种方法,只要你愿意就能休息……"

"我想一直休息。"点灯人说。

因为一个人可以同时是尽忠守职的,又是懒惰的。

小王子接着说:

"你的行星这样小,你跨三步便绕一圈。你只要慢慢地走,就能一直待在太阳的照耀下。你想休息就往前走……白天将会像你所希望的那样长。"

"这解决不了我多大问题,"点灯人说,"生活中我所喜欢的是睡觉。"

"这就没有办法了。"小王子说。

"是没有办法,"点灯人说,"早上好。"

他熄灭了灯。

"这个人,"小王子继续往前旅行时想道,"这个人会被其他人,被国王、爱虚荣的人、酒鬼、商人瞧不起。但这是唯一我觉得不可笑的人。也许因为他关注的不是自己而是别的事。"

他遗憾地叹了一口气,又想:

"只有这个人能够成为我的朋友。可是他的行星实在太小。没有容纳两个人的地方……"

小王子不敢承认的是,他留恋这个令人赞美的行星,尤其因为二十四小时内有一千四百四十次落日!

十五

第六个小行星要大十倍。上面住着一位老先生,他在写一些大部头的书。

"啊！来了一位探险家！"他看到小王子时大声说。

小王子坐在桌上，喘了喘气。他已经旅行过那么多地方。

"你打哪儿来？"老先生问他。

"这本厚厚的书是什么书？"小王子问，"您在这儿干吗？"

"我是地理学家。"老先生说。

"什么是地理学家？"

"就是懂得大海、河流、城市、大山和沙漠在哪儿的学者。"

"很有意思，"小王子说，"这才是一门真正的职业！"他向周围瞥了一眼这个地理学家的星球。他还没有见过这样壮观的星球。

"您的星球非常美丽。有没有大洋呀？"

"我无法知道。"地理学家说。

"啊！"小王子失望了，"那么大山呢？"

"我无法知道。"地理学家说。

"那么城市、河流和沙漠呢？"

"我也无法知道。"地理学家说。

"而您是地理学家呀！"

"不错，"地理学家说，"但我不是探险家。我的星球绝对缺少探险家。计算城市、大山、海洋、大洋和沙漠，不是地理学家的事。地理学家事太多了，无法闲逛。他离不开自己的办公室。但他在那里接待探险家。他询问他们，记下他们的回忆。如果他们之中有一个的回忆令他觉得有兴趣，地理学家会派人去调查这个探险家的道德品质。"

"为什么这样做？"

"因为一个探险家说谎，会在地理书上带来灾难性的后果。一个嗜酒的探险家也是如此。"

"为什么会这样？"小王子问。

"因为喝醉的人看东西会看成双重。于是地理学家在只有一座山的地方记下两座山。"

"我认识一个人，"小王子说，"他可能是一个坏探险家。"

"可能。因此，探险家的道德良好的话，就对他的发现进行调查。"

"去看一看吗？"

"不。这太复杂了。可以要求探险家提供证据。比如，如果是发现一座大山，就要求他带回来大石头。"

地理学家突然激动起来。

"你呀，你来自远方！你是探险家！你来给我描述一下你的星球吧！"

地理学家打开他的登记册，削尖他的铅笔。他一般先用铅笔记下探险家的叙述，等探险家提供了证据，再用墨水记录下来。

"怎么样？"地理学家问。

"噢！在我那里，"小王子说，"没有多大意思，地方很小。我有三座火山。两座是活火山，一座是死火山。但是也很难说。"

"是很难说。"地理学家说。

"我还有一朵花。"

"我们不记录花朵。"地理学家说。

"为什么？！花是最美的东西！"

"因为花转瞬即逝。"

"'转瞬即逝'是什么意思？"

"地理书，"地理学家说，"是一切书中最严肃的书，从来不会过时。一座大山改变位置是很少有的事。一个大洋干涸了是少有的事。我们记录永恒的东西。"

"可是死火山会苏醒过来，"小王子打断说，"'转瞬即逝'是什么意思？"

"不管火山熄灭还是苏醒，对我们来说都是一样的，"地理学家说，"对我们而言，重要的是山。山不改变。"

"'转瞬即逝'是什么意思？"小王子再问一遍，他一旦提出一个问题，就从来不会放弃。

"意思是说，'有随即消失的危险'。"

"我的花有随即消失的危险吗？"

"当然。"

"我的花转瞬即逝，"小王子心想，"她只有四根刺用来自卫，防御外界！而我把她独自留在我家里。"

这是他第一个后悔的举动。但他振作起来：

"您建议我去看看什么呢？"他问。

"行星地球，"地理学家回答，"它声誉良好……"

小王子走了，他想着他的花儿。

十六

第七个行星就是地球。

地球不是一颗普通的行星！上面有一百十一个国王（当然没有遗漏黑人国王），七千个地理学家，九十万个商人，七百五十万个酒鬼，三亿一千一百万个爱虚荣的人，就是说，大约二十亿个大人。

为了给您一个地球大小的概念，我要告诉您，在发明电之前，在全部六个大陆上，需要维持一支四十六万二千五百一十一名点灯人的真正大军。

从远处看去，蔚为壮观。这支大军的动作就像歌剧院芭蕾舞那样整齐有序。首先来的是新西兰和澳大利亚点路灯的人。他们点燃灯以后，回家睡觉。于是轮到中国和西伯利亚的点灯人跳舞。随后他们消失在后台。接着轮到俄国和印度点路灯的人。然后是非洲和欧洲点路灯的人。随后是南美点路灯的人。接着是北美点路灯的人。他们从来不会搞错上场的次序。这是很壮观的。

只有北极唯一的一盏路灯的点灯人和他的同事、南极唯一的一盏路灯的点灯人过着悠闲、懒散的生活：他们一年工作两次。

十七

当你想装得风趣些的时候，就会言过其实。在对您谈到点路灯的人时，我是不够诚实的。我有可能给不了解我们这个星球的人一个错误的概念。地球上的人只占很少的位置。如果地球上居住的二十亿人全站着，并且像开大会一样挤在一起，他们可以宽裕地容纳在一个二十英里见方的广场上。可以将人类堆积在太平洋最小的海岛上。

当然，大人们是不会相信您的话的。他们认为要占许多地方。他们像猴面包树一样自视甚高。因此，您可以建议他们计算一下。他们会很高兴，因为他们喜欢数字。但是您不要浪费时间做这种额外的作业。这是一无用处的。您相信我好了。

小王子一来到地球，很惊讶看不到一个人。有一个月光色彩的环状物在沙子上蠕动，他担心跑错了星球。

"晚安。"小王子不管怎样，还是说了一句。

"晚安。"蛇说。

"我来到了什么星球上？"小王子问。

"来到地球的非洲。"蛇回答。

"啊！……地球上难道一个人也没有吗？"

"这儿是沙漠。沙漠里没有人。地球很大。"蛇说。

小王子坐在一块石头上，抬头望着天空：

"我在想，"他说，"星星闪闪发光是否为了让每个人有朝一日重新找到自己的星球。看看我的小行星吧。它正好在我们的头顶上……但是，它非常遥远！"

"它很美，"蛇说，"你到这儿来干吗？"

"我和一朵花闹别扭。"小王子说。

"啊！"蛇说。

他们相对无言。

"人在哪里？"小王子终于又开了口，"在沙漠里有点儿孤独……"

"有人的地方也一样孤独。"蛇说。

小王子久久地望着蛇。

"你是古怪的动物，"他终于说，"像手指一样细……"

"可是我比手指更有力量。"蛇说。

小王子露出微笑：

"你不是很有力量……你甚至没有脚……你甚至不能旅行……"

"我胜过一只船，能把你带到更远的地方。"蛇说。

蛇好像一只金镯子那样盘在小王子的脚腕子上。

"我触到的人，他从泥土里来，我会把他送回泥土里去，"蛇又说，"但你是纯洁的，你来自另一个星球……"

小王子什么也没有回答。

"你这样弱小，待在这个花岗岩的地球上，我很可怜你。如果你很留恋你的星球，我可以帮助你。我可以……"

"噢！我很理解你的意思，"小王子说，"可是为什么你说话总是猜谜语似的？"

"我能猜出所有的谜语。"蛇说。

他们沉默不语了。

十八

小王子穿过沙漠，只遇到一朵花。一朵三瓣的花，一朵毫无价值的花……

"早上好。"小王子说。

"早上好。"花儿说。

"人在哪里？"小王子彬彬有礼地问。

花儿有一天看到过一支沙漠商队经过：

"人吗？人是有的，我想有六七个。几年前我看见过他们。可是不知道在哪儿能找到他们。风把他们带走了。他们缺少根，这使他们非常麻烦。"

"再见。"小王子说。

"再见。"花儿说。

十九

小王子登上一座高山。他以前只见过三座仅仅到他膝盖的火山。他把死火山用作一张凳子。"从这样一座高山上，"他于是想道，"我能一下子看到整个星球和所有的人……"但是，他只看到一些高耸的悬崖峭壁。

"你好。"小王子随意地说。

"你好……你好……你好……"回声一迭声地回答。

"你们是谁？"小王子问。

"你们是谁……你们是谁……你们是谁……"回声一迭声地回答。

"做我的朋友吧，我很孤独。"小王子说。

"我很孤独……我很孤独……我很孤独……"回声一迭声地回答。

"多么古怪的星球啊！"小王子心想。"它整个儿干巴巴的，到处山峰耸立，充满咸味。人缺乏想象力。他们重复别人对他们说的话……在我那里我有一朵花：她总是先开口说话……"

二十

小王子花了很长时间穿过沙漠、悬岩和雪地之后，终于发现了一条大路。大路是通往人的住处的。

"你好。"他说。

这是一个玫瑰盛开的花园。

"你好。"玫瑰说。

小王子望着玫瑰。玫瑰全都像他的花儿。

"你们是谁？"他吃惊地问玫瑰。

"我们是玫瑰。"玫瑰回答。

"啊！"小王子说。

他感到很不是滋味。他的花儿曾经告诉他，她在宇宙中是独一无二的。而在这里仅仅一个花园就有五千朵玫瑰，而且彼此相像！

"如果她看到这个景象，她会十分恼火……"他想道，"她会咳得厉害，佯装死去，免得让人耻笑。而我不得不假装护理她，因为，否则，为了让我出丑，她会当真让自己死去……"

接着他又想道："我还以为自己拥有一朵独一无二的花呢，而我只有一朵普通的玫瑰。这个，还有我的三座只到膝盖处的火山，其中一座也许永远熄灭了，这些使我成不了一个非常伟大的王子……"他躺在草地上哭泣起来。

二十一

这当儿狐狸出现了：

"你好。"狐狸说。

"你好。"小王子彬彬有礼地回答，他转过身来，但是什么也没有看见。

"我在这儿，"有个声音说，"在苹果树下……"

"你是谁?"小王子说,"你很漂亮……"

"我是一只狐狸。"狐狸说。

"来和我一起玩吧,"小王子向狐狸提议,"我郁郁寡欢……"

"我不能和你玩,"狐狸说,"我没有被驯养。"

"啊!对不起。"小王子说。

沉吟一下,他又说:

"'驯养'是什么意思?"

"你不是此地人,"狐狸说,"你在寻找什么?"

"我在寻找人,"小王子说,"'驯养'是什么意思?"

"人哪,"狐狸说,"他们有枪,他们打猎。真是麻烦极了!他们也养鸡。这是他们唯一的兴趣。你是寻找鸡的吧?"

"不,"小王子说,"我寻找朋友。'驯养'是什么意思?"

"这是已经被人抛之脑后的事了,"狐狸说,"意思是'产生联系'。"

"产生联系?"

"当然啰,"狐狸说,"对我来说,你还只是一个小男孩,像其他千万个小男孩一样。我不需要你。你也不需要我。对你来说,我只是一只狐狸,像千万只狐狸一样。不过,如果你驯养我,我们就彼此需要了。对我来说,你将是世上独一无二的。对你来说，我也将是世上独一无二的……"

"我开始明白了，"小王子说，"有一朵花……我想她驯养了我……"

"这是可能的，"狐狸说，"地球上可以看到各种各样的事……"

"噢！这不是在地球上。"小王子说。

狐狸显得十分惊异：

"在另一个星球上？"

"是的。"

"在这个星球上有猎人吗？"

"没有。"

"这个，很有意思！有鸡吗？"

"没有。"

"没有十全十美的。"狐狸叹了口气。

但是，狐狸又回到自己的想法上来：

"我的生活很单调。我捕捉鸡，人捕捉我。所有的鸡一模一样，所有的人一模一样。因此我有点儿烦恼。但是，如果你驯养我，我的生活就会像阳光一样明媚。我熟悉一种与众不同的脚步声。其他脚步声使我钻进地下。你的脚步声仿佛音乐一样会召唤我从洞穴里出来。你看！你看到那边的麦田吗？我不吃面包。对我来说，小麦一无用处。麦田根本吊不起我的胃口。这令人沮丧！你有金黄色的头发。如果你驯养了我，那可是美妙的事！金黄色的小麦会使我想起你。我会喜欢风吹麦浪的声音……"

狐狸沉默下来，长久地望着小王子：

"如果你喜欢……就驯养我吧！"他说。

"我很乐意，"小王子回答，"可是我的时间不多。我要寻找朋友，要了解许多事。"

"人们只了解驯养的东西，"狐狸说，"人们再没有时间去了解任何别的东西。他们在商店里购买现成的东西。由于根本不存在出售朋友的商人，人再也没有朋友。如果你想要一个朋友，那就驯养我吧！"

"需要做什么呢？"小王子问。

"需要非常耐心，"狐狸回答，"你先要坐在草丛中，像这样离我远一些。我从眼角瞅着你，你什么也别说。语言是误会的根源。但每一天，你可以坐得靠近一些……"

第二天，小王子又来了。

"最好在同一时间来，"狐狸说，"比如，你在下午四点钟来，从三点钟起，我就开始感到高兴。时间越临近，我越感到高兴。四点钟，我会激动异常，焦虑不安：我会发现幸福的价值！但是，如果你不管什么时候都来，我就不知道什么时候我的心情要准备好……应该有仪式。"

"仪式是什么？"小王子问。

"这也是被抛之诸脑后的事，"狐狸说，"这是使某一天与其他日子不同，使某一时刻与其他时刻不同。譬如，猎人中有一种仪式。每星期四他们和村子里的姑娘们跳舞。于是星期四成了一个欢乐的日子！我一直漫步到葡萄园。如果猎人不管什么时候都跳舞，日子就会天天一样，我也根本不会有假日了。"

这样，小王子驯养了狐狸。起程的时刻临近了：

"啊！"狐狸说，"我会哭鼻子的。"

"这是你的错了，"小王子说，"我本来根本不想让你痛苦，是你要让我驯养你的……"

"不错。"狐狸说。

"可是，你要哭泣了！"小王子说。

"不错。"狐狸说。

"那么，你一无所得！"

"由于麦子的颜色，我有所得。"狐狸说。

然后又说：

"再去看看玫瑰吧。你会明白，你的玫瑰是世界上独一无二的。你再回来向我道别，我会送给你一个秘密。"

小王子再去看看玫瑰：

"你们完全不像我的玫瑰,你们什么都还不是呢。"他对玫瑰说,"没有人驯养你们,你们没有驯养过任何人。你们就像我的狐狸过去那样。那时他只是和千万只狐狸相似的一只狐狸。但我把他变成了我的一个朋友,眼下他在世界上是独一无二的。"

那些玫瑰显得十分尴尬。

"你们很美丽,可是你们是空虚的。"他又对玫瑰说,"没有人肯为你们去死。当然,我那朵玫瑰,一个普通的过路人会以为和你们相像。可是虽然她只有一朵,却比你们全体都重要,因为我给她浇水。因为我把她放在罩子中。因为我用屏风把她庇护起来。因为我为她杀死毛虫(除了两三只要变成蝴蝶的毛虫)。因为我倾听她抱怨,或者自吹自擂,甚至有时沉默无言。因为这是我的玫瑰。"

他又回到狐狸那里。

"再见。"他说。

"再见,"狐狸说,"这就是我的秘密。它很简单:只有用心灵去看才能看得清。肉眼看不见本质的东西。"

"肉眼看不见本质的东西。"小王子重复说,以便记住。

"正因为你为你的玫瑰花费了时间,才使你的玫瑰变得这么重要。"

"正因为我为我的玫瑰花费了时间……"小王子重复说,以便记住。

"人们忘记了这个真理,"狐狸说,"但你不应当忘记你要对你驯养过的东西负责到底。你要对你的玫瑰负责……"

"我要对我的玫瑰负责……"小王子重复说,以便记住。

二十二

"你好。"小王子说。

"你好。"扳道工说。

"你在这儿干吗?"小王子说。

"我给旅客分类,按每一千人一批,"扳道工说,"我把运载这些旅客的火车打发走,有时发往右方,有时发往左方。"

一列灯火通明的快车雷鸣般呼啸着,将扳道房震得颤动起来。

"他们好匆忙啊,"小王子说,"他们在寻找什么?"

"火车司机自己也不知道。"扳道工说。

第二辆灯火通明的快车从相反方向轰隆隆驶过。

"他们已经回来了吗?"小王子问。

"这不是刚才那些人,"扳道工说,"这是一辆对开而过的列车。"

"他们不满意所待的地方吗?"

"人们从来不满意自己所待的地方。"扳道工说。

第三辆灯火通明的快车的轰隆声又响起来。

"他们在追赶第一批旅客吗?"小王子问。

"他们什么也不追赶,"扳道工说,"他们在里面睡觉,或者在打哈欠。只有孩子们把鼻子顶在玻璃窗上。"

"只有孩子们知道自己在寻找什么,"小王子说,"他们为一个破旧的布娃娃浪费时间,这个布娃娃可是重要了,要是有人夺走了它,他们会哭鼻子……"

"他们真走运。"扳道工说。

二十三

"你好。"小王子说。

"你好。"商人说。

这是一个卖精制的止渴药丸的商人。每星期吃一片便不再感到口渴。

"你为什么卖这种药?"小王子问。

"这可以节省大量时间,"商人说,"专家计算过,每星期可以节省出五十三分钟。"

"这五十三分钟用来干什么呢?"小王子问。

"愿意干什么就干什么……"

"我呢,"小王子心想,"如果我有五十三分钟可供支配,我就慢慢地走向一处喷泉……"

二十四

这是我在沙漠里出了故障的第八天,我听着这个商人的故事,喝完了我储备的最后一滴水。

"啊!"我对小王子说,"你叙述的往事真美,但是我还没有修好我的飞机,我的水都喝光了,如果我能够慢慢地走向一处喷泉,我呀,我也会很高兴!"

"我的朋友狐狸……"他对我说。

"小鬼,眼下不谈什么狐狸!"

"为什么?"

"因为我就要渴死了……"

他不明白我的推理,他回答我说:

"有过一个朋友多好啊,即便要死也罢。我呀,我因为有过一个狐狸朋友而十分高兴……"

"他不用衡量危险,"我心想,"他从来既不饿也不渴。有一点儿阳光对他就够了……"

但他望着我,对我的想法给予回答:

"我也口渴……咱们打一口井吧……"

我做了一个泄气的手势:在广漠无垠的沙漠茫无头绪地寻找水井,那是荒唐的。然而我们还是动身了。

我们默默地走了好几小时,夜幕降临了,星星开始闪烁。由于干渴,我有点发烧,望着星星,像在做梦一样。小王子的话在我的脑海中跳荡。

"那么,你也口渴?"我问他。

但是他没有回答我的问题。他仅仅对我说:

"水对心也会有好处……"

我不明白他的答话,不过我沉默不语……我很清楚,不应该问他问题。

他疲倦了。他坐了下来。我坐在他身边。沉默了一会儿，他又说：

"由于有一朵看不见的花儿，星星显得多美啊……"

我回答："当然啰。"我又一言不发，望着月光下沙丘的褶皱。

"沙漠多美啊。"他又说。

不错。我一直喜欢沙漠。坐在一个沙丘上，什么也看不到。什么也听不到，但有样东西在默然无声中闪闪发光……

"使沙漠变得美丽的是，"小王子说，"在某个地方隐藏着一口井……"

我蓦地明白了沙漠中这种神秘的发光，感到很惊奇。当我还是小孩子的时候，我住在一所古老的房子里，根据传说，房子里埋藏着一个宝库。当然，从来没有人能发现，或许也没有人找过。可是，这个宝库使整座房子神秘莫测。我家的房子在它的心中埋藏着一个秘密……

"是的，"我对小王子说，"无论房子、星星，还是沙漠，使它们美丽的东西是看不见的！"

"我很高兴，"他说，"你和我的狐狸看法一致。"

小王子睡觉了，我把他抱在怀里，重新上路。我很激动。我觉得抱着一个脆弱的宝贝。我甚至觉得地球上没有更脆弱的东西。我在月光下瞧着这苍白的额头，这一绺绺在风中飘拂的头发，我寻思："我看到的只是外表，最重要的东西是看不见的……"

他半张半闭的嘴唇显露出似笑非笑，我又想："这个睡着的小王子那么令我激动的东西，是他对一朵花的忠诚，即使他睡着了，是一朵玫瑰的形象在他心中像一盏明灯的火焰在闪亮……"我捉摸出他格外脆弱。应该好好保护灯盏：一阵风会把它们熄灭的……

这样走着，我在拂晓时发现了水井。

二十五

"人们，"小王子说，"他们挤进快车，却再也不知道寻找什么。于是他们焦躁不安，转来转去……"

他又加上一句：

"用不着嘛……"

我们找到的井不像撒哈拉沙漠的井。撒哈拉沙漠的井是在沙漠中挖出来的普普通通的洞。这口井很像村庄里的井。可是这儿没有村庄,我以为是在做梦。

"奇了怪了,"我对小王子说,"一切都准备好了:辘轳、水桶和绳子……"

他笑了，摸摸绳子，转动辘轳。

辘轳就像风儿长久歇息，这时使之转动起来的一只旧风标一样吱扭作响。

"你听，"小王子说，"我们唤醒了这口井，他唱歌了……"

我不想让他花力气：

"让我来干吧，"我对他说，"对你来说，这太费劲了。"

我慢慢地把水桶提升到井栏上。我把水桶放稳了。我的耳朵里还响着辘轳的歌唱，在颤动着的水中，我看到阳光在颤动。

"我想喝这种水，"小王子说，"给我喝水吧……"

我明白了他一直在寻找什么！

我把水桶提高到他的嘴唇边。他闭着眼睛喝水。这仿佛过节一样美妙。这水远不止是一种饮料。它是在星空下走了许多路，在辘轳的歌唱中，在我的手臂使劲摇动下才获得的。它像一件礼物一样令心儿快慰。我还是小孩子的时候，圣诞树上的灯光、午夜弥撒的音乐、甜蜜的微笑，这一切都使我收到的圣诞礼物闪耀着幸福的光彩。

"你这儿的人，"小王子说，"在同一个花园里培育着五千朵玫瑰……他们却找不到要寻找的东西……"

"他们确实找不到。"我回答。

"但是他们要找的东西可以在一朵玫瑰或一点水中找到……"

"当然。"我回答。

小王子又说：

"但眼睛是看不到的。应该用心灵去寻找。"

我喝了水。我畅快地呼吸。在破晓时，沙漠是蜜样的颜色。我也喜欢看到这种颜色。为什么我又如此难过……

"你应该遵守诺言。"小王子对我温柔地说，他重新坐在我的身边。

"什么诺言？"

"你知道……给我的绵羊一只嘴套……我要为这朵花负责！"

我从兜里取出我的画稿。小王子看到了，笑着说：

"你的猴面包树，它们有点像卷心菜……"

"噢！"

我为自己画的猴面包树感到骄傲呢！

"你画的狐狸……它的耳朵……它们有点像角……它们太长了！"

他又笑起来。

"你不公正，小家伙，我以前只会画肚子封闭的蟒蛇和肚子剖开的蟒蛇。"

"噢！行了，"他说，"孩子们认得出来。"

于是我画了一只嘴套。在把画交给他时，我心里揪紧了：

"你有些打算我不知道……"

但他没有回答我。他对我说：

"你知道，我降落在地球上……明天就是一周年了……"

然后，沉吟一下，他又说：

"我降落在这附近……"

他脸红了。

不知为什么，我又感到古怪的烦恼。我想到一个问题：

"一星期之前，我认识你那天早上，你独自一人在离有人居住的地方千百里之外漫步，那么，这不是偶然的了！你又回到降落的地点吗？"

小王子又涨红了脸。

我迟疑着又说：

"也许是由于周年纪念？……"

小王子又脸红了。他从来不回答问题，但是，人脸红了，这意味着说"是的"，对吗？

"啊！"我对他说，"我担心……"

可是他回答我：

"眼下你应该工作。你应该回到你的机器那里。我在这儿等你。明天晚上你再回来……"

但我放心不下。我想起了狐狸的话。如果被人驯养了，就免不了要哭……

二十六

　　井旁有一堵破残的石墙。第二天，当我工作完了回来时，我从老远看到小王子坐在墙上，晃荡着双腿。我听到他说：

　　"你怎么不记得呢？"他说，"绝不是在这儿！"

　　无疑有另一个声音在回答他，因为他反驳道：

　　"没错！没错！日子是对的，但不是这个地方……"

　　我继续朝墙那边走去。我既看不到也听不到任何别人。但小王子又反驳道：

　　"……当然。你会看到我的脚印在沙子上是从哪里开始的。今晚我会到那里。"

　　我离墙二十米远，我始终什么也没有看见。

　　停了一会儿，小王子又说：

　　"你的毒液很厉害吗？你肯定不会让我长时间痛苦吗？"

　　我止住脚步，心揪紧了，然而我始终不明白。

"现在你走开吧,"他说,"我想下来了!"

于是我低头向墙脚看去,我吓了一跳!那儿,有一条在三十秒钟内置人死地的黄色的蛇朝小王子竖立起来。我一面在兜里摸索,要拔出枪来,一面跑过去,但一听到我发出的声音,那条蛇有如一股泉水干涸了,慢慢地钻进沙中,不慌不忙,在石缝中蜿蜒而行,发出轻微的金属声。

我来到墙边,恰好把小王子接在我的怀里,他的脸色惨白得像雪。

"这是怎么回事!你现在和蛇说起话来啦!"

我解开了他老是围着的金色围巾。我用水沾湿了他的太阳穴,让他喝了点水。当下我不敢再问他什么。他庄重地望着我,用手臂搂住我的脖子。我感到他的心好像一只被子弹打中、奄奄一息的鸟儿般轻轻地跳动。他对我说:

"我很高兴你找到了你的机器所缺少的东西,你可以回家了……"

"你怎么知道的?"

我正是来告诉他:出乎意料的是,我修好了机器!

他不回答我的问题,但接着说:

"我也是今天回去……"

然后,忧郁地说:

"要远得多……要困难得多……"

我感觉出发生了不同寻常的事。我把他抱在怀里,如同抱一个小孩子一样,然而我觉得,他笔直地滑入深渊,而我却不能拉住他……

他的目光很严肃,沉迷在遥远的地方:

"我有你画的绵羊。我有装绵羊的箱子。我有嘴套……"

他忧郁地微笑着。

我等了好一会儿,我感到他的身子慢慢地暖和起来:

"小家伙,刚才你受惊了……"

他无疑受惊了!但是他温和地笑起来:

"今天晚上我会更加担惊受怕……"

我再次感到要发生不可弥补的事,全身冰凉。我明白,我忍受不了再也听不到这笑声的想法。对我来说,这笑声宛若沙漠中的一道喷泉。

"小家伙，我还想听到你朗朗笑声……"

但他对我说：

"到今夜正好是一年。我的星星会恰好位于去年我降落处的正上方……"

"小家伙，难道蛇、约会和星星这一连串的事是个噩梦，对吗？"

他没有回答我的问题。他对我说：

"重要的事，是看不出来的……"

"当然……"

"这就像花一样。如果你喜欢一朵生长在一颗星星上的花，夜晚，你仰望天空，那是愉快的。所有的星星都百花盛开。"

"当然……"

"这就像水一样。你给我喝的水由于辘轳和绳子发出的声音，仿佛音乐一般……你记得，水很好喝。"

"当然……"

"晚上，你会看到星星。我待在那里的星星太小了，我无法指给你看那颗星星在哪儿。这样倒更好。我的星星，你可以看作是其中一颗星星。所有的星星，你都会喜欢看的……它们都是我的朋友。接下来我要送给你一件礼物……"

他又笑起来。

"啊！小家伙，小家伙，我喜欢听你的笑声！"

"这正是我的礼物……这会像水一样……"

"你这话什么意思？"

"人们眼里的星星并不一样。对于旅行者来说，星星是向导。对别的人来说，星星只是一些小闪光。对学者来说，星星是他们探索的问题。对我遇见的那个商人来说，星星是黄金。但所有这些星星都沉默不语。你呢，你会拥有任何人都没有的星星……"

"你这话什么意思？"

"既然我住在其中一颗星星之上，既然我在其中一颗星星上发出笑声，当你在夜晚仰望天空的时候，对你来说，仿佛所有的星星都在笑着。你呀，你会拥有会笑的星星！"

他又笑起来。

"当你心安理得时（人总是聊以自慰的），你会由于认识我而感到高兴。你始终会是我的朋友。你会想跟我一起笑。你有时会打开窗户，仿佛想畅快一下……你的朋友们看到你仰望天空时发出笑声，会感到十分惊奇。于是你会对他们说：'是的，星星总会使我笑起来！'他们会以为你发神经。我给你耍的这个刁钻的恶作剧会使你难堪……"

他又笑起来。

"这就好像我给你的不是星星，而是一堆又一堆会笑的小铃铛……"

他又笑起来。随后他变得严肃了：

"今天夜里……你知道……不要来了。"

"我不会离开你。"

"我的模样会像不舒服……我的模样会像死去一样。会这样的。别来看了，没有必要……"

"我不会离开你的。"

但是他心事重重。

"我对你说这些话……这也是由于蛇的缘故。别让它咬你……蛇很恶毒。它乐意咬人……"

"我不会离开你的。"

有什么东西使他放下心来：

"不错，它们咬第二口时就没有毒了……"

这一夜，我没有看到他上路。他悄无声息地溜走了。当我终于赶上他的时候，他坚定地、大步流星地走着。他仅仅对我说：

"啊！你来了……"

他拉住我的手。他仍然焦虑不安：

"你做错了。你会难受的。我的模样会像死去，但这是假象……"

我呢，我沉默不语。

"你明白。这太远了。我不能带走这身躯。太重了。"

我呢，我沉默不语。

"但这好像丢弃的旧壳。旧壳就无所谓了……"

我呢，我沉默不语。

他有点儿泄气了。但是他再作一次努力：

"这会很好，你知道。我也是，我会看星星。所有的星星都会有滑轮生了锈的井。所有的星星都会倒水给我喝……"

我呢，我沉默不语。

"这会多么有趣啊！你会有五亿个铃铛，我会有五亿个喷泉……"

他沉默了，因为他哭泣起来。

"就在这儿。让我独自走一步。"

他坐了下来，因为他心里害怕。他又说：

"你知道……我的花……我对她有责任！她这么柔弱！她这么稚嫩。她只有四根微不足道的刺保护自己，抵御外界……"

我呢，我坐了下来，因为我再也站不住了。他说：

"就是这些……讲完了……"

他还犹豫一下，然后站了起来。他走了一步。我呢，我动弹不了。

在他脚踝边有一道黄光闪了一下。好一会儿他一动不动。他没有喊叫。他像一棵树那样慢慢地倒下来。由于沙子，甚至没有发出响声。

二十七

至今显然有六年了……我从来没有讲过这个故事。与我重逢的朋友们很高兴看到我活着。我很忧郁，但我对他们说："这是疲劳……"

眼下我心情平复了一些。就是说……没有完全平复。但是我知道，他回到了他的星球，因为在黎明时我没有再看到他的身体。他的身体并不重……我喜欢在夜里谛听星星。这仿佛五亿个铃铛……

可是，出了不同寻常的事。我为小王子画的羊嘴套，我忘了添上皮带！他永远不能把它套在羊嘴上。我在想："他的星球上出了什么事呢？也许绵羊吃掉了花……"

有时我想："准定不会！小王子每天夜里把玻璃罩子罩住他的花，他仔细看管住他的绵羊……"于是我很高兴。所有的星星轻轻地笑着。

有时我想："人有时要疏忽一两次，这就够了！有天晚上，他忘了罩上玻璃罩，要么绵羊在夜里悄无声息地跑了出来……"于是铃铛都变成了泪珠！

这是一个极大的奥秘。对你们这些也喜欢小王子的人来说，就像对我来说一样，如果某个地方，不管在哪儿，有一只我们并未见过的绵羊，吃过或者没有吃过一朵玫瑰花，宇宙的一切就全然不同……

你仰望天空，心想："绵羊吃过花没有？"你会看到一切都改变了……

任何大人都永远不会明白，这样想竟然如此重要！

对我来说，这是世界上最美和最凄凉的景致。这与前一页是相同的地方，但是我又画了一次，展示给你看。小王子正是在这儿出现，然后又消失的。

请你仔细看这幅景致，以便你到非洲旅行时在沙漠中有把握认出来。如果你有机会路过这个地方，请你不要匆匆走过，就在这颗星星下面等一等！如果这时有一个孩子向你走来，如果他笑着，如果他有金黄的头发，如果有人问他话时他不回答，你便会猜测出他是谁。这时你要客气些！不要让我这样忧伤，请你赶快给我写信，他回来了……

第四卷

剧本

导读

本卷收录老舍《茶馆》、威廉·莎士比亚《哈姆莱特》。

老舍（1899—1966），原名舒庆春，字舍予，中国现代小说家、语言大师，新中国第一位获得"人民艺术家"称号的作家。《茶馆》是老舍于1956年创作的话剧，1957年7月初载于巴金任编辑的《收获》杂志创刊号。1958年出版成书。

《茶馆》展示了戊戌变法、军阀混战和新中国成立前夕三个时代近半个世纪的社会风云变化。通过一个叫"裕泰"的茶馆展现了当时社会的黑暗腐败、光怪陆离，以及社会中的众生百态。剧作在国内外多次演出，赢得了较高的评价，是中国当代戏剧中的经典作品。

威廉·莎士比亚（1564—1616），常被尊称为莎翁，是英国文学史上杰出的戏剧家，也是欧洲文艺复兴时期伟大的作家，人文主义文学的集大成者。

《哈姆莱特》是由英国剧作家威廉·莎士比亚于1599年至1602年间创作的一部悲剧作品。戏剧讲述了哈姆莱特的叔叔克劳狄斯谋害了哈姆莱特的父亲，篡取了王位，并娶了国王的遗孀乔特鲁德；哈姆莱特王子因此开始向叔叔复仇。该剧是莎士比亚所有戏剧中篇幅最长的一部，也是莎士比亚最负盛名的剧本，具有深刻的悲剧意义。剧中复杂的人物性格以及丰富完美的悲剧艺术手法，代表着整个西方文艺复兴时期文学的最高成就。同《麦克白》《李尔王》和《奥赛罗》并称为莎士比亚"四大悲剧"，问世至今被多次改编成舞台剧、歌剧、影视等作品。本卷中的《哈姆莱特》选用的是著名翻译家朱生豪先生的经典译本。

《茶馆》

老舍 ⊙ 著

人物表

王利发——男，最初与我们见面，他才二十多岁。因父亲早死，他很年轻就作了裕泰茶馆的掌柜。精明、有些自私，而心眼不坏。

唐铁嘴——男，三十来岁。相面为生，吸鸦片。

松二爷——男，三十来岁。胆小而爱说话。

常四爷——男，三十来岁。松二爷的好友，都是裕泰的主顾。正直，体格好。

李　三——男，三十多岁。裕泰的跑堂的。勤恳，心眼好。

二德子——男，二十多岁。善扑营当差。

马五爷——男，三十多岁。吃洋教的小恶霸。

刘麻子——男，三十来岁。说媒拉纤，心狠意毒。

康　六——男，四十岁。京郊贫农。

黄胖子——男，四十多岁。流氓头子。

秦仲义——男，王掌柜的房东。在第一幕里二十多岁。阔少，后来成了维新的资本家。

老　人——男，八十二岁。无倚无靠。

乡　妇——女，三十多岁。穷得出卖小女儿。

小　妞——女，十岁。乡妇的女儿。

庞太监——男，四十岁。发财之后，想娶老婆。

小牛儿——男，十多岁。庞太监的书童。

宋恩子——男，二十多岁。老式特务。

吴祥子——男，二十多岁。宋恩子的同事。

康顺子——女，在第一幕中十五岁。康六的女儿。被卖给庞太监为妻。

王淑芬——女，四十来岁。王利发掌柜的妻。比丈夫更公平正直些。

巡　警——男，二十多岁。

报　童——男，十六岁。

康大力——男，十二岁。庞太监买来的义子，后与康顺子相依为命。

老　林——男，三十多岁。逃兵。

老　陈——男，三十岁。逃兵。老林的把弟。

崔久峰——男，四十多岁。作过国会议员，后来修道，住在裕泰附设的公寓里。

军　官——男，三十岁。

王大拴——男，四十岁左右，王掌柜的长子。为人正直。

周秀花——女，四十岁。大拴的妻。

王小花——女，十三岁。大拴的女儿。

丁　宝——女，十七岁。女招待。有胆有识。

小刘麻子——男，三十多岁。刘麻子之子，继承父业而发展之。

取电灯费的——男，四十多岁。

小唐铁嘴——男，三十多岁。唐铁嘴之子，继承父业，有作天师的愿望。

明师傅——男，五十多岁。包办酒席的厨师傅。

邹福远——男，四十多岁。说评书的名手。

卫福喜——男，三十多岁。邹的师弟，先说评书，后改唱京戏。

方　六——男，四十多岁。打小鼓的，奸诈。

车当当——男，三十岁左右，买卖现洋为生。

庞四奶奶——女，四十岁。丑恶，要作皇后。庞太监的四侄媳妇。

春　梅——女，十九岁。庞四奶奶的丫环。

老　　杨——男，三十多岁。卖杂货的。

小二德子——男，三十岁。二德子之子，打手。

于厚斋——男，四十多岁。小学教员，王小花的老师。

谢勇仁——男，三十多岁。与于厚斋同事。

小宋恩子——男，三十来岁。宋恩子之子，承袭父业，作特务。

小吴祥子——男，三十来岁。吴祥子之子。世袭特务。

小心眼——女，十九岁。女招待。

沈处长——男，四十岁。宪兵司令部某处处长。

茶客若干人，都是男的。

茶房一两个，都是男的。

难民数人，有男有女，有老有少。

大兵三、五人，都是男的。

公寓住客数人，都是男的。

押大令的兵七人，都是男的。

宪兵四人，男。

傻　　杨——男，数来宝的。

第一幕　幕前

（我）大傻杨，打竹板儿，一来来到大茶馆儿。

大茶馆，老裕泰，生意兴隆真不赖。

茶座多，真热闹，也有老来也有少；

有的说，有的唱，穿章打扮一人一个样；

有提笼，有架鸟，蛐蛐蝈蝈也都养得好；
有的吃，有的喝，没有钱的只好白瞧着。
爱下棋，（您）来两盘儿，赌一卖（碟）干炸丸子外撒胡椒盐儿。
讲排场，讲规矩，咳嗽一声都像唱大戏。
有一样，听我说：莫谈国事您得老记着。
哼！国家事（可）不好了，黄龙旗子一天倒比一天威风小。
文武官，有一宝，见着洋人赶快跑。
外国货，堆成山，外带贩卖鸦片烟。
最苦是，乡村里，没吃没穿逼得卖儿女。
官儿阔，百姓穷，朝中出了一个谭嗣同，
讲维新，主意高，还有那康有为和梁启超。
这件事，闹得凶，气得太后咬牙切齿直哼哼。
她要杀，她要砍，讲维新的都是要造反。
这些事，别多说，说着说着就许掉脑壳。

〔幕徐启。大傻杨入茶馆。

打竹板，迈大步，走进茶馆找主顾。
哪位爷，愿意听，《辕门斩子》来了穆桂英。

〔王利发来干涉。

王掌柜，大发财，金银元宝一齐来。
您有钱，我有嘴，数来宝的是穷鬼。（下）

第一幕

人　物　王利发　刘麻子　庞太监　唐铁嘴　康六　小牛儿　松二爷　黄胖子　宋恩子　常四爷　秦仲义　吴祥子　李三　老人　康顺子　二德子　乡妇　茶客甲、乙、丙、丁　马五爷　小妞　茶房一、二人

时　间　一八九八年（戊戌）初秋，康梁等的维新运动失败了。早半天。

地　点　北京，裕泰大茶馆。

〔幕启：这种大茶馆现在已经不见了。在几十年前，每城都起码有一处。这里卖茶，也卖简单的点心与饭菜。玩鸟的人们，每天在遛够了画眉、黄鸟等之后，要到这里歇歇腿，喝喝茶，并使鸟儿表演歌唱。商议事情的，说媒拉纤的，也到这里来。那年月，时常有打群架的，但是总会有朋友出头给双方调解；三五十口子打手，经调人东说西说，便都喝碗茶，吃碗烂肉面（大茶馆特殊的食品，价钱便宜，作起来快当），就可以化干戈为玉帛了。总之，这是当日非常重要的地方，有事无事都可以来坐半天。

〔在这里，可以听到最荒唐的新闻，如某处的大蜘蛛怎么成了精，受到雷击。奇怪的意见也在这里可以听到，像把海边上都修上大墙，就足以挡住洋兵上岸。这里还可以听到某京戏演员新近创造了什么腔儿，和煎熬鸦片烟的最好的方法。这里也可以看到某人新得到的奇珍——一个出土的玉扇坠儿，或三彩的鼻烟壶。这真是个重要的地方，简直可以算作文化交流的所在。

〔我们现在就要看见这样的一座茶馆。

〔一进门是柜台与炉灶——为省点事，我们的舞台上可以不要炉灶；后面有些锅勺的响声也就够了。屋子非常高大，摆着长桌与方桌，长凳与小凳，都是茶座儿。隔窗可见后院，高搭着凉棚，棚下也有茶座儿。屋里和凉棚下都有挂鸟笼的地方。各处都贴着"莫谈国事"的纸条。

〔有两位茶客，不知姓名，正眯着眼，摇着头，拍板低唱。有两三位茶客，也不知姓名，正入神地欣赏瓦罐里的蟋蟀。两位穿灰色大衫的，宋恩子与吴祥子，正低声地谈话，看样子他们是北衙门的办案的（侦缉）。

〔今天又有一起打群架的，据说是为了争一只家鸽，惹起非用武力解决不可的纠纷。假若真打起来，非出人命不可，因为被约的打手中包括着善扑营的哥儿们和库兵，身手都十分厉害。好在，不能真打起来，因为在双方还没把打手约齐，已有人出面调停了——现在双方在这里会面。三三两两的打手，都横眉立目，短打扮，随时进来，往后院去。

〔马五爷在不惹人注意的角落，独自坐着喝茶。

〔王利发高高地坐在柜台里。

〔唐铁嘴趿拉着鞋，身穿一件极长极脏的大布衫，耳上夹着几张小纸片，进来。

王利发　唐先生，你外边蹓蹓吧！

唐铁嘴　（惨笑）王掌柜，捧捧唐铁嘴吧！送给我碗茶喝，我就先给您相相面吧！手相奉送，不取分文！（不容分说，拉过王利发的手来）今年是光绪二十四年，戊戌。您贵庚是……

王利发　（夺回手去）算了吧，我送你一碗茶喝，你就甭卖那套生意口啦！用不着相面，咱们既在江湖内，都是苦命人！（由柜台内走出，让唐铁嘴坐下）坐下！我告诉你，你要是不戒了大烟，就永远交不了好运！这是我的相法，比你的更灵验！

〔松二爷和常四爷都提着鸟笼进来，王利发向他们打招呼。他们先把鸟笼子挂好，找地方坐下。松二爷文绉绉的，提着小黄鸟笼；常四爷雄赳赳的，提着大而高的画眉笼。茶房李三赶紧过来，沏上盖碗茶。他们自带茶叶。茶沏好，松二爷、常四爷向邻近的茶座让了让。

松二爷
常四爷　您喝这个！（然后，往后院看了看）

松二爷　好像又有事儿？

常四爷　反正打不起来！要真打的话，早到城外头去啦；到茶馆来干吗？

〔二德子，一位打手，恰好进来，听见了常四爷的话。

二德子　（凑过去）你这是对谁甩闲话呢？

常四爷　（不肯示弱）你问我哪？花钱喝茶，难道还教谁管着吗？

松二爷　（打量了二德子一番）我说这位爷，您是营里当差的吧？来，坐下喝一碗，我们也都是外场人。

二德子　你管我当差不当差呢！

常四爷　要抖威风，跟洋人干去，洋人厉害！英法联军烧了圆明园，尊家吃着官饷，可没见您去冲锋打仗！

二德子　甭说打洋人不打，我先管教管教你！（要动手）

〔别的茶客依旧进行他们自己的事。王利发急忙跑过来。

王利发　哥儿们，都是街面上的朋友，有话好说。德爷，您后边坐！

〔二德子不听王利发的话，一下子把一个盖碗搂下桌去，摔碎。翻手要抓常四爷的脖领。

常四爷　（闪过）你要怎么着？

二德子　怎么着？我碰不了洋人，还碰不了你吗？

马五爷　（并未立起）二德子，你威风啊！

二德子　（四下扫视，看到马五爷）喝，马五爷，你在这儿哪？我可眼拙，没看见您！（过去请安）

马五爷　有什么事好好地说，干吗动不动地就讲打？

二德子　嘛！您说的对！我到后头坐坐去。李三，这儿的茶钱我候啦！（往后面走去）

常四爷　（凑过来，要对马五爷发牢骚）这位爷，您圣明，您给评评理！

马五爷　（立起来）我还有事，再见！（走出去）

常四爷　（对王利发）邪！这倒是个怪人！

王利发　您不知道这是马五爷呀！怪不得您也得罪了他！

常四爷　我也得罪了他？我今天出门没挑好日子！

王利发 （低声地）刚才您说洋人怎样，他就是吃洋饭的。信洋教，说洋话，有事情可以一直地找宛平县的县太爷去，要不怎么连官面上都不惹他呢！

常四爷 （往原处走）哼，我就不佩服吃洋饭的！

王利发 （向宋恩子、吴祥子那边稍一歪头，低声地）说话请留点神！（大声地）李三，再给这儿沏一碗来！（拾起地上的碎瓷片）

松二爷 盖碗多少钱？我赔！外场人不作老娘们事！

王利发 不忙，待会儿再算吧！（走开）

〔纤手刘麻子领着康六进来。刘麻子先向松二爷、常四爷打招呼。

刘麻子 您二位真早班儿！（掏出鼻烟壶，倒烟）您试试这个！刚装来的，地道英国造，又细又纯！

常四爷 唉！连鼻烟也得从外洋来！这得往外流多少银子啊！

刘麻子 咱们大清国有的是金山银山，永远花不完！您坐着，我办点小事！（领康六找了个座儿）

〔李三拿过一碗茶来。

刘麻子 说说吧，十两银子行不行？你说干脆的！我忙，没工夫专伺候你！

康　六 刘爷！十五岁的大姑娘，就值十两银子吗？

刘麻子 卖到窑子去，也许多拿两儿八钱的，可是你又不肯！

康　六 那是我的亲女儿！我能够……

刘麻子 有女儿，你可养活不起，这怪谁呢？

康　六 那不是因为乡下种地的都没法子混了吗？一家大小要是一天能吃上一顿粥，我要还想卖女儿，我就不是人！

刘麻子 那是你们乡下的事，我管不着。我受你之托，教你不吃亏，又教你女儿有个吃饱饭的地方，这还不好吗？

康　六 到底给谁呢？

刘麻子 我一说，你必定从心眼里乐意！一位在宫里当差的！

康　六 宫里当差的谁要个乡下丫头呢？

刘麻子　那不是你女儿的命好吗？

康　六　谁呢？

刘麻子　庞总管！你也听说过庞总管吧？伺候着太后，红得不得了，连家里打醋的瓶子都是玛瑙作的！

康　六　刘大爷，把女儿给太监作老婆，我怎么对得起人呢？

刘麻子　卖女儿，无论怎么卖，也对不起女儿！你胡涂！你看，姑娘一过门，吃的是珍馐美味，穿的是绫罗绸缎，这不是造化吗？怎样，摇头不算点头算，来个干脆的！

康　六　自古以来，哪有……他就给十两银子？

刘麻子　找遍了你们全村儿，找得出十两银子找不出？在乡下，五斤白面就换个孩子，你不是不知道！

康　六　我，唉！我得跟姑娘商量一下！

刘麻子　告诉你，过了这个村可没有这个店，耽误了事可别怨我！快去快来！

康　六　唉！我一会儿就回来！

刘麻子　我在这儿等着你！

康　六　（慢慢地走出去）

刘麻子　（凑到松二爷、常四爷这边来）乡下人真难办事，永远没有个痛痛快快！

松二爷　这号生意又不小吧？

刘麻子　也甜不到哪儿去，弄好了，赚个元宝！

常四爷　乡下是怎么了？会弄得这么卖儿卖女的！

刘麻子　谁知道！要不怎么说，就是条狗也得托生在北京城里嘛！

常四爷　刘爷，您可真有个狠劲儿，给拉拢这路事！

刘麻子　我要不分心，他们还许找不到买主呢！（忙岔话）松二爷（掏出个小时表来），您看这个！

松二爷　（接表）好体面的小表！

刘麻子　您听听，嘎登嘎登地响！

松二爷　（听）这得多少钱？

刘麻子　您爱吗？就让给您！一句话，五两银子！您玩够了，不爱再要了，我还照数退钱！东西真地道，传家的玩艺！

常四爷　我这儿正咂摸这个味儿：咱们一个人身上有多少洋玩艺啊！老刘，就看你身上吧：洋鼻烟，洋表，洋缎大衫，洋布裤褂……

刘麻子　洋东西可真是漂亮呢！我要是穿一身土布，像个乡下脑袋，谁还理我呀！

常四爷　我老觉乎着咱们的大缎子，川绸，更体面！

刘麻子　松二爷，留下这个表吧，这年月，戴着这么好的洋表，会教人另眼看待！是不是这么说，您哪？

松二爷　（真爱表，但又嫌贵）我……

刘麻子　您先戴几天，改日再给钱！

〔黄胖子进来。

黄胖子　（严重的沙眼，看不清楚，进门就请安）哥儿们，都瞧我啦！我请安了！都是自家兄弟，别伤了和气呀！

王利发　这不是他们，他们在后院哪！

黄胖子　我看不大清楚啊！掌柜的，预备烂肉面，有我黄胖子，谁也打不起来！（往里走）

二德子　（出来迎接）两边已经见了面，您快来吧！

〔二德子同黄胖子入内。

〔茶房们一趟又一趟地往后面送茶水。老人进来，拿着些牙签、胡梳、耳挖勺之类的小东西，低着头慢慢地挨着茶座儿走；没人买他的东西。他要往后院去，被李三截住。

李　三　老大爷，您外边蹓蹓吧！后院里，人家正说和事呢，没人买您的东西！（顺手儿把剩茶递给老人一碗）

松二爷　（低声地）李三！（指后院）他们到底为了什么事，要这么拿刀动杖的？

李　三　（低声地）听说是为一只鸽子。张宅的鸽子飞到了李宅去，李宅不肯交还……唉，咱们还是少说话好，（问老人）老大爷您高寿啦？

老　人　（喝了茶）多谢！八十二了，没人管！这年月呀，人还不如一只鸽子呢！唉！（慢慢走出去）

〔秦仲义，穿得很讲究，满面春风，走进来。

王利发　哎哟！秦二爷，您怎么这样闲在，会想起下茶馆来了？也没带个底下人？

秦仲义　来看看，看看你这年轻小伙子会作生意不会！

王利发　唉，一边作一边学吧，指着这个吃饭嘛。谁叫我爸爸死得早，我不干不行啊！好在照顾主儿都是我父亲的老朋友，我有不周到的地方，都肯包涵，闭闭眼就过去了。在街面上混饭吃，人缘儿顶要紧。我按着我父亲遗留下的老办法，多说好话，多请安，讨人人的喜欢，就不会出大岔子！您坐下，我给您沏碗小叶茶去！

秦仲义　我不喝！也不坐着！

王利发　坐一坐！有您在我这儿坐坐，我脸上有光！

秦仲义　也好吧！（坐）可是，用不着奉承我！

王利发　李三，沏一碗高的来！二爷，府上都好？您的事情都顺心吧？

秦仲义　不怎么太好！

王利发　您怕什么呢？那么多的买卖，您的小手指头都比我的腰还粗！

唐铁嘴　（凑过来）这位爷好相貌，真是天庭饱满，地阁方圆，虽无宰相之权，而有陶朱之富！

秦仲义　躲开我！去！

王利发　先生，你喝够了茶，该外边活动活动去！（把唐铁嘴轻轻推开）

唐铁嘴　唉！（垂头走出去）

秦仲义　小王，这儿的房租是不是得往上提那么一提呢？当年你爸爸给我的那点租钱，还不够我喝茶用的呢！

王利发　二爷，您说得对，太对了！可是，这点小事用不着您分心，您派管事的来一趟，我跟他商量，该长多少租钱，我一定照办！是！嗻！

秦仲义　你这小子，比你爸爸还滑！哼，等着吧，早晚我把房子收回去！

王利发　您甭吓唬着我玩,我知道您多么照应我,心疼我,决不会叫我挑着大茶壶,到街上卖热茶去!

秦仲义　你等着瞧吧!

〔乡妇拉着个十来岁的小妞进来。小妞的头上插着一根草标。李三本想不许她们往前走,可是心中一难过,没管。她们俩慢慢地往里走。茶客们忽然都停止说笑,看着她们。

小　妞　(走到屋子中间,立住)妈,我饿!我饿!

〔乡妇呆视着小妞,忽然腿一软,坐在地上,掩面低泣。

秦仲义　(对王利发)轰出去!

王利发　是!出去吧,这里坐不住!

乡　妇　哪位行行好?要这个孩子,二两银子!

常四爷　李三,要两个烂肉面,带她们到门外吃去!

李　三　是啦!(过去对乡妇)起来,门口等着去,我给你们端面来!

乡　妇　(立起,抹泪往外走,好像忘了孩子;走了两步,又转回身来,搂住小妞,吻她)宝贝!宝贝!

王利发　快着点吧!

〔乡妇、小妞走出去。李三随后端出两碗面去。

王利发　(过来)常四爷,您是积德行好,赏给她们面吃!可是,我告诉您:这路事儿太多了,太多了!谁也管不了!(对秦仲义)二爷,您看我说的对不对?

常四爷　(对松二爷)二爷,我看哪,大清国要完!

秦仲义　(老气横秋地)完不完,并不在乎有人给穷人们一碗面吃没有。小王,说真的,我真想收回这里的房子!

王利发　您别那么办哪,二爷!

秦仲义　我不但收回房子,而且把乡下的地,城里的买卖也都卖了!

王利发　那为什么呢?

秦仲义　把本钱拢到一块儿,开工厂!

王利发　开工厂?

秦仲义 嗯，顶大顶大的工厂！那才救得了穷人，那才能抵制外货，那才能救国！（对王利发说而眼看着常四爷）唉，我跟你说这些干什么，你不懂！

王利发 您就专为别人，把财产都出手，不顾自己了吗？

秦仲义 你不懂！只有那么办，国家才能富强！好啦，我该走啦。我亲眼看见了，你的生意不错，你甭再耍无赖，不长房钱！

王利发 您等等，我给您叫车去！

秦仲义 用不着，我愿意蹓跶，蹓跶！

〔秦仲义往外走，王利发送。

〔小牛儿搀着庞太监走进来。小牛儿提着水烟袋。

庞太监 哟！秦二爷！

秦仲义 庞老爷！这两天您心里安顿了吧？

庞太监 那还用说吗？天下太平了：圣旨下来，谭嗣同问斩！告诉您，谁敢改祖宗的章程，谁就掉脑袋！

秦仲义 我早就知道！

〔茶客们忽然全静寂起来，几乎是闭住呼吸地听着。

庞太监 您聪明，二爷，要不然您怎么发财呢！

秦仲义 我那点财产，不值一提！

庞太监 太客气了吧？您看，全北京城谁不知道秦二爷！您比作官的还厉害呢！听说呀，好些财主都讲维新！

秦仲义 不能这么说，我那点威风在您的面前可就施展不出来了！哈哈哈！

庞太监 说得好，咱们就八仙过海，各显其能吧！哈哈哈！

秦仲义 改天过去给您请安，再见！（下）

庞太监 （自言自语）哼，凭这么个小财主也敢跟我逗嘴皮子，年头真是改了！（问王利发）刘麻子在这儿哪？

王利发 总管，您里边歇着吧！

〔刘麻子早已看见庞太监，但不敢靠近，怕打搅了庞太监、秦仲义的谈话。

刘麻子　喝，我的老爷子！您吉祥！我等您好大半天了！（搀庞太监往里面走）

〔宋恩子、吴祥子过来请安，庞太监对他们耳语。

〔众茶客静默一阵之后，开始议论纷纷。

茶客甲　谭嗣同是谁？

茶客乙　好像听说过！反正犯了大罪，要不，怎么会问斩呀！

茶客丙　这两三个月了，有些作官的，念书的，乱折腾乱闹，咱们怎能知道他们捣的什么鬼呀！

茶客丁　得！不管怎么说，我的铁杆庄稼又保住了！姓谭的，还有那个康有为，不是说叫旗兵不关钱粮，去自谋生计吗？心眼多毒！

茶客丙　一份钱粮倒叫上头克扣去一大半，咱们也不好过！

茶客丁　那总比没有强啊！好死不如赖活着，叫我去自己谋生，非死不可！

王利发　诸位主顾，咱们还是莫谈国事吧！

〔大家安静下来，都又各谈各的事。

庞太监　（已坐下）怎么说？一个乡下丫头，要二百银子？

刘麻子　（侍立）乡下人，可长得俊呀！带进城来，好好地一打扮、调教，准保是又好看又有规矩！我给您办事，比给我亲爸爸作事都更尽心，一丝一毫不能马虎！

〔唐铁嘴又回来了。

王利发　铁嘴，你怎么又回来了？

唐铁嘴　街上兵荒马乱的，不知道是怎么回事！

庞太监　还能不搜查搜查谭嗣同的余党吗？唐铁嘴，你放心，没人抓你！

唐铁嘴　嘁，总管，您要能赏给我几个烟泡儿，我可就更有出息了！

〔有几个茶客好像预感到什么灾祸，一个个往外蹓。

松二爷　咱们也该走啦吧！天不早啦！

常四爷　嘁！走吧！

〔二灰衣人——宋恩子和吴祥子走过来。

宋恩子　等等！

常四爷　怎么啦？

宋恩子　刚才你说"大清国要完"？

常四爷　我，我爱大清国，怕它完了！

吴祥子　（对松二爷）你听见了？他是这么说的吗？

松二爷　哥儿们，我们天天在这儿喝茶。王掌柜知道：我们都是地道老好人！

吴祥子　问你听见了没有？

松二爷　那，有话好说，二位请坐！

宋恩子　你不说，连你也锁了走！他说"大清国要完"，就是跟谭嗣同一党！

松二爷　我，我听见了，他是说……

宋恩子　（对常四爷）走！

常四爷　上哪儿？事情要交代明白了啊！

宋恩子　你还想拒捕吗？我这儿可带着"王法"呢！（掏出腰中带着的铁链子）

常四爷　告诉你们，我可是旗人！

吴祥子　旗人当汉奸，罪加一等！锁上他！

常四爷　甭锁，我跑不了！

宋恩子　量你也跑不了！（对松二爷）你也走一趟，到堂上实话实说，没你的事！

〔黄胖子同三五个人由后院过来。

黄胖子　得啦，一天云雾散，算我没白跑腿！

松二爷　黄爷！黄爷！

黄胖子　（揉揉眼）谁呀？

松二爷　我！松二！您过来，给说句好话！

黄胖子　（看清）哟，宋爷，吴爷，二位爷办案哪？请吧！

松二爷　黄爷，帮帮忙，给美言两句！

黄胖子 官厅儿管不了的事，我管！官厅儿能管的事呀，我不便多嘴！（问大家）是不是？

众 嘛！对！

〔宋恩子、吴祥子带着常四爷、松二爷往外走。

松二爷 （对王利发）看着点我们的鸟笼子！

王利发 您放心，我给送到家里去！

〔常四爷、松二爷、宋恩子、吴祥子同下。

黄胖子 （唐铁嘴告以庞太监在此）哟，老爷在这儿哪？听说要安份儿家，我先给您道喜！

庞太监 等吃喜酒吧！

黄胖子 您赏脸！您赏脸！（下）

〔乡妇端着空碗进来，往柜上放。小妞跟进来。

小 妞 妈！我还饿！

王利发 唉！出去吧！

乡 妇 走吧，乖！

小 妞 不卖妞妞啦？妈！不卖了？妈！

乡 妇 乖！（哭着，携小妞下）

〔康六带着康顺子进来，立在柜台前。

康 六 姑娘！顺子！爸爸不是人，是畜生！可你叫我怎办呢？你不找个吃饭的地方，你饿死！我不弄到手几两银子，就得叫东家活活地打死！你呀，顺子，认命吧，积德吧！

康顺子 我，我……（说不出话来）

刘麻子 （跑过来）你们回来啦？点头啦？好！来见总管！给总管磕头！

康顺子 我……（要晕倒）

康 六 （扶住女儿）顺子！顺子！

刘麻子 怎么啦？

康 六 又饿又气，昏过去了！顺子！顺子！

庞太监 我要活的，可不要死的！

〔静场。

茶客甲 （正与乙下象棋）将！你完啦！

（幕）

第二幕　幕前

打竹板，我又来，数来宝的还是没发财。
现而今，到民国，剪了小辫还是没有辙。
王掌柜，动脑筋，事事改良讲维新。
（低声）动脑筋，白费力，胳臂拧不过大腿去。
闹军阀，乱打仗，白脸的进去黑脸的上，
赵打钱，孙打李，赵钱孙李乱打一炮谁都不讲理。
为打仗，要枪炮，一堆一堆给洋人老爷送钞票。
为卖炮，为卖枪，帮助军阀你占黄河他占扬子江。
老百姓，遭了殃，大兵一到粮食牲口一扫光。
王掌柜，会改良，茶馆好像大学堂，
后边住，大学生，说话文明真好听。
就怕呀，兵野蛮，进来几个茶馆就玩完。
先别说，丧气话，给他道喜是个好办法。
他开张，我道喜，编点新词我也了不起。（下）

（又上）老裕泰，大改良，万事亨通一天准比一天强。
〔王利发　今天不打发，明天才开张哪。

明天好,明天妙,金银财宝齐来到。

〔炮响。

您开张,他开炮,明天准唱《蚂蜡庙》。

〔王利发　去你的吧!

〔傻杨下。

第二幕

人　物　王淑芬　报童　康顺子　李三　常四爷　康大力　王利发　松二爷　老林　难民数人　宋恩子　老陈　巡警　吴祥子　崔久峰　押大令的兵七人　公寓住客二、三人　军官　唐铁嘴　刘麻子　大兵三、五人

时　间　与前幕相隔十余年,现在是袁世凯死后,帝国主义指使中国军阀进行割据,时时发动内战的时候。初夏,上午。

地　点　同前幕。

〔幕启:北京城内的大茶馆已先后相继关了门。"裕泰"是硕果仅存的一家了,可是为避免被淘汰,它已改变了样子与作风。现在,它的前部仍然卖茶,后部却改成了公寓。前部只卖茶和瓜子什么的;"烂肉面"等等已成为历史名词。厨房挪到后边去,专包公寓住客的伙食。茶座也大加改良:一律是小桌与藤椅,桌上铺着浅绿桌布。墙上的"醉八仙"大画,连财神龛,均已撤去,代以时装美人——外国公司的广告画。"莫谈国事"的纸条可是保存了下来,而且字写的更大。王利发真像个"圣之时者也",不但没使"裕泰"灭亡,而且使它有了新的发展。

〔因为修理门面,茶馆停了几天营业,预备明天开张。王淑芬正和李三忙着布置,把桌椅移了又移,摆了又摆,以期尽善尽美。

〔王淑芬梳时兴的圆髻,而李三却还带着小辫儿。

〔二三学生由后面来,与他们打招呼,出去。

王淑芬 (看李三的辫子碍事)三爷,咱们的茶馆改了良,你的小辫儿也该剪了吧?

李　三 改良!改良!越改越凉,冰凉!

王淑芬 也不能那么说!三爷你看,听说西直门的德泰,北新桥的广泰,鼓楼前的天泰,这些大茶馆全先后脚儿关了门!只有咱们裕泰还开着,为什么?不是因为拴子的爸爸懂得改良吗?

李　三 哼!皇上没啦,总算大改良吧?可是改来改去,袁世凯还是要作皇上。袁世凯死后,天下大乱,今儿个打炮,明儿个关城,改良?哼!我还留着我的小辫儿,万一把皇上改回来呢!

王淑芬 别顽固啦,三爷!人家给咱们改了民国,咱们还能不随着走吗?你看,咱们这么一收拾,不比以前干净,好看?专招待文明人,不更体面?可是,你要还带着小辫儿,看着多么不顺眼哪!

李　三 太太,您觉得不顺眼,我还不顺心呢!

王淑芬 哟,你不顺心?怎么?

李　三 你还不明白?前面茶馆,后面公寓,全仗着掌柜的跟我两个人,无论怎么说,也忙不过来呀!

王淑芬 前面的事归他,后面的事,不是还有我帮助你吗?

李　三 就算有你帮助,打扫二十来间屋子,伺候二十多人的伙食,还要沏茶灌水,买东西送信,问问你自己,受得了受不了!

王淑芬 三爷,你说的对!可是呀,这兵荒马乱的年月,能有个事儿作也就得念佛!咱们都得忍着点!

李　三 我干不了!天天睡四五个钟头的觉,谁也不是铁打的!

王淑芬 唉!三爷,这年月谁也舒服不了!你等着,大拴子暑假就高小毕业，二拴子也快长起来，他们一有用处，咱们可就清闲点啦。从老王掌柜在世的时候，你就帮助我们，老朋友，老伙计啦！

〔王利发老气横秋地从后面进来。

李　三　老伙计？二十多年了，他们可给我长过工钱？什么都改良，为什么工钱不跟着改良呢？

王利发　哟！你这是什么话呀？咱们的买卖要是越作越好，我能不给你长工钱吗？得了，明天咱们开张，取个吉利，先别吵嘴，就这么办吧！all right？

李　三　就这么办啦？不改我的良，我干不下去啦！

〔后面叫：李三！李三！

王利发　崔先生叫，你快去！咱们的事，有工夫再细研究！

李　三　哼！

王淑芬　我说，昨天就关了城门，今儿个还说不定关不关，三爷，这里的事交给掌柜的，你去买点菜吧！别的不说，咸菜总得买下点呀！

〔后面又叫：李三！李三！

李　三　对，后边叫，前边催，把我劈成两半儿好不好！（悠悠地往后走）

王利发　拴子的妈，他岁数大了点，你可得……

王淑芬　他抱怨了大半天了！可是抱怨得对！当着他，我不便直说；对你，我可得说实话：咱们得添人！

王利发　添人得给工钱，咱们赚得出来吗？我要是会干别的，可是还开茶馆，我是孙子！

〔远处隐隐有炮声。

王利发　听听，又他妈的开炮了！你闹，闹！明天开得了张才怪！这是怎么说的！

王淑芬　明白人别说胡涂话，开炮是我闹的？

王利发　别再瞎扯，干活儿去！嘿！

王淑芬　早晚不是累死，就得叫炮轰死，我看透了！（慢慢地往后边走）

王利发　（温和了些）拴子的妈，甭害怕，开过多少回炮，一回也没打死咱们，北京城是宝地！

王淑芬　心哪，老跳到嗓子眼里，宝地！我给三爷拿菜钱去。（下）

〔一群男女难民在门外央告。

难　民　掌柜的，行行好，可怜可怜吧！

王利发　走吧，我这儿不打发，还没开张！

难　民　可怜可怜吧！我们都是逃难的！

王利发　别耽误工夫！我自己还顾不了自己呢！

〔巡警上。

巡　警　走！滚！快着！

〔难民散去。

王利发　怎么样啊？六爷！又打得紧吗？

巡　警　紧！紧得厉害！仗打得不紧，怎能够有这么多难民呢！上面交派下来，你出八十斤大饼，十二点交齐！城里的兵带着干粮，才能出去打仗啊！

王利发　您圣明，我这儿现在光包后面的伙食，不再卖饭，也还没开张，别说八十斤大饼，一斤也交不出啊！

巡　警　你有你的理由，我有我的命令，你瞧着办吧！（要走）

王利发　您等等！我这儿千真万确还没开张，这您知道！开张以后，还得多麻烦您呢！得啦，您买包茶叶喝吧！（递钞票）您多给美言几句，我感恩不尽！

巡　警　（接票子）我给你说说看，行不行可不保准！

〔三五个大兵，军装破烂，都背着枪，闯进门口。

巡　警　老总们，我这儿正查户口呢，这儿还没开张！

大　兵　屌！

巡　警　王掌柜，孝敬老总们点茶钱，请他们到别处喝去吧！

王利发　老总们，实在对不起，还没开张，要不然，诸位住在这儿，一定欢迎！（递钞票给巡警）

巡　警　（转递给兵们）得啦，老总们多原谅，他实在没法招待诸位！

大　兵　屁！谁要钞票？要现大洋！

王利发　老总们，让我哪儿找现洋去呢？

大　兵　屁！揍他个小舅子！

巡　警　快！再添点！

王利发　（掏）老总们，我要是还有一块，请把房子烧了！（递钞票）

大　兵　屁！（接钱下）

巡　警　得，我给你挡住了一场大祸！他们一进来呀，你就全完，连一个茶碗也剩不下！

王利发　我永远忘不了您这点好处！

巡　警　可是为这点功劳，你不得另有份意思吗？

王利发　对！您圣明，我胡涂！可是，您搜吧，真一个铜子儿也没有啦！（掀起褂子，让他搜）您搜！您搜！

巡　警　我干不过你！明天见，明天还不定是风是雨呢！（下）

王利发　您慢走！（看巡警走去，跺脚）他妈的！打仗，打仗！今天打，明天打，老打，打他妈的什么呢？

〔唐铁嘴进来，还是那么瘦，那么脏，可是穿着绸子夹袍。

唐铁嘴　王掌柜！我来给你道喜！

王利发　（还生着气）哟！唐先生？我可不再白送茶喝！（打量，有了笑容）你混得不错呀！穿上绸子啦！

唐铁嘴　比从前好了一点！我感谢这个年月！

王利发　这个年月还值得感谢？听着有点不搭调！

唐铁嘴　年头越乱，我的生意越好！这年月，谁活着谁死都碰运气，怎能不多算算命、相相面呢？你说对不对？

王利发　yes，也有这么一说！

唐铁嘴　听说后面改了公寓，租给我一间屋子，好不好？

王利发　唐先生，你那点嗜好，在我这儿恐怕……

唐铁嘴　我已经不吃大烟了！

王利发　真的？你可真要发财了！

唐铁嘴 我改抽"白面"啦。(指墙上的香烟广告)你看,哈德门烟是又长又松,(掏出烟来表演)一顿就空出一大块,正好放"白面儿"。大英帝国的烟,日本的"白面儿",两个强国侍候着我一个人,这点福气还小吗?

王利发 福气不小!不小!可是,我这儿已经住满了人,什么时候有了空房,我准给你留着!

唐铁嘴 你呀,看不起我,怕我给不了房租!

王利发 没有的事!都是久在街面上混的人,谁能看不起谁呢?这是知心话吧?

唐铁嘴 你的嘴呀比我的还花俏!

王利发 我可不光耍嘴皮子,我的心放得正!这十多年了,你白喝过我多少碗茶?你自己算算!你现在混得不错,你想着还我茶钱没有?

唐铁嘴 赶明儿我一总还给你,那一共才有几个钱呢!(搭讪着往外走)

〔街上卖报的喊叫"长辛店大战的新闻,买报瞧,瞧长辛店大战的新闻!"

〔报童向内探头。

报　童 掌柜的,长辛店大战的新闻,来一张瞧瞧?

王利发 有不打仗的新闻没有?

报　童 也许有,您自己找!

王利发 走!不瞧!

报　童 掌柜的,你不瞧也照样打仗!(对唐铁嘴)先生,您照顾照顾?

唐铁嘴 我不像他(指王利发),我最关心国事!(拿了一张报,没给钱即走)

〔报童追唐铁嘴下。

王利发 (自言自语)长辛店!长辛店!离这里不远啦!(喊)三爷,三爷!你倒是抓早儿买点菜去呀,待一会儿准关城门,就什么也买不到啦!嘿!(听后面没人应声,含怒往后跑)

〔常四爷提着一串腌萝卜,两只鸡,走进来。

常四爷 王掌柜!

王利发 谁?哟,四爷!您干什么哪?

常四爷　我卖菜呢！自食其力，不含糊！今儿个城外头乱乱哄哄，买不到菜；东抓西抓，抓到这么两只鸡，几斤老腌萝卜。听说你明天开张，也许用的着，特意给你送来了！

王利发　我谢谢您！我这儿正没有辙呢！

常四爷　（四下里看）好啊！好啊！收拾得好啊！大茶馆全关了，就是你有心路，能随机应变地改良！

王利发　别夸奖我啦！我尽力而为，可就怕天下老这么乱七八糟！

常四爷　像我这样的人算是坐不起这样的茶馆喽！

〔松二爷走进来，穿得很寒酸，可是还提着鸟笼。

松二爷　王掌柜！听说明天开张，我来道喜！（看见常四爷）哎哟！四爷，可想死我喽！

常四爷　二哥！你好哇？

王利发　都坐下吧！

松二爷　王掌柜，你好？太太好？少爷好？生意好？

王利发　（一劲儿说）好！托福！（提起鸡与咸菜）四爷，多少钱？

常四爷　瞧着给，该给多少给多少！

王利发　对！我给你们弄壶茶来！（提物到后面去）

松二爷　四爷，你，你怎么样啊？

常四爷　卖青菜哪！铁杆庄稼没有啦，还不卖膀子力气吗？二爷，您怎么样啊？

松二爷　怎么样？我想大哭一场！看见我这身衣裳没有？我还像个人吗？

常四爷　二哥，您能写能算，难道找不到点事儿作？

松二爷　嗻，谁愿意瞪着眼挨饿呢！可是，谁要咱们旗人呢！想起来呀，大清国不一定好啊，可是到了民国，我挨了饿！

王利发　（端着一壶茶回来。给常四爷钱）不知道您花了多少，我就给这么点吧！

常四爷　（接钱，没看，揣在怀里）没关系！

王利发　二爷，（指鸟笼）还是黄鸟吧？哨得怎样？

松二爷 嚊，还是黄鸟！我饿着，也不能叫鸟儿饿着！（有了点精神）你看看，看看，（打开罩子）多么体面！一看见它呀，我就舍不得死啦！

王利发 松二爷，不准说死！有那么一天，您还会走一步好运！

常四爷 二哥，走！找个地方喝两盅儿去！一醉解千愁！王掌柜，我可就不让你啦，没有那么多的钱！

王利发 我也分不开身，就不陪了！

〔常四爷、松二爷正往外走，宋恩子和吴祥子进来。他们俩仍穿灰色大衫，但袖口瘦了，而且罩上青布马褂。

松二爷 （看清楚是他们，不由地上前请安）原来是你们二位爷！

〔王利发似乎受了松二爷的感染，也请安，弄得二人愣住了。

宋恩子 这是怎么啦？民国好几年了，怎么还请安？你们不会鞠躬吗？

松二爷 我看见您二位的灰大褂呀，就想起了前清的事儿！不能不请安！

王利发 我也那样！我觉得请安比鞠躬更过瘾！

吴祥子 哈哈哈哈！松二爷，你们的铁杆庄稼不行了，我们的灰色大褂反倒成了铁杆庄稼，哈哈哈！（看见常四爷）这不是常四爷吗？

常四爷 是呀，您的眼力不错！戊戌年我就在这儿说了句"大清国要完"，叫您二位给抓了走，坐了一年多的牢！

宋恩子 您的记性可也不错！混得还好吧？

常四爷 托福！从牢里出来，不久就赶上庚子年；扶清灭洋，我当了义和团，跟洋人打了几仗！闹来闹去，大清国到底是亡了，该亡！我是旗人，可是我得说公道话！现在，每天起五更弄一挑子青菜，绕到十点来钟就卖光。凭力气挣饭吃，我的身上更有劲了！什么时候洋人敢再动兵，我姓常的还预备跟他们打打呢！我是旗人，旗人也是中国人哪！您二位怎么样？

吴祥子 瞎混呗！有皇上的时候，我们给皇上效力，有袁大总统的时候，我们给袁大总统效力；现而今，宋恩子，该怎么说啦？

宋恩子 谁给饭吃，咱们给谁效力！

常四爷 要是洋人给饭吃呢？

松二爷 四爷，咱们走吧！

吴祥子 告诉你，常四爷，要我们效力的都仗着洋人撑腰！没有洋枪洋炮，怎能够打起仗来呢？

松二爷 您说的对！嗻！四爷，走吧！

常四爷 再见吧，二位，盼着你们快快升官发财！（同松二爷下）

宋恩子 这小子！

王利发 （倒茶）常四爷老是那么又倔又硬，别计较他！（让茶）二位喝碗吧，刚沏好的。

宋恩子 后面住着的都是什么人？

王利发 多半是大学生，还有几位熟人。我有登记簿子，随时报告给"巡警阁子"。我拿来，二位看看？

吴祥子 我们不看簿子，看人！

王利发 您甭看，准保都是靠得住的人！

宋恩子 你为什么爱租学生们呢？学生不是什么老实家伙呀！

王利发 这年月，作官的今天上任，明天撤职，作买卖的今天开市，明天关门，都不可靠！只有学生有钱，能够按月交房租，没钱的就上不了大学啊！您看，是这么一笔帐不是？

宋恩子 都叫你咂摸透了！你想的对！现在，连我们也欠饷啊！

吴祥子 是呀，所以非天天拿人不可，好得点津贴！

宋恩子 就仗着有错拿，没错放的，拿住人就有津贴！走吧，到后边看看去！

吴祥子 走！

王利发 二位，二位！您放心，准保没错儿！

宋恩子 不看，拿不到人，谁给我们津贴呢？

吴祥子 王掌柜不愿意咱们看，王掌柜必会给咱们想办法！咱们得给王掌柜留个面子！对吧？王掌柜！

王利发 我……

宋恩子 我出个不很高明的主意：干脆来个包月，每月一号，按阳历算，你把那点……

吴祥子　那点意思！

宋恩子　对，那点意思送到，你省事，我们也省事！

王利发　那点意思得多少呢？

吴祥子　多年的交情，你看着办！你聪明，还能把那点意思闹成不好意思吗？

李　三　（提着菜筐由后面出来）喝，二位爷！（请安）今儿个又得关城门吧！（没等回答，往外走）

〔二三学生匆匆地回来。

学　生　三爷，先别出去，街上抓伕呢！（往后面走去）

李　三　（还往外走）抓去也好，在哪儿也是当苦力！

〔刘麻子丢了魂似的跑来，和李三碰了个满怀。

李　三　怎么回事呀？吓掉了魂儿啦！

刘麻子　（喘着）别，别，别出去！我差点叫他们抓了去！

王利发　三爷，等一等吧！

李　三　午饭怎么开呢？

王利发　跟大家说一声，中午咸菜饭，没别的办法！晚上吃那两只鸡！

李　三　好吧！（往回走）

刘麻子　我的妈呀，吓死我啦！

宋恩子　你活着，也不过多买卖几个大姑娘！

刘麻子　有人卖，有人买，我不过在中间帮帮忙，能怪我吗？（把桌上的三个茶杯的茶先后喝净）

吴祥子　我可是告诉你，我们哥儿们从前清起就专办革命党，不大爱管贩卖人口，拐带妇女什么的臭事。可是你要叫我们碰见，我们也不再睁一眼闭一眼！还有，像你这样的人，弄进去，准锁在尿桶上！

刘麻子　二位爷，别那么说呀！我不是也快挨饿了吗？您看，以前，我走八旗老爷们、宫里太监们的门子。这么一革命啊，可苦了我啦！现在，人家总长次长，团长师长，要娶姨太太讲究要唱落子的坤角，戏班里的女名角，一花就三千五千现大洋！我干瞧着，摸不着门！我那点芝麻粒大的生意算得了什么呢?

宋恩子　你呀,非锁在尿桶上,不会说好的!

刘麻子　得啦,今天我孝敬不了二位,改天我必有一份儿人心!

吴祥子　你今天就有买卖,要不然,兵荒马乱的,你不会出来!

刘麻子　没有!没有!

宋恩子　你嘴里半句实话也没有!不对我们说真话,没有你的好处!王掌柜,我们出去绕绕;下月一号,按阳历算,别忘了!

王利发　我忘了姓什么,也忘不了您二位这回事!

吴祥子　一言为定啦!(同宋恩子下)

王利发　刘爷,茶喝够了吧?该出去活动活动!

刘麻子　你忙你的,我在这儿等两个朋友。

王利发　咱们可把话说开了,从今以后,你不能再在这儿作你的生意,这儿现在改了良,文明啦!

〔康顺子提着个小包,带着康大力,往里边探头。

康大力　是这里吗?

康顺子　地方对呀,怎么改了样儿?(进来,细看,看见了刘麻子)大力,进来,是这儿!

康大力　找对啦?妈!

康顺子　没错儿!有他在这儿,不会错!

王利发　您找谁?

康顺子　(不语,直奔刘麻子去)刘麻子,你还认识我吗?(要打,但是伸不出手去,一劲地颤抖)你,你,你个……(要骂,也感到困难)

刘麻子　你这个娘儿们,无缘无故地跟我捣什么乱呢?

康顺子　(挣扎)无缘无故?你,你看看我是谁?一个男子汉,干什么吃不了饭,偏干伤天害理的事!呸!呸!

王利发　这位大嫂,有话好好说!

康顺子　你是掌柜的?你忘了吗?十几年前,有个娶媳妇的太监?

王利发　您,您就是庞太监的那个……

康顺子　都是他（指刘麻子）作的好事，我今天跟他算算账！（又要打，仍未成功）

刘麻子　（躲）你敢，你敢！我好男不跟女斗！（随说随往后退）我，我找人来帮我说说理！（撒腿往后面跑）

王利发　（对康顺子）大嫂，你坐下，有话慢慢说！庞太监呢？

王利发　（坐下喘气）死啦。叫他的侄子们给饿死的。一改民国呀，他还有钱，可没了势力，所以侄子们敢欺负他。他一死，他的侄子们把我们轰出来了，连一床被子都没给我们！

王利发　这，这是……？

康顺子　我的儿子！

王利发　您的……？

康顺子　也是买来的，给太监当儿子。

康大力　妈！你爸爸当初就在这儿卖了你的？

康顺子　对了，乖！就是这儿，一进这儿的门，我就晕过去了，我永远忘不了这个地方！

康大力　我可不记得我爸爸在哪里卖了我的！

康顺子　那时候，你不是才一岁吗？妈妈把你养大了的，你跟妈妈一条心，对不对？乖！

康大力　那个老东西，掐你，拧你，咬你，还用烟签子扎我！他们人多，咱们打不过他们！要不是你，妈，我准叫他们给打死了！

康顺子　对！他们人多，咱们又太老实！你看，看见刘麻子，我想咬他几口，可是，可是，连一个嘴巴也没打上，我伸不出手去！

康大力　妈，等我长大了，我帮助你打！我不知道亲妈妈是谁，你就是我的亲妈妈！

康顺子　好！好！咱们永远在一块儿，我去挣钱，你去念书！（稍愣了一会儿）掌柜的，当初我在这儿叫人买了去，咱们总算有缘，你能不能帮帮忙，给我找点事作？我饿死不要紧，可不能饿死这个无依无靠的好孩子！

〔王淑芬出来，立在后边听着。

王利发 你会干什么呢?

康顺子 洗洗涮涮、缝缝补补、作家常饭,都会!我是乡下人,我能吃苦,只要不再作太监的老婆,什么苦处都是甜的!

王利发 要多少钱呢?

康顺子 有三顿饭吃,有个地方睡觉,够大力上学的,就行!

王利发 好吧,我慢慢给你打听着!你看,十多年前那回事,我到今天还没忘,想起来心里就不痛快!

康顺子 可是,现在我们母子上哪儿去呢?

王利发 回乡下找你的老父亲去!

康顺子 他?他是活是死,我不知道。就是活着,我也不能去找他!他对不起女儿,女儿也不必再叫他爸爸!

王利发 马上就找事,可不大容易!

王淑芬 (过来)她能洗能作,又不多要钱,我留下她了!

王利发 你?

王淑芬 难道我不是内掌柜的?难道我跟李三爷就该累死?

康顺子 掌柜的,试试我!看我不行,您说话,我走!

王淑芬 大嫂,跟我来!

康顺子 当初我是在这儿卖出去的,现在就拿这儿当作娘家吧!大力,来吧!

康大力 掌柜的,你要不打我呀,我会帮助妈妈干活儿!(同王淑芬、康顺子下)

王利发 好家伙,一添就是两张嘴!太监取消了,可把太监的家眷交到这里来了!

李 三 (掩护着刘麻子出来)快走吧!(回去)

王利发 就走吧,还等着真挨两个脆的吗?

刘麻子 我不是说过了吗,等两个朋友?

王利发 你呀,叫我说什么才好呢!

刘麻子 有什么法子呢!隔行如隔山,你老得开茶馆,我老得干我这一行！到什么时候，我也得干我这一行！

〔老林和老陈满面笑容地走进来。

刘麻子　（二人都比他年轻，他却称呼他们哥哥）林大哥，陈二哥！（看王利发不满意，赶紧说）王掌柜，这儿现在没有人，我借个光，下不为例！

王利发　她（指后边）可是还在这儿呢！

刘麻子　不要紧，她不会打人！就是真打，他们二位也会帮助我！

王利发　你呀！哼！（到后边去）

刘麻子　坐下吧，谈谈！

老　林　你说吧！老二！

老　陈　你说吧！哥！

刘麻子　谁说不一样啊！

老　陈　你说吧，你是大哥！

老　林　那个，你看，我们俩是把兄弟！

老　陈　对！把兄弟，两个人穿一条裤子的交情！

老　林　他有几块现大洋！

刘麻子　现大洋？

老　陈　林大哥也有几块现大洋！

刘麻子　一共多少块呢？说个数目！

老　林　那，还不能告诉你咧！

老　陈　事儿能办才说咧！

刘麻子　有现大洋，没有办不了的事！

老　林
　　　　真的？
老　陈

刘麻子　说假话是孙子！

老　林　那么，你说吧，老二！

老　陈　还是你说，哥！

老　林　你看，我们是两个人吧？

刘麻子　嗯！

老　　陈　两个人穿一条裤子的交情吧？

刘麻子　嗯！

老　　林　没人耻笑我们的交情吧？

刘麻子　交情嘛，没人耻笑！

老　　陈　也没人耻笑三个人的交情吧？

刘麻子　三个人？都是谁？

老　　林　还有个娘儿们！

刘麻子　嗯！嗯！嗯！我明白了！可是不好办，我没办过！你看，平常都说小两口儿，哪有小三口儿的呢！

老　　林　不好办？

刘麻子　太不好办啦！

老　　林　（问老陈）你看呢？

老　　陈　还能白拉倒吗？

老　　林　不能拉倒！当了十几年兵，连半个媳妇都娶不上！他妈的！

刘麻子　不能拉倒，咱们再想想！你们到底一共有多少块现大洋？

〔王利发和崔久峰由后面慢慢走来。刘麻子等停止谈话。

王利发　崔先生，昨天秦二爷派人来请您，您怎么不去呢？您这么有学问，上知天文，下知地理，又作过国会议员，可是住在我这里，天天念经；干吗不出去作点事呢？你这样的好人，应当出去作官！有您这样的清官，我们小民才能过太平日子！

崔久峰　惭愧！惭愧！作过国会议员，那真是造孽呀！革命有什么用呢，不过自误误人而已！唉！现在我只能修持，忏悔！

王利发　您看秦二爷，他又办工厂，又忙着开银号！

崔久峰　办了工厂、银号又怎么样呢？他说实业救国，他救了谁？救了他自己，他越来越有钱了！可是他那点事业，哼，外国人伸出一个小指头，就把他推倒在地，再也起不来！

王利发　您别这么说呀！难道咱们就一点盼望也没有了吗？

崔久峰　难说！很难说！你看，今天王大帅打李大帅，明天赵大帅又打王大帅。是谁叫他们打的？

王利发 谁？哪个混蛋？

崔久峰 洋人！

王利发 洋人？我不能明白！

崔久峰 慢慢地你就明白了。有那么一天，你我都得作亡国奴！我干过革命，我的话不是随便说的！

王利发 那么，您就不想想主意，卖卖力气，别叫大家作亡国奴？

崔久峰 我年轻的时候，以天下为己任，的确那么想过！现在，我可看透了，中国非亡不可！

王利发 那也得死马当活马治呀！

崔久峰 死马当活马治？那是妄想！死马不能再活，活马可早晚得死！好啦，我到弘济寺去，秦二爷再派人来找我，你就说，我只会念经，不会干别的！（下）

〔宋恩子、吴祥子又回来了。

王利发 二位！有什么消息没有？

〔宋恩子、吴祥子不语，坐在靠近门口的地方，看着刘麻子等。

〔刘麻子不知如何是好，低下头去。

〔老陈、老林也不知如何是好，相视无言。

〔静默了有一分钟。

老　陈 哥，走吧？

老　林 走！

宋恩子 等等！（立起来，挡住路）

老　陈 怎么啦？

吴祥子 （也立起）你说怎么啦？

〔四人呆呆相视一会儿。

宋恩子 乖乖地跟我们走！

老　林 上哪儿？

吴祥子 逃兵，是吧？有些块现大洋，想在北京藏起来，是吧？有钱就藏起来，没钱就当土匪，是吧？

老　陈　你管得着吗？我一个人揍你这样的八个。（要打）

宋恩子　你？可惜你把枪卖了，是吧？没有枪的干不过有枪的，是吧？（拍了拍身上的枪）我一个人揍你这样的八个！

老　林　都是兄弟，何必呢？都是兄弟！

吴祥子　对啦！坐下谈谈吧！你们是要命呢？还是要现大洋？

老　陈　我们那点钱来得不容易！谁发饷，我们给谁打仗，我们打过多少次仗啊！

宋恩子　逃兵的罪过，你们可也不是不知道！

老　林　咱们讲讲吧，谁叫咱们是弟兄呢！

吴祥子　这像句自己人的话！谈谈吧！

王利发　（在门口）诸位，大令过来了！

老陈
老林　啊！（惊慌失措，要往里边跑）

宋恩子　别动！君子一言：把现大洋分给我们一半，保你们俩没事！咱们是自己人！

老陈
老林　就那么办！自己人！

〔"大令"进来：二捧刀——刀缠红布——背枪者前导，手捧令箭的在中，四持黑红棍者在后。军官在最后押队。

吴祥子　（和宋恩子、老林、老陈一齐立正，从帽中取出证章，叫军官看）报告官长，我们正在这儿盘查一个逃兵。

军　官　就是他吗？（指刘麻子）

吴祥子　（指刘麻子）就是他！

军　官　绑！

刘麻子　（喊）老爷！我不是！不是！

军　官　绑！（同下）

（幕）

第三幕　幕前

树木老，叶儿稀，人老毛腰把头低。
甭说我，混不了，王掌柜的也过不好。
（他）钱也光，人也老，身上剩了一件破棉袄。
自从那，日本兵，八年占据老北京。
人人苦，没法提，不死也掉一层皮。
好八路，得人心，一阵一阵杀退日本军。
盼星星，盼月亮，盼到胜利大家有希望。
（哼）国民党，进北京，横行霸道一点不让日本兵。
王掌柜，委屈多，跟我一样半死半活着。
老茶馆，破又烂，想尽法子也没法办。
天可怜，地可怜，就是官老爷有洋钱。（下）
　　〔王掌柜吊死后，傻杨再上，见小丁宝正在落泪。
小姑娘，别这样，黑到头儿天会亮。
小姑娘，别发愁，西山的泉水向东流。
苦水去，甜水来，谁也不再作奴才。

第三幕

人　物　王大拴　明师傅　于厚斋　周秀花　邹福远　小宋恩子　王小花　卫福喜　小吴祥子　康顺子　方六　常四爷　丁宝　车当当　秦

仲义　王利发　庞四奶奶　小心眼　茶客甲、乙　春梅　沈处长　小刘麻子　老杨　宪兵四人　取电灯费的　小二德子　小唐铁嘴　谢仁勇

时　间　抗日战争胜利后，国民党特务和美国兵在北京横行的时候。秋，清晨。

地　点　同前幕。

〔幕启：现在，裕泰茶馆的样子可不像前幕那么体面了。藤椅已不见，代以小凳与条凳。自房屋至家具都显着暗淡无光。假若有什么突出惹眼的东西，那就是"莫谈国事"的纸条，条子更多，字也更大了。在这些条子旁边还贴着"茶钱先付"的新纸条。

〔一清早，还没有下窗板。王利发的儿子王大拴，垂头丧气地独自收拾屋子。

〔王大拴的妻周秀花，领着小女儿王小花，由后面出来。她们一边走一边说话儿。

王小花　妈，晌午给我作热汤面吧！好多天没吃过啦！

周秀花　我知道，乖！可谁知道买得着面买不着呢！就是粮食店里可巧有面，谁知道咱们有钱没有呢！唉！

王小花　就盼着两样都有吧！妈！

周秀花　你倒想得好，可哪能那么容易！去吧，小花，在路上留神吉普车！

王大拴　小花，等等！

王小花　干吗？爸！

王大拴　昨天晚上……

周秀花　我已经嘱咐过她了！她懂事！

王大拴　你大力叔叔的事万不可对别人说呀！说了，咱们全家都得死！明白吧！

王小花　我不说，打死我也不说！有人问我大力叔叔回来过没有，我就说：他走了好几年，一点消息也没有！

〔康顺子由后面走来。她的腰有点弯，但还硬朗。她一边走一边叫王小花。

康顺子　小花！小花！还没走哪？

王小花　康婆婆，干吗呀？

康顺子　小花，乖！婆婆再看你一眼！（抚弄王小花的头）多体面哪！吃的不足啊，要不然还得更好看呢！

周秀花　大婶，您是要走吧？

康顺子　是呀！我走，好让你们省点嚼谷呀！大力是我拉扯大的，他叫我走，我怎能不走呢？当初，我刚到这里的时候，他还没有小花这么高呢！

王小花　看大力叔叔现在多么壮实，多么大气！

康顺子　是呀，虽然他只在这儿坐了一袋烟的工夫呀，可是叫我年轻了好几岁！我本来什么也没有，一见着他呀，好像忽然间我什么都有啦！我走，跟着他走，受什么累，吃什么苦，也是香甜的！看他那两只大手，那两只大脚，简直是个顶天立地的男子汉！

王小花　婆婆，我也跟您去！

康顺子　小花，你乖乖地去上学，我会回来看你！

王大拴　小花，上学吧，别迟到！

王小花　婆婆，等我下了学您再走！

康顺子　哎！哎！去吧，乖！（王小花下）

王大拴　大婶，我爸爸叫您走吗？

康顺子　他还没打好了主意。我倒怕呀，大力回来的事儿万一叫人家知道了啊，我又忽然这么一走，也许要连累了你们！这年月不是天天抓人吗？我不能作对不起你们的事！

周秀花　大婶，您走您的，谁逃出去谁得活命！

王大拴　对！

康顺子　小花的妈，来吧，咱们再商量商量！我不能专顾自己，叫你们吃亏！老大，你也好好想想！（同周秀花下）

〔丁宝进来。

丁　宝　嗨，掌柜的，我来啦！

王大拴　你是谁？

丁　宝　小丁宝！小刘麻子叫我来的，他说这儿的老掌柜托他请个女招待。

王大拴　姑娘，你看看，这么个破茶馆，能用女招待吗？我们老掌柜呀，穷得乱出主意！

〔王利发慢慢地走出来，他还硬朗，穿的可很不整齐。

王利发　老大，你怎么老在背后褒贬老人呢？谁穷得乱出主意呀？下板子去！什么时候了，还不开门！

〔王大拴去下窗板。

丁　宝　老掌柜，你硬朗啊？

王利发　嗯！要有炸酱面的话，我还能吃三大碗呢，可惜没有！十几了？姑娘！

丁　宝　十七！

王利发　才十七？

丁　宝　是呀！妈妈是寡妇，带着我过日子。胜利以后呀，政府硬说我爸爸给我们留下的一所小房子是逆产，给没收啦！妈妈气死了，我作了女招待！老掌柜，我到今天还不明白什么叫逆产，您知道吗？

王利发　姑娘，说话留点神！一句话说错了，什么都可以变成逆产！你看，这后边呀，是秦二爷的仓库，有人一瞪眼，说是逆产，就给没收啦！就是这么一回事！

〔王大拴回来。

丁　宝　老掌柜，您说对了！连我也是逆产，谁的胳臂粗，我就得伺候谁！他妈的，我才十七，就常想还不如死了呢！死了落个整尸首，干这一行，活着身上就烂了！

王大拴　爸，您真想要女招待吗？

王利发　我跟小刘麻子瞎聊来着！我一辈子老爱改良，看着生意这么不好，我着急！

王大拴　您着急，我也着急！可是，您就忘记老裕泰这个老字号了吗？

六十多年的老字号，用女招待？

丁　宝　什么老字号啊！越老越不值钱！不信，我现在要是二十八岁，就是叫小小丁宝，小丁宝贝，也没人看我一眼！

〔茶客甲、乙上。

王利发　二位早班儿！带着叶子哪？老大拿开水去！（王大拴下）二位，对不起，茶钱先付！

茶客甲　没听说过！

王利发　我开过几十年茶馆，也没听说过！可是，您圣明：茶叶、煤球儿都一会儿一个价钱，也许您正喝着茶，茶叶又长了价钱！您看，先收茶钱不是省得麻烦吗？

茶客乙　我看哪，不喝更省事！（同茶客甲下）

王大拴　（提来开水）怎么？走啦！

王利发　这你就明白了！

丁　宝　我要是过去说一声："来了？小子！"他们准给一块现大洋！

王利发　你呀，老大，比石头还顽固！

王大拴　（放下壶）好吧，我出去蹓蹓，这里出不来气！（下）

王利发　你出不来气，我还憋得慌呢！

〔小刘麻子上，穿着洋服，夹着皮包。

小刘麻子　小丁宝，你来啦？

丁　宝　有你的话，谁敢不来呀！

小刘麻子　王掌柜，看我给你找来的小宝贝怎样？人材、岁数打扮、经验，样样出色！

王利发　就怕我用不起吧？

小刘麻子　没的事！她不要工钱！是吧，小丁宝？

王利发　不要工钱？

小刘麻子　老头儿，你都甭管，全听我的，我跟小丁宝有我们一套办法！是吧，小丁宝？

丁　宝　要是没你那一套办法，怎会缺德呢！

小刘麻子　缺德？你算说对了！当初，我爸爸就是由这儿绑出去的；不信，你问王掌柜；是吧，王掌柜？

王利发　我亲眼得见！

小刘麻子　你看，小丁宝，我不乱吹吧？绑出去，就在马路中间，喀嚓一刀！是吧，老掌柜？

王利发　听得真真的！

小刘麻子　我不说假话吧？小丁宝！可是，我爸爸到底差点事，一辈子混的并不怎样。轮到我自己出头露面了，我必得干的特别出色。（打开皮包，拿出计划书）看，小丁宝，看看我的计划！

丁　宝　我没那么大的工夫！我看哪，我该回家，休息一天，明天来上工。

王利发　丁宝，我还没想好呢！

小刘麻子　王掌柜，我都替你想好啦！不信，你等着看，明天早上，小丁宝在门口儿歪着头那么一站，马上就进来二百多茶座儿！小丁宝，你听听我的计划，跟你有关系。

丁　宝　哼！但愿跟我没关系！

小刘麻子　你呀，小丁宝，不够积极！听着……

〔取电灯费的进来。

取电灯费的　掌柜的，电灯费！

王利发　电灯费？欠几个月的啦？

取电灯费的　三个月的！

王利发　再等三个月，凑半年，我也还是没办法！

取电灯费的　那像什么话呢？

小刘麻子　地道真话嘛！这儿属沈处长管。知道沈处长吧？市党部的委员，宪兵司令部的处长！你愿意收他的电费吗？说！

取电灯费的　什么话呢，当然不收！对不起，我走错了门儿！（下）

小刘麻子　看，王掌柜，你不听我的行不行？你那套光绪年的办法太守旧了！

王利发　对！要不怎么说，人要活到老学到老呢！我还得多学！

小刘麻子 就是嘛！

〔小唐铁嘴进来，穿着绸子夹袍，新缎鞋。

小刘麻子 哎哟，他妈的是你，小唐铁嘴！

小唐铁嘴 哎哟，他妈的是你，小刘麻子！来，叫爷爷看看！（看前看后）你小子行，洋服穿的像那么一回事，由后边看哪，你比洋人更像洋人！老王掌柜，我夜观天象，紫薇星发亮，不久必有真龙天子出现，所以你看我跟小刘麻子，和这位……

小刘麻子 小丁宝，九城闻名！

小唐铁嘴 ……和这位小丁宝，才都这么才貌双全，文武带打，我们是应运而生，活在这个时代，真是如鱼得水！老掌柜，把脸转正了，我看看！好，好，印堂发亮，还有一步好运！来吧，给我碗喝吧！

王利发 小唐铁嘴！

小唐铁嘴 别叫唐铁嘴，我现在叫唐天师！

小刘麻子 谁封你作了天师？

小唐铁嘴 待两天你就知道了。

王利发 天师，可别忘了，你爸爸白喝了我一辈子的茶，这可不能世袭！

小唐铁嘴 王掌柜，等我穿上八卦仙衣的时候，你会后悔刚才说了什么！你等着吧！

小刘麻子 小唐，待会儿我请你去喝咖啡，小丁宝作陪，你先听我说点正经事，好不好？

小唐铁嘴 王掌柜，你就不想想，天师今天白喝你点茶，将来会给你个县知事作作吗？好吧，小刘你说！

小刘麻子 我这儿刚跟小丁宝说，我有个伟大的计划！

小唐铁嘴 好！洗耳恭听！

小刘麻子 我要组织一个"托拉撕"。这是个美国字，也许你不懂，翻成北京话就是"包园儿"。

小唐铁嘴 我懂！就是说，所有的姑娘全由你包办。

小刘麻子 对！你的脑力不坏！小丁宝，听着，这跟你有密切关系！甚至于跟王掌柜也有关系！

王利发　我这儿听着呢！

小刘麻子　我要把舞女、明娼、暗娼、吉普女郎和女招待全组织起来，成立那么一个大"托拉撕"。

小唐铁嘴　（闭着眼问）官方上疏通好了没有？

小刘麻子　当然！沈处长作董事长，我当总经理！

小唐铁嘴　我呢？

小刘麻子　你要是能琢磨出个好名字来，请你作顾问！

小唐铁嘴　车马费不要法币！

小刘麻子　每月送几块美钞！

小唐铁嘴　往下说！

小刘麻子　业务方面包括：买卖部、转运部、训练部、供应部，四大部。谁买姑娘，还是谁卖姑娘；由上海调运到天津，还是由汉口调运到重庆；训练吉普女郎，还是训练女招待；是供应美国军队，还是各级官员，都由公司统一承办，保证人人满意。你看怎样？

小唐铁嘴　太好！太好！在道理上，这合乎统制一切的原则。在实际上，这首先能满足美国兵的需要，对国家有利！

小刘麻子　好吧，你就给想个好名字吧！想个文雅的，像"柳叶眉，杏核眼，樱桃小口一点点"那种诗那么文雅的！

小唐铁嘴　嗯——"托拉撕"，"托拉撕"……不雅！拖进来，拉进来，不听话就撕成两半儿，倒好像是绑票儿撕票儿，不雅！

小刘麻子　对，是不大雅！可那是美国字，吃香啊！

小唐铁嘴　还是联合公司响亮、大方！

小刘麻子　有你这么一说！什么联合公司呢？

丁　宝　缺德公司就挺好！

小刘麻子　小丁宝，谈正经事，不许乱说！你好好干，将来你有作女招待总教官的希望！

小唐铁嘴　看这个怎样——花花联合公司？姑娘是什么？鲜花嘛！要姑

娘就得多花钱，花呀花呀，所以花花！"青是山，绿是水，花花世界"，又有典故，出自《武家坡》！好不好？

小刘麻子　小唐，我谢谢你，谢谢你！（热烈握手）我马上找沈处长去研究一下，他一赞成，你的顾问就算当上了！（收拾皮包，要走）

王利发　我说，丁宝的事到底怎么办？

小刘麻子　没告诉你不用管吗？"托拉撕"统办一切，我先在这里试验试验。

丁　宝　你不是说喝咖啡去吗？

小刘麻子　问小唐去不去？

小唐铁嘴　你们先去吧，我还在这儿等个人。

小刘麻子　咱们走吧，小丁宝！

丁　宝　明天见，老掌柜！再见，天师！（同小刘麻子下）

小唐铁嘴　王掌柜，拿报来看看！

王利发　那，我得慢慢地找去。二年前的还许有几张！

小唐铁嘴　废话！

〔进来三位茶客：明师傅、邹福远和卫福喜。明师傅独坐，邹福远与卫福喜同坐。王利发都认识，向大家点头。

王利发　哥儿们，对不起啊，茶钱先付！

明师傅　没错儿，老哥哥！

王利发　唉！"茶钱先付"，说着都烫嘴！（忙着沏茶）

邹福远　怎样啊？王掌柜！晚上还添评书不添啊？

王利发　试验过了，不行！光费电，不上座儿！

邹福远　对！您看，前天我在会仙馆，开三侠四义五霸十雄十三杰九老十五小，大破凤凰山，百鸟朝凤，棍打凤腿，您猜上了多少座儿？

王利发　多少？那点书现在除了您，没有人会说！

邹福远　您说的在行！可是，才上了五个人，还有俩听蹭儿的！

卫福喜　师哥，无论怎么说，你比我强！我又闲了一个多月啦！

邹福远　可谁叫你跳了行，改唱戏了呢？

卫福喜　我有嗓子，有扮相嘛！

邹福远　可是上了台，你又不好好地唱！

卫福喜　妈的唱一出戏，挣不上三个杂合面饼子的钱，我干吗卖力气呢？我疯啦？

邹福远　唉！福喜，咱们哪，全叫流行歌曲跟《纺棉花》给顶垮喽！我是这么看，咱们死，咱们活着，还在其次，顶伤心的是咱们这点玩艺，再过几年都得失传！咱们对不起祖师爷！常言道：斜不侵正。这年头就是邪年头，正经东西全得连根儿烂！

王利发　唉！（转至明师傅处）明师傅，可老没来啦！

明师傅　出不来喽！包监狱里的伙食呢！

王利发　您！就凭您，办一二百桌满汉全席的手儿，去给他们蒸窝窝头？

明师傅　那有什么办法呢，现而今就是狱里人多呀！满汉全席？我连家伙都卖喽！

〔方六拿着几张画儿进来。

明师傅　六爷，这儿！六爷，那两桌家伙怎样啦？我等钱用！

方　六　明师傅，您挑一张画儿吧！

明师傅　啊？我要画儿干吗呢？

方　六　这可画得不错！六大山人、董弱梅画的！

明师傅　画得天好，当不了饭吃啊！

方　六　他把画儿交给我的时候，直掉眼泪！

明师傅　我把家伙交给你的时候，也直掉眼泪！

方　六　谁掉眼泪，谁吃炖肉，我都知道！要不怎么我累心呢！你当是干我们这一行，专凭打打小鼓就行哪？

明师傅　六爷，人总有颗人心哪，你还能坑老朋友吗？

方　六　一共不是才两桌家伙吗？小事儿，别再提啦，再提就好像不大懂交情了！

〔车当当，敲着两块洋钱，进来。

车当当　谁买两块？买两块吧？天师，照顾照顾？（小唐铁嘴不语）

王利发　　当当！别处转转吧，我连现洋什么模样都忘了！

车当当　　那，您老人家就细细看看吧！白看，不用买票！（往桌上扔钱）

〔庞四奶奶进来，带着春梅。庞四奶奶的手上戴满各种戒指，打扮得像个女妖精。卖杂货的老杨跟进来。

小唐铁嘴　　娘娘！

方　六　　娘娘！

车当当

庞四奶奶　　天师！

小唐铁嘴　　侍候娘娘！（让庞四奶奶坐，给她倒茶）

庞四奶奶　　（看车当当要出去）当当，你等等！

车当当　　嗻！

老　杨　　（打开货箱）娘娘，看看吧！

庞四奶奶　　唱唱那套词儿，还倒怪有个意思！

老　杨　　是！美国针、美国线、美国牙膏，美国消炎片。还有口红、雪花膏，玻璃袜子细毛线。箱子小，货物全，就是不卖原子弹！

庞四奶奶　　哈哈哈！（挑了两双袜子）春梅，拿着！当当，你跟老杨算帐吧！

车当当　　娘娘，别那么办哪！

庞四奶奶　　我给你拿的本钱，利滚利，你欠我多少啦？天师，查账！

小唐铁嘴　　是！（掏小本）

车当当　　天师，你甭操心，我跟老杨算去！

老　杨　　娘娘，您行好吧！他能给我钱吗？

庞四奶奶　　老杨，他坑不了你，都有我呢！

老　杨　　是！（向众）还有哪位照顾照顾？（又要唱）美国针……

庞四奶奶　　听够了！走！

老　杨　　是！美国针、美国线，我要不走是浑蛋！走，当当！（同车当当下）

方　六　　（过来）娘娘，我得到一堂景泰蓝的五供儿，东西老，地道，也便宜，坛上用顶体面，您看看吧？

庞四奶奶　请皇上看看吧！

方　六　是！皇上不是快登基了吗？我先给您道喜！我马上取去，送到坛上！娘娘多给美言几句，我必有份人心！（往外走）

明师傅　六爷，我的事呢？！

方　六　你先给我看着那几张画！（下）

明师傅　你等等！坑我两桌家伙，我还有把切菜刀呢！（追下）

庞四奶奶　王掌柜，康妈妈在这儿哪？请她出来！

小唐铁嘴　我去！（跑到后门）康老太太，您来一下！

王利发　什么事？

小唐铁嘴　朝廷大事！

〔康顺子上。

康顺子　干什么呀？

庞四奶奶　（迎上去）婆母！我是您的四侄媳妇，来接您，快坐下吧！（拉康顺子坐下）

康顺子　四侄媳妇？

庞四奶奶　是呀，您离开庞家的时候，我还没过门哪。

康顺子　我跟庞家一刀两断啦，找我干吗？

庞四奶奶　您的四侄子海顺呀，是三皇道的大坛主，国民党的大党员，又是沈处长的把兄弟，快作皇上啦，您不喜欢吗？

康顺子　快作皇上？

庞四奶奶　啊！龙袍都作好啦，就快在西山登基！

康顺子　你们这不是要造反吗？

小唐铁嘴　老太太，西山一带有八路军。庞四爷在那一带登基，消灭八路，南京能够不愿意吗？

庞四奶奶　四爷呀都好，近来可是有点贪酒好色。他已经弄了好几个小老婆！

小唐铁嘴　娘娘，三宫六院七十二妃嫔，可有书可查呀！

庞四奶奶　你不是娘娘，怎么知道娘娘的委屈！老太太，我是这么想：您要是跟我一条心，我叫您老太后，咱们俩一齐管着皇上，我这个娘娘不就好作一点了吗？老太太，您跟我去，吃好的喝好的，兜儿里老带着那么几块当当响的洋钱，够多么好啊！

康顺子　我要是不跟你去呢？

庞四奶奶　啊？不去？（要翻脸）

小唐铁嘴　让老太太想想，想想！

康顺子　用不着想，我不会再跟庞家的人打交道！四媳妇，你作你的娘娘，我作我的苦老婆子，谁也别管谁！刚才你要瞪眼睛，你当我怕你吗？我在外边也混了这么多年，磨练出来点了，谁跟我瞪眼，我会伸手打！（立起，往后走）

小唐铁嘴　老太太！老太太！

康顺子　（立住，转身对小唐铁嘴）你呀，小伙子，挺起腰板来，去挣碗干净饭吃，不好吗？（下）

庞四奶奶　（移怒于王利发）王掌柜，过来！你去跟那个老婆子说说！说好了，我送给你一袋子白面！说不好，我砸了你的茶馆！天师，走！

小唐铁嘴　王掌柜，我晚上还来，听你的回话！

王利发　万一我下半天就死了呢？

庞四奶奶　呸！你还不该死吗？（与小唐铁嘴、春梅同下）

王利发　哼！

邹福远　师弟，你看这算哪一出？哈哈哈！

卫福喜　我会二百多出戏，就是不懂这一出！你知道那个娘儿们的出身吗？

邹福远　我还能不知道！东霸天的女儿，在娘家就生过……得，别细说，咱们积点口德吧！

　　〔王大拴回来。

王利发　看着点，老大。我到后面商量点事！（下）

小二德子　（在外边大吼一声）闪开了！（进来）大拴哥，沏壶顶好的，我有钱！（掏出四块现洋，一块一块地放下）给算算，刚才花了一块，这儿还有四块，五毛打一个，我一共打了几个？

王大拴　十个。

小二德子　（用手指算）对！前天四个，昨天六个，可不是十个！大拴哥，你拿两块吧！没钱，我白喝你的茶；有钱，就给你！你拿吧！（吹一吹，放在耳旁听听）这块好，就一块当两块吧，给你！

王大拴　（没接钱）小二德子，什么生意这么好啊？现大洋不容易见到啊！

小二德子　念书去了。

王大拴　把"一"字都念成扁担，你念什么书啊？

小二德子　（拿起桌上的壶来，对着壶嘴喝了一气，低声说）市党部派我去的，法政学院。没当过这么美的差事，太美，太过瘾！比在天桥好得多！打一个学生，五毛现洋！昨天揍了几个来着？

王大拴　六个。

小二德子　对！里边还有两个女学生！一拳一拳地下去，太美，太过瘾！大拴哥，你摸摸，摸摸！（伸臂）铁筋洋灰的！用这个揍男女学生，你想想，美不美？

王大拴　他们就那么老实，乖乖地叫你打？

小二德子　我专找老实的打呀！你当我是傻子哪？

王大拴　小二德子，听我说，打人不对！

小二德子　可也难说！你看教党义的那个教务长，上课先把手枪拍在桌上，我不过抡抡拳头，没动手枪啊！

王大拴　什么教务长啊，流氓！

小二德子　对！流氓！不对，那我也是流氓喽！大拴哥，你怎么绕着脖子骂我呢？大拴哥，你有骨头！不怕我这铁筋洋灰的胳膊！

王大拴　你就是把我打死，我不服你还是不服你，不是吗？

小二德子　喝，这么绕脖子的话，你怎么想出来的？大拴哥，你应当去教党义，你有文才！好啦，反正今天我不再打学生！

王大拴　干吗光是今天不打？永远不打才对！

小二德子　不是今天我另有差事吗？

王大拴　什么差事？

小二德子　今天打教员！

王大拴　干吗打教员？打学生就不对，还打教员？

小二德子　上边怎么交派，我怎么干！他们说，教员要罢课。罢课就是不老实，不老实就得揍！他们叫我上这儿等着，看见教员就揍！

邹福远　（嗅出危险）师弟，咱们走吧！

卫福喜　走！（同邹福远下）

小二德子　大拴哥，你拿着这块钱吧！

王大拴　打女学生的钱，我不要！

小二德子　（另拿一块）换换，这块是打男学生的，行了吧？（看王大拴还是摇头）这么办，你替我看着点，我出去买点好吃的，请请你，活着还不为吃点喝点老三点吗？（收起洋钱，下）

〔康顺子提着小包出来。王利发与周秀花跟着。

康顺子　王掌柜，你要是改了主意，不让我走，我还可以不走！

王利发　我……

周秀花　庞四奶奶也未必敢砸茶馆！

王利发　你怎么知道？三皇道是好惹的？

康顺子　我顶不放心的还是大力的事！只要一走漏了消息，大家全完！那比砸茶馆更厉害！

王大拴　大婶，走！我送您去！爸爸，我送送她老人家，可以吧？

王利发　嗯——

周秀花　大婶在这儿受了多少年的苦，帮了咱们多少忙，还不应当送送？

王利发　我并没说不叫他送！送！送！

王大拴　大婶，等等，我拿件衣服去！（下）

周秀花　爸，您怎么啦？

王利发　别再问我什么，我心里乱！一辈子没这么乱过！媳妇，你先陪大婶走，我叫老大追你们！大婶，外边不行啊，就还回来！

周秀花　老太太，这儿永远是您的家！

王利发　可谁知道也许……

康顺子　我也不会忘了你们！老掌柜，你硬硬朗朗的吧！（同周秀花下）

王利发　（送了两步，立住）硬硬朗朗的干什么呢？

〔谢勇仁和于厚斋进来。

谢勇仁　（看看墙上，先把茶钱放在桌上）老人家，沏一壶茶来。（坐）

王利发　（先收钱）好吧。

于厚斋　勇仁，这恐怕是咱们末一次坐茶馆了吧？

谢勇仁　以后我倒许常来。我决定改行，去蹬三轮儿！

于厚斋　蹬三轮一定比当小学教员强！

谢勇仁　我偏偏教体育，我饿，学生们饿，还要运动，不是笑话吗？

〔王小花跑进来。

王利发　小花，怎这么早就下了学呢？

王小花　老师们罢课啦！（看见于厚斋、谢勇仁）于老师，谢老师！你们都没上学去，不教我们啦？还教我们吧！见不着老师，同学们都哭啦！我们开了个会，商量好，以后一定都守规矩，不招老师们生气！

于厚斋　小花！老师们也不愿意耽误了你们的功课。可是，吃不上饭，怎么教书呢？我们家里也有孩子，为教别人的孩子，叫自己的孩子挨饿，不是不公道吗？好孩子，别着急，喝完茶，我们开会去，也许能想出点办法来！

谢勇仁　好好在家温书，别乱跑去，小花！

〔王大拴由后面出来，夹着个小包。

王小花　爸，这是我的两位老师！

王大拴　老师们，快走！他们埋伏下了打手！

王利发　谁？

王大拴　小二德子！他刚出去，就回来！

王利发　二位先生，茶钱退回（递钱），请吧！快！

王大拴　随我来！

〔小二德子上。

小二德子　街上有游行的,他妈的什么也买不着!大拴哥,你上哪儿?这俩是谁?

王大拴　喝茶的!(同于厚斋、谢勇仁往外走)

小二德子　站住!(三人还走)怎么?不听话?先揍了再说!

王利发　小二德子!

小二德子　(拳已出去)尝尝这个!

谢勇仁　(上面一个嘴巴,下面一脚)尝尝这个!

小二德子　哎哟!(倒下)

王小花　该!该!

谢勇仁　起来,再打!

小二德子　(起来,捂着脸)喝!喝!(往后退)喝!

王大拴　快走!(扯二人下)

小二德子　(迁怒)老掌柜,你等着吧,你放走了他们,待会儿我跟你算账!打不了他们,还打不了你这个糟老头子吗?(下)

王小花　爷爷,爷爷!小二德子追老师们去了吧?那可怎么好!

王利发　他不敢!这路人我见多了,都是软的欺,硬的怕!

王小花　他要是回来打您呢?

王利发　我?爷爷会说好话呀。

王小花　爸爸干什么去了?

王利发　出去一会儿,你甭管!上后面温书去吧,乖!

王小花　老师们可别吃了亏呀,我真不放心!(下)

〔丁宝跑进来。

丁　宝　老掌柜,老掌柜!告诉你点事!

王利发　说吧,姑娘!

丁　宝　小刘麻子呀,没安着好心,他要霸占这个茶馆!

王利发　怎么霸占?这个破茶馆还值得他们霸占?

丁　宝　待会儿他们就来,我没工夫细说,你打个主意吧!

王利发　姑娘,我谢谢你!

丁　宝　我好心好意来告诉你，你可不能卖了我呀！

王利发　姑娘，我还没老胡涂了！放心吧！

丁　宝　好！待会儿见！（下）

〔周秀花回来。

周秀花　爸，他们走啦。

王利发　好！

周秀花　小花的爸说，叫您放心，他送到了地方就回来。

王利发　回来不回来都随他的便吧！

周秀花　爸，您怎么啦？干吗这么不高兴？

王利发　没事！没事！看小花去吧。她不是想吃热汤面吗？要是还有点面的话，给她作一碗吧，孩子怪可怜的，什么也吃不着！

周秀花　一点白面也没有！我看看去，给她作点杂合面疙疸汤吧！（下）

〔小唐铁嘴回来。

小唐铁嘴　王掌柜，说好了吗？

王利发　晚上，晚上一定给你回话！

小唐铁嘴　王掌柜，你说我爸爸白喝了一辈子的茶，我送你几句救命的话，算是替他还帐吧。告诉你，三皇道现在比日本人在这儿的时候更厉害，砸你的茶馆比砸个砂锅还容易！你别太大意了！

王利发　我知道！你既买我的好，又好去对娘娘表表功！是吧？

〔小宋恩子和小吴祥子进来，都穿着新洋服。

小唐铁嘴　二位，今天可够忙的？

小宋恩子　忙得厉害！教员们大暴动！

王利发　二位，"罢课"改了名儿，叫"暴动"啦？

小唐铁嘴　怎么啦？

小吴祥子　他们还能反到天上去吗？到现在为止，已经抓了一百多，打了七十几个，叫他们反吧！

小宋恩子　太不知好歹！他们老老实实的，美国会送来大米、白面嘛！

小唐铁嘴　就是！二位，有大米、白面，可别忘了我！以后，给大家的

坟地看风水，我一定尽义务！好！二位忙吧！（下）

小吴祥子 你刚才问，"罢课"改叫"暴动"啦？王掌柜！

王利发 岁数大了，不懂新事，问问！

小宋恩子 哼！你就跟他们是一路货！

王利发 我？您太高抬我啦！

小吴祥子 我们忙，没工夫跟你费话，说干脆的吧！

王利发 什么干脆的？

小宋恩子 教员们暴动，必有主使的人！

王利发 谁？

小吴祥子 昨天晚上谁上这儿来啦？

王利发 康大力！

小宋恩子 就是他！你把他交出来吧！

王利发 我要是知道他是那路人，还能够随便说出来吗？我跟你们的爸爸打交道多少年，还不懂这点道理？

小吴祥子 甭跟我们拍老腔，说真的吧！

王利发 交人，还是拿钱，对吧？

小宋恩子 你真是我爸爸教出来的！对啦，要是不交人，就把你的金条拿出来！别的铺子都随开随倒，你可混了这么多年，必定有点底！

〔小二德子匆匆跑来。

小二德子 快走！街上的人不够用啦！快走！

小吴祥子 你小子管干吗的？

小二德子 我没闲着，看，脸都肿啦！

小宋恩子 掌柜的，我们马上回来，你打主意吧！

王利发 不怕我跑了吗？

小吴祥子 老梆子，你真逗气儿！你跑到阴间去，我们也会把你抓回来！（打了王利发一掌，同小宋恩子、小二德子下）

王利发 （向后叫）小花！小花的妈！

周秀花 （同王小花跑出来）我都听见了！怎么办？

王利发　快走！追上康妈妈！快！

王小花　我拿书包去！（下）

周秀花　拿上两件衣裳，小花！爸，剩您一个人怎么办？

王利发　这是我的茶馆，我活在这儿，死在这儿！

〔王小花挎着书包，夹着点东西跑回来。

周秀花　爸爸！

王小花　爷爷！

王利发　都别难过，走！（从怀里掏出所有的钱和一张旧像片）媳妇，拿着这点钱！小花，拿着这个，老裕泰三十年前的像片，交给你爸爸！走吧！

〔小刘麻子同丁宝回来。

小刘麻子　小花，教员罢课，你住姥姥家去呀？

王小花　对啦！

王利发　（假意地）媳妇，早点回来！

周秀花　爸，我们住两天就回来！（同王小花下）

小刘麻子　王掌柜，好消息！沈处长批准了我的计划！

王利发　大喜，大喜！

小刘麻子　您也大喜，处长也批准修理这个茶馆！我一说，处长说好！他呀老把"好"说成"蒿"，特别有个洋味儿！

王利发　都是怎么一回事？

小刘麻子　从此你算省心了！这儿全属我管啦，你搬出去！我先跟你说好了，省得以后你麻烦我！

王利发　那不能！凑巧，我正想搬家呢。

丁　宝　小刘，老掌柜在这儿多少年啦，你就不照顾他一点吗？

小刘麻子　看吧！我办事永远厚道！王掌柜，我接处长去，叫他看看这个地方。你把这儿好好收拾一下！小丁宝，你把小心眼找来，迎接处长！带点香水，好好喷一气，这里臭哄哄的！走！（同丁宝下）

王利发　好！真好！太好！哈哈哈！

〔常四爷提着小筐进来，筐里有些纸钱和花生米。他虽年过七十，可是腰板还不太弯。

常四爷 什么事这么好哇,老朋友!

王利发 哎哟!常四哥!我正想找你这么一个人说说话儿呢!我沏一壶顶好的茶来,咱们喝喝!(去沏茶)

〔秦仲义进来。他老得不像样子了,衣服也破旧不堪。

秦仲义 王掌柜在吗?

常四爷 在!您是……

秦仲义 我姓秦。

常四爷 秦二爷!

王利发 谁?秦二爷?(端茶来)正想去告诉您一声,这儿要大改良!坐!坐!

常四爷 我这儿有点花生米,(抓)喝茶吃花生米,这可真是个乐子!

秦仲义 可是谁嚼得动呢?

王利发 看多么邪门,好容易有了花生米,可全嚼不动!多么可笑!怎样啊?秦二爷!(都坐下)

秦仲义 别人都不理我啦,我来跟你说说:我到天津去了一趟,看看我的工厂!

王利发 不是没收了吗?又物归原主啦?这可是喜事!

秦仲义 拆了!

常四爷
王利发 拆了?

秦仲义 拆了!我四十年的心血啊,拆了!别人不知道,王掌柜你知道:我从二十多岁起,就主张实业救国。到而今……抢去我的工厂,好,我的势力小,干不过他们!可倒好好地办哪,那是富国裕民的事业呀!结果,拆了,机器都当碎铜烂铁卖了!全世界,全世界找得到这样的政府找不到?我问你!

王利发 当初,我开得好好的公寓,您非盖仓库不可。看,仓库查封,货物全叫他们偷光!当初,我劝您别把财产都出手,您非都卖了开工厂不可!

常四爷　还记得吧？当初，我给那个卖小妞的小媳妇一碗面吃，您还说风凉话呢。

秦仲义　现在我明白了！王掌柜，求您一件事吧：（掏出一二机器小零件和一支钢笔管来）工厂拆平了，这是我由那儿捡来的小东西。这支笔上刻着我的名字呢，它知道，我用它签过多少张支票，写过多少计划书。我把它们交给你，没事的时候，你可以跟喝茶的人们当个笑话谈谈，你说呀：当初有那么一个不知好歹的秦某人，爱办实业。办了几十年，临完他只由工厂的土堆里捡回来这么点小东西！你应当劝告大家，有钱哪，就该吃喝嫖赌，胡作非为，可千万别干好事！告诉他们哪，秦某人七十多岁了才明白这点大道理！他是天生来的笨蛋！

王利发　您自己拿着这支笔吧，我马上就搬家啦！

常四爷　搬到哪儿去？

王利发　哪儿不一样呢！秦二爷，常四爷，我跟你们不一样：二爷财大业大心胸大，树大可就招风啊！四爷你，一辈子不服软，敢作敢当，专打抱不平。我呢，作了一辈子顺民，见谁都请安、鞠躬、作揖。我只盼着呀，孩子们有出息，冻不着，饿不着，没灾没病！可是，日本人在这儿，二拴子逃跑啦，老婆想儿子想死啦！好容易，日本人走啦，该缓一口气了吧？谁知道，（惨笑）哈哈，哈哈，哈哈！

常四爷　我也不比你强啊！自食其力，凭良心干了一辈子啊，我一事无成！七十多了，只落得卖花生米！个人算什么呢，我盼哪，盼哪，只盼国家像个样儿，不受外国人欺侮。可是……哈哈！

秦仲义　日本人在这儿，说什么合作，把我的工厂就合作过去了。咱们的政府回来了，工厂也不怎么又变成了逆产。仓库里（指后边）有多少货呀，全完！还有银号呢，人家硬给加官股，官股进来了，我出来了！哈哈！

王利发　改良，我老没忘改良，总不肯落在人家后头。卖茶不行啊，开公寓。公寓没啦，添评书！评书也不叫座儿呀，好，不怕丢人，想添女招待！人总得活着吧？我变尽了方法，不过是为活下去！是呀，该贿赂的，我就递包袱。我可没有作过缺德的事，伤天害理的事，为什么就不叫我活着呢？我得罪了谁？谁？皇上，娘娘那些狗男女都活得有滋有味的，单不许我吃窝窝头，谁出的主意？

常四爷　盼哪，盼哪，只盼谁都讲理，谁也不欺侮谁！可是，眼看着老朋友们一个个的不是饿死，就是叫人家杀了，我呀就是有眼泪也流不出来喽！松二爷，多么好的人，饿死啦，连棺材还是我给他化缘化来的！他还有我这个朋友，给他化了一口四块板的棺材；我自己呢？我爱咱们的国呀，可是谁爱我呢？看（从筐中拿出些纸钱），遇见出殡的，我就捡几张纸钱。没有寿衣，没有棺材，我只好给自己预备下点纸钱吧，哈哈，哈哈！

秦仲义　四爷，让咱们祭奠祭奠自己，把纸钱撒起来，算咱们三个老头子的吧！

王利发　对！四爷，照老年间出殡的规矩，喊喊！

常四爷　（立起，喊）四角儿的跟夫，本家赏钱一百二十吊！（撒起几张纸钱）

秦仲义
王利发　一百二十吊！

秦仲义　（一手拉住一个）我没的说了，再见吧！（下）

王利发　再见！

常四爷　再喝你一碗！（一饮而尽）再见！（下）

王利发　再见！

〔丁宝与小心眼进来。

丁　宝　他们来啦，老大爷！（往屋中喷香水）

王利发　好，他们来，我躲开！（捡起纸钱，往后边走）

小心眼　老大爷，干吗撒纸钱呢？

王利发　谁知道！（下）

〔小刘麻子进来。

小刘麻子　来啦！一边一个站好！

〔丁宝、小心眼分左右在门内立好。

〔门外有汽车停住声，先进来两个宪兵。沈处长进来，穿军便服；高靴，带马刺；手执小鞭。后面跟着二宪兵。

沈处长　（检阅似的，看丁宝、小心眼，看完一个说一声）好（蒿）！

〔丁宝摆上一把椅子，请沈处长坐。

小刘麻子　报告处长，老裕泰开了六十多年，九城闻名，地点也好，借着这个老字号，作我们的一个据点，一定成功！我打算照旧卖茶，派（指）小丁宝和小心眼作招待。有我在这儿监视着三教九流，各色人等，一定能够得到大量的情报！

沈处长　好（蒿）！

〔丁宝由宪兵手里接过骆驼牌烟，上前献烟；小心眼接过打火机，点烟。

小刘麻子　后面原来是仓库，货物已由处长都处理了，现在空着。我打算修理一下，中间作小舞厅，两旁布置几间卧室，都带卫生设备。处长清闲的时候，可以来跳跳舞，玩玩牌，喝喝咖啡。天晚了，高兴住下，您就住下。这就算是处长个人的小俱乐部，由我管理，一定要比公馆里更洒脱一点，方便一点，热闹一点！

沈处长　好（蒿）！

丁　宝　处长，我可以请示一下吗？

沈处长　好（蒿）！

丁　宝　这儿的老掌柜怪可怜的。好不好给他作一身制服，叫他看看门，招呼贵宾们上下汽车？他在这儿几十年了，谁都认识他，简直可以算是老头儿商标！

沈处长　好（蒿）！传！

小刘麻子　是！（往后跑）王掌柜！老掌柜！我爸爸的老朋友，老大爷！（入。过一会儿又跑回来）报告处长，他也不是怎么上了吊，吊死啦！

沈处长　好（蒿）！好（蒿）！

（幕·全剧终）

《哈姆莱特》

[英]威廉·莎士比亚 著

朱生豪 译

剧中人物

克劳狄斯 丹麦国王
哈姆莱特 前王之子,今王之侄
福丁布拉斯 挪威王子
霍拉旭 哈姆莱特之友
波洛涅斯 御前大臣
雷欧提斯 波洛涅斯之子
伏提曼德
考尼律斯
罗森格兰兹 } 朝臣
吉尔登斯吞
奥斯里克
侍　臣
教　士
马西勒斯 } 军官
勃那多
弗兰西斯科 兵士
雷奈尔多 波洛涅斯之仆
队　长
英国使臣

众伶人

二小丑 掘坟墓者

乔特鲁德 丹麦王后，哈姆莱特之母

奥菲利娅 波洛涅斯之女

贵族、贵妇、军官、兵士、教士、水手、使者及侍从等

哈姆莱特父亲的鬼魂

地点

艾尔西诺

第一幕

第一场　艾尔西诺。城堡前的露台

弗兰西斯科立台上守望。勃那多自对面上。

勃那多　那边是谁？

弗兰西斯科　不，你先回答我；站住，告诉我你是什么人。

勃那多　国王万岁！

弗兰西斯科　勃那多吗？

勃那多　正是。

弗兰西斯科　你来得很准时。

勃那多　现在已经打过十二点钟；你去睡吧，弗兰西斯科。

弗兰西斯科　谢谢你来替我；天冷得厉害，我心里也老大不舒服。

勃那多　你守在这儿，一切都很安静吗？

弗兰西斯科　一只小老鼠也不见走动。

勃那多　好，晚安！要是你碰见霍拉旭和马西勒斯，我的守夜的伙伴们，就叫他们赶紧来。

弗兰西斯科　我想我听见了他们的声音。喂，站住！你是谁？

　　　霍拉旭及马西勒斯上。

霍拉旭　都是自己人。

马西勒斯　丹麦王的臣民。

弗兰西斯科　祝你们晚安！

马西勒斯　啊！再会，正直的军人！谁替了你？

弗兰西斯科　勃那多接我的班。祝你们晚安！（下）

马西勒斯　喂！勃那多！

勃那多　喂——啊！霍拉旭也来了吗？

霍拉旭　有这么一个他。

勃那多　欢迎，霍拉旭！欢迎，好马西勒斯！

马西勒斯　什么！这东西今晚又出现过了吗？

勃那多　我还没有瞧见什么。

马西勒斯　霍拉旭说那不过是我们的幻想。我告诉他我们已经两次看见过这一个可怕的怪象，他总是不肯相信；所以我请他今晚也来陪我们守一夜，要是这鬼魂再出来，就可以证明我们并没有看错，还可以叫他和它说几句话。

霍拉旭　嘿，嘿，它不会出现的。

勃那多　先请坐下；虽然你一定不肯相信我们的故事，我们还是要把我们这两夜来所看见的情形再向你絮叨一遍。

霍拉旭　好，我们坐下来，听听勃那多怎么说。

勃那多　昨天晚上，北极星西面的那颗星已经移到了它现在吐射光辉的地方，时钟刚敲了一点，马西勒斯跟我两个人——

马西勒斯　住声！不要说下去；瞧，它又来了！

　　　　鬼魂上。

勃那多　正像已故的国王的模样。

马西勒斯　你是有学问的人，去和它说话，霍拉旭。

勃那多　它的样子不像已故的国王吗？看，霍拉旭。

霍拉旭　像得很；它使我心里充满了恐怖和惊奇。

勃那多　它希望我们对它说话。

马西勒斯　你去问它，霍拉旭。

霍拉旭　你是什么鬼怪，胆敢僭窃丹麦先王出征时的神武的雄姿，在这样深夜的时分出现？凭着上天的名义，我命令你说话！

马西勒斯　它生气了。

勃那多　瞧，它昂然不顾地走开了！

霍拉旭　不要走！说呀，说呀！我命令你，快说！（鬼魂下）

马西勒斯　它走了，不愿回答我们。

勃那多　怎么，霍拉旭！你在发抖，你的脸色这样惨白。这不是幻想吧？你有什么高见？

霍拉旭　凭上帝起誓，倘不是我自己的眼睛向我证明，我再也不会相信这样的怪事。

马西勒斯　它不像我们的国王吗？

霍拉旭　正和你像你自己一样。它身上的那副战铠，就是它讨伐野心的挪威王的时候所穿的；它脸上的那副怒容，活像它有一次在谈判决裂以后把那些乘雪车的波兰人击溃在冰上的时候的神气。怪事怪事！

马西勒斯　前两次它也是这样不先不后地在这个静寂的时辰，用军人的步态走过我们的眼前。

霍拉旭　我不知道究竟应该怎样想法；可是大概推测起来，这恐怕预兆着我们国内将要有一番非常的变故。

马西勒斯　好吧，坐下来。谁要是知道的，请告诉我，为什么我们要有这样森严的戒备，使全国的军民每夜不得安息；为什么每天都在制造铜炮，还要向国外购买战具；为什么征集大批造船匠，连星期日也不停止工作；这样夜以继日地辛苦忙碌，究竟为了什么？谁能告诉我？

霍拉旭　我可以告诉你；至少一般人都是这样传说。刚才它的形象还向我们出现的那位已故的王上，你们知道，曾经接受骄矜好胜的挪威的福丁布拉斯的挑战；在那一次决斗中间，我们的勇武的哈姆莱特——他的英名是举世称颂的——把福丁布拉斯杀死了；按照双方根据法律和骑士精神所订立的协定，福丁布拉斯要是战败了，除了他自己的生命以外，必须把他所有的一切土地拨归胜利的一方；同时我们的王上也提出相当的土地作为赌注，要是福丁布拉斯得胜了，那土地也就归他所有，正像在同一协定上所规定的，他失败了，哈姆莱特可以把他的土地没收一样。现在要说起那位福丁布拉斯的儿子，他生得一副未经锻炼的烈火也似的性格，在挪威四境召集了一群无赖之徒，供给他们衣食，驱策他们去干冒险的勾当，好叫他们显一显身手。他的唯一的目的，我们的当局看得很清楚，无非是要用武力和强迫性的条件，夺回他父亲所丧失的土地。照我所知道的，这就是我们种种准备的主要动机，我们这样戒备的唯一原因，也是全国所以这样慌忙骚乱的缘故。

勃那多　我想正是为了这个缘故。我们那位王上在过去和目前的战乱中间，都是一个主要的角色，所以无怪他的武装的形像要向我们出现示警了。

霍拉旭　那是扰乱我们心灵之眼的一点微尘。从前在富强繁盛的罗马，在那雄才大略的裘力斯·凯撒遇害以前不久，披着殓衾的死人都从坟墓里出来，在街道上啾啾鬼语，星辰拖着火尾，露水带血，太阳变色，支配潮汐的月亮被吞蚀得像一个没有起色的病人；这一类预报重大变故的朕兆，在我们国内的天上地下也已经屡次出现了。可是不要响！瞧！瞧！它又来了！

　　鬼魂重上。

霍拉旭　我要挡住它的去路，即使它会害我。不要走，鬼魂！要是你能出声，会开口，对我说话吧；要是我有可以为你效劳之处，使你的灵魂得到安息，那么对我说话吧；要是你预知祖国的命运，靠着你的指示，也许可以及时避免未来的灾祸，那么对我说话吧；或者你在生前曾经把你搜括得来的财宝埋藏在地下，我听见人家说，鬼魂往往在他们藏金的地方徘徊不散，（鸡啼）要是有这样的事，你也对我说吧；不要走，说呀！拦住它，马西勒斯。

马西勒斯 要不要我用我的戟刺它？

霍拉旭 好的，要是它不肯站定。

勃那多 它在这儿！

霍拉旭 它在这儿！（鬼魂下）

马西勒斯 它走了！我们不该用暴力对待这样一个尊严的亡魂；因为它是像空气一样不可侵害的，我们无益的打击不过是恶意的徒劳。

勃那多 它正要说话的时候，鸡就啼了。

霍拉旭 于是它就像一个罪犯听到了可怕的召唤似的惊跳起来。我听人家说，报晓的雄鸡用它高锐的啼声，唤醒了白昼之神，一听到它的警告，那些在海里、火里、地下、空中到处浪游的有罪的灵魂，就一个个钻回自己的巢穴里去；这句话现在已经证实了。

马西勒斯 那鬼魂正是在鸡鸣的时候隐去的。有人说，在我们每次欢庆圣诞之前不久，这报晓的鸟儿总会彻夜长鸣；那时候，他们说，没有一个鬼魂可以出外行走，夜间的空气非常清净，没有一颗星用毒光射人，没有一个神仙用法术迷人，妖巫的符咒也失去了力量，一切都是圣洁而美好的。

霍拉旭 我也听人家这样说过，倒有几分相信。可是瞧，清晨披着赤褐色的外衣，已经踏着那边东方高山上的露水走过来了。我们也可以下班了。照我的意思，我们应该把我们今夜看见的事情告诉年轻的哈姆莱特；因为凭着我的生命起誓，这一个鬼魂虽然对我们不发一言，见了他一定有话要说。你们以为按着我们的交情和责任说起来，是不是应当让他知道这件事情？

马西勒斯 很好，我们决定去告诉他吧；我知道今天早上在什么地方最容易找到他。（同下）

第二场　城堡中的大厅

　　国王、王后、哈姆莱特、波洛涅斯、雷欧提斯、伏提曼德、考尼律斯、群臣、侍从等上。

国　　王　虽然我们亲爱的王兄哈姆莱特新丧未久，我们的心里应当充满了悲痛，我们全国都应当表示一致的哀悼，可是我们凛于后死者责任的重大，不能不违情逆性，一方面固然要用适度的悲哀纪念他，一方面也要为自身的利害着想；所以，在一种悲喜交集的情绪之下，让幸福和忧郁分据了我的两眼，殡葬的挽歌和结婚的笙乐同时并奏，用盛大的喜乐抵消沉重的不幸，我已经和我旧日的长嫂——当今的王后，这一个多事之国的共同的统治者——结为夫妇；这一次婚姻事先曾经征求各位的意见，多承你们诚意的赞助，这是我必须向大家致谢的。现在我要告诉你们知道，年轻的福丁布拉斯看轻了我们的实力，也许他以为自从我们亲爱的王兄驾崩以后，我们的国家已经瓦解，所以挟着他的从中取利的梦想，不断向我们书面要求把他的父亲依法割让给我们英勇的王兄的土地归还。这是他一方面的话。现在要讲到我们的态度和今天召集各位来此的目的。我们的对策是这样的：我这儿已经写好了一封信给挪威国王，年轻的福丁布拉斯的叔父——他因为卧病在床，不曾与闻他侄子的企图——在信里我请他注意他的侄子擅自在国内征募壮丁，训练士卒，积极进行各种准备的事实，要求他从速制止他的进一步的行动；现在我就派遣你，考尼律斯，还有你，伏提曼德，替我把这封信送给挪威老王，除了训令上所规定的条件以外，你们不得僭用你们的权力，和挪威成立逾越范围的妥协。你们赶紧去吧，再会！

考尼律斯
伏提曼德　我们敢不尽力执行陛下的旨意。

国　　王　我相信你们的忠心；再会！（伏提曼德、考尼律斯同下）现在，雷欧提斯，你有什么话说？你对我说你有一个请求；是什么请求，雷欧提斯？只要是合理的事情，你向丹麦王说了，他总不会不答应你。你有什么要求，雷欧提斯，不是你未开口我就自动许给了你？丹麦王室和你父亲的关系，正像头脑之于心灵一样密切；丹麦国王乐意为你父亲效劳，正像双手乐于为嘴服役一样。你要些什么，雷欧提斯？

雷欧提斯 陛下，我要请求您允许我回到法国去。这一次我回国参加陛下加冕的盛典，略尽臣子的微忱，实在是莫大的荣幸；可是现在我的任务已尽，我的心愿又向法国飞驰，但求陛下开恩允准。

国　王 你父亲已经答应你了吗？波洛涅斯怎么说？

波洛涅斯 陛下，我却不过他几次三番的恳求，已经勉强答应他了；请陛下放他去吧。

国　王 好好利用你的时间，雷欧提斯，尽情发挥你的才能吧！可是来，我的侄儿哈姆莱特，我的孩子——

哈姆莱特 （旁白）超乎寻常的亲族，漠不相干的路人。

国　王 为什么愁云依旧笼罩在你的身上？

哈姆莱特 不，陛下；我已经在太阳里晒得太久了。

王　后 好哈姆莱特，抛开你阴郁的神气吧，对丹麦王应该和颜悦色一点；不要老是垂下了眼皮，在泥土之中找寻你的高贵的父亲。你知道这是一件很普通的事情，活着的人谁都要死去，从生活踏进永久的宁静。

哈姆莱特 嗯，母亲，这是一件很普通的事情。

王　后 既然是很普通的，那么你为什么瞧上去好像老是这样郁郁于心呢？

哈姆莱特 好像，母亲！不，是这样就是这样，我不知道什么"好像"不"好像"。好妈妈，我的墨黑的外套、礼俗上规定的丧服、难以吐出来的叹气、像滚滚江流一样的眼泪、悲苦沮丧的脸色，以及一切仪式、外表和忧伤的流露，都不能表示出我的真实的情绪。这些才真是给人瞧的，因为谁也可以做作成这种样子。它们不过是悲哀的装饰和衣服；可是我的郁结的心事却是无法表现出来的。

国　王 哈姆莱特，你这样孝思不匮，原是你天性中纯笃过人之处；可是你要知道，你的父亲也曾失去过一个父亲，那失去的父亲自己也失去过父亲；那后死的儿子为了尽他的孝道，必须有一个时期服丧守制，然而固执不变的哀伤，却是一种逆天悖理的愚行，不是堂堂男子所应有的举动；它表现出一个不肯安于天命的意志，一个经不起艰难痛苦的心，一个缺少忍耐的头脑和一个简单愚昧的理性。既然我们知道那是无可避免的事，无论谁都要遭遇到同样的经验，那么我们为什么要这样固执地把它介介于怀呢？嘿！那是对上天的罪戾，对死者的罪戾，也是违反人情的罪戾；在理智上它是完全荒谬的，因为从第一个死了的父亲起，直到今天死去的最后一个父亲为止，理智永远在呼喊："这是无可避免的。"我请你抛弃了这种无益的悲伤，把我当作你的父亲；因为我要让全世界知道，你是王位的直接的继承者，我要给你的尊荣和恩宠，不亚于一个最慈爱的父亲之于他的儿子。至于你要回到威登堡去继续求学的意思，那是完全违反我们的愿望的；请你听从我的劝告，不要离开这里，在朝廷上领袖群臣，做我们最亲近的国亲和王子，使我们因为每天能看见你而感到欢欣。

王　后　不要让你母亲的祈求全归无用，哈姆莱特；请你不要离开我们，不要到威登堡去。

哈姆莱特　我将要勉力服从您的意志，母亲。

国　王　啊，那才是一句有孝心的答复；你将在丹麦享有和我同等的尊荣。御妻，来。哈姆莱特这一种自动的顺从使我非常高兴；为了表示庆祝，今天丹麦王每一次举杯祝饮的时候，都要放一响高入云霄的祝炮，让上天应和着地上的雷鸣，发出欢乐的回声。来。（除哈姆莱特外均下）

哈姆莱特　啊，但愿这一个太坚实的肉体会融解、消散，化成一堆露水！或者那永生的真神未曾制定禁止自杀的律法！上帝啊！上帝啊！人世间的一切在我看来是多么可厌、陈腐、乏味而无聊！哼！哼！那是一个荒芜不治的花园，长满了恶毒的莠草。想不到居然会有这种事情！刚死了两个月！不，两个月还不满！这样好的一个国王，比起当前这个来，简直是天神和丑怪；这样爱我的母亲，甚至于不愿让天风吹痛了她的脸。天地呀！我必须记着吗？嘿，她会偎倚在他的身旁，好像吃了美味的食物，格外促进了食欲一般；可是，只有一个月的时间，我不能再想下去了！脆弱啊，你的名字就是女人！短短的一个月以前，她哭得像个泪人儿似的，送我那可怜的父亲下葬；她在送葬的时候所穿的那双鞋子还没有破旧，她就，她就——上帝啊！一头没有理性的畜生也要悲伤得长久一些——她就嫁给我的叔父,我的父亲的弟弟,可是他一点不像我的父亲,正像我一点不像赫刺克勒斯一样。只有一个月的时间,她那流着虚伪之泪的眼睛还没有消去红肿,她就嫁了人了。啊,罪恶的匆促,这样迫不及待地钻进了乱伦的衾被!那不是好事,也不会有好结果;可是碎了吧,我的心,因为我必须噤住我的嘴!

霍拉旭、马西勒斯、勃那多同上。

霍拉旭 祝福,殿下!

哈姆莱特 我很高兴看见你身体健康。你不是霍拉旭吗?绝对没有错。

霍拉旭 正是,殿下;我永远是您的卑微的仆人。

哈姆莱特 不,你是我的好朋友;我愿意和你朋友相称。你怎么不在威登堡,霍拉旭?马西勒斯!

马西勒斯 殿下——

哈姆莱特 我很高兴看见你。(向勃那多)你好,朋友。——可是你究竟为什么离开威登堡?

霍拉旭 无非是偷闲躲懒罢了,殿下。

哈姆莱特 我不愿听见你的仇敌说这样的话,你也不能用这样的话刺痛我的耳朵,使它相信你对你自己所作的诽谤;我知道你不是一个偷闲躲懒的人。可是你到艾尔西诺来有什么事?趁你未去之前,我们要陪你痛饮几杯哩。

霍拉旭 殿下,我是来参加您的父王的葬礼的。

哈姆莱特 请你不要取笑,我的同学;我想你是来参加我的母后的婚礼的。

霍拉旭 真的,殿下,这两件事情相去得太近了。

哈姆莱特 这是一举两便的方法,霍拉旭!葬礼中剩下来的残羹冷炙,正好宴请婚筵上的宾客。霍拉旭,我宁愿在天上遇见我的最痛恨的仇人,也不愿看到那样的一天!我的父亲,我仿佛看见我的父亲。

霍拉旭 啊,在什么地方,殿下?

哈姆莱特 在我的心灵的眼睛里,霍拉旭。

霍拉旭 我曾经见过他一次;他是一位很好的君王。

哈姆莱特　他是一个堂堂男子；整个说起来，我再也见不到像他那样的人了。

霍拉旭　殿下，我想我昨天晚上看见他。

哈姆莱特　看见谁？

霍拉旭　殿下，我看见您的父王。

哈姆莱特　我的父王！

霍拉旭　不要吃惊，请您静静地听我把这件奇事告诉您，这两位可以替我做见证。

哈姆莱特　看在上帝的分上，讲给我听。

霍拉旭　这两位朋友，马西勒斯和勃那多，在万籁俱寂的午夜守望的时候，曾经连续两夜看见一个自顶至踵全身甲胄，像您父亲一样的人形，在他们的面前出现，用庄严而缓慢的步伐走过他们的身边。在他们惊奇骇愕的眼前，它三次走过去，它手里所握的鞭杖可以碰到他们的身上；他们吓得几乎浑身都瘫痪了，只是呆立着不动，一句话也没有对它说。怀着惴惧的心情，他们把这件事悄悄地告诉了我，我就在第三夜陪着他们一起守望；正像他们所说的一样，那鬼魂又出现了，出现的时间和它的形状，证实了他们的每一个字都是正确的。我认识您的父亲；那鬼魂是那样酷肖他的生前，我这两手也不及他们彼此的相似。

哈姆莱特　可是这是在什么地方？

马西勒斯　殿下，就在我们守望的露台上。

哈姆莱特　你们有没有和它说话？

霍拉旭　殿下，我说了，可是它没有回答我；不过有一次我觉得它好像抬起头来，像要开口说话似的，可是就在那时候，晨鸡高声啼了起来，它一听见鸡声，就很快地隐去不见了。

哈姆莱特　这很奇怪。

霍拉旭　凭着我的生命起誓，殿下，这是真的；我们认为按着我们的责任，应该让您知道这件事。

哈姆莱特　不错，不错，朋友们；可是这件事情很使我迷惑。你们今晚仍旧要去守望吗？

马西勒斯
勃那多　是，殿下。

哈姆莱特　你们说它穿着甲胄吗？

马西勒斯
勃那多　是，殿下。

哈姆莱特　从头到脚？

马西勒斯
勃那多　从头到脚，殿下。

哈姆莱特　那么你们没有看见它的脸吗？

霍拉旭　啊，看见的，殿下；它的脸甲是掀起的。

哈姆莱特　怎么，它瞧上去像在发怒吗？

霍拉旭　它的脸上悲哀多于愤怒。

哈姆莱特　它的脸色是惨白的还是红红的？

霍拉旭　非常惨白。

哈姆莱特　它把眼睛注视着你吗？

霍拉旭　它直盯着我瞧。

哈姆莱特　我真希望当时我也在场。

霍拉旭　那一定会使您吃惊万分。

哈姆莱特　多半会的，多半会的。它停留得长久吗？

霍拉旭　大概有一个人用不快不慢的速度从一数到一百的那段时间。

马西勒斯
勃那多　还要长久一些，还要长久一些。

霍拉旭　我看见它的时候，不过这么久。

哈姆莱特　它的胡须是斑白的吗？

霍拉旭　是的，正像我在它生前看见的那样，乌黑的胡须里略有几根变成白色。

哈姆莱特　我今晚也要守夜去；也许它还会出来。

霍拉旭 我可以担保它一定会出来。

哈姆莱特 要是它借着我的父王的形貌出现,即使地狱张开嘴来,叫我不要作声,我也一定要对它说话。要是你们到现在还没有把你们所看见的告诉别人,那么我要请求你们大家继续保持沉默;无论今夜发生什么事情,都请放在心里,不要在口舌之间泄漏出去。我一定会报答你们的忠诚。好,再会;今晚十一点钟到十二点钟之间,我要到露台上来看你们。

众　人 我们愿意为殿下尽忠。

哈姆莱特 让我们彼此保持着不渝的交情;再会!(霍拉旭、马西勒斯、勃那多同下)我父亲的灵魂披着甲胄!事情有些不妙;我想这里面一定有奸人的恶计。但愿黑夜早点到来!静静地等着吧,我的灵魂;罪恶的行为总有一天会发现,虽然地上所有的泥土把它们遮掩。(下)

第三场　波洛涅斯家中一室

雷欧提斯及奥菲利娅上。

雷欧提斯 我需要的物件已经装在船上,再会了;妹妹,在好风给人方便、船只来往无阻的时候,不要贪睡,让我听见你的消息。

奥菲利娅 你还不相信我吗?

雷欧提斯 对于哈姆莱特和他的调情献媚,你必须把它认作年轻人一时的感情冲动,一朵初春的紫罗兰早熟而易凋,馥郁而不能持久,一分钟的芬芳和喜悦,如此而已。

奥菲利娅 不过如此吗?

雷欧提斯 不过如此;因为一个人成长的过程,不仅是肌肉和体格的增强,而且随着身体的发展,精神和心灵也同时扩大。也许他现在爱你,他的真诚的意志是纯洁而不带欺诈的;可是你必须留心,他有这样高的地位,他的意志并不属于他自己,因为他自己也要被他的血统所支配;他不能像一般庶民一样为自己选择,因为他的决定足以影响到整个国本的安危,他是全身的首脑,他的选择必须得到各部分肢体的同意;所以要是他说,他爱你,你不可贸然相信,应该明白:照他的身份地位说来,他要想把自己的话付诸实现，绝不能越出丹麦国内普遍舆论所同意的范围。你再想一想，要是你用过于轻信的耳朵倾听他的歌曲，让他攫走了你的心，在他的狂妄的渎求之下，打开了你的宝贵的童贞，那时候你的名誉将要蒙受多大的损失。留心，奥菲利娅，留心，我的亲爱的妹妹，不要放纵你的爱情，不要让欲望的利箭把你射中。一个自爱的女郎，若是向月亮显露她的美貌就算是极端放荡了；圣贤也不能逃避谗口的中伤；春天的草木往往还没有吐放它们的蓓蕾，就被蛀虫蠹蚀；朝露一样晶莹的青春，常常会受到罡风的吹打。所以留心吧，戒惧是最安全的方策；即使没有旁人的诱惑，少年的血气也要向他自己叛变。

奥菲利娅 我将要记住你这个很好的教训，让它看守着我的心。可是，我的好哥哥，你不要像有些坏牧师一样，指点我上天去的险峻的荆棘之途，自己却在花街柳巷流连忘返，忘记了自己的箴言。

雷欧提斯 啊！不要为我担心。我耽搁得太久了；可是父亲来了。

　　波洛涅斯上。

雷欧提斯 两度的祝福是双倍的福分；第二次的告别是格外可喜的。

波洛涅斯 还在这儿，雷欧提斯！上船去，上船去，真好意思！风息在帆顶上，人家都在等着你哩。好，我为你祝福！还有几句教训，希望你铭刻在记忆之中：不要想到什么就说什么，凡事必须三思而行。对人要和气，可是不要过分狎昵。相知有素的朋友，应该用钢圈箍在你的灵魂上，可是不要对每一个泛泛的新知滥施你的交情。留心避免和人家争吵；可是万一争端已起，就应该让对方知道你不是可以轻侮的。倾听每一个人的意见，可是只对极少数人发表你的意见；接受每一个人的批评，可是保留你自己的判断。尽你的财力购制贵重的衣服，可是不要炫新立异，必须富丽而不浮艳，因为服装往往可以表现人格；法国的名流要人，就是在这点上显得最高尚，与众不同。不要向人告贷，也不要借钱给人；因为债款放了出去，往往不但丢了本钱，而且还失去了朋友；向人告贷的结果，容易养成因循懒惰的习惯。尤其要紧的，你必须对你自己忠实；正像有了白昼才有黑夜一样，对自己忠实，才不会对别人欺诈。再会；愿我的祝福使这一番话在你的行事中奏效！

雷欧提斯 父亲，我告别了。

波洛涅斯 时候不早了；去吧，你的仆人都在等着。

雷欧提斯 再会，奥菲利娅，记住我对你说的话。

奥菲利娅 你的话已经锁在我的记忆里，那钥匙你替我保管着吧。

雷欧提斯 再会！（下）

波洛涅斯 奥菲利娅，他对你说些什么话？

奥菲利娅 回父亲的话，我们刚才谈起哈姆莱特殿下的事情。

波洛涅斯 嗯，这是应该考虑一下的。听说他近来常常跟你在一起，你也从来不拒绝他的求见；要是果然有这种事——人家这样告诉我，也无非是叫我注意的意思——那么我必须对你说，你还没有懂得你做了我的女儿，按照你的身份，应该怎样留心你自己的行动。究竟在你们两人之间有些什么关系？老实告诉我。

奥菲利娅 父亲，他最近曾经屡次向我表示他的爱情。

波洛涅斯 爱情！呸！你讲的话完全像是一个不曾经历过这种危险的不懂事的女孩子。你相信你所说的他的那种表示吗？

奥菲利娅 父亲，我不知道我应该怎样想才好。

波洛涅斯 好，让我来教你；你应该这样想，你是一个毛孩子，竟然把这些假意的表示当作了真心的奉献。你应该"表示"出一番更大的架子，要不然——就此打住吧，这个可怜的字眼被我使唤得都快断气了——你就"表示"你是个十足的傻瓜。

奥菲利娅 父亲，他向我求爱的态度是很光明正大的。

波洛涅斯 不错，那只是态度；算了，算了。

奥菲利娅 而且，父亲，他差不多用尽一切指天誓日的神圣的盟约，证实他的言语。

波洛涅斯 嗯，这些都是捕捉愚蠢的山鹬的圈套。我知道在热情燃烧的时候，一个人无论什么盟誓都会说出口来；这些火焰，女儿，是光多于热的，刚刚说出口就会光消焰灭，你不能把它们当作真火看待。从现在起，你还是少露一些你的女儿家的脸；你应该抬高身价，不要让人家以为你是可以随意呼召的。对于哈姆莱特殿下，你应该这样想，他是个年轻的王子，他比你在行动上有更大的自由。总而言之，奥菲利娅，不要相信他的盟誓，它们不过是淫媒，内心的颜色和服装完全不一样，只晓得诱人干一些龌龊的勾当，正像道貌岸然大放厥辞的鸨母，只求达到骗人的目的。我的言尽于此，简单一句话，从现在起，我不许你一有空闲就跟哈姆莱特殿下聊天。你留点神吧；进去。

奥菲利娅　我一定听从您的话，父亲。（同下）

第四场　露台

哈姆莱特、霍拉旭及马西勒斯上。

哈姆莱特　风吹得人怪痛的，这天气真冷。

霍拉旭　是很凛冽的寒风。

哈姆莱特　现在什么时候了？

霍拉旭　我想，还不到十二点。

马西勒斯　不，已经打过了。

霍拉旭　真的？我没有听见；那么鬼魂出现的时候快要到了。（内喇叭奏花腔及鸣炮声）这是什么意思，殿下？

哈姆莱特　王上今晚大宴群臣，做通宵的醉舞；每次他喝下了一杯葡萄美酒，铜鼓和喇叭便吹打起来，欢祝万寿。

霍拉旭　这是向来的风俗吗？

哈姆莱特　嗯，是的。可是我虽然从小就熟习这种风俗，我却以为把它破坏了倒比遵守它还体面些。这一种酗酒纵乐的风俗，使我们在东西各国受到许多非议；他们称我们为酒徒醉汉，将下流的污名加在我们头上，使我们各项伟大的成就都因此而大为减色。在个人方面也常常是这样，由于品性上有某些丑恶的瘢痣：或者是天生的——这就不能怪本人，因为天性不能由自己选择；或者是某种脾气发展到反常地步，冲破了理智的约束和防卫；或者是某种习惯玷污了原来令人喜爱的举止；这些人只要带着上述一种缺点的烙印——天生的标记或者偶然的机缘——不管在其余方面他们是如何圣洁，如何具备一个人所能有的无限美德，由于那点特殊的毛病，在世人的非议中也会感染溃烂；少量的邪恶足以勾销全部高贵的品质，害得人声名狼藉。

　　鬼魂上。

霍拉旭　瞧，殿下，它来了！

哈姆莱特　天使保佑我们！不管你是一个善良的灵魂或是万恶的妖魔，不管你带来了天上的和风或是地狱中的罡风，不管你的来意好坏，因为你的形状是这样引起我的怀疑，我要对你说话；我要叫你哈姆莱特，君王，父亲！尊严的丹麦先王，啊，回答我！不要让我在无知的蒙昧里抱恨终天；告诉我为什么你的长眠的骸骨不安窀穸，为什么安葬着你的遗体的坟墓张开它的沉重的大理石的两颚，把你重新吐放出来。你这已死的尸体这样全身甲胄，出现在月光之下，使黑夜变得这样阴森，使我们这些为造化所玩弄的愚人由于不可思议的恐怖而心惊胆颤，究竟是什么意思呢？说，这是为了什么？你要我们怎样？（鬼魂向哈姆莱特招手）

霍拉旭　它招手叫您跟着它去，好像它有什么话要对您一个人说似的。

马西勒斯　瞧，它用很有礼貌的举动，招呼您到一个僻远的所在去；可是别跟它去。

霍拉旭　千万不要跟它去。

哈姆莱特　它不肯说话；我还是跟它去。

霍拉旭　不要去，殿下。

哈姆莱特　嗨，怕什么呢？我把我的生命看得不值一枚针；至于我的灵魂，那是跟它自己同样永生不灭的，它能够加害它吗？它又在招手叫我前去了；我要跟它去。

霍拉旭　殿下，要是它把您诱到潮水里去，或者把您领到下临大海的峻峭的悬崖之巅，在那边它现出了狰狞的面貌，吓得您丧失理智，变成疯狂，那可怎么好呢？您想，无论什么人一到了那样的地方，望着下面千仞的峭壁，听见海水奔腾的怒吼，即使没有别的原因，也会起穷凶极恶的怪念的。

哈姆莱特　它还在向我招手。去吧，我跟着你。

马西勒斯　您不能去，殿下。

哈姆莱特　放开你们的手！

霍拉旭　听我们的劝告，不要去。

哈姆莱特　我的运命在高声呼喊，使我全身每一根微细的血管都变得像怒狮的筋骨一样坚硬。（鬼魂招手）它仍旧在招我去。放开我，朋友们；（挣脱二人之手）凭着上天起誓，谁要是拉住我，我要叫他变成一个鬼！走开！去吧，我跟着你。（鬼魂及哈姆莱特同下）

霍拉旭　幻想占据了他的头脑，使他不顾一切。

马西勒斯　让我们跟上去；我们不应该服从他的话。

霍拉旭　那么跟上去吧。这种事情会引出些什么结果来呢？

马西勒斯　丹麦国里恐怕有些不可告人的坏事。

霍拉旭　上帝的旨意支配一切。

马西勒斯　得了，我们还是跟上去吧。（同下）

第五场　露台的另一部分

　　鬼魂及哈姆莱特上。

哈姆莱特　你要领我到什么地方去？说；我不愿再前进了。

鬼　魂　听我说。

哈姆莱特　我在听着。

鬼　魂　我的时间快到了，我必须再回到硫磺的烈火里去受煎熬的痛苦。

哈姆莱特　唉，可怜的亡魂！

鬼　魂　不要可怜我，你只要留心听着我要告诉你的话。

哈姆莱特　说吧；我自然要听。

鬼　魂　你听了以后，也自然要替我报仇。

哈姆莱特　什么？

鬼　魂　我是你父亲的灵魂，因为生前孽障未尽，被判在晚间游行地上，白昼忍受火焰的烧灼，必须经过相当的时期，等生前的过失被火焰净化以后，方才可以脱罪。若不是因为我不能违犯禁令，泄漏我的狱中的秘密，我可以告诉你一桩事，最轻微的几句话，都可以使你魂飞魄散，使你年轻的血液凝冻成冰，使你的双眼像脱了轨道的星球一样向前突出，使你的纠结的鬈发根根分开，像愤怒的豪猪身上的刺毛一样森然耸立；可是这一种永恒的神秘，是不能向血肉的凡耳宣示的。听着，听着，啊，听着！要是你曾经爱过你的亲爱的父亲——

哈姆莱特　上帝啊！

鬼　魂　你必须替他报复那逆伦惨恶的杀身的仇恨。

哈姆莱特　杀身的仇恨！

鬼　魂　杀人是重大的罪恶；可是这一件谋杀的惨案，更是骇人听闻而逆天害理的罪行。

哈姆莱特　赶快告诉我，让我驾着像思想和爱情一样迅速的翅膀，飞去把仇人杀死。

鬼　魂　我的话果然激动了你；要是你听见了这种事情而漠然无动于衷，那你除非比舒散在忘河之滨的蔓草还要冥顽不灵。现在，哈姆莱特，听我说；一般人都以为我在花园里睡觉的时候，一条蛇来把我螫死，这一个虚构的死状，把丹麦全国的人都骗过了；可是你要知道，好孩子，那毒害你父亲的蛇，头上戴着王冠呢。

哈姆莱特　啊，我的预感果然是真的！我的叔父！

鬼　魂　嗯，那个乱伦的、奸淫的畜生，他有的是过人的诡诈、天赋的奸恶，凭着他的阴险的手段，诱惑了我的外表上似乎非常贞淑的王后，满足他的无耻的兽欲。啊，哈姆莱特，那是一个多么卑鄙无耻的背叛！我的爱情是那样纯洁真诚，始终信守着我在结婚的时候对她所作的盟誓；她却会对一个天赋的才德远不如我的恶人降心相从！可是正像一个贞洁的女子，虽然淫欲罩上神圣的外表，也不能把她煽动一样，一个淫妇虽然和光明的天使为偶，也会有一天厌倦于天上的唱随之乐，而宁愿搂抱人间的朽骨。可是且慢！我仿佛嗅到了清晨的空气；让我把话说得简短一些。当我按照每天午后的惯例，在花园里睡觉的时候，你的叔父乘我不备，悄悄溜了进来，拿着一个盛着毒草汁的小瓶，把一种使人麻痹的药水注入我的耳腔之内，那药性发作起来，会像水银一样很快地流过全身的大小血管，像酸液滴进牛乳一般把淡薄而健全的血液凝结起来；它一进入我的身体，我全身光滑的皮肤上便立刻发生无数疱疹，像害着癞病似的满布着可憎的鳞片。这样，我在睡梦之中，被一个兄弟同时夺去了我的生命、我的王冠和我的王后；甚至于不给我一个忏罪的机会，使我在没有领到圣餐也没有受过临终涂膏礼以前，就一无准备地负着我的全部罪恶去对簿阴曹。可怕啊，可怕！要是你有天性之情，不要默尔而息，不要让丹麦的御寝变成了藏奸养逆的卧榻；可是无论你怎样进行复仇，不要胡乱猜疑，更不可对你的母亲有什么不利的图谋，她自会受到上天的裁判，和她自己内心中的荆棘的刺戳。现在我必须去了！萤火的微光已经开始暗淡下去，清晨快要到来了；再会，再会！哈姆莱特，记着我。（下）

哈姆莱特　天上的神明啊！地啊！再有什么呢？我还要向地狱呼喊吗？啊，呸！忍着吧，忍着吧，我的心！我的全身的筋骨，不要一下子就变成衰老，支持着我的身体呀！记着你！是的，我可怜的亡魂，当记忆不曾从我这混乱的头脑里消失的时候，我会记着你的。记着你！是的，我要从我的记忆的碑版上，拭去一切琐碎愚蠢的记录、一切书本上的格言、一切陈言套语、一切过去的印象、我的少年的阅历所留下的痕迹，只让你的命令留在我的脑筋的书卷里，不掺杂一些下贱的废料；是的，上天为我作证！啊，最恶毒的妇人！啊，奸贼，奸贼，脸上堆着笑的万恶的奸贼！我的记事簿呢？我必须把它记下来：一个人可以尽管满面都是笑，骨子里却是杀人的奸贼；至少我相信在丹麦是这样的。（写字）好，叔父，我把你写下来了。现在我要记下我的座右铭那是"再会，再会！记着我"。我已经发过誓了。

霍拉旭　（在内）殿下！殿下！

马西勒斯　（在内）哈姆莱特殿下！

霍拉旭　（在内）上天保佑他！

马西勒斯　（在内）但愿如此！

霍拉旭　（在内）喂，呵，呵，殿下！

哈姆莱特　喂，呵，呵，孩儿！来，鸟儿，来。

　　　　霍拉旭及马西勒斯上。

马西勒斯　怎样，殿下！

霍拉旭　有什么事，殿下？

哈姆莱特　啊！奇怪！

霍拉旭　好殿下，告诉我们。

哈姆莱特　不，你们会泄漏出去的。

霍拉旭　不，殿下，凭着上天起誓，我一定不泄漏。

马西勒斯　我也一定不泄漏，殿下。

哈姆莱特　那么你们说，哪一个人会想得到有这种事？可是你们能够保守秘密吗？

霍拉旭
马西勒斯　是，上天为我们做证，殿下。

哈姆莱特　全丹麦从来不曾有哪一个奸贼不是一个十足的坏人。

霍拉旭　殿下，这样一句话是用不着什么鬼魂从坟墓里出来告诉我们的。

哈姆莱特　啊，对了，你说得有理；所以，我们还是不必多说废话，大家握握手分开了吧。你们可以去照你们自己的意思干你们自己的事——因为各人都有各人的意思和各人的事，这是实际情况——至于我自己，那么我对你们说，我是要祈祷去的。

霍拉旭　殿下，您这些话好像有些疯疯癫癫似的。

哈姆莱特　我的话得罪了你，真是非常抱歉；是的，我从心底里抱歉。

霍拉旭　谈不上得罪，殿下。

哈姆莱特　不，凭着圣伯特力克的名义，霍拉旭，谈得上，而且罪还不小呢。讲到这一个幽灵，那么让我告诉你们，它是一个老实的亡魂；你们要是想知道它对我说了些什么话，我只好请你们暂时不必问。现在，好朋友们，你们都是我的朋友，都是学者和军人，请你们允许我一个卑微的要求。

霍拉旭　是什么要求，殿下？我们一定允许您。

哈姆莱特　永远不要把你们今晚所见的事情告诉别人。

霍拉旭
马西勒斯　殿下，我们一定不告诉别人。

哈姆莱特　不，你们必须宣誓。

霍拉旭　凭着良心起誓，殿下，我决不告诉别人。

马西勒斯　凭着良心起誓，殿下，我也决不告诉别人。

哈姆莱特　把手按在我的剑上宣誓。

马西勒斯　殿下，我们已经宣誓过了。

哈姆莱特　那不算，把手按在我的剑上。

鬼　　魂　（在下）宣誓！

哈姆莱特　啊哈！孩儿！你也这样说吗？你在那儿吗，好家伙？来；你们不听见这个地下的人怎么说吗？宣誓吧。

霍拉旭　请您教我们怎样宣誓，殿下。

哈姆莱特　永不向人提起你们所看见的这一切。把手按在我的剑上宣誓。

鬼　　魂　（在下）宣誓！

哈姆莱特　"说哪里，到哪里"吗？那么我们换一个地方。过来，朋友们。把你们的手按在我的剑上，宣誓永不向人提起你们所听见的这件事。

鬼　　魂　（在下）宣誓！

哈姆莱特　说得好，老鼹鼠！你能够在地底钻得这么快吗？好一个开路的先锋！好朋友们，我们再来换一个地方。

霍拉旭　哎哟，真是不可思议的怪事！

哈姆莱特　那么你还是用见怪不怪的态度对待它吧。霍拉旭，天地之间有许多事情，是你们的哲学里所没有梦想到的呢。可是，来，上帝的慈悲保佑你们，你们必须再做一次宣誓。我今后也许有时候要故意装出一副疯疯癫癫的样子，你们要是在那时候看见了我的古怪的举动，切不可像这样交叉着手臂，或者这样摇头摆脑的，或者嘴里说一些吞吞吐吐的言词，例如"呃，呃，我们知道"，或者"只要我们高兴，我们就可以"，或是"要是我们愿意说出来的话"，或是"有人要是怎么怎么"，诸如此类的含糊其辞的话语，表示你们知道我有些什么秘密；你们必须答应我避开这一类言词，上帝的恩惠和慈悲保佑着你们，宣誓吧。

鬼　　魂　（在下）宣誓！（二人宣誓）

哈姆莱特　安息吧，安息吧，受难的灵魂！好，朋友们，我以满怀的热情，信赖着你们两位；要是在哈姆莱特的微弱的能力以内，能够有可以向你们表示他的友情之处,上帝在上,我一定不会有负你们。让我们一同进去;请你们记着无论在什么时候都要守口如瓶。这是一个颠倒混乱的时代,唉,倒楣的我却要负起重整乾坤的责任!来,我们一块儿去吧。(同下)

第二幕

第一场　波洛涅斯家中一室

波洛涅斯及雷奈尔多上。

波洛涅斯　把这些钱和这封信交给他,雷奈尔多。

雷奈尔多　是,老爷。

波洛涅斯　好雷奈尔多,你在没有去看他以前,最好先探听探听他的行为。

雷奈尔多　老爷,我本来就是这个意思。

波洛涅斯　很好,很好,好得很。你先给我调查调查有些什么丹麦人在巴黎,他们是干什么的,叫什么名字,有没有钱,住在什么地方,跟哪些人做伴,用度大不大;用这种转弯抹角的方法,要是你打听到他们也认识我的儿子,你就可以更进一步,表示你对他也有相当的认识;你可以这样说:"我知道他的父亲和他的朋友,对他也略为有点认识。"你听见没有,雷奈尔多?

雷奈尔多　是,我在留心听着,老爷。

波洛涅斯　"对他也略为有点认识,可是,"你可以说,"不怎么熟悉;不过假如果然是他的话,那么他是个很放浪的人,有些怎样怎样的坏习惯。"说到这里,你就可以随便捏造一些关于他的坏话;当然啰,你不能把他说得太不成样子，那是会损害他的名誉的，这一点你必须注意；可是你不妨举出一些纨袴子弟们所犯的最普通的浪荡的行为。

雷奈尔多　譬如赌钱，老爷。

波洛涅斯　对了，或是喝酒、斗剑、赌咒、吵嘴、嫖妓之类，你都可以说。

雷奈尔多　老爷，那是会损害他的名誉的。

波洛涅斯　不，不，你可以在言语之间说得轻淡一些。你不能说他公然纵欲，那可不是我的意思；可是你要把他的过失讲得那么巧妙，让人家听着好像那不过是行为上的小小的不检，一个躁急的性格不免会有的发作，一个血气方刚的少年的一时胡闹，算不了什么。

雷奈尔多　可是老爷——

波洛涅斯　为什么叫你做这种事？

雷奈尔多　是的，老爷，请您告诉我。

波洛涅斯　呃，我的用意是这样的，我相信这是一种说得过去的策略；你这样轻描淡写地说了我儿子的一些坏话，就像你提起一件略有污损的东西似的，听着，要是跟你谈话的那个人，也就是你向他探询的那个人，果然看见过你所说起的那个少年犯了你刚才所列举的那些罪恶，他一定会用这样的话向你表示同意："好先生——"也许他称你"朋友""仁兄"，按照着各人的身份和各国的习惯。

雷奈尔多　很好，老爷。

波洛涅斯　然后他就——他就——我刚才要说一句什么话？哎哟，我正要说一句什么话；我说到什么地方啦？

雷奈尔多　您刚才说到"用这样的话表示同意"；还有"朋友"或者"仁兄"。

波洛涅斯　说到"用这样的话表示同意"，嗯，对了；他会用这样的话对你表示同意："我认识这位绅士，昨天我还看见他，或许是前天，或许是什么什么时候，跟什么什么人在一起，正像您所说的，他在什么地方赌钱，在什么地方喝得酩酊大醉，在什么地方因为打网球而跟人家打起架来。"也许他还会说,"我看见他走进什么什么一家生意人家去。"那就是说窑子或是诸如此类的所在。你瞧,你用说谎的钓饵,就可以把事实的真相诱上你的钓钩;我们有智慧、有见识的人,往往用这种旁敲侧击的方法,间接达到我们的目的;你也可以照着我上面所说的那一番话,探听出我的儿子的行为。你懂得我的意思没有?

雷奈尔多　老爷,我懂得。

波洛涅斯　上帝和你同在;再会!

雷奈尔多　那么我去了,老爷。

波洛涅斯　你自己也得留心观察他的举止。

雷奈尔多　是,老爷。

波洛涅斯　叫他用心学习音乐。

雷奈尔多　是,老爷。

波洛涅斯　你去吧!(雷奈尔多下)

　　　　　奥菲利娅上。

波洛涅斯　啊,奥菲利娅!什么事?

奥菲利娅　哎哟,父亲,吓死我了!

波洛涅斯　凭着上帝的名义,怕什么?

奥菲利娅　父亲,我正在房间里缝纫的时候,哈姆莱特殿下跑了进来,走到我的面前;他的上身的衣服完全没有扣上纽子,头上也不戴帽子,他的袜子上沾着污泥,没有袜带,一直垂到脚踝上;他的脸色像他的衬衫一样白,他的膝盖互相碰撞,他的神气是那样凄惨,好像他刚从地狱里逃出来,要向人讲述地狱的恐怖一样。

波洛涅斯　他因为不能得到你的爱而发疯了吗?

奥菲利娅　父亲,我不知道,可是我想也许是的。

波洛涅斯　他怎么说?

奥菲利娅　他握住我的手腕紧紧不放,拉直了手臂向后退立,用他的另一只手这样遮在他的额角上,一眼不眨地瞧着我的脸,好像要把它临摹下来似的。这样经过了好久的时间,然后他轻轻地摇动一下我的手臂,他的头上上下下点了三次，于是他发出一声非常惨痛而深长的叹息，好像他的整个的胸部都要爆裂，他的生命就在这一声叹息中间完毕似的。然后他放松了我，转过他的身体，他的头还是向后回顾，好像他不用眼睛的帮助也能够找到他的路，因为直到他走出了门外，他的两眼还是注视在我的身上。

波洛涅斯 跟我来；我要见王上去。这正是恋爱不遂的疯狂；一个人受到这种剧烈的刺激，什么不顾一切的事情都会干得出来，其他一切能迷住我们本性的狂热，最厉害也不过如此。我真后悔。怎么，你最近对他说过什么使他难堪的话没有？

奥菲利娅 没有，父亲，可是我已经遵从您的命令，拒绝他的来信，并且不允许他来见我。

波洛涅斯 这就是使他疯狂的原因。我很后悔考虑得不够周到，看错了人。我以为他不过把你玩弄玩弄，恐怕贻误你的终身；可是我不该这样多疑！正像年轻人干起事来，往往不知道瞻前顾后一样，我们这种上了年纪的人，总是免不了鳃鳃过虑。来，我们见王上去。这种事情是不能蒙蔽起来的，要是隐讳不报，也许会闹出乱子来，比直言受责要严重得多。来。（同下）

第二场　城堡中一室

国王、王后、罗森格兰兹、吉尔登斯吞及侍从等上。

国　王 欢迎，亲爱的罗森格兰兹和吉尔登斯吞！这次匆匆召请你们两位前来，一方面是因为我非常思念你们，另一方面也是因为我有需要你们帮忙的地方。你们大概已经听到哈姆莱特的变化；我把它称为变化，因为无论在外表上或是精神上，他已经和从前大不相同。除了他父亲的死以外，究竟还有些什么原因，把他激成了这种疯疯癫癫的样子，我实在无从猜测。你们从小便跟他在一起长大，素来知道他的脾气，所以我特地请你们到我们宫廷里来盘桓几天，陪伴陪伴他，替他解解愁闷，同时乘机窥探他究竟有些什么秘密的心事，为我们所不知道的，也许一旦公开之后，我们就可以替他对症下药。

王　后 他常常讲起你们两位，我相信世上没有哪两个人比你们更为他所亲信了。你们要是不嫌怠慢，答应在我们这儿小作勾留，帮助我们实现我们的希望，那么你们的盛情雅意，一定会受到丹麦王室隆重的礼谢的。

罗森格兰兹 我们是两位陛下的臣子，两位陛下有什么旨意，尽管命令我们；像这样言重的话，倒使我们置身无地了。

吉尔登斯吞 我们愿意投身在两位陛下的足下，两位陛下无论有什么命令，我们都愿意尽力奉行。

国　王 谢谢你们，罗森格兰兹和善良的吉尔登斯吞。

王　后 谢谢你们，吉尔登斯吞和善良的罗森格兰兹。现在我就要请你们立刻去看看我的大大变了样子的儿子。来人，领这两位绅士到哈姆莱特的地方去。

吉尔登斯吞 但愿上天加佑，使我们能够得到他的欢心，帮助他恢复常态！

王　后 阿门！（罗森格兰兹、吉尔登斯吞及若干侍从下）

波洛涅斯上。

波洛涅斯 启禀陛下，我们派往挪威去的两位钦使已经喜气洋洋地回来了。

国　王 你总是带着好消息来报告我们。

波洛涅斯 真的吗，陛下？不瞒陛下说，我把我对于我的上帝和我的宽仁厚德的王上的责任，看得跟我的灵魂一样重呢。此外，除非我的脑筋在观察问题上不如过去那样有把握了，不然我肯定相信我已经发现了哈姆莱特发疯的原因。

国　王 啊！你说吧，我急着要听呢。

波洛涅斯 请陛下先接见了钦使；我的消息留着做盛筵以后的佳果美点吧。

国　王 那么有劳你去迎接他们进来。（波洛涅斯下）我的亲爱的乔特鲁德，他对我说他已经发现了你的儿子心神不定的原因。

王　后 我想，主要的原因还是他父亲的死和我们过于迅速的结婚。

国　王 好，等我们仔细问问。

　　　　　波洛涅斯率伏提曼德及考尼律斯重上。

国　王　欢迎，我的好朋友们！伏提曼德，我们的挪威王兄怎么说？

伏提曼德　他叫我们向陛下转达他的友好的问候。他听到了我们的要求，就立刻传谕他的侄儿停止征兵；本来他以为这种举动是准备对付波兰人的，可是一经调查，才知道它的对象原来是陛下；他知道此事以后，痛心自己因为年老多病，受人欺罔，震怒之下，传令把福丁布拉斯逮捕；福丁布拉斯并未反抗，受到了挪威王一番申斥，最后就在他的叔父面前立誓决不兴兵侵犯陛下。老王看见他诚心悔过，非常欢喜，当下就给他三千克朗的年俸，并且委任他统率他所征募的那些兵士，去向波兰人征伐；同时他叫我把这封信呈上陛下，（以书信呈上）请求陛下允许他的军队借道通过陛下的领土，他已经在信里提出若干条件，保证决不扰乱地方的安宁。

国　王　这样很好，等我们有空的时候，还要仔细考虑一下，然后答复。你们远道跋涉，不辱使命，很是劳苦了，先去休息休息，今天晚上我们还要在一起欢宴。欢迎你们回来！（伏提曼德、考尼律斯同下）

波洛涅斯　这件事情总算圆满结束了。王上，娘娘，要是我向你们长篇大论地解释君上的尊严、臣下的名分、白昼何以为白昼、黑夜何以为黑夜、时间何以为时间，那不过徒然浪费了昼、夜、时间；所以，既然简洁是智慧的灵魂，冗长是肤浅的藻饰，我还是把话说得简单一些吧。你们的那位殿下是疯了；我说他疯了，因为假如要说明什么才是真疯，那就只有发疯，此外还有什么可说的呢？可是那也不用说了。

王　后　多谈些实际，少弄些玄虚。

波洛涅斯　娘娘，我发誓我一点不弄玄虚。他疯了，这是真的；惟其是真的，所以才可叹，它的可叹也是真的——蠢话少说，因为我不愿弄玄虚。好，让我们同意他已经疯了；现在我们就应该求出这一个结果的原因，或者不如说，这一种病态的原因，因为这个病态的结果不是无因而至的，这就是我们现在要做的一步工作。我们来想一想吧。我有一个女儿——当她还不过是我的女儿的时候，她是属于我的——难得她一片孝心，把这封信给了我；现在，请猜一猜这里面说些什么话。"给那天仙化人的，我的灵魂的偶像，最艳丽的奥菲利娅——"这是一个粗俗的说法，下流的说法；"艳丽"两字用得非常下流；可是你们听下去吧；"让这几行诗句留下在她的皎洁的胸中——"

王　　后　这是哈姆莱特写给她的吗？

波洛涅斯　好娘娘，等一等，我要老老实实地照原文念：

> 你可以疑心星星是火把；
>
> 你可以疑心太阳会移转；
>
> 你可以疑心真理是谎话；
>
> 可是我的爱永没有改变。

"亲爱的奥菲利娅啊！我的诗写得太坏。我不会用诗句来抒写我的愁怀；可是相信我，最好的人儿啊！我最爱的是你。再会！最亲爱的小姐，只要我一息尚存，我就永远是你的，哈姆莱特。"这一封信是我的女儿出于孝顺之心拿来给我看的；此外，她又把他一次次求爱的情形，在什么时候，用什么方法，在什么所在，全都讲给我听了。

国　　王　可是她对于他的爱情抱着怎样的态度呢？

波洛涅斯　陛下以为我是怎样的一个人？

国　　王　一个忠心正直的人。

波洛涅斯　但愿我能够证明自己是这样一个人。可是假如我看见这场热烈的恋爱正在进行——不瞒陛下说，我在我的女儿没有告诉我以前，早就看出来了——假如我知道有了这么一回事，却在暗中玉成他们的好事，或者故意视若无睹，假作痴聋，一切不闻不问，那时候陛下的心里觉得怎样？我的好娘娘，您这位王后陛下的心里又觉得怎样？不，我一点也不敢懈怠我的责任，立刻就对我那位小姐说："哈姆莱特殿下是一位王子，不是你可以仰望的；这种事情不能让它继续下去。"于是我把她教训一番，叫她深居简出，不要和他见面，不要接纳他的来使，也不要收受他的礼物；她听了这番话，就照着我的意思实行起来。说来话短，他遭到拒绝以后，心里就郁郁不快，于是饭也吃不下了，觉也睡不着了，他的身体一天憔悴一天，他的精神一天恍惚一天，这样一步步发展下去，就变成现在他这一种为我们大家所悲痛的疯狂。

国　　王　你想，是这个原因吗？

王　后　这是很可能的。

波洛涅斯　我倒很想知道知道，哪一次我曾经肯定地说过了"这件事情是这样的"，而结果却并不这样？

国　王　照我所知道的，那倒没有。

波洛涅斯　要是我说错了话，把这个东西从这个上面拿下来吧。（指自己的头及肩）只要有线索可寻，我总会找出事实的真相，即使那真相一直藏在地球的中心。

国　王　我们怎么可以进一步试验试验？

波洛涅斯　您知道，有时候他会接连几个钟头在这儿走廊里踱来踱去。

王　后　他真的常常这样踱来踱去。

波洛涅斯　乘他踱来踱去的时候，我就让我的女儿去见他，你我可以躲在帏幕后面注视他们相会的情形；要是他不爱她，他的理智不是因为恋爱而丧失，那么不要叫我襄理国家的政务，让我去做个耕田赶牲口的农夫吧。

国　王　我们要试一试。

王　后　可是瞧，这可怜的孩子忧忧愁愁地念着一本书来了。

波洛涅斯　请陛下和娘娘避一避；让我走上去招呼他。（国王、王后及侍从等下）

　　　哈姆莱特读书上。

波洛涅斯　啊，恕我冒昧。您好，哈姆莱特殿下？

哈姆莱特　呃，上帝怜悯世人！

洛涅斯　您认识我吗，殿下？

哈姆莱特　认识认识，你是一个卖鱼的贩子。

波洛涅斯　我不是，殿下。

哈姆莱特　那么我但愿你是一个和鱼贩子一样的老实人。

波洛涅斯　老实，殿下！

哈姆莱特　嗯，先生；在这世上，一万个人中间只不过有一个老实人。

波洛涅斯　这句话说得很对，殿下。

哈姆莱特　要是太阳能在一条死狗尸体上孵育蛆虫，因为它是一块可亲吻的臭肉——你有一个女儿吗？

波洛涅斯 我有，殿下。

哈姆莱特 不要让她在太阳光底下行走；肚子里有学问是幸福，但不是像你女儿肚子里会有的那种学问。朋友，留心哪。

波洛涅斯 （旁白）你们瞧，他念念不忘地提我的女儿；可是最初他不认识我，他说我是一个卖鱼的贩子。他的疯病已经很深了，很深了。说句老实话，我在年轻的时候，为了恋爱也曾大发其疯，那样子也跟他差不多哩。让我再去对他说话。——您在读些什么，殿下？

哈姆莱特 都是些空话，空话，空话。

波洛涅斯 讲的是什么事，殿下？

哈姆莱特 谁同谁的什么事？

波洛涅斯 我是说您读的书里讲到些什么事，殿下。

哈姆莱特 一派诽谤，先生；这个专爱把人讥笑的坏蛋在这儿说着，老年人长着灰白的胡须，他们的脸上满是皱纹，他们的眼睛里粘满了眼屎，他们的头脑是空空洞洞的，他们的两腿是摇摇摆摆的；这些话，先生，虽然我十分相信，可是照这样写在书上，总有些有伤厚道；因为就是拿您先生自己来说，要是您能够像一只蟹一样向后倒退，那么您也应该跟我一样年轻了。

波洛涅斯 （旁白）这些虽然是疯话，却有深意在内。——您要走进里边去吗，殿下？别让风吹着！

哈姆莱特 走进我的坟墓里去？

波洛涅斯 那倒真是风吹不着的地方。（旁白）他的回答有时候是多么深刻！疯狂的人往往能够说出理智清明的人所说不出来的话。我要离开他，立刻就去想法让他跟我的女儿见面。——殿下，我要向您告别了。

哈姆莱特 先生，那是再好没有的事；但愿我也能够向我的生命告别，但愿我也能够向我的生命告别，但愿我也能够向我的生命告别。

波洛涅斯 再会，殿下。（欲去）

哈姆莱特 这些讨厌的老傻瓜！

罗森格兰兹及吉尔登斯吞重上。

波洛涅斯　你们要找哈姆莱特殿下，那儿就是。

罗森格兰兹　上帝保佑您，大人！（波洛涅斯下）

吉尔登斯吞　我的尊贵的殿下！

罗森格兰兹　我的最亲爱的殿下！

哈姆莱特　我的好朋友们！你好，吉尔登斯吞？啊，罗森格兰兹！好孩子们，你们两人都好？

罗森格兰兹　不过像一般庸庸碌碌之辈，在这世上虚度时光而已。

吉尔登斯吞　无荣无辱便是我们的幸福；我们高不到命运女神帽子上的纽扣。

哈姆莱特　也低不到她的鞋底吗？

罗森格兰兹　正是，殿下。

哈姆莱特　那么你们是在她的腰上，或是在她的怀抱之中吗？

吉尔登斯吞　说老实话，我们是在她的私处。

哈姆莱特　在命运身上秘密的那部分吗？啊，对了；她本来是一个娼妓。你们听到什么消息没有？

罗森格兰兹　没有，殿下，我们只知道这世界变得老实起来了。

哈姆莱特　那么世界末日快到了；可是你们的消息是假的。让我再仔细问问你们；我的好朋友们，你们在命运手里犯了什么案子，她把你们送到这儿牢狱里来了？

吉尔登斯吞　牢狱，殿下！

哈姆莱特　丹麦是一所牢狱。

罗森格兰兹　那么世界也是一所牢狱。

哈姆莱特　一所很大的牢狱，里面有许多监房、囚室、地牢；丹麦是其中最坏的一间。

罗森格兰兹　我们倒不这样想，殿下。

哈姆莱特　啊，那么对于你们它并不是牢狱；因为世上的事情本来没有善恶，都是各人的思想把它们分别出来的；对于我它是一所牢狱。

罗森格兰兹　啊，那是因为您的雄心太大，丹麦是个狭小的地方，不够给您发展，所以您把它看成一所牢狱啦。

哈姆莱特 上帝啊！倘不是因为我总做噩梦，那么即使把我关在一个果壳里，我也会把自己当作一个拥有着无限空间的君王的。

吉尔登斯吞 那种噩梦便是您的野心；因为野心家本身的存在，也不过是一个梦的影子。

哈姆莱特 一个梦的本身便是一个影子。

罗森格兰兹 不错，因为野心是那么空虚轻浮的东西，所以我认为它不过是影子的影子。

哈姆莱特 那么我们的乞丐是实体，我们的帝王和大言不惭的英雄，却是乞丐的影子了。我们进宫去好不好？因为我实在不能陪着你们谈玄说理。

罗森格兰兹
吉尔登斯吞 我们愿意侍候殿下。

哈姆莱特 没有的事，我不愿把你们当作我的仆人一样看待；老实对你们说吧，在我旁边侍候我的人全很不成样子。可是，凭着我们多年的交情，老实告诉我，你们到艾尔西诺来有什么贵干？

罗森格兰兹 我们是来拜访您来的，殿下；没有别的原因。

哈姆莱特 像我这样一个叫化子，我的感谢也是不值钱的，可是我谢谢你们；我想，亲爱的朋友们，你们专诚而来，只换到我的一声不值半文钱的感谢，未免太不值得了。不是有人叫你们来的吗？果然是你们自己的意思吗？真的是自动的访问吗？来，不要骗我。来，来，快说。

吉尔登斯吞 叫我们说些什么话呢，殿下？

哈姆莱特 无论什么话都行，只要不是废话。你们是奉命而来的；瞧你们掩饰不了你们良心上的惭愧，已经从你们的脸色上招认出来了。我知道是我们这位好国王和好王后叫你们来的。

罗森格兰兹 为了什么目的呢，殿下？

哈姆莱特 那可要请你们指教我了。可是凭着我们朋友间的道义，凭着我们少年时候亲密的情谊，凭着我们始终不渝的友好的精神，凭着比我口才更好的人所能提出的其他一切更有力量的理由，让我要求你们开诚布公，告诉我究竟你们是不是奉命而来的？

罗森格兰兹 （向吉尔登斯吞旁白）你怎么说？

哈姆莱特 （旁白）好，那么我看透你们的行动了。——要是你们爱我，别再抵赖了吧。

吉尔登斯吞 殿下，我们是奉命而来的。

哈姆莱特 让我代你们说明来意，免得你们泄漏了自己的秘密，有负国王、王后的付托。我近来不知为了什么缘故，一点兴致都提不起来，什么游乐的事都懒得过问；在这一种抑郁的心境之下，仿佛负载万物的大地，这一座美好的框架，只是一个不毛的荒岬；这个覆盖众生的苍穹，这一顶壮丽的帐幕，这个金黄色的火球点缀着的庄严的屋宇，只是一大堆污浊的瘴气的集合。人类是一件多么了不得的杰作！多么高贵的理性！多么伟大的力量！多么优美的仪表！多么文雅的举动！在行为上多么像一个天使！在智慧上多么像一个天神！宇宙的精华！万物的灵长！可是在我看来，这一个泥土塑成的生命算得了什么？人类不能使我发生兴趣；不，女人也不能使我发生兴趣，虽然从你现在的微笑之中，我可以看到你在这样想。

罗森格兰兹 殿下，我心里并没有这样的思想。

哈姆莱特 那么当我说"人类不能使我发生兴趣"的时候，你为什么笑起来？

罗森格兰兹 我想，殿下，要是人类不能使您发生兴趣，那么那班戏子恐怕要来自讨一场没趣了；我们在路上赶过了他们，他们是要到这儿来向您献技的。

哈姆莱特 扮演国王的那个人将要得到我的欢迎，我要在他的御座之前致献我的敬礼；冒险的骑士可以挥舞他的剑盾；情人的叹息不会没有酬报；躁急易怒的角色可以平安下场；小丑将要使那班善笑的观众捧腹；我们的女主角可以坦白诉说她的心事，不用怕那无韵诗的句子脱去板眼。他们是一班什么戏子？

罗森格兰兹 就是您向来所欢喜的那一个班子，在城里专演悲剧的。

哈姆莱特 他们怎么走起江湖来了呢？固定在一个地方演戏，在名誉和进益上都要好得多哩。

罗森格兰兹 我想，他们不能在一个地方立足，是为了时势的变化。

哈姆莱特 他们的名誉还是跟我在城里那时候一样吗？他们的观众还是那么多吗？

罗森格兰兹 不，他们现在已经大非昔比了。

哈姆莱特 怎么会这样的？他们的演技退步了吗？

罗森格兰兹 不，他们还是跟从前一样努力；可是，殿下，他们的地位已经被一群羽毛未丰的黄口小儿占夺了去。这些娃娃的嘶叫博得了台下疯狂的喝彩，他们是目前流行的宠儿，他们的声势压倒了所谓普通的戏班，以至于许多腰佩长剑的上流顾客，都因为惧怕批评家鹅毛管的威力，而不敢到那边去。

哈姆莱特 什么！是一些童伶吗？谁维持他们的生活？他们的薪工是怎么计算的？他们一到不能唱歌的年龄，就不再继续他们的本行了吗？要是他们赚不了多少钱，长大起来多半还是要做普通戏子的，那时候难道他们不会抱怨写戏词的人把他们害了，因为原先叫他们挖苦备至的不正是他们自己的未来前途吗？

罗森格兰兹 真的，两方面闹过不少的纠纷，全国的人都站在旁边恬不为意地呐喊助威，怂恿他们互相争斗。曾经有一个时期，一个脚本非得插进一段编剧家和演员争吵的对话，不然是没有人愿意出钱购买的。

哈姆莱特 有这等事？

吉尔登斯吞 是啊，在那场交锋里，许多人都投入了大量心血。

哈姆莱特 结果是娃娃们打赢了吗？

罗森格兰兹 正是，殿下；连赫剌克勒斯和他背负的地球都成了他们的战利品。

哈姆莱特 那也没有什么稀奇；我的叔父是丹麦的国王，那些当我父亲在世的时候对他扮鬼脸的人，现在都愿意拿出二十、四十、五十、一百块金洋来买他的一幅小照。哼，这里面有些不是常理可解的地方，要是哲学能够把它推究出来的话。（内喇叭奏花腔）

吉尔登斯吞　这班戏子来了。

哈姆莱特　两位先生，欢迎你们到艾尔西诺来。把你们的手给我；欢迎总要讲究这些礼节、俗套；让我不要对你们失礼，因为这些戏子来了以后，我不能不敷衍他们一番，也许你们见了会发生误会，以为我招待你们还不及招待他们殷勤。我欢迎你们；可是我的叔父父亲和婶母母亲可弄错啦。

吉尔登斯吞　弄错了什么，我的好殿下？

哈姆莱特　天上刮着西北风，我才发疯；风从南方吹来的时候，我不会把一只鹰当作了一只鹭鸶。

　　　　波洛涅斯重上。

波洛涅斯　祝福你们，两位先生！

哈姆莱特　听着，吉尔登斯吞；你也听着；一只耳朵边有一个人听：你们看见的那个大孩子，还在襁褓之中，没有学会走路哩。

罗森格兰兹　也许他是第二次裹在襁褓里，因为人家说，一个老年人是第二次做婴孩。

哈姆莱特　我可以预言他是来报告我戏子们来到的消息的；听好。——你说得不错；在星期一早上；正是正是。

波洛涅斯　殿下，我有消息要来向您报告。

哈姆莱特　大人，我也有消息要向您报告。当罗歇斯在罗马演戏的时候——

波洛涅斯　那班戏子已经到这儿来了，殿下。

哈姆莱特　嗤，嗤！

波洛涅斯　凭着我的名誉起誓——

哈姆莱特　那时每一个伶人都骑着驴子而来——

波洛涅斯　他们是全世界最好的伶人，无论悲剧、喜剧、历史剧、田园剧、田园喜剧、田园史剧、历史悲剧、历史田园悲喜剧、场面不变的正宗戏或是摆脱拘束的新派戏，他们无不拿手；塞内加的悲剧不嫌其太沉重，普鲁图斯的喜剧不嫌其太轻浮。无论在演出规律的或是自由的剧本方面，他们都是唯一的演员。

哈姆莱特　以色列的士师耶弗他啊,你有一件怎样的宝贝!

波洛涅斯　他有什么宝贝,殿下?

哈姆莱特　嗨,

他有一个独生娇女,

爱她胜过掌上明珠。

波洛涅斯　(旁白)还在提我的女儿。

哈姆莱特　我念得对不对,耶弗他老头儿?

波洛涅斯　要是您叫我耶弗他,殿下,那么我有一个爱如掌珠的娇女。

哈姆莱特　不,下面不是这样的。

波洛涅斯　那么应当是怎样的呢,殿下?

哈姆莱特　嗨,

上天不佑,劫数临头。

下面你知道还有,

偏偏凑巧,谁也难保——

要知道全文,请查这支圣歌的第一节,因为,你瞧,有人来把我的话头打断了。

优伶四五人上。

哈姆莱特　欢迎,各位朋友,欢迎欢迎!——我很高兴看见你这样健康。——欢迎,列位。——啊,我的老朋友!你的脸上比我上次看见你的时候,多长了几根胡子,格外显得威武啦;你是要到丹麦来向我挑战吗?啊,我的年轻的姑娘!凭着圣母起誓,您穿上了一双高底木靴,比我上次看见您的时候更苗条得多啦;求求上帝,但愿您的喉咙不要沙嘎得像一面破碎的铜锣才好!各位朋友,欢迎欢迎!我们要像法国的鹰师一样,不管看见什么就撒出鹰去;让我们立刻就来念一段剧词。来,试一试你们的本领,来一段激昂慷慨的剧词。

伶　甲　殿下要听的是哪一段?

哈姆莱特　我曾经听见你向我背诵过一段台词,可是它从来没有上演过;即使上演,也不会有一次以上,因为我记得这本戏并不受大众的欢迎。它是不合一般人口味的鱼子酱；可是照我的意思看来，还有其他在这方面比我更有权威的人也抱着同样的见解，它是一本绝妙的戏剧，场面支配得很是适当，文字质朴而富于技巧。我记得有人这样说过：那出戏里没有滥加提味的作料，字里行间毫无矫揉造作的痕迹；他把它称为一种老老实实的写法，兼有刚健与柔和之美，壮丽而不流于纤巧。其中有一段话是我最喜爱的，那就是埃涅阿斯对狄多讲述的故事，尤其是讲到普里阿摩斯被杀的那一节。要是你们还没有把它忘记，请从这一行念起；让我想想，让我想想：——

  野蛮的皮洛斯像猛虎一样——

不，不是这样；但是的确是从皮洛斯开始的：——

  野蛮的皮洛斯蹲伏在木马之中，

  黝黑的手臂和他的决心一样，

  像黑夜一般阴森而恐怖；

  在这黑暗狰狞的肌肤之上，

  现在更染上令人惊怖的纹章，

  从头到脚，他全身一片殷红，

  溅满了父母子女们无辜的血；

  那些燃烧着熊熊烈火的街道，

  发出残忍而惨恶的凶光，

  照亮敌人去肆行他们的杀戮，

  也焙干了到处横流的血泊；

  冒着火焰的熏炙，像恶魔一般，

  全身胶黏着凝结的血块，

  圆睁着两颗血红的眼睛，

  来往寻找普里阿摩斯老王的踪迹。

你接下去吧。

波洛涅斯 上帝在上，殿下，您念得好极了，真是抑扬顿挫，曲尽其妙。

伶　甲

  那老王正在苦战，

但是砍不着和他对敌的希腊人；
一点不听他手臂的指挥，
他的古老的剑锵然落地；
皮洛斯瞧他孤弱可欺，
疯狂似的向他猛力攻击，
凶恶的利刃虽然没有击中，
一阵风却把那衰弱的老王搧倒。
这一下打击有如天崩地裂，
惊动了没有感觉的伊利恩，
冒着火焰的城楼霎时坍下，
那轰然的巨响像一个霹雳，
震聋了皮洛斯的耳朵；瞧！
他的剑还没砍下普里阿摩斯
白发的头颅，却已在空中停住；
像一个涂朱抹彩的暴君，
对自己的行为漠不关心，
他兀立不动。
在一场暴风雨未来以前，
天上往往有片刻的宁寂，
一块块乌云静悬在空中，
狂风悄悄地收起它的声息，
死样的沉默笼罩整个大地；
可是就在这片刻之内，
可怕的雷鸣震裂了天空。
经过暂时的休止，杀人的暴念
重新激起了皮洛斯的精神；
库克罗普斯为战神铸造甲胄，
那巨力的锤击，还不及皮洛斯

　　　　流血的剑向普里阿摩斯身上劈下
　　　　那样凶狠无情。
　　　　去，去，你娼妇一样的命运！
　　　　天上的诸神啊！剥去她的权力，
　　　　不要让她僭窃神明的宝座；
　　　　折毁她的车轮，把它滚下神山，
　　　　直到地狱的深渊。

波洛涅斯　这一段太长啦。

哈姆莱特　它应当跟你的胡子一起到理发匠那儿去薙一薙。念下去吧。他只爱听俚俗的歌曲和淫秽的故事，否则他就要瞌睡的。念下去；下面要讲到赫卡柏了。

伶　甲
　　　　可是啊！谁看见那蒙脸的王后——

哈姆莱特　"那蒙脸的王后"？

波洛涅斯　那很好；"蒙脸的王后"是很好的句子。

伶　甲
　　　　满面流泪，在火焰中赤脚奔走，
　　　　一块布覆在失去宝冕的头上，
　　　　也没有一件蔽体的衣服，
　　　　只有在惊惶中抓到的一幅毡巾，
　　　　裹住她瘦削而多产的腰身；
　　　　谁见了这样伤心惨目的景象，
　　　　不要向残酷的命运申申毒詈？
　　　　她看见皮洛斯以杀人为戏，
　　　　正在把她丈夫的肢体脔割，
　　　　忍不住大放哀声，那凄凉的号叫——
　　　　除非人间的哀乐不能感动天庭——
　　　　即使天上的星星也会陪她流泪，

> 假使那时诸神曾在场目击,
>
> 他们的心中都要充满悲愤。

波洛涅斯 瞧,他的脸色都变了,他的眼睛里已经含着眼泪!不要念下去了吧。

哈姆莱特 很好,其余的部分等会儿再念给我听吧。大人,请您去找一处好好的地方安顿这一班伶人。听着,他们是不可怠慢的,因为他们是这一个时代的缩影;宁可在死后得到一首恶劣的墓铭,不要在生前受他们一场刻毒的讥讽。

波洛涅斯 殿下,我按着他们应得的名分对待他们就是了。

哈姆莱特 哎哟,朋友,还要客气得多哩!要是照每一个人应得的名分对待他,那么谁逃得了一顿鞭子?照你自己的名誉地位对待他们;他们越是不配受这样的待遇,越可以显出你的谦虚有礼。领他们进去。

波洛涅斯 来,各位朋友。

哈姆莱特 跟他去,朋友们;明天我们要听你们唱一本戏。(波洛涅斯偕众伶下,伶甲独留)听着,老朋友,你会演《贡扎古之死》吗?

伶　甲 会演的,殿下。

哈姆莱特 那么我们明天晚上就把它上演。也许我为了必要的理由,要另外写下约莫十几行句子的一段剧词插进去,你能够把它预先背熟吗?

伶　甲 可以,殿下。

哈姆莱特 很好。跟着那位老爷去;留心不要取笑他。(伶甲下。向罗森格兰兹、吉尔登斯吞)我的两位好朋友,我们今天晚上再见;欢迎你们到艾尔西诺来!

吉尔登斯吞 再会,殿下!(罗森格兰兹、吉尔登斯吞同下)

哈姆莱特 好,上帝和你们同在!现在我只剩一个人了。啊,我是一个多么不中用的蠢材!这一个伶人不过在一本虚构的故事、一场激昂的幻梦之中,却能够使他的灵魂融化在他的意象里,在它的影响之下,他的整个的脸色变成惨白,他的眼中洋溢着热泪,他的神情流露着仓皇,他的声音是这么呜咽凄凉,他的全部动作都表现得和他的意象一致,这不是极其不可思议的吗？而且一点也不为了什么！为了赫卡柏！赫卡柏对他有什么相干，他对赫卡柏又有什么相干，他却要为她流泪？要是他也有了像我所有的那样使人痛心的理由，他将要怎样呢？他一定会让眼泪淹没了舞台，用可怖的字句震裂了听众的耳朵，使有罪的人发狂，使无罪的人惊骇，使愚昧无知的人惊惶失措，使所有的耳目迷乱了它们的功能。可是我，一个糊涂颠顸的家伙，垂头丧气，一天到晚像在做梦似的，忘记了杀父的大仇；虽然一个国王给人家用万恶的手段掠夺了他的权位，杀害了他的最宝贵的生命，我却始终哼不出一句话来。我是一个懦夫吗？谁骂我恶人？谁敲破我的脑壳？谁拔去我的胡子，把它吹在我的脸上？谁扭我的鼻子？谁当面指斥我胡说？谁对我做这种事？嘿！我应该忍受这样的侮辱，因为我是一个没有心肝、逆来顺受的怯汉，否则我早已用这奴才的尸肉，喂肥了满天盘旋的乌鸢了。嗜血的、荒淫的恶贼！狠心的、奸诈的、淫邪的、悖逆的恶贼！啊！复仇！——嗨，我真是个蠢材！我的亲爱的父亲被人谋杀了，鬼神都在鞭策我复仇，我这做儿子的却像一个下流女人似的，只会用空言发发牢骚，学起泼妇骂街的样子来，在我已经是了不得的了！呸！呸！活动起来吧，我的脑筋！我听人家说，犯罪的人在看戏的时候，因为台上表演的巧妙，有时会激动天良，当场供认他们的罪恶；因为暗杀的事情无论干得怎样秘密，总会借着神奇的喉舌泄露出来。我要叫这班伶人在我的叔父面前表演一本跟我的父亲的惨死情节相仿的戏剧，我就在一旁窥察他的神色；我要探视到他的灵魂的深处，要是他稍露惊骇不安之态，我就知道我应该怎么办。我所看见的幽灵也许是魔鬼的化身，借着一个美好的形状出现，魔鬼是有这一种本领的；对于柔弱忧郁的灵魂，他最容易发挥他的力量；也许他看准了我的柔弱和忧郁，才来向我作祟，要把我引诱到沉沦的路上。我要先得到一些比这更切实的证据；凭着这一本戏，我可以发掘国王内心的隐秘。（下）

第三幕

第一场 城堡中一室

国王、王后、波洛涅斯、奥菲利娅、罗森格兰兹及吉尔登斯吞上。

国　王　你们不能用迂回婉转的方法，探出他为什么这样神魂颠倒，让紊乱而危险的疯狂困扰他的安静的生活吗？

罗森格兰兹　他承认他自己有些神经迷惘，可是绝口不肯说为了什么缘故。

吉尔登斯吞　他也不肯虚心接受我们的探问；当我们想要引导他吐露他自己的一些真相的时候，他总是用假作痴呆的神气故意回避。

王　后　他对待你们还客气吗？

罗森格兰兹　很有礼貌。

吉尔登斯吞　可是不大自然。

罗森格兰兹　他很吝惜自己的话，可是我们问他话的时候，他回答起来却是毫无拘束。

王　后　你们有没有劝诱他找些什么消遣？

罗森格兰兹　娘娘，我们来的时候，刚巧有一班戏子也要到这儿来，给我们赶过了；我们把这消息告诉了他，他听了好像很高兴。现在他们已经到了宫里，我想他已经吩咐他们今晚为他演出了。

波洛涅斯　一点不错；他还叫我来请两位陛下同去看看他们演得怎样哩。

国　王　那好极了；我非常高兴听见他在这方面感到兴趣。请你们两位还要更进一步鼓起他的兴味，把他的心思移转到这种娱乐上面。

罗森格兰兹　是，陛下。（罗森格兰兹、吉尔登斯吞同下）

国　王　亲爱的乔特鲁德，你也暂时离开我们；因为我们已经暗中差人去唤哈姆莱特到这儿来，让他和奥菲利娅见见面，就像他们偶然相遇一般。她的父亲跟我两人将要权充一下密探，躲在可以看见他们，却不能被他们看见的地方，注意他们会面的情形，从他的行为上判断他的疯病究竟是不是因为恋爱上的苦闷。

王　　后　我愿意服从您的意旨。奥菲利娅，但愿你的美貌果然是哈姆莱特疯狂的原因；更愿你的美德能够帮助他恢复原状，使你们两人都能安享尊荣。

奥菲利娅　娘娘，但愿如此。（王后下）

波洛涅斯　奥菲利娅，你在这儿走走。陛下，我们就去躲起来吧。（向奥菲利娅）你拿这本书去读，他看见你这样用功，就不会疑心你为什么一个人在这儿了。人们往往用至诚的外表和虔敬的行动，掩饰一颗魔鬼般的内心，这样的例子是太多了。

国　　王　（旁白）啊，这句话是太真实了！它在我的良心上抽了多么重的一鞭！涂脂抹粉的娼妇的脸，还不及掩藏在虚伪的言辞后面的我的行为更丑恶。难堪的重负啊！

波洛涅斯　我听见他来了；我们退下去吧，陛下。（国王及波洛涅斯下）

　　　　　　哈姆莱特上。

哈姆莱特　生存还是毁灭，这是一个值得考虑的问题；默然忍受命运的暴虐的毒箭，或是挺身反抗人世的无涯的苦难，通过斗争把它们扫清，这两种行为，哪一种更高贵？死了；睡着了；什么都完了；要是在这一种睡眠之中，我们心头的创痛，以及其他无数血肉之躯所不能避免的打击，都可以从此消失，那正是我们求之不得的结局。死了；睡着了；睡着了也许还会做梦；嗯，阻碍就在这儿：因为当我们摆脱了这一具朽腐的皮囊以后，在那死的睡眠里，究竟将要做些什么梦，那不能不使我们踌躇顾虑。人们甘心久困于患难之中，也就是为了这个缘故；谁愿意忍受人世的鞭挞和讥嘲、压迫者的凌辱、傲慢者的冷眼、被轻蔑的爱情的惨痛、法律的迁延、官吏的横暴和费尽辛勤所换来的小人的鄙视，要是他只要用一柄小小的刀子，就可以清算他自己的一生？谁愿意负着这样的重担，在烦劳的生命的压迫下呻吟流汗，倘不是因为惧怕不可知的死后，惧怕那从来不曾有一个旅人回来过的神秘之国，是它迷惑了我们的意志，使我们宁愿忍受目前的磨折，不敢向我们所不知道的痛苦飞去？这样，重重的顾虑使我们全变成了懦夫，决心的赤热的光彩，被审慎的思维盖上了一层灰色，伟大的事业在这一种考虑之下，也会逆流而退，失去了行动的意义。且慢！美丽的奥菲利娅！——女神，在你的祈祷之中，不要忘记替我忏悔我的罪孽。

  奥菲利娅 我的好殿下，您这许多天来贵体安好吗？

  哈姆莱特 谢谢你，很好，很好，很好。

  奥菲利娅 殿下，我有几件您送给我的纪念品，我早就想把它们还给您；请您现在收回去吧。

  哈姆莱特 不，我不要；我从来没有给你什么东西。

  奥菲利娅 殿下，我记得很清楚您把它们送给了我，那时候您还向我说了许多甜言蜜语，使这些东西格外显得贵重；现在它们的芳香已经消散，请您拿回去吧，因为在有骨气的人看来，送礼的人要是变了心，礼物虽贵，也会失去了价值。拿去吧，殿下。

  哈姆莱特 哈哈！你贞洁吗？

  奥菲利娅 殿下！

  哈姆莱特 你美丽吗？

  奥菲利娅 殿下是什么意思？

  哈姆莱特 要是你既贞洁又美丽，那么你的贞洁应该断绝跟你的美丽来往。

  奥菲利娅 殿下，难道美丽除了贞洁以外，还有什么更好的伴侣吗？

  哈姆莱特 嗯，真的；因为美丽可以使贞洁变成淫荡，贞洁却未必能使美丽受它自己的感化；这句话从前像是怪诞之谈，可是现在时间已经把它证实了。我的确曾经爱过你。

  奥菲利娅 真的，殿下，您曾经使我相信您爱我。

  哈姆莱特 你当初就不应该相信我，因为美德不能熏陶我们罪恶的本性；我没有爱过你。

  奥菲利娅 那么我真是受了骗了。

  哈姆莱特 进尼姑庵去吧；为什么你要生一群罪人出来呢？我自己还不

算是一个顶坏的人；可是我可以指出我的许多过失，一个人有了那些过失，他的母亲还是不要生下他来的好。我很骄傲，有仇必报，富于野心，我的罪恶是那么多，连我的思想也容纳不下，我的想像也不能给它们形象，甚至于我都没有充分的时间可以把它们实行出来。像我这样的家伙，匍匐于天地之间，有什么用处呢？我们都是些十足的坏人；一个也不要相信我们。进尼姑庵去吧。你的父亲呢？

奥菲利娅　在家里，殿下。

哈姆莱特　把他关起来，让他只好在家里发发傻劲。再会！

奥菲利娅　哎哟，天哪！救救他！

哈姆莱特　要是你一定要嫁人，我就把这一个咒诅送给你做嫁奁：尽管你像冰一样坚贞，像雪一样纯洁，你还是逃不过谗人的诽谤。进尼姑庵去吧，去；再会！或者要是你必须嫁人的话，就嫁给一个傻瓜吧；因为聪明人都明白你们会叫他们变成怎样的怪物。进尼姑庵去吧，去；越快越好。再会！

奥菲利娅　天上的神明啊，让他清醒过来吧！

哈姆莱特　我也知道你们会怎样涂脂抹粉；上帝给了你们一张脸，你们又替自己另外造了一张。你们烟视媚行，淫声浪气，替上帝造下的生物乱取名字，卖弄你们不懂事的风骚。算了吧，我再也不敢领教了；它已经使我发了狂。我说，我们以后再不要结什么婚了；已经结过婚的，除了一个人以外，都可以让他们活下去；没有结婚的不准再结婚，进尼姑庵去吧，去。（下）

奥菲利娅　啊，一颗多么高贵的心是这样殒落了！朝臣的眼睛、学者的辩舌、军人的利剑、国家所瞩望的一朵娇花，时流的明镜、人伦的雅范、举世注目的中心，这样无可挽回地殒落了！我是一切妇女中间最伤心而不幸的，我曾经从他音乐一般的盟誓中吮吸芬芳的甘蜜，现在却眼看着他的高贵无上的理智，像一串美妙的银铃失去了谐和的音调，无比的青春美貌，在疯狂中凋谢！啊！我好苦，谁料过去的繁华，变作今朝的泥土！

　　　　国王及波洛涅斯重上。

国　王　恋爱！他的精神错乱不像是为了恋爱；他说的话虽然有些颠倒，也不像是疯狂。他有些什么心事盘踞在他的灵魂里，我怕它也许会产生危险的结果。为了防止万一，我已经当机立断，决定了一个办法：他必须立刻到英国去，向他们追索延宕未纳的贡物；也许他到海外各国游历一趟以后，时时变换的环境，可以替他排解去这一桩使他神思恍惚的心事。你看怎么样？

波洛涅斯 那很好；可是我相信他的烦闷的根本原因，还是为了恋爱上的失意。啊，奥菲利娅！你不用告诉我们哈姆莱特殿下说些什么话；我们全都听见了。陛下，照您的意思办吧；可是您要是认为可以的话，不妨在戏剧终场以后，让他的母后独自一人跟他在一起，恳求他向她吐露他的心事；她必须很坦白地跟他谈谈，我就找一个所在听他们说些什么。要是她也探听不出他的秘密来，您就叫他到英国去，或者凭着您的高见，把他关禁在一个适当的地方。

国　王 就这样吧；大人物的疯狂是不能听其自然的。（同下）

第二场　城堡中的厅堂

哈姆莱特及若干伶人上。

哈姆莱特 请你念这段剧词的时候，要照我刚才读给你听的那样子，一个字一个字打舌头上很轻快地吐出来；要是你也像多数的伶人一样，只会拉开了喉咙嘶叫，那么我宁愿叫那宣布告示的公差念我这几行词句。也不要老是把你的手在空中这么摇挥；一切动作都要温文，因为就是在洪水暴风一样的感情激发之中，你也必须取得一种节制，免得流于过火。啊！我顶不愿意听见一个披着满头假发的家伙在台上乱嚷乱叫，把一段感情片片撕碎，让那些只爱热闹的低级观众听了出神，他们中间的大部分是除了欣赏一些莫名其妙的手势以外，什么都不懂。我可以把这种家伙抓起来抽一顿鞭子，因为他把妥玛刚特形容过分，希律王的凶暴也要对他甘拜下风。请你留心避免才好。

伶　甲 我留心着就是了，殿下。

哈姆莱特 可是太平淡了也不对，你应该接受你自己的常识的指导，把动作和言语互相配合起来；特别要注意到这一点，你不能越过自然的常道；因为任何过分的表现都是和演剧的原意相反的，自有戏剧以来，它的目的始终是反映自然，显示善恶的本来面目，给它的时代看一看它自己演变发展的模型。要是表演得过分了或者太懈怠了，虽然可以博外行的观众一笑，明眼之士却要因此而皱眉；你必须看重这样一个卓识者的批评甚于满场观众盲目的毁誉。啊！我曾经看见有几个伶人演戏，而且也听见有人把他们极口捧场，说一句比喻不伦的话，他们既不会说基督徒的语言，又不会学着基督徒、异教徒或者一般人的样子走路，瞧他们在台上大摇大摆，使劲叫喊的样子，我心里就想一定是什么造化的雇工把他们造了下来，造得这样拙劣，以至于全然失去了人类的面目。

伶　甲　我希望我们在这方面已经有了相当的纠正了。

哈姆莱特　啊！你们必须彻底纠正这一种弊病。还有你们那些扮演小丑的，除了剧本上专为他们写下的台词以外，不要让他们临时编造一些话加上去。往往有许多小丑爱用自己的笑声，引起台下一些无知的观众的哄笑，虽然那时候全场的注意力应当集中于其他更重要的问题上；这种行为是不可恕的，它表示出那丑角的可鄙的野心。去，准备起来吧。（伶人等同下）

　　　　　波洛涅斯、罗森格兰兹及吉尔登斯呑上。

哈姆莱特　啊，大人，王上愿意来听这一本戏吗？

波洛涅斯　他跟娘娘都就要来了。

哈姆莱特　叫那些戏子赶紧点。（波洛涅斯下）你们两人也去帮着催催他们。

罗森格兰兹
吉尔登斯呑　是，殿下。（罗森格兰兹、吉尔登斯呑下）

哈姆莱特　喂！霍拉旭！

　　　　　霍拉旭上。

霍拉旭　有，殿下。

哈姆莱特　霍拉旭，你是我所交接的人们中间最正直的一个人。

霍拉旭　啊，殿下！——

哈姆莱特　不，不要以为我在恭维你；你除了你的善良的精神以外，身无长物，我恭维了你又有什么好处呢？为什么要向穷人恭维？不，让蜜糖一样的嘴唇去吮舐愚妄的荣华，在有利可图的所在屈下他们生财有道的膝盖来吧。听着。自从我能够辨别是非、察择贤愚以后，你就是我灵魂里选中的一个人，因为你虽然经历一切的颠沛，却不曾受到一点伤害，命运的虐待和恩宠，你都是受之泰然；能够把感情和理智调整得那么适当，命运不能把他玩弄于指掌之间，那样的人是有福的。给我一个不为感情所奴役的人，我愿意把他珍藏在我的心坎、我的灵魂的深处，正像我对你一样。这些话现在也不必多说了。今晚我们要在国王面前演一出戏，其中有一场的情节跟我告诉过你的我的父亲的死状颇相仿佛；当那幕戏正在串演的时候，我要请你集中你的全副精神，注视我的叔父，要是他在听到了那一段戏词以后，他的隐藏的罪恶还是不露出一丝痕迹来，那么我们所看见的那个鬼魂一定是个恶魔，我的幻想也就像铁匠的砧石那样黑漆一团了。留心看他；我也要把我的眼睛看定他的脸上；过后我们再把各人观察的结果综合起来，给他下一个判断。

霍拉旭　很好，殿下；在演这出戏的时候，要是他在容色举止之间，有什么地方逃过了我们的注意，请您唯我是问。

哈姆莱特　他们来看戏了；我必须装出一副糊涂样子。你去拣一个地方坐下。

　　　　奏丹麦进行曲，喇叭奏花腔。国王、王后、波洛涅斯、奥菲利娅、罗森格兰兹、吉尔登斯吞及余人等上。

国　王　你过得好吗，哈姆莱特贤侄？

哈姆莱特　很好，好极了；我过的是变色蜥蜴的生活，整天吃空气，肚子让甜言蜜语塞满了；这可不是你们填鸭子的办法。

国　王　你这种话真是答非所问，哈姆莱特；我不是那个意思。

哈姆莱特　不，我现在也没有那个意思。（向波洛涅斯）大人，您说您在大学里念书的时候，曾经演过一回戏吗？

波洛涅斯　是的，殿下，他们都称赞我是一个很好的演员哩。

哈姆莱特　您扮演什么角色呢？

波洛涅斯　我扮的是裘力斯·凯撒；勃鲁托斯在朱庇特神殿里把我杀死。

哈姆莱特　他在神殿里杀死了那么好的一头小牛，真太残忍了。那班戏子已经预备好了吗？

罗森格兰兹　是，殿下，他们在等候您的旨意。

王　　后　过来，我的好哈姆莱特，坐在我的旁边。

哈姆莱特　不，好妈妈，这儿有一个更迷人的东西哩。

波洛涅斯　（向国王）啊哈！您看见吗？

哈姆莱特　小姐，我可以睡在您的怀里吗？

奥菲利娅　不，殿下。

哈姆莱特　我的意思是说，我可以把我的头枕在您的膝上吗？

奥菲利娅　嗯，殿下。

哈姆莱特　您以为我在转着下流的念头吗？

奥菲利娅　我没有想到，殿下。

哈姆莱特　睡在姑娘大腿的中间，想起来倒是很有趣的。

奥菲利娅　什么，殿下？

哈姆莱特　没有什么。

奥菲利娅　您在开玩笑哩，殿下。

哈姆莱特　谁，我吗？

奥菲利娅　嗯，殿下。

哈姆莱特　上帝啊！要说玩笑，那就得属我了。一个人为什么不说说笑笑呢？您瞧，我的母亲多么高兴，我的父亲还不过死了两个钟头。

奥菲利娅　不，已经四个月了，殿下。

哈姆莱特　这么久了吗？哎哟，那么让魔鬼去穿孝服吧，我可要去做一身貂皮的新衣啦。天啊！死了两个月，还没有把他忘记吗？那么也许一个大人物死了以后，他的记忆还可以保持半年之久；可是凭着圣母起誓，他必须造下几所教堂，否则他就要跟那被遗弃的木马一样，没有人再会想念他了。

　　　　高音笛奏乐。哑剧登场。

　　　　一国王及一王后上，状极亲热，互相拥抱。后跪地，向王作宣誓状，王扶后起，俯首后颈上。王就花坪上睡下；后见王睡熟离去。另一人上，自王头上去冠，吻冠，注毒药于王耳，下。后重上，见王死，作哀恸状。下毒者率其他二三人重上，伴作陪后悲哭状。从者舁王尸下。下毒者以礼物赠后，向其乞爱；后先作憎恶不愿状，卒允其请。同下。

奥菲利娅　这是什么意思，殿下？

哈姆莱特　呃，这是阴谋诡计、不干好事的意思。

奥菲利娅　大概这一场哑剧就是全剧的本事了。

致开场词者上。

哈姆莱特　这家伙可以告诉我们一切；演戏的都不能保守秘密，他们什么话都会说出来。

奥菲利娅　他也会给我们解释方才那场哑剧有什么奥妙吗？

哈姆莱特　是啊；这还不算，只要你做给他看什么，他也能给你解释什么；只要你做出来不害臊，他解释起来也绝不害臊。

奥菲利娅　殿下真是淘气、真是淘气。我还是看戏吧。

开场词

这悲剧要是演不好，

要请各位原谅指教，

小的在这厢有礼了。（致开场词者下）

哈姆莱特　这算开场词呢，还是指环上的诗铭？

奥菲利娅　它很短，殿下。

哈姆莱特　正像女人的爱情一样。

二伶人扮国王、王后上。

伶　王

日轮已经盘绕三十春秋，

那茫茫海水和滚滚地球，

月亮吐耀着借来的晶光，

三百六十回向大地环航，

自从爱把我们缔结良姻，

许门替我们证下了鸳盟。

伶　后

愿日月继续他们的周游，

　　　　让我们再厮守三十春秋!
　　　　可是,唉,你近来这样多病,
　　　　郁郁寡欢,失去旧时高兴,
　　　　好教我满心里为你忧惧。
　　　　可是,我的主,你不必疑虑;
　　　　女人的忧伤像爱情一样,
　　　　不是太少,就是超过分量;
　　　　你知道我爱你是多么深,
　　　　所以才会有如此的忧心。
　　　　越是相爱,越是挂肚牵胸;
　　　　不这样哪显得你我情浓?

伶　王
　　　　爱人,我不久必须离开你,
　　　　我的全身将要失去生机;
　　　　留下你在这繁华的世界
　　　　安享尊荣,受人们的敬爱:
　　　　也许再嫁一位如意郎君——

伶　后
　　　　啊!我断不是那样薄情人;
　　　　我倘忘旧迎新,难邀天恕,
　　　　再嫁的除非是杀夫淫妇。

哈姆莱特　(旁白)苦恼,苦恼!
伶　后
　　　　妇人失节大半贪慕荣华,
　　　　多情女子绝不另抱琵琶;
　　　　我要是与他人共枕同衾,
　　　　怎么对得起地下的先灵!

伶　王

　　我相信你的话发自心田，
　　可是我们往往自食前言。
　　志愿不过是记忆的奴隶，
　　总是有始无终，虎头蛇尾，
　　像未熟的果子密布树梢，
　　一朝红烂就会离去枝条。
　　我们对自己所负的债务，
　　最好把它丢在脑后不顾；
　　一时的热情中发下誓愿，
　　心冷了，那意志也随云散。
　　过分的喜乐，剧烈的哀伤，
　　反会毁害了感情的本常。
　　人世间的哀乐变幻无端，
　　痛哭转瞬早变成了狂欢。
　　世界也会有毁灭的一天，
　　何怪爱情要随境遇变迁；
　　有谁能解答这一个哑谜，
　　是境由爱造？是爱逐境移？
　　失财势的伟人举目无亲；
　　走时运的穷酸仇敌逢迎。
　　这炎凉的世态古今一辙：
　　富有的门庭挤满了宾客；
　　要是你在穷途向人求助，
　　即使知交也要情同陌路。
　　把我们的谈话拉回本题，
　　意志命运往往背道而驰，
　　决心到最后会全部推倒，

事实的结果总难符预料。
你以为你自己不会再嫁，
只怕我一死你就要变卦。

伶　后
地不要养我，天不要亮我！
昼不得游乐，夜不得安卧！
毁灭了我的希望和信心；
铁锁囚门把我监禁终身！
每一种恼人的飞来横逆，
把我一重重的心愿摧折！
我倘死了丈夫再作新人，
让我生前死后永陷沉沦！

哈姆莱特　要是她现在背了誓！

伶　王
难为你发这样重的誓愿。
爱人，你且去；我神思昏倦，
想要小睡片刻。（睡）

伶　后
愿你安睡；
上天保佑我俩永无灾悔！（下）

哈姆莱特　母亲，您觉得这出戏怎样？

王　后　我觉得那女人在表白心迹的时候，说话过火了一些。

哈姆莱特　啊，可是她会守约的。

国　王　这本戏是怎么一个情节？里面没有什么要不得的地方吗？

哈姆莱特　不，不，他们不过开玩笑毒死了一个人；没有什么要不得的。

国　王　戏名叫什么？

哈姆莱特　《捕鼠机》。呃，怎么？这是一个象征的名字。戏中的故事影射着维也纳的一件谋杀案。贡扎古是那公爵的名字；他的妻子叫作白普蒂丝姐。您看下去就知道是怎么一回事啦。这是个很恶劣的作品，可是那有什么关系？它不会对陛下您跟我们这些灵魂清白的人有什么相干；让那有毛病的马儿去惊跳退缩吧，我们的肩背都是好好的。

　　一伶人扮琉西安纳斯上。

哈姆莱特　这个人叫作琉西安纳斯，是那国王的侄子。

奥菲利娅　您很会解释剧情，殿下。

哈姆莱特　要是我看见傀儡戏搬演您跟您爱人的故事，我也会替你们解释的。

奥菲利娅　您的嘴真厉害，殿下，您的嘴真厉害。

哈姆莱特　我要是真厉害起来，你非得哼哼不可。

奥菲利娅　说好就好，说糟就糟。

哈姆莱特　女人嫁丈夫也是一样。动手吧，凶手！混账东西，别扮鬼脸了，动手吧！来；哇哇的乌鸦发出复仇的啼声。

琉西安纳斯

　　　黑心快手，遇到妙药良机；

　　　趁着没人看见事不宜迟。

　　　你夜半采来的毒草炼成，

　　　赫卡忒的咒语念上三巡，

　　　赶快发挥你凶恶的魔力，

让他的生命速归于幻灭。（以毒药注入睡者耳中）

哈姆莱特　他为了觊觎权位，在花园里把他毒死。他的名字叫贡扎古；那故事原文还存在，是用很好的意大利文写成的。底下就要做到那凶手怎样得到贡扎古的妻子的爱了。

奥菲利娅　王上站起来了！

哈姆莱特　什么！给一响空枪吓怕了吗？

王　后　陛下怎么样啦？

波洛涅斯　不要演下去了！

国　王　给我点起火把来！去！

众　　人　火把！火把！火把！（除哈姆莱特、霍拉旭外均下）

哈姆莱特　嗨，让那中箭的母鹿掉泪，

没有伤的公鹿自去游玩；

有的人失眠，有的人酣睡，

世界就是这样循环轮转。

老兄，要是我的命运跟我作起对来，凭着我这念词的本领，头上插上满头的羽毛，开缝的靴子上再缀上两朵绢花，你想我能不能在戏班子里插足？

霍拉旭　也许他们可以让您领半额包银。

哈姆莱特　我可要领全额的。

因为你知道，亲爱的朋友，

这一个荒凉破碎的国土

原本是乔武统治的雄邦，

而今王位上却坐着——孔雀。

霍拉旭　您该押韵才是。

哈姆莱特　啊，好霍拉旭！那鬼魂真的没有骗我。你看见吗？

霍拉旭　看见的，殿下。

哈姆莱特　在那演戏的一提到毒药的时候？

霍拉旭　我看得他很清楚。

哈姆莱特　啊哈！来，奏乐！来，那吹笛子的呢？

要是国王不爱这出喜剧，

那么他多半是不能赏识。

来，奏乐！

　　罗森格兰兹及吉尔登斯吞重上。

吉尔登斯吞　殿下，允许我跟您说句话。

哈姆莱特　好，你对我讲全部历史都可以。

吉尔登斯吞　殿下，王上——

哈姆莱特　嗯，王上怎么样？

吉尔登斯吞　他回去以后，非常不舒服。

哈姆莱特　喝醉了吗？

吉尔登斯吞　不，殿下，他在发脾气。

哈姆莱特　你应该把这件事告诉他的医生，才算你的聪明；因为叫我去替他诊视，恐怕反而更会激动他的脾气的。

吉尔登斯吞　好殿下，请您说话检点些，别这样拉扯开去。

哈姆莱特　好，我是听话的，你说吧。

吉尔登斯吞　您的母后心里很难过，所以叫我来。

哈姆莱特　欢迎得很。

吉尔登斯吞　不，殿下，这一种礼貌是用不着的。要是您愿意给我一个好好的回答，我就把您母亲的意旨向您传达；不然的话，请您原谅我，让我就这么回去，我的事情就算完了。

哈姆莱特　我不能。

吉尔登斯吞　您不能什么，殿下？

哈姆莱特　我不能给你一个好好的回答，因为我的脑子已经坏了；可是我所能够给你的回答，你——我应该说我的母亲——可以要多少有多少。所以别说废话，言归正传吧；你说我的母亲——

罗森格兰兹　她这样说：您的行为使她非常吃惊。

哈姆莱特　啊，好儿子，居然会叫一个母亲吃惊！可是在这母亲的吃惊的后面，还有些什么话呢？说吧。

罗森格兰兹　她请您在就寝以前，到她房间里去跟她谈谈。

哈姆莱特　即使她十次是我的母亲，我也一定服从她。你还有什么别的事情？

罗森格兰兹　殿下，我曾经蒙您错爱。

哈姆莱特　凭着我这双扒手起誓，我现在还是欢喜你的。

罗森格兰兹　好殿下，您心里这样不痛快，究竟为了什么原因？要是您不肯把您的心事告诉您的朋友，那恐怕会害您自己失去自由。

哈姆莱特　我不满足我现在的地位。

罗森格兰兹　怎么！王上自己已经亲口把您立为王位的继承者了，您还不能满足吗？

哈姆莱特　嗯，可是"要等草儿青青——"这句老话也有点发了霉啦。

乐工等持笛上。

哈姆莱特　啊！笛子来了；拿一支给我。跟你们退后一步说话；为什么你们总这样千方百计地绕到我下风的一面，好像一定要把我逼进你们的圈套？

吉尔登斯吞　啊！殿下，要是我有太冒昧放肆的地方，那都是因为我对于您敬爱太深的缘故。

哈姆莱特　我不大懂得你的话。你愿意吹吹这笛子吗？

吉尔登斯吞　殿下，我不会吹。

哈姆莱特　请你吹一吹。

吉尔登斯吞　我真的不会吹。

哈姆莱特　请你不要客气。

吉尔登斯吞　我真的一点不会，殿下。

哈姆莱特　那是跟说谎一样容易的；你只要用你的手指按着这些笛孔，把你的嘴放在上面一吹，它就会发出最好听的音乐来。瞧，这些是音栓。

吉尔登斯吞　可是我不会从它里面吹出谐和的曲调来；我不懂那技巧。

哈姆莱特　哼，你把我看成了什么东西！你会玩弄我；你自以为摸得到我的心窍；你想要探出我的内心的秘密；你会从我的最低音试到我的最高音；可是在这支小小的乐器之内，藏着绝妙的音乐，你却不会使它发出声音来。哼，你以为玩弄我比玩弄一支笛子容易吗？无论你把我叫作什么乐器，你也只能撩拨我，不能玩弄我。

波洛涅斯重上。

哈姆莱特　上帝祝福你，先生！

波洛涅斯　殿下，娘娘请您立刻就去见她说话。

哈姆莱特　你看见那片像骆驼一样的云吗？

波洛涅斯　哎哟，它真的像一头骆驼。

哈姆莱特　我想，它还是像一只鼬鼠。

波洛涅斯　它拱起了背，正像是一只鼬鼠。

哈姆莱特　还是像一条鲸鱼吧？

波洛涅斯　很像一条鲸鱼。

哈姆莱特　那么等一会儿我就去见我的母亲。（旁白）我给他们愚弄得再也忍不住了。（高声）我等一会儿就来。

波洛涅斯　我就去这么说。（下）

哈姆莱特　说等一会儿是很容易的。离开我，朋友们。（除哈姆莱特外均下）现在是一夜之中最阴森的时候，鬼魂都在此刻从坟墓里出来，地狱也要向人世吐放疠气；现在我可以痛饮热腾腾的鲜血，干那白昼所不敢正视的残忍的行为。且慢！我还要到我母亲那儿去一趟。心啊！不要失去你的天性之情，永远不要让尼禄的灵魂潜入我这坚定的胸怀；让我做一个凶徒，可是不要做一个逆子。我要用利剑一样的说话刺痛她的心，可是决不伤害她身体上一根毛发；我的舌头和灵魂要在这一次学学伪善者的样子，无论在言语上给她多么严厉的谴责，在行动上却要做得丝毫不让人家指摘。（下）

第三场　城堡中一室

国王、罗森格兰兹及吉尔登斯吞上。

国　王　我不喜欢他；纵容他这样疯闹下去，对于我是一个很大的威胁。所以你们快去准备起来吧；我马上叫人办好你们要递送的文书，同时打发他跟你们一块儿到英国去。就我的地位而论，他的疯狂每小时都可以危害我的安全，我不能让他留在我的近旁。

吉尔登斯吞　我们就去准备起来；许多人的安危都寄托在陛下身上，这一种顾虑是最圣明不过的。

罗森格兰兹　每一个庶民都知道怎样远祸全身，一个身负天下重寄的人，尤其应该时刻不懈地防备危害的袭击。君主的薨逝不仅是个人的死亡，它像一个旋涡一样，凡是在它近旁的东西，都要被它卷去同归于尽；又像一个矗立在最高山峰上的巨轮，它的轮辐上连附着无数的小物件，当巨轮轰然崩裂的时候，那些小物件也跟着它一齐粉碎。国王的一声叹息，总是随着全国的呻吟。

国　　王　请你们准备立刻出发；因为我们必须及早制止这一种公然的威胁。

罗森格兰兹
吉尔登斯吞　我们就去赶紧预备。（罗森格兰兹、吉尔登斯吞同下）

波洛涅斯上。

波洛涅斯　陛下，他到他母亲房间里去了。我现在就去躲在帷幕后面，听他们怎么说。我可以断定她一定会把他好好教训一顿的。您说得很不错，母亲对于儿子总有几分偏心，所以最好有一个第三者躲在旁边偷听他们的谈话。再会，陛下；在您未睡以前，我还要来看您一次，把我所探听到的事情告诉您。

国　　王　谢谢你，贤卿。（波洛涅斯下）啊！我的罪恶的戾气已经上达于天；我的灵魂上负着一个元始以来最初的咒诅，杀害兄弟的暴行！我不能祈祷，虽然我的愿望像决心一样强烈；我的更坚强的罪恶击败了我的坚强的意愿。像一个人同时要做两件事情，我因为不知道应该先从什么地方下手而徘徊歧途，结果反弄得一事无成。要是这一只可咒诅的手上染满了一层比它本身还厚的兄弟的血，难道天上所有的甘霖，都不能把它洗涤得像雪一样洁白吗？慈悲的使命，不就是宽宥罪恶吗？祈祷的目的，不是一方面预防我们的堕落，一方面救拔我们于已堕落之后吗？那么我要仰望上天；我的过失已经犯下了。可是，唉！哪一种祈祷才是我所适用的呢？"求上帝赦免我的杀人重罪"吗？那不能，因为我现在还占有着那些引起我的犯罪动机的目的物，我的王冠、我的野心和我的王后。非分攫取的利益还在手里，就可以幸邀宽恕吗？在这贪污的人世，罪恶的镀金的手也许可以把公道推开不顾，暴徒的赃物往往成为枉法的贿赂；可是天上却不是这样的，在那边一切都无可遁避，任何行动都要显现它的真相，我们必须当面为我们自己的罪恶做证。那么怎么办呢？还有什么法子好想呢？试一试忏悔的力量吧。什么事情是忏悔所不能做到的？可是对于一个不能忏悔的人，它又有什么用呢？啊，不幸的处境！啊，像死亡一样黑暗的心胸！啊，越是挣扎，越是不能脱身的胶住了的灵魂！救救我，天使们！试一试吧：屈下来，顽强的膝盖；钢丝一样的心弦，变得像新生之婴的筋肉一样柔嫩吧！但愿一切转祸为福！（退后跪祷）

哈姆莱特上。

哈姆莱特　他现在正在祈祷，我正好动手；我决定现在就干，让他上天堂去，我也算报了仇了。不，那还要考虑一下：一个恶人杀死我的父亲；我，他的独生子，却把这个恶人送上天堂。啊，这简直是以恩报怨了。他用卑鄙的手段，在我父亲满心俗念、罪孽正重的时候乘其不备把他杀死；虽然谁也不知道在上帝面前，他的生前的善恶如何相抵，可是照我们一般的推想，他的孽债多半是很重的。现在他正在洗涤他的灵魂，要是我在这时候结果了他的性命，那么天国的路是为他开放着，这样还算是复仇吗？不！收起来，我的剑，等候一个更惨酷的机会吧；当他在酒醉以后，在愤怒之中，或是在乱伦纵欲的时候，有赌博、咒骂或是其他邪恶的行为的中间，我就要叫他颠踬在我的脚下，让他幽深黑暗不见天日的灵魂永堕地狱。我的母亲在等我。这一服续命的药剂不过延长了你临死的痛苦。（下）

国王起立上前。

国　　王　我的言语高高飞起，我的思想滞留地下；没有思想的言语永远不会上升天界。（下）

第四场　王后寝宫

王后及波洛涅斯上。

波洛涅斯　他就要来了。请您把他着实教训一顿，对他说他这种狂妄的态度，实在叫人忍无可忍，倘没有您娘娘替他居中回护，王上早已对他大发雷霆了。我就悄悄地躲在这儿。请您对他讲得着力一点。

哈姆莱特　（在内）母亲，母亲，母亲！

王　　后　都在我身上，你放心吧。下去吧，我听见他来了。（波洛涅斯匿帏后）

哈姆莱特上。

哈姆莱特　母亲，您叫我有什么事？

王　　后　哈姆莱特，你已经大大得罪了你的父亲啦。

哈姆莱特　母亲，您已经大大得罪了我的父亲啦。

王　　后　来，来，不要用这种胡说八道的话回答我。

哈姆莱特　去，去，不要用这种胡说八道的话问我。

王　　后　啊，怎么，哈姆莱特！

哈姆莱特　现在又是什么事？

王　　后　你忘记我了吗？

哈姆莱特　不，凭着十字架起誓，我没有忘记你；你是王后，你的丈夫的兄弟的妻子，你又是我的母亲——但愿你不是！

王　　后　哎哟，那么我要去叫那些会说话的人来跟你谈谈了。

哈姆莱特　来，来，坐下来，不要动；我要把一面镜子放在你的面前，让你看一看你自己的灵魂。

王　　后　你要干么呀？你不是要杀我吗？救命！救命呀！

波洛涅斯　（在后）喂！救命！救命！救命！

哈姆莱特　（拔剑）怎么！是哪一个鼠贼？准是不要命了，我来结果你。（以剑刺穿帷幕）

波洛涅斯　（在后）啊！我死了！

王　　后　哎哟！你干了什么事啦？

哈姆莱特　我也不知道；那不是国王吗？

王　　后　啊，多么卤莽残酷的行为！

哈姆莱特　残酷的行为！好妈妈，简直就跟杀了一个国王再去嫁给他的兄弟一样坏。

王　　后　杀了一个国王！

哈姆莱特　嗯，母亲，我正是这样说。（揭帷见波洛涅斯）你这倒运的、粗心的、爱管闲事的傻瓜，再会！我还以为是一个在你上面的人哩。也是你命不该活；现在你可知道爱管闲事的危险了。——别尽扭着你的手。静一静，坐下来，让我扭你的心；你的心倘不是铁石打成的，万恶的习惯倘不曾把它硬化得透不进一点感情，那么我的话一定可以把它刺痛。

王　　后　我干了些什么错事，你竟敢这样肆无忌惮地向我摇唇弄舌？

哈姆莱特　你的行为可以使贞节蒙污，使美德得到了伪善的名称；从纯洁的恋情的额上取下娇艳的蔷薇，替它盖上一个烙印；使婚姻的盟约变成博徒的誓言一样虚伪；啊！这样一种行为，简直使盟约成为一个没有灵魂的躯壳，神圣的婚礼变成一串谵妄的狂言；苍天的脸上也为它带上羞色，大地因为痛心这样的行为，也罩上满面的愁容，好像世界末日就要到来一般。

王　　后　唉！究竟是什么极恶重罪，你把它说得这样惊人呢？

哈姆莱特　瞧这一幅图画，再瞧这一幅；这是两个兄弟的肖像。你看这一个的相貌多么高雅优美：太阳神的鬈发，天神的前额，像战神一样威风凛凛的眼睛，像降落在高吻穹苍的山巅的神使一样矫健的姿态；这一个完善卓越的仪表，真像每一个天神都曾在那上面打下印记，向世间证明这是一个男子的典型。这是你从前的丈夫。现在你再看这一个：这是你现在的丈夫，像一株霉烂的禾穗，损害了他的健硕的兄弟。你有眼睛吗？你甘心离开这一座大好的高山，靠着这荒野生活吗？嘿！你有眼睛吗？你不能说那是爱情，因为在你的年纪，热情已经冷淡下来，变驯服了，肯听从理智的判断；什么理智愿意从这么高的地方，降落到这么低的所在呢？知觉你当然是有的，否则你就不会有行动；可是你那知觉也一定已经麻木了；因为就是疯人也不会犯那样的错误，无论怎样丧心病狂，总不会连这样悬殊的差异都分辨不出来。那么是什么魔鬼蒙住了你的眼睛，把你这样欺骗呢？有眼睛而没有触觉、有触觉而没有视觉、有耳朵而没有眼或手、只有嗅觉而别的什么都没有，甚至只剩下一种官觉还出了毛病，也不会糊涂到你这步田地。羞啊！你不觉得惭愧吗？要是地狱中的孽火可以在一个中年妇人的骨髓里煽起了蠢动，那么在青春的烈焰中，让贞操像蜡一样融化了吧。当无法阻遏的情欲大举进攻的时候，用不着喊什么羞耻了，因为霜雪都会自动燃烧，理智都会做情欲的奴隶呢。

王　　后　啊，哈姆莱特！不要说下去了！你使我的眼睛看进了我自己灵魂的深处，看见我灵魂里那些洗拭不去的黑色的污点。

哈姆莱特　嘿，生活在汗臭垢腻的眠床上，让淫邪熏没了心窍，在污秽的猪圈里调情弄爱——

王　　后　啊，不要再对我说下去了！这些话像刀子一样戳进我的耳朵里；不要说下去了，亲爱的哈姆莱特！

哈姆莱特　一个杀人犯、一个恶徒、一个不及你前夫二百分之一的庸奴、一个冒充国王的丑角、一个盗国窃位的扒手，从架子上偷下那顶珍贵的王冠，塞在自己的腰包里！

王　　后　别说了！

哈姆莱特　一个下流褴褛的国王——

　　　　　鬼魂上。

哈姆莱特　天上的神明啊，救救我，用你们的翅膀覆盖我的头顶！——陛下英灵不昧，有什么见教？

王　　后　哎哟，他疯了！

哈姆莱特　您不是来责备您的儿子不该消磨时间和热情，把您煌煌的命令搁在一旁，耽误了应该做的大事吗？啊，说吧！

鬼　　魂　不要忘记。我现在是来磨砺你的快要蹉跎下去的决心。可是瞧！你的母亲那副惊愕的表情。啊，快去安慰安慰她的正在交战中的灵魂吧！最柔弱的人最容易受幻想的激动。去对她说话，哈姆莱特。

哈姆莱特　您怎么啦，母亲？

王　　后　唉！你怎么啦？为什么你把眼睛睁视着虚无，向空中喃喃说话？你的眼睛里射出狂乱的神情；像熟睡的兵士突然听到警号一般，你的整齐头发一根根都像有了生命似的竖立起来。啊，好儿子！在你的疯狂的热焰上，浇洒一些清凉的镇静吧！你瞧什么？

哈姆莱特　他，他！您瞧，他的脸色多么惨淡！看见了他这一种形状，要是再知道他所负的沉冤，即使石块也会感动的。——不要瞧着我，免得你那种可怜的神气反会妨碍我的冷酷的决心；也许我会因此而失去勇气，让挥泪代替了流血。

王　　后　你这番话是对谁说的？

哈姆莱特　您没有看见什么吗？

王　后　什么也没有；要是有什么东西在那边，我不会看不见的。

哈姆莱特　您也没有听见什么吗？

王　后　不，除了我们两人的说话以外，我什么也没有听见。

哈姆莱特　啊，您瞧！瞧，它悄悄地去了！我的父亲，穿着他生前所穿的衣服！瞧，他就在这一刻，从门口走出去了！（鬼魂下）

王　后　这是你脑中虚构的意象；一个人在心神恍惚之中，最容易发生这种幻妄的错觉。

哈姆莱特　心神恍惚！我的脉搏跟您的一样，在按着正常的节奏跳动哩。我所说的并不是疯话；要是您不信，不妨试试，我可以把话一字不漏地复述一遍，一个疯人是不会记忆得那样清楚的。母亲，为了上帝的慈悲，不要自己安慰自己，以为我这一番说话，只是出于疯狂，不是真的对您的过失而发；那样的思想不过是骗人的油膏，只能使您溃烂的良心上结起一层薄膜，那内部的毒疮却在底下愈长愈大。向上天承认您的罪恶吧，忏悔过去，警戒未来；不要把肥料浇在莠草上，使它们格外蔓延起来。原谅我这一番正义的劝告；因为在这种万恶的时世，正义必须向罪恶乞恕，它必须俯首屈膝，要求人家接纳他的善意的箴规。

王　后　啊，哈姆莱特！你把我的心劈为两半了！

哈姆莱特　啊！把那坏的一半丢掉，保留那另外的一半，让您的灵魂清净一些。晚安！可是不要上我叔父的床！即使您已经失节，也得勉力学做一个贞节妇人的样子。习惯虽然是一个可以使人失去羞耻的魔鬼，但是它也可以做一个天使，对于勉力为善的人，它会用潜移默化的手段，使他徙恶从善。您要是今天晚上自加抑制，下一次就会觉得这一种自制的功夫并不怎样为难，慢慢地就可以习以为常了；因为习惯简直有一种改变气质的神奇的力量，它可以制服魔鬼，并且把他从人们心里驱逐出去。让我再向您道一次晚安；当您希望得到上天祝福的时候，我将求您祝福我。至于这一位老人家，（指波洛涅斯）我很后悔自己一时卤莽把他杀死；可是这是上天的意思，要借着他的死惩罚我，同时借着我的手惩罚他，使我成为代天行刑的凶器和使者。我现在先去把他的尸体安顿好了，再来承担这个杀人的过咎。晚安！为了顾全母子的恩慈，我不得不忍情暴戾；不幸已经开始，更大的灾祸还在接踵而至。再有一句话，母亲。

王　　后　我应当怎么做？

哈姆莱特　我不能禁止您不再让那肥猪似的僭王引诱您和他同床，让他拧您的脸，叫您做他的小耗子；我也不能禁止您因为他给了您一两个恶臭的吻，或是用他万恶的手指抚摩您的颈项，就把您所知道的事情一起说了出来，告诉他我实在是装疯，不是真疯。您应该让他知道的；因为哪一个美貌聪明懂事的王后，愿意隐藏着这样重大的消息，不去告诉一只蛤蟆、一只蝙蝠、一只老雄猫知道呢？不，虽然理性警告您保守秘密，您尽管学那寓言中的猴子，因为受了好奇心的驱使，到屋顶上去开了笼门，把鸟儿放走，自己钻进笼里去，结果连笼子一起掉下来跌死吧。

王　　后　你放心吧，要是言语来自呼吸，呼吸来自生命，只要我一息犹存，就决不会让我的呼吸泄漏了你对我所说的话。

哈姆莱特　我必须到英国去；您知道吗？

王　　后　唉！我忘了；这事情已经这样决定了。

哈姆莱特　公文已经封好，打算交给我那两个同学带去，对这两个家伙我要像对待两条咬人的毒蛇一样随时提防；他们将要做我的先驱，引导我钻进什么圈套里去。我倒要瞧瞧他们的能耐。开炮的要是给炮轰了，也是一件好玩的事；他们会埋地雷，我要比他们埋得更深，把他们轰到月亮里去。啊！用诡计对付诡计，不是顶有趣的吗？这家伙一死，多半会提早了我的行期；让我把这尸体拖到隔壁去。母亲，晚安！这一位大臣生前是个愚蠢饶舌的家伙，现在却变成非常谨严庄重的人了。来，老先生，该是收场的时候了。晚安，母亲！（各下。哈姆莱特曳波洛涅斯尸入内）

第四幕

第一场　城堡中一室

国王、王后、罗森格兰兹及吉尔登斯吞上。

国　　王　这些长吁短叹之中，都含着深长的意义，你必须明说出来，让我知道。你的儿子呢？

王　　后　（向罗森格兰兹、吉尔登斯吞）请你们暂时退开。（罗森格兰兹、吉尔登斯吞下）啊，陛下！今晚我看见了多么惊人的事情！

国　　王　什么，乔特鲁德？哈姆莱特怎么啦？

王　　后　疯狂得像彼此争强斗胜的天风和海浪一样。在他野性发作的时候，他听见帏幕后面有什么东西爬动的声音，就拔出剑来，嚷着："有耗子！有耗子！"于是在一阵疯狂的恐惧之中，把那躲在幕后的好老人家杀死了。

国　　王　啊，罪过罪过！要是我在那儿，我也会照样死在他手里的；放任他这样胡作非为，对于你、对于我、对于每一个人，都是极大的威胁。唉！这一件流血的暴行应当由谁负责呢？我是不能辞其咎的，因为我早该防患未然，把这个发疯的孩子关禁起来，不让他到处乱走；可是我太爱他了，以至于不愿想一个适当的方策，正像一个害着恶疮的人，因为不让它出毒的缘故，弄到毒气攻心，无法救治一样。他到哪儿去了？

王　　后　拖着那个被他杀死的尸体出去了。像一堆下贱的铅铁，掩不了真金的光彩一样，他知道他自己做错了事，他的纯良的本性就从他的疯狂里透露出来，他哭了。

国　　王　啊，乔特鲁德！来！太阳一到了山上，我就赶紧让他登船出发。对于这一件罪恶的行为，我只有尽量利用我的威权和手腕，替他掩饰过去。喂！吉尔登斯吞！

罗森格兰兹及吉尔登斯吞重上。

国　　王　两位朋友，你们去多找几个人帮忙。哈姆莱特在疯狂之中，已经把波洛涅斯杀死；他现在把那尸体从他母亲的房间里拖出去了。你们去找他来，对他说话要和气一点；再把那尸体搬到教堂里去。请你们快去把这件事情办好。（罗森格兰兹、吉尔登斯吞下）来，乔特鲁德，我要去召集我那些最有见识的朋友，把我的决定和这一件意外的变故告诉他们，免得外边无稽的谰言牵涉到我身上，它的毒箭从低声的密语中间散放出去，是像弹丸从炮口射出去一样每发必中的，现在我们这样做后，它或许会落空了。啊，来吧！我的灵魂里充满着混乱和惊愕。（同下）

第二场　城堡中另一室

哈姆莱特上。

哈姆莱特　藏好了。

罗森格兰兹
吉尔登斯吞　（在内）哈姆莱特！哈姆莱特殿下！

哈姆莱特　什么声音？谁在叫哈姆莱特？啊，他们来了。

罗森格兰兹及吉尔登斯吞上。

罗森格兰兹　殿下，您把那尸体怎么样啦？

哈姆莱特　它本来就是泥土，我仍旧让它回到泥土里去。

罗森格兰兹　告诉我们它在什么地方，让我们把它搬到教堂里去。

哈姆莱特　不要相信。

罗森格兰兹　不要相信什么？

哈姆莱特　不要相信我会说出我的秘密，倒替你们保守秘密。而且，一块海绵也敢问起我来！一个堂堂王子应该用什么话去回答它呢？

罗森格兰兹　您把我当作一块海绵吗，殿下？

哈姆莱特　嗯，先生，一块吸收君王的恩宠、利禄和官爵的海绵。可是这样的官员要到最后才会显出他们对于君王的最大用处来；像猴子吃硬壳果一般，他们的君王先把他们含在嘴里舐弄了好久，然后再一口咽了下去。当他需要被你们所吸收去的东西的时候，他只要把你们一挤，于是，海绵，你又是一块干巴巴的东西了。

罗森格兰兹 我不懂您的话,殿下。

哈姆莱特 那很好,下流的话正好让它埋葬在一个傻瓜的耳朵里。

罗森格兰兹 殿下,您必须告诉我们那尸体在什么地方,然后跟我们见王上去。

哈姆莱特 他的身体和国王同在,可是那国王并不和他的身体同在。国王是一件东西——

吉尔登斯吞 一件东西,殿下!

哈姆莱特 一件虚无的东西。带我去见他。狐狸躲起来,大家追上去。

(同下)

第三场　城堡中另一室

国王上,侍从后随。

国　王 我已经叫他们找他去了,并且叫他们把那尸体寻出来。让这家伙任意胡闹,是一件多么危险的事情!可是我们又不能把严刑峻法加在他的身上,他是为糊涂的群众所喜爱的,他们喜欢一个人,只凭眼睛,不凭理智;我要是处罚了他,他们只看见我的刑罚的苛酷,却不想到他犯的是什么重罪。为了顾全各方面的关系,这样叫他迅速离国,必须显得像是深思熟虑的结果。应付非常的变故,只有用非常的手段,不然是不中用的。

罗森格兰兹上。

国　王 啊!事情怎样啦?

罗森格兰兹 陛下,他不肯告诉我们那尸体在什么地方。

国　王 可是他呢?

罗森格兰兹 在外面,陛下;我们把他看起来了,等候您的旨意。

国　王 带他来见我。

罗森格兰兹 喂,吉尔登斯吞!带殿下进来。

哈姆莱特及吉尔登斯吞上。

国　王 啊,哈姆莱特,波洛涅斯呢?

哈姆莱特 吃饭去了。

国　　王　吃饭去了！在什么地方？

哈姆莱特　不是在他吃饭的地方，是在人家吃他的地方；有一群精明的蛆虫正在他身上大吃特吃哩。蛆虫是全世界最大的饕餮家；我们喂肥了各种牲畜给自己受用，再喂肥了自己去给蛆虫受用。胖胖的国王跟瘦瘦的乞丐是一个桌子上两道不同的菜；不过是这么一回事。

国　　王　唉！唉！

哈姆莱特　一个人可以拿一条吃过一个国王的蛆虫去钓鱼，再吃那吃过那条蛆虫的鱼。

国　　王　你这句话是什么意思？

哈姆莱特　没有什么意思，我不过指点你一个国王可以在一个乞丐的脏腑里做一番巡礼。

国　　王　波洛涅斯呢？

哈姆莱特　在天上；你差人到那边去找他吧。要是你的使者在天上找不到他，那么你可以自己到另外一个所在去找他。可是你们在这一个月里要是找不到他的话，你们只要跑上走廊的阶石，也就可以闻到他的气味了。

国　　王　（向若干侍从）到走廊里去找一找。

哈姆莱特　他一定会恭候你们。（侍从等下）

国　　王　哈姆莱特，你干出这种事来，使我非常痛心。由于我很关心你的安全，你必须火速离开国境；所以快去自己预备预备。船已经整装待发，风势也很顺利，同行的人都在等着你，一切都已经准备好向英国出发。

哈姆莱特　到英国去！

国　　王　是的，哈姆莱特。

哈姆莱特　好。

国　　王　要是你明白我的用意，你应该知道这是为了你的好处。

哈姆莱特　我看见一个明白你的用意的天使。可是来，到英国去！再会，亲爱的母亲！

国　　王　我是你慈爱的父亲，哈姆莱特。

哈姆莱特　我的母亲。父亲和母亲是夫妇两个，夫妇是一体之亲；所以

再会吧,我的母亲!来,到英国去!(下)

国　　王　跟在他后面,劝诱他赶快上船,不要耽误;我要叫他今晚离开国境。去!和这件事有关的一切公文要件,都已经密封停当了。请你们赶快一点。(罗森格兰兹、吉尔登斯吞下)英格兰王啊,丹麦的宝剑在你的国土上还留着鲜明的创痕,你向我们纳款输诚的敬礼至今未减,要是你畏惧我的威力,重视我的友谊,你就不能忽视我的意旨;我已经在公函里要求你把哈姆莱特立即处死,照着我的意思做吧,英格兰王,因为他像是我深入膏肓的痼疾,一定要借你的手把我医好。我必须知道他已经不在人世,我的脸上才会浮起笑容。(下)

第四场　丹麦原野

福丁布拉斯、一队长及兵士等列队行进上。

福丁布拉斯　队长,你去替我问候丹麦国王,告诉他说福丁布拉斯因为得到他的允许,已经按照约定,率领一支军队通过他的国境,请他派人来带路。你知道我们在什么地方集合。要是丹麦王有什么话要跟我当面说,我也可以入朝晋谒;你就这样对他说吧。

队　　长　是,主将。

福丁布拉斯　慢步前进。(福丁布拉斯及兵士等下)

哈姆莱特、罗森格兰兹、吉尔登斯吞等同上。

哈姆莱特　官长,这些是什么人的军队?

队　　长　他们都是挪威的军队,先生。

哈姆莱特　请问他们是开到什么地方去的?

队　　长　到波兰的某一部分去。

哈姆莱特　谁是领兵的主将?

队　　长　挪威老王的侄儿福丁布拉斯。

哈姆莱特　他们是要向波兰本土进攻呢,还是去袭击边疆?

队　　长　不瞒您说,我们是要去夺一小块徒有虚名毫无实利的土地。叫我出五块钱去把它租下来,我也不要;要是把它标卖起来,不管是归挪威,还是归波兰，也不会得到更多的好处。

哈姆莱特　啊，那么波兰人一定不会防卫它的了。

队　　长　不，他们早已布防好了。

哈姆莱特　为了这一块荒瘠的土地，牺牲了二千人的生命、二万块的金圆，争执也不会解决。这完全是因为国家富足升平了，晏安的积毒蕴蓄于内，虽然已经到了溃烂的程度，外表上却还一点儿看不出致死的原因来。谢谢您，官长。

队　　长　上帝和您同在，先生。（下）

罗森格兰兹　我们去吧，殿下。

哈姆莱特　我就来，你们先走一步。（除哈姆莱特外均下）我所见到、听到的一切，都好像在对我谴责，鞭策我赶快进行我的蹉跎未就的复仇大愿！一个人要是把生活的幸福和目的，只看作吃吃睡睡，他还算是个什么东西？简直不过是一头畜生！上帝造下我们来，使我们能够这样高谈阔论，瞻前顾后，当然要我们利用他所赋予我们的这一种能力和灵明的理智，不让它们白白废掉。现在我明明有理由、有决心、有力量、有方法，可以动手干我所要干的事，可是我还是在大言不惭地说："这件事需要作。"可是始终不曾在行动上表现出来；我不知道这是因为像鹿豕一般的健忘呢，还是因为三分懦怯一分智慧的过于审慎的顾虑。像大地一样显明的榜样都在鼓励我；瞧这一支勇猛的大军，领队的是一个娇美的少年王子，勃勃的雄心振起了他的精神，使他蔑视不可知的结果，为了区区弹丸大小的一块不毛之地，拼着血肉之躯，去向命运、死亡和危险挑战。真正的伟大不是轻举妄动，而是在荣誉遭遇危险的时候，即使为了一根稻秆之微，也要慷慨力争。可是我的父亲给人惨杀，我的母亲给人污辱，我的理智和感情都被这种不共戴天的大仇所激动，我却因循隐忍，一切听其自然，看着这二万个人为了博取一个空虚的名声，视死如归地走下他们的坟墓里去，目的只是争夺一方还不够给他们作战场或者埋骨之所的土地，相形之下，我将何地自容呢？啊！从这一刻起，让我屏除一切的疑虑妄念，把流血的思想充满在我的脑际！（下）

第五场　艾尔西诺。城堡中一室

　　王后、霍拉旭及一侍臣上。

王　　后　我不愿意跟她说话。

侍　　臣　她一定要见您；她的神气疯疯癫癫，瞧着怪可怜的。

王　　后　她要什么？

侍　　臣　她不断提起她的父亲；她说她听见这世上到处是诡计；一边呻吟，一边搥她的心，对一些琐琐屑屑的事情痛骂，讲的都是些很玄妙的话，好像有意思，又好像没有意思。她的话虽然不知所云，可是却能使听见的人心中发生反应，而企图从它里面找出意义来；他们妄加猜测，把她的话断章取义，用自己的思想附会上去；当她讲那些话的时候，有时眨眼，有时点头，做着种种的手势，的确使人相信在她的言语之间含蓄着什么意思，虽然不能确定，却可以做一些很不好听的解释。

霍　拉　旭　最好有什么人跟她谈谈，因为也许她会在愚妄的脑筋里散布一些危险的猜测。

王　　后　让她进来。（侍臣下）

　　　　　我负疚的灵魂惴惴惊惶，
　　　　　琐琐细事也像预兆灾殃；
　　　　　罪恶是这样充满了疑猜，
　　　　　越小心越容易流露鬼胎。
　　　　　侍臣率奥菲利娅重上。

奥菲利娅　丹麦的美丽的王后陛下呢？

王　　后　啊，奥菲利娅！

奥菲利娅　（唱）
　　　　　张三李四满街走，
　　　　　谁是你情郎？
　　　　　毡帽在头杖在手，
　　　　　草鞋穿一双。

王　　后　唉！好姑娘，这支歌是什么意思呢？

奥菲利娅　您说？请您听好了。（唱）

　　姑娘，姑娘，他死了，

　　一去不复来；

　　头上盖着青青草，

　　脚下石生苔。

　　嗬呵！

王　　后　嗳，可是，奥菲利娅——

奥菲利娅　请您听好了。（唱）

　　殓衾遮体白如雪——

　　国王上。

王　　后　唉！陛下，您瞧。

奥菲利娅

　　鲜花红似雨；

　　花上盈盈有泪滴，

　　伴郎坟墓去。

国　　王　你好，美丽的姑娘？

奥菲利娅　好，上帝保佑您！他们说猫头鹰是一个面包师的女儿变成的。主啊！我们都知道我们现在是什么，可是谁也不知道自己将来会变成什么。愿上帝和您同席！

国　　王　她父亲的死激成了她这种幻想。

奥菲利娅　对不起，我们再别提这件事了。要是有人问您这是什么意思，您就这样对他说：（唱）

　　情人佳节就在明天，

　　我要一早起身，

　　梳洗齐整到你窗前，

　　来做你的恋人。

　　他下了床披了衣裳，

他开开了房门；

　　她进去时是个女郎，

　　出来变了妇人。

国　　王　美丽的奥菲利娅！

奥菲利娅　真的，不用发誓，我会把它唱完：（唱）

　　凭着神圣慈悲名字，

　　这种事太丢脸！

　　少年男子不知羞耻，

　　一味无赖纠缠。

　　她说你曾答应娶我，

　　然后再同枕席。

　　——本来确是想这样做，

　　无奈你等不及。

国　　王　她这个样子已经多久了？

奥菲利娅　我希望一切转祸为福！我们必须忍耐；可是我一想到他们把他放下寒冷的泥土里去，我就禁不住掉泪。我的哥哥必须知道这件事。谢谢你们很好的劝告。来，我的马车！晚安，太太们；晚安，可爱的小姐们；晚安，晚安！（下）

国　　王　紧紧跟住她；留心不要让她闹出乱子来。（霍拉旭下）啊！深心的忧伤把她害成这样子；这完全是为了她父亲的死。啊，乔特鲁德，乔特鲁德！不幸的事情总是接踵而来：第一是她父亲的被杀；然后是你儿子的远别，他闯了这样大祸，不得不亡命异国，也是自取其咎。人民对于善良的波洛涅斯的暴死，已经群疑蜂起，议论纷纷；我这样匆匆忙忙地把他秘密安葬，更加引起了外间的疑窦；可怜的奥菲利娅也因此而伤心得失去了她的正常的理智，我们人类没有了理智，不过是画上的图形、无知的禽兽。最后，跟这些事情同样使我不安的，她的哥哥已经从法国秘密回来，行动诡异，居心叵测，他的耳中所听到的，都是那些播弄是非的人所散播的关于他父亲死状的恶意的谣言；这些谣言，由于找不到确凿的事实根据，少不得牵涉到我的身上。

啊，我的亲爱的乔特鲁德！这就像一尊厉害的开花炮，打得我遍体血肉横飞，死上加死。（内喧呼声）

王　　后　　哎哟！这是什么声音？

　　　　　一侍臣上。

国　　王　　我的瑞士卫队呢？叫他们把守宫门。什么事？

侍　　臣　　赶快避一避吧，陛下；比大洋中的怒潮冲决堤岸、席卷平原还要汹汹其势，年轻的雷欧提斯带领着一队叛军，打败了您的卫士，冲进宫里来了。这一群暴徒把他称为主上；就像世界还不过刚才开始一般，他们推翻了一切的传统和习惯，自己制订规矩，擅作主张，高喊着："我们推举雷欧提斯做国王！"他们掷帽举手，吆呼的声音响彻云霄，"让雷欧提斯做国王，让雷欧提斯做国王！"

王　　后　　他们这样兴高采烈，却不知道已经误入歧途！啊，你们干了错事了，你们这些不忠的丹麦狗！（内喧呼声）

国　　王　　宫门都已打破了。

　　　　　雷欧提斯戎装上；一群丹麦人随上。

雷欧提斯　　国王在哪儿？弟兄们，大家站在外面。

众　　人　　不，让我们进来。

雷欧提斯　　对不起，请你们听我的话。

众　　人　　好，好。（众人退立门外）

雷欧提斯　　谢谢你们；把门看守好了。啊，你这万恶的奸王！还我的父亲来！

王　　后　　安静一点，好雷欧提斯。

雷欧提斯　　我身上要是有一点血安静下来，我就是个野生的杂种，我的父亲是个忘八，我的母亲的贞洁的额角上，也要雕上娼妓的恶名。

国　　王　　雷欧提斯，你这样大张声势，兴兵犯上，究竟为了什么原因？——放了他，乔特鲁德；不要担心他会伤害我的身体，一个君王是有神灵呵护的，叛逆只能在一边蓄意窥伺，做不出什么事情来。——告诉我，雷欧提斯，你有什么气恼不平的事？——放了他，乔特鲁德。——你说吧。

雷欧提斯　我的父亲呢？

国　王　死了。

王　后　但是并不是他杀死的。

国　王　尽他问下去。

雷欧提斯　他怎么会死的？我可不能受人家的愚弄。忠心，到地狱里去吧！让最黑暗的魔鬼把一切誓言抓了去！什么良心，什么礼貌，都给我滚下无底的深渊里去！我要向永劫挑战。我的立场已经坚决：今生怎样，来生怎样，我一概不顾，只要痛痛快快地为我的父亲复仇。

国　王　有谁阻止你呢？

雷欧提斯　除了我自己的意志以外，全世界也不能阻止我；至于我的力量，我一定要使用得当，叫它事半功倍。

国　王　好雷欧提斯，要是你想知道你的亲爱的父亲究竟是怎样死去的话，难道你复仇的方式是把朋友和敌人都当作对象，把赢钱的和输钱的赌注都一扫而光吗？

雷欧提斯　冤有头，债有主，我只要找我父亲的敌人算账。

国　王　那么你要知道谁是他的敌人吗？

雷欧提斯　对于他的好朋友，我愿意张开我的手臂拥抱他们，像舍身的鹈鹕一样，把我的血供他们畅饮。

国　王　啊，现在你才说得像一个孝顺的儿子和真正的绅士。我不但对于令尊的死不曾有分，而且为此也感觉到非常的悲痛；这一个事实将会透过你的心，正像白昼的阳光照射你的眼睛一样。

众　人　（在内）放她进去！

雷欧提斯　怎么！那是什么声音？

　　奥菲利娅重上。

雷欧提斯　啊，赤热的烈焰，炙枯了我的脑浆吧！七倍辛酸的眼泪，灼伤了我的视觉吧！天日在上，我一定要叫那害你疯狂的仇人重重地抵偿他的罪恶。啊，五月的玫瑰！亲爱的女郎，好妹妹，奥菲利娅！天啊！一个少女的理智，也会像一个老人的生命一样受不起打击吗？人类的天性由于爱情而格外敏感，因为是敏感的，所以会把自己最珍贵的部分舍弃给所爱的事物。

奥菲利娅 （唱）

  他们把他抬上枢架；

  哎呀，哎呀，哎哎呀；

  在他坟上泪如雨下；——

  再会，我的鸽子！

雷欧提斯　要是你没有发疯而激励我复仇，你的言语也不会比你现在这样子更使我感动了。

奥菲利娅　你应该唱："当啊当，还叫他啊当啊。"哦，这纺轮转动的声音配合得多么好听！唱的是那坏良心的管家把主人的女儿拐了去了。

雷欧提斯　这一种无意识的话，比正言危论还要有力得多。

奥菲利娅　这是表示记忆的迷迭香；爱人，请你记着吧：这是表示思想的三色堇。

雷欧提斯　这疯话很有道理，思想和记忆都提得很合适。

奥菲利娅　这是给您的茴香和漏斗花；这是给您的芸香；这儿还留着一些给我自己；遇到礼拜天，我们不妨叫它慈悲草。啊！您可以把您的芸香插戴得别致一点。您可以把您的芸香插戴得别致一点。这儿是一枝雏菊；我想要给您几朵紫罗兰，可是我父亲一死，它们全都谢了；他们说他死得很好——（唱）

  可爱的罗宾是我的宝贝。

雷欧提斯　忧愁、痛苦、悲哀和地狱中的磨难，在她身上都变成了可怜可爱。

奥菲利娅 （唱）

  他会不会再回来？

  他会不会再回来？

  不，不，他死了；

  你的命难保，

  他再也不会回来。

他的胡须像白银，

满头黄发乱纷纷。

人死不能活，

且把悲声歇；

上帝饶赦他灵魂！

求上帝饶赦一切基督徒的灵魂！上帝和你们同在！（下）

雷欧提斯　上帝啊，你看见这种惨事吗？

国　　王　雷欧提斯，我必须跟你详细谈谈关于你所遭逢的不幸；你不能拒绝我这一个权利。你不妨先去选择几个你的最有见识的朋友，请他们在你我两人之间做公证人：要是他们评断的结果，认为是我主动或同谋杀害的，我愿意放弃我的国土、我的王冠、我的生命以及我所有的一切，作为对你的补偿；可是他们假如认为我是无罪的，那么你必须答应助我一臂之力，让我们两人开诚合作，定出一个惩凶的方策来。

雷欧提斯　就这样吧；他死得这样不明不白，他的下葬又是这样偷偷摸摸的，他的尸体上没有一些战士的荣饰，也不曾替他举行一些哀祭的仪式，从天上到地下都在发出愤懑不平的呼声，我不能不问一个明白。

国　　王　你可以明白一切；谁是真有罪的，让斧钺加在他的头上吧。请你跟我来。（同下）

第六场　城堡中另一室

霍拉旭及一仆人上。

霍拉旭　要来见我说话的是些什么人？

仆　　人　是几个水手，主人；他们说他们有信要交给您。

霍拉旭　叫他们进来。（仆人下）倘不是哈姆莱特殿下差来的人，我不知道在这世上的哪一部分会有人来看我。

众水手上。

水手甲　上帝祝福您，先生！

霍拉旭　愿他也祝福你。

水手乙 他要是高兴，先生，他会祝福我们的。这儿有一封信给您，先生——它是从那位到英国去的钦使寄来的。——要是您的名字果然是霍拉旭的话。

霍拉旭 （读信）"霍拉旭，你把这封信看过以后，请把来人领去见一见国王；他们还有信要交给他。我们在海上的第二天，就有一艘很凶猛的海盗船向我们追击。我们因为船行太慢，只好勉力迎敌；在彼此相持的时候，我跳上了盗船，他们就立刻抛下我们的船，扬帆而去，剩下我一个人做他们的俘虏。他们对待我很是有礼，可是他们也知道这样做对他们有利；我还要重谢他们哩。把我给国王的信交给他以后，请你就像逃命一般火速来见我。我有一些可以使你听了咋舌的话要在你的耳边说；可是事实的本身比这些话还要严重得多。来人可以把你带到我现在所在的地方。罗森格兰兹和吉尔登斯吞到英国去了；关于他们我还有许多话要告诉你。再会。你的知心朋友哈姆莱特。"来，让我立刻就带你们去把你们的信送出，然后请你们尽快领我到那把这些信交给你们的那个人的地方去。（同下）

第七场 城堡中另一室

国王及雷欧提斯上。

国　　王 你已经用你同情的耳朵，听见我告诉你那杀死令尊的人，也在图谋我的生命；现在你必须明白我的无罪，并且把我当作你的一个心腹的友人了。

雷欧提斯 听您所说，果然像是真的；可是告诉我，您自己的安全、长远的谋虑和其他一切，都在大力推动您，为什么您对于这样罪大恶极的暴行，反而不采取严厉的手段呢？

国　　王 啊！那是因为有两个理由，也许在你看来是不成其为理由的，可是对于我却有很大的关系。王后，他的母亲，差不多一天不看见他就不能生活；至于我自己，那么不管这是我的好处或是我的致命的弱点，我的生命和灵魂是这样跟她连结在一起，正像星球不能跳出轨道一样，我也不能没有她而生活。而且我所以不能把这件案子公开，还有一个重要的顾虑：一般民众对他都有很大的好感，他们盲目的崇拜像一道使树木变成石块的魔泉一样，会把他戴的镣铐也当作光荣。我的箭太轻、太没有力了，遇到这样的狂风，一定不能射中目的，反而给吹了转来。

雷欧提斯 那么难道我的一个高贵的父亲就这样白白死去，一个好好的妹妹就这样白白疯了不成？如果能允许我赞美她过去的容貌才德，那简直是可以傲视一世、睥睨古今的。可是我的报仇的机会总有一天会到来。

国　王 不要让这件事扰乱了你的睡眠；你不要以为我是这样一个麻木不仁人，会让人家揪着我的胡须，还以为这不过是开开玩笑。不久你就可以听到消息。我爱你父亲，我也爱我自己；那我希望可以使你想到——

一使者上。

国　王 啊！什么消息？

使　者 启禀陛下，是哈姆莱特寄来的信；这一封是给陛下的，这一封是给王后的。

国　王 哈姆莱特寄来的！是谁把它们送到这儿来的？

使　者 他们说是几个水手，陛下，我没有看见他们；这两封信是克劳狄奥交给我的，来人把信送在他手里。

国　王 雷欧提斯，你可以听一听这封信。出去！（使者下。读信）"陛下，我已经光着身子回到您的国土上来了。明天我就要请您允许我拜谒御容。让我先向您告我的不召而返之罪，然后再向您禀告我这次突然意外回国的原因。哈姆莱特敬上。"这是什么意思？同去的人也都一起回来了吗？还是有什么人在捣鬼，事实上并没有这么一回事？

雷欧提斯 您认识这笔迹吗？

国　王 这确是哈姆莱特的亲笔。"光着身子"！这儿还附着一笔，说是"一个人回来"。你看他是什么用意？

雷欧提斯 我可不懂，陛下。可是他来得正好；我一想到我能够有这样一天当面申斥他"你干的好事"，我的郁闷的心也热起来了。

国　王 要是果然这样的话，可是怎么会这样呢？然而，此外又如何解释呢？雷欧提斯，你愿意听我的吩咐吗？

雷欧提斯 愿意，陛下，只要您不勉强我跟他和解。

国　王　我是要使你自己心里得到平安。要是他现在中途而返，不预备再做这样的航行，那么我已经想好了一个计策，怂恿他去做一件事情，一定可以叫他自投罗网；而且他死了以后，谁也不能讲一句闲话，即使他的母亲也不能觉察我们的诡计，只好认为是一件意外的灾祸。

雷欧提斯　陛下，我愿意服从您的指挥，最好请您设法让他死在我的手里。

国　王　我正是这样计划。自从你到国外游学以后，人家常常说起你有一种特长的本领，这种话哈姆莱特也是早就听到过的；虽然在我的意见之中，这不过是你所有的才艺中间最不足道的一种，可是你的一切才艺的总和，都不及这一种本领更能挑起他的妒忌。

雷欧提斯　是什么本领呢，陛下？

国　王　它虽然不过是装饰在少年人帽上的一条缎带，但也是少不了的；因为年轻人应该装束得华丽潇洒一些，表示他的健康活泼，正像老年人应该装束得朴素大方一些，表示他的矜严庄重一样。两个月以前，这儿来了一个诺曼绅士；我自己曾经见过法国人，和他们打过仗，他们都是很精于骑术的；可是这位好汉简直有不可思议的魔力，他骑在马上，好像和他的坐骑化成了一体似的，随意驰骤，无不出神入化。他的技术是那样远超过我的预料，无论我杜撰一些怎样夸大的辞句，都不够形容它的奇妙。

雷欧提斯　是个诺曼人吗？

国　王　是诺曼人。

雷欧提斯　那么一定是拉摩德了。

国　王　正是他。

雷欧提斯　我认识他；他的确是全国知名的勇士。

国　王　他承认你的武艺很了不得，对于你的剑术尤其极口称赞，说是倘有人能够和你对敌，那一定大有可观；他发誓说他们国里的剑士要是跟你交起手来，一定会眼花缭乱，全然失去招架之功。他对你的这一番夸奖，使哈姆莱特妒恼交集，一心希望你快些回来，跟他比赛一下。从这一点上——

雷欧提斯　从这一点上怎么，陛下？

国　　王　雷欧提斯，你真爱你的父亲吗？还是不过是做作出来的悲哀，只有表面，没有真心？

雷欧提斯　您为什么这样问我？

国　　王　我不是以为你不爱你的父亲；可是我知道爱不过起于一时感情的冲动，经验告诉我，经过了相当时间，它是会逐渐冷淡下去的。爱像一盏油灯，灯芯烧枯以后，它的火焰也会由微暗而至于消灭。一切事情都不能永远保持良好，因为过度的善反会摧毁它的本身，正像一个人因充血而死去一样。我们所要做的事，应该一想到就做；因为人的想法是会变化的，有多少舌头、多少手、多少意外，就会有多少犹豫、多少迟延；那时候再空谈该做什么，只不过等于聊以自慰的长吁短叹，只能伤害自己的身体罢了。可是回到我们所要谈论的中心问题上来吧。哈姆莱特回来了；你预备怎样用行动代替言语，表明你自己的确是你父亲的孝子呢？

雷欧提斯　我要在教堂里割破他的喉咙。

国　　王　当然，无论什么所在都不能庇护一个杀人的凶手；复仇应该不受地点的限制。可是，好雷欧提斯，你要是果然志在复仇，还是住在自己家里不要出来。哈姆莱特回来以后，我们可以让他知道你也已经回来，叫几个人在他的面前夸奖你的本领，把你说得比那法国人所讲的还要了不得，怂恿他和你做一次比赛，赌个输赢。他是个粗心的人，一向厚道，想不到人家在算计他，一定不会仔细检视比赛用的刀剑的利钝；你只要预先把一柄利剑混杂在里面，趁他没有注意的时候不动声色地自己拿了，在比赛之际，看准他的要害刺了过去，就可以替你的父亲报了仇了。

雷欧提斯　我愿意这样做；为了达到复仇的目的，我还要在我的剑上涂一些毒药。我已经从一个卖药人手里买到一种致命的药油，只要在剑头上沾了一滴，刺到人身上，它一碰到血，即使只是擦破了一些皮肤，也会毒性发作，无论什么灵丹仙草，都不能挽救。我就去把剑尖蘸上这种烈性毒剂，只要我刺破他一点，就叫他送命。

国　　王　让我们再考虑考虑，看时间和机会能够给我们什么方便。要是这一个计策会失败，要是我们会在行动之间露出破绽，那么还是不要尝试的好。为了预防失败起见，我们应该另外再想一个万全之计。且慢！让我想来：我们可以对你们两人的胜负打赌；啊，有了：你在跟他交手的时候，必须使出你全副的精神，使他疲于奔命，等他口干烦躁，要讨水喝的当儿，我就为他预备好一杯毒酒，万一他逃过了你的毒剑，只要他让酒沾唇，我们的目的也就同样达到了。且慢！什么声音？

　　王后上。

国　　王　啊，亲爱的王后！

王　　后　一桩祸事刚刚到来，又有一桩接踵而至。雷欧提斯，你的妹妹掉在水里淹死了。

雷欧提斯　淹死了！啊！在哪儿？

王　　后　在小溪之旁，斜生着一株杨柳，它的毵毵的枝叶倒映在明镜一样的水流之中；她编了几个奇异的花环来到那里，用的是毛茛、荨麻、雏菊和长颈兰——正派的姑娘管这种花叫死人指头，说粗话的牧人却给它起了另一个不雅的名字。——她爬上一根横垂的树枝，想要把她的花冠挂在上面；就在这时候，一根心怀恶意的树枝折断了，她就连人带花一起落下呜咽的溪水里。她的衣服四散展开，使她暂时像人鱼一样漂浮水上；她嘴里还断断续续唱着古老的谣曲，好像一点不感觉到她处境的险恶，又好像她本来就是生长在水中一般。可是不多一会儿，她的衣服给水浸得重起来了，这可怜的人歌儿还没有唱完，就已经沉到泥里去了。

雷欧提斯　唉！那么她淹死了吗？

王　　后　淹死了，淹死了！

雷欧提斯　太多的水淹没了你的身体，可怜的奥菲利娅，所以我必须忍住我的眼泪。可是人类的常情是不能遏阻的，我掩饰不了心中的悲哀，只好顾不得惭愧了；当我们的眼泪干了以后，我们的妇人之仁也会随着消灭的。再会，陛下！我有一段炎炎欲焚的烈火般的话，可是我的傻气的眼泪把它浇熄了。（下）

国　　王　让我们跟上去，乔特鲁德；我好容易才把他的怒气平息了一下，现在我怕又要把它挑起来了。快让我们跟上去吧。（同下）

第五幕

第一场　墓地

　　二小丑携锄锹等上。

小丑甲　她存心自己脱离人世，却要照基督徒的仪式下葬吗？

小丑乙　我对你说是的，所以你赶快把她的坟掘好吧；验尸官已经验明她的死状，宣布应该按照基督徒的仪式把她下葬。

小丑甲　这可奇了，难道她是因为自卫而跳下水里的吗？

小丑乙　他们验明是这样的。

小丑甲　那一定是为了自毁，不可能有别的原因。因为问题是这样的：要是我有意投水自杀，那必须成立一个行为；一个行为可以分为三部分，那就是干、行、做；所以，她是有意投水自杀的。

小丑乙　嗳，你听我说——

小丑甲　让我说完。这儿是水；好，这儿站着人；好，要是这个人跑到这个水里，把他自己淹死了，那么，不管他自己愿不愿意，总是他自己跑下去的；你听见了没有？可是要是那水来到他的身上把他淹死了，那就不是他自己把自己淹死；所以，对于他自己的死无罪的人，并没有缩短他自己的生命。

小丑乙　法律上是这样说的吗？

小丑甲　嗯，是的，这是验尸官的验尸法。

小丑乙　说一句老实话，要是死的不是一位贵家女子，他们绝不会按照基督徒的仪式把她下葬的。

小丑甲　对了，你说得有理；有财有势的人，就是要投河上吊，比起他们同教的基督徒来也可以格外通融，世上的事情真是太不公平了！来，我的锄头。要讲家世最悠久的人，就得数种地的、开沟的和掘坟的；他们都继承着亚当的行业。

小丑乙　亚当也算世家吗？

小丑甲　自然要算，他在创立家业方面很有两手呢。

小丑乙　他有什么两手？

小丑甲　怎么？你是个异教徒吗？你的《圣经》是怎么念的？《圣经》上说亚当掘地；没有两手，能够掘地吗？让我再问你一个问题；要是你回答得不对，那么你就承认你自己——

小丑乙　你问吧。

小丑甲　谁造出东西来比泥水匠、船匠或是木匠更坚固？

小丑乙　造绞架的人；因为一千个寄寓在上面的人都已经先后死去，它还是站在那儿动都不动。

小丑甲　我很喜欢你的聪明，真的。绞架是很合适的；可是它怎么是合适的？它对于那些有罪的人是合适的。你说绞架造得比教堂还坚固，说这样的话是罪过的；所以，绞架对于你是合适的。来，重新说过。

小丑乙　谁造出东西来比泥水匠、船匠或是木匠更坚固？

小丑甲　嗯，你回答了这个问题，我就让你下工。

小丑乙　呃，现在我知道了。

小丑甲　说吧。

小丑乙　真的，我可回答不出来。

　　　　哈姆莱特及霍拉旭上，立远处。

小丑甲　别尽绞你的脑汁了，懒驴子是打死也走不快的；下回有人问你这个问题的时候，你就对他说："掘坟的人。"因为他造的房子是可以一直住到世界末日的。去，到约翰的酒店里去给我倒一杯酒来。（小丑乙下。小丑甲且掘且歌）

　　　　年轻时候最爱偷情，
　　　　　觉得那事很有趣味；
　　　　规规矩矩学做好人，
　　　　　在我看来太无意义。

哈姆莱特　这家伙难道对于他的工作一点没有什么感觉，在掘坟的时候还会唱歌吗？

霍拉旭　他做惯了这种事，所以不以为意。

哈姆莱特　正是；不大劳动的手，它的感觉要比较灵敏一些。

小丑甲　（唱）

　　　　谁料如今岁月潜移，

　　　　老景催人急于星火，

　　　　两腿挺直，一命归西，

　　　　世上原来不曾有我。（掷起一骷髅）

哈姆莱特　那个骷髅里面曾经有一条舌头，它也会唱歌哩；瞧这家伙把它摔在地上，好像它是第一个杀人凶手该隐的颌骨似的！它也许是一个政客的头颅，现在却让这蠢货把它丢来踢去；也许他生前是个偷天换日的好手，你看是不是？

霍拉旭　也许是的，殿下。

哈姆莱特　也许是一个朝臣，他会说："早安，大人！您好，大人！"也许他就是某大人，嘴里称赞某大人的马好，心里却想把它讨了来，你看是不是？

霍拉旭　是，殿下。

哈姆莱特　啊，正是；现在却让蛆虫伴寝，他的下巴也脱掉了，一柄工役的锄头可以在他头上敲来敲去。从这种变化上，我们大可看透了生命的无常。难道这些枯骨生前受了那么多的教养，死后却只好给人家当木块一般抛着玩吗？想起来真是怪不好受的。

小丑甲　（唱）

　　　　锄头一柄，铁铲一把，

　　　　殓衾一方掩面遮身；

　　　　挖松泥土深深掘下，

　　　　掘了个坑招待客人。（掷起另一骷髅）

哈姆莱特　又是一个；谁知道那不会是一个律师的骷髅？他的玩弄刀笔的手段，颠倒黑白的雄辩，现在都到哪儿去了？为什么他让这个放肆的家伙用龌龊的铁铲敲他的脑壳，不去控告他一个殴打罪？哼！这家伙生前也许曾经买下许多地产，开口闭口用那些条文、具结、罚款、双重保证、赔偿一类的名词吓人；现在他的脑壳里塞满了泥土，这就算是他所取得的罚款和最后的赔偿了吗？他的双重保证人难道不能保他再多买点地皮，只给他留下和那种一式二份的契约同样大小的一块地面吗？这个小木头匣子，原来要装他土地的字据都恐怕装不下，如今地主本人却也只能有这么一点地盘，哈？

霍拉旭 不能比这再多一点了，殿下。

哈姆莱特 契约纸不是用羊皮做的吗？

霍拉旭 是的，殿下，也有用牛皮做的。

哈姆莱特 我看痴心指靠那些玩意儿的人，比牲口聪明不了多少。我要去跟这家伙谈谈。大哥，这是谁的坟？

小丑甲 我的，先生——

　　挖松泥土深深掘下，

　　掘了个坑招待客人。

哈姆莱特 我看也是你的，因为你在里头胡闹。

小丑甲 您在外头也不老实，先生，所以这坟不是您的；至于说我，我倒没有在里头胡闹，可是这坟的确是我的。

哈姆莱特 你在里头，又说是你的，这就是"在里头胡闹"。因为挖坟是为死人，不是为会蹦会跳的活人，所以说你胡闹。

小丑甲 这套胡闹的话果然会蹦会跳，先生；等会儿又该从我这里跳到您那里去了。

哈姆莱特 你是在给什么人挖坟？是个男人吗？

小丑甲 不是男人，先生。

哈姆莱特 那么是个女人？

小丑甲 也不是女人。

哈姆莱特 不是男人，也不是女人，那么谁葬在这里面？

小丑甲 先生，她本来是一个女人，可是上帝让她的灵魂得到安息，她已经死了。

哈姆莱特 这混蛋倒会分辨得这样清楚！我们讲话可得字斟句酌，精心推敲，稍有含糊，就会出丑。凭着上帝发誓，霍拉旭，我觉得这三年来，人人都越变越精明，庄稼汉的脚指头已经挨近朝廷贵人的脚后跟，可以磨破那上面的冻疮了。——你做这掘墓的营生，已经多久了？

小丑甲　我开始干这营生，是在我们的老王爷哈姆莱特打败福丁布拉斯那一天。

哈姆莱特　那是多久以前的事？

小丑甲　你不知道吗？每一个傻子都知道的；那正是小哈姆莱特出世的那一天，就是那个发了疯给他们送到英国去的。

哈姆莱特　嗯，对了；为什么他们叫他到英国去？

小丑甲　就是因为他发了疯呀；他到英国去，他的疯病就会好的，即使疯病不会好，在那边也没有什么关系。

哈姆莱特　为什么？

小丑甲　英国人不会把他当作疯子；他们都跟他一样疯。

哈姆莱特　他怎么会发疯？

小丑甲　人家说得很奇怪。

哈姆莱特　怎么奇怪？

小丑甲　他们说他神经有了毛病。

哈姆莱特　从哪里来的？

小丑甲　还不就是从丹麦本地来的？我在本地干这掘墓的营生，从小到大，一共有三十年了。

哈姆莱特　一个人埋在地下，要经过多少时候才会腐烂？

小丑甲　假如他不是在未死以前就已经腐烂——就如现在有的是害杨梅疮死去的尸体，简直抬都抬不下去——他大概可以过八九年；一个硝皮匠在九年以内不会腐烂。

哈姆莱特　为什么他要比别人长久一些？

小丑甲　因为，先生，他的皮硝得比人家的硬，可以长久不透水；倒楣的尸体一碰到水，是最会腐烂的。这儿又是一个骷髅；这骷髅已经埋在地下二十三年了。

哈姆莱特　它是谁的骷髅？

小丑甲　是个婊子养的疯小子；你猜是谁？

哈姆莱特　不，我猜不出。

小丑甲　这个遭瘟的疯小子！他有一次把一瓶葡萄酒倒在我的头上。这一个骷髅，先生，是国王的弄人郁利克的骷髅。

哈姆莱特　这就是他！

小丑甲　正是他。

哈姆莱特　让我看。（取骷髅）唉，可怜的郁利克！霍拉旭，我认识他；他是一个最会开玩笑、非常富于想像力的家伙。他曾经把我负在背上一千次；现在我一想起来，却忍不住胸头作恶。这儿本来有两片嘴唇，我不知吻过它们多少次。——现在你还会挖苦人吗？你还会蹦蹦跳跳，逗人发笑吗？你还会唱歌吗？你还会随口编造一些笑话，说得满座捧腹吗？你没有留下一个笑话，讥笑你自己吗？这样垂头丧气了吗？现在你给我到小姐的闺房里去，对她说，凭她脸上的脂粉搽得一寸厚，到后来总要变成这个样子的；你用这样的话告诉她，看她笑不笑吧。霍拉旭，请你告诉我一件事情。

霍拉旭　什么事情，殿下？

哈姆莱特　你想亚历山大在地下也是这副形状吗？

霍拉旭　也是这样。

哈姆莱特　也有同样的臭味吗？呸！（掷下骷髅）

霍拉旭　也有同样的臭味，殿下。

哈姆莱特　谁知道我们将来会变成一些什么下贱的东西，霍拉旭！要是我们用想像推测下去，谁知道亚历山大的高贵的尸体，不就是塞在酒桶口上的泥土？

霍拉旭　那未免太想入非非了。

哈姆莱特　不，一点不，我们可以不作怪论、合情合理地推想他怎样会到那个地步；比方说吧：亚历山大死了；亚历山大埋葬了；亚历山大化为尘土；人们把尘土做成烂泥；那么为什么亚历山大所变成的烂泥，不会被人家拿来塞在啤酒桶的口上呢？

凯撒死了，你尊严的尸体

也许变了泥把破墙填砌；

啊！他从前是何等的英雄，

现在只好替人挡雨遮风！

可是不要作声！不要作声！站开；国王来了。

　　　　教士等列队上；众异奥菲利娅尸体前行；雷欧提斯及诸送葬者、国王、王后及侍从等随后。

哈姆莱特　王后和朝臣们也都来了；他们是送什么人下葬呢？仪式又是这样草率的？瞧上去好像他们所送葬的那个人，是自杀而死的，同时又是个很有身份的人。让我们躲在一旁瞧瞧他们。（与霍拉旭退后）

雷欧提斯　还有些什么仪式？

哈姆莱特　（向霍拉旭旁白）那是雷欧提斯，一个很高贵的青年；听着。

雷欧提斯　还有些什么仪式？

教士甲　她的葬礼已经超过了她所应得的名分。她的死状很是可疑；倘不是因为我们迫于权力，按例就该把她安葬在圣地以外，直到最后审判的喇叭吹召她起来。我们不但不应该替她祷告，并且还要用砖瓦碎石丢在她坟上；可是现在我们已经允许给她处女的葬礼，用花圈盖在她的身上，替她散播鲜花，鸣钟送她入土，这还不够吗？

雷欧提斯　难道不能再有其他仪式了吗？

教士甲　不能再有其他仪式了；要是我们为她唱安魂曲，就像对于一般平安死去的灵魂一样，那就要亵渎了教规。

雷欧提斯　把她放下泥土里去；愿她的娇美无瑕的肉体上，生出芬芳馥郁的紫罗兰来！我告诉你，你这下贱的教士，我的妹妹将要做一个天使，你死了却要在地狱里呼号。

哈姆莱特　什么！美丽的奥菲利娅吗？

王　后　好花是应当散在美人身上的；永别了！（散花）我本来希望你做我的哈姆莱特的妻子；这些鲜花本来要铺在你的新床上，亲爱的女郎，谁想得到我要把它们散在你的坟上！

雷欧提斯　啊！但愿千百重的灾祸降临在害得你精神错乱的那个该死的恶人的头上！等一等，不要就把泥土盖上去，让我再拥抱她一次。（跳下墓中）现在把你们的泥土倒下来，把死的和活的一起掩埋了吧；让这块平地上堆起一座高山，那古老的丕利恩和苍秀插天的俄林波斯都要俯伏在它的足下。

哈姆莱特　（上前）哪一个人的心里装载得下这样沉重的悲伤？哪一个人的哀恸的辞句，可以使天上的行星惊疑止步？那是我，丹麦王子哈姆莱特！（跳下墓中）

雷欧提斯　魔鬼抓了你的灵魂去！（将哈姆莱特揪住）

哈姆莱特　你祷告错了。请你不要掐住我的头颈；因为我虽然不是一个暴躁易怒的人，可是我的火性发作起来，是很危险的，你还是不要激恼我吧。放开你的手！

国　　王　把他们扯开！

王　　后　哈姆莱特！哈姆莱特！

众　　人　殿下，公子——

雷拉旭　好殿下，安静点。（侍从等分开二人，二人自墓中出）

哈姆莱特　嘿，我愿意为了这个题目跟他决斗，直到我的眼皮不再眨动。

王　　后　啊，我的孩子！什么题目？

哈姆莱特　我爱奥菲利娅；四万个兄弟的爱合起来，还抵不过我对她的爱。你愿意为她干些什么事情？

国　　王　啊！他是个疯人，雷欧提斯。

王　　后　看在上帝的情分上，不要跟他认真。

哈姆莱特　哼，让我瞧瞧你会干些什么事。你会哭吗？你会打架吗？你会绝食吗？你会撕破你自己的身体吗？你会喝一大缸醋吗？你会吃一条鳄鱼吗？我都做得到。你是到这儿来哭泣的吗？你跳下她的坟墓里，是要当面羞辱我吗？你跟她活埋在一起，我也会跟她活埋在一起；要是你还要夸说什么高山大岭，那么让他们把几百万亩的泥土堆在我们身上，直到把我们的地面堆得高到可以被"烈火天"烧焦，让巍峨的奥萨山在相形之下变得只像一个瘤那么大吧！嘿，你会吹，我就不会吹吗？

王　后　这不过是他一时的疯话。他的疯病一发作起来，总是这个样子的；可是等一会儿他就会安静下来，正像母鸽孵育它那一双金羽的雏鸽的时候一样温和了。

哈姆莱特　听我说，老兄；你为什么这样对待我？我一向是爱你的。可是这些都不用说了，有本领的，随他干什么事吧；猫总是要叫，狗总是要闹的。（下）

国　王　好霍拉旭，请你跟住他。（霍拉旭下。向雷欧提斯）记住我们昨天晚上所说的话，格外忍耐点吧；我们马上就可以实行我们的办法。好乔特鲁德，叫几个人好好看守你的儿子。这一个坟上要有活生生的纪念物，平静的时间不久就会到来；现在我们必须耐着心把一切安排。（同下）

第二场　城堡中的厅堂

哈姆莱特及霍拉旭上。

哈姆莱特　这个题目已经讲完，现在我可以让你知道另外一段事情。你还记得当初的一切经过情形吗？

霍拉旭　记得，殿下！

哈姆莱特　当时在我的心里有一种战争，使我不能睡眠；我觉得我的处境比锁在脚镣里的叛变的水手还要难堪。我就卤莽行事。——结果倒卤莽对了，我们应该承认，有时候一时孟浪，往往反而可以做出一些为我们的深谋密虑所做不成功的事；从这一点上，我们可以看出来，无论我们怎样辛苦图谋，我们的结果却早已有一种冥冥中的力量把它布置好了。

霍拉旭　这是无可置疑的。

哈姆莱特　我从舱里起来，把一件航海的宽衣罩在我的身上，在黑暗之中摸索着找寻那封公文，果然给我达到目的，摸到了他们的包裹；我拿着它回到我自己的地方，疑心使我忘记了礼貌，我大胆地拆开了他们的公文，在那里面，霍拉旭——啊，堂皇的诡计！——我发现一道严厉的命令，借了许多好听的理由为名，说是为了丹麦和英国双方的利益，绝不能让我这个险恶的人物逃脱，接到公文之后，必须不等磨好利斧，立即枭下我的首级。

霍拉旭　有这等事？

哈姆莱特　这一封就是原来的国书；你有空的时候可以仔细读一下。可是你愿意听我告诉你后来我怎么办吗？

霍拉旭　请您告诉我。

哈姆莱特　在这样重重诡计的包围之中，我的脑筋不等我定下心来思索，就开始活动起来了；我坐下来另外写了一通国书，字迹清清楚楚。从前我曾经抱着跟我们那些政治家同样的意见，认为字体端正是一件有失体面的事，总是想竭力忘记这一种技能，可是现在它却对我有了大大的用处。你知道我写些什么话吗？

霍拉旭　嗯，殿下。

哈姆莱特　我用国王的名义，向英王提出恳切的要求，因为英国是他忠心的藩属，因为两国之间的友谊，必须让它像棕榈树一样发荣繁茂，因为和平的女神必须永远戴着她的荣冠，沟通彼此的情感，以及许许多多诸如此类的重要理由，请他在读完这一封信以后，不要有任何的迟延，立刻把那两个传书的来使处死，不让他们有从容忏悔的时间。

霍拉旭　可是国书上没有盖印，那怎么办呢？

哈姆莱特　啊，就在这件事上，也可以看出一切都是上天预先注定。我的衣袋里恰巧藏着我父亲的私印，它跟丹麦的国玺是一个式样的；我把伪造的国书照着原来的样子折好，签上名字，盖上印玺，把它小心封好，归还原处，一点没有露出破绽。下一天就遇见了海盗，那以后的情形，你早已知道了。

霍拉旭　这样说来，吉尔登斯吞和罗森格兰兹是去送死的了。

哈姆莱特　哎，朋友，他们本来是自己钻求这件差使的；我在良心上没有对不起他们的地方，是他们自己的阿谀献媚断送了他们的生命。两个强敌猛烈争斗的时候，不自量力的微弱之辈，却去插身在他们的刀剑中间，这样的事情是最危险不过的。

霍拉旭　想不到竟是这样一个国王！

哈姆莱特　你想，我是不是应该——他杀死了我的父王，奸污了我的母亲，篡夺了我的嗣位的权利，用这种诡计谋害我的生命，凭良心说我是不是应该亲手向他复仇雪恨？如果我不去剪除这一个戕害天性的蟊贼，让他继续为非作恶，岂不是该受天谴吗？

霍拉旭　他不久就会从英国得到消息，知道这一回事情产生了怎样的结果。

哈姆莱特　时间虽然很局促，可是我已经抓住眼前这一刻工夫；一个人的生命可以在说一个"一"字的一刹那之间了结。可是我很后悔，好霍拉旭，不该在雷欧提斯之前失去了自制；因为他所遭遇的惨痛，正是我自己的怨愤的影子。我要取得他的好感。可是他倘不是那样夸大他的悲哀，我也决不会动起那么大的火性来的。

霍拉旭　不要作声！谁来了？

奥斯里克上。

奥斯里克　殿下，欢迎您回到丹麦来！

哈姆莱特　谢谢您，先生。（向霍拉旭旁白）你认识这只水苍蝇吗？

霍拉旭　（向哈姆莱特旁白）不，殿下。

哈姆莱特　（向霍拉旭旁白）那是你的运气，因为认识他是一件丢脸的事。他有许多肥田美壤；一头畜生要是做了一群畜生的主子，就有资格把食槽搬到国王的席上来了。他"咯咯"叫起来简直没个完，可是——我方才也说了——他拥有大批粪土。

奥斯里克　殿下，您要是有空的话，我奉陛下之命，要来告诉您一件事情。

哈姆莱特　先生，我愿意恭聆大教。您的帽子是应该戴在头上的，您还是戴上去吧。

斯里克　谢谢殿下，天气真热。

哈姆莱特　不，相信我，天冷得很，在刮北风哩。

奥斯里克　真的有点冷，殿下。

哈姆莱特　可是对于像我这样的体质，我觉得这一种天气却是闷热得厉害。

奥斯里克　对了，殿下；真是说不出来的闷热。可是，殿下，陛下叫我来通知您一声，他已经为您下了一个很大的赌注了。殿下，事情是这样的——

　　哈姆莱特　请您不要这样多礼。（促奥斯里克戴上帽子）

　　奥斯里克　不，殿下，我还是这样舒服些，真的。殿下，雷欧提斯新近到我们的宫廷里来；相信我，他是一位完善的绅士，充满着最卓越的特点，他的态度非常温雅，他的仪表非常英俊；说一句发自衷心的话，他是上流社会的南针，因为在他身上可以找到一个绅士所应有的品质的总汇。

　　哈姆莱特　先生，他对于您这一番描写，的确可以当之无愧；虽然我知道，要是把他的好处一件一件列举出来，不但我们的记忆将要因此而淆乱，交不出一篇正确的账目来，而且他这一艘满帆的快船，也绝不是我们失舵之舟所能追及；可是，凭着真诚的赞美而言，我认为他是一个才德优异的人，他的高超的禀赋是那样稀有而罕见，说一句真心的话，除了在他的镜子里以外，再也找不到第二个跟他同样的人，纷纷追踪求迹之辈，不过是他的影子而已。

　　奥斯里克　殿下把他说得一点不错。

　　哈姆莱特　您的用意呢？为什么我们要用尘俗的呼吸，嘘在这位绅士的身上呢？

　　奥斯里克　殿下？

　　霍拉旭　自己所用的语言，到了别人嘴里，就听不懂了吗？早晚你会懂的，先生。

　　哈姆莱特　您向我提起这位绅士的名字，是什么意思？

　　奥斯里克　雷欧提斯吗？

　　霍拉旭　他的嘴里已经变得空空洞洞，因为他的那些好听话都说完了。

　　哈姆莱特　正是雷欧提斯。

　　奥斯里克　我知道您不是不明白——

　　哈姆莱特　您真能知道我这人不是不明白，那倒很好；可是，说老实话，即使你知道我是明白人，对我也不是什么光采的事。好，您怎么说？

　　奥斯里克　我是说，您不是不明白雷欧提斯有些什么特长——

哈姆莱特 那我可不敢说，因为也许人家会疑心我有意跟他比并高下；可是要知道一个人的底细，应该先知道他自己。

奥斯里克 殿下，我的意思是说他的武艺；人家都称赞他的本领一时无两。

哈姆莱特 他会使些什么武器？

奥斯里克 长剑和短刀。

哈姆莱特 他会使这两种武器吗？很好。

奥斯里克 殿下，王上已经用六匹巴巴里的骏马跟他打赌；在他的一方面，照我所知道的，押的是六柄法国的宝剑和好刀，连同一切鞘带钩子之类的附件，其中有三柄的挂机尤其珍奇可爱，跟剑柄配得非常合式，式样非常精致，花纹非常富丽。

哈姆莱特 您所说的挂机是什么东西？

霍拉旭 我知道您要听懂他的话，非得翻查一下注解不可。

奥斯里克 殿下，挂机就是钩子。

哈姆莱特 要是我们腰间挂着大炮，用这个名词倒还合适；在那一天没有来到以前，我看还是就叫它钩子吧。好，说下去；六匹巴巴里骏马对六柄法国宝剑，附件在内，外加三个花纹富丽的挂机；法国产品对丹麦产品。可是，用你的话来说，这样"押"是为了什么呢？

奥斯里克 殿下，王上跟他打赌，要是你们两人交起手来，在十二个回合之中，他至多不过多赢您三着；可是他却觉得他可以稳赢九个回合。殿下要是答应的话，马上就可以试一试。

哈姆莱特 要是我答应个"不"字呢？

奥斯里克 殿下，我的意思是说，您答应跟他当面比较高低。

哈姆莱特 先生，我还要在这儿厅堂里散散步。您去回陛下说，现在是我一天之中休息的时间。叫他们把比赛用的钝剑预备好了，要是这位绅士愿意，王上也不改变他的意见的话，我愿意尽力为他博取一次胜利；万一不幸失败，那我也不过丢了一次脸，给他多剁了两下。

奥斯里克 我就照这样去回话吗？

哈姆莱特　您就照这个意思去说，随便您再加上一些什么新颖词藻都行。

奥斯里克　我保证为殿下效劳。

哈姆莱特　不敢，不敢。（奥斯里克下）多亏他自己保证，别人谁也不会替他张口的。

霍拉旭　这一只小鸭子顶着壳儿逃走了。

哈姆莱特　他在母亲怀抱里的时候，也要先把他母亲的奶头恭维几句，然后吮吸。像他这一类靠着一些繁文缛礼撑撑场面的家伙，正是愚妄的世人所醉心的；他们的浅薄的牙慧使傻瓜和聪明人同样受他们的欺骗，可是一经试验，他们的水泡就爆破了。

一贵族上。

贵　族　殿下，陛下刚才叫奥斯里克来向您传话，知道您在这儿厅上等候他的旨意；他叫我再来问您一声，您是不是仍旧愿意跟雷欧提斯比剑，还是慢慢再说。

哈姆莱特　我没有改变我的初心，一切服从王上的旨意。现在也好，无论什么时候都好，只要他方便，我总是随时准备着，除非我丧失了现在所有的力气。

贵　族　王上、娘娘，跟其他的人都要到这儿来了。

哈姆莱特　他们来得正好。

贵　族　娘娘请您在开始比赛以前，对雷欧提斯客气几句。

哈姆莱特　我愿意服从她的教诲。（贵族下）

霍拉旭　殿下，您在这一回打赌中间，多半要失败的。

哈姆莱特　我想，我不会失败。自从他到法国去以后，我练习得很勤；我一定可以把他打败。可是你不知道我的心里是多么不舒服；那也不用说了。

霍拉旭　啊，我的好殿下——

哈姆莱特　那不过是一种傻气的心理；可是一个女人也许会因为这种莫名其妙的疑虑而惶惑。

霍拉旭　要是您心里不愿意做一件事，那么就不要做吧。我可以去通知他们不用到这儿来，说您现在不能比赛。

哈姆莱特　不，我们不要害怕什么预兆；一只雀子的死生，都是命运预先注定的。注定在今天，就不会是明天；不是明天，就是今天；逃过了今天，明天还是逃不了，随时准备着就是了。一个人既然在离开世界的时候，只能一无所有，那么早早脱身而去，不是更好吗？随它去。

　　　　　　国王、王后、雷欧提斯、众贵族、奥斯里克及侍从等持钝剑等上。

国　　王　来，哈姆莱特，来，让我替你们两人和解和解。（牵雷欧提斯、哈姆莱特二人手使相握）

哈姆莱特　原谅我，雷欧提斯；我得罪了你，可是你是个堂堂男子，请你原谅我吧。这儿在场的众人都知道，你也一定听见人家说起，我是怎样被疯狂害苦了。凡是我的所作所为，足以伤害你的感情和荣誉、激起你的愤怒来的，我现在声明都是我在疯狂中犯下的过失。难道哈姆莱特会做对不起雷欧提斯的事吗？哈姆莱特绝不会做这种事。要是哈姆莱特在丧失他自己的心神的时候，做了对不起雷欧提斯的事，那样的事不是哈姆莱特做的，哈姆莱特不能承认。那么是谁做的呢？是他的疯狂。既然是这样，那么哈姆莱特也是属于受害的一方，他的疯狂是可怜的哈姆莱特的敌人。当着在座众人之前，我承认我在无心中射出的箭误伤了我的兄弟；我现在要向他请求大度包涵，宽恕我的不是出于故意的罪恶。

雷欧提斯　按理讲，对这件事情，我的感情应该是激动我复仇的主要力量，现在我在感情上总算满意了；但是另外还有荣誉这一关，除非有什么为众人所敬仰的长者，告诉我可以跟你捐除宿怨，指出这样的事是有前例可援的，不至于损害我的名誉，那时我才可以跟你言归于好。目前我且先接受你友好的表示，并且保证决不会辜负你的盛情。

哈姆莱特　我绝对信任你的诚意，愿意奉陪你举行这一次友谊的比赛。把钝剑给我们。来。

雷欧提斯　来，给我一柄。

哈姆莱特　雷欧提斯，我的剑术荒疏已久，只能给你帮场；正像最黑暗的夜里一颗吐耀的明星一般，彼此相形之下，一定更显得你的本领的高强。

雷欧提斯　殿下不要取笑。

哈姆莱特　不，我可以举手起誓，这不是取笑。

国　王　奥斯里克，把钝剑分给他们。哈姆莱特侄儿，你知道我们怎样打赌吗？

哈姆莱特　我知道，陛下；您把赌注下在实力较弱的一方了。

国　王　我想我的判断不会有错。你们两人的技术我都领教过；但是后来他又有了进步，所以才规定他必须多赢几着。

雷欧提斯　这一柄太重了；换一柄给我。

哈姆莱特　这一柄我很满意。这些钝剑都是同样长短的吗？

奥斯里克　是，殿下。（二人准备比剑）

国　王　替我在那桌子上斟下几杯酒。要是哈姆莱特击中了第一剑或是第二剑，或者在第三次交锋的时候争得上风，让所有的碉堡上一齐鸣起炮来；国王将要饮酒慰劳哈姆莱特，他还要拿一颗比丹麦四代国王戴在王冠上的更贵重的珍珠丢在酒杯里。把杯子给我；鼓声一起，喇叭就接着吹响，通知外面的炮手，让炮声震彻天地，报告这一个消息："现在国王为哈姆莱特祝饮了！"来，开始比赛吧；你们在场裁判的都要留心看着。

哈姆莱特　请了。

雷欧提斯　请了，殿下。（二人比剑）

哈姆莱特　一剑。

雷欧提斯　不，没有击中。

哈姆莱特　请裁判员公断。

奥斯里克　中了，很明显的一剑。

雷欧提斯　好；再来。

国　王　且慢；拿酒来。哈姆莱特，这一颗珍珠是你的；祝你健康！把这一杯酒给他。（喇叭齐奏。内鸣炮）

哈姆莱特　让我先赛完这一局；暂时把它放在一旁。来。（二人比剑）又是一剑；你怎么说？

雷欧提斯　我承认给你碰着了。

国　王　我们的孩子一定会胜利。

王　　后　他身体太胖，有些喘不过气来。来，哈姆莱特，把我的手巾拿去，揩干你额上的汗。王后为你饮下这一杯酒，祝你的胜利了，哈姆莱特。

哈姆莱特　好妈妈！

国　　王　乔特鲁德，不要喝。

王　　后　我要喝的，陛下；请您原谅我。

国　　王　（旁白）这一杯酒里有毒；太迟了！

哈姆莱特　母亲，我现在还不敢喝酒；等一等再喝吧。

王　　后　来，让我擦干你的脸。

雷欧提斯　陛下，现在我一定要击中他了。

国　　王　我怕你击不中他。

雷欧提斯　（旁白）可是我的良心却不赞成我干这件事。

哈姆莱特　来，该第三个回合了，雷欧提斯。你怎么一点不起劲？请你使出你全身的本领来吧；我怕你在开我的玩笑哩。

雷欧提斯　你这样说吗？来。（二人比剑）

奥斯里克　两边都没有中。

雷欧提斯　受我这一剑！（雷欧提斯挺剑刺伤哈姆莱特；二人在争夺中彼此手中之剑各为对方夺去，哈姆莱特以夺来之剑刺雷欧提斯，雷欧提斯亦受伤）

国　　王　分开他们！他们动起火来了。

哈姆莱特　来，再试一下。（王后倒地）

奥斯里克　哎哟，瞧王后怎么啦！

霍拉旭　他们两人都在流血。您怎么啦，殿下？

奥斯里克　您怎么啦，雷欧提斯？

雷欧提斯　唉，奥斯里克，正像一只自投罗网的山鹬，我用诡计害人，反而害了自己，这也是我应得的报应。

哈姆莱特　王后怎么啦？

国　　王　她看见他们流血，昏了过去了。

王　　后　不，不，那杯酒，那杯酒——啊，我的亲爱的哈姆莱特！那杯

酒，那杯酒；我中毒了。（死）

哈姆莱特 啊，奸恶的阴谋！喂！把门锁上！阴谋！查出来是哪一个人干的。（雷欧提斯倒地）

雷欧提斯 凶手就在这儿，哈姆莱特。哈姆莱特，你已经不能活命了；世上没有一种药可以救治你，不到半小时，你就要死去。那杀人的凶器就在你的手里，它的锋利的刃上还涂着毒药。这奸恶的诡计已经回转来害了我自己；瞧！我躺在这儿，再也不会站起来了。你的母亲也中了毒。我说不下去了。国王——国王——都是他一个人的罪恶。

哈姆莱特 锋利的刃上还涂着毒药！——好，毒药，发挥你的力量吧！（刺国王）

众　人 反了！反了！

国　王 啊！帮帮我，朋友们；我不过受了点伤。

哈姆莱特 好，你这败坏伦常、嗜杀贪淫、万恶不赦的丹麦奸王！喝干了这杯毒药——你那颗珍珠是在这儿吗？——跟我的母亲一道去吧！（国王死）

雷欧提斯 他死得应该；这毒药是他亲手调下的。尊贵的哈姆莱特，让我们互相宽恕；我不怪你杀死我和我的父亲，你也不要怪我杀死你！（死）

哈姆莱特 愿上天赦免你的错误！我也跟着你来了。我死了，霍拉旭。不幸的王后，别了！你们这些看见这一幕意外的惨变而战栗失色的无言的观众，倘不是因为死神的拘捕不给人片刻的停留，啊！我可以告诉你们——可是随它去吧。霍拉旭，我死了，你还活在世上；请你把我的行事的始末根由昭告世人，解除他们的疑惑。

霍拉旭 不，我虽然是个丹麦人，可是在精神上我却更是个古代的罗马人；这儿还留剩着一些毒药。

哈姆莱特 你是个汉子，把那杯子给我；放手；凭着上天起誓，你必须把它给我。啊，上帝！霍拉旭，我一死之后，要是世人不明白这一切事情的真相，我的名誉将要永远蒙着怎样的损伤！你倘然爱我，请你暂时牺牲一下天堂上的幸福，留在这一个冷酷的人间，替我传述我的故事吧。（内军队自远处行进及鸣炮声）这是哪儿来的战场上的声音？

奥斯里克 年轻的福丁布拉斯从波兰奏凯班师，这是他对英国来的钦使所发的礼炮。

哈姆莱特 啊！我死了，霍拉旭；猛烈的毒药已经克服了我的精神，我不能活着听见英国来的消息。可是我可以预言福丁布拉斯将被推戴为王，他已经得到我这临死之人的同意；你可以把这儿所发生的一切事实告诉他。此外仅余沉默而已。（死）

霍拉旭 一颗高贵的心现在碎裂了！晚安，亲爱的王子，愿成群的天使用歌唱抚慰你安息！——为什么鼓声越来越近了？（内军队行进声）

　　　　福丁布拉斯、英国使臣及余人等上。

福丁布拉斯 这一场比赛在什么地方举行？

霍拉旭 你们要看些什么？要是你们想知道一些惊人的惨事，那么不用再到别处去找了。

福丁布拉斯 好一场惊心动魄的屠杀！啊，骄傲的死神！你用这样残忍的手腕，一下子杀死了这许多王裔贵胄，在你的永久的幽窟里，将要有一席多么丰美的盛筵！

使臣甲 这一个景象太惨了。我们从英国奉命来此，本来是要回复这儿的王上，告诉他我们已经遵从他的命令，把罗森格兰兹和吉尔登斯吞两人处死；不幸我们来迟了一步，那应该听我们说话的耳朵已经没有知觉了，我们还希望从谁的嘴里得到一声感谢呢？

霍拉旭 即使他能够向你们开口说话，他也不会感谢你们；他从来不曾命令你们把他们处死。可是既然你们都来得这样凑巧，有的刚从波兰回来，有的刚从英国到来，恰好看见这一幕流血的惨剧，那么请你们叫人把这几个尸体抬起来放在高台上面，让大家可以看见，让我向那懵无所知的世人报告这些事情的发生经过；你们可以听到奸淫残杀、反常悖理的行为、冥冥中的判决、意外的屠戮、借手杀人的狡计，以及陷自害的结局；这一切我都可以确确实实地告诉你们。

福丁布拉斯 让我们赶快听你说；所有最尊贵的人，都叫他们一起来吧。

我在这一个国内本来也有继承王位的权利,现在国中无主,正是我要求这一个权利的机会;可是我虽然准备接受我的幸运,我的心里却充满了悲哀。

霍拉旭　关于那一点,我受死者的嘱托,也有一句话要说,他的意见是可以影响许多人的;可是在这人心惶惶的时候,让我还是先把这一切解释明白了,免得引起更多的不幸、阴谋和错误来。

福丁布拉斯　让四个将士把哈姆莱特像一个军人似的抬到台上,因为要是他能够践登王位,一定会成为一个贤明的君主的;为了表示对他的悲悼,我们要用军乐和战地的仪式,向他致敬。把这些尸体一起抬起来。这一种情形在战场上是不足为奇的,可是在宫廷之内,却是非常的变故。去,叫兵士放起炮来。(奏丧礼进行曲;众舁尸同下。内鸣炮)

第五卷

传记

导读

本卷收录罗曼·罗兰《贝多芬传》。

罗曼·罗兰（1866—1944），法国文学家，批判现实主义作家，音乐评论家，1915年诺贝尔文学奖得主。他的小说特点被人们归纳为"用音乐写小说"，主要作品有《名人传》《约翰·克利斯朵夫》。

《贝多芬传》是罗曼·罗兰创作的人物传记作品《名人传》中的一篇，《名人传》包含《贝多芬传》《米开朗琪罗传》《托尔斯泰传》三部传记，被称为"三大英雄传记"，也被称为"巨人三传"。

《贝多芬传》是对音乐艺术大师贝多芬一生的真实描写。贝多芬所处的年代，正值"旧的毁灭与新的勃发"交加，他的成功掩隐着无可言说的苦痛，他的一生都在与多舛的命运做斗争，是"苦难铸成的欢乐"。基于这一点，作者在选材、构思上深入探寻，描绘了贝多芬传奇的一生，作者称这部作品是长篇巨著《约翰·克利斯朵夫》的序曲。本卷选用著名作家、翻译家傅雷先生的经典译本。

《贝多芬传》 ◆ [法]罗曼·罗兰 ⊙著 傅雷 ⊙译

> 竭力为善，爱自由甚于一切，即使为了王座，也永勿欺妄真理。
>
> ——贝多芬（一七九二年手册）

他短小臃肿，外表结实，生就运动家般的骨骼。一张土红色的宽大的脸，到晚年皮肤才变得病态而黄黄的，尤其是在冬天，当他关在室内远离田野的时候。额角隆起，宽广无比。乌黑的头发，异乎寻常的浓密，好似梳子从未在上面光临过，到处逆立，赛似"梅杜萨头上的乱蛇"。以上据英国游历家罗素一八二二年时记载。——一八〇一年，车尔尼尚在幼年，看到贝多芬蓄着长发和多日不剃的胡子，穿着羊皮衣裤，以为遇到了小说中的鲁滨孙。眼中燃烧着一股奇异的威力，使所有见到他的人为之震慑；但大多数人不能分辨它们微妙的差别。因为在褐色而悲壮的脸上，这双眼睛射出一道犷野的光，所以大家总以为是黑的；其实却是灰蓝的。据画家克勒贝尔记载。他曾于一八一八年为贝多芬画像。平时又细小又深陷，兴奋或愤怒的时光才大张起来，在眼眶中旋转，那才奇妙地反映出它们真正的思想。据医生米勒一八二〇记载：他的富于表情的眼睛，时而妩媚温柔，时而悯然，时而气焰逼人，可怕非常。他往往用忧郁的目光向天凝视。宽大的鼻子又短又方，竟是狮子的相貌。一张细腻的嘴巴，但下唇常有比上唇前突的倾向。牙床结实得厉害，似乎可以嗑破核桃。左边的下巴有一个深陷的小窝，使他的脸显得古怪地不对称。据莫舍勒斯说："他的微笑是很美的，谈话之间有一副往往可爱而令人高兴的神气。但另一方面，他的笑却是不愉快的，粗野的，难看的，并且为时很短"，——那是一个不惯于欢乐的人的笑。他通常的表情是忧郁的，显示出"一种无可疗治的哀伤"。一八二五年，雷斯塔伯说看见"他温柔的眼睛及其剧烈的痛苦"时，他需要竭尽全力才能止住眼泪。一年以后，布劳恩·冯·布劳恩塔尔在一家酒店里遇见他，坐在一隅抽着一支长烟斗，闭着眼睛，那是他临死以前与日俱增的习惯。一个朋友和他说话。他悲哀地微笑，从袋里掏出一本小小的谈话手册；然后用着聋子惯有的尖锐的声音，教人家把要说的话写下来。——他的脸色时常变化，或是在钢琴上被人无意中撞见的时候，或是突然有所感应的时候，有时甚至在街上，使路人大为吃惊。"脸上的肌肉突然隆起，血管膨胀；犷野的眼睛变得加倍可怕；嘴巴发抖；仿佛一个魔术家召来了妖魔而反被妖魔制服一般"，那是莎士比亚式的面目。克勒贝尔说是宰相的面目。以上的细节皆采用贝多芬的朋友，及见过他的游历家的记载。尤利乌斯·贝内迪克特说他无异"李尔王"。

路德维希·凡·贝多芬，一七七〇年十二月十六日生于科隆附近的波恩，一所破旧屋子的阁楼上。他的出身是佛兰芒族。他的祖父名叫路德维希，是家族里最优秀的人物，生在安特卫普，直到二十岁时才住到波恩来，做当地大公的乐长。贝多芬的性格和他最像。我们必须记住这个祖父的出身，才能懂得贝多芬奔放独立的天性，以及别的不全是德国人的特点。父亲是一个不聪明而酗酒的男高音歌手。母亲是女仆，一个厨子的女儿，初嫁男仆，夫死再嫁贝多芬的父亲。

艰苦的童年，不像莫扎特般享受过家庭的温情。一开始，人生于他就显得是一场悲惨而残暴的斗争。父亲想开拓他的音乐天分，把他当作神童一般炫耀。四岁时，他就被整天钉在洋琴前面，或和一架提琴一起关在家里，几乎被繁重的工作压死。他的不致永远厌恶这艺术总算是万幸的了。父亲不得不用暴力来迫使贝多芬学习。他少年时代就得操心经济问题，打算如何挣取每日的面包，那是来得过早的重任。十一岁，他加入戏院乐队；十三岁，他当大风琴手。一七八七年，他丧失了他热爱的母亲。"她对我那么仁慈，那么值得爱戴，我的最好的朋友！噢！当我能叫出母亲这甜蜜的名字而她能听见的时候，谁又比我更幸福？"以上见一七八九年九月十五日贝多芬致奥格斯堡地方的沙德医生书信。她是肺病死的；贝多芬自以为也染着同样的病症；他已常常感到痛楚；再加比病魔更残酷的忧郁。他一八一六年时说："不知道死的人真是一个可怜虫！我十五岁上已经知道了。"十七岁，他做了一家之主，负着两个兄弟的教育之责；他不得不羞惭地要求父亲退休，因为他酗酒，不能主持门户：人家恐怕他浪费，把养老俸交给儿子收领。这些可悲的事实在他心上留下了深刻的创痕。他在波恩的一个家庭里找到了一个亲切的依傍，便是他终身珍视的布罗伊宁一家。可爱的埃莱奥诺雷·特·布罗伊宁比他小两岁。他教她音乐，领她走上诗歌的路。她是他的童年伴侣；也许他们之间曾有相当温柔的情绪。后来埃莱奥诺雷嫁了韦格勒医生，他也成为贝多芬的知己之一；直到最后，他们之间一直保持着恬静的友谊，那是从韦格勒、埃莱奥诺雷和贝多芬彼此的书信中可以看到的。当三个人到了老年的时候，情爱格外动人，而心灵的年轻却又不减当年。他们的书信，读者可参看本书《书信集》。他的老师C.G.内夫（C.G.Neefe，1748—1798）也是他最好的朋友和指导：他的道德的高尚和艺术胸襟的宽广，都对贝多芬留下极其重要的影响。

贝多芬的童年尽管如是悲惨，他对这个时代和消磨这时代的地方，永远保持着一种温柔而凄凉的回忆。不得不离开波恩，几乎终身都住在轻佻的都城维也纳及其惨淡的近郊，他却从没忘记莱茵河畔的故乡，庄严的父性的大河，像他所称的"我们的父亲莱茵"；的确，它是那样的生动，几乎赋有人性似的，仿佛一颗巨大的灵魂，无数的思想与力量在其中流过；而且莱茵流域中也没有一个地方比细腻的波恩更美、更雄壮、更温柔的了，它的浓荫密布、鲜花满地的坂坡，受着河流的冲击与抚爱。在此，贝多芬消磨了他最初的二十年；在此，形成了他少年心中的梦境，——慵懒地拂着水面的草原上，雾氛笼罩着的白杨，丛密的矮树，细柳和果树，把根须浸在静寂而湍急的水流里，——还有是村落、教堂、墓园，懒洋洋地睁着好奇的眼睛俯视两岸，——远远里，蓝色的七峰在天空画出严峻的侧影，上面矗立着废圮的古堡，显出一些瘦削而古怪的轮廓。他的心对于这个乡土是永久忠诚的；直到生命的终了，他老是想再见故园一面而不能如愿。"我的家乡，我出生的美丽的地方，在我眼前始终是那样的美，那样的明亮，和我离开它时毫无两样。"以上见一八○一年六月二十九日致韦格勒书。

　　大革命爆发了，泛滥全欧，占据了贝多芬的心。波恩大学是新思想的集中地。一七八九年五月十四日，贝多芬报名入学，听有名的厄洛热·施奈德讲德国文学，——他是未来的下莱茵州的检察官。当波恩得悉巴斯底狱攻陷时，施奈德在讲坛上朗诵一首慷慨激昂的诗，鼓起了学生们如醉如狂的热情。诗的开首是："专制的铁链斩断了……幸福的民族！……"次年，他又印行了一部革命诗集。我们可举其中一首为例："唾弃偏执，摧毁愚蠢的幽灵，为着人类而战斗……啊，这，没有一个亲王的臣仆能够干。这，需要自由的灵魂，爱死甚于爱谄媚，爱贫穷甚于爱奴颜婢膝……须知在这等灵魂内我决非最后一个。"在预约者的名单中，我们可以看到贝多芬和布罗伊宁的名字。

　　一七九二年十一月，正当战事蔓延到波恩时，贝多芬离开了故乡，住到德意志的音乐首都维也纳去。一七八七年春，他曾到维也纳做过一次短期旅行，见过莫扎特，但他对贝多芬似乎不甚注意。——他于一七九○年在波恩结识的海顿，曾经教过他一些功课。贝多芬另外曾拜过阿尔布雷希茨贝格（J.G.Albrechtsberger, 1736—1809）与萨列里（Antonio Salieri, 1750—1825）为师。路上他遇见开向法国的黑森军队。无疑的，他受着爱国情绪的鼓动，在一七九六与九七年内，他把弗里贝格的战争诗谱成音乐：一阕是《行军曲》；一阕是《我们是伟大的德意志族》。但他尽管讴歌大革命的敌人也是徒然：大革命已征服了世界，征服了贝多芬。从一七九八年起，虽然奥国和法国的关系很紧张，贝多芬仍和法国人有亲密的往还，和使馆方面，和才到维也纳的贝尔纳多德。在贝氏周围，还有提琴家鲁道夫·克勒策（Rodolphe Kreutzer，1766—1831），即后来贝多芬把有名的奏鸣曲题赠给他的。在那些谈话里，他的拥护共和的情绪愈益肯定，在他以后的生活中，我们更可看到这股情绪的有力的发展。

这时代施泰因豪泽替他画的肖像，把他当时的面目表现得相当准确。这一幅像之于贝多芬以后的肖像，无异介朗的拿破仑肖像之于别的拿破仑像，那张严峻的脸，活现出波拿巴充满着野心的火焰。贝多芬在画上显得很年轻，似乎不到他的年纪，瘦削的、笔直的，高领使他头颈僵直，一副睥睨一切和紧张的目光。他知道他的意志所在；他相信自己的力量。一七九六年，他在笔记簿上写道："勇敢啊！虽然身体不行，我的天才终究会获胜……二十五岁！不是已经临到了吗？……就在这一年上，整个的人应当显示出来了。"那时他才初露头角，在维也纳的首次钢琴演奏会是一七九五年三月三十日举行的。特伯恩哈德夫人和葛林克说他很高傲，举止粗野，态度抑郁，带着非常强烈的内地口音。但他藏在这骄傲的笨拙之下的慈悲，唯有几个亲密的朋友知道。他写信给韦格勒叙述他的成功时，第一个念头是："譬如我看见一个朋友陷于窘境：倘若我的钱袋不够帮助他时，我只消坐在书桌前面；顷刻之间便解决了他的困难……你瞧这多美妙。"以上见一八〇一年六月二十九日致韦格勒书。一八〇一年左右致里斯书中又言："只要我有办法，我的任何朋友都不该有何匮乏。"随后他又道："我的艺术应当使可怜的人得益。"

然而痛苦已在叩门；它一朝住在他身上之后永远不再退隐。在一七九六至一八〇〇年间，耳聋已开始它的酷刑。在一八〇二年的遗嘱内，贝多芬说耳聋已开始了六年，——所以是一七九六年起的。同时我们可注意他的作品目录，唯有包括三支三重奏的作品第一号，是一七九六年以前的制作。包括三支最初的奏鸣曲的作品第二号，是一七九六年三月刊行的。因此贝多芬全部的作品可说都是耳聋后写的。关于他的耳聋，可以参见一九〇五年五月十五日德国医学丛报上克洛兹－福雷斯脱医生的文章。他认为这病是受一般遗传的影响，也许他母亲的肺病也有关系。他分析贝多芬一七九六年所患的耳咽管炎，到一七九九年变成剧烈的中耳炎，因为治疗不善，随后成为慢性的中耳炎，随带一切的后果。耳聋的程度逐渐增加，但从没完全聋。贝多芬对于低而深的音比高音更易感知。在他晚年，据说他用一支小木杆，一端插在钢琴箱内，一端咬牙齿中间，用以在作曲时听音。一九一〇年，柏林－莫皮特市立医院主任医师雅各布松发表一篇出色的文章，说他可证明贝多芬的耳聋源于梅毒的遗传。一八一〇年左右，机械家梅尔策尔为贝多芬特制的听音器，至今尚保存于波恩城内贝多芬博物院。耳朵日夜作响；他内脏也受剧烈的痛楚磨折。听觉越来越衰退。在好几年中他瞒着人家，连对最心爱的朋友们也不说；他避免与人见面，使他的残废不致被人发见；他独自守着这可怕的秘密。但到一八〇一年，他不能再缄默了；他绝望地告诉两个朋友：韦格勒医生和阿门达牧师。

"我的亲爱的、我的善良的、我的恳挚的阿门达……我多希望你能常在我身旁！你的贝多芬真是可怜至极。得知道我的最高贵的一部分，我的听觉，大大地衰退了。当我们同在一起时，我已觉得许多病象，我瞒着，但从此越来越恶劣……还会痊愈吗？我当然如此希望，可是非常渺茫；这一类的病是无药可治的。我得过着凄凉的生活，避免我心爱的一切人物，尤其是在这个如此可怜、如此自私的世界上！……我不得不在伤心的隐忍中找栖身！固然我曾发誓要超临这些祸害；但又如何可能？……"以上见诺尔编贝多芬书信集第十三。

他写信给韦格勒时说："我过着一种悲惨的生活。两年以来我躲避着一切交际，因为我不可能与人说话：我聋了。要是我干着别的职业，也许还可以；但在我的行当里，这是可怕的遭遇啊。我的敌人们又将怎么说，他们的数目又是相当可观！……在戏院里，我得坐在贴近乐队的地方，才能懂得演员的说话。我听不见乐器和歌唱的高音，假如我的座位稍远的话。……人家柔和地说话时，我勉强听到一些，人家高声叫喊时，我简直痛苦难忍……我时常诅咒我的生命……普卢塔克教我学习隐忍。我却愿和我的命运挑战，只要可能；但有些时候，我竟是上帝最可怜的造物……隐忍！多伤心的避难所！然而这是我唯一的出路！"以上见贝多芬书信集第十四。

这种悲剧式的愁苦，在当时一部分的作品里有所表现，例如作品第十三号的《悲怆奏鸣曲》（一七九九年），尤其是作品第一号（一七九八年）之三的奏鸣曲中的Largo（广板）。奇怪的是并非所有的作品都带有忧郁的情绪，还有许多乐曲，如欢悦的《七重奏》（一八〇〇年），明澈如水的《第一交响曲》（一八〇〇年），都反映着一种青年人的天真。无疑的，要使心灵惯于愁苦也得有相当的时间。它是那样的需要欢乐，当它实际没有欢乐时就自己来创造。当"现在"太残酷时，它就在"过去"中生活。往昔美妙的岁月，一下子是消灭不了的；它们不复存在时，光芒还会悠久地照耀。独自一人在维也纳遭难的辰光，贝多芬便隐遁在故园的忆念里；那时代他的思想都印着这种痕迹。《七重奏》内以变奏曲（Variation）出现的Andante（行板）的主题，便是一支莱茵的歌谣。《第一交响曲》也是一件颂赞莱茵的作品，是青年人对着梦境微笑的诗歌。它是快乐的、慵懒的；其中有取悦于人的欲念和希望。但在某些段落内，在引子（Introduction）里，在低音乐器的明暗的对照里，在神圣的Scherzo（谐虐曲）里，我们何等感动地，在青春的脸上看到未来的天才的目光。那是波提切利在《圣家庭》中所画的幼婴的眼睛，其中已可窥到他未来的悲剧。

在这些肉体的痛苦之上，再加另外一种痛苦。韦格勒说他从没见过贝多芬不抱着一股剧烈的热情。这些爱情似乎永远是非常纯洁的。热情与欢娱之间毫无连带关系。现代的人们把这两者混为一谈，实在是他们全不知道何谓热情，也不知道热情之如何难得。贝多芬的心灵里多少有些清教徒气息；粗野的谈吐与思想，他是厌恶的；他对于爱情的神圣抱着毫无假借的观念。据说他不能原谅莫扎特，因为他不惜屈辱自己的天才去写《唐·璜》。他的密友申德勒确言"他一生保着童贞，从未有何缺德需要忏悔"。这样的一个人是生来受爱情的欺骗，做爱情的牺牲品的。他的确如此。他不断地钟情，如醉如狂般颠倒，他不断地梦想着幸福，然而立刻幻灭，随后是悲苦的煎熬。贝多芬最丰满的灵感，就当在这种时而热爱、时而骄傲地反抗的轮回中去探寻根源；直到相当的年龄，他的激昂的性格，才在凄恻的隐忍中趋于平静。

一八〇一年时，他热情的对象是朱丽埃塔·圭恰迪妮，为他题赠那著名的作品第二十七号之二的《月光奏鸣曲》（一八〇二年），而知名于世的。他写信给韦格勒说："现在我生活比较甜美，和人家来往也较多了些……这变化是一个亲爱的姑娘的魅力促成的；她爱我，我也爱她。这是两年来我初次遇到的幸运的日子。"以上见一八〇一年十一月十六日信。可是他为此付出了很高的代价。第一，这段爱情使他格外感到自己的残疾，境况的艰难，使他无法娶他所爱的人。其次，圭恰迪妮是风骚的，稚气的，自私的，使贝多芬苦恼；一八〇三年十一月，她嫁了加伦贝格伯爵。随后她还利用贝多芬从前的情爱，要他帮助她的丈夫。贝多芬立刻答应了。他在一八二一年和申德勒会见时在谈话手册上写道："他是我的敌人，所以我更要尽力帮助他。"但他因之而更瞧不起她。"她到维也纳来找我，一边哭着，但是我瞧不起她。"——这样的热情是摧残心灵的；而像贝多芬那样，心灵已因疾病而变得虚弱的时候，狂乱的情绪更有把它完全毁灭的危险。他一生就只是这一次，似乎到了颠蹶的关头；他经历着一个绝望的苦闷时期，只消读他那时写给兄弟卡尔与约翰的遗嘱便可知道，遗嘱上注明"等我死后开拆"。时为一八〇二年十月六日。参见本书《贝多芬遗嘱》。这是惨痛之极的呼声，也是反抗的呼声。我们听着不由不充满着怜悯，他差不多要结束他的生命了。就只靠着他坚强的道德情操才把他止住。他的遗嘱里有一段说："把德性教给你们的孩子；使人幸福的是德性而非金钱。这是我的经验之谈。在患难中支持我的是道德，使我不曾自杀的，除了艺术以外也是道德。"在一八一〇年五月二日致韦格勒书中："假如我不知道一个人在能完成善的行为时就不该结束生命的话，我早已不在人世了，而且是由于我自己的处决。"他对病愈的最后的希望没有了。"连一向支持我的卓绝的勇气也消失了。噢，神！给我一天真正的欢乐罢，就是一天也好！我没有听到欢乐的深远的声音已经多久！什么时候，噢！我的上帝，什么时候我再能和它相遇？……永远不？——不？——不，这太残酷了！"

这是临终的哀诉；可是贝多芬还活了二十五年。他的强毅的天性不能遇到磨难就屈服。"我的体力和智力突飞猛进……我的青春，是的，我感到我的青春不过才开始。我窥见我不能加以肯定的目标，我每天都迫近它一些。……噢！如果我摆脱了这疾病，我将拥抱世界！……一些休息都没有！

除了睡眠以外我不知还有什么休息；而可怜我对于睡眠不得不花费比从前更多的时间。但愿我能在疾病中解放出一半：那时候！……不，我受不了。我要扼住命运的咽喉。它决不能使我完全屈服……噢！能把人生活上千百次，真是多美！"以上见致韦格勒书，书信集第十八。

这爱情，这痛苦，这意志，这时而颓丧时而骄傲的转换，这些内心的悲剧，都反映在一八〇二年的大作品里：附有葬礼进行曲的奏鸣曲（作品第二十六号）；俗称为《月光曲》的《幻想奏鸣曲》（作品第二十七号之二）；作品第三十一号之二的奏鸣曲，——其中戏剧式的吟诵体恍如一场伟大而凄婉的独白；——题献亚历山大皇的提琴奏鸣曲（作品第三十号）；《克勒策奏鸣曲》（作品第四十七号）；依着格勒特的词句所谱的六支悲壮惨痛的宗教歌（作品第四十八号）。至于一八〇三年的《第二交响曲》，却反映着他年少气盛的情爱；显然是他的意志占了优势。一种无可抵抗的力把忧郁的思想一扫而空。生命的沸腾掀起了乐曲的终局。贝多芬渴望幸福；不肯相信他无可救药的灾难；他渴望痊愈，渴望爱情，他充满着希望。一八〇二年赫内曼为贝多芬所作之小像上，他作着当时流行的装束，留着鬓脚，四周的头发剪得同样长，坚决的神情颇像拜伦式的英雄，同时表示一种拿破仑式的永不屈服的意志。

这些作品里有好几部，进行曲和战斗的节奏特别强烈。这在《第二交响曲》的Allegro（快板）与终局内已很显著，但尤其是献给亚历山大皇的奏鸣曲的第一章，更富于英武壮烈的气概。这种音乐所特有的战斗性，令人想起产生它的时代。大革命已经到了维也纳。贝多芬被它煽动了。骑士赛弗里德说："他在亲密的友人中间，很高兴地谈论政局，用着非常的聪明下判断，目光犀利而且明确。"他所有的同情都倾向于革命党人。在他生命晚期最熟知他的申德勒说："他爱共和的原则。他主张无限制的自由与民族的独立……他渴望大家协力同心地建立国家的政府……渴望法国实现普选，希望波拿巴建立起这个制度来，替人类的幸福奠定基石。"他仿佛一个革命的古罗马人，受着普卢塔克的熏陶，梦想着一个英雄的共和国，由胜利之神建立的：而所谓胜利之神便是法国的首席执政；于是他接连写下《英雄交响曲：波拿巴》（一八〇四年），大家知道《英雄交响曲》是以波拿巴为题材而献给他的。最初的手稿上还写着"波拿巴"这题目。这期间，他得悉了拿破仑称帝之事。于是他大发雷霆，嚷道："那么他也不过是一个凡夫俗子！"愤慨之下，他撕去了题献的词句，换上一个含有报复意味而又是非常动人的题目："英雄交响曲……纪念一个伟大的遗迹。"申德勒说他以后对拿破仑的恼恨也消解了，只把他看做一个值得同情的可怜虫，一个从天上掉下来的"伊加"。当他在一八二一年听到幽禁圣埃莱娜岛的悲剧时，说道"十七年前我所写音乐正适用于这件悲惨的事故。"他很高兴地发觉在交响曲的葬曲内对此盖世豪雄的结局有所预感。——因此很可能，在贝多芬的思想内，第三交响曲，尤其是第一章，是波拿巴的一幅肖像，当然和实在的人物不同，但确是贝多芬理想中的拿破仑；换言之，他要把拿破仑描写为一个革命的天才。一八〇一年，贝多芬曾为标准的革命英雄，自由之神普罗米修斯，作过乐曲，其中有一主句，他又在《英雄交响曲》的终局里重新采用。帝国的史诗；和《第五交响曲》（一八〇五——〇八年）的终局，光荣的叙事歌。第一阕真正革命的音乐：时代之魂在其中复活了，那么强烈，那么纯洁，因为当代巨大的变故在孤独的巨人心中是显得强烈与纯洁的，这种印象即和现实接触之下也不会减损分毫。贝多芬的面目，似乎都受着这些历史战争的反映。在当时的作品里，到处都有它们的踪影，也许作者自己不曾觉察，在《科里奥兰序曲》（一八〇七年）内，有狂风暴雨在呼啸，《第四四重奏》（作品第十八号）的第一章，和上述的序曲非常相似；《热情奏鸣曲》（作品第五十七号，一八〇四年），俾斯麦曾经说："倘我常听到它，我的勇气将永远不竭。"曾任德国驻意大使的罗伯特·特·科伊德尔，著有《俾斯麦及其家庭》一书，一九〇一年版。以上事实即引自该书。一八七〇年十月三十日，科伊德尔在凡尔赛的一架很坏的钢琴上，为俾斯麦演奏这支奏鸣曲。对于这件作品的最后一句，俾斯麦说："这是整整一个人生的斗争与嚎恸。"他爱贝多芬甚于一切旁的音乐家，他常常说："贝多芬最适合我的神经。"还有《哀格蒙特序曲》；甚至《降E大调钢琴协奏曲》（作品第七十三号，一八〇九年），其中炫耀技巧的部分都是壮烈的，仿佛有人马奔突之势。——而这也不足为怪。在贝多芬写作品第二十六号奏鸣曲中的"英雄葬曲"时，比《英雄交响曲》的主人翁更配他讴歌的英雄，霍赫将军，正战死在莱茵河畔，他的纪念像至今屹立在科布伦茨与波恩之间的山岗上，——即使当时贝多芬不曾知道这件事，但他在维也纳也已目击两次革命的胜利。一八〇五年十一月，当《菲岱里奥》初次上演时，在座的便有法国军佐。于兰将军，他是巴斯底狱的胜利者，住在洛布科维兹家里，做着贝多芬的朋友兼保护人，受着他《英雄交响曲》与《第五交响曲》的题赠。一八〇九年五月十日，拿破仑驻节在舍恩布伦。贝多芬的寓所离维也纳的城堡颇近，拿破仑攻下维也纳时曾炸毁城垣。一八〇九年六月二十六日，贝多芬致布赖特科普夫与埃泰尔两出版家书信中有言："何等野蛮的生活，在我周围多少的废墟颓垣！只有鼓声，喇叭声，以及各种惨象！"一八〇九年有一个法国人在维也纳见到他，保留着他的一幅肖像。这位法国人叫作特雷蒙男爵。他曾描写贝多芬寓所中凌乱的情形。他们一同谈论着哲学、政治，特别是"他的偶像，莎士比亚"。贝多芬几乎决定跟男爵上巴黎去，他知道那边的音乐院已在演奏他的交响曲，并且有不少佩服他的人。不久贝多芬便厌恶法国的征略者。但他对于法国人史诗般的狂热，依旧很清楚地感觉到；所以凡是不能像他那样感觉的人，对于他这种行动与胜利的音乐决不能彻底了解。

贝多芬突然中止了他的《第五交响曲》，不经过惯有的拟稿手续，一口气写下了《第四交响曲》。幸福在他眼前显现了。一八〇六年五月，他和特雷泽·特·布伦瑞克订了婚。一七九六至九九年间，贝多芬在维也纳认识了布伦瑞克一家。朱丽埃塔·圭恰迪妮是特雷泽的表姊妹。贝多芬有一个时期似乎也钟情于特雷泽的姊妹约瑟菲娜，她后来嫁给戴姆伯爵，又再嫁给施塔克尔贝格男爵。关于布伦瑞克一家的详细情形，可参看安德烈·特·海来西氏著《贝多芬及其不朽的爱人》一文，载一九一〇年五月一日及十五日的《巴黎杂志》。她老早就爱上他。从贝多芬卜居维也纳的初期，和她的哥哥弗朗索瓦伯爵为友，她还是一个小姑娘，跟着贝多芬学钢琴时起，就爱他的。

一八〇六年，他在他们匈牙利的马尔托伐萨家里作客，在那里他们才相爱起来。关于这些幸福的日子的回忆，还保存在特雷泽·特·布伦瑞克的一部分叙述里。她说："一个星期日的晚上，用过了晚餐，在月光下贝多芬坐在钢琴前面。先是他平放着手指在键盘上来回抚弄。我和弗朗索瓦都知道他这种习惯。他往往是这样开场的。随后他在低音部分奏了几个和弦；接着，慢慢地，他用一种神秘的庄严的神气，奏着赛巴斯蒂安·巴赫的一支歌：'若愿素心相赠，无妨悄悄相传；两情脉脉，勿为人知。'这首美丽的歌是在巴赫的夫人安娜·玛格达兰娜的手册上的，原题为《乔瓦尼尼之歌》。有人疑非巴赫原作。

"母亲和教士都已就寝；哥哥严肃地凝眸睇视着；我的心被他的歌和目光渗透了，感到生命的丰满。——明天早上，我们在园中相遇。他对我说：'我正在写一本歌剧。主要的人物在我心中，在我面前，不论我到什么地方，停留在什么地方，他总和我同在。我从没到过这般崇高的境界。一切都是光明和纯洁。在此以前，我只像童话里的孩子，只管捡取石子，而不看见路上美艳的鲜花……'一八〇六年五月，只获得我最亲爱的哥哥的同意，我和他订了婚。"

这一年所写的《第四交响曲》，是一朵精纯的花，蕴藏着他一生比较平静的日子的香味。人们说："贝多芬那时竭力要把他的天才，和一般人在前辈大师留下的形式中所认识与爱好的东西，加以调和。"见诺尔著《贝多芬传》。这是不错的。同样渊源于爱情的妥协精神，对他的举动和生活方式也发生了影响。赛弗里德和格里尔巴策说他兴致很好，心灵活跃，处世接物彬彬有礼，对可厌的人也肯忍耐，穿着很讲究；而且他巧妙地瞒着大家，甚至令人不觉得他耳聋；他们说他身体很好，除了有些近视之外。贝多芬是近视眼。赛弗里德说他的近视是痘症所致，使他从小就得戴眼镜。近视使他的目光常常有失神的样子。一八二三——一八二四年间，他在书信中常抱怨他的眼睛使他受苦。在梅勒替他画的肖像上，我们也可看到一种浪漫底克的风雅，微微有些不自然的神情。贝多芬要博人欢心，并且知道已经博得人家欢心。猛狮在恋爱中：它的利爪藏起来了。但在他的眼睛深处，甚至在《第四交响曲》的幻梦与温柔的情调之下，我们仍能感到那可怕的力，任性的脾气,突发的愤怒。

这种深邃的和平并不持久;但爱情的美好的影响一直保存到一八一〇年。无疑是靠了这个影响贝多芬才获得自主力,使他的天才产生了最完满的果实,例如那古典的悲剧:《第五交响曲》;——那夏日的神明的梦:《田园交响曲》(一八〇八年)。把歌德的剧本《哀格蒙特》谱成音乐是一八〇九年开始的。他也想制作《威廉·退尔》的音乐,但人家宁可请教别的作曲家。还有他自认为在他奏鸣曲中最有力的,从莎士比亚的《暴风雨》感悟得来的:《热情奏鸣曲》(一八〇七年),为他题献给特雷泽的。见贝多芬和申德勒的谈话。申德勒问贝多芬:"你的D小调奏鸣曲和F小调奏鸣曲的内容究竟是什么?"贝多芬答道:"请你读读莎士比亚的《暴风雨》去吧!"贝多芬《第十七钢琴奏鸣曲》(D小调,作品第三十一号之二)的别名《暴风雨奏鸣曲》即由此来。《第二十三钢琴奏鸣曲》(F小调,作品第五十七号)的别名《热情奏鸣曲》,是出版家克兰兹所加,这首奏鸣曲创作于一八〇四至一八〇五年,一八〇七年出版,贝多芬把这首奏鸣曲题献给特雷泽的哥哥弗兰茨·冯·布伦瑞克伯爵。作品第七十八号的富于幻梦与神秘气息的奏鸣曲(一八〇九年),也是献给特雷泽的。写给"不朽的爱人"的一封没有日期的信,所表现的他的爱情的热烈,也不下于《热情奏鸣曲》:

"我的天使,我的一切,我的我……我心头装满了和你说不尽的话……啊!不论我在哪里,你总和我同在……当我想到你星期日以前不曾接到我初次的消息时,我哭了。——我爱你,像你的爱我一样,但还要强得多……啊!天哪!——没有了你是怎样的生活啊!——咫尺,天涯。——……我的不朽的爱人,我的思念一齐奔向你,有时是快乐的,随后是悲哀的,问着命运,问它是否还有接受我们的愿望的一天。——我只能同你在一起过活,否则我就活不了……永远无人再能占有我的心。永远!——永远!——噢,上帝!为何人们相爱时要分离呢?可是我现在的生活是忧苦的生活。你的爱使我同时成为最幸福和最苦恼的人。——安静罢……安静——爱我呀!——今天,——昨天,——多少热烈的憧憬,多少的眼泪对你,——你,你,——我的生命——我的一切!别了!——噢!继续爱我呀,——永勿误解你亲爱的L的心。——

永久是你的——永久是我的——永远是我们的。"见书信集第十五。

什么神秘的理由，阻挠着这一对相爱的人的幸福？——也许是没有财产，地位的不同。也许贝多芬对人家要他长时期的等待，要他把这段爱情保守秘密，感到屈辱而表示反抗。

也许以他暴烈、多病、愤世嫉俗的性情，无形中使他的爱人受难，而他自己又因之感到绝望。——婚约毁了；然而两人中间似乎没有一个忘却这段爱情。直到她生命的最后一刻，特雷泽·特·布伦瑞克还爱着贝多芬。她死于一八六一年。她死于一八六一年。

一八一六年时贝多芬说："当我想到她时，我的心仍和第一天见到她时跳得一样的剧烈。"同年，他制作六阕《献给遥远的爱人》的歌。他在笔记内写道："我一见到这个美妙的造物，我的心情就泛滥起来，可是她并不在此，并不在我旁边！"——特雷泽曾把她的肖像赠予贝多芬，题着："给稀有的天才，伟大的艺术家，善良的人。T.B."这幅肖像至今还在波恩的贝多芬家。在贝多芬晚年，一位朋友无意中撞见他独自拥抱着这幅肖像，哭着，高声地自言自语着（这是他的习惯）："你这样的美，这样的伟大，和天使一样！"朋友退了出去，过了一会再进去，看见他在弹琴，便对他说："今天，我的朋友，你的脸上全无可怕的气色。"贝多芬答道："因为我的好天使来访问过我了。"——创伤深深地铭刻在他心上。他自己说："可怜的贝多芬，此世没有你的幸福。只有在理想的境界里才能找到你的朋友。"致格莱兴施泰因书。书信集第三十一。

他在笔记上又写着："屈服，深深地向你的运命屈服：你不复能为你自己而存在，只能为着旁人而存在；为你，只在你的艺术里才有幸福。噢，上帝！给我勇气让我征服我自己！"

爱情把他遗弃了。一八一〇年，他重又变成孤独；但光荣已经来到，他也显然感到自己的威力。他正当盛年。他完全放纵他的暴烈与粗犷的性情，对于社会，对于习俗，对于旁人的意见，对一切都不顾虑。他还有什么需要畏惧，需要敷衍？爱情，没有了；野心，没有了。所剩下的只有力，力的欢乐，需要应用它，甚至滥用它。"力，这才是和寻常人不同的人的精神！"他重复不修边幅，举止也愈加放肆。他知道他有权言所欲言，即对世间最大的人物亦然。"除了仁慈以外，我不承认还有什么优越的标记"，这是他一八一二年七月十七日所写的话。他写给G.D.李里奥的信中又道："心是一切伟大的起点。"书信集一〇八。贝蒂娜·布伦塔诺那时看见他，说"没有一个皇帝对于自己的力有他这样坚强的意识"。她被他的威力慑服了，写信给歌德时说道："当我初次看见他时，整个世界在我面前消失了，贝多芬使我忘记了世界，甚至忘记了你，噢，歌德！……我敢断言这个人物远远地走在现代文明之前，而我相信我这句话是不错的。"

歌德设法要认识贝多芬。一八一二年，他们终于在波希米亚的浴场特普利兹地方相遇，结果却不很投机。贝多芬热烈佩服着歌德的天才；一八一一年二月十九日他写给贝蒂娜的信中说："歌德的诗使我幸福。"一八〇九年八月八日他在旁的书信中也说："歌德与席勒，是我在莪相与荷马之外最心爱的诗人。"——值得注意的是，贝多芬幼年的教育虽不完全，但他的文学口味极高。在他认为"伟大，庄严，D小调式的"歌德以外而看做高于歌德的，只有荷马、普卢塔克、莎士比亚三人。在荷马作品中，他最爱《奥德赛》。莎士比亚的德译本是常在他手头的，我们也知道莎士比亚的《科里奥兰》和《暴风雨》被他多么悲壮地在音乐上表现出来。至于普卢塔克，他和大革命时代的一般人一样，受有很深的影响。古罗马英雄布鲁图斯是他的英雄，这一点他和米开朗琪罗相似。他爱柏拉图，梦想在全世界上能有柏拉图式的共和国建立起来。一八一九——二〇年间的谈话册内，他曾言："苏格拉底与耶稣是我的模范。"但他过于自由和过于暴烈的性格，不能和歌德的性格融和，而不免于伤害它。他曾叙述他们一同散步的情景，当时这位骄傲的共和党人，把魏玛大公的枢密参赞教训了一顿，使歌德永远不能原谅。

"君王与公卿尽可造成教授与机要参赞，尽可赏赐他们头衔与勋章；但他们不能造成伟大的人物，不能造成超临庸俗社会的心灵；……而当像我和歌德这样两个人在一起时，这般君侯贵胄应当感到我们的伟大。——昨天，我们在归路上遇见全体的皇族。我们远远里就已看见。歌德挣脱了我的手臂，站在大路一旁。我徒然对他说尽我所有的话，不能使他再走一步。于是我按了一按帽子，扣上外衣的钮子，背着手，往最密的人丛中撞去。亲王与近臣密密层层；太子鲁道夫对我脱帽，皇后先对我招呼。——那些大人先生是认得我的。——为了好玩起计，我看着这队人马在歌德面前经过。他站在路边上，深深地弯着腰，帽子拿在手里。事后我大大地教训了他一顿，毫不同他客气。……"以上见贝多芬致贝蒂娜书。这些书信的真实性虽有人怀疑，但大体是准确的。

而歌德也没有忘记这件事。歌德写信给策尔特说："贝多芬不幸是一个倔强之极的人；他认为世界可憎，无疑是对的；但这并不能使世界对他和对旁人变得愉快些。我们应当原谅他，替他惋惜，因为他是聋子。"歌德一生不曾做什么事反对贝多芬，但也不曾做什么事拥护贝多芬；对他的作品，甚至对他的姓氏，抱着绝对的缄默。骨子里他是钦佩而且惧怕他的音乐：它使他骚乱。他怕它会使他丧失心灵的平衡，那是歌德以多少痛苦换来的。年轻的门德尔松，于一八三〇年经过魏玛，曾经留下一封信，表示他确曾参透歌德自称为"骚乱而热烈的灵魂"深处，那颗灵魂是被歌德用强有力的智慧镇压着的。门德尔松在信中说："……他先是不愿听人提及贝多芬；但这是无可避免的，他听了《第五交响曲》的第一章后大为骚动。他竭力装作镇静，和我说：'这毫不动人，不过令人惊异而已。'过了一会，他又道：'这是巨大的——狂妄的，竟可说屋宇为之震动。'接着是晚膳，其间他神思恍惚，若有所思，直到我们再提起贝多芬时，他开始询问我，拷问我。我明明看到贝多芬的音乐已经发生了效果……"

《第七交响曲》和《第八交响曲》便是这时代的作品，就是说一八一二年在特普利兹写的：前者是节奏的大祭乐，后者是诙谐的交响曲，他在这两件作品内也许最是自在，像他自己所说的，最是"尽量"，那种快乐与狂乱的激动，出其不意的对比，使人错愕的夸大的机智，巨人式的、使歌德与策尔特惶骇的爆发，见策尔特一八一二年九月二日致歌德书，又同年九月十四日歌德致策尔特书："是的，我也是用着惊愕的心情钦佩他。"一八一九年策尔特给歌德信中说："人家说他疯了。"使德国北部流行着一种说数，说《第七交响曲》是一个酒徒的作品。——不错，是一个沉醉的人的作品，但也是力和天才的产物。

他自己也说："我是替人类酿制醇醪的酒神。是我给人以精神上至高的狂热。"

我不知他是否真如瓦格纳所说的，想在《第七交响曲》的终局内描写一个酒神的庆祝会。这至少是贝多芬曾经想过的题目，因为他在笔记内曾经说到，尤其他在《第十交响曲》的计划内提及。在这阕豪放的乡村节会音乐中，我特别看到他佛兰芒族的遗传；同样，在以纪律和服从为尚的国家，他的肆无忌惮的举止谈吐，也是渊源于他自身的血统。不论在哪一件作品里，都没有《第七交响曲》那么坦白，那么自由。这是无目的地，单为了娱乐而浪费着超人的精力，宛如一条洋溢泛滥的河的欢乐。在《第八交响曲》内，力量固没有这样的夸大，但更加奇特，更表现出作者的特点，交融着悲剧与滑稽，力士般的刚强和儿童般的任性。和写作这些作品同时，他在一八一一至一二年间在特普利兹认识一个柏林的青年女歌唱家，和她有着相当温柔的友谊，也许对这些作品不无影响。

一八一四年是贝多芬幸运的顶点。在维也纳会议中，人家看他做欧罗巴的光荣。他在庆祝会中非常活跃。亲王们向他致敬，像他自己高傲地向申德勒所说的，他听任他们追逐。

他受着独立战争的鼓动。在这种事故上和贝多芬大异的，是舒伯特的父亲，在一八〇七年时写了一阕应时的音乐，《献给拿破仑大帝》，且在拿破仑御前亲自指挥。一八一三年，他写了一阕《威灵顿之胜利交响曲》；一八一四年初，写了一阕战士的合唱：《德意志的再生》；一八一四年十一月二十九日，他在许多君主前面指挥一支爱国歌曲：《光荣的时节》；一八一五年，他为攻陷巴黎写了一首合唱：《大功告成》。这些应时的作品，比他一切旁的音乐更能增加他的声名。布莱修斯·赫弗尔依着弗朗索瓦·勒特龙的素描所做的木刻，和一八一三年弗兰兹·克莱因塑的脸型（Masque），活泼泼地表现出贝多芬在维也纳会议时的面貌。狮子般的脸上，牙床紧咬着，刻画着愤怒与苦恼的皱痕，但表现得最明显的性格是他的意志，早年拿破仑式的意志:"可惜我在战争里不像在音乐中那么内行!否则我将战败他!"

但是他的王国不在此世,像他写信给弗朗索瓦·特·布伦瑞克时所说的:"我的王国是在天空。"他在维也纳会议时写信给考卡说:"我不和你谈我们的君王和王国,在我看来,思想之国是一切国家中最可爱的:那是此世和彼世的一切王国中的第一个。"

在此光荣的时间以后,接踵而来的是最悲惨的时期。

维也纳从未对贝多芬抱有好感。像他那样一个高傲而独立的天才,在此轻佻浮华、为瓦格纳所痛恶的都城里是不得人心的。瓦格纳在一八七〇年所著的《贝多芬评传》中有言:"维也纳,这不就说明了一切?——全部的德国新教痕迹都已消失,连民族的口音也失掉而变成意大利化。德国的精神,德国的态度和风俗,全经意大利与西班牙输入的指南册代为解释⋯⋯这是一个历史、学术、宗教都被篡改的地方⋯⋯轻浮的怀疑主义,毁坏而且埋葬了真理之爱,荣誉之爱,自由独立之爱!⋯⋯"十九世纪的奥国戏剧诗人格里尔帕策曾说生为奥国人是一桩不幸。十九世纪末住在维也纳的德国大作曲家,都极感苦闷。那时奥国都城的思想全被勃拉姆斯伪善的气息笼罩。布鲁克纳的生活是长时期的受难,雨果·沃尔夫终生奋斗,对维也纳表示极严厉的批评。他抓住可以离开维也纳的每个机会;一八〇八年,他很想脱离奥国,到威斯特伐利亚王热罗姆·波拿巴的宫廷里去。热罗姆王愿致送贝多芬终身俸每年六百杜加,外加旅费津贴一百五十银币,唯一的条件是不时在他面前演奏,并指挥室内音乐会,那些音乐会是历时很短而且不常举行。贝多芬差不多决定动身了。但维也纳的音乐泉源是那么丰富,我们也不该抹杀那边常有一般高贵的鉴赏家,感到贝多芬之伟大,不肯使国家蒙受丧失这天才之羞。

一八〇九年,维也纳三个富有的贵族:贝多芬的学生鲁道夫太子,洛布科维兹亲王,金斯基亲王,答应致送他四千弗洛令的年俸,只要他肯留在奥国。他们说:"显然一个人只在没有经济烦虑的时候才能整个地献身于艺术,才能产生这些崇高的作品为艺术增光,所以我们决意使路德维希·凡·贝多芬获得物质的保障,避免一切足以妨害他天才发展的阻碍。"

不幸结果与诺言不符。这笔津贴并未付足；不久又完全停止。且从一八一四年维也纳会议起，维也纳的性格也转变了。社会的目光从艺术移到政治方面，音乐口味被意大利作风破坏了，时尚所趋的是罗西尼，把贝多芬视为迂腐。罗西尼的歌剧《唐克雷迪》足以震撼整个的德国音乐。一八一六年时维也纳沙龙里的意见，据鲍恩费尔德的日记所载："莫扎特和贝多芬是老学究，只有荒谬的上一代赞成他们；但直到罗西尼出现，大家方知何谓旋律。《菲岱里奥》是一堆垃圾，真不懂人们怎会不怕厌烦地去听它。"——贝多芬举行的最后一次钢琴演奏会是一八一四年。贝多芬的朋友和保护人，分散的分散，死亡的死亡：金斯基亲王死于一八一二年，李希诺夫斯基亲王死于一八一四年，洛布科维兹死于一八一六年。受贝多芬题赠作品第五十九号的美丽的四重奏的拉苏莫夫斯基，在一八一五年举办了最后的一次音乐会。同年，贝多芬和童年的朋友，埃莱奥诺雷的哥哥，斯特凡·冯·布罗伊宁失和。同年，贝多芬的兄弟卡尔死。他写信给安东尼·布伦塔诺说："他如此地执着生命，我却如此地愿意舍弃生命。"从此他孤独了。此时唯一的朋友，是玛丽亚·冯·埃尔德迪，他和她维持着动人的友谊，但她和他一样有着不治之症，一八一六年，她的独子又暴卒。贝多芬题赠给她的作品，有一八〇九年作品第七十号的两支三重奏，一八一五至一七年间作品第一〇二号的两支大提琴奏鸣曲。在一八一六年的笔记上，他写道："没有朋友，孤零零地在世界上。"

耳朵完全聋了。丢开耳聋不谈，他的健康也一天不如一天。从一八一六年十月起，他患着重伤风。一八一七年夏天，医生说他是肺病。一八一七至一八年间的冬季，他老是为这场所谓的肺病担心着。一八二〇至二一年间他患着剧烈的关节炎。一八二一年患黄热病。一八二三年又患结膜炎。从一八一五年秋天起，他和人们只有笔上的往还。最早的谈话手册是一八一六年的。值得注意的是，同年起他的音乐作风改变了，表示这转折点的是作品第一〇一号的奏鸣曲。贝多芬的谈话册，共有一一〇〇〇页的手写稿，今日全部保存于柏林国家图书馆。一九二三年诺尔开始印行他一八一九年三月至一八二〇年三月的谈话册，可惜以后未曾续印。关于一八二二年《菲岱里奥》预奏会的经过，有申德勒的一段惨痛的记述可按。

"贝多芬要求亲自指挥最后一次的预奏……从第一幕的二部唱起,显而易见他全没听见台上的歌唱。他把乐曲的进行延缓很多;当乐队跟着他的指挥棒进行时,台上的歌手自顾自地匆匆向前。结果是全局都紊乱了。经常的,乐队指挥乌姆劳夫不说明什么理由,提议休息一会,和歌唱者交换了几句说话之后,大家重新开始。同样的紊乱又发生了。不得不再休息一次。在贝多芬指挥之下,无疑是干不下去的了;但怎样使他懂得呢?没有一个人有心肠对他说:'走吧,可怜虫,你不能指挥了。'贝多芬不安起来,骚动之余,东张西望,想从不同的脸上猜出症结所在;可是大家都默不作声。他突然用命令的口吻呼唤我。我走近时,他把谈话手册授给我,示意我写。我便写着:'恳求您勿再继续,等回去再告诉您理由。'于是他一跃下台;对我嚷道:'快走!'他一口气跑回家里去;进去,一动一动地倒在便榻上,双手捧着他的脸;他这样一直到晚饭时分。用餐时他一言不发,保持着最深刻的痛苦的表情。晚饭以后,当我想告别时,他留着我,表示不愿独自在家。等到我们分手的辰光,他要我陪着去看医生,以耳科出名的……在我和贝多芬的全部交谊中,没有一天可和这十一月里致命的一天相比。他心坎里受了伤,至死不曾忘记这可怕的一幕的印象。"申德勒从一八一四年起就和贝多芬来往,但到一八一九以后方始成为他的密友。贝多芬不肯轻易与之结交,最初对他表示高傲轻蔑的态度。

两年以后,一八二四年五月七日,他指挥着(或更准确地,像节目单上所注明的"参与指挥事宜")《合唱交响曲》时,他全没听见全场一致的喝彩声;他丝毫不曾觉察,直到一个女歌唱演员牵着他的手,让他面对着群众时,他才突然看见全场起立,挥舞着帽子,向他鼓掌。——一个英国游历家罗素,一八二五年时看见过他弹琴,说当他要表现柔和的时候,琴键不曾发声,在这静寂中看着他情绪激动的神气,脸部和手指都抽搐起来,真是令人感动。

隐遁在自己的内心生活里,和其余的人类隔绝着,参看瓦格纳的《贝多芬评传》,对他的耳聋有极美妙的叙述。他只有在自然中觅得些许安慰。特雷泽·布伦瑞克说:"自然是他唯一的知己。"它成为他的托庇所。一八一五年时认识他的查理·纳德,说他从未见过一个人像他这样的爱花木,云彩,自然……他似乎靠着自然生活。他爱好动物，非常怜悯它们。有名的史家弗里梅尔的母亲，说她不由自主地对贝多芬怀有长时期的仇恨，因为贝多芬在她儿时把她要捕捉的蝴蝶用手帕赶开。贝多芬写道："世界上没有一个人像我这样的爱田野……我爱一株树甚于爱一个人……"在维也纳时，每天他沿着城墙绕一个圈子。在乡间，从黎明到黑夜，他独自在外散步，不戴帽子，冒着太阳，冒着风雨。"全能的上帝！——在森林中我快乐了，——在森林中我快乐了，——每株树都传达着你的声音。——天哪！何等的神奇！——在这些树林里，在这些岗峦上，——一片宁谧，供你役使的宁谧。"

他的精神的骚乱在自然中获得了一些苏慰。他的居处永远不舒服。在维也纳三十五年，他迁居三十次。他被金钱的烦虑弄得困惫不堪。一八一八年时他写道："我差不多到了行乞的地步，而我还得装作日常生活并不艰窘的神气。"此外他又说："作品第一〇六号的奏鸣曲是在紧急情况中写的。要以工作来换取面包实在是一件苦事。"施波尔说他往往不能出门，为了靴子洞穿之故。他对出版商负着重债，而作品又卖不出钱。《D调弥撒曲》发售预约时，只有七个预约者，其中没有一个是音乐家。贝多芬写信给凯鲁比尼，"为他在同时代的人中最敬重的"。可是凯鲁比尼置之不理。他全部美妙的奏鸣曲——每曲都得花费他三个月的工作——只给他挣了三十至四十杜加。加利钦亲王要他制作的四重奏（作品第一二七、一三〇、一三二号），也许是他作品中最深刻的，仿佛用血泪写成的，结果是一文都不曾拿到。把贝多芬煎熬完的是，日常的窘况，无穷尽的讼案：或是要人家履行津贴的诺言，或是为争取侄儿的监护权，因为他的兄弟卡尔于一八一五年死于肺病，遗下一个儿子。

他心坎间洋溢着的温情全部灌注在这个孩子身上。这儿又是残酷的痛苦等待着他。仿佛是境遇的好意，特意替他不断地供给并增加苦难，使他的天才不致缺乏营养。——他先是要和他那个不入流的弟妇争他的小卡尔，他写道：

"噢，我的上帝，我的城墙，我的防卫，我唯一的托庇所！我的心灵深处，你是一览无余的，我使那些和我争夺卡尔的人受苦时，我的苦痛，你是鉴临的。他写信给施特赖谢尔夫人说："我从不报复。当我不得不有所行动来反对旁人时，我只限于自卫，或阻止他们作恶。"请你听我呀，我不知如何称呼你的神灵！请你接受我热烈的祈求，我是你造物之中最不幸的可怜虫。"

"噢，神哪！救救我吧！你瞧，我被全人类遗弃，因为我不愿和不义妥协！接受我的祈求罢，让我，至少在将来，能和我的卡尔一起过活！……噢，残酷的命运，不可摇撼的命运！不，不，我的苦难永无终了之日！"

然后，这个热烈地被爱的侄子，显得并不配受伯父的信任。贝多芬给他的书信是痛苦的、愤慨的，宛如米开朗琪罗给他的兄弟们的信，但是更天真更动人：

"我还得再受一次最卑下的无情义的酬报吗？也罢，如果我们之间的关系要破裂，就让它破裂罢！一切公正的人知道这回事以后，都将恨你……如果连系我们的约束使你不堪担受，那么凭着上帝的名字——但愿一切都照着他的意志实现——我把你交给至圣至高的神明了；我已尽了我所有的力量，我敢站在最高的审判之前……"见诺尔编贝多芬书信集三四三。

"像你这样娇养坏的孩子，学一学真诚与朴实决计于你无害；你对我的虚伪的行为，使我的心太痛苦了，难以忘怀……上帝可以作证，我只想跑到千里之外，远离你，远离这可怜的兄弟和这丑恶的家庭……我不能再信任你了。"下面的署名是："不幸的是：你的父亲，——或更好：不是你的父亲。"见诺尔编书信集三一四。

但宽恕立刻接踵而至：

"我亲爱的儿子！——一句话也不必再说，——到我臂抱里来罢，你不会听到一句严厉的说话……我将用同样的爱接待你。如何安排你的前程，我们将友善地一同商量。——我以荣誉为担保，绝无责备的言辞！那是毫无用处的。你能期待于我的只有殷勤和最亲切的帮助。——来罢——来到你父亲的忠诚的心上。——来罢，一接到信立刻回家吧。"（在信封上又用法文写着："如果你不来，我定将为你而死。"）见书信集三七○。

他又哀求道："别说谎，永远做我最亲爱的儿子！如果你用虚伪来报答我，像人家使我相信的那样，那真是何等丑恶何等刺耳！……别了，我虽不曾生下你来，但的确抚养过你，而且竭尽所能地培植过你精神的发展，现在我用着有甚于父爱的情爱，从心坎里求你走上善良与正直的唯一的大路。你的忠诚的老父。"以上见书信集三六二——三六七。另外一封信，是一八一九年二月一日的，里面表示贝多芬多么热望把他的侄子造成"一个于国家有益的公民"。

这个并不缺少聪明的侄儿，贝多芬本想把他领上高等教育的路，然而替他筹划了无数美妙的前程之梦以后，不得不答应他去习商。但卡尔出入赌场，负了不少债务。

由于一种可悲的怪现象，比人们想象中更为多见的怪现象，伯父的精神的伟大，对侄儿非但无益，而且有害，使他恼怒，使他反抗，如他自己所说的："因为伯父要我上进，所以我变得更下流"；这种可怕的说话，活活显出这个浪子的灵魂。他甚至在一八二六年时在自己头上打了一枪。然而他并不死，倒是贝多芬几乎因之送命：他为这件事情所受的难堪，永远无法摆脱。当时看见他的申德勒，说他突然变得像一个七十岁的老人，精神崩溃，没有力量，没有意志。倘卡尔死了的话，他也要死的了。——不多几月之后，他果然一病不起。卡尔痊愈了，他自始至终使伯父受苦，而对于这伯父之死，也未始没有关系；贝多芬临终的时候，他竟没有在场。——几年以前，贝多芬写给侄子的信中说："上帝从没遗弃我。将来终有人来替我阖上眼睛。"——然而替他阖上眼睛的，竟不是他称为"儿子"的人。

在此悲苦的深渊里，贝多芬从事于讴歌欢乐。

这是他毕生的计划。从一七九三年他在波恩时起就有这个念头。见一七九三年一月菲舍尼希致夏洛特·席勒书。席勒的《欢乐颂》是一七八五年写的。贝多芬所用的主题，先后见于一八〇八作品第八十号的《钢琴、乐队、合唱幻想曲》，及一八一〇依歌德诗谱成的"歌"。——在一八一二年的笔记内，在《第七交响曲》的拟稿和《麦克佩斯前奏曲》的计划之间，有一段乐稿是采用席勒原词的，其音乐主题，后来用于作品第一一五号的《纳门斯弗尔前奏曲》。——《第九交响曲》内有些乐旨在一八一五年以前已经出现。定稿中欢乐颂歌的主题和其他部分的曲调，都是一八二二年写下的，以后再写 Trio（中段）部分，然后又写 Andante（行板）、Moderato（中板）部分，直到最后才写成Adagio（柔板）。他一生要歌唱欢乐，把这歌唱作为他某一大作品的结局。颂歌的形式，以及放在哪一部作品里这些问题，他踌躇了一生。即在《第九交响曲》内，他也不曾打定主意。直到最后一刻，他还想把欢乐颂歌留下来，放在第十或第十一的交响曲中去。我们应当注意《第九交响曲》的原题，并非今日大家所习用的《合唱交响曲》，而是"以欢乐颂歌的合唱为结局的交响曲"。《第九交响曲》可能而且应该有另外一种结束。一八二三年七月，贝多芬还想给它以一个器乐的结束，这一段结束，他以后用在作品第一三二号的四重奏内。车尔尼和松莱特纳确言，即在演奏过后（一八二四年五月），贝多芬还未放弃改用器乐结束的意思。

要在一阕交响曲内引进合唱，有极大的技术上的困难，这是可从贝多芬的稿本上看到的，他做过许多试验，想用别种方式，并在这件作品的别的段落引进合唱。在Adagio（柔板）的第二主题的稿本上，他写道："也许合唱在此可以很适当地开始。"但他不能毅然决然地和他忠诚的乐队分手。他说："当我看见一个乐思的时候，我总是听见乐器的声音，从未听见人声。"所以他把运用歌唱的时间尽量延宕；甚至先把主题交给器乐来奏出，不但终局的吟诵体为然，贝多芬说这一部分"完全好像有歌词在下面"。连"欢乐"的主题亦是如此。

对于这些延缓和踌躇的解释，我们还得更进一步：它们还有更深刻的原因。这个不幸的人永远受着忧患折磨，永远想讴歌"欢乐"之美；然而年复一年，他延宕着这桩事业，因为他老是卷在热情与哀伤的漩涡内。直到生命的最后一日他才完成了心愿，可是完成的时候是何等的伟大！

当欢乐的主题初次出现时，乐队忽然中止；出其不意地一片静默；这使歌唱的开始带着一种神秘与神明的气概。而这是不错的：这个主题的确是一个神明。"欢乐"自天而降，包裹在非现实的宁静中间：它用柔和的气息抚慰着痛苦；而它溜滑到大病初愈的人的心坎中时，第一下的抚摸又是那么温柔，令人如贝多芬的那个朋友一样，禁不住因"看到他柔和的眼睛而为之下泪"。当主题接着过渡到人声上去时，先由低音表现，带着一种严肃而受压迫的情调。慢慢地，"欢乐"抓住了生命。这是一种征服，一场对痛苦的斗争。然后是进行曲的节奏，浩浩荡荡的军队，男高音热烈急促的歌，在这些沸腾的乐章内，我们可以听到贝多芬的气息，他的呼吸，与他受着感应的呼喊的节奏，活现出他在田野间奔驰，作着他的乐曲，受着如醉如狂的激情鼓动，宛如大雷雨中的李尔老王。在战争的欢乐之后，是宗教的醉意；随后又是神圣的宴会，又是爱的兴奋。整个的人类向天张着手臂，大声疾呼着扑向"欢乐"，把它紧紧地搂在怀里。

巨人的巨著终于战胜了群众的庸俗。维也纳轻浮的风气，瞬间被它震撼了一刹那，这都城当时是完全在罗西尼与意大利歌剧的势力之下的。贝多芬颓丧忧郁之余，正想移居伦敦，到那边去演奏《第九交响曲》。像一八〇九年一样，几个高贵的朋友又来求他不要离开祖国。他们说："我们知道您完成了一部新的圣乐，表现着您深邃的信心感应给您的情操。渗透着您的心灵的超现实的光明，照耀着这件作品。我们也知道您的伟大的交响曲的王冠上，又添了一朵不朽的鲜花……您近几年来的沉默，使一切关注您的人为之凄然。贝多芬为琐碎的烦恼，贫穷，以及各种的忧患所困，在一八一六至一八二一的五年中间，只写了三支钢琴曲（作品第一〇一、一〇二、一〇六号）。他的敌人说他才力已尽。一八二一年起他才重新工作。大家都悲哀地想到，正当外国音乐移植到我们的土地上，令人遗忘德国艺术的产物之时，我们的天才，在人类中占有那么崇高的地位的，竟默无一言。……唯有在您身上，整个的民族期待着新生命，新光荣，不顾时下的风气而建立起真与美的新时代……但愿您能使我们的希望不久即实现……但愿靠了您的天才，将来的春天，对于我们，对于人类，加倍的繁荣！"这是一八二四年的事，署名的有C.李希诺夫斯基亲王等二十余人。这封慷慨陈辞的信，证明贝多芬在德国优秀阶级中所享有的声威，不但是艺术方面的，而且是道德方面的。他的崇拜者称颂他的天才时，所想到的第一个字既非学术，亦非艺术，而是"信仰"。一八一九年二月一日，贝多芬要求对侄子的监护权时，在维也纳市政府高傲地宣称："我的道德的品格是大家公认的。"

贝多芬被这些言辞感动了，决意留下。一八二四年五月七日，在维也纳举行《D调弥撒曲》和《第九交响曲》的第一次演奏会，获得空前的成功。

情况之热烈，几乎含有暴动的性质。当贝多芬出场时，受到群众五次鼓掌的欢迎；在此讲究礼节的国家，对皇族的出场，习惯也只用三次的鼓掌礼。因此警察不得不出面干涉。交响曲引起狂热的骚动。许多人哭起来。贝多芬在终场以后感动得晕去；大家把他抬到申德勒家，他朦朦胧胧地和衣睡着，不饮不食，直到次日早上。可是胜利是暂时的，对贝多芬毫无盈利。音乐会不曾给他挣什么钱。物质生活的窘迫依然如故。他贫病交迫，孤独无依，可是战胜了：——战胜了人类的平庸，战胜了他自己的命运，战胜了他的痛苦。一八二四年秋，他很担心要在一场暴病中送命。"像我亲爱的祖父一样，我和他有很多地方相似。"他胃病很厉害。一八二四——二五年间的冬天，他又重病。一八二五年五月，他吐血，流鼻血。同年六月九日他写信给侄儿说："我衰弱到了极点，长眠不起的日子快要临到了。"德国首次演奏《第九交响曲》，是一八二五年四月一日在法兰克福；伦敦是一八二五年三月二十五日；巴黎是一八三一年五月二十七日，在国立音乐院。十七岁的门德尔松，在柏林猎人大厅于一八二六年十一月十四日用钢琴演奏。瓦格纳在莱比锡大学教书时，全部手抄过；且在一八三〇年十月六日致书出版商肖特，提议由他把交响曲改成钢琴曲。可说《第九交响曲》决定了瓦格纳的生涯。

"牺牲，永远把一切人生的愚昧为你的艺术去牺牲！艺术，这是高于一切的上帝！"

因此他已达到了终身想望的目标。他已抓住欢乐。但在这控制着暴风雨的心灵高峰上，他是否能长此逗留？——当然，他还得不时堕入往昔的怆痛里。当然，他最后的几部四重奏里充满着异样的阴影。可是《第九交响曲》的胜利，似乎在贝多芬心中已留下它光荣的标记。他未来的计划是：一八二四年九月十七日致肖特兄弟信中，贝多芬写道："艺术之神还不愿死亡把我带走；因为我还负欠甚多！在我出发去天国之前，必得把精灵启示我而要我完成的东西留给后人，我觉得我才开始写了几个音符。"书信集二七二。《第十交响曲》，一八二七年三月十八日贝多芬写信给莫舍勒斯说："初稿全部写成的一部交响曲和一支前奏曲放在我的书桌上。"但这部初稿从未被发现。我们只在他的笔记上读到："用 Andante（行板）写的 Cantique——用古音阶写的宗教歌，或是用独立的形式，或是作为一支赋格曲的引子。这部交响曲的特点是引进歌唱，或者用在终局，或从 Adagio（柔板）起就插入。乐队中小提琴，……等等都当特别加强最后几段的力量。歌唱开始时一个一个地，或在最后几段中复唱 Adagio（柔板）——Adagio（柔板）的歌词用一个希腊神话或宗教颂歌，Allegro（快板）则用酒神庆祝的形式。"（以上见一八一八年笔记）由此可见以合唱终局的计划是预备用在第十而非第九交响曲的。后来他又说要在《第十交响曲》中，把现代世界和古代世界调和起来，像歌德在第二部《浮士德》中所尝试的。《纪念巴赫的前奏曲》，为格里尔巴策的《曼吕西纳》谱的音乐，诗人原作是叙述一个骑士，恋爱着一个女神而被她拘囚着；他念着家乡与自由，这首诗和《汤豪舍》颇多相似之处，贝多芬在一八二三——二六年间曾经从事工作。为克尔纳的《奥德赛》、歌德的《浮士德》谱的音乐，贝多芬从一八○八年起就有意为《浮士德》写音乐。（《浮士德》以悲剧的形式出现是一八○七年秋）这是他一生最重视的计划之一。《大卫与扫罗的清唱剧》，这些都表示他的精神倾向于德国古代大师的清明恬静之境：巴赫与韩德尔——尤其是倾向于南方，法国南部，或他梦想要去游历的意大利。贝多芬的笔记中有："法国南部！对啦！对啦！""离开这里，只要办到这一着，你便能重新登上你艺术的高峰。……写一部交响曲，然后出发，出发，出发……夏天，为了旅费工作着，然后周游意大利，西西里，和几个旁的艺术家一起……"（出处同前）

施皮勒医生于一八二六年看见他，说他气色变得快乐而旺盛了。同年，当格里尔巴策最后一次和他晤面时，倒是贝多芬来鼓励这颓丧的诗人："啊，他说，要是我能有千分之一的你的体力和强毅的话！"时代是艰苦的。专制政治的反动，压迫着思想界。格里尔巴策呻吟道："言论检查把我杀害了。倘使一个人要言论自由，思想自由，就得往北美洲去。"但没有一种权力能钳制贝多芬的思想。诗人库夫纳写信给他说："文字是被束缚了；幸而声音还是自由的。"贝多芬是伟大的自由之声，也许是当时德意志思想界唯一的自由之声。他自己也感到。他时常提起，他的责任是把他的艺术来奉献于"可怜的人类"，"将来的人类"，为他们造福利，给他们勇气，唤醒他们的迷梦，斥责他们的懦怯。他写信给侄子说："我们的时代，需要有力的心灵把这些可怜的人群加以鞭策。"一八二七年，米勒医生说"贝多芬对于政府、警察、贵族，永远自由发表意见，甚至在公众面前也是如此。在谈话手册里，我们可以读到：（一八一九年份的）"欧洲政治目前所走的路，令人没有金钱没有银行便什么事都不能做。""统治者的贵族，什么也不曾学得，什么也不曾忘记。""五十年内，世界上到处都将有共和国。"警察当局明明知道，但将他的批评和嘲讽认为无害的梦呓，因此也就让这个光芒四射的天才太平无事"。一八一九年他几被警察当局起诉，因为他公然声言："归根结底，基督不过是一个被钉死的犹太人。"那时他正写着《D调弥撒曲》。由此可见他的宗教感应是极其自由的。他在政治方面也是一样的毫无顾忌，很大胆地抨击他的政府之腐败。他特别指斥几件事情：法院组织的专制与依附权势，程序繁琐，完全妨害诉讼的进行；警权的滥用；官僚政治的腐化与无能；颓废的贵族享有特权，霸占着国家最高的职位。从一八一五年起，他在政治上是同情英国的。据申德勒说，他非常热烈地读着英国国会的记录。英国的乐队指挥西普里亚尼·波特，一八一七年到维也纳，说："贝多芬用尽一切诅咒的字眼痛骂奥国政府。他一心要到英国来看看下院的情况。他说：ّ你们英国人，你们的脑袋的确在肩膀上。'"

因此，什么都不能使这股不可驯服的力量屈膝。如今它似乎玩弄痛苦了。在此最后几年中所写的音乐，虽然环境恶劣，例如侄子之自杀。但往往有一副簇新的面目，嘲弄的，睥睨一切的，快乐的。他逝世以前四个月，在一八二六年十一月完成的作品，作品第一三○号的四重奏的新的结束是非常轻快的。实在这种快乐并非一般人所有的那种。时而是莫舍勒斯所说的嬉笑怒骂；时而是战胜了如许痛苦以后的动人的微笑。总之，他是战胜了。他不相信死。

然而死终于来了。一八二六年十一月终，他得着肋膜炎性的感冒；为侄子奔走前程而旅行回来，他在维也纳病倒了。他的病有两个阶段：（一）肺部的感冒，那是六天就结束的。"第七天上，他觉得好了一些，从床上起来，走路，看书，写作。"（二）消化器病，外加循环系病。医生说："第八天，我发现他脱了衣服，身体发黄色。剧烈地泄泻，外加呕吐，几乎使他那天晚上送命。"从那时起，水肿病开始加剧。这一次的复病还有我们迄今不甚清楚的精神上的原因。华洛赫医生说："一件使他愤慨的事，使他大发雷霆，非常苦恼，这就促成了病的爆发。打着寒噤，浑身战抖，因内脏的痛楚而起拘挛。"关于贝多芬最后一次的病情，从一八四二年起就有医生详细的叙述公开发表。朋友都在远方。他打发侄儿去找医生。据说这麻木不仁的家伙竟忘记了使命，两天之后才重新想起来。医生来得太迟，而且治疗得很恶劣。三个月内，他运动家般的体格和病魔挣扎着。一八二七年一月三日，他把至爱的侄儿立为正式的承继人。他想到莱茵河畔的亲爱的友人；他写信给韦格勒说："我多想和你谈谈！但我身体太弱了，除了在心里拥抱你和你的洛亨以外，我什么都无能为力了。"要不是几个豪侠的英国朋友，贫穷的苦难几乎笼罩到他生命的最后一刻。他变得非常柔和，非常忍耐。一个名叫路德维希·克拉莫利尼的歌唱家，说他看见最后一次病中的贝多芬，觉得他心地宁静，慈祥恺恻，达于极点。一八二七年二月十七日，躺在弥留的床上，经过了三次手术以后，等待着第四次，他在等待期间还安详地说："我耐着性子，想道：一切灾难都带来几分善。"据格哈得·冯·布罗伊宁的信，说他在弥留时，在床上受着臭虫的骚扰。——他的四次手术是一八二六年十二月二十日，一八二七年正月八日、二月二日和二月二十七日。

这个善，是解脱，是像他临终时所说的"喜剧的终场"，——我们却说是他一生悲剧的终场。

他在暴雨中，在一声响雷中，咽了最后一口气。一只陌生的手替他阖上了眼睛（一八二七年三月二十六日）。这陌生人是青年音乐家安塞尔姆·许滕布伦纳。——布罗伊宁写道："感谢上帝！感谢他结束了这长时期悲惨的苦难。"贝多芬的手稿、书籍、家具，全部拍卖掉，代价不过一百七十五弗洛令。拍卖目录上登记着二五二件音乐手稿和音乐书籍，共售九八二弗洛令。谈话手册只售一弗洛令二十。

亲爱的贝多芬！多少人已颂赞过他艺术上的伟大。但他远不止是音乐家中的第一人，而是近代艺术的最英勇的力。对于一般受苦而奋斗的人，他是最大而最好的朋友。当我们对着世界的劫难感到忧伤时，他会到我们身旁来，好似坐在一个穿着丧服的母亲旁边，一言不发，在琴上唱着他隐忍的悲歌，安慰那哭泣的人。当我们对德与善的庸俗，斗争到疲惫的辰光，到此意志与信仰的海洋中浸润一下，将获得无可言喻的裨益。他分赠我们的是一股勇气，一种奋斗的欢乐，他致"不朽的爱人"信中有言："当我有所克服的时候，我总是快乐的。"一八〇一年十一月十六日致韦格勒信中又言："我愿把生命活上千百次……我非生来过恬静的日子的。"一种感到与神同在的醉意。仿佛在他和大自然不息的沟通之下，他竟感染了自然的深邃的力。申德勒有言："贝多芬教了我大自然的学问，在这方面的研究，他给我的指导和在音乐方面没有分别。使他陶醉的并非自然的律令Law，而是自然的基本威力。"格里尔巴策对贝多芬是钦佩之中含有惧意的，在提及他时说："他所到达的那种境界，艺术竟和犷野与古怪的元素混合为一。"舒曼提到《第五交响曲》时也说："尽管你时常听到它，它对你始终有一股不变的威力，有如自然界的现象，虽然时时发生，总教人充满着恐惧与惊异。"他的密友申德勒说："他抓住了大自然的精神。"——这是不错的；贝多芬是自然界的一股力；一种原始的力和大自然其余的部分接战之下，便产生了荷马史诗般的壮观。

他的一生宛如一个雷雨的日子。——先是一个明净如水的早晨。仅仅有几阵懒懒的微风。但在静止的空气中，已经有隐隐的威胁，沉重的预感。突然之间巨大的阴影卷过，悲壮的雷吼，充满着声响的可怖的静默，一阵复一阵的狂风，《英雄交响曲》与《第五交响曲》。然而白日的清纯之气尚未受到损害。欢乐依然是欢乐，悲哀永远保存着一缕希望。但自一八一〇年后，心灵的均衡丧失了。日光变得异样。最清楚的思想，也看来似乎水汽一般在升华：忽而四散，忽而凝聚，它们的又凄凉又古怪的骚动，罩住了心；往往乐思在薄雾之中浮沉了一二次以后，完全消失了，淹没了，直到曲终才在一阵狂飙中重新出现。即是快乐本身也蒙上苦涩与犷野的性质。所有的情操里都混合着一种热病，一种毒素。贝多芬一八一〇年五月二日致韦格勒书中有言：

"噢，人生多美，但我的是永远受着毒害……"黄昏将临，雷雨也随着酝酿。随后是沉重的云，饱蓄着闪电，给黑夜染成乌黑，挟带着大风雨，那是《第九交响曲》的开始。——突然，当风狂雨骤之际，黑暗裂了缝，夜在天空给赶走，由于意志之力，白日的清明重又还给了我们。

什么胜利可和这场胜利相比？波拿巴的哪一场战争，奥斯特利茨哪一天的阳光，曾经达到这种超人的努力的光荣？曾经获得这种心灵从未获得的凯旋？一个不幸的人，贫穷，残废，孤独，由痛苦造成的人，世界不给他欢乐，他却创造了欢乐来给予世界！他用他的苦难铸成欢乐，好似他用那句豪语来说明的，——那是可以总结他一生，可以成为一切英勇心灵的箴言的：

"用痛苦换来的欢乐。"一八一五年十月十日贝多芬致埃尔德迪夫人书。

第六卷

小说

导读

本卷收录林海音《城南旧事》、鲁迅《阿Q正传》、老舍《骆驼祥子》。

林海音（1918—2001），原名林含英，出生于日本大阪。1921年林海音随父母返回台湾。1923年随父母迁到北京，定居城南。1948年回到台湾，开始文学创作，一生创作了多部长篇小说和短篇小说集。《城南旧事》描写了20世纪20年代末北京城南一座四合院里一家普通人的生活，通过小姑娘英子童稚的眼睛，来看当时北京形形色色的人和事。文章中的人物最后都离小英子而去，表达了告别童年的悲伤和怀念的情感，向世人展现了"大人世界"的悲欢离合，有种说不出的天真，却道尽人世复杂的情感。通过看似"狭小"的描写，却反映了当时北京的整个历史面貌，有极强的社会意义。《城南旧事》于1999年获第二届五四奖"文学贡献奖"。

《阿Q正传》是鲁迅创作的中篇小说，最初发表于北京《晨报副刊》，后收入小说集《呐喊》。该小说创作于1921年底，共分九章。小说以辛亥革命前后的中国农村为背景，通过描写流浪雇农阿Q的故事，批判了当时中国社会的封建、保守、庸俗和腐败，真实展现了旧中国人民的生活场景和其处在水深火热之中的病态。

《骆驼祥子》讲述的是旧中国北平城里一个年轻好强、充满生命活力的人力车夫祥子"三起三落"的悲剧故事。祥子来自乡间，日益凋蔽衰败的农村使他无法生存下去，他以坚韧的性格和执拗的态度与生活展开搏斗，这构成了小说的主要情节内容。祥子所处的时代是北洋军阀统治时期，在那个黑暗、畸形、失衡的中国旧社会，人民过着贫苦的生活，祥子只是广大劳苦大众的代表，他们虽然有了一定的自由，但不得不为生计而奔波。这部小说的现实主义深刻性在于，它不仅描写了严酷的生活环境对祥子的物质剥夺，而且还刻画了祥子在生活理想被毁坏后的精神堕落。

《城南旧事》

◆

林海音 ⊙ 著

惠安馆

一

太阳从大玻璃窗透进来,照到大白纸糊的墙上,照到三屉桌上,照到我的小床上来了。我醒了,还躺在床上,看那道太阳光里飞舞着的许多小小的,小小的尘埃。宋妈过来掸窗台,掸桌子,随着鸡毛掸子的舞动,那道阳光里的尘埃加多了,飞舞得更热闹了,我赶忙拉起被来蒙住脸,是怕尘埃把我呛得咳嗽。

宋妈的鸡毛掸子轮到来掸我的小床了,小床上的棱棱角角她都掸到了,掸子把儿碰在床栏上,格格地响,我想骂她,但她倒先说话了:

"还没睡够哪!"说着,她把我的被大掀开来,我穿着绒裤裤的身体整个露在被外,立刻就打了两个喷嚏。她强迫我起来,给我穿衣服。印花斜纹布的棉袄棉裤,都是新做的,棉裤筒多可笑,可以直立放在那里,就知道那棉花够多厚了。

妈正坐在炉子边梳头,倾着身子,一大把头发从后脖子顺过来,她就用篦子篦呀篦呀的,炉上是一瓶玫瑰色的发油,天气冷,油凝住了,总要放在炉子上化一化才能擦。

窗外很明亮，干秃的树枝上落着几只不怕冷的小鸟，我在想，什么时候那树上才能长满叶子呢？这是我们在北京过的第一个冬天。

妈妈还说不好北京话，她正在告诉宋妈，今天买什么菜。妈不会说"买一斤猪肉，不要太肥"。她说："买一斤租漏，不要太回。"

妈妈梳完了头，用她的油手抹在我的头发上，也给我梳了两条辫子。我看宋妈提着篮子要出去了，连忙喊住她：

"宋妈，我跟你去买菜。"

宋妈说："你不怕惠难馆的疯子？"

宋妈是顺义县的人，她也说不好北京话，她说成"惠难馆"，妈说成"灰娃馆"，爸说成"飞安馆"，我随着胡同里的孩子说"惠安馆"，到底哪一个对，我不知道。

我为什么要怕惠安馆的疯子？她昨天还冲我笑呢！她那一笑真有意思，要不是妈紧紧拉着我的手，我就会走过去看她，跟她说话了。

惠安馆在我们这条胡同的最前一家，三层石台阶上去，就是两扇大黑门凹进去，门上横着一块匾，路过的时候爸爸教我念过"飞安会馆"。爸说里面住的都是从"飞安"那个地方来的学生，像叔叔一样，在大学里念书。

"也在北京大学？"我问爸爸。

"北京的大学多着呢，还有清华大学呀！燕京大学呀！"

"可以不可以到飞安——不，惠安馆里找叔叔们玩一玩？"

"做唔得！做唔得！"我知道，我无论要求什么事，爸终归要拿这句客家话来拒绝我。我想总有一天我要迈上那三层台阶，走进那黑洞洞的大门里去的。

惠安馆的疯子我看见好几次了，每一次只要她站在门口，宋妈或者妈就赶快捏紧我的手，轻轻说："疯子！"我们便擦着墙边走过去，我如果要回头再张望一下时，她们就用力拉我的胳臂制止我。其实那疯子还不就是一个梳着油松大辫子的大姑娘，像张家李家的大姑娘一样！她总是倚着门墙站着，看来来往往过路的人。

是昨天，我跟着妈妈到骡马市的佛照楼去买东西，妈是去买擦脸的鸭蛋粉，我呢，就是爱吃那里的八珍梅。我们从骡马市大街回来，穿过魏染胡同，西草厂，到了椿树胡同的井窝子，井窝子斜对面就是我们住的这条胡同。刚一进胡同，我就看见惠安馆的疯子了，她穿了一件绛紫色的棉袄，黑绒的毛窝，头上留着一排刘海儿，辫子上扎的是大红绒绳，她正把大辫子甩到前面来，两手玩弄着辫梢，愣愣地看着对面人家院子里的那棵老洋槐。干树枝子上有几只乌鸦，胡同里没什么人。

妈正低头嘴里念叨着，准是在算她今天共买了多少钱的东西，好跟无事不操心的爸爸报帐，所以妈没留神已经走到了"灰娃馆"。我跟在妈的后面，一直看疯子，竟忘了走路。这时疯子的眼光从洋槐上落下来，正好看到我，她眼珠不动地盯着我，好像要在我的脸上找什么。她的脸白得发青，鼻子尖有点红，大概是冷风吹冻的，尖尖的下巴，两片薄嘴唇紧紧地闭着。忽然她的嘴唇动了，眼睛也眨了两下，带着笑，好像要说话，弄着辫梢的手也向我伸出来，招我过去呢。不知怎么，我浑身大大地打了一个寒战，跟着，我就随着她的招手和笑意要向她走去。可是妈回过头来了，突然把我一拉：

"怎么啦，你？"

"嗯？"我有点迷忽。妈看了疯子一眼，说：

"为什么打哆嗦？是不是怕——是不是要溺尿？快回家！"我的手被妈使劲拖拉着。

回到家来，我心里还惦念着疯子的那副模样儿。她的笑不是很有意思吗？如果我跟她说话——我说："嘿！"她会怎么样呢？我愣愣地想着，懒得吃晚饭，实在也是八珍梅吃多了。但是晚饭后，妈对宋妈说：

"英子一定吓着了。"然后给我沏了碗白糖水，叫我喝下去，并且命令我钻被窝睡觉。……

这时，我的辫子梳好了，追了宋妈去买菜，她在前面走，我在后面跟着。她的那条恶心的大黑棉裤，那么厚，那么肥，裤脚缚着。别人告诉妈说，北京的老妈子很会偷东西，她们偷了米就一把一把顺着裤腰装进裤兜子，刚好落到缚着的裤脚管里，不会漏出来。我在想，宋妈的肥裤脚里，不知道有没有我家的白米？

经过惠安馆，我向里面看了一下，黑门大开着，门道里有一个煤球炉子，那疯子的妈妈和爸爸正在炉边煮什么。大家都管疯子的爸爸叫"长班老王"，长班就是给会馆看门的，他们住在最临街的一间屋子。宋妈虽然不许我看疯子，但是我知道她自己也很爱看疯子，打听疯子的事，只是不许我听我看就是了。宋妈这时也向惠安馆里看，正好疯子的妈妈抬起头来，她和宋妈两人同时说"吃了吗？您！"爸爸说北京人一天到晚闲着没有事，不管什么时候见面都要问吃了没有。

出了胡同口往南走几步，就是井窝子，这里满地是水，有的地方结成薄薄的冰，独轮的水车来一辆去一辆，他们扭着屁股推车，车子吱吱扭扭地响，好刺耳，我要堵起耳朵啦！井窝子有两个人在向深井里打水，水打上来倒在一个好大的水槽里，推水的人就在大水槽里接了水再送到各家去。井窝子旁住着一个我的朋友——和我一般高的妞儿。我这时停在井窝子旁边不走了，对宋妈说：

"宋妈，你去买菜，我等妞儿。"

妞儿，我第一次是在油盐店里看见她的。那天她两只手端了两个碗，拿了一大枚，又买酱，又买醋，又买葱，伙计还逗着说："妞儿，唱一段才许你走！"妞儿眼里含着泪，手摇晃着，醋都要洒了，我有说不出的气恼，一下蹿到妞儿身旁，叉着腰问他们：

"凭什么？"

就这样，我认识了妞儿。

妞儿只有一条辫子，又黄又短，像妈在土地庙给我买的小狗的尾巴。第二次看见妞儿，是我在井窝子旁边看打水。她过来了，一声不响地站在我身边，我们俩相对笑了笑，不知道说什么好。等一会儿，我就忍不住去摸她那条小黄辫子了，她又向我笑了笑，指着后面，低低的声音说：

"你就住在那条胡同里？"

"嗯。"我说。

"第几个门？"

我伸出手指头来算了算：

"一，二，三，四，第四个门。到我们家去玩。"

她摇摇头说："你们胡同里有疯子，妈不叫我去。"

"怕什么，她又不吃人。"

她仍然是笑笑的摇摇头。

妞儿一笑，眼底下鼻子两边的肉就会有两个小旋涡，很好看，可是宋妈竟跟油盐店的掌柜说：

"这孩子长得俊倒是俊，就是有点薄，眼睛太透亮了，老像水汪着，你看，眼底下有两个泪坑儿。"

我心里可是有说不出地喜欢她，喜欢她那么温和，不像我一急宋妈就骂我："又跳？又跳？小暴雷。"那天她跟我在井窝子边站一会儿，就小声地说："我要回去了，我爹等着我吊嗓子。赶明儿见！"

我在井窝子旁跟妞儿见过几次面了，只要看见红棉袄裤从那边闪过来，我就满心的高兴，可是今天，等了好久都不见她出来，很失望，我的绒裤子口袋里还藏着一小包八珍梅，要给妞儿吃的。我摸摸，发热了，包的纸都破烂了，黏糊糊的，宋妈洗衣服时，我还得挨她一顿骂。

我觉得很没意思，往回家走，我本来想今天见妞儿的话，就告诉她一个好主意，从横胡同穿过到我家，就用不着经过惠安馆，不用怕看见疯子了。

我低头这么想着，走到惠安馆门口了。

"嘿！"

吓了我一跳！正是疯子。咬着下嘴唇，笑着看我。她的眼睛真透亮，一笑，眼底下——就像宋妈说的，怎么也有两个泪坑儿呀！我想看清楚她，我是多么久以前就想看清楚她的。我不由得对着她的眼神走上了台阶。太阳照在她的脸上，常常是苍白的颜色，今天透着亮光了。她揣在短棉袄里的手伸出来拉住我的手，那么暖，那么软。我这时看看胡同里，没有一个人走过。真奇怪，我现在怕的不是疯子，倒是怕人家看见我跟疯子拉手了。

"几岁了？"她问我。

"嗯——六岁。"

"六岁！"她很惊奇地叫了一声，低下头来，忽然撩起我的辫子看我的脖子，在找什么。"不是。"她喃喃地自己说话，接着又问我：

"看见我们小桂子没有？"

"小桂子？"我不懂她在说什么。

这时大门里疯子的妈妈出来了，皱着眉头怪着急地说："秀贞，可别把人家小姑娘吓着呀！"又转过脸来对我说：

"别听她的，胡说呢！回去吧！等回头你妈不放心，嗯——听见没有？"她说着，用手扬了扬，叫我回去。

我抬头看着疯子，知道她的名字叫秀贞了。她拉着我的手，轻摇着，并不放开我。她的笑，增加了我的勇气，我对老的说：

"不！"

"小南蛮子儿！"秀贞的妈妈也笑了，轻轻地指点着我的脑门儿，这准是一句骂我的话，就像爸爸常用看不起的口气对妈说"他们这些北仔鬼"是一样的吧！

"在这玩不要紧，你家来了人找，可别赖是我们姑娘招的你。"

"我不说的啦！"何必这么嘱咐我？什么该说，什么不该说，我都知道。妈妈打了一只金镯子，藏在她的小首饰箱里，我从来不会告诉爸爸。

"来！"秀贞拉着我往里走，我以为要到里面那一层一层很深的院子里去找上大学的叔叔们玩呢，原来她把我带进了他们住的门房。

屋里可不像我家里那么亮，玻璃窗小得很，临窗一个大炕，炕中间摆了一张矮桌，上面堆着活计和针线盒子。秀贞从矮桌上拿起了一件没做完的衣服，朝我身上左比右比，然后高兴地对走进来的她的妈妈说：

"妈，您瞧，我怎么说的，刚合适！那么就开领子吧。"说着，她又找了一根绳子绕着我的脖子量，我由她摆布，只管看墙上的那张画，那画的是一个白胖大娃娃，没有穿衣服，手里捧着大元宝，骑在一条大大的红鱼上。

秀贞转到我的面前来，看我仰着头，她也随着我的眼光看那张画，满是那么回事地说：

"要看炕上看去，看我们小桂子多胖，那阵儿才八个月，骑着大金鱼，满屋里转，玩得饭都不吃，就这么淘……"

"行啦行啦！不——害——臊！"秀贞正说得高兴，我也听得胡里胡涂，长班老王进来了，不耐烦地瞪了秀贞一眼说她。秀贞不理会她爸爸，推着我脱鞋上炕，凑近在画下面，还是只管说：

"饭不吃，衣服也不穿，就往外跑，老是急着找她爹去，我说了多少回都不听，我说等我给多做几件衣服穿上再去呀！今年的衬裙倒是先做好了，背心就差缝钮子了。这件棉袄开了领子马上就好。可急的是什么呀！真叫人纳闷儿，到底是怎么档子事儿……"她说着说着不说了，低着头在想那纳闷儿的事，一直发愣。我想，她是在和我玩"过家家儿"吧？她妈不是说她胡说吗？要是过家家儿，我倒是有一套玩意儿，小手表，小算盘，小铃铛，都可以拿来一起玩。所以我就说：

"没关系，我把手表送给小桂子，她有了表就有一定时候回家了。"可是——这时我倒想起妈会派宋妈来找我，便又说："我也要回家了。"

秀贞听我说要走，她也不发愣了，一面随着我下了炕，一面说："那敢情好，先谢谢你啦！看见小桂子叫她回来，外面冷，就说我不骂她，不用怕。"

我点了点头，答应她，真像有那么一个小桂子，我认识的。

我一边走着一边想，跟秀贞这样玩，真有意思；假装有一个小桂子，还给小桂子做衣服。为什么人家都不许他们的小孩子跟秀贞玩呢？还管她叫疯子？我想着就回头去看，原来秀贞还倚着墙看我呢！我一高兴就连跑带跳地回家来。

宋妈正在跟一个老婆子换洋火，房檐底下堆着字纸篓、旧皮鞋、空瓶子。

我进了屋子就到小床前的柜里找出手表来。小小圆圆的金表，镶着几粒亮亮的钻石，上面的针已经不能走动了，妈妈说要修理，可一直放着，我很喜欢这手表，常常戴在手上玩，就归了我了。我正站在三屉桌前玩弄着，忽然听见窗外宋妈正和老婆子在说什么，我仔细听，宋妈说：

"后来呢？"

"后来呀，"换洋火的老婆子说："那学生一去到如今就没回来！临走的时候许下的，回他老家卖田卖地，过一个月就回来明媒正娶她。好嘛！这一等就是六年啦！多傻的姑娘，我眼瞧着她疯的。……"

"说是怎么着？还生了个孩子？"

"是呀！那学生走的时候，姑娘她妈还不知道姑娘有了，等到现形了，这才赶着送回海甸义地去生的。"

"义地？"

"就是他们惠安义地，惠安人在北京死了就埋在他们惠安义地里。原来王家是给义地看坟的，打姑娘的爷爷就看起，后来又让姑娘她爹来这儿当长班，谁知道出了这么档子事儿。"

"他们这家子倒是跟惠难有缘，惠难离咱们这儿多远哪？怎么就一去不回头了呢？"

"可远喽！"

"那么生下来的孩子呢？"

"孩子呀，一落地就裹包裹包，趁着天没亮，送到齐化门城根底下啦！反正不是让野狗吃了，就是让人捡去了呗！"

"姑娘打这儿就疯啦？"

"可不，打这儿就疯了！可怜她爹妈，这辈子就生下这么个姑娘，唉！"

两个人说到这儿都不言语了，我这时已经站到屋门口倾听。宋妈正数着几包红头洋火，老婆子把破烂纸往她的大筐里塞呀塞呀！鼻子里吸溜着清鼻涕。宋妈又说：

"下回给带点刨花来。那——你跟疯子她们是一地儿的人呀？"

"老亲喽！我大妈娘家二舅屋里的三姐算是疯子她二妈，现在还在看坟，他们说的还有错儿吗？"

宋妈一眼看见了我，说：

"又听事儿，你。"

"我知道你们说谁。"我说。

"说谁？"

"小桂子她妈。"

"小桂子她妈？"宋妈哈哈大笑，"你也疯啦？哪儿来的小桂子她妈呀？"

我也哈哈笑了,我知道谁是小桂子她妈呀!

二

天气暖和多了,棉袄早就脱下来,夹袄外面早晚凉就罩上一件薄薄的棉背心,又轻又软。我穿的新布鞋,前头打了一块黑皮子头,老王妈——秀贞她妈,看见我的新鞋说:

"这双鞋可结实呦——把我们家的门坎踢烂了,你这双鞋也破不了!"

惠安馆我已经来熟了,会馆的大门总是开着一扇,所以我随时可以溜进来。我说溜进来,因为我总是背着家里的人偷着来的,他们只知道我常常是随着宋妈买菜到井窝子找妞儿,一见宋妈进了油盐店,我就回头走,到惠安馆来。

我今天进了惠安馆,秀贞不在屋里。炕桌上摆着一个大玻璃缸,里面是几条小金鱼,游来游去。我问王妈:

"秀贞呢?"

"跨院里呢!"

"我去找她。"我说。

"别价,她就来,你这儿等着,看金鱼吧!"

我把鼻子顶着金鱼缸向里看,金鱼一边游一边嘴巴一张一张地在喝水,我的嘴也不由得一张一张地在学鱼喝水。有时候金鱼游到我的面前来,隔着一层玻璃,我和鱼鼻子顶牛儿啦!我就这么看着,两腿跪在炕沿上,都麻了,秀贞还不来。

我翻腿坐在炕沿上,又等了一会儿,还不见秀贞来,我急了,溜出了屋子,往跨院里去找她。那跨院,仿佛一直都是关着的,我从来也没见过谁去那里。我轻轻推开跨院门进去,小小的院子里有一棵不知什么树,已经长了小小的绿叶子了。院角地上是干枯的落叶,有的烂了。秀贞大概正在打扫,但是我进去时看见她一手拿着扫帚倚在树干上,一手掀起了衣襟在擦眼睛,我悄悄走到她跟前,抬头看着她。她也许看见我了,但是没理会我,忽然背转身子去,伏着树干哭起来了,她说:

"小桂子，小桂子，你怎么不要妈了呢？"

那声音多么委屈，多么可怜啊！她又哭着说：

"我不带你，你怎么认得道儿，远着呢！"

我想起妈妈说过，我们是从很远很远的家乡来的，那里是个岛，四面都是水，我们坐了大轮船，又坐大火车，才到这个北京来。我曾问妈妈什么时候回去，妈说早着呢，来一趟不容易，多住几年。那么秀贞所说的那个远地方，是像我们的岛那么远吗？小桂子怎么能一个人跑了去？我替秀贞难过，也想念我并不认识的小桂子，我的眼泪掉下来了。在模模糊糊的泪光里，我仿佛看见那骑着大金鱼的胖娃娃，是什么也没穿啊！

我含着眼泪，大大地倒抽了一口气，为的不让我自己哭出来，我揪揪秀贞裤腿叫她：

"秀贞！秀贞！"

她停止了哭声，满脸泪蹲下来，搂着我，把头埋在我的前胸擦来擦去，用我的夹袄和软软的背心，擦干了她的泪，然后她仰起头来看看我笑了，我伸出手去调顺她的揉乱的刘海儿，不由得说：

"我喜欢你，秀贞。"

秀贞没有说什么，吸溜着鼻涕站起来。天气暖和了，她也不穿缚腿棉裤了，现在穿的是一条肥肥的散腿裤。她的腿很瘦吗？怎么风一吹那裤子，显得那么晃荡。她浑身都瘦的，刚才蹲下来伏在我的胸前时，我看那块后脊背，平板儿似的。

秀贞拉着我的手说：

"屋里去，帮着拾掇拾掇。"

小跨院里只有这么两间小房，门一推吱吱扭扭的一串尖响，那声音不好听，好像有一根刺扎在人心上。从太阳地里走进这阴暗的屋里来，怪凉的。外屋里，整整齐齐地摆着书桌，椅子，书架，上面满是灰土，我心想，应该叫我们宋妈来给掸掸，准保扬起满屋子的灰。爸爸常常对妈说，为什么宋妈不用湿布擦，这样大掸一阵，等一会儿，灰尘不是又落回原来的地方了吗？但是妈妈总请爸爸不要多嘴，她说这是北京规矩。

走进里屋去，房间更小一点，只摆了一张床，一个茶几。床上有一口皮箱，秀贞把箱子打开来，从里面拿出一件大棉袍，我爸爸也有，是男人的。秀贞把大棉袍抱在胸前，自言自语地说：

"该翻翻添点棉花了。"

她把大棉袍抱出院子去晒，我也跟了去。她进来，我也跟进来。她叫我和她把箱子抬到院子太阳底下晒，里面只有一双手套，一顶呢帽和几件旧内衣。她很仔细地把这几件零碎衣物摊开来，并且拿起一件条子花纹的裤子对我说：

"我瞧这件裤子只能给小桂子做夹袄里子了。"

"可不是，"我翻开了我的夹袄里给秀贞看，"这也是用我爸爸的旧衣服改的。"

"你也是用你爸爸的？你怎么知道这衣服就是小桂子她爹的？"秀贞微笑着瞪眼问我，她那样子很高兴，她高兴我就高兴，可是我怎么会知道这是小桂子她爹的？她问得我答不出，我斜着头笑了，她逗着我的下巴还是问：

"说呀！"

我们俩这时是蹲在箱子旁，我很清爽地看着她的脸，刘海儿被风吹倒在一边，她好像一个什么人，我却想不出。我回答她说：

"我猜的。那么——"我又低声地问她，"我管小桂子她爹叫什么呀？"

"叫叔叔呀！"

"我已经有叔叔了。"

"叔叔还嫌多？叫他思康叔叔好了，他排行第三，叫他三叔也行。"

"思康三叔，"我嘴里念着，"他几点钟回家？"

"他呀，"秀贞忽然站起来，紧皱着眉毛斜起头在想，想了好一会儿才说，"快了。走了有个把月了。"

说着她又走进屋，我再跟进去，弄这弄那，又跟出来，搬这搬那，这样跟出跟进忙得好高兴。秀贞的脸这时粉嘟嘟的了，鼻头两边也抹了灰土，鼻子尖和嘴唇上边渗着小小的汗珠，这样的脸看起来真好看。

秀贞用袖子抹着她鼻子上的汗，对我说："英子，给我打盆水来会不会？

屋里要擦擦。"

我连忙说：

"会，会。"

跨院的房子原和门房是在一溜沿的，跨院多了一个门就是了，水缸和盆就放在门房的房檐下。我掀开水缸的盖子，一勺勺地往脸盆里舀水，听见屋里有人和秀贞的妈说话：

"姑娘这程子可好点了吗？"

"唉！别提了，这程子又闹了，年年开了春就得闹些日子，这两天就是哭一阵子笑一阵子的，可怎么好！真是……"

"这路毛病就是春天犯得凶。"

我端了一盆水，连晃连洒，泼了我自己一身水，到了跨院屋里，也就剩不多了。把盆放在椅子上，忽然不知哪儿飘来炒菜香，我闻着这味儿想起了一件事，便对秀贞说：

"我要回家了。"

秀贞没听见，只管在抽屉里翻东西。

我是想起回家吃完饭还要到横胡同去等妞儿，昨天约会好了的。

又凉又湿的裤子，贴在我的腿上，一进门妈妈就骂了：

"就在井窝子玩一上午？我还以为你掉到井里去了呢？看弄这么一身水！"妈一边给我换衣服，一边又说："打听打听北京哪个小学好，也该送进学堂了，听说厂甸那个师大附小还不错。"

妈这么说着，我才看见原来爸爸也已经回来了，我弄了一身水，怕爸爸要打骂我，他厉害得很，我缩头看着爸爸，准备挨打的姿势，还好他没注意，吸着烟卷在看报，漫应着说：

"还早呢，急什么。"

"不送进学堂，她满街跑，我看不住她。"

"不听话就打！"爸的口气好像很凶，但是随后却转过脸来向我笑笑，原来是吓我呢！他又说："英子上学的事，等她叔叔来再对他说，由他去管吧！"

吃完饭我到横胡同去接了妞儿来，天气不冷了，我和妞儿到空闲着的西厢房里玩，那里堆着拆下来的炉子、烟筒，不用的桌椅和床铺。一只破藤箱子里，养了最近买的几只刚孵出来的小油鸡，那柔软的小黄绒毛太好玩了，我和妞儿蹲着玩弄箱里的几只小油鸡。看小鸡啄米吃，总是吃，总是吃，怎么不停啊！

小鸡吃不够，我们可是看够了，盖上藤箱，我们站起来玩别的。拿两个制钱穿在一根细绳子上，手提着，我们玩踢制钱，每一踢，两个制钱打在鞋帮上"嗒嗒"地响。妞儿踢时腰一扭一扭的，显得那么娇。

这一下午玩得好快乐，如果不是妞儿又到了她吊嗓子的时候，我们不知要玩到多么久。

爸爸今天买来了新的笔和墨，还有一叠红描字纸。晚上，在煤油灯底下，他教我描，先念那上面的字："一去二三里，烟村四五家，亭台六七座，八九十枝花。"

爸爸说：

"你一天要描一张，暑假以后进小学，才考得上。"

早上我去惠安馆找秀贞，下午妞儿到西厢房里来找我，晚上描红字，我这些日子就这么过的。

小油鸡的黄毛上长出短短的翅膀来了，我和妞儿喂米喂水又喂菜，宋妈说不要把小鸡肚子撑坏了，也怕被野猫给叼了去，就用一块大石头压住藤箱盖子，不许我们随便掀开。

妞儿和我玩的时候，嘴里常常哼哼唧唧的，那天一高兴，她竟扭起来了，她扭呀扭呀比来比去，嘴里唱着："……开哀开门嗯嗯儿，碰见张秀才哀哀……"

"你唱什么？这就是吊嗓子吗？"我问。

"我唱的是打花鼓。"妞儿说。

她的兴致很好，只管轻轻地唱下去，扭下去，我在一旁看傻了。她忽然对我说："来！跟我学，我教你。"

"我也会唱一种歌，"不知怎么，我想我也应当现一现我的本事，一下子想起了爸爸有一回和客人谈天数唱的一只歌，后来爸曾教了我，妈还说爸爸教我这种歌真是没大没小呢!

"那你唱,那你唱。"妞儿推着我,我却又不好意思唱了,她一定要我唱,我只好结结巴巴地用客家话念唱起来:

"你听着——想来么事想心肝,紧想心肝紧不安!我想心肝心肝想,正是心肝想心肝……"

我还没数完呢,妞儿已经笑得挤出了眼泪,我也笑起来了,那几句词儿真拗嘴。

"谁教你的?什么心肝想心肝,心想心肝想的,哈哈哈!这是哪国的歌儿呀!"

我们俩搂在一堆笑,一边瞎说着心肝心肝的,也闹不清是什么意思。

我们真快乐,胡说,胡唱,胡玩,西厢房是我们的快乐窝,我连做梦都想着它。妞儿每次也是玩得够不够的才看看窗外,忽然叫道:"可得回去了!"说完她就跑,急得连"再见"都来不及说。

忽然一连几天,横胡同里接不到妞儿了,我是多么的失望,站在那里等了又等。我慢慢走向井窝子去,希望碰见她,可是没有用。下午的井窝子没那么热闹了,因为送水的车子都是上午来,这时只有附近人家自己推了装着铅桶的小车子来买水。

我看见长班老王也推了小车子来,他一趟一趟来好几趟了,见我一直站在那里,奇怪地问我:"小英子,你在这儿发什么傻?"

我没有说什么,我自己心里的事,自己知道。我说:

"秀贞呢?"我想如果等不到妞儿,就去找秀贞,跨院里收拾得好干净了。但是老王没理我,他装满了两桶水,就推走了。

我正在犹豫着怎么办的时候,忽然从西草厂口上,转过来一个熟悉的影子,那正是妞儿,我多高兴!我跑着迎上去,喊道:"妞儿!妞儿!"她竟不理我,就像不认识我,也像没听见有人叫她。我很奇怪,跟在她身边走,但她用手轻轻赶开我,皱着眉头眨眼,意思叫我走开。我不知道是怎么回事,但是她身后几步远有一个高大的男人,穿着蓝布大褂,手提着一个脏了的长布口袋,袋口上露出来我看见是胡琴。

我想这一定是妞儿的爸爸。妞儿常说"我怕我爹打""我怕我爹骂"的话，我现在看那样子就知道我不能跟妞儿再说话了，便转身走回家，心里好难受。我口袋里有一块化石，可以在砖上写出白字来，我掏出来，就不由得顺着人家的墙上一直画下去，画到我家的墙上。心里想着如果没有妞儿一起玩，是多么没有意思呢！

我刚要叫门，忽然听见横胡同里"咚咚咚"有人跑步声，原来是妞儿气喘着跑来了，她匆匆忙忙神色不安地说："我明儿再来找你。"没等我回答，她就又跑回横胡同了。

第二天早晨，妞儿来找我，我们在西厢房里，蹲下来看小油鸡。掀开藤箱盖子，我们俩都把手伸进去摸小鸡的羽毛，这样摸着摸着，谁也没说话。我本是要说话的，但是没有出声，只是心里在问她："妞儿，为什么好多天没来找我？""妞儿，是你爸爸很厉害不许你来吗？""妞儿，昨天为什么不许我跟你说话？""妞儿，你一定有什么难受的事吧？"真奇怪，这些话都是我心里想的，并没有说出口，可是她怎么知道的，竟用眼泪来回答我？她不说话，也不用袖子去抹眼，就让眼泪滴答滴答落在藤箱里，都被小油鸡和着小米吃下去了！

我不知怎么办好了，从侧面正看见她的耳朵，耳垂上扎了洞用一根红线穿过去，妞儿的耳朵没有洗干净，边沿上有一道黑泥。我再顺着她的肩膀向下看，手腕上有一条青色的伤痕，我伸手去撩起她的袖口看，她这才惊醒了，吓得一躲闪，随着就转过头来向我难过地笑笑。早晨的太阳，正照到西厢房里，照到她的不太干净的脸上，又湿又长的睫毛，一闪动，眼泪就流过泪坑淌到嘴边了。

忽然，她站起来，撩开袖口，撩起裤角，轻轻地说：

"看我爸爸打的！"

我是蹲着的，伸出手正好摸到她的腿上那一条条肿起的伤痕。我轻轻地摸，倒惹得她哭出声音来了。她因为不敢放声，嘤嘤的小声哭，真是可怜。我说：

"你爸爸干吗打你？"

她当时说不出话来，哭了好一会儿才说：

"他不许我出来玩。"

"是因为在我家待太久了？"

妞儿点点头。

因为在我家玩久了，害得她挨打，我又难过，又害怕，想到那个高大的男人，我不由得说：

"那么你快回去吧！"她站着不动，说：

"他一早出去还没回来。"

"那么你妈呢？"

"我妈也拧我，她倒不管我出来的事。爸爸也打她。打了她，她就拧我，说是我害的。"

妞儿哭了一阵子好些了，又跟我说这说那的，我说我从来没见过她的妈妈，妞儿说她的妈妈有点跛，一天到晚就是坐在炕头上给人缝补衣服赚钱。

我告诉妞儿，我们从前不住在北京，是从一个很远的岛上来的，她也说：

"我们从前也不住在这儿，我们住在齐化门那边。"

"齐化门？"我点点头说，"我知道那地方。"

"你怎么会也知道齐化门呢？"妞儿奇怪地问我。

我想不出我是怎么知道的，但我的确知道，好像有什么人大清早曾带我去过那里，而且我也像看见了那里的样子似的，不，不，不是，我所看见的很模糊，也许那是一个梦吧？因此我就回答妞儿说：

"我梦见过那个地方，有没有城墙？有一天，有一个女人抱着一个包袱，大清早上，偷偷地向城墙走去……"

"你是讲故事吧？"

"也许是故事，"我斜着头又深深地想了想，"反正我知道齐化门就是了。"

妞儿笑了笑，手伸过来搂着我的脖子，我的手也伸过去搂住她的。但当我捏住她的肩头，她轻轻喊了一声"痛！痛！"

我的手连忙松开，她又皱着眉说："连这儿都给我抽肿了！"

"什么抽的？"

"掸子。"停了一下她又说,"我爸,还有我妈,他们……"但她顿住不说了。

"他们怎么样?"

"不说了,下回再跟你说。"

"我知道,你爸爸教你唱戏,要你赚钱给他们花。"这是我听宋妈跟妈妈讲过的,所以一下子就给说出来了。"要你赚钱还打你,凭什么!"我说到后来气愤起来了。

"喝喝,你瞧你什么都知道,我不是要跟你说唱戏的事,你哪儿知道我要跟你说什么呀!"

"到底要说什么呢?说嘛!"

"你这么着急,我就不说了。你要是跟我好,我有好些话要跟你说,就是不许你跟别人说,也别告诉你妈。"

"我不会,我们小声地说。"

妞儿犹豫了一会儿,伏在我的耳旁小声而急快地说。

"我不是我妈生的,我爸爸也不是亲的。"

她说得那样快,好像一个闪电过去那么快,跟着就像一声雷打进了我的心,使我的心跳了一大跳。她说完后,把附在我耳旁的手挪开,睁着大眼睛看我,好像在等着看我听了她的话,会怎么个样子。我呢,也只是和她对瞪着眼,一句话也说不出。

我虽然答应妞儿不讲出她的秘密,可是妞儿走了以后,我心里一直在想着这件事,我越想越不放心,忽然跑到妈妈面前,愣愣地问:

"妈,我是不是你生的?"

"什么?"妈奇怪地看了我一眼,"怎么想起问这话?"

"你说是不是就好了。"

"是呀,怎么会不是呢?"停一下妈又说,"要不是亲生的,我能这么疼你吗?像你这样闹,早打扁了你了。"

我点点头,妈妈的话的确很对,想想妞儿吧!"那么你怎么生的我?"这件事,我早就想问的。

"怎么生的呀,嗯——"妈想了想笑了,胳膊抬起来,指着胳肢窝说:"从这里掉出来的。"

说完,她就和宋妈大笑起来。

三

我手里拿着一个空瓶子和一根竹筷子,轻轻走进惠安馆,推开跨院的门,院里那棵槐树,果然又垂着许多绿虫子,秀贞说是吊死鬼,像秀贞的那几条蚕一样,嘴里吐着一条丝,从树上吊下来。我把吊死鬼一条条弄进我的空瓶里,回家去喂鸡吃,每天可以弄一瓶。那些吊死鬼装在小瓶里,咕囊咕囊地动,真是肉麻,我拿着装了吊死鬼的瓶子,胳膊常常觉得痒麻麻的,好像吊死鬼从瓶里爬到我的手上了,其实并没有。

我在把吊死鬼往瓶里装的时候,忽然想到了妞儿,心里很不安。她昨天又挨揍了,拿了两件衣服偷偷地找我,进门就说:

"我要找我亲爹亲妈去!"她的脸有一边被打得红肿了。

"他们在哪儿呢?"

"我不知道,到齐化门,再慢慢地找。"

"齐化门在哪儿呢?"

"你不是说你也知道那地方吗?"

"我是说我好像做梦梦见过那地方的。"

妞儿把两件衣服塞在西厢房的空箱子里,很有主意地抹干了眼泪,恨恨地说:

"我非找着我亲爹不可。"

"你知道他长得什么样子吗?"我真佩服她,但觉得这是一件太大太大的事。

"我一天一天地找,就会找到我亲爹跟我亲娘。他们的样子我心里知道。"

"那么——"我也不知道要说什么,因为我一点主意也没有。

妞儿临走的时候说,她不定哪天就要偷偷地走了,但一定会先来这里跟我说一声,并且带走存在这里的两件衣服。

我昨天一直在想妞儿的事，心里很不舒服，晚上就吃不下饭了，妈妈摸摸我的头说：

"好像有点热，不吃也好，早点去睡。"

我上了床，心里还是不舒服，又说不出，就哭起来了，妈妈很奇怪，她说：

"哭什么？哪儿不舒服？"我不知怎么一来竟哭着说：

"妞儿她爸爸啊……"

"妞儿她爸爸？怎么啦？她爸爸怎么着你啦？"宋妈也过来了，她说：

"那个不是东西的，准是骂了我们英子了，还是打了你啦？"

"不是！"我忽然觉出我说了什么糊涂话，便撒赖地哭喊："我要找我爸爸！"

"是要找你爸爸呀！唉！吓人！"宋妈和妈妈都笑了。妈妈说：

"你爸爸今天去看你叔叔，回来得晚点，你先睡吧！"她又对宋妈说："英子一生下来，就给她爸爸惯的，一不舒服，爸爸抱着睡。"

"羞不羞？"宋妈用一个手指头划我的脸，我不理她，转过脸冲着墙闭上眼睛。

今天我早晨起来就好得多了，不像昨天那样不安心。但是现在又想起妞儿，手里不由得停止了捉虫子的工作，呆呆地想，不知道什么时候，妞儿就会离开我。

我把瓶子扔在树下，站起来走到窗下向里看。秀贞正在里屋床前的一把机凳上坐着，面向着床，我只看到她那小平板儿似的背影，辫子也没梳好。她比手划脚，又扬手哄苍蝇，其实哪里有苍蝇？我轻轻地走进屋里，在外屋桌旁靠着，傻看她在干什么，只听她说：

"我准知道你昨儿晚上没吃饭就睡觉了，是不是？那怎么行！"

咦！真奇怪，秀贞怎么知道我昨晚没吃饭就睡觉了呢？我倚在里屋的门框说：

"谁告诉你的？"

"啊？"她回过头来看见我愁眉不展的样子，很正经地对我说：

"还用人告诉我吗？这碗粥一动也没动呀！"说完指着床旁茶几上的一个碗和一双筷子。

我这才知道秀贞说的不是我。自从天气暖和了，打开一向深闭的跨院门以后，秀贞就一天到晚在这两间屋里出出进进，说着那我又懂、又不懂的话。最先我以为是秀贞跟我玩"过家家儿"，后来才又觉得并不是假装的事情，它太像真事了！

秀贞又向着那空床发呆看了一会儿，转过头来，轻手轻脚地拉着我走到屋外来，小声地说：

"睡着了，让他睡去吧！这一场病也真亏他，没亲没故的！"

外屋书桌上摆着那缸春天买的金鱼，已经死了几条，可是秀贞还是天天勤着换水，玻璃缸里还加了几根水草，红色的鱼在绿色的水草中钻来钻去，非常好玩。我怎么知道鱼是红的草是绿的呢？妈妈教过我，她说快考小学了，老师要问颜色，要问住在哪儿，要问家里有几个人。秀贞还养了一盒蚕，她对我说过：

"你要上学，我们小桂子也该上学了，我养点蚕，吐了丝，好给小桂子装墨盒用。"

有几条蚕已经在吐丝了，秀贞另外把它们放在一个蒙了纸的茶杯上，就让它们在那纸上吐丝。真有趣，那些蚕很乖，就不会爬到茶杯下面来。另外的许多蚕还在吃桑叶。

秀贞在打扫蚕屎，她把一粒粒的蚕屎装进一个铁罐里，她已经留了许多，预备装成一个小枕头，给思康三叔用。因为他每天看书眼睛得保养，蚕屎是明眼的。

我在旁边静静地看着鱼缸，看着吐丝。院子里的树，正靠在窗下，这屋里荫凉得很，我们俩都不敢大声说话，就像真的屋里躺着一个要休息的病人。

秀贞忽然问我：

"英子，我跟你说的事记住没有？"

我一时想不起是什么事，因为她对我说过的事，真真假假的太多了。她说过将来要我跟小桂子一块去上学，小桂子也要考厂甸小学。她又告诉我从厂甸小学回家，顺着琉璃厂直到厂西门，看见鹿犄角胡同雷万春的玻璃窗里那对大鹿犄角，一拐进椿树胡同就到家了。可是她又说过，她要带小桂子去找思康三叔，做了许多衣服和鞋子，行李都打点好了。

我最记得秀贞说过的话，还是她讲的生小桂子的那回事。有一天，我早早溜到这里找秀贞，她看见我连辫子都没梳，就端出梳头匣子来，从里面拿出牛角梳子，骨头针和大红头绳，然后把我的头发散开来，慢慢地梳。她是坐在椅子上的，我就坐在小板凳上，夹在她的两腿中间，我的两只胳膊正好架在她的两腿上，两只手摸着她的两膝盖，两块骨头都成了尖石头，她瘦极了。我背着她，她问我：

"英子，你几月生的？"

"我呀？青草长起来，绿叶发出来，妈妈说，我生在那个不冷不热的春天。小桂子呢？"秀贞总把我的事情和小桂子的事情连在一起，所以我也就一下子想起小桂子。

"小桂子呀，"秀贞说，"青草要黄了，绿叶快掉了，她是生在那不冷不热的秋天。那个时光，桂花倒是香的，闻见没有？就像我给你擦的这个桂花油这么香。"她说着，把手掌送到我的鼻前来晃一晃。

"小——桂——子。"我吸了吸鼻子，闻着那油味，不由得一字字地念出来，我好像懂得点那意思了。

秀贞很高兴地说：

"对了，小桂子，就是这么起的名儿。"

"我怎么没看见桂花树？这里哪棵树是桂花？"我问。

"又不是在这屋子里生的！"秀贞已经在编我的辫子了，辫得那么紧，拉着我的头发根怪痛的，我说：

"为什么用这么大的力气呀？"

"我当时要是有这么大力气倒好了，我生了小桂子，浑身都没劲儿，就昏昏沉沉地睡，睡醒了，小桂子不在我身边了。我睡觉时还听见她哭，怎么醒了就没了呢？我问，孩子呢？我妈要说什么，我婶儿接过去了，她瞥了我妈一眼，跟我和和气气地说：你的身子弱，孩子哭，在你身边吵，我抱到我屋去了。我说，噢。我又睡着了。"秀贞说到这儿停住了，我的辫子已经扎好，她又接着说：

"仿佛我听我妈对我婶说：不能让她知道。真让人纳闷儿，到底是怎么档子事儿？我怎么到这儿就接不下去了呢？是她们把孩子给——？还是扔——绝不能够！绝不能够！"

我已经站起来，脸冲着秀贞看，她皱着眉头，正呆呆地想。她说话常常都会忽然停住了，然后就低声地说"真让人纳闷儿，到底是怎么档子事儿？"的话。她收梳头匣子的时候，我看见我送小桂子的手表在匣子里，她拿起手表，放在掌心里，又说：

"小桂子她爹也有个大怀表死了当了，当了那个表，他才回的家，这份穷，就别提了！我当时就没告诉他我有了。反正他去个把月就回来，他跟我妈说，放心，他回家卖了山底下的白薯地，就到北京来娶我。千山万水，去一趟也不容易，我要是告诉他我有了，不也让他惦记着！你不知道他那情意多深！我也没告诉我妈我有了，就不出口，反正人归了他了，等嫁了再说也不迟……"

"有了什么了？"我不明白。

"有了小桂子呀！"

"你不是刚说什么没有了吗？"我更不明白。

"有了，没了，有了，没了，小英子，你怎么跟我乱扰？你听我给你算。"她把我给小桂子的表收起来，然后用手指捏着算给我听：

"他是春天走的。他走的那天，天儿多好，他提着那口箱子，都没敢多看我，他的同乡同学，有几个送他到门口儿的，所以他就没好再跟我说什么。好在头天晚上我给他收拾箱子的时候，我们俩也说得差不多了。他说，惠安的日子很苦，有办法的都到海外谋生去了，那儿的地不肥，不能种什么，白薯倒是种了不少。他们家，常年吃白薯，白薯饭，白薯粥，白薯干，白薯条，白薯片，能叫外头去的人吃出眼泪来。所以，他就舍不得让我这个北边人去吃那个苦头儿。我说可不是，我妈就生我独一个儿，跟了你去吃白薯，她怎么舍得我！他说，你是个孝女，我也是个孝子，万一我母亲扣住了我，不许我再到北京来了呢？我说，那我就追你去。

"送他到门口，看他上了洋车，抬头看看天，一块白云彩，像条船，慢慢地往天边儿上挪动，我仿佛上了船，心是飘的，就跟没了主儿似的。

"我送他出去，回到屋里来，恶心要吐，头也昏，有点儿后悔没告诉他这件事，想追出去，也来不及了。

"日子一天天地捱，他就始终没回来，我肚子大了，瞒不住我妈，她急得盘问我，让我说不出道不出的，可是我也顾不得害臊了，就都告诉了我妈。我说，他总有一天回来，他不回来，我去！我妈听了拿手堵住我的嘴，直说：'姑娘，可别这么说了，这份丢人呀！他真要是不回来，咱们可不能嚷嚷出去。'就这么，把我送回了海甸。

"小桂子生下来，真不容易，我一点劲儿都没有，就闻着窗户外头那棵桂花树吹进来的一阵阵香气，我心说，生个女的就叫小桂子。接生的老娘婆叫我咬住了辫子，使劲，使劲，总算落了地，呱呱哭声好大呀！"

秀贞说到这儿，喘了一大口气，她的脸色变青了，故事接不下去，就随便说了，她说：

"小英子，你不心疼你三婶吗？"

"谁是三婶？"

"我呀！你管思康叫三叔，我就是你三婶，你还算不过这帐来。叫我一声。"

"嗯——"我笑了，有些难为情，但还是叫了她，"三婶。秀贞。"

"你要是看见小桂子就带她回来。"

"我怎么知道小桂子什么样儿？"

"她呀，"秀贞闭上眼睛想着说，"粉嘟嘟的一个小肉团子，生下来我看见一眼了，我睡昏过去那阵儿，听我妈跟老娘婆说，瞧！这真是造孽，脖子后头正中间儿一块青记，不该来，非要来，让阎王爷一生气用指头给戳到世上来的！小英子，脖子后头中间有指头大一块青记，那就是我们小桂子，记住没有？"

"记住了。"我胡里胡涂地回答。

那么，她现在问我说的事记住没有，就是这件事吗？我回答她说："记住了，不是小桂子那块青记的事吗？"

秀贞点点头。

秀贞把桌上的蚕盒收拾好，又对我说：

"趁着他睡觉，咱们染指甲吧。"她拉我到院子里。墙根底下有几盆花，秀贞指给我看，"这是薄荷叶，这是指甲草。"她摘下来了几朵指甲草上的红花，放在一个小瓷碟里，我们就到房门口儿台阶上坐下来。她用一块冰糖在轻轻地捣那红花。我问她：

"这是要吃的吗？还加冰糖？"

秀贞笑得咯咯的，说：

"傻丫头，你就知道吃。这是白矾，哪儿来的冰糖呀！你就看着吧。"

她把红花朵捣烂了，要我伸出手来，又从头上拿下一根卡子，挑起那烂玩意儿，堆在我的指甲上，一个个堆了后，叫我张着手不要碰掉，她说等它们干了，我的手指甲就变红了，像她的一样，她伸出手来给我看。

我的手，张开了一会儿，已经不耐烦了，我说：

"我要回家去了。"

"你回家非弄坏了不可，别走，听我给你讲故事儿。"她说。

"我要听三叔的故事。"

"小声点儿，"她向我摆手，轻轻地说，"让我先看看他醒过来没有，他要不要喝水。"她进去了一下，又出来了，坐下后，手支撑在大腿上托着下巴颏儿，忽然向着槐树发起呆来。

"说呀！你。"我说。

她惊了一下，"嗯？"好像没听见我的问话，但跟着眼泪掉下来了，"还说呢，人都没影儿了，都没影儿了！老的！小的！"

我一声不响，她自己抽抽噎噎地哭了一会儿，才又大喘了一口气，望我笑了，那泪坑！我就觉得在什么地儿看见过秀贞这个人，这个脸。

秀贞用手指抹抹泪，拉过我的手托在她的手上，这样，我就轻松点，不觉得张开染指甲的手很累了。她又侧起身子看着跨院门，好像在张望什么人。她自言自语地说：

"就是这时节他来的,一卷铺盖,一口皮箱,搬进了这小屋里。他身穿一件灰大褂,大襟上别着一支笔。我正在屋里没打扫完呢!爹领他进来的,对他说:'会馆里正院房子都住满了,陈家二老爷让给您腾出这两间小屋来。'他说:'好,好,这样就很好。'爹给他打开行李,把那床又薄又旧的棉被摊开,我心想,他怎么过这北京的大冬天?小英子,住在会馆念书的学生,有几个有钱的?有钱的就住公寓去了。我爹常说,想当年,陈家二老爷上京来考举,还带着个小碎催伺候笔墨呢!二老爷中了举,在北京做官,就把这间会馆大翻修了一回,到如今,穷学生上京来念书,都是找着二老爷说话。二老爷说,思康是他们乡里的苦学生,能念出书来,要我们把堆煤的这两间小屋收拾了给他住。

"我还在赶着擦玻璃呢,没正眼看他。我爹对他说,这床被呀!过不了冬。爹真爱管人家的事,他准是不好意思了,就乱嗯嗯啊啊的没说出什么来。爹又问他在哪家学堂,他说在北京大学。喝!我爹又说了,这道不近,沙滩儿去了!可是个好学堂呀!

"爹帮着他收拾那几件破行李,就出去了,临走看见我还在擦玻璃,他说,行啦,姑娘。我跟出来了,回头看了他一眼,谁知道他也正抬眼看我呢!我心里一跳,迈门坎儿差点摔出去!看他那模样儿,两只眼儿到底有多深!你还没看清楚他,他就把你看穿了。回到屋里来,我吃饭睡觉,眼前都摆着他的两只那么样看人的眼睛。这就是缘分,会馆一年到头,来来往往的大学生多了,怎么我就——我就……咳!"

秀贞的脸微微地红涨,抬起我的手,看我染的指甲干了没有,她轻轻地吹着我的指甲,眼皮垂下来,睫毛像一排小帘子,她问我:

"小英子,你明白了吗?缘分?"她并不一定要我回答她,我也没打算回答她,只是心里想着,这样的长睫毛,有一个人也有的,我想到西厢房我那位爱哭的朋友了。秀贞又接着唠叨:

"我天天给他送开水去,这件事本该是我爹做的。早晚两趟,我们烧了大壶开水,送到各屋里给先生们洗脸,泡茶。爹走惯了正院,总是把跨院给忘了。有时候思康就自己到我们窗根底下来要。'长班。'他就是这么轻轻地叫一声,'有滚水吗?'爹这才想起来,赶紧给人家补送去。有时爹倒是没等叫就想起来了,可是他懒得再走,就支使我去。一来二去,这件差事——到跨院送开水,仿佛就该是我做的了。

"我送水,一句话也没跟他说过,我进了屋,他在书桌前坐着,就着灯看书呢,写字呢,我就绷着脸儿,打开那茶壶盖儿,刷——的,就听见开水灌进壶的声儿。他胆子小着呢,连眼都不敢斜过来,就那么搭着眼皮坐着。有一天,我也好新鲜,往前挪了一步,微探着身子看他写什么,谁知他也扭过头来了,说:'认得字吗?'我摇了摇头。打这儿起,我们俩就说话了。"

"那时小桂子在哪儿呢?"我忽然想起这个跟秀贞有关系的人。

"她呀!"秀贞笑了,"还没影儿呢!对了,小桂子到底哪儿去了?你给找着没有?那是我们俩的命根子呀?我还没跟你说完呢,他有一天拉起我的手,就像我这么拉你的手,说:'跟了我吧!'他喝了点儿酒,我也迷忽了,他喝酒是为的取暖,两间屋子,生一个小火,还时有时无的。那天风挺大,吹得门框直响,我爹跟我娘回海甸取地租去了,让舅妈来陪我,她睡了,我就溜到这跨院里来。他的脸滚烫,贴着我的脸,他说了好多话,酒气喷着我,我闻也闻醉了。

"他常爱喝点儿酒,驱驱寒意,我就偷偷地买了半空儿花生,送到他的屋里来,给他下酒喝。北风打着窗户纸,响得吹笛儿似的。我握着他的手,暖乎乎的,两个人就不冷了。

"他病了,我一趟一趟地跑,可瞒不住我妈了。那天我端着粥,要送给他吃,妈说:'避点儿嫌疑,姑娘,懂得不懂得?'我一声也没言语。"

我从秀贞的眼里,仿佛看见了躺在里屋床上的思康三叔了;他蓬着头发,喝水也没力气,吃饭也没力气,就哼哼着。

"后来呢?好了没有?"我不由得问。

"不好怎么走的?我可真要倒下了!原来是小桂子来了!"

"在哪里?"我转回头去看跨院门,并没有人影儿。在我的幻想中,跨院门边,应当站着一个女孩子:红花的衫裤,一条像狗尾巴似的黄毛辫子,大大的眼睛,一排小帘子似的长睫毛,一闪一闪的,在向我招手呢!我头有点昏，好像要倒下来，闭了一下眼睛，再睁开，门那边，果然有个影子，越走越近了，那么大的一个东西，原来——原来是秀贞的妈正向我招手，她说：

"秀贞，怎么让小英子在老爷儿里晒着？"

"刚才这地方没太阳。"秀贞说。

"快挪开，这边儿不是有荫凉吗？"老王妈过来拉起我。

那幻影在我眼中消失了，我忽然又想起秀贞还没讲完的故事。我说：

"妞儿，不，小桂子在哪儿呢？我刚说的？"

秀贞扑哧笑了，指着她的肚子：

"在这儿呢，还没生呢！"

秀贞的妈是来这院里晾衣服。一根绳子从树枝上牵到墙那边，王妈正一件件地往上晾。

秀贞看了说：

"妈，裤子晾在靠墙边去吧，思康出来进去的不合适。"

王妈骂说：

"去你的！"

秀贞被她妈妈骂一句，并不生气，又对我说：

"我妈倒是也疼思康，她跟我爹说，咱们没儿子，你这老东西又没念过书，有个读书识字的人在咱们家也是好事儿。我爹这才答应了。我刚才说到哪儿啦！噢，他好了我不是病了吗？他就说都是他害的我，他不是说要娶我，教我念书吗？就在这时候，他家里来了电报，他妈病了，叫他赶快回去……"

"小英子，"王妈忽然截住秀贞的话，对我说，"你怎么那么爱听她那颠三倒四的废话？也真怪，小孩子都怕她，躲着她，就是你不。"

"妈，您别搅，我这儿还没说完呢！我还有事托小英子呢！"

老王妈不理她，只顾对我说：

"小英子，该回去了，刚才我听见宋妈在胡同里叫你，我不敢说你在这儿。"

老王妈说完拿着空盆走了。秀贞看见她妈妈走出了跨院门，才又说："思康这一去，有……"她搬着手指头算，"有一个多月了，有六年多了，不，还有一个多月就回来，不，还有一个月我就生小桂子了。"

不管是六年，是一个多月，秀贞跟我一样的算不清楚。她这时把我的手拿起来看看，便把指甲上的干烂花剔开，哟，我的指甲都是红的了！我高兴极了，直笑直笑，摆弄着我的手。

"小英子，"她又低声说，"我有件事托你，看见小桂子就叫她来，一块儿找她爹去，我们要是找到她爹，我病就好了。"

"什么病？"我看着秀贞的脸。

"英子，人家都说我得了疯病，你说我是不是疯子？人家疯子都满地捡东西吃，乱打人，我怎么会是疯子，你看我疯不疯？"

"不，"我摇摇头，真的，我只觉得秀贞那么可爱，那么可怜，她只是要找她的思康跟妞儿——不，跟小桂子。

"他们怎么都走了不回来了呢？"我又问。

"思康准是让他妈给扣住了。小桂子呢，我也纳闷是怎么档子事儿，没在海甸，没在我婶儿屋里。我一问，妈急了，说：'扔啦！留那么一个南蛮子种儿干吗？反正他也不回来了，坑人！'我一听，登时就昏倒了，醒了，他们就说我是疯子。小英子，我千托万托你，看见小桂子就带她来，我什么都预备好了，回去吧。"

我听得愣了，脑子里好像有一幅画，慢慢越张越大，我的头也有点不舒服似的，我一边答应："好好，好好。"一边跑出跨院，跑出惠安馆，一路踢着小石块，看着我手上的红指甲，回到了家。

四

"看你脸晒得那么红！快来吃饭。"妈妈看见我满头大汗地回来，并没有太责备我。

但是我只想喝水，不想吃饭，我灌了几杯凉开水下去，坐到饭桌上，喘着气，拿起筷子，可是看我自己的指甲玩。

"谁给你染的？"妈问。

"小妖精，小孩子染指甲，做唔得！"爸爸也半生气地说。

"谁给你染的？"妈又问。

"嗯——"我想了一下，"思康三婶。"我不敢，也不肯说秀贞是疯子。

"跑到外面去认什么阿叔阿婶！"妈给我挟了一碟子菜，又对我说，"你叔叔说，还有一个月就要考小学了，你到底会数到什么数了？算算看，不会数就考不上的。"

"一，二，三……十八，十九，二十，二十六……"我的脑筋实在有些糊涂，只想扔下筷子去床上躺一会儿，但是我不肯这样做，因为他们会说我有病了，不许我出去。

"乱数！"妈妈瞪了我一眼，"听我给你算，二俗，二俗录一，二俗录二，二俗录三，二俗录素，二俗录五……"

在旁边伺候盛饭的宋妈首先忍不住笑了，跟着我和爸爸都哈哈大笑起来，我乘此扔下筷子，说：

"妈，听你的北京话，我饭都吃不下了，二十，不是二俗；二十一，不是二俗录一；二十二，不是二俗录二……"

妈也笑了，说：

"好啦好啦，不要学我了。"

我没有吃饭，爸妈都没注意。大概刚才喝了凉开水，人好些了，我的头已经不晕了。爸妈去睡午觉，我走到院子里，在树下的小板凳上坐着，看那一群被放出来的小油鸡。小油鸡长得很大了，正满地啄米吃，树上蝉声"知了知了"地叫，四下很安静。我捡起一根树枝子在地上画，看见一只油鸡在啄虫吃，忽然想起在惠安馆捉的那瓶吊死鬼忘记带回来。

我虽这样想着，但是竟懒得站起身来，好像要困了，不由得闭上了眼睛，随着俯下身子来，两手抱住头，深深地埋在大腿上。

在这像睡不睡的梦中，我的眼前一片迷乱：在跨院的树下捉蚕，吊死鬼在玻璃瓶里蠕动着，一会儿又变成了秀贞屋里桌上的蚕，仰着头在吐丝，好像秀贞把蚕放在我的胳膊上爬，一发痒，猛睁开眼抬起头来看，原来是两只苍蝇在我的胳膊上飞绕。我扬扬手轰开苍蝇，又埋头睡下了。这回是一盆凉水，顺着我的脊背浇下来，凉飕飕的，我抱紧了头，不行，又是一盆凉水从脖子上灌下来，又凉又湿，我说冷啊！旁边有人咯咯的笑，我挣扎着站起来，猛下子醒了，睁开眼，闹不清这是什么时候了，因为天好像一下子暗了，记得我坐这里的时候是有阳光的呀！站在我面前的是妞儿，她在笑，我还觉得背脊是湿的冷的，用手背向后面去摸，却又不是湿的。但身上还是有些凉意，不禁打了一个哆嗦，随着又打了两个喷嚏，妞儿笑容收敛了，说：

"你怎么啦？傻呵呵的睡觉直说梦话。"

我好像还没醒来，要站不住，便赶快又坐下来。这时雷声响了，从远处隆隆地响过来。对面的天色也像泼了墨一样的黑上来，浓云跟着大雷，就像一队黑色的恶鬼大踏步从天边压下来。起了微微的风，怪不得我身上觉得凉。我不由得问妞儿：

"你冷不冷？我怎么这么冷。"

妞儿摇摇头，惊疑地看着我，问：

"你现在的样子真特别，好像吓着了，还是挨打了？"

"没有，没有，"我说，"爸爸只打我手心，从来不会像你爸爸打你那么凶。"

"那你是怎么了呢？"她又指指我的脸，"好难看啊！"

"我一定是饿的，中午没吃饭。"

这时雷声更大了，好大的雨点滴落下来，宋妈到院子来收衣服，把小鸡赶到西厢房里。我和妞儿也跟着进来。宋妈把小鸡扣好在鸡笼里，就又跑出去，嘴里还说着：

"要下大雨了，妞儿回不去。"

宋妈出去了以后，可不是，雨立刻下大了。我和妞儿倚着屋门看下雨。雨声那样大，噼噼啪啪地打落在砖地上，地上的雨水越来越多了，院角虽然有一个沟眼，但是也挤不过那么多的雨水。院子的水涨高了，漫过了较低的台阶，水溅到屋门来，溅到我们的裤脚上了，我和妞儿看这凶狠的雨水看呆了，眼睛注视着地上，一句话也不讲。忽然妈妈在北屋里窗内向我说话又扬手，话我听不见，扬手的意思是叫我们不要站在门口被雨溅湿了。我和妞儿便依着妈妈的手势进屋来，关上了门，跑到窗前向玻璃外面看。

"不知道要下多久？"妞儿问。

"你可回不去了。"我说完,连着又打了两个喷嚏。

我望着屋里,想找个地方倒下来,最好有一床被让我卧在里面。屋里虽然有旧床铺,但床上堆了箱子和花盆,并且满是灰尘。我受不住了,不由得走向床那边去,靠在箱子上。忽然想起妞儿存在空箱里的两件衣服,便打开拿了出来。

妞儿也过来了,她问:

"你要干吗?"

"帮我穿上,我冷了。"我说。

妞儿笑笑说:

"你好娇啊!下一点雨,就又打喷嚏,又要穿衣服的。"

她帮我穿上一件,另一件我裹在腿上。我们坐在一块洗衣板上,挤在墙角,这样我好像舒服一些。但是妞儿却心疼被我裹在腿上的衣服,说:

"我就这两件衣服,别给我拉扯坏了呀!"

"小气鬼,你妈给你做了好多衣服呢!借我一件都舍不得!"也许我的头又发晕,不知怎,嘴里说妞儿的妈,心里可想到秀贞屋里炕桌上一包小桂子的衣服。

妞儿瞪大了眼,指着她自己的鼻子说:

"我妈?给我做好多衣服?你睡醒了没有?"

"不是,不是,我说错了,"我仰起头,靠在墙上,闭上眼,想了一下才说:

"我是说秀贞。"

"秀贞?"

"我三婶。"

"你三婶,那还差不多,她给你做了好多衣服,多美呀!"

"不是给我做,是给小桂子做的。"我转过头,对着妞儿的脸看,她的一个脸,被我看成两个脸,两个脸又合成一个脸。是妞儿,还是小桂子,我分不清了,我心里想的,有时不是我嘴里说的,我的心好像管不住我的嘴了。

"干吗这么瞪我?"妞儿惊奇地把头略微闪躲了我一下。

"我在想一个人,对了,妞儿,讲讲你爸跟你妈的故事吧!"

"他们有什么可讲的！"妞儿撇了一下嘴，"我爸爸在前清家有皇上的时候，不用做事，一天到晚吃喝玩乐，后来前清家没有了，他就穷了，又不会做事，把钱全花光了，就靠拉胡琴赚钱，他教我唱戏，恨不得我一下子就唱得跟碧云霞那么好，那么赚钱。——嘿！小英子，我现在上天桥唱戏去了，围一圈子人听，唱完了我就捧着个小筐箩跟人要钱，一要钱人都溜了，回来我爸爸就揍我！他说，给钱的都是你爷爷，你得摆个笑脸儿，瞧你这份儿丧！说着他就拿棍子抡我。"

"你说的那个碧云霞也在天桥唱呀？"

"哪儿呀！人家在戏院子里唱，城南游艺园，离天桥也不远，听碧云霞的才都是大爷哪！可是我爸爸常说，在戏园子唱的，有好些是打天桥唱出来的。他就逼着我学，逼着我唱。"

"你不是也很爱唱吗？怎么说是他逼的。"

"我爱随我自己，愿意唱就唱，愿意给谁听就给谁听，那才有意思。就比如咱们俩在这屋里，我唱给你听。"

是的，我想起刚认识妞儿的那天，油盐店的伙计要她唱，她眼睛含着泪的那样子。

"可是你还得唱呀！你不唱赚不了钱怎么办！"

"我呀，哼！"妞儿狠狠地哼了一声，"我还是要找我亲爹亲妈去！"

"那么你怎么原来不跟你亲爹亲妈在一起呢？"这是我始终不明白的一件事。

"谁知道！"妞儿犹豫着，要说不说的样子。外面的雨还是那么大，天像要塌下来，又像天上有一个大海的水都倒到地上来。

"有一天，我睡觉了，听我爸跟我妈吵架。我爸说：'这孩子也够拗的，嗓门儿其实挺好，可是她说不玩就不玩，可有什么办法呢！'我那瘸子妈说：'你越揍她，越不管事儿。'我爸说：'不揍她，我怎么能出这口气！捡来的时候还没冬瓜大，我捧着抱着带回家，而今长得比桌子高了，可是不由人管了。'我妈说：'你当初把她捡回来就错了主意，跟亲生亲养的到底不一样，说老实话，你也没按亲生那么疼她，她也不能拿你当亲爹那么孝顺。'我爸叹了口气，又说：'一晃儿五六年了！我那天也真邪行，走到齐化门，屎到屁门了。'我妈说：'是呀，你说一大早儿捡点煤核来烧，省得让人看见怪寒碜的，每天你不都是起来先出恭才漱口洗脸吗？那天你忙得没上茅房，饶着煤没捡回来，倒捡了个不知谁家的私生的小崽子来。'我爸又说：'我想着找城根底下蹲蹲吧，谁知道就看见个小包袱了呢！我先还以为我要发邪财了，打开一看，敢情是她，活玩意儿，小眼还骨碌骨碌直转哪！'我妈妈说：'哼！你如今打算在她身上发财，赶明儿唱得跟碧云霞那么红，可不易。'……"

我又闭上眼睛，仰头靠着墙在听妞儿絮絮叨叨地说，我好像听过这故事，是谁讲的呢？还说大清早就把那孩子包裹包裹扔到齐化门城根去？也许我是做梦，我现在常常做梦，宋妈说我白天玩疯了晚饭又吃撑了，才又咬牙又撒吃挣的。是吗？我就闭着眼问妞儿：

"妞儿，你跟我说了好几遍这故事啦！"

"胡说，我跟谁也没说过。我今儿头一回跟你说。你有时候胡里胡涂的，还说要上学呢！我瞧你考不上。"

"可是，我真是知道的呀！你生的那时候，正是青草要黄了，绿叶快掉了，那不冷不热的秋天，可是窗户外头倒是飘进来一阵子桂花的香气。……"

妞儿推推我，我睁开眼，她奇怪地问：

"你在说什么？是不是又睡着了撒吃症？"

"我刚才说了什么？"我有些忘了，刚才也许是在梦中。

妞儿摸摸我的头，我的胳膊，她说："你好烫啊！衣服穿多了吧！把我的衣服脱下来吧！"

"哪里热，我心里好冷啊！冷得我直想打哆嗦！"我说着，看自己的两条腿，果然抖起来。

妞儿看着窗外说：

"雨停了，我该回去了。"

她要站起来，我又拉住她，搂住她的脖子说：

"我要看你后脖子上的那块青记，小桂子，你妈说你后脖子有块青记，让我找找……"

妞儿略微地挣开我,说:"你怎么今天总说小桂子小桂子的?你现在这样儿,就像我爸爸喝醉了说胡话一样!"

"是呀!你爸爸就爱喝口酒,冬天为的驱驱寒意,那天风挺大,你妈给他打了点酒,又买了半空儿花生……"

我胡里胡涂地说着,拉开妞儿那条狗尾巴小辫儿,可不是,可不是,恍恍惚惚地,我看见在那杂乱的黄头发根里面,中间是有一块指头大的青记。我浑身都抖起来了。

妞儿把她的脸贴在我的脸上,惊奇地说:

"你怎么啦?你的脸好热啊!都红了,是不是病了?"

"没有,我没病,"我这时精神起来了,但是妞儿把我搂在她的怀里,我正好看到妞儿尖尖的下巴。她低下头来,一对大眼睛里,忽然含满了泪。我也好像有什么委屈,实在我是觉得头发重,支持不住了。妞儿这么搂着我,抚摸着我,一种亲爱的感觉,使我流出泪来了。妞儿说:

"英子,好可怜,身上这么烫!"

我也说:

"你也好可怜,你的亲爹、亲妈——啊,妞儿,我带你找你的亲妈去,你们再一块儿去找你亲爹。"

"上哪儿找去?你睡觉吧,我怕你,你别瞎说了。"说着,她又搂紧我,拍哄我。但是我听了她的话,立刻从她怀里挣扎起来,喊着说:

"我不是瞎说!我是知道你亲妈在哪儿,就在不远,"我又搂着她的脖子附在她耳旁小声说,"我一定要带你去,你亲妈说的,教我看见你就带你去,就是,不错,脖子后面有块青记的嘛!"

她又奇怪地望着我,好一会儿才说:

"你的嘴好臭,一定是吃多了上火。可是,真有这回事吗?……你说我亲妈?"

我看着她那惊奇的眼睛,点点头。她的长睫毛是湿的,我一说,她微笑了,眼泪流到泪坑上!我觉得难过,又闭上眼,眼前冒着金星,再睁开眼,她变成秀贞的脸了,我抹去了眼泪再仔细看,还是妞儿的。我这时又管不住我的嘴了，我说：

"妞儿，晚上你吃完饭来找我，咱们在横胡同口见面，我就带你上秀贞那儿去，衣服你也不用带，她给你做了一大包袱，我还送了你一只手表，给你看时候。我也要送秀贞一点东西。"

这时我听见妈在叫我。原来雨停了，天还是阴的。妞儿说：

"你妈叫你呢！咱们先别说了，那就晚上见吧！"说着她就站起身，匆匆地推门出去了。

我很高兴，所以有一股力气站起来了，脱下妞儿的衣服，扔在鸡笼上。我推门出去，院子里一阵凉风吹着我，地上满是水，妈妈叫我顺着廊檐走，可是我已经蹚水过来了。妈妈拉起我的手，刚想骂我吧，忽然她又两手在我手上，身上，头上乱按，惊慌地说：

"怎么浑身这样烧，病了，看是不是？中午从太阳底下晒回来，脸通红，刚才又淋了雨，现在又蹚水。水，总是要玩水！去躺下吧！"

我也觉得浑身没有力气了，随着妈妈拖我到小床来。她给我脱了湿的鞋，换了干的衣服，把我安置在床上躺下来，裹在软绵绵的被里，我的确很舒服，不由得闭上眼睛就睡着了。

醒来的时候，觉得热了，踢开了被。这时屋里漆黑，隔着布帘子空隙，可以看见外屋已经点了灯。我忽然想起一件要紧的事，大声叫：

"妈，你们是不是在吃饭？"

"这样混，她居然要吃饭呢！"是爸爸的声音。跟着，妈妈进来了，端进来煤油灯放在桌上。我看见她的嘴还动着，嘴唇上有油，是吃了"回肉"吗？

妈妈到床前来，吓唬着我说："爸爸要打你了，玩病了还要吃。"

我急了，说：

"我不是要吃饭，我今天根本一天没吃饭呀！就是问问你们吃饭了没有？我还有事呢！"

"鬼事！"妈妈把我又按着躺下，说："身上还这样热，不知你烧到多少度了，吃完饭我去给你买药。"

"我不吃药，你给我药吃，我就跑走，你可别怪我！"

"瞎说！等一会儿宋妈吃完饭，叫她给你煮稀粥。"

妈不理会我的话，她说完就又回外屋去吃饭了。我躺在床上，心里着急，想着和妞儿约会好吃完饭在横胡同口见面，不知她来了没有？细听外面又有淅淅沥沥的雨声，虽然不像白天那样大，可是横胡同里并没有可躲雨的地方，因为整条胡同都是人家的后墙。我急得胸口发痛，揉搓着，咳嗽了，一咳嗽，胸口就像许多针扎着那么痛。

妈妈这时已吃完饭，她和爸爸进来了。我的手按着嘴唇，是想用力压着别再咳嗽出来，但是手竟在嘴上发抖；我发抖，不是因为怕爸爸，我今天从下午起一直在抖；腿在抖，手也抖，心也抖，牙也抖。妈妈这时看见我发抖的样子，拿起我放在嘴唇上的手，说：

"烧得发抖了，我看还是你去请趟山本大夫吧！"

"不要！不要那个小日本儿！"

爸爸这时也说：

"明天早晨再说吧，先用冰毛巾给她冰冰头管事的。我现在还要给老家写信，赶着明早发出去呢！"

宋妈也进来看我了。她向妈妈出主意说：

"到菜市口西鹤年堂家买点小药，万应锭什么的，吃了睡个觉就好。"

妈妈很听话，她向来就听爸爸的话，也听宋妈的话，所以她说：

"那好吆，宋妈，我们俩上街去买一趟。英子，乖乖地躺着，吃了药赶快好了好上学。等着，我还顺便到佛照楼给你带你爱吃的八珍梅回来。"

现在，八珍梅并不能打动我了，我听妈和宋妈撑了伞走了，爸爸也到书房去了，我满心想着和妞儿的约会。她等急了吗？她会失望地回去了吗？

我从被里爬出来，轻手轻脚地下了地，头很重，又咳嗽了，但是因为太紧张，这回并没有觉到胸口痛。我走到五屉橱的前面站住了，犹豫了一会儿，终于大胆地拉开了妈妈放衣服的那个抽屉，在最里面，最下面，是妈妈的首饰匣。妈妈开首饰匣只挑爸爸不在家的时候，她并不瞒我和宋妈的。

首饰匣果然在衣服底下压着，我拿了出来打开，妈妈新打的那只金镯在里面！我心有点儿跳，要拿的时候，不免向窗外看了一眼，玻璃窗外黑漆漆的，没有人张望，但我可以照到自己的影子，我看见我怎样拿出金镯子，又怎样把首饰匣放回衣服底下，推阖了抽屉，我的手是抖的。我要给秀贞她们做盘缠，妈妈说，二两金子值好多好多钱，可以到天津，到上海，到日本玩一趟，那么不是更可以够秀贞和妞儿到惠安去找思康三叔吗？这么一想，我觉得很有理，便很放心地把金镯子套在我的胳膊上面了。

我再转过头，忽然看玻璃窗上，我的影子清楚了，不！吓了我一跳，原来是妞儿！她在向我招手，我赶快跑了出去，妞儿头发湿了，手上也有水，她小声对我说：

"我怕你真在横胡同等我，我吃完饭就偷偷跑出来了。我等了你一会儿，想着你不来了，我刚要回去，听见你妈跟宋妈过去了，好像说给谁买药去，我不放心你，来看看，你们家的大门倒是没闩上，我就进来了。"

"那咱们就去吧！"

"上哪儿去？就是你白天说的什么秀贞呀？"

我笑着向她点了头。

"瞧你笑得怕人劲儿！你病糊涂了吧！"

"哪里！"我挺起胸脯来，立刻咳嗽了，赶快又弯下身子来才好些，我把手搭在她的肩上说："你一去就知道了，她多惦记你啊！比着我的身子给你做了好些衣服。对了，妞儿，你心里想着你亲妈是什么样儿？"

"她呀，我心里常常想，她要思念我，也得像我这么瘦，脸是白白净净的……"

"是的，是的，你说得一点儿都没错儿。"我俩一边说着，一边向门外去，门洞黑乎乎的，我摸着开了门，有一阵风夹着雨吹进来，吹开了我的短裤子，肚皮上又凉又湿，我仍是对她说：

"你妈妈，她薄薄的嘴唇，一笑，眼底下就有两个泪坑，一哭，那眼睛毛又湿又长，她说：'小英子，我千托万托你……'"

"嗯。"

"她说，小桂子可是我们俩的命根子呀！……"

"嗯。"

"她第一天见着我，就跟我说，见着小桂子，就叫她回来，饭不吃，衣服也不穿，就往外跑，急着找她爹去……。"

"嗯。"

"她说，叫她回来，我们娘儿俩一块儿去，就说我不骂她……"

"嗯。"

我们已经走到惠安馆门口了，妞儿听我说，一边"嗯，嗯"地答着，一边她就抽搭着哭了，我搂着她，又说：

"她就是……"我想说疯子，停住了，因为我早就不肯称呼她是疯子了，我转了话口说，"人家都说她想你想疯啦！妞儿，你别哭，我们进去。"

妞儿这时好像什么都不顾了，都要我给她做主意，她只是一边走，一边靠在我的肩头哭，她并没有注意这是什么地方。

上了惠安馆的台阶，我轻轻地一推，那大门就开了。秀贞说，惠安馆的门，前半夜都不闩上，因为有的学生回来得很晚，一扇门用杠子顶住，那一半就虚关着。我轻声对妞儿说：

"别出声。"

我们轻轻地，轻轻地走进去，经过门房的窗下，碰到了房檐下的水缸盖子，有了响，里面是秀贞的妈，问：

"谁呀？"

"我，小英子！"

"这孩子！黑了还要找秀贞，在跨院里呢！可别玩太晚了，听见没有？"

"嗯。"我答应着，搂着妞儿向跨院走去。

我从没有黑天以后来这里，推开跨院的门，吱扭扭的一声响，像用一根针划过我的心，怎么那么不舒服！雨地里，我和妞儿迈步，我的脚碰着一个东西，我低头看是我早晨捉的那瓶吊死鬼，我拾起来，走到门边的时候，顺手把它放在窗台上。

里屋点着灯，但不亮。我开开门，和妞儿进去，就站在通里屋的门边。我拉着妞儿的手，她的手也直抖。

秀贞没理会我们进来，她又在床前整理那口箱子，背向着我们，她头也没回地说：

"妈，您不用催我，我就回屋睡去，我得先把思康的衣服收拾好呀！"

秀贞以为进来的是她的妈妈，我听了也没答话，我不知道怎么办好了，我想说话，但抽了口气，话竟说不出口，只愣愣地看着秀贞的后背，辫子甩到前面去了，她常常喜欢这样，说是思康三叔喜欢她这样打扮，喜欢她用手指绕着辫梢玩的样子，也喜欢她用嘴咬辫梢想心事的样子。

大概因为没有听我的答话吧？秀贞猛地回转身来"哟！"地喊了一声，"是你，英子，这一身水！"她跑过来，妞儿一下子躲到我身后去了。

秀贞蹲下来，看见我身后的影子，她瞪大了眼睛，慢慢地，慢慢地，侧着头向我身后看，我的脖子后面吹过来一口一口的热气，是妞儿紧挨在我背后的缘故，她的热气一口比一口急，终于哇的一声哭出来，秀贞这时也哑着嗓子喊叫了一声：

"小桂子！是我苦命的小桂子！"

秀贞把妞儿从我身后拉过去，搂起她，一下就坐在地上，搂着，亲着，摸着妞儿。妞儿傻了，哭着回头看我，我退后两步倚着门框，像要倒下去。

秀贞好一会儿才松开妞儿，又急急地站起来，拉着妞儿到床前去，急急地说道：

"这一身湿，换衣服，咱们连夜地赶，准赶得上，听！"是静静的雨夜里传过来一声火车的汽笛声，尖得怕人。秀贞仰头听着想了一下又接着说："八点五十有一趟车上天津，咱们再赶天津的大轮船，快快快！"

秀贞从床上拿出包袱，打开来，里面全是妞儿，不，小桂子，不，妞儿的衣服。秀贞一件一件一件给妞儿穿上了好多件。秀贞做事那样快，那样急，我还是第一回看见。她又忙忙叨叨地从梳头匣子里取出了我送给小桂子的手表，上了上弦给妞儿戴上。妞儿随秀贞摆弄，但眼直望着秀贞的脸，一声也不响，好像变呆了。我的身子朝后一靠，胳膊碰着墙，才想起那只金镯子。我撩起袖子，从胳膊上把金镯子取下来，走到床前递给秀贞说：

"给你做盘缠。"

秀贞毫不客气地接过去，立刻套在她的手腕上，也没说声谢谢，妈妈说人家给东西都要说谢谢的。

秀贞忙了好一阵子，乱七八糟的东西塞了一箱子，然后提起箱子，拉着妞儿的手，忽然又放下来，对妞儿说道："你还没叫我呢，叫我一声妈。"秀贞蹲下来，搂着妞儿，又扳过妞儿的头，撩开妞儿的小辫子看她的脖子后头，笑道："可不是我那小桂子，叫呀！叫妈呀！"

妞儿从进来还没说过一句话，她这时被秀贞搂着，问着，竟也伸出了两手，绕着秀贞的脖子，把脸贴在秀贞的脸上，轻轻而难为情地叫：

"妈！"

我看见她们两个人的脸，变成一个脸，又分成两个脸，觉得眼花，立刻闭住眼扶住床栏，才站住了。我的脑筋糊涂了一会儿，没听见她们俩又说了什么，睁开眼，秀贞已经提起箱子了，她拉起妞儿的手，说："走吧！"妞儿还有点认生，她总是看着我的行动，并伸出手来要我，我便和她也拉了手。

我们轻手轻脚地走出去，外面的雨小些了，我最后一个出来，顺手又把窗台上的那瓶吊死鬼拿在手里。

出了跨院门，顺着门房的廊檐下走，这么轻，脚底下也还是噗吱噗吱的有些声音。屋里秀贞的妈妈又说话了：

"是英子呀？还是回家去吧！赶明再来玩。"

"嗳。"我答应了。

走出惠安馆的大门，街上漆黑一片，秀贞虽提着箱子拉着妞儿，但是她们竟走得那样快，秀贞还直说：

"快走，快走，赶不上火车了。"

出了椿树胡同，我追不上她们了，手扶着墙，轻轻地喊：

"秀贞！秀贞！妞儿！妞儿！"

远远的有一辆洋车过来了，车旁暗黄的小灯照着秀贞和妞儿的影子，她俩不顾我还在往前跑。秀贞听我喊，回过头来说："英子，回家吧，我们到了就给你来信，回家吧！回家吧……"

声音越细越小越远了，洋车过去，那一大一小的影儿又蒙在黑夜里。我趴着墙，支持着不让自己倒下去，雨水从人家房檐直落到我头上、脸上、身上，我还哑着嗓子喊：

"妞儿！妞儿！"

我又冷，又怕，又舍不得，我哭了。

这时洋车从我的身旁过去，我听车篷里有人在喊：

"英子，是咱们的英子，英子……"

啊！是妈妈的声音！我哭喊着：

"妈啊！妈啊！"

我一点力气没有了，我倒下去，倒下去，就什么都不知道了。

五

远远地，远远地，我听见一群家雀在叫，吱吱喳喳、吱吱喳喳。那声音越来越近了……不是家雀儿，是一个人，那声音就在我耳边。她说：

"……太太，您别着急了，自己的身子骨也要紧，大夫不是说了准保能醒过来吗？"

"可是她昏昏迷迷的有十天了！我怎么不着急！"

我听出来了，这是宋妈和妈妈在说话。我想叫妈妈，但是嘴张不开，眼睛也睁不开，我的手，我的脚，我的身子，在什么地方哪？我怎么一动也不能动，也看不见自己一点点？

"这在俺们乡下，就叫中了邪气了。我刚又去前门关帝庙给烧了股香，您瞧，这包香灰，我带回来了，回头给她灌下去，好了您再上关帝庙给烧香还个愿去。"

妈妈还在哭，宋妈又说：

"可也真怪事，她怎么一拐能拐了俩孩子走？咱们要是晚回来一步，咱们英子就追上去了，唉！越想越怕人，乖乖巧巧的妞儿！唉！那火车，俩人一块儿，唉！我就说妞儿长得俊倒是俊，就是有点薄相……"

"别说了，宋妈，我听一回，心惊一回。妞儿的衣服呢？"

"鸡笼子上扔的那两件吗？我给烧了。"

"在哪儿烧的？"

"我就在铁道旁边烧的。唉！挺俊的小姑娘！唉！"

"唉！"

两个人唉声叹气的，停了一会儿没说话。

等再听见茶匙搅着茶杯在响，宋妈又说话了：

"这就灌吧？"

"停一会儿，现在睡得挺好，等她翻身动弹时再说。——家里都收拾好了？"妈问。

"收拾好了，新房子真大，电灯今天也装好了，这回可方便喽！"

"搬了家比什么都强。"

"我说您都不听嘛！我说惠安馆房高墙高，咱们得在门口挂一个八卦镜照着它，你们都不信。"

"好了，不必谈了，反正现在已经离开那倒霉的地方就是了。等英子好了，什么也别跟她说，回到家，换了新地方，让她把过去的事儿全忘了才好，她要问什么，都装不知道，听见了没有？宋妈。"

"这您不用嘱咐，我也知道。"

她们说的是什么，我全不明白，我在想，这是怎么回事儿？有什么事情不对了吗？我想着想着觉得自己在渐渐地升高，升高，我是躺在这里，高、高、高，鼻子要碰到屋顶了，"呀！"我浑身跳了一下，又从上面掉下来，一惊疑就睁开了眼睛。只听宋妈说：

"好了，醒了！"

妈妈的眼睛又红又肿，宋妈也含着眼泪。但是我仍说不出话，不知怎么样才可以张开嘴。这时妈妈把我搂抱起来，捏住我的鼻子，我一张嘴，一匙水就一下给我灌了下去，我来不及反抗，就咽下了，然后我才喊：

"我不吃药！"

宋妈对妈说：

"我说灵不是？我说关帝老爷灵验不是？喝下去立刻就会说话。"

妈给我抹去嘴边的水，又把我弄躺下来。我这时才奇怪起来，看看白色的屋顶，白色的墙壁，白色的门窗和桌椅，这是什么地方？我记得我是在一个？……我问妈妈说：

"妈，外面在下雨吗？"

"哪儿来的雨，是个大太阳天呀！"妈说。

我还是愣愣地想，我要想出一件事情来。

这时宋妈挨到我身边来，她很小心地问我：

"认得我吗？英子！"

我点点头："宋妈。"

宋妈对妈笑笑。妈又说：

"你发烧病了十天了，爸爸和妈妈给你送到医院来住，等你好了，我们就回到新的家去，新的家还装了电灯呢！"

"新的家？"我很奇怪地问。

"新的家，是呀！我们的新家在新帘子胡同，记着，老师考你的时候，问你家住在哪儿？你就说，新——帘——子胡同。"

"那么……"有些事情我实在想不起来了，所以要说什么，也不能接下去，我就闭上眼睛。妈说：

"再睡会儿也好，你刚好还觉得累，是不是？"妈妈说着就摩抚我的嘴巴，我的眼皮，我的头发，忽然一个东西一下碰了我的头，疼了一下，我睁开眼看，是妈妈手上套的那只——那只金镯子！我不由得惊喊了一声："镯子！"妈没说什么，把金镯子又推到手腕上去。我的眼睛直望着妈妈的金镯子，心想着，这只金镯子不是——不就是我给一个人的那只吗？那个人叫什么来着？我糊涂了，但不敢问，因为我现在不能把那件事情记得很清楚。我怎么就生病，就住到这医院里来了呢？我是一点儿也不清楚。

妈妈拍拍我说：

"别发呆了，看你发烧睡大觉的时候，多少人给你送吃的、玩的东西来！"

妈妈从床头的小桌上拿起来一个很好看的匣子，放在枕边，一边打开来，一边说：

"匣子是刘婆婆给你买的，留着装东西用，里面，喏，你看，这珠链子是张家三姨送你的。喏,这只自动铅笔是叔叔给你的。你自己玩吧!"她便转头跟宋妈说话去了。

我随着妈妈的说明,一件件从匣里拿出来看,我再摸出来的是一只手表,上面镶了几颗钻,啊!这是我自己的东西!但是——我手举着表,一动也不动地看着,想着,它怎么会在这只匣子里?它不是,也被我送给人了吗?

"妈!"我不禁叫了一声,想问问。妈回过头看见,连忙接过表去,笑着说道:

"看,这只表我给你修理好了,你听!"

妈把表挨近我的耳朵,果然发出小小滴答滴答的声音。然而这时我想起了一些事情,我想起了一个人,又一个人。她们的影子,在我眼前晃。

"妈!"我再叫一声还想问问。

妈妈慌忙又从匣子里拿出别的玩意儿来哄我:

"喏,再看这个,是……"

我忽然想起好些事情来了,我跟一个人,还有一个人的事情,但是妈妈为什么那样慌慌忙忙地不许人问?现在我是多么的思念她们!我心里太难受,真想哭,我忽然翻身伏在枕头上,就忍不住大声地哭起来。嘴里喊:"爸爸!爸爸!"

妈妈和宋妈赶着来哄我,妈妈说:

"英子想爸爸了,爸爸知道多高兴,他下班就会来看你!"

宋妈说:

"孩子委屈喽,孩子这回受大委屈喽!"

妈妈把我抱起来搂着我,宋妈拍着我,她们全不懂得我!我是在想那两个人啊!我做了什么不对的事吗?我很怕!爸爸,爸爸,你是男人,你应当帮助我啊!我是为了这个才叫爸爸的。

我哭了一阵子很累了,闭上眼睛偎在妈妈的怀里。妈妈轻轻摇着我,低声唱她的歌:

"天乌乌,要落雨,老公仔举锄头顺水路,顺着鲫仔鱼要娶某,龟举灯,鳖打鼓……"

她又唱：

"饲阉鸡，阉鸡饲大只，刣给英子吃，英子吃不够，去后尾门仔眯眯哭！"那轻轻的摇动使我舒服多了，听到这里，我不由得睁开眼笑了。妈妈很高兴地亲着我的脸说：

"笑了，笑了，英子笑了。宋妈已经把家里的油鸡杀了给你煮汤喝呢！"

宋妈从桌底下拿出一只小锅，打开来还冒着热气，她盛了一碗黄黄的汤还有几块肉，递到我面前，要我喝下去。我别过脸去不要看，不要吃。碗里是西厢房的小油鸡吗？我曾经摸着它们的黄黄软软的羽毛，曾经捉来绿色的吊死鬼喂它们，曾经有一个长长睫毛大眼睛里的泪滴落在它们的身上……我不说什么，把头钻进妈妈的胸怀里。妈妈说：

"她不想吃，再说吧，刚醒过来，是还没有胃口。"

我在医院住了十几天，刚可以起床伏在楼窗口向下面看望，爸爸就雇来一辆马车，把我接回家。

马车是敞篷的，一边是爸，一边是妈，我坐在中间，好神气。前面坐了两个赶马车的人，爸爸催他们快一点，皮鞭子抽在马身上，马蹄子得得得得，得得得得，一路跑下去。马车所经过的路，我全不认识。这条大街长又长，好像前面没尽没了。

我觉得很新鲜，转身脸向着车后，跪在座位上，向街上呆呆地看。两边的树一棵棵地落在车后面，是车在走呢？是树在走呢？

我仰起头来，望见了青蓝的天空，上面浮着一块白云彩，不，一条船。我记得她说："那条船，慢慢儿地往天边上挪动，我仿佛上了船，心是飘的。"她现在在船上吗？往天边儿上去了吗？

一阵小风吹散开我的前刘海，经过一棵树，忽然闻见了一阵香气，我回头看妈妈，心里想问："妈，这是桂花香吗？"我没说出口，但是妈妈竟也嗅了嗅鼻子对爸说：

"这叫做马缨花，清香清香的！"她看我在看她，便又对我说："小英子，还是坐下来吧，你这样跪着腿会疼，脸向后风也大。"

我重新坐正，只好看赶马车的人狠心地抽打他的马。皮鞭子下去，那马身上会起一条条的青色的伤痕吗？像我在西厢房里，撩起一个人的袖子，看见她胳膊上的那样的伤痕吗？早晨的太阳，照到西厢房里，照到她那不太干净的脸上，那又湿又长的睫毛一闪动，眼泪就流过泪坑淌到嘴边了！我不要看那赶车人的皮鞭子！我闭上眼，用手蒙住了脸，只听那得得的马蹄声。

太阳照在我身上，热得很，我快要睡着了，爸爸忽然用手指逗逗我的下巴说：

"那么爱说话的英子，怎么现在变得一句话都没有了呢？告诉爸，你在想什么？"

这句话很伤了我的心吗？怎么一听爸说，我的眼皮就眨了两下，碰着我蒙在脸上的手掌，湿了，我更不敢放开我的手。

妈妈这时一定在对爸爸使眼色吧？因为她说：

"我们小英子在想她将来的事呢！……"

"什么是将来的事？"从上了马车到现在，我这才说第一句话。

"将来的事就如英子要有新的家呀，新的朋友呀，新的学校呀……"

"从前的呢？"

"从前的事都过去了，没有意思了，英子都会慢慢忘记的。"

我没有再答话，不由得在想西厢房的小油鸡，井窝子边闪过来的小红袄，笑时的泪坑，廊檐下的缸盖，跨院里的小屋，炕桌上的金鱼缸，墙上的胖娃娃，雨水中的奔跑……一切都算过去了吗？我将来会忘记吗？

"到了！到了！英子，新帘子胡同的新的家到了！快看！"

新的家？妈妈刚说这是"将来"的事，怎么这样快就到眼前了？

那么我就要放开蒙在脸上的手了。

我们看海去

一

妈妈说的，新帘子胡同像一把汤匙，我们家就住在靠近汤匙的底儿上，正是舀汤喝时碰到嘴唇的地方。于是爸爸就教训我，他绷着脸，瞪着眼说：

"讲唔听！喝汤不要出声，窣窣窣的，最不是女孩儿家相。舀汤时，汤匙也不要把碗碰得当当当地响……"

我小心地拿着汤匙，轻慢轻慢地探进汤碗里，爸又发脾气了：

"小人家要等大人先舀过了再舀，不能上一个菜，你就先下手。"他又转过脸向妈妈：

"你平常对孩子全没教习也是不行的……"

我心急得很，只想赶快吃了饭去到门口看方德成和刘平踢球玩，所以我就喝汤出了声，舀汤碰了碗，菜来先下手。我已经吃饱了，只好还坐在饭桌旁，等着给爸爸盛第二碗饭。爸爸说，不能什么都让佣人做，他这么大的人，在老家时，也还是吃完了饭仍站在一旁，听着爷爷的教训。

我乘着给爸爸盛好饭，就溜开了饭桌，走向靠着窗前的书桌去，只听妈妈悄悄对爸爸说：

"也别把她管得这么严吧，孩子才多大？去年惠安馆的疯子把她吓得那么一大场病，到现在还有胆小的毛病，听见你大声骂她，她就一声不言语，她原来不是这样的孩子呀！现在搬到这里来，换了一个地方，忘记以前的事，又上学了，好容易脸上长胖些……"

妈妈啊！你为什么又提起那件奇怪的事呢？你们又常常说，哪个是疯子，哪个是傻子，哪个是骗子，哪个是贼子，我分也分不清。就像我现在抬头看见窗外蓝色的天空上，飘着白色的云朵，就要想到国文书上第二十六课的那篇《我们看海去》：

我们看海去！

　　我们看海去！

　　蓝色的大海上，

　　扬着白色的帆。

　　金红的太阳，

　　从海上升起来，

　　照到海面照到船头。

　　我们看海去！

　　我们看海去！

　　我就分不清天空和大海。金红的太阳，是从蓝色的大海升上来的呢？还是从蓝色的天空升上来的呢？但是我很喜欢念这课书，我一遍一遍地念，好像躺在船上，又像睡在云上。我现在已经能够背下来了，妈妈常对爸爸、对宋妈夸我用功，书念得好。我喜欢念的，当然就念得好，像上学期的"人手足刀尺狗牛羊一身二手……"那几课，我希望赶快忘掉它们！

　　爸爸去睡午觉了，一家人都不许吵他，家里一点儿声音都没有，但是我听到街墙传来"嘭！嘭！"的声音，那准是方德成他们的皮球踢到墙上了。我在想，出去怎样跟他们说话，跟他们一起玩呢？在学校，我们女生是不跟男生说话的，理也不理他们，专门瞪他们，但是我现在很想踢球。

　　好妈妈，她过来了：

　　"出去跟那两个野孩子说，不要在咱们家门口踢球，你爸爸睡觉呢！"

　　有了这句话就好了，我飞快地向外跑，辫子又钩在门框的钉子上了，拔起我的头发根，痛死啦！这只钉子为什么不取掉？对了，是爸爸钉的，上面挂了一把鞋掸子，爸爸临出门和回家来，都先掸一掸鞋。他教我也要这样做，但是我觉得我鞋上的土，还是用跺脚的法子，跺得更干净些。

　　宋妈在门道喂妹妹吃粥，她头上的簪子插着薄荷叶，太阳穴贴着小红萝卜皮，因为她在闹头痛的毛病。开街门的时候，宋妈问我：

　　"又哪儿疯去？"

"妈叫我出去的。"我理由充足地回答她。

门外一块圆场地，全被太阳照着，就像盛得满满的一匙汤。我了不起地站到方德成的面前说：

"不许往我们家墙上踢球，我爸爸睡觉呢！"

方德成从地上捡起皮球，傻呵呵地看着我。

在我们家的斜对面，是一所空房子，里面没有人家住，只有一个看房的聋老头子，也还常常倒锁了街门到他的女儿家去住。宋妈不知从哪儿听来的，说这所房子总租不出去，是因为闹鬼。妈妈听了就跟爸爸说："北京城怎么这么多闹鬼的房子？"

在闹鬼房和另一所房的中间，有一块像一间房子那么大的空地，长满了草，前面也有看来我都能迈过去的矮破砖墙，里面的草长得比墙高。这块空地听说原来是闹鬼房子的马号，早就塌了，没有人修，就成一块空草地。

我看着那片密密高高的草地，它旁边正接着一段闹鬼房子的墙，便对傻方德成他们说：

"不会上那边踢去，那房里没住人。"

他们俩一听，转身就往对面跑去。球儿一脚一脚地踢到墙上又打回来，是多么的快活。

这是条死胡同，做买卖的从汤匙的把儿进来，绕着汤匙底儿走一圈，就还得从原路出去。这时剃头挑子过来了，那两片铁夹子"唤头"弹得嗡嗡地响，也没人出来剃头。打糖锣的也来了，他的挑子上有酸枣面儿，有印花人儿，有山楂片，还有珠串子，是我最喜欢的，但是妈妈不给钱，又有什么办法！打糖锣的老头子看我站在他的挑子前，便轻轻对我说：

"去，去，回家要钱去！"

教人要钱，这老头子真坏！我心里想着，便走开了。我不由得走向对面去，站在空草地的破砖墙前面，看方德成和刘平他们俩会不会叫我也参加踢球。球滚到我脚边来了，我赶快捡起来扔给他们。又滚到更远一点儿的墙边去了，我也跑过去替他们捡起来。这一次刘平一脚把球踢得老高老高的，他自己还夸嘴说："瞧老子踢得多棒！"但是这回球从高处落到那片高草地里了。

"英子,你不是爱捡球吗?现在去给我们捡吧!"刘平一头汗地说。

有什么不可以?我立刻就转身迈进破砖墙,脚踏在比我还高的草堆里。我用两手拨开草才想起,球掉到哪里了呢?怎么能一下就找到?不由得回头看他们,他们俩已经跑到打糖锣的挑子前,仰着脖子在喝那三大枚一瓶的汽水。

我探身向草堆走了两步,是刘平的声音喊我:"留神脚底下狗屎,英子!"

我听了吓得立刻停住了,向脚底下看看,还好,什么都没有。我拨开左面的草,右面的草,都找不到球。再向里走,快到最里面的墙角了,我脚下碰着一个东西,捡起来看,是把钳子,没有用,我把它往面前一丢,当的一声响了,我赶快又拨开面前的草,这才发现,钳子是落在一个铜盘子上面,盘子是反扣着的。真奇怪!我不由得蹲下来,掀开铜盘子,底下竟是叠得整整齐齐的一条很漂亮的带穗子的桌毯,和一件很讲究的绸衣服。我赶紧用铜盘子又盖住,心突突地跳,慌得很,好像我做了什么不对的事被人发现了,抬头看看,并没人影,草被风吹得向前倒,打着我的头,我只看见草上面远远的那块蓝色的海,不,蓝色的天。

我站起身来往出口的路走,心在想,要不要告诉刘平他们?我走出来,只见他们俩已经又在地上弹玻璃球了,打糖锣的老头子也走了。刘平头也没抬地问我:

"找着没有?"

"没有。"

"找不着算了,那里头也太脏,狗也进去拉屎,人也进去撒尿。"

我离开他们回家去。宋妈正在院子里收衣服,她看见我便皱起眉头(小红萝卜皮立刻从太阳穴上掉下来了!)说:

"瞧裹得这身这脸的土!就跟那两个野小子踢球踢成这模样儿?"

"我没有踢球!"我的确没有踢球。

"骗谁!"宋妈撇嘴说着,又提起我的辫子,"你妈梳头是有名的手紧,瞧!还能让你玩散了呢!你说你够多淘!头绳儿哪?"

"是刚才那门上的钉子钩掉的。"我指着屋门那只挂鞋掸子的钉子争辩说。这时我低头看见我的鞋上也全是土,于是我在砖地上用力跺上几跺,土落下去不少。一抬头,看见妈妈隔着玻璃窗在屋里指点着我,我歪着头,皱起鼻子,向妈妈眯眯地笑了笑。她看见我这样笑,会原谅我的。

二

　　第二天,第三天,好几天过去了,方德成他们不再提起那个球,但是我可惦记着,我惦记的不是那个球,是那草地,草地里的那堆东西。我真想告诉妈或者宋妈,但是话到嘴边又收回去了。

　　今天我的功课很快地就做完了,两位数的加法真难算,又要进位,又要加点,我只有十个手指头,加得忙不过来。算术算得太苦了,我就要背一遍"我们看海去",我想,躺在那海中的白帆船上,会被太阳照得睁不开眼,船儿在水上摇呀摇的,我一定会睡着了。"我们看海去,我们看海去",我收拾铅笔盒的时候,这样念着;我把书包挂在床栏上,这样念着;我跳出了屋门坎儿,这样念着。

　　爸和妈正在院子里,妈妈抱着小妹妹,爸爸在剪花草;他说夹竹桃叶子太多了,花就开得少,去掉一些叶子;又用细绳儿把枝子捆扎一下,那几棵夹竹桃,就不那么散散落落的了。他又给墙边的喇叭花牵上一条条的细绳子,钉在墙高处,早晨的太阳照在这堵墙上,喇叭花红紫黄蓝的全开开了,但现在不是早晨,几朵喇叭花已经萎了。

　　妈妈对爸爸说:

　　"带把锁回来吧,贼闹得厉害,连新华街大街上还闹贼呢!"

　　爸爸在专心剪裁花草,鼻孔一张一张的,他漫不经心地说:"新华街,离咱们这里还远呢!"然后抬头看见我,"是不是?英子!"

　　我点点头,那空草地在我眼前闪了一下。

　　小妹妹这时从妈妈的身上挣脱下来,她刚会走路,就喜欢我领她。我用跳舞的步子带着她走,小妹妹高兴死啦!咯咯地笑,我嘴里又念着"我们看海去",念一句,跳一步舞,这样跳到门口。宋妈刚吃过饭,用她那银耳挖子在剔牙,每剔一下,就喷喷地吸着气,要剔好大的功夫;仿佛她的牙很重要!小妹妹抱住她的腿,她才把耳挖子在身上抹了抹,插到她的髻儿上去。

宋妈抱起小妹妹走出街门了;她对妹妹说:"俺们逛街去喽!俺们逛街街去喽!"宋妈逛大街的瘾头很大,回来后就有许多新鲜事儿告诉妈妈:神妖贼怪,骡马驴牛。

宋妈走远去了,小妹妹还在向我招手,天还没有黑,但是太阳不见了,只有对面空房子的墙角上,还有一丝丝光。再看过去,旁边的空草地上,也还有一片太阳闪着亮,草被风吹得轻轻地动,我看愣了,不由得向它走过去。我家隔壁的门前,停了一个收买破烂货的挑子,却不见人,大概是到谁家收买破烂去了吧!这时门前的空地上,一个人也没有。

我走向空草地,一边迈过破墙,一边心里想,如果被宋妈或者什么人看见我到这里来的话,我就说,我要找那个皮球的,本来嘛!

我没有专心找球,但也希望能看到它,我的脚步是走向那个神秘的墙角。我屏住气,拨动着高草,轻轻地向前探着脚步,我是怕又踩到什么东西。

那些东西,能够还在这地方吗?我那天怎么不敢多看一看,立刻就返身退出来了呢?现在这些东西如果还在这地方的话,我又怎么办呢?当然没有办法,我只是想看一看,因为我喜欢奇怪的事。

但是当我拨开那一从草的时候,使我倒抽了一口气,惊奇地喊了一声:

"哦!"

蹲在草地上有一个人!他也惊吓地回过头来"哦"了一声。瞪着眼望了我一阵,随后他笑了:

"小姑娘,你也上这儿来干吗?"

"我呀,"我竟答不出话来,愣了一下,终于想出来了,"我来找球。"

"球?是不是这个?"他说着,从身后的一堆东西里拿出一个皮球,果然是刘平他们丢的那个。我点点头,接过球来便转身退出去,但是他把我叫住了:

"嗯——小姑娘,你停停,咱们谈谈。"

他是穿着一身短打裤褂,秃着头,浓浓的眉毛,他的厚嘴唇使我想起了会看相的李伯伯说过的话:"嘴唇厚厚敦敦的,是个老实人相。"我本来有点怕，想起这句话就好多了。他说话的声音仿佛有点发抖，人也不肯站起来，但是我知道他身后有一堆东西，不知道是不是那天的铜茶盘什么的。他说：

"小姑娘，你几岁啦？念书了没有？"

"七岁，在厂甸附小一年级。"常常有人问我同样的话，所以我能一下子就回答出来。

"喝！那是好学堂。谁接你送你上学呀？"

"我自己。"回答了以后，想起爸爸，所以我又说："爸爸说，小孩子要早早养成自立的本事，现在，你知道不知道，新华街城墙打通了，叫做兴华门，我就不用绕顺治门啦！"

"小姑娘会说话，家教好，"他不住的点头。"你爸爸说得对，小孩子要早早地就学着自个儿，嗯——自个儿管自个儿的本事，唉——！"他忽然低头长长地叹一口气，又抬头望着我，笑笑问道，"你猜我是来干吗？"

"你呀我猜不出，"我摇摇头，但又忽然想起来了，"你是不是来这里拉屎？"

"拉屎？"他睁大了眼睛，"对啦，对啦，我是来出恭的啦！"

"不讲卫生！"

"我们这路人，没有卫生。"

我又低头斜着眼望了一下他的背后，他好像在想什么，愣了一会儿，从短褂口袋里掏出了一把玻璃球，都是又圆又亮的汽水球：

"哪，这些个给你。"

"我不要！"这种事一点儿也不能坏我的心眼儿。爸爸说过，不许随便拿人家的东西。

"是我给你的呀！"他还是要塞到我手里，但是我的手掌努力张开着，并不拳起来，球没法落在我手里，就都掉在草地上了。我又说：

"人家给的也不能随便要。"

"这孩子！"他也很没有办法的样子，随后他又问我，"你们家知道你上这儿来吗？"

我摇摇头。

"你回去要告诉你们家里的人看见我了吗？"

我还是摇头。

"那好，可千万别跟人说看见我了呀！我也是好人。"

谁又说他是坏人了呢？他的样子使我很奇怪！我猜想他不是来拉屎的，那堆东西，跟他有关系。

"回去吧！快黑了！"他指指天，乌鸦飞过去了。

"那你呢？"我问他。

"我也走呀，你先走。"他掸掸身上落下的碎草，好像要站起来，接着又说："可别说出去呀，小姑娘，你还小，不懂事，等赶明儿，我跟你慢慢的谈，故事多着呢！"

"讲故事？"

"是呀！我常常来，我看你这小姑娘是好心肠，咱们交个道义朋友，我跟你讲我弟弟的故事儿呀，我的故事儿呀。"

"什么时候？"说到讲故事，我最喜欢。

"遇见了，咱们就聊聊，我一个人儿，也闷得慌。"

他说的话，我不太懂，但是我觉得这样一个大朋友，可以交一交，我不知道他是好人，还是坏人，我分不清这些，就像我分不清海跟天一样，但是他的嘴唇是厚厚敦敦的。

我转身向外拨动高草，又回过头来问他：

"明天你要来吗？"

"明天？不一定。"

他正拿一个包袱摊开来包些东西，草下面很暗了，看不清，但是可以听见"当当"的声音，准是那个铜盘子碰着掉在地上的汽水球了。那些是他的东西吗？

我走出了破砖墙，眼前这块地方还是没有人，但远远的我看见宋妈领着小妹妹回来了，我赶快向家里跑，路过隔壁的人家，看见那收破烂的挑子还摆在那里。

我和宋妈同时到了家门口，便牵了小妹妹的手走进家门去，这时院子里的电灯亮了，电灯旁边的墙上爬着好几条蝎虎子，电灯上也飞绕着许多小虫儿。茶几已经摆在花池子旁边了，上面准是一壶香片茶，一包粉包烟，爸爸要在藤椅上躺好久好久，跟妈妈谈这谈那，李伯伯也许会来。

我把皮球放在茶几上，随手便把粉包烟拿起来打开，抽出里面的洋画儿，爸爸笑笑问我：

"封神榜的洋画儿存完全了没有？"

"哪里会！那张姜子牙永远不会有。三只眼的杨戬我倒有三张啦！"

爸爸摸摸我的头笑着对妈妈说：

"这孩子，也知道什么姜子牙啦，杨戬啦！"

我也不知道是怎么个心气儿，忽然问爸爸：

"爸，什么叫做贼！"

"贼？"爸爸奇怪地望着我，"偷人东西的就叫贼。"

"贼是什么样子？"

"人的样子呀！一个鼻子俩眼睛。"妈回答着，她也奇怪地望着我：

"怎么问起这个来了？"

"随便问问！"

我说着拿了小板凳来放在妈妈的脚下，还没坐下来呢，李伯伯也进来了，于是妈妈就赶我：

"去，屋里跟小妹妹玩去，不要在这里打岔。"

三

我洗脸的时候，把皮球也放在脸盆里用胰子洗了一遍，皮球是雪白的了，盆里的水可黑了。我把皮球收进书包里，这时宋妈走进来换洗脸水，她"哟"了一声，指着脸盆说：

"这是你的脸？多干净呀！"

"比你的臭小脚干净！"我说完扑哧笑了。我也不知为什么会想到宋妈的脚，大概是因为她的脚裹得太严紧了。妈妈说过，那里面是臭的。

宋妈也笑了，她说：

"你嘴厉害不是？咬不动烧饼可别哭呀！"

咬不动烧饼，实在是我每天早晨吃早点的一件痛苦的事。我的大牙都被虫蛀了，前面的又掉了两个，新的还没长出来，所以我就没法把烧饼麻花痛痛快快地吃下去。为了慢慢地吃早点，我迟到了；为了吃时碰到虫牙我痛得哭了。那么我就宁可什么也不吃，饿着肚子上学去。

我把书包背挂在肩膀上，自己上学去。出了新帘子胡同照直向城门走去，兴华门虽然打通了，但是还没有做好，城门里外堆了一层层的砖土，车子不通行，只有人可以走过。早晨的太阳照在土坡上，我走上土坡，太阳就照满我的全身，我虽然没吃早点，但很舒服，就在土坡上站了一会儿，看着来来往往的行人。手扶着书包正碰着鼓起来的皮球，不由得想到了空草地里的情景，那个厚厚嘴唇的男人，他到底是干吗的？

我呆想了一会儿，便走下土坡来，出了兴华门，马上就到学校了。

五年级的童子军把着校门，他们的样子多凶啊！但是多让人羡慕啊！我几时能当上童子军呢？

"书包里是什么？"童子军指着我的书包问。

我吓了一跳。

"是皮球，还给刘平的。"我说话都有点哆嗦了，我真怕他们。

童子军对我很好，他没有检查，手一挥，放我进去了。我可看见他从别的同学的裤袋里查出蚕豆来，查出山楂糖来，全给没收了。不许带吃的。

进了教室，我掏出皮球来给刘平，他愣着，大概忘了，我说：

"是你们那天丢的皮球呀！"

他这才想起来，很高兴地接过去，也不说声谢谢。

有一些同学们在吵吵闹闹，他们说，欢送毕业同学全校要开个游艺会，在大礼堂，每一班都要担任游艺会的一项表演节目，吵的就是我们这班会表演什么呢？我真奇怪，他们的消息是从哪里得来的？我怎么就不知道这些事情？

在上课的时候，果然老师告诉我们，一二年级的同学不会表演整出的话剧什么的，只好唱唱歌，跳跳舞。教跳舞唱歌的韩老师要从一、二、三年级的同学里，挑出几个人来，合着演唱《麻雀与小孩》。啊！那是多么好听好看的一出歌舞啊！老师会选谁呢？会选我吗？我心跳了，因为我喜欢韩老师！她是我们附小韩主任的女儿。她冬天穿着一件藕荷色的旗袍，周身镶了白兔皮的边，在大礼堂里教我们跳舞，拉圈儿的时候，她刚好拉着我的手。她的手又热又软，我是多么喜欢她，她喜欢我吗？……

"……还有林英子，当小麻雀。"

啊！我还在做梦呢，什么也没听见，什么？真的是在叫我的名字吗？

"林英子，从明天起，下了课要晚一点儿回家，每天都由韩老师教你们，到三甲的教室去，听明白了没有？记住，要告诉家里一声。"

我只觉得脸热，真高兴死了，同学们会多么羡慕我啊！去跟三年级的大同学一起跳舞，虽然我当的是小小麻雀，只管飞来飞去，并不要唱什么。

我觉得时间过得真慢，因为我要赶快回家告诉妈妈，不要告诉臭小脚宋妈，她一定会抱妹妹来看游艺会，我才不要她来！下课的时候，同学都围着我，问我跳舞那天穿什么衣裳？害怕不害怕？女同学都跑过来搂着我，好像我是她们每一个人的好朋友。

好容易放学该回家吃午饭了，我加快了脚步，抢在同学的前面走出来。进了兴华门，过了高高低低的土坡，再走一小段路，就进新帘子胡同了。胡同里的第三家，是所大房子，平常大门关得严严的，今天却难得地敞开了，门口围着许多人，巡警也来了，不知道是什么事。但我下午还要上学，不能挤进人堆里去看，赶快跑回家来。

宋妈正在气喘呼呼地跟妈讲什么，妈惊奇地瞪着眼听，又摇头，又啧啧。

"这回可大发了，偷了有三十件，八成是昨天天好拿出来晒衣服，让贼给瞄上了。"

"从外面怎么能看得见呢？不是黑大门的那家吗？我路过也难得看见他们打开门，总是阴森森的。"

"今天大门一敞开，咱们才看见，真是天棚石榴金鱼缸，院子可豁亮啦！"

"现在怎么样了呢？"

"巡警在那儿查呢！走，珠珠，咱们再看去，"宋妈领着小妹妹，回头看见了我,"小英子,你去不去看热闹?"

"热闹?人家丢了那么多东西,多着急呀,你还说是热闹呢!"我撇了她一嘴。

"好心没好报!"宋妈终于又抱着妹妹走了。

我在饭桌上告诉妈妈,我参加表演《麻雀与小孩》的事,妈妈很高兴,她说要给我缝一件最漂亮的跳舞衣。

我说:"缝好了就锁在箱子里,不要被贼偷走啊!"

"不会的,别说这丧话!"妈说。

我忍不住又问妈:

"妈,贼偷了东西,他放在哪里去呢?"

"把那些东西卖给专收贼赃的人。"

"收贼赃的人什么样儿?"

"人都是一个样儿,谁脑门子上也没刻着哪个是贼,哪个又不是。"

"所以我不明白!"我心里正在纳闷儿一件事。

"你不明白的事情多着呢!上学去吧,我的洒丫头!"

妈的北京话说得这么流利了,但是,我笑了:

"妈,是傻丫头,傻,'ㄕㄚ'傻,不是'ㄙㄚ'洒。我的洒妈妈!"说完我赶快跑走了。

四

因为放学后要练习跳舞,今天回来得晚一点儿。在兴华门的土坡上,我还是习惯地站了一会儿。城墙上面的那片天,是淡红的颜色了,海在这时也会变成红色的吗?我又默默地背起"我们看海去!我们看海去!……金红的太阳,从海上升起来……"那么现在不可以说是"金红的太阳,从天上落下去"吗?对的,我将来要写一本书,我要把天和海分清楚,我要把好人和坏人分清楚,我要把疯子和贼子分清楚,但是我现在却是什么也分不清。

我从土坡上下来,边走边想,走到家门口,就在门墩儿上坐下来,愣愣地没有伸手去拍门,因为我看见收买破烂货的挑子又停在隔壁人家门口了。

挑挑子的人呢？我不由得举起脚步走向空草地那边去。这时门前的空地上，只见远远地有一个男人蹲在大槐树底下，他没有注意我。我迈进破砖墙，拨开高草，一步步向里走。

还是那个老地方，我看见了他！

"是你！"他也蹲在那里，嘴里咬着一根青草。他又向我身后张望了一下。招手叫我也蹲下来。我一蹲下来，书包就落在地上了。他小声地说：

"放学啦？"

"嗯。"

"怎么不回家？"

"我猜你在这里。"

"你怎么就能猜出来呢？"他斜起头看我，我看他的脸，很眼熟。

"我呀！"我笑笑。我只是心里觉得这样，就来了，我并不真的会猜什么事，"你该来了！"

"我该来了？你这话是什么意思？"他惊奇地问。

"没有什么意思呀！"我也惊奇地回答，"你还有故事没跟我讲哪！不是吗？"

"对对对，咱们得讲信用。"他点点头笑了。他靠坐在墙角，身旁有一大包东西，用油布包着，他就倚着这大包袱，好像宋妈坐在她的炕头上靠着被褥垛那样。

"你要听什么故事儿？"

"你弟弟的，你的。"

"好，可是我先问你，我还不知道你叫什么名儿呢？"

"英子。"

"英子，英子，"他轻轻地念着，"名儿好听。在学堂考第几？"

"第十二名。"

"这么聪明的学生才考十二名？应当考第一呀！准是贪玩分了你的心。"

我笑了，他怎么知道我贪玩？我怎么能够不玩呢！

他又接着说：

"我就是小时候贪玩，书也没念成，后悔也来不及了。我兄弟，那可是个好学生，年年考第一，有志气。他说，他长大毕了业，还要飘洋过海去念书。我的天老爷，就凭我这没出息的哥哥，什么能耐也没有，哪儿供得起呀！奔窝头，我们娘儿仨，还常常吃了上顿没下顿呢！唉！"他叹了口气，"走到这一步上，也是事非得已。小妹妹，明白我的话吗？"

我似懂，又不懂，只是直着眼看他。他的眼角有一堆眼屎，眼睛红红的，好像昨天没睡觉，又像哭过似的。

"我那瞎老娘是为了我没出息哭瞎的，她现在就知道我把家当花光了，改邪归正做小买卖，她不知道我别的。我那一心啃书本的弟弟，更拿我当个好哥哥。可不是，我供弟弟念书，一心要供到让他飘洋过海去念书，我不是个好人吗？小英子，你说我是好人？坏人？嗯？"

好人，坏人，这是我最没有办法分清楚的事，怎么他也来问我呢？我摇摇头。

"不是好人？"他瞪起眼，指着自己的鼻子。

我还是摇摇头。

"不是坏人？"他笑了，眼泪从眼屎后面流出来。

"我不懂什么好人，坏人，人太多了，很难分。"我抬头看看天，忽然想起来了，"你分得清海跟天吗？我们有一课书，我念给你听。"

我就背起"我们看海去"那课书，我一句一句慢慢地念，他斜着头仔细地听。我念一句，他点头"嗯"一声。念完了我说：

"金红的太阳是从蓝色的大海升上来的吗？可是它也从蓝色的天空升上来呀？我分不出海跟天，我分不出好人跟坏人。"

"对，"他点点头很赞成我，"小妹妹，你的头脑好，将来总有一天你分得清这些。将来，等我那兄弟要坐大轮船去外国念书的时候，咱们给他送行去，就可以看见大海了，看它跟天有什么不一样。"

"我们看海去！我们看海去！"我高兴得又念起来。

"对，我们看海去，我们看海去，蓝色的大海上，扬着白色的帆……还有什么太阳来着？"

"金红的太阳，从海上升起来……"

我一句句教他念，他也很喜欢这课书了，他说：

"小妹妹，我一定忘不了你，我的心事跟别人没说过，就连我兄弟算上。"

什么是他的心事呢？刚才他所说的话，都叫做心事吗？但是我并不完全懂，也懒得问。只是他的弟弟不知要好久才会坐轮船到外国去？不管怎么样，我们总算订了约会，订了"我们看海去"的约会。

五

妈妈那淡青色的头纱，借给我跳舞用。她在纱的四角各缀上一个小小铃儿，我把纱披在身上，再系在小拇指上，当作麻雀的翅膀。我的手一舞，铃儿就随着"吟吟"地响，好听极了。

举行毕业典礼那天，同时也开欢送毕业同学会，爸妈都来了，坐在来宾席上，毕业同学坐在最前面，我们演员坐在他们后面。童子军维持秩序，神气死了，他们把童子军棍拦在礼堂的几个出入门口，不许这个进来，不许那个出去。典礼先开始了，韩主任发毕业证书，由考第一的同学代表去领取，那位同学上台领了以后，向韩主任鞠躬，转过身来又向台下大家一鞠躬，大家不住地鼓掌。我看这位领毕业文凭的同学很面熟，好像在哪里见过。唉！我真"洒"！每天在同一个学校里，当然我总会见过他的呀！

我们唱欢送毕业同学离别歌："长亭外，古道边，芳草碧连天，问君此去几时来，来时莫徘徊……"我还不懂这歌词的意思，但是我唱时很想哭的，我不喜欢离别，虽然六年级的毕业同学我一个都不认识。

轮到我们的《麻雀与小孩》上场了，我心里又高兴，又害怕，是我第一次登台，一场舞跳完，就像做梦一样，台下是什么样子，我一眼也不敢看，只听见"嗡嗡嗡"的还夹着鼓掌声。

我下了台，来到爸妈的来宾席。妈妈给我买了大沙果，玉泉山的汽水和面包，我随便吃啦喝啦，童子军管不了喽！我并不愿意老老实实地坐在爸妈身边，便站起来，左看右看的，也为的让人家看看我就是刚才在台上的小麻雀。忽然，一晃眼，我看见一个熟悉的脸影，是坐在前边右面来宾席上的。

他是？他侧过头来了，果然是他！我不知怎么，竟一下子蹲了下去，让前面的座位遮住我，我的脸好发烧，好像发生了什么事情。

我低下头想，他怎么也来了？是不是来看我？在那青草丛里，我对他讲过学校要开游艺会和我要表演的事了吗？如果他不是来看我，又是来看谁的呢？

我蹲在妈妈的脚旁太久，妈妈轻轻地踢了我一脚说：

"起来呀！你在找什么？"

我从座位下站起身，挨着妈妈坐下来，低头轻轻地吃沙果，眼睛竟不敢向右前方看去。妈妈笑笑说：

"你不是说今天是特别日子，童子军不管同学吃零食的事吗？为什么还这么害怕？"

"谁说怕！"我把身子扭正过来。

这个大沙果是很难吃完的，因为我的牙！我吃着沙果，一边看台上，一边想事。我想起来了，被我想起来了，他的弟弟！一定是他的考第一的弟弟在我们学校，就是考第一领毕业证书的那个！我差点儿喊出来，幸亏沙果堵在嘴上，我只能从鼻子里"哼——"了一声。

游艺会仿佛很快地就闭幕了，我们都很舍不得地离开学校回家。回家来，我还直讲游艺会的事情，说了又说，说了又说，好像这一天的快乐，我永远永远都忘不了。爸爸很高兴，他说我这次期考竟进到十名以内了，要买点儿东西鼓励我，爸说：

"要继续努力啊！一年年地进步上去，到毕业的时候，要像今天那个考第一的代表同学那样领毕业证书。想一想，那位同学的爸爸坐在来宾席上，该是多么高兴呀！"

"他没有爸爸！"我突然这样喊出来，自己也惊奇了，他准是我所认为的那个人的弟弟吗？幸亏爸爸没有再问下去。但是这时却引起我要到一个地方去的念头。晚饭吃过了，天还不太晚，我溜出了家门。

在门外乘凉的人很多，他们东一堆、西一堆地在说话，不会有人注意我。我假装不在意地走向空草地去。草长得更高，更茂盛了，拨开它，要用点力气呢！草里很暗，我不知道为什么要到这里来，也不知道他在不在，我只是一股子说不出的劲儿,就来了。

他没有在这里,但是墙角可还有一个油布包袱,上面还压了两块石头。我很想把石头挪开,打开包袱看看,里面到底是些什么东西,但是我没有敢这么去做。我愣愣地看了一会儿,想了一会儿,眼睛竟湿了。我是想,夏天过去,秋天、冬天就会来了,他还会常常来这里吗?天气冷了怎么办?如果有一天,他的弟弟到外国去读书,那时他呢?还要到草地来吗?我蹲下来,让眼泪滴在草地上,我不知道为什么会这么伤心?我曾经有过一个朋友,人家说她是疯子,我却是喜欢她。现在这个人,人家又会管他叫什么呢?我很怕离别,将来会像那次离别疯子那样地和他离别吗?

地上有一个东西闪着亮,我捡起来看,是一个小铜佛,我随便地把它拿在手里,就转身走出草地了。

经过大槐树底下的时候,一个戴着草帽穿着对襟短褂的男人向我笑眯眯地走来,他说:

"小姑娘,你手里拿的是什么玩意儿呀?我看看行吗?"

有什么不行呢,我立刻递给他。

"这是哪儿来的?你们家的吗?"

"不是,"我忽然想起这不是我家的东西,我怎么能随便拿在手里呢!于是我就指着空草地说:

"喏,那里捡来的。"

他听了点点头,又笑眯眯地还给我,但是我不打算要了,因为回家去爸爸知道在外面捡东西也会骂的,我便用手一推,说:

"送给你吧!"

"谢谢你哟!"他真是和气,一定是个好人啦!

六

天气闷热,晚上蚊子咬得厉害,谁知半夜就下了一场大雨,一直下到大天亮。我们开完游艺会放三天假,三天以后再到学校去取作业题目,暑假就开始。今天不用上学了。

雨把院子刷洗了一次，好干净！墙边的喇叭花被早晨的太阳一照，开得特别美。走到墙角，我忽然想起了另一个墙角。那个油布包袱，被雨冲坏了吗？还有他呢？

我想到这儿，就忍不住跑出去，也不管会不会被别人看见。青草还是湿的，一拨开，水星全打到我的身上来，脸上来。

他果然在里面！但他不是在游艺会上的样子了，昨天他端端正正地坐在礼堂里，腰板儿是直的，脖子是挺的。现在哪！他手上是水和泥，秃头上也是水珠子。他坐在什么东西上，两手支撑着下巴，厚厚的上嘴唇咬着厚厚的下嘴唇，看见我去了，也没有笑，他一定是在想他的心事，没有理会我。

好一会儿，他才问我：

"小英子，我问你，你昨天有没有动过这包袱？"

我摇摇头。斜头看那包袱，上面压着的石头没有了，包袱也不像昨天那样整齐。

"我想着也不是你，"他低下头自言自语地，"可是，要是你倒好了。"

"不是我！"我要起誓："我搬不动那上面的石头。"我停了一下终于大胆地说道："而且，昨天学校开游艺会，你也知道。"

"不错，我看见你了。"

我笑笑，希望他夸我小麻雀演得好，但是他好像顾不得这些了，他拉过我的手，很难过地说道：

"这地方我不能久待了，你明白不？"

我不明白，所以我直着眼望他，不点头，也不摇头。他又说：

"不要再到这儿找我了，咱们以后哪儿都能见着面，是不是？小妹妹，我忘不了你，又聪明，又伶俐，又厚道。咱们也是好朋友一场哪！这个给你，这回你可得收下了。"

他从口袋掏出一串珠子，但是我不肯接过来。

"你放心，这是我自个儿的，奶奶给我的玩意儿多啦！全让我给败光了，就剩下这么一串小象牙佛珠，不知怎么，挂在镜框上，就始终没动过，今天本想着拿来送给你的，这是咱们有缘。小英子，记住，我可不是坏人呀！"

他的话是诚实的,很动听,我就接过来了,绕两绕,套在我的手腕上。

我还有许多话要跟他说呢,比如他的弟弟,昨天的游艺会,但是他扶着我的肩膀:

"回去吧,小英子,让我自个儿再仔细想想。这两天别再来了,外面风声仿佛——唉,仿佛不好呢!"

我只好退出来了,我迈出破砖墙,不由得把珠串子推到胳膊上去,用袖子遮盖住,我是怕又碰见那个不认识的男人来要了去。

七

一天过去,两天过去,到了我到学校取暑假作业题目的日子了。

美丽的韩老师正在操场上学骑车,那是一种时髦的事情呀!只有韩老师才这么赶时髦。她骑到我的面前停下了,笑笑对我说:

"来拿作业呀?"

我点点头。

"暑假要快乐地过,下学期很快就开学了,那时候,你作业做好了,你的新牙也长出来了,兴华门也可以通车子了!"

她的话多么好听,我笑了。但是想起牙,连忙捂住嘴,可是太好笑了,我的新牙虽然没有长出来,可也要笑,我就哈哈地大笑起来,韩老师也扶着车把大笑了。

我和几个同路的同学一路回家,向兴华门走,土坡儿已经移开了许多,韩老师说得不错,下学期开学,一定可以有许多车辆打这里通过,韩老师当然也每天骑了车来上课啦。她骑在车上像仙女一样,我在路上见了她,一定向她招手说:"韩老师,早!"

走进新帘子胡同,觉得今天特别热闹似的,人们来来往往的,好像在忙一件什么事。也有几个巡警向胡同里面走去。又是谁家丢了东西吗?我的心跳了,忽然觉得有什么不幸。

越到胡同里面,人越多了。"走,看去!""走,看去!"人们都这么说,到底是看什么呢?

我也加紧了脚步，走到家门口时，看见家家的门都打开了，人们都站在门口张望，又好像在等什么，有的人就往空草地那面走去，大槐树底下也站满了人。

我家门墩上被刘平和方德成站上去了。宋妈抱珠珠也站在门口，妈妈可躲在大门里看，她这叫规矩。

"怎么啦，宋妈？"我扯扯宋妈的衣襟问。

"贼！逮住贼啦！"宋妈没看我，只管伸着脖子向前探望着。

"贼？"我的心一动，"在哪儿？"

"就出来，就出来，你看着呀！"

人们嗡嗡地谈着，探着头。

"来啦！来啦！出来啦！"

我的眼前被人群挡住了，只看见许多头在钻动。人们从草地那边拥着过来了。

"就是他呀！这不是收买破铜烂铁的那小子吗？"

前面一个巡警手里捧着一个大包袱，啊！是那个油布包袱！那么这一定是逮住他了，我拉紧了宋妈的衣角。

"好嘛！"有人说话了。"他妈的，这倒方便，就在草堆里窝赃呀！"

"小子不是做贼的模样儿呀！人心大变啦！好人坏人看不出来啦！"

一群人过来了，我很害怕，怕看见他，但是到底看见了，他的头低着，眼睛望着地下，手被白绳子捆上了，一个巡警牵着。我的手满是汗。

在他的另一边，我又看见一个人，就是那个在槐树下向我要铜佛像的男人！他手里好像还拿着两个铜佛像。

"就是那个便衣儿破的案，他在这儿憋了好几天了。"有人说。

"哪个是便衣儿？"有人问。

"就是那戴草帽儿的呀！手里还拿着贼赃哪！说是一个小姑娘给点引的路才破了案……"

我慢慢躲进大门里，依在妈妈的身边，很想哭。

宋妈也抱着珠珠进来了，人们已经渐渐地散去，但还有的一直追下去看。

妈妈说：

"小英子，看见这个坏人了没有？你不是喜欢做文章吗？将来你长大了，就把今天的事儿写一本书，说一说一个坏人怎么做了贼，又怎么落得这个下场。"

"不！"我反抗妈妈这么教我！

我将来长大了是要写一本书的，但绝不是像妈妈说的这么写。我要写的是：

"我们看海去。"

兰姨娘

一

从早上吃完点心起，我就和二妹分站在大门口左右两边的门墩儿上，等着看"出红差"的。这一阵子枪毙的人真多。除了土匪强盗以外，还有闹革命的男女学生。犯人还没出顺治门呢，这条大街上已挤满了等着看热闹的人。

今天枪毙四个人，又是学生。学生和土匪同样是五花大绑在敞车上，但是他们的表情不同。要是土匪就热闹了，身上披着一道又一道从沿路绸缎庄要来的大红绸子，他们早喝醉了，嘴里喊着：

"过二十年又是一条好汉！"

"没关系，脑袋掉了碗大的疤瘌！"

"哥儿几个，给咱们来个好儿！"

看热闹的人跟着就应一声：

"好!"

是学生就不同了,他们总是低头不语,群众也起不了劲儿,只默默地拿怜悯的眼光看他们。我看今天又是枪毙学生,便想起这几天妈妈的忧愁,她前天才对爸爸说:

"这些日子,风声不好,你还留德先在家里住,他总是半夜从外面慌慌张张地跑来,怪吓人的。"

爸爸不在乎,他伸长了脖子,用客家话反问了妈一句:

"惊么该?"

"别说咱们来往的客人多,就是自己家里的孩子、佣人也不少,总不太好吧?"

爸爸还是满不在乎地说:

"你们女人懂什么?"

我站在门墩儿上,看着一车又一车要送去枪毙的人,都是背了手不说话的大学生,不知怎么,便把爸妈所谈的德先叔联想起来了。

德先叔是我们的同乡,在北京大学读书,住在沙滩附近的公寓里,去年开同乡会和爸认识的。爸很喜欢他,当作自己的弟弟一样。他能喝酒,爱说话,和爸很合得来,两个人只要一碟花生米,一盘羊头肉,四两烧刀子,就能谈到半夜。妈妈常在背地里用闽南话骂这个一坐下就不起身的客人:"长屁股!"

半年以前的一天晚上,他慌慌张张地跑到我们家,跟爸爸用客家话谈着。总是为一件很要命的事吧,爸把他留在家里住下了。从此他就在我们家神出鬼没的,爸却说他是一个了不起的新青年。

我是大姐,从我往下数,还有三个妹妹,一个弟弟,除了四妹还不会说话以外,我敢说我们几个人都不喜欢德先叔,因为他不理我们,这是第一个原因。还有就是他的脸太长,戴着大黑框眼镜,我们不喜欢这种脸。再就是,他来了,妈要倒霉,爸要妈添菜,还说妈烧不好客家菜,酿豆腐味儿淡啦!白斩鸡不够嫩啦!有一天妈高高兴兴烧了一道她自己的家乡菜,爸爸吃着明明是好,却对德先叔说:

"他们福佬人就知道烧五柳鱼！"

凭了这些，我们也要站在妈妈这一头儿。德先叔每次来，我们对他都冷冷的，故意做出看不起他的样子，其实他也不注意。

虽然这样，看着过"出红差"的，心里竟不安起来，仿佛这些要枪毙的学生，跟德先叔有什么关系似的，还没等过完，我便跑回家里问妈：

"妈！德先叔这几天怎么没来？"

"谁知道他死到哪儿去了！"妈很轻松地回答。停一下，她又奇怪地问我："你问他干吗？不来不更好吗？"

"随便问问。"说完我就跑了，我仍跑回门外大街上去，刚才街上的景象全没有了，恢复了这条街每天上午的样子。卖切糕的，满身轻快地推着他的独轮车，上面是一块已经冷了的剩切糕，孤零零地插在一根竹签上。我八岁，两个门牙刚掉，卖切糕的问我买不买那块剩切糕，我摇摇头，他开玩笑说：

"对了，大小姐，你吃切糕不给钱，门牙都让人摘了去啦！"

我使劲闭着嘴瞪他。

到了黄昏，虎坊桥大街另是一种样子啦。对街新开了一家洋货店，门口坐满了晚饭后乘凉的大人小孩，正围着一个装了大喇叭的话匣子。放的是"百代公司特请谭鑫培老板唱《洪羊洞》"，唱片发出沙沙的声音，针头该换了。二妹说：

"大姐，咱们过去等着听《洋大人笑》去。"我们俩刚携起手跑，我又看见从对街那边，正有一队光头的人，向马路这边走来，他们穿着月白竹布褂，黑布鞋，是富连成科班要到广和楼去上夜戏。我对二妹说：

"看，什么来了？咱们还是回来数烂眼边儿吧！"

我和二妹回到自己家门口，各骑在一个门墩儿上，静等着，队伍过来了，打头领队的个子高大，后面就是由小到大排下去。对街《洋大人笑》开始了，在"哈哈哈"的伴奏中，我每看队伍里过一个红烂着眼睛的孩子，便喊一声：

"烂眼边儿！"

二妹说："一个！"

我再说："烂眼边儿！"

二妹说："两个！"

烂眼边儿，三个！烂眼边儿，四个！……今天共得十一个。富连成那些学戏的小孩子，比我们大不了多少，我们喊烂眼边儿，他们连头也不敢斜一斜，默默地向前走，大褂的袖子，老长老长，走起路来，甩搭甩搭的，都像傻子。

我们正数得高兴，忽然一个人走近我的面前来，"嘿"的一声，吓我一跳，原来是施家的小哥，他也穿着月白竹布大褂。他很了不起地问我：

"英子，你爸妈在家吗？"

我点点头。

他朝门里走，我们也跟进去，问他什么事，他理也不理我们，我准知道他找爸妈有要紧的事。一进卧室的门，爸妈正在谈什么，看见小哥进来，他们仿佛愣了一下。小哥上前鞠躬，然后像背书一样地说：

"我爸叫我来跟林阿叔林阿婶说，如果我家兰姨娘来了，不要留她，因为我爸把她赶出去了。"

这时妈走到通澡房的门口，我听见里面有哗啦哗啦的水声。爸爸点头说："好，好，回去告诉你爸爸，放心就是了。"

小哥又一深鞠躬告退了，还是那么正正经经，看也不看我们一眼。小哥儿走后，爸爸窣窣窣地喝着香片茶，妈在点蚊香，两人都没说话。澡房的门打开了，呀！热气腾腾中，走出来的正是施家的兰姨娘！她是什么时候来的？她穿着一身外国麻纱的裤褂，走出来就平平衣襟，向后拢拢头发，笑眯眯地说：

"把在他们施家的一身晦气，都洗刷净啦！好痛快！"

妈说：

"小哥刚才来了，你知道吧？"

"怎么不知道！"兰姨娘眉毛一挑，冷笑说："说什么？他爸把我赶出来？怪不错的！我要走，大少奶奶还直说瞧她面子算了呢！这会儿又成了他赶我的喽！啧啧啧！"她的嘴直撇，然后又说："别人留我不留，他也管得了？拦得住？走，秀子，跟我到前院去，叫你们家宋妈给我煮碗面吃。"说着她就拉着二妹的手走出去了。爸爸一直微笑地看着兰姨娘，伸长了脖子，脚下还打着拍子。

妈脸上一点笑容都没有，兰姨娘出去了，她才站在桌子前，冲着爸的后背说：

"施大哥还特意打发小哥来说话，怎么办呢？"

"惊么该？"爸的脑袋挺着。

"怕什么？你总是招些惹事的人来！好容易这几天神出鬼没的德先没来，你又把人家下堂的姨奶奶留下了，施大哥知道了怎么说呢？"

"你平常跟她也不错，你好意思拒绝她吗？而且小哥迟来了一步，是她先进门的呀！"

这时兰姨娘进来了，爸妈停止了争论，妈没好气地叫我：

"英子，到对门药铺给我买包豆蔻来，钱在抽屉里。"

"林太太，你怎么，又胃疼啦？林先生，准又是你给气的吧？"兰姨娘说完笑嘻嘻的。

我从抽屉里拿了三大枚，心里想着：豆蔻嚼起来凉苏苏的，很有意思。兰姨娘在家里住下多么好！她可以常常带我到城南游艺园去，大戏场里是雪艳琴的《梅玉配》，文明戏场里是张笑影的《锯碗丁》，大鼓书场里是梳辫子的女人唱大鼓，还要吃小有天的冬菜包子。我一边跑出去，一边想，满眼都是那锣鼓喧天的欢乐场面。

二

兰姨娘在我们家住了一个礼拜了，家里到处都是她的语声笑影。爸上班去了，妈到广安市场买菜去了，她跟宋妈也有说有笑的。她把施家老伯伯骂个够，先从施伯伯的老模样儿说起，再说他的吝啬，他的刻薄，他的不通人情，然后又小声和宋妈说些什么，她们笑得吱吱喳喳的，奶妈高兴得眼泪都挤出来了。

兰姨娘圆圆扁扁的脸儿，一排整整齐齐的白牙，我最喜欢她左边那颗镶金的牙，笑时左嘴角向上一斜，金牙便很合适地露出来。左嘴巴还有一处酒涡，随着笑声打旋儿。

她的麻花髻梳得比妈的元宝髻俏皮多了，看她把头发拧成两股，一来二去就盘成一个髻，一排茉莉花总是清幽幽，半弯身地卧在那髻旁。她一身轻俏，掖在右襟上的麻纱手绢，一朵白菊花似的贴在那里。跟兰姨娘坐在一辆洋车上很舒服，她搂着我，连说："往里靠，往里靠。"不像妈，黑花丝葛的裙子里，年年都装着一个大肚子。跟妈坐一辆洋车，她的大肚子把我顶得不好受，她还直说："别挤我行不行！"现在妈又大肚子要生第六个孩子了。

有了兰姨娘，妈做家事倒也不寂寞，她跟妈有诉说不尽的心事，奶妈，张妈，都喜欢靠拢来听，我也"小鱼上大串儿"地挤在大人堆里，仰头望着兰姨娘那张有表情的脸。她问妈说：

"林太太，你生英子十几岁？"

"才十六岁。"妈说。

兰姨娘笑了：

"我开怀也只十六岁。"

"什么开怀？"我急着问。

"小孩子别乱插嘴！"妈叱责我，又向兰姨娘说，"当着孩子说话要小心，英子鬼着呢，会出去乱说。"

兰姨娘叹了口气：

"我十四岁从苏州被人带进了北京，十六岁那什么，四年见识了不少人，二十岁到底还是跟了施大这个老鬼……"

"施大哥今年到底高寿了？"妈打岔问。

"管他多大！六十，七十，八十，反正老了，老得很！"

"我记得他是六十——六十几来着？"妈还是追问。

"他呀，"兰姨娘扑哧笑了，看看我，"跟英子一般大，减去一周甲子，才八岁！"

"你倒也跟了他五年了，你今年不是二十五岁了么？"

"别看他六十八岁了，硬朗着呢！再过下去，我熬不过他，他们一家人对付我一个人，我还有几个五年好活！我不愿把年轻的日子埋在他们家。可是，四海茫茫，我出来了，又该怎么样呢？我又没有亲人，苏州城里倒有一个三岁就把我卖了的亲娘，她住在哪条街上，我也记不得了呀！就记得那屋里有一盏油灯，照着躺在床上的哥哥，他病了，我娘坐在床边哭，应该就是为了这病哥哥才把我卖的吧！想起来梦似的，也不知道是我乱想的，还是真的……"

兰姨娘说着，眼里闪着泪光，是她不愿意哭出来吧，嘴上还勉强笑着。

妈不会说话，笨嘴拙舌的，也不劝劝兰姨娘。我想到去年七月半在北海看烧法船的时候，在人群里跟妈妈撒开了手，还急得大哭呢，一个人怎么能没有妈？三岁就没了妈，我也要哭了，我说：

"兰姨娘，就在我们家住下，我爸爸就爱留人住下，空房好几间呢！"

"乖孩子，好心肠，明天书念好了当女校长去，别嫁人，天底下男人没好的！要是你爸妈愿意，我就跟你们家住一辈子，让我拜你妈当姐姐，问她愿意不愿意？"兰姨娘笑着说。

"妈愿意吧？"我真的问了。

"愿——意呀！"妈的声音好像在醋里泡过，怎么这么酸！

我可是很开心，如果兰姨娘能够好久好久地停留在我们家的话。她怎么也说我要当女校长呢？有一次，我站在对街的测字摊旁看热闹，测字的先生忽然从他的后领里抽出一把折扇，指着我对那些要算命的人说："看见没有？这个小姑娘赶明儿能当女校长，她的鼻子又高又直，主意大着呢！有男人气。"兰姨娘的话，测字先生的话，让人听了都舒服得很，使我觉得自己很了不起。

爸对兰姨娘也不错，那天我跟着爸妈到瑞蚨祥去买衣料，妈高高兴兴地为我和弟弟妹妹们挑选了一些衣料之后，爸忽然对我说：

"英子，你再挑一件给你兰姨娘，你知道她喜欢什么颜色的吗？"

"知道知道，"我兴奋得很，"她喜欢一件蛋青色的印度绸，镶上一道黑边儿，再压一道白芽儿……"我比手画脚说得高兴，一回头看见坐在玻璃柜旁的妈，妈正皱着眉头在瞪我。伙计早把深深浅浅的绸子捧来好几匹，爸挑了一色最浅的，低声下气地递到妈面前说：

"你看看这料子还好吗？是真丝的吗？"

妈绷住脸，抓起那匹布的一端，大把地一攥，拳头紧紧的，像要把谁攥死。手松开来，那团绸子也慢慢散开，满是皱痕，妈说：

"你看好就买吧，我不懂！"

我也真不懂妈为什么忽然跟爸生气，直到有一天，在那云烟缭绕的鸦片烟香中，我才也闻出那味道的不对。

那个做九六公债的胡伯伯，常来我家打牌，他有一套烟具摆在我们家，爸爸有时也躺在那里陪胡伯伯玩两口。

兰姨娘很会烧烟，因为施伯伯也是抽大烟的。是要吃晚饭的时候了，爸和兰姨娘横躺在床上，面对面，枕着荷叶边的绣花枕头，上面是妈绣的拉锁牡丹花，中间那份烟具我很喜欢，像爸给我从日本带回来的一盒玩具。白铜烟盘里摆着小巧的烟灯，冒着青黄的火苗，兰姨娘用一只银签子从一个洋钱形的银盒里挑出一撮烟膏，在烟灯上烧得嗞嗞地响，然后把烟泡在她那红红的掌心上滚滚，就这么来回烧着滚着，烧好了插在烟枪上，把银签子抽出来，中间正是个小洞口。烟枪递给爸，爸噙着嘴，对着灯火窣窣地抽着。我坐在小板凳上看兰姨娘的手看愣了，那烧烟的手法，真是熟巧。忽然，在喷云吐雾里，兰姨娘的手，被爸一把捉住了，爸说：

"你这是朱砂手，可有福气呢！"

兰姨娘用另一只手把爸的手甩打了一下，抽回手去，笑瞪着爸爸：

"别胡闹！没看见孩子？"

爸也许真的忘记我在屋里了，他侧抬起头，冲我不自然地一笑，爸的那副嘴脸！我打了一个冷战，不知怎么，立刻想到妈。我站起来，掀起布帘子，走出卧室，往外院的厨房跑去。我不知道为什么要在这时候找母亲。跑到厨房，我喊了一声："妈！"背手倚着门框。

妈站在大炉灶前，头上满是汗，脸通红，她的肚子太大了，向外挺着，挺得像要把肚子送给人！锅里油热了，冒着烟，她把菜倒在锅里，才回过头来不耐烦地问我："干吗？"我回答不出，直着眼看妈的脸。她急了，又催我："说话呀！"

我被逼得找话说，看她呱呱呱地用铲子敲着锅底，把炒熟的菜装在盘子里，那手法也是熟巧的，我只好说：

"我饿了，妈。"

妈完全不知道刚才的那一幕使我多么同情她，她只是骂我：

"你急什么？吃了要去赴死吗？"她扬起锅铲赶我，"去去去，热得很，别在我这儿捣乱！"

在我的泪眼中，妈妈的形象模糊了，我终于"哇"的一声哭了出来。宋妈把我一把拉出厨房，她说什么？"一点都不知道心疼你妈，看这么热天，这么大肚子！"

我听了跳起脚尖哭。

兰姨娘也从里院跑出来，她说：

"刚才不是还好好的吗？这会儿工夫怎么又捣乱捣到厨房来啦！"

妈说：

"去叫她爸爸来揍她！"

天快黑了，我被围在家中女人们的中间，她们越叫我吃饭，我越伤心；她们越说我不懂事，我越哭得厉害。

在杂乱中，我忽然看见一白色的影子从我身旁擦过，是——是多日不见的德先叔，他连看都不看我一眼，直往里院走。看着他那轻飘飘白绸子长衫的背影，我咬起牙，恨一切在我眼前的人，包括德先叔在内。

三

第二天早晨，我是全家最迟起来的人，醒来我还闭着眼睛想，早点是不是应当继续绝食下去？昨天抽大烟闹朱砂手的事，给我的不安还没有解开，她使我想到几件事：我记得妈跟别人说过，爸爸在日本吃花酒，一家挨一家，吃一整条街，从天黑吃到天亮。妈就在家里守到天亮，等着一个醉了的丈夫回来。我又记得我们住在城里时，每次到城南游艺园听夜戏回来，车子从胭脂胡同韩家潭穿过时，宋妈总会把我从睡梦中推醒："醒醒，醒醒，大小姐！看，多亮！"我睁开眼，原来正经过辉煌光亮的胡同，各家门前挂着围了小电灯扎彩的镜框,上面写着什么"弟弟""黛玉""绿琴"等等字样,奶妈跟我说过,兰姨娘没到施伯伯家,也是在这种地方住。他们是刮男人的钱,毁男人的家的坏东西!因为这样,所以一看到爸和兰姨娘那样的事,觉得使妈受了委屈,使我们都受了委屈。把原来喜欢兰姨娘的心,打了大大的折扣,我又恨,又怕。

我起床了,要到前院去,经过厢房时,一晃眼看见兰姨娘正在墙前的桌上摸骨牌,玩她的过五关斩六将,我装着没看见,直走过去,因为心中还恨恨的。

"英子!"兰姨娘隔着窗子在叫我。

我不得不进屋了,兰姨娘推开桌上的骨牌,站起来拉着我的手,温柔地说:

"看你这孩子,昨天一晚上把眼睛都哭肿了,饭也没吃。"她抚摩着我的头发,我绷着劲儿,一点笑容都没有。她又说:

"别难过,后天就是七月十五了,你要提什么样的莲花灯,兰姨娘给你买。"

我摇摇头,她又自管自地接着说:

"你不是说要特别花样的吗?我帮你做个西瓜灯,好哦?要把瓜吃空了,皮削脱,剩薄薄格一层瓤子,里面点上灯,透明格,蛮有趣。"

兰姨娘话说多了,就不由得带了她家乡的口音,轻轻软软,多么好听!我被她说得回心转意了,点点头。

她见我答应了也很高兴,忽然又闲话问我:

"昨天跟你爸瞎三话四,讲到半夜的那只四眼狗是什么人?"

"四眼狗?"我不懂。

兰姨娘淘气地笑了,她用手掌从脸上向下一抹,手指弯成两个圈,往眼上一比:

"喏!就是这个人呀!"

"啊——那是我德先叔。"

这时,不知是什么心情,忽然使我站在德先叔这一边了,我有意把德先叔叫得亲热些，并且说：

"他是很有学问的，所以要戴眼镜。他在北京大学念书，爸说，他是顶、顶、顶新的新青年，很了不起！"我挑着大拇指说，很有把兰姨娘卑贱的身份硬压下去的意思。

"原来是大学生呀！"兰姨娘倒也缓和了，"那么就是你妈说过，常住在你们家躲风声的那个大学生喽？"

"是。"

"好，"兰姨娘点点头笑说："你爸爸的心蛮好的，三六九等的人都留下了。"

我从兰姨娘的屋里出来，就不由得往前院德先叔住的南屋走去。我有权利去，因为南屋书桌抽屉里放着我的功课，我的小布人儿，我的《儿童世界》，德先叔正占用那书桌，我走进去就不客气地拉开书桌抽屉，翻这翻那，毫无目的。他被我在他身旁闹得低下头来看。我说："我的小刀呢？剪子呢？兰姨娘要给我做西瓜灯哪！"

"那个兰姨娘是你家什么人？我以前怎么没见过？"我多么高兴兰姨娘引起他的注意了。

"德先叔，你说那个兰姨娘好看不好看？"

"我不知道，我没看清楚。"

"她可看清楚你了，她说，你的眼睛很神气，戴着眼镜很有学问。"我想到"四眼狗"，简直不敢正眼朝他脸上看，只听见他说：

"哦？——哦？"

吃午饭的时候，德先叔的话更多了，他不那样旁若无人地总对爸一个人说话了，也不时转过头向兰姨娘表示征求意见的样子，但是兰姨娘只顾给我夹菜，根本不留神他。

下午，我又溜到兰姨娘的屋里。我找个机会对兰姨娘说：

"德先叔夸你哩！"

"夸我？夸我什么呀？"

"我早上到书房去找剪刀，他跟我说：'你那个兰姨娘，很不错呀！'"

"哟！"兰姨娘抿着嘴笑了，"他还说什么？"

"他说——他说，他说你像他的一个女同学。"我瞎说。

"那——人家是大学堂的，我怎么比得了！"

晚饭桌上，兰姨娘就笑眯眯的了，跟德先叔也搭搭话。爸更高兴，他说："我这人就是喜欢帮助落难的朋友，别人不敢答应的事，我不怕！"说着，他就拍拍胸脯。爸酒喝得够多，眼睛都红了，笑嘻嘻斜乜着眼看兰姨娘。妈的脸色好难看，站起来去倒茶，我的心又冷又怕，好像我和妈妈要被丢在荒野里。

我整日守着兰姨娘，不让她有一点机会跟爸单独在一起。德先叔这次住在我们家倒是少出去，整日待在屋里发愣，要不就在院子里晃来晃去的。

七月十五日的下午，兰姨娘的西瓜灯完成了。一吃过晚饭，天还没有黑，我就催着兰姨娘、宋妈，还有二妹，点上自己的灯到街上去，也逛别人的灯。临走的时候，我跑到德先叔的屋里，我说：

"我和兰姨娘去逛莲花灯，您去不去？我们在京华印书馆大楼底下等您！"说完我就跑了。

行人道上挤满了提灯和逛灯的人，我的西瓜灯很新鲜，很引人注意。但是不久我们就和宋妈、二妹她们走散了，我牵着兰姨娘的手，一直往西去，到了京华印书馆的楼前停下了，我假装找失散的宋妈她们，其实是在盼望德先叔。我在附近东张西望一阵没看见，便失望地回到楼前来，谁知德先叔已经来了，他正笑眯眯地跟兰姨娘点头，兰姨娘有点不好意思，也点头微笑着。德先叔说：

"密斯黄，对于民间风俗很有兴趣。"

兰姨娘仿佛很吃惊，不自然地说：

"哪里，哄哄孩子！您，您怎么知道我姓黄？"

我想兰姨娘从来没有被人叫过"密斯黄"吧，我知道，人家没结过婚的女学生才叫"密斯"，兰姨娘倒也配！我不禁撇了一下嘴，心里真不服气，虽然我一心想把兰姨娘跟德先叔拉在一起。

"我听林太太讲起过，说密斯黄是一位很有志气的，敢向恶劣环境反抗的女性！"德先叔这么说就是了，我不信妈这样说过，妈根本不会说这样的话。

这一晚上，我提着灯，兰姨娘一手紧紧地按在我的肩头上，倒像是我在领着一个瞎子走夜路。我们一路慢慢走着，德先叔和兰姨娘中间隔着一个我，他们在低低地谈着，兰姨娘一笑就用小手绢捂着嘴。

第二天我再到德先叔屋里去，他跟我有的是话说了，他问我：

"你兰姨娘都看些什么书，你知道吗？"

"她正在看《二度梅》，你看过没有？"

德先叔难得向我笑笑，摇摇头，他从书堆里翻出一本书递给我说："拿去给她看吧。"

我接过来一看，书面上印着：《易卜生戏剧集：傀儡家庭》。

第三天，我给他们传递了一次纸条。第四天我们三个人去看了一次电影，我看不懂，但是兰姨娘看了当时就哭得欷欷的，德先叔递给她手绢擦，那电影是李丽吉舒主演的《二孤女》。第五天我们走得更远，到了三贝子花园。

从三贝子花园回来，我兴奋得不得了，恨不得飞回家，飞到妈的身边告诉她，我在三贝子花园畅观楼里照哈哈镜玩时，怎样一回头看见兰姨娘和德先叔手拉手，那副肉麻相！而且我还要把全部告诉妈！但是回到家里，卧室的门关了，宋妈不许我进去，她说：

"你妈给你又生了小妹妹！"

直到第二天，我才溜进去看，小妹妹瘦得很，白苍苍的小手，像鸡爪子，可是那接生的产婆山田太太直夸赞，她来给妹妹洗澡，一打开小被包，露出妹妹的鸡爪子，她就用日本话拉长了声说："可爱い！可爱い！（可爱呀！可爱呀！）"

妈端着一碗香喷喷的鸡酒煮挂面，望着澡盆里的小肉体微笑着。她没注意我正在床前的小茶几旁打转。我很喜欢妈生小孩子，因为可以跟着揩油吃些什么，小几上总有鸡酒啦，奶粉啦，黑糖水啦，我无所不好。但是我今天更兴奋的是，心里搁着一件事，简直是非告诉她不可啦！

妈一眼看见我了：

"我好像好几天没看见你了，你在忙什么呢？这么热的天，野跑到哪儿去了？"

"我一直在家里，您不信问兰姨娘好了。"

"昨天呢？"

"昨天——"我也学会了鬼鬼祟祟，挤到妈床前，小声说："兰姨娘没告诉您吗？我们到三贝子花园去了。妈，收票的大高人，好像更高了，我们三个人还跟他合照了一张相呢，我只到那人这里……"

"三个人？还有一个是谁？"

"您猜。"

"左不是你爸爸！"

"您猜错了，"看妈的一副苦相，我想笑，我不慌不忙地学着兰姨娘，用手掌从脸上向下一抹，然后用手指弯成两个圈往眼上一比，我说：

"喏！就是这个人呀！"

妈皱起眉头在猜：

"这是谁？难道？难道是？——"

"是德先叔。"我得意地摇晃着身体，并且拍拍我的新妹妹的小被包。

"真的？"妈的苦相没了，又换了一副急相，"到底是怎么回事？你说，你从头说。"

我从四眼狗讲到哈哈镜，妈出神地听我说着，她怀中的瘦鸡妹妹早就睡着了，她还在摇着。

"都是你一个人捣的鬼！"妈好像责备我，可是她笑得那么好看。

"妈，"我有好大的委屈，"您那天还要叫爸揍我呢！"

"对了，这些事你爸知道不？"

"要告诉他吗？"

"这样也好，"妈没理我，她低头呆想什么，微笑着自言自语地说。然后她又好像想起了什么，抬起头来对我说：

"你那天说要买什么来着？"

"一副滚铁环，一双皮鞋，现在我还要加上订一整年的《儿童世界》。"我毫不迟疑地说。

四

爸正在院子里浇花，这是他每天的功课，下班回家后，他换了衣服，总要到花池子花盆前摆弄好一阵子。那几盆石榴，春天爸给施了肥，满院子麻渣臭味，到五月，火红的花朵开了，现在中秋了，肥硕的大石榴都咧开了嘴向爸笑！但是今天爸并不高兴，他站在花前发呆。我看爸瘦瘦高高，穿着白纺绸裤褂的身子，晃晃荡荡的，显得格外的寂寞，他从来没有这样过。

宋妈正在开饭，她一趟趟地往饭厅里运碗运盘，今天的菜很丰富，是给德先叔和兰姨娘送行。

我正在屋里写最后的大字。今年暑假过得很快乐，很新奇，可是暑假作业全丢下没有做，这个暑假没有人管我了。兰姨娘最初还催我写九宫格，后来她只顾得看《傀儡家庭》了，就懒得理我的功课。九宫格里填满了我的潦草的墨迹，一张又一张的，我不像是写字，比鬼画符还难看。我从窗子正看到爸的白色的背影，不由得停下了笔，不知怎，心里觉得很对不起爸。

我很纳闷儿，德先叔和兰姨娘是怎么跟爸提起他们要一起走的事呢？我昨天晚上要睡觉时一进屋，只听到爸对妈说：

"……我怎么一点儿都不知道？"

我不知道爸说的是什么事，所以起初没注意，一边换衣服一边想我自己的事：还有两天就开学了，明天可该把大字补写出来了，可是一张九个字，十张九十个字，四十张三百六十个字，让我怎么赶呀！还是求求兰姨娘给帮忙吧。这时又听见妈说：

"这种事怎么能叫你知道了去！哼！"妈冷笑了一下。

"那么你知道？"

"我？我也不知道呀，德先是怎么跟你提起的？"

"他先是说，这些日子风声又紧了，他必得离开北京，他打算先到天津看看，再坐船到上海去。随后他又说：'我有一件事要告诉大哥的，密斯黄预备和我一齐走。'……"我这时才明白是讲的什么事，好奇地仔细听下去。

"哼！你听德先讲了还不吃一惊！"妈说。

"惊么该！"爸不服气，"不过出乎意料就是了，你真一点都不知道，一点都没看出来？"

"我从哪儿知道呢？"妈简直瞎说！停了一下妈又说："平常倒也仿佛看出有那么点儿意思。"

"那为什么不跟我说？"

"哟！跟你说，难道你还能拦住人家不成，我看他们这样很不错。"

"好固然好，可是我对于德先这种偷偷摸摸的行为不赞成。"

妈听了从鼻子里笑了一声，一回头看见了我，就骂我：

"小孩子听什么！还不睡去！"

爸坐在那儿，两腿交叠着，不住地摇，我真想上前告诉他，在三贝子花园门口合照的相，德先叔还在上面题了字："相逢何必曾相识"，兰姨娘给我讲了好几遍呢！可是我怕说出来爸会骂我，打我。我默默地爬上床，躺下去，又听妈说：

"他们决定明天就走吗？那总得烧几样菜送送他们吧？"

"随便你吧！"

我再没听到什么了，心里只觉得舍不得兰姨娘，眼睛勉强睁开又闭上了。梦里还在写大字，兰姨娘按着我的右肩头，又仿佛是在逛灯的那晚上，我想举笔写字，她按得紧，抬不起手，怎么也写不成……

可是现在我正一张又一张地写，终于在晚饭前写完了，我带着一嘴的黑胡子和黑手印上了饭桌，兰姨娘先笑了：

"你的大字倒刷好了？"

我今天挨着兰姨娘坐，心中只觉依依不舍，妈直让酒，向兰姨娘和德先叔说：

"你们俩一路顺风！"

爸不用人让，把自己灌得脸红红的，头上的青筋一条条像蚯蚓一样地暴露着，他举着酒杯伸出头，一直到兰姨娘的脸前，兰姨娘直朝后躲闪，嘴里说：

"林先生，你别再喝了，可喝不少了。"

爸忽然又直起身子来，做出老大哥的神气，醉言醉语地说：

"我这个人最肯帮朋友的忙，最喜欢成全朋友，是不是？德先，你可得好好待她哟！她就像我自家的妹子一样哟！"爸又转过头来向兰姨娘说："要是他待你不好，你尽管回到我这里来。"兰姨娘娇羞地笑着，就仿佛她是十八岁的大姑娘刚出嫁。

宋妈在旁边侍候，也笑眯着，用很新鲜的眼光看兰姨娘。同时还把洒了双妹花露水的毛巾，一回又一回地送给爸爸擦脸。

马车早就叫来停在大门口了。我们是全家大小在门口送行的，连刚满月的小妹妹都抱出大门口见风了。

黄昏的虎坊桥大街很热闹，来来往往的，眼前都是人，也有邻居围在马车前等着看新鲜，宋妈早就告诉人家了吧！

兰姨娘换了一个人，她的油光刷亮的麻花髻没有了，现在头发剪的是华伦王子式！就跟我故事书里画的一样：一排头发齐齐的齐着眉毛，两边垂到耳朵边。身上穿的正是那件蛋青绸子旗袍，做成长身坎肩另接两只袖子样式的，脖子上围一条白纱，斜斜地系成一个大蝴蝶结，就跟在女高师念书的张家三姨打扮得一样样！

她跟爸妈说了多少感谢的话，然后低下身来摸着我的脸说：

"英子，好好地念书，可别像上回那么招你妈生气了，上三年级可是大姑娘啦！"

我想哭，也想笑，不知什么滋味，看兰姨娘跟德先叔同进了马车，隔着窗子还跟我们招手。

那马车越走越远越快了，扬起一阵滚滚灰尘，就什么也看不清了。我仰头看爸爸，他用手摸着胸口，像妈每次生了气犯胃病那样，我心里只觉得有些对不起爸，更是同情。我轻轻推爸爸的大腿，问他：

"爸，你要吃豆蔻吗？我去给你买。"

他并没有听见，但冲那远远的烟尘摇摇头。

驴打滚儿

换绿盆儿的，用他的蓝布掸子的把儿，使劲敲着那个两面的大绿盆说：

"听听！您听听！什么声儿！哪找这绿盆去，赛江西瓷！您再添吧！"

妈妈用一堆报纸，三只旧皮鞋，两个破铁锅要换他的四只小板凳，一块洗衣板；宋妈还要饶一个小小绿盆儿，留着拌黄瓜用。

我呢，抱着一个小板凳不放手。换绿盆儿的嚷着要妈妈再添东西。一件旧棉袄，两叠破书都加进去了，他还说：

"添吧，您。"

妈说："不换了！"叫宋妈把东西搬进去。我着急买卖不能成交，凳子要交还他，谁知换绿盆儿的大声一喊：

"拿去吧！换啦！"他挥着手垂头丧气地说，"唉！谁让今儿个没开张哪！"

四只小板凳就摆在对门的大树荫底下，宋妈带着我们四个人——我，珠珠，弟弟，燕燕——坐在新板凳上讲故事。燕燕小，挤在宋妈的身边，半坐半靠着，吃她的手指头玩。

"你家小栓子多大了？"我问。

"跟你一般儿大，九岁喽！"

小栓子是宋妈的儿子。她这两天正给我们讲她老家的故事：地里的麦穗长啦，山坡的青草高啦，小栓子摘了狗尾巴花扎在牛犄角上啦。她手里还拿着一只厚厚的鞋底，用粗麻绳纳得密密的，正是给小栓子做的。

"那么他也上三年级啦？"我问。

"乡下人有你这好命儿？他成年价给人看牛哪！"她说着停了手里的活儿，举起锥子在头发里划几下，自言自语地说："今年个，可得回家看看了，心里老不顺序。"她说完愣愣的，不知在想什么。

"那么你家丫头子呢？"

其实丫头子的故事我早已经知道了，宋妈讲过好几遍。宋妈的丫头子和弟弟一样，今年也四岁了。她生了丫头子，才到城里来当奶妈，一下就到我们家，做了弟弟的奶妈。她的奶水好，弟弟吃得又白又胖。她的丫头子呢，就在她来我家试妥了工以后，被她的丈夫抱回去给人家奶去了。我问一次，她讲一次，我也听不腻就是了。

"丫头子呀，她花钱给人家奶去啦！"宋妈说。

"将来还归不归你？"

"我的姑娘不归我？你归不归你妈？"她反问我。

"那你为什么不自己给奶？为什么到我家当奶妈？为什么你挣的钱又给人家去？"

"为什么？为的是——说了你也不懂，俺们乡下人命苦呀！小栓子他爸没出息，动不动就打我，我一狠心就出来当奶妈自己挣钱！"

我还记得她刚来的那一天，是个冬天，她穿着大红棉袄，里子是白布的，油亮亮的很脏了。她把奶头塞到弟弟的嘴里，弟弟就咕嘟咕嘟地吸呀吸呀，吃了一大顿奶，立刻睡着了，过了很久才醒来，也不哭了。就这样留下她当奶妈的。

过了三天，她的丈夫来了，拉着一匹驴，拴在门前的树干上。他有一张大长脸，黄板儿牙，怎么这么难看！妈妈下工钱了，折子上写着：一个月四块钱，两付银首饰，四季衣裳，一床新铺盖，过了一年零四个月才许回家去。

穿着红棉袄的宋妈，把她的小孩子包裹在一条旧花棉被里，交给她的丈夫。她送她的丈夫和孩子出来时，哭了，背转身去掀起衣襟在擦眼泪，半天抬不起头来。媒人店的老张劝宋妈说：

"别哭了，小心把奶憋回去。"

宋妈这才止住哭，她把钱算给老张，剩下的全给了她丈夫。她又嘱咐她丈夫许多话，她的丈夫说：

"你放心吧。"

他就抱着孩子牵着驴，走远了。

到了一年四个月，黄板儿牙又来了，他要接宋妈回去，但是宋妈舍不得弟弟，妈妈又要生小孩子，就又把她留下了。宋妈的大洋钱，数了一大垛交给她丈夫，他把钱放进蓝布袋子里，叮叮当当的，牵着驴又走了。

以后他就每年来两回，小叫驴拴在院子里墙犄角，弄得满地的驴粪球，好在就一天，他准走。随着驴背滚下来的是一个大麻袋，里面不是大花生，就是大醉枣，是他送给老爷和太太——我爸爸和妈妈的。乡下有的是。

我简直想不出宋妈要是真的回她老家去，我们家会成了什么样儿？老早起来谁给我梳辫子上学去？谁喂燕燕吃饭？弟弟挨爸爸打的时候谁来护着？珠珠拉了屎谁给擦？我们都离不开她呀！

可是她常常要提回家去的话，她近来就问我们好几次："我回俺们老家去好不好？"

"不许啦！"除了不会说话的燕燕以外，我们齐声反对。春天弟弟出麻疹闹得很凶，他紧闭着嘴不肯喝那芦根汤，我们围着鼻子眼睛起满了红疹的弟弟看。妈说：

"好，不吃药，就叫你奶妈回去！回去吧！宋妈！把衣服、玩意儿，都送给你们小栓子、小丫头子去！"

宋妈假装一边往外走一边说：

"走喽！回家喽！回家找俺们小栓子、小丫头子去哟！"

"我喝！我喝！不要走！"弟弟可怜兮兮地张开手要过妈妈手里的那碗芦根汤，一口气喝下了大半碗。宋妈心疼得什么似的，立刻搂抱起弟弟，把头靠着弟弟滚烫的烂花脸儿说：

"不走！我不会走！我还是要俺们弟弟，不要小栓子，不要小丫头子！"跟着，她的眼圈可红了，弟弟在她的拍哄中渐渐睡着了。

前几天，一个管宋妈叫大婶儿的小伙子来了，他来住两天，想找活儿做。他会用铁丝给大门的电灯编灯罩儿，免得灯泡被贼偷走。宋妈问他说：

"你上京来的时候，看见我们小栓子好吧？"

"嗯？"他好像吃了一惊，瞪着眼珠，"我倒没看见，我是打刘村我舅舅那儿来的！"

"噢，"宋妈怀着心思地呆了一下，又问："你打你舅那儿来的，那，俺们丫头给刘村的金子他妈妈着，你可听说孩子结实吗？"

"哦？"他又是一惊，"没——没听说。准没错儿，放心吧！"

停了一下他可又说：

"大婶儿，您要能回趟家看看也好，三四年没回去啦！"

等到这个小伙子走了，宋妈跟妈妈说，她听了她侄子的话，吞吞吐吐的，很不放心。

妈妈安慰她说：

"我看你这侄儿不正经，你听，他一会儿打你们家来，一会儿打他舅舅家来。他自己的话都对不上，怎么能知道你家孩子的事呢！"

宋妈还是不放心，她说：

"我打今年个一开年心里就老不顺序，做了好几回梦啦！"

她叫了算命的来给解梦。礼拜那天又叫我替她写信。她老家的地名我已经背下了：顺义县牛栏山冯村妥交冯大明吾夫平安家信。

"念书多好，看你九岁就会写信，出门丢不了啦！"

"信上说什么？"我拿着笔，铺一张信纸，逗起能来。

"你就写呀，家里大小可平安？小栓子到野地里放牛要小心，别尽顾得下水里玩。我给做好了两双鞋一套裤褂。丫头子那儿别忘了到时候送钱去！给人家多道道乏。拿回去的钱前后快二百块了，后坡的二分地该赎就赎回来，省得老种人家的地。还有，我这儿倒是平安，就是惦记着孩子，赶下个月要来的时候，把栓子带来我瞅瞅也安心。还有……"

"这封信太长了！"我拦住她没完没了的话，"还是让爸爸写吧！"

爸爸给她写的信寄出去了，宋妈这几天很高兴。现在，她问弟弟说：

"要是小栓子来，你的新板凳给不给他坐？"

"给呀！"弟弟说着立刻就站起来。

"我也给。"珠珠说。

"等小栓子来，跟我一块儿上附小念书好不好？"我说。

"那敢情好，只要你妈答应让他在这儿住着。"

"我去说！我妈妈很听我的话。"

"小栓子来了，你们可别笑他呀，英子，你可是顶能笑话人！他是乡下人，可土着呢！"宋妈说的仿佛小栓子等会儿就到似的。她又看看我说：

"英子,他准比你高,四年了,可得长多老高呀!"

宋妈高兴得抱起燕燕,放在她的膝盖上。膝盖头颠呀颠的,她唱起她的歌:

"鸡蛋鸡蛋壳壳儿,里头坐个哥哥儿,哥哥出来卖菜,里头坐个奶奶,奶奶出来烧香,里头坐个姑娘,姑娘出来点灯,烧了鼻子眼睛!"

她唱着,用手扳住燕燕的小手指,指着鼻子和眼睛,燕燕笑得咯咯的。

宋妈又唱那快板儿:

"槐树槐,槐树槐,槐树底下搭戏台,人家姑娘都来到,就差我的姑娘还没来;说着说着就来了,骑着驴,打着伞,光着屁股挽着纂……"

太阳斜过来了,金黄的光从树叶缝里透过来,正照着我的眼,我随着宋妈的歌声,斜头躲过晃眼的太阳,忽然看见远远的胡同口外,一团黑在动着。我举起手遮住阳光仔细看,真是一匹小驴,得、得、得地走过来了。赶驴的人,蓝布的半截褂子上,蒙了一层黄土。哟!那不是黄板儿牙吗?我喊宋妈:

"你看,真有人骑驴来了!"

宋妈停止了歌声,转过头去呆呆地看。

黄板儿牙一声:"窝——哦!"小驴停在我们的面前。

宋妈不说话,也不站起来,刚才的笑容没有了,绷着脸,眼直直瞅着她的丈夫,仿佛等什么。

黄板儿牙也没说话,扑扑地掸他的衣服,黄土都飞起来了。我看不起他!拿手捂着鼻子。他又摘下了草帽扇着,不知道跟谁说:

"好热呀!"

宋妈这才好像忍不住了,问说:

"孩子呢?"

"上——上他大妈家去了。"他又抬起脚来掸鞋,没看宋妈。他的白布袜子都变黄了,那也是宋妈给做的。他的袜子像鞋一样,底子好几层,细针密线儿纳的。

我看着驴背上的大麻袋,不知里面这回装的是什么。黄板儿牙把口袋拿下来解开了,从里面掏出一大捧烤得倍儿干的挂落枣给我,咬起来是脆的,味儿是辣的，香的。

"英子，你带珠珠上小红她们家玩去，挂落枣儿多拿点儿去，分给人家吃。"宋妈说。

我带着珠珠走了，回过头看，宋妈一手收拾起四个新板凳，一手抱燕燕，弟弟拉着她的衣角，他们正向家里走。黄板儿牙牵起小叫驴，走进我家门，他准又要住一夜。他的驴满地打滚儿，爸爸种的花草，又要被糟践了。

等我们从小红家回来，天都快黑了，挂落枣没吃几个，小红用细绳穿好全给我挂在脖子上了。

进门来，宋妈和她丈夫正在门道里。黄板儿牙坐在我们的新板凳上发呆，宋妈蒙着脸哭，不敢出声儿。

屋里已经摆上饭菜了。妈妈在喂燕燕吃饭，皱着眉，抿着嘴，又摇头叹着气，神气挺不对。

"妈，"我小声地叫，"宋妈哭呢！"

妈妈向我轻轻地摆手，禁止我说话。什么事情这样重要？

"宋妈的小栓子已经死了。"妈妈沙着嗓子对我说，她又转向爸爸，"唉！已经死了一两年，到现在才说出来，怪不得宋妈这一阵子总是心不安，一定要叫她丈夫来问问。她侄子那次来，是话里有意思的。两件事一齐发作，叫人怎么受！"

爸爸也摇头叹息着，没有话可说。

我听了也很难过，但不知另外还有一件事是什么，又不敢问。

妈妈叫我去喊宋妈来，我也感觉是件严重的事，到门道里，不敢像每次那样大声吆喝她，我轻轻地喊：

"宋妈，妈叫你呢！"

宋妈很不容易地止住抽噎的哭声，到屋里来。妈对她说：

"你明天跟他回家去看看吧，你也好几年没回家了。"

"孩子都没了，我还回去干么？不回去了，死也不回去了！"宋妈红着眼狠狠地说；并且接过妈妈手中的汤匙喂燕燕，好像这样就表示她待定在我们家不走了。

"你家丫头子到底给了谁呢？能找回来吗？"

"好狠心呀！"宋妈恨得咬着牙，"那年抱回去，敢情还没出哈德门，他就把孩子给了人，他说没要人家钱，我就不信！"

"给了谁，有名有姓，就有地方找去。"

"说是给了一个赶马车的，公母俩四十岁了没儿没女的，谁知道是真话假话！"

"问清楚了找找也好。"

原来是这么一回事儿，宋妈成年跟我们念叨的小栓子和丫头子，这一下都没有了。年年宋妈都给他们两个做那么多衣服和鞋子，她的丈夫都送给了谁？旧花棉被里裹着的那个小婴孩，到了谁家了？我想问小栓子是怎么死的，可是看着宋妈的红肿的眼睛，就不敢问了。

"我看你还是回去。"妈妈又劝她，但是宋妈摇摇头，不说什么，尽管流泪。她一匙一匙地喂燕燕，燕燕也一口一口地吃，但两眼却盯着宋妈看。因为宋妈从来没有这个样子过。

宋妈照样地替我们四个人打水洗澡，每个人的脸上、脖子上扑上厚厚的痱子粉，照样把弟弟和燕燕送上了床。只是她今天没有心思再唱她的打火链儿的歌儿了，光用扇子扑呀扑呀扇着他们睡了觉。一切都照常，不过她今天没有吃晚饭，把她的丈夫扔在门道儿里不理他。他呢，正用打火石打亮了火，巴达巴达地抽着旱烟袋。小驴大概饿了，它在地上卧着，忽然仰起脖子一声高叫，多么难听！黄板儿牙过去打开了一袋子干草，它看见吃的，一翻滚，站起来，小蹄子把爸爸种在花池子边的玉簪花给踩倒了两三棵。驴子吃上干草子，鼻子一抽一抽的，大黄牙齿露着。怪不得，奶妈的丈夫像谁来着，原来是它！宋妈为什么嫁给黄板儿牙，这蠢驴！

第二天早上我起来，朝窗外看去，驴没了，地上留了一堆粪球，宋妈在打扫。她一抬头看见了我，招手叫我出去。

我跑出来，宋妈跟我说：

"英子，别乱跑，等会跟我出趟门，你识字，帮我找地方。"

"到哪儿去？"我很奇怪。

"到哈德门那一带去找找——"说着她又哭了,低下头去,把驴粪撮进簸箕里,眼泪掉在那上面,"找丫头子。"

"好的。"我答应着。

宋妈和我偷偷出去的,妈妈哄着弟弟他们在房里玩。出了门走不久,宋妈就后悔了:

"应当把弟弟带着,他回头看不见我准得哭,他一时一刻也没离开过我呀!"

就是为了这个,宋妈才一年年留在我家的,我这时仗着胆子问:

"小栓子怎么死的?宋妈。"

"我不是跟你说过,冯村的后坡下有条河吗……"

"是呀,你说,叫小栓子放牛的时候要小心,不要就顾得玩水。"

"他掉在水里死的时候,还不会放牛呢,原来正是你妈妈生燕燕那一年。"

"那时候黄板——嗯,你的丈夫做什么去了?"

"他说他是上地里去了,他要不是上后坡草棚里耍钱去才怪呢!准是小栓子饿了一天找他要吃的去,给他轰出来了。不是上草棚,走不到后坡的河里去。"

"还有,你的丈夫为什么要把小丫头子送给人?"

"送了人不是更松心吗?反正是个姑娘不值钱。要不是小栓子死了,丫头子,我不要也罢。现在我就不能不找回她来,要花钱就花吧。"宋妈说。

我们从绒线胡同穿过兵部洼,中街,西交民巷,出东交民巷就是哈德门大街。我在路上忽然又想起一句话。

"宋妈,你到我们家来,丢了两个孩子不后悔吗?"

"我是后悔——后悔早该把俺们小栓子接进城来,跟你一块儿念书认字。"

"你要找到丫头子呢,回家吗?"

"嗯。"宋妈瞎答应着,她并没有听清我的话。

我们走到西交民巷的中国银行门口,宋妈在石阶上歇下来,过路来了一个卖吃的也停在这儿。他支起木架子把一个方木盘子摆上去,然后掀开那块盖布,在用黄色的面粉做一种吃的。

"宋妈，他在做什么？"

"啊？"宋妈正看着砖地在发愣，她抬起头来看看说：

"那叫驴打滚儿。把黄米面蒸熟了，包黑糖，再在绿豆粉里滚一滚，挺香，你吃不吃？"

吃的东西起名叫"驴打滚儿"，很有意思，我哪有不吃的道理！我咽咽唾沫点点头，宋妈掏出钱来给我买了两个吃。她又多买了几个，小心地包在手绢里，我说："是买给丫头子的吗？"

出了东交民巷，看见了热闹的哈德门大街了，但是往哪边走？我们站在美国同仁医院的门口。宋妈的背，汗湿透了，她提起竹布褂的两肩头抖落着，一边东看看，西看看。

"走那边吧。"她指指斜对面，那里有一排不是楼房的店铺。走过了几家，果然看见一家马车行，里面很黑暗，门口有人闲坐着。宋妈问那人说：

"跟您打听打听，有个赶马车的老大哥，跟前有一个姑娘的，在您这儿吧？"那人很奇怪地把宋妈和我上下看了看：

"你们是哪儿的？"

"有个老乡亲托我给他带个信儿。"

那人指着旁边的小胡同说：

"在家哪，胡同底那家就是。"

宋妈很兴奋，直向那人道谢，然后她拉着我的手向胡同里走去。这是一条死胡同，走到底，是个小黑门，门虽关着，一推就开了，院子里有两三个孩子在玩土。

"劳驾，找人哪！"宋妈喊道。

其中一个小孩子便向着屋里高声喊了好几声：

"姥姥，有人找。"

屋里出来了一位老太太，她耳朵聋，大概眼睛也快瞎了，竟没看见我们站在门口，孩子们说话她也听不见，直到他们用手指着我们，她才向门口走来。宋妈大声地喊：

"你这院里住几家子呀？"

"啊啊，就一家。"老太太用手罩着耳朵才听见。

"您可有个姑娘呀！"

"有呀，你要找孩子他妈呀！"她指着三个男孩子。

宋妈摇摇头，知道完全不对头了，没等老太太说完，便说：

"找错人了！"

我们从哈德门里走到哈德门外，一共看见了三家马车行，都问得人家直摇头。我们就只好照着原路又走回来，宋妈在路上一句话也不说，半天才想起什么来，说："英子，你走累了吧？咱们坐车好不？"

我摇摇头，仰头看宋妈，她用手使劲捏着两眉间的肉，闭上眼，有点站不稳，好像要昏倒的样子。她又问我：

"饿了吧？"说着就把手巾包打开，拿出一个刚才买的驴打滚儿来，上面的绿豆粉已经被黄米面湿溶了。我嘴里念了一声："驴打滚儿！"接过来，放在嘴里。

我对宋妈说：

"我知道为什么叫驴打滚儿了，你家的驴在地上打个滚起来，屁股底下总有这么一堆。"我提起一个给她看，"像驴粪球不？"

我是想逗宋妈笑的，但是她不笑，只说：

"吃罢！"

半个月过去，宋妈说，她跑遍了北京城的马车行，也没有一点点丫头子的影子。

树荫底下听不见冯村后坡上小栓子放牛的故事了；看不见宋妈手里那一双双厚鞋底了；也不请爸爸给写平安家信了。她总是把手上的银镯子转来转去地呆看着，没有一句话。

冬天又来了，黄板儿牙又来了。宋妈让他蹲在下房里一整天，也不跟他说话。这是下雪的晚上，我们吃过晚饭挤在窗前看院子。宋妈把院子的电灯捻开，灯光照在白雪上，又平又亮。天空还在不断地落着雪，一层层铺上去。宋妈喂燕燕吃冻柿子，我念着国文上的那课叫做《雪》的课文：

一片一片又一片，
两片三片四五片，
六片七片八九片，
飞入芦花都不见。

老师说，这是一个不会做诗的皇帝做的诗，最后一句还是他的臣子给接上去的。但是念起来很顺嘴，很好听。

妈妈在灯下做燕燕的红缎子棉袄，棉花撕得小小的、薄薄的，一层层地铺上去。妈妈说："把你当家的叫来，信是我叫老爷偷着写的，你跟他回去吧，明年生了儿子再回这儿来。是儿不死，是财不散，小栓子和丫头子，活该命里都不归你，有什么办法！你不能打这儿起就不生养了！"

宋妈一声不言语，妈妈又说：

"你瞧怎么样？"

宋妈这才说：

"也好，我回家跟他算账去！"

爸爸和妈妈都笑了。

"这几个孩子呢？"宋妈说。

"你还怕我亏待了他们吗？"妈妈笑着说。

宋妈看着我说：

"你念书大了，可别欺侮弟弟呀！别净跟你爸爸告他的状，他小。"

弟弟已经倒在椅子上睡着了，他现在很淘气，常常爬到桌子上翻我的书包。

宋妈把弟弟抱到床上去，她轻轻给弟弟脱鞋，怕惊醒了他。她叹口气说："明天早上看不见我，不定怎么闹。"她又对妈妈说："这孩子脾气犟，叫老爷别动不动就打他；燕燕这两天有点咳嗽，您还是拿鸭梨炖冰糖给她吃；英子的毛窝我带回去做，有人上京就给捎了来；珠珠的袜子都该补了。还有……我看我还是……唉！"宋妈的话没有说完，就不说了。

妈妈把折子拿出来，叫爸爸念着，算了许多这钱那钱给她；她丝毫不在乎地接过钱，数也不数，笑得很惨：

"说走就走了！"

"早点睡觉吧，明天你还得起早。"妈妈说。

宋妈打开门看看天说：

"那年个，上京来的那天也是下着鹅毛大雪，一晃儿，四年了！"

她的那件红棉袄，也早就拆了；旧棉花换了榧子儿，泡了梳头用；面子和里子，给小栓子纳鞋底了。

"妈，宋妈回去还来不来了？"我躺在床上问妈妈。

妈妈摆手叫我小声点儿，她怕我吵醒了弟弟，她轻声地对我说：

"英子，她现在回去，也许到明年的下雪天又来了，抱着一个新的娃娃。"

"那时候她还要给我们家当奶妈吧？那您也再生一个小妹妹。"

"小孩子胡说！"妈妈摆着正经脸骂我。

"明天早上谁给我梳辫子？"我的头发又黄又短，很难梳，每天早上总是跳脚催着宋妈，她就要骂我："催惯了，赶明儿要上花轿也这么催，多寒碜！"

"明天早点儿起来，还可以赶着让宋妈给你梳了辫子再走。"妈妈说。

天刚蒙蒙亮，我就醒了，听见窗外沙沙的声音，我忽然想起一件事，赶快起床下地跑到窗边向外看。雪停了，干树枝上挂着雪，小驴拴在树干上，它一动弹，树枝上的雪就被抖落下来，掉在驴背上。

我轻轻地穿上衣服出去，到下房找宋妈，她看见我这样早起来，吓了一跳。我说：

"宋妈，给我梳辫子。"

她今天特别的和气，不唠叨我了。

小驴儿吃好了早点，黄板儿牙把它牵到大门口，被褥一条条地搭在驴背上，好像一张沙发椅那么厚，骑上去一定很舒服。

宋妈打点好了，她用一条毛线大围巾包住头，再在脖子上绕两绕。她跟我说：

"我不叫你妈了，稀饭在火上炖着呢！英子，好好念书，你是大姐，要有个样儿。"说完她就盘腿坐在驴背上，那姿势真叫绝！

黄板儿牙拍了一下驴屁股，小驴儿朝前走，在厚厚雪地上印下了一个个清楚的蹄印儿。黄板儿牙在后面跟着驴跑，嘴里喊着："得、得、得、得。"

驴脖子上套了一串小铃铛，在雪后的清新空气里，响得真好听。

爸爸的花儿落了　我也不再是小孩子

新建的大礼堂里，坐满了人；我们毕业生坐在前八排，我又是坐在最前一排的中间位子上。我的衣襟上有一朵粉红色的夹竹桃，是临来时妈妈从院子里摘下来给我别上的。她说：

"夹竹桃是你爸爸种的，戴着它，就像爸爸看见你上台时一样！"

爸爸病倒了，他住在医院里不能来。

昨天我去看爸爸，他的喉咙肿胀着，声音是低哑的。我告诉爸，行毕业典礼的时候，我代表全体同学领毕业证书，并且致谢词。我问爸，能不能起来，参加我的毕业典礼？六年前他参加了我们学校的那次欢送毕业同学同乐会时，曾经要我好好用功，六年后也代表同学领毕业证书和致谢词。今天，"六年后"到了，我真的被选做这件事。

爸爸哑着嗓子，拉起我的手笑笑说：

"我怎么能够去？"

但是我说：

"爸爸，你不去，我很害怕，你在台底下，我上台说话就不发慌了。"

爸爸说：

"英子，不要怕，无论什么困难的事，只要硬着头皮去做，就闯过去了。"

"那么爸不也可以硬着头皮从床上起来到我们学校去吗？"

爸爸看着我，摇摇头，不说话了。他把脸转向墙那边，举起他的手，看那上面的指甲。然后，他又转过脸来叮嘱我：

"明天要早起，收拾好就到学校去，这是你在小学的最后一天了，可不能迟到！"

"我知道，爸爸。"

"没有爸爸，你更要自己管自己，并且管弟弟和妹妹，你已经大了，是不是？"

"是。"我虽然这么答应了，但是觉得爸爸讲的话很使我不舒服，自从六年前的那一次，我何曾再迟到过？

当我在一年级的时候，就有早晨赖在床上不起床的毛病。每天早晨醒来，看到阳光照到玻璃窗上，我的心里就是一阵愁：已经这么晚了，等起来，洗脸，扎辫子，换制服，再到学校去，准又是一进教室被罚站在门边。同学们的眼光，会一个个向你投过来。我虽然很懒惰，却也知道害羞呀！所以又愁又怕，每天都是怀着恐惧的心情，奔向学校去。最糟的是爸爸不许小孩子上学乘车的，他不管你晚不晚。

有一天，下大雨，我醒来就知道不早了，因为爸爸已经在吃早点。我听着，望着大雨，心里愁得了不得。我上学不但要晚了，而且要被妈妈打扮得穿上肥大的夹袄（是在夏天！）和踢拖着不合脚的油鞋，举着一把大油纸伞，走向学校去！想到这么不舒服的上学，我竟有勇气赖在床上不起来了。

等一下，妈妈进来了。她看我还没有起床，吓了一跳，催促着我，但是我皱紧了眉头，低声向妈哀求说：

"妈，今天晚了，我就不去上学了吧？"

妈妈就是做不了爸爸的主意，当她转身出去，爸爸就进来了。他瘦瘦高高的，站在床前来，瞪着我：

"怎么还不起来，快起！快起！"

"晚了！爸！"我硬着头皮说。

"晚了也得去，怎么可以逃学！起！"

一个字的命令最可怕，但是我怎么啦！居然有勇气不挪窝。

爸气极了，一把把我从床上拖起来，我的眼泪就流出来了。爸左看右看，结果从桌上抄起鸡毛掸子倒转来拿，藤鞭子在空中一抡，就发出咻咻的声音，我挨打了！

爸把我从床头打到床角，从床上打到床下，外面的雨声混合着我的哭声。我哭号，躲避，最后还是冒着大雨上学去了。我是一只狼狈的小狗，被宋妈抱上了洋车——第一次花五大枚坐车去上学。

我坐在放下雨篷的洋车里，一边抽抽搭搭地哭着，一边撩起裤脚来检查我的伤痕。那一条条鼓起的鞭痕，是红的，而且发着热。我把裤脚向下拉了拉，遮盖住最下面的一条伤痕，我最怕被同学耻笑。

虽然迟到了，但是老师并没有罚我站，这是因为下雨天可以原谅的缘故。

老师教我们先静默再读书。坐直身子，手背在身后，闭上眼睛，静静地想五分钟。老师说：想想看，你是不是听爸妈和老师的话？昨天的功课有没有做好？今天的功课全带来了吗？早晨跟爸妈有礼貌地告别了吗？……我听到这儿，鼻子抽搭了一下，幸好我的眼睛是闭着的，泪水不至于流出来。

正在静默的当中，我的肩头被拍了一下，急忙地睁开了眼，原来是老师站在我的位子边。他用眼势告诉我，教我向教室的窗外看去，我猛一转头看，是爸爸那瘦高的影子！

我刚安静下来的心又害怕起来了！爸为什么追到学校来？爸爸点头示意招我出去。我看看老师，征求他的同意，老师也微笑地点点头，表示答应我出去。

我走出了教室，站在爸面前。爸没说什么，打开了手中的包袱，拿出来的是我的花夹袄。他递给我，看着我穿上，又拿出两个铜板来给我。

后来怎么样了，我已经不记得，因为那是六年以前的事了。只记得，从那以后，到今天，每天早晨我都是等待着校工开大铁栅校门的学生之一。冬天的清晨站在校门前，戴着露出五个手指头的那种手套，举了一块热乎乎的烤白薯在吃着。夏天的早晨站在校门前，手里举着从花池里摘下的玉簪花，送给亲爱的韩老师，她教我跳舞。

啊！这样的早晨，一年年都过去了，今天是我最后一天在这学校里啦！

当当当，钟响了，毕业典礼就要开始。看外面的天，有点阴，我忽然想，爸爸会不会忽然从床上起来，给我送来花夹袄？我又想，爸爸的病几时才能好？妈妈今早的眼睛为什么红肿着？院里大盆的石榴和夹竹桃今年爸爸都没有给上麻渣，他为了叔叔给日本人害死，急得吐血了。到了五月节，石榴花没有开得那么红，那么大。如果秋天来了，爸还要买那样多的菊花，摆满在我们的院子里、廊檐下、客厅的花架上吗？

　　爸是多么喜欢花。

　　每天他下班回来，我们在门口等他，他把草帽推到头后面抱起弟弟，经过自来水龙头，拿起灌满了水的喷水壶，唱着歌儿走到后院来。他回家来的第一件事就是浇花。那时太阳快要下去了，院子里吹着凉爽的风，爸爸摘下一朵茉莉插到瘦鸡妹妹的头发上。陈家的伯伯对爸爸说："老林，你这样喜欢花，所以你太太生了一堆女儿！"我有四个妹妹，只有两个弟弟。我才十二岁……

　　我为什么总想到这些呢？韩主任已经上台了，他很正经地说：

　　"各位同学都毕业了，就要离开上了六年的小学到中学去读书，做了中学生就不是小孩子了，当你们回到小学来看老师的时候，我一定高兴看你们都长高了，长大了……"

　　于是我唱了五年的骊歌，现在轮到同学们唱给我们送别：

　　"长亭外，古道边，芳草碧连天。问君此去几时来，来时莫徘徊！天之涯，地之角，知交半零落，人生难得是欢聚，惟有别离多……"

　　我哭了，我们毕业生都哭了。我们是多么喜欢长高了变成大人，我们又是多么怕呢！当我们回到小学来的时候，无论长得多么高，多么大，老师！你们要永远拿我当个孩子呀！

　　做大人，常常有人要我做大人。

　　宋妈临回她的老家的时候说：

　　"英子，你大了，可不能跟弟弟再吵嘴！他还小。"

　　兰姨娘跟着那个四眼狗上马车的时候说：

　　"英子，你大了，可不能招你妈妈生气了！"

蹲在草地里的那个人说：

"等到你小学毕业了，长大了，我们看海去。"

虽然，这些人都随着我的长大没有了影子了。是跟着我失去的童年一起失去了吗？

爸爸也不拿我当孩子了，他说：

"英子，去把这些钱寄给在日本读书的陈叔叔。"

"爸爸！——"

"不要怕，英子，你要学做许多事，将来好帮着你妈妈。你最大。"

于是他数了钱，告诉我怎样到东交民巷的正金银行去寄这笔钱——到最里面的台子上去要一张寄款单，填上"金柒拾圆也"，写上日本横滨的地址，交给柜台里的小日本儿！

我虽然很害怕，但是也得硬着头皮去。——这是爸爸说的，无论什么困难的事，只要硬着头皮去做，就闯过去了。

"闯练，闯练，英子。"我临去时爸爸还这样叮嘱我。

我心情紧张，手里捏紧一卷钞票到银行去。等到从高台阶的正金银行出来，看着东交民巷街道中的花圃种满了蒲公英，我高兴地想：闯过来了，快回家去，告诉爸爸，并且要他明天在花池里也种满蒲公英。

快回家去！快回家去！拿着刚发下来的小学毕业文凭——红丝带子系着的白纸筒，催着自己，我好像怕赶不上什么事情似的，为什么呀？

进了家门来，静悄悄的，四个妹妹和两个弟弟都坐在院子里的小板凳上，他们在玩沙土，旁边的夹竹桃不知什么时候垂下了好几个枝子，散散落落的很不像样，是因为爸爸今年没有收拾它们——修剪、捆扎和施肥。

石榴树大盆底下也有几粒没有长成的小石榴，我很生气，问妹妹们：

"是谁把爸爸的石榴摘下来的？我要告诉爸爸去！"

妹妹们惊奇地睁大了眼，她们摇摇头说："是它们自己掉下来的。"

我捡起小青石榴。缺了一根手指头的厨子老高从外面进来了，他说：

"大小姐，别说什么告诉你爸爸了，你妈妈刚从医院来了电话，叫你赶快去，你爸爸已经……"他为什么不说下去了？我忽然觉得着急起来，大声喊着说：

"你说什么？老高。"

"大小姐，到了医院，好好儿劝劝你妈，这里就数你大了！就数你大了！"

瘦鸡妹妹还在抢燕燕的小玩意儿，弟弟把沙土灌进玻璃瓶里。是的，这里就数我大了，我是小小的大人。我对老高说：

"老高，我知道是什么事了，我就去医院。"我从来没有过这样的镇定，这样的安静。

我把小学毕业文凭，放到书桌的抽屉里，再出来，老高已经替我雇好了到医院的车子。走过院子，看到那垂落的夹竹桃，我默念着：

爸爸的花儿落了，

我也不再是小孩子。

出版后记

冬阳·童年·骆驼队

骆驼队来了，停在我家的门前。

它们排列成一长串，沉默地站着，等候人们的安排。天气又干又冷。拉骆驼的摘下了他的毡帽，秃瓢儿上冒着热气，是一股白色的烟，融入干冷的大气中。

爸爸在和他讲价钱。双峰的驼背上，每匹都驮着两麻袋煤。我在想，麻袋里面是"南山高末"呢？还是"乌金墨玉"？我常常看见顺城街煤栈的白墙上，写着这样几个大黑字。但是拉骆驼的说，他们从门头沟来，他们和骆驼，是一步一步走来的。

另外一个拉骆驼的，在招呼骆驼们吃草料。它们把前脚一屈，屁股一撅，就跪了下来。

爸爸已经和他们讲好价钱了。人在卸煤，骆驼在吃草。

我站在骆驼的面前，看它们吃草料咀嚼的样子，那样丑的脸，那样长的牙，那样安静的态度。它们咀嚼的时候，上牙和下牙交错地磨来磨去，大鼻孔里冒着热气，白沫子沾满在胡须上。我看呆了，自己的牙齿也动了起来。

老师教给我，要学骆驼，沉得住气的动物。看它从不着急，慢慢地走，慢慢地嚼，总会走到的，总会吃饱的。也许它天生是该慢慢的，偶然躲避车子跑两步，姿势就很难看。

骆驼队伍过来时，你会知道，打头儿的那一匹，长脖子底下总系着一个铃铛，走起来，"当、当、当"地响。

"为什么要系一个铃铛？"我不懂的事就要问一问。

爸爸告诉我，骆驼很怕狼，因为狼会咬它们，所以人类给它戴上铃铛，狼听见铃铛的声音，知道那是有人类在保护着，就不敢侵犯了。

我的幼稚心灵中却充满了和大人不同的想法，我对爸爸说：

"不是的，爸！它们软软的脚掌走在软软的沙漠上，没有一点点声音，你不是说，它们走上三天三夜都不喝一口水，只是不声不响地咀嚼着从胃里反刍出来的食物吗？一定是拉骆驼的人类，耐不住那长途寂寞的旅程，才给骆驼戴上了铃铛，增加一些行路的情趣。"

爸爸想了想，笑笑说：

"也许，你的想法更美些。"

冬天快过完了，春天就要来了，太阳特别的暖和，暖得让人想把棉袄脱下来。可不是吗？骆驼也脱掉它的绒袍子啦！它的毛皮一大块一大块地从身上掉下来，垂在肚皮底下。我真想拿把剪刀替它们剪一剪，因为太不整齐了。拉骆驼的人也一样，他们身上那件反穿大羊皮，也都脱下来了，搭在骆驼背的小峰上。麻袋空了，"乌金墨玉"都卖了，铃铛在轻松的步伐里响得更清脆。

夏天来了，再不见骆驼的影子，我又问妈：

"夏天它们到哪儿去？"

"谁？"

"骆驼呀！"

妈妈回答不上来了，她说：

"总是问，总是问，你这孩子！"

夏天过去，秋天过去，冬天又来了，骆驼队又来了，童年却一去不还。冬阳底下学骆驼咀嚼的傻事，我也不会再做了。

可是，我是多么想念童年住在北京城南的那些景色和人物啊！我对自己说，把它们写下来吧，让实际的童年过去，心灵的童年永存下来。

就这样，我写了一本《城南旧事》。

我默默地想，慢慢地写。看见冬阳下的骆驼队走过来，又听见缓慢悦耳的铃声，童年重临于我的心头。

《阿Q正传》

鲁迅 ⊙ 著

第一章　序

　　我要给阿Q做正传,已经不止一两年了。但一面要做,一面又往回想,这足见我不是一个"立言"的人,因为从来不朽之笔,须传不朽之人,于是人以文传,文以人传——究竟谁靠谁传,渐渐的不甚了然起来,而终于归结到传阿Q,仿佛思想里有鬼似的。

　　然而要做这一篇速朽的文章,才下笔,便感到万分的困难了。第一是文章的名目。孔子曰,"名不正则言不顺"。这原是应该极注意的。传的名目很繁多:列传,自传,内传,外传,别传,家传,小传……,而可惜都不合。"列传"么,这一篇并非和许多阔人排在"正史"里;"自传"么,我又并非就是阿Q。说是"外传","内传"在那里呢?倘用"内传",阿Q又决不是神仙。"别传"呢,阿Q实在未曾有大总统上谕宣付国史馆立"本传"——虽说英国正史上并无"博徒列传",而文豪迭更司[1]也做过《博徒别传》[2]这一部书,但文豪则可,在我辈却不可的。其次是"家传",则我既不知与阿Q是否同宗,也未曾受他子孙的

---

1. 今译作狄更斯,英国作家。
2.《博徒别传》作者为英国小说家柯南·道尔。鲁迅曾言,此处乃是其误记。

拜托；或"小传"，则阿Q又更无别的"大传"了。总而言之，这一篇也便是"本传"，但从我的文章着想，因为文体卑下，是"引车卖浆者流"所用的话，所以不敢僭称，便从不入三教九流的小说家所谓"闲话休提言归正传"这一句套话里，取出"正传"两个字来，作为名目，即使与古人所撰《书法正传》的"正传"字面上很相混，也顾不得了。

第二，立传的通例，开首大抵该是"某，字某，某地人也"，而我并不知道阿Q姓什么。有一回，他似乎是姓赵，但第二日便模糊了。那是赵太爷的儿子进了秀才的时候，锣声镗镗的报到村里来，阿Q正喝了两碗黄酒，便手舞足蹈的说，这于他也很光彩，因为他和赵太爷原来是本家，细细的排起来他还比秀才长三辈呢。其时几个旁听人倒也肃然的有些起敬了。那知道第二天，地保便叫阿Q到赵太爷家里去；太爷一见，满脸溅朱，喝道：

"阿Q，你这浑小子！你说我是你的本家么？"

阿Q不开口。

赵太爷愈看愈生气了，抢进几步说："你敢胡说！我怎么会有你这样的本家？你姓赵么？"

阿Q不开口，想往后退了；赵太爷跳过去，给了他一个嘴巴。

"你怎么会姓赵！——你那里配姓赵！"

阿Q并没有抗辩他确凿姓赵，只用手摸着左颊，和地保退出去了；外面又被地保训斥了一番，谢了地保二百文酒钱。

知道的人都说阿Q太荒唐，自己去招打；他大约未必姓赵，即使真姓赵，有赵太爷在这里，也不该如此胡说的。此后便再没有人提起他的氏族来，所以我终于不知道阿Q究竟什么姓。

第三，我又不知道阿Q的名字是怎么写的。他活着的时候，人都叫他阿Quei，死了以后，便没有一个人再叫阿Quei了，那里还会有"著之竹帛"的事。若论"著之竹帛"，这篇文章要算第一次，所以先遇着了这第一个难关。我曾仔细想：阿Quei，阿桂还是阿贵呢？倘使他号叫月亭，或者在八月间做过生日，那一定是阿桂了；而他既没有号——也许有号，只是没有人知道他，——又未尝散过生日征文的帖子：写作阿桂，是武断的。又倘若他有一位老兄或令弟叫阿富，那一定是阿贵了；而他又只是一个人：写作阿贵，也没有佐证的。其余音Quei的偏僻字样，更加凑不上了。先前，我也曾问过赵太爷的儿子茂才先生，谁料博雅如此公，竟也茫然，但据结论说，是因为陈独秀办了《新青年》提倡洋字，所以国粹沦亡，无可查考了。我的最后的手段，只有托一个同乡去查阿Q犯事的案卷，八个月之后才有回信，说案卷里并无与阿Quei的声音相近的人。我虽不知道是真没有，还是没有查，然而也再没有别的方法了。生怕注音字母还未通行，只好用了"洋字"，照英国流行的拼法写他为阿Quei，略作阿Q。这近于盲从《新青年》，自己也很抱歉，但茂才公尚且不知，我还有什么好办法呢。

　　第四，是阿Q的籍贯了。倘他姓赵，则据现在好称郡望的老例，可以照《郡名百家姓》上的注解，说是"陇西天水人也"，但可惜这姓是不甚可靠的，因此籍贯也就有些决不定。他虽然多住未庄，然而也常常宿在别处，不能说是未庄人，即使说是"未庄人也"，也仍然有乖史法的。

　　我所聊以自慰的，是还有一个"阿"字非常正确，绝无附会假借的缺点，颇可以就正于通人。至于其余，却都非浅学所能穿凿，只希望有"历史癖与考据癖"的胡适之先生的门人们，将来或者能够寻出许多新端绪来，但是我这《阿Q正传》到那时却又怕早经消灭了。

　　以上可以算是序。

第二章　优胜记略

　　阿Q不独是姓名籍贯有些渺茫，连他先前的"行状"[1]也渺茫。因为未庄的人们之于阿Q，只要他帮忙，只拿他玩笑，从来没有留心他的"行状"的。而阿Q自己也不说，独有和别人口角的时候，间或瞪着眼睛道：

　　"我们先前——比你阔的多啦！你算是什么东西！"

　　阿Q没有家，住在未庄的土谷祠里；也没有固定的职业，只给人家做短工，割麦便割麦，舂米便舂米，撑船便撑船。工作略长久时，他也或住在临时主人的家里，但一完就走了。所以，人们忙碌的时候，也还记起阿Q来，然而记起的是做工，并不是"行状"；一闲空，连阿Q都早忘却，更不必说"行状"了。只是有一回，有一个老头子颂扬说："阿Q真能做！"这时阿Q赤着膊，懒洋洋的瘦伶仃的正在他面前，别人也摸不着这话是真心还是讥笑，然而阿Q很喜欢。

　　阿Q又很自尊，所有未庄的居民，全不在他眼神里，甚而至于对于两位"文童"也有以为不值一笑的神情。夫文童者，将来恐怕要变秀才者也；赵太爷钱太爷大受居民的尊敬，除有钱之外，就因为都是文童的爹爹，而阿Q在精神上独不表格外的崇奉，他想：我的儿子会阔得多啦！加以进了几回城，阿Q自然更自负，然而他又很鄙薄城里人，譬如用三尺长三寸宽的木板做成的凳子，未庄人叫"长凳"，他也叫"长凳"，城里人却叫"条凳"，他想：这是错的，可笑！油煎大头鱼，未庄都加上半寸长的葱叶，城里却加上切细的葱丝，他想：这也是错的，可笑！然而未庄人真是不见世面的可笑的乡下人呵，他们没有见过城里的煎鱼！

　　阿Q"先前阔"，见识高，而且"真能做"，本来几乎是一个"完人"了，但可惜他体质上还有一些缺点。最恼人的是在他头皮上，颇有几处不知起于

1.旧时记述死者世系、籍贯、事迹的文章，此处泛指经历。

何时的癞疮疤。这虽然也在他身上，而看阿Q的意思，倒也似乎以为不足贵的，因为他讳说"癞"以及一切近于"赖"的音，后来推而广之，"光"也讳，"亮"也讳，再后来，连"灯""烛"都讳了。一犯讳，不问有心与无心，阿Q便全疤通红的发起怒来，估量了对手，口讷的他便骂，气力小的他便打；然而不知怎么一回事，总还是阿Q吃亏的时候多。于是他渐渐的变换了方针，大抵改为怒目而视了。

谁知道阿Q采用怒目主义之后，未庄的闲人们便愈喜欢玩笑他。一见面，他们便假作吃惊的说：

"嚄，亮起来了。"

阿Q照例的发了怒，他怒目而视了。

"原来有保险灯在这里！"他们并不怕。

阿Q没有法，只得另外想出报复的话来：

"你还不配……"这时候，又仿佛在他头上的是一种高尚的光荣的癞头疮，并非平常的癞头疮了；但上文说过，阿Q是有见识的，他立刻知道和"犯忌"有点抵触，便不再往底下说。

闲人还不完，只撩他，于是终而至于打。阿Q在形式上打败了，被人揪住黄辫子，在壁上碰了四五个响头，闲人这才心满意足地得胜地走了，阿Q站了一刻，心里想，"我总算被儿子打了，现在的世界真不像样……"于是也心满意足的得胜的走了。

阿Q想在心里的，后来每每说出口来，所以凡是和阿Q玩笑的人们，几乎全知道他有这一种精神上的胜利法，此后每逢揪住他黄辫子的时候，人就先一着对他说：

"阿Q，这不是儿子打老子，是人打畜生。自己说：人打畜生！"

阿Q两只手都捏住了自己的辫根，歪着头，说道：

"打虫豸，好不好？我是虫豸——还不放么？"

但虽然是虫豸，闲人也并不放，仍旧在就近什么地方给他碰了五六个响头，这才心满意足的得胜的走了，他以为阿Q这回可遭了瘟。然而不到十秒钟，阿Q也心满意足的得胜的走了，他觉得他是第一个能够自轻自贱的人，除了"自轻自贱"不算外，余下的就是"第一个"。状元不也是"第一个"么？"你算是什么东西"呢？！

阿Q以如是等等妙法克服怨敌之后，便愉快地跑到酒店里喝几碗酒，又和别人调笑一通，口角一通，又得了胜，愉快的回到土谷祠，放倒头睡着了。假使有钱，他便去押牌宝，一堆人蹲在地面上，阿Q即汗流满面的夹在这中间，声音他最响：

"青龙四百！"

"咳开啦！"桩家揭开盒子盖，也是汗流满面的唱。"天门啦角回啦！人和穿堂空在那里啦！阿Q的铜钱拿过来！"

"穿堂一百——一百五十！"

阿Q的钱便在这样的歌吟之下，渐渐的输入别个汗流满面的人物的腰间。他终于只好挤出堆外，站在后面看，替别人着急，一直到散场，然后恋恋的回到土谷祠，第二天，肿着眼睛去工作。

但真所谓"塞翁失马安知非福"罢，阿Q不幸而赢了一回，他倒几乎失败了。

这是未庄赛神的晚上。这晚上照例有一台戏，戏台左近，也照例有许多的赌摊。做戏的锣鼓，在阿Q耳朵里仿佛在十里之外；他只听得桩家的歌唱了。他赢而又赢，铜钱变成角洋，角洋变成大洋，大洋又成了叠。他兴高采烈得非常：

"天门两块！"

他不知道谁和谁为什么打起架来了。骂声打声脚步声，昏头昏脑的一大阵，他才爬起来，赌摊不见了，人们也不见了，身上有几处很似乎有些痛，似乎也挨了几拳几脚似的，几个人诧异的对他看。他如有所失的走进土谷祠，定一定神，知道他的一堆洋钱不见了。赶赛会的赌摊多不是本村人，还到那里去寻根柢呢？

很白很亮的一堆洋钱！而且是他的——现在不见了！说是算被儿子拿去了罢，总还是忽忽不乐；说自己是虫豸罢，也还是忽忽不乐：他这回才有些感到失败的苦痛了。

但他立刻转败为胜了。他擎起右手，用力地在自己脸上连打了两个嘴巴，热剌剌的有些痛；打完之后，便心平气和起来，似乎打的是自己，被打的是别一个自己，不久也就仿佛是自己打了别个一般，——虽然还有些热剌剌，——心满意足的得胜的躺下了。

他睡着了。

第三章　续优胜记略

然而阿Q虽然常优胜，却直待蒙赵太爷打他嘴巴之后，这才出了名。

他付过地保二百文酒钱，愤愤的躺下了，后来想："现在的世界太不成话，儿子打老子……"于是忽而想到赵太爷的威风，而现在是他的儿子了，便自己也渐渐的得意起来，爬起身，唱着《小孤孀上坟》到酒店去。这时候，他又觉得赵太爷高人一等了。

说也奇怪，从此之后，果然大家也仿佛格外尊敬他。这在阿Q，或者以为因为他是赵太爷的父亲，而其实也不然。未庄通例，倘如阿七打阿八，或者李四打张三，向来本不算一件事，必须与一位名人如赵太爷者相关，这才载上他们的口碑。一上口碑，则打的既有名，被打的也就托庇有了名。至于错在阿Q，那自然是不必说。所以者何？就因为赵太爷是不会错的。但他既然错，为什么大家又仿佛格外尊敬他呢？这可难解，穿凿起来说，或者因为阿Q说是赵太爷的本家，虽然挨了打，大家也还怕有些真，总不如尊敬一些稳当。否则，也如孔庙里的太牢一般，虽然与猪羊一样，同是畜生，但既经圣人下箸，先儒们便不敢妄动了。

阿Q此后倒得意了许多年。

有一年的春天，他醉醺醺的在街上走，在墙根的日光下，看见王胡在那里赤着膊捉虱子，他忽然觉得身上也痒起来了。这王胡，又癞又胡，别人都叫他王癞胡，阿Q却删去了一个癞字，然而非常藐视他。阿Q的意思，以为癞是不足为奇的，只有这一部络腮胡子，实在太新奇，令人看不上眼。他于是并排坐下去了。倘是别的闲人们，阿Q本不敢大意坐下去。但这王胡旁边，他有什么怕呢？老实说：他肯坐下去，简直还是抬举他。

阿Q也脱下破夹袄来，翻检了一回，不知道因为新洗呢还是因为粗心，许多工夫，只捉到三四个。他看那王胡，却是一个又一个，两个又三个，只放在嘴里毕毕剥剥的响。

阿Q最初是失望，后来却不平了：看不上眼的王胡尚且那么多，自己倒反这样少，这是怎样的大失体统的事呵！他很想寻一两个大的，然而竟没有，好容易才捉到一个中的，恨恨的塞在厚嘴唇里，狠命一咬，劈的一声，又不及王胡响。

他癞疮疤块块通红了，将衣服摔在地上，吐一口唾沫，说：

"这毛虫！"

"癞皮狗，你骂谁？"王胡轻蔑的抬起眼来说。

阿Q近来虽然比较的受人尊敬，自己也更高傲些，但和那些打惯的闲人们见面还胆怯，独有这回却非常武勇了。这样满脸胡子的东西，也敢出言无状么？

"谁认便骂谁！"他站起来，两手叉在腰间说。

"你的骨头痒了么？"王胡也站起来，披上衣服说。

阿Q以为他要逃了，抢进去就是一拳。这拳头还未达到身上，已经被他抓住了，只一拉，阿Q踉踉跄跄的跌进去，立刻又被王胡扭住了辫子，要拉到墙上照例去碰头。

"'君子动口不动手'！"阿Q歪着头说。

王胡似乎不是君子，并不理会，一连给他碰了五下，又用力地一推，至于阿Q跌出六尺多远，这才满足的去了。

在阿Q的记忆上，这大约要算是生平第一件的屈辱，因为王胡以络腮胡子的缺点，向来只被他奚落，从没有奚落他，更不必说动手了。而他现在竟动手，很意外，难道真如市上所说，皇帝已经停了考，不要秀才和举人了，因此赵家减了威风，因此他们也便小觑了他么？

阿Q无所适从的站着。

远远的走来了一个人，他的对头又到了。这也是阿Q最厌恶的一个人，就是钱太爷的大儿子。他先前跑上城里去进洋学堂，不知怎么又跑到东洋去了，半年之后他回到家里来，腿也直了，辫子也不见了，他的母亲大哭了十几场，他的老婆跳了三回井。后来，他的母亲到处说，"这辫子是被坏人灌醉了酒剪去的。本来可以做大官，现在只好等留长再说了。"然而阿Q不肯信，偏称他"假洋鬼子"，也叫作"里通外国的人"，一见他，一定在肚子里暗暗的咒骂。

阿Q尤其"深恶而痛绝之"的，是他的一条假辫子。辫子而至于假，就是没有了做人的资格；他的老婆不跳第四回井，也不是好女人。

这"假洋鬼子"近来了。

"秃儿。驴……"阿Q历来本只在肚子里骂，没有出过声，这回因为正气忿，因为要报仇，便不由的轻轻的叫出来了。

不料这秃儿却拿着一支黄漆的棍子——就是阿Q所谓哭丧棒——大踏步走了过来。阿Q在这刹那，便知道大约要打了，赶紧抽紧筋骨，耸了肩膀等候着，果然，拍的一声，似乎确凿打在自己头上了。

"我说他！"阿Q指着近旁的一个孩子，分辩说。

拍！拍拍！

在阿Q的记忆上，这大约要算是生平第二件的屈辱。幸而拍拍的响了之后，于他倒似乎完结了一件事，反而觉得轻松些，而且"忘却"这一件祖传的宝贝也发生了效力，他慢慢的走，将到酒店门口，早已有些高兴了。

但对面走来了静修庵里的小尼姑。阿Q便在平时，看见伊也一定要唾骂，而况在屈辱之后呢？他于是发生了回忆，又发生了敌忾了。

"我不知道我今天为什么这样晦气，原来就因为见了你！"他想。

他迎上去，大声地吐一口唾沫：

"咳,呸!"

小尼姑全不睬,低了头只是走。阿Q走近伊身旁,突然伸出手去摩着伊新剃的头皮,呆笑着,说:

"秃儿!快回去,和尚等着你……"

"你怎么动手动脚……"尼姑满脸通红的说,一面赶快走。

酒店里的人大笑了。阿Q看见自己的勋业得了赏识,便愈加兴高采烈起来:

"和尚动得,我动不得?"他扭住伊的面颊。

酒店里的人大笑了。阿Q更得意,而且为满足那些赏鉴家起见,再用力的一拧,才放手。

他这一战,早忘却了王胡,也忘却了假洋鬼子,似乎对于今天的一切"晦气"都报了仇;而且奇怪,又仿佛全身比拍拍的响了之后更轻松,飘飘然的似乎要飞去了。

"这断子绝孙的阿Q!"远远地听得小尼姑的带哭的声音。

"哈哈哈!"阿Q十分得意的笑。

"哈哈哈!"酒店里的人也九分得意的笑。

第四章 恋爱的悲剧

有人说:有些胜利者,愿意敌手如虎,如鹰,他才感到胜利的欢喜;假使如羊,如小鸡,他便反觉得胜利的无聊。又有些胜利者,当克服一切之后,看见死的死了,降的降了,"臣诚惶诚恐死罪死罪",他于是没有了敌人,没有了对手,没有了朋友,只有自己在上,一个,孤零零,凄凉,寂寞,便反而感到了胜利的悲哀。然而我们的阿Q却没有这样乏，他是永远得意的：这或者也是中国精神文明冠于全球的一个证据了。

看哪，他飘飘然的似乎要飞去了！

然而这一次的胜利，却又使他有些异样。他飘飘然地飞了大半天，飘进土谷祠，照例应该躺下便打鼾。谁知道这一晚，他很不容易合眼，他觉得自己的大拇指和第二指有点古怪：仿佛比平常滑腻些。不知道是小尼姑的脸上有一点滑腻的东西粘在他指上，还是他的指头在小尼姑脸上磨得滑腻了？

……

"断子绝孙的阿Q！"

阿Q的耳朵里又听到这句话。他想：不错，应该有一个女人，断子绝孙便没有人供一碗饭，……应该有一个女人。夫"不孝有三无后为大"，而"若敖之鬼馁而"[1]，也是一件人生的大哀，所以他那思想，其实是样样合于圣经贤传的，只可惜后来有些"不能收其放心"了。

"女人，女人！……"他想。

"……和尚动得……女人，女人！……女人！"他又想。

我们不能知道这晚上阿Q在什么时候才打鼾。但大约他从此总觉得指头有些滑腻，所以他从此总有些飘飘然；"女……"他想。

即此一端，我们便可以知道女人是害人的东西。

中国的男人，本来大半都可以做圣贤，可惜全被女人毁掉了。商是妲己闹亡的；周是褒姒弄坏的；秦……虽然史无明文，我们也假定他因为女人，大约未必十分错；而董卓可是的确给貂蝉害死了。

阿Q本来也是正人，我们虽然不知道他曾蒙什么名师指授过，但他对于"男女之大防"却历来非常严；也很有排斥异端——如小尼姑及假洋鬼子之类——的正气。他的学说是：凡尼姑，一定与和尚私通；一个女人在外面走，一定想引诱野男人；一男一女在那里讲话，一定要有勾当了。为惩治他们起

---

1. 以后没有子孙供饭，鬼魂都要挨饿了。

见，所以他往往怒目而视，或者大声说几句"诛心"话，或者在冷僻处，便从后面掷一块小石头。

谁知道他将到"而立"之年，竟被小尼姑害得飘飘然了。这飘飘然的精神，在礼教上是不应该有的，——所以女人真可恶，假使小尼姑的脸上不滑腻，阿Q便不至于被蛊，又假使小尼姑的脸上盖一层布，阿Q便也不至于被蛊了，——他五六年前，曾在戏台下的人丛中拧过一个女人的大腿，但因为隔一层裤，所以此后并不飘飘然，——而小尼姑并不然，这也足见异端之可恶。

"女……"阿Q想。

他对于以为"一定想引诱野男人"的女人，时常留心看，然而伊并不对他笑。他对于和他讲话的女人，也时常留心听，然而伊又并不提起关于什么勾当的话来。哦，这也是女人可恶之一节：伊们全都要装"假正经"的。

这一天，阿Q在赵太爷家里舂了一天米，吃过晚饭，便坐在厨房里吸旱烟。倘在别家，吃过晚饭本可以回去的了，但赵府上晚饭早，虽说定例不准掌灯，一吃完便睡觉，然而，偶然也有一些例外：其一，是赵大爷未进秀才的时候，准其点灯读文章；其二，便是阿Q来做短工的时候，准其点灯舂米。因为这一条例外，所以阿Q在动手舂米之前，还坐在厨房里吸旱烟。

吴妈，是赵太爷家里惟一的女仆，洗完了碗碟，也就在长凳上坐下了，而且和阿Q谈闲天：

"太太两天没有吃饭哩，因为老爷要买一个小的……"

"女人……吴妈……这小孤孀……"阿Q想。

"我们的少奶奶是八月里要生孩子了……"

"女人……"阿Q想。

阿Q放下烟管，站了起来。

"我们的少奶奶……"吴妈还唠叨说。

"我和你困觉，我和你困觉！"阿Q忽然抢上去，对伊跪下了。

一霎时中很寂然。

"阿呀！"吴妈愣了一息，突然发抖，大叫着往外跑，且跑且嚷，似乎后来带哭了。

阿Q对了墙壁跪着也发愣，于是两手扶着空板凳，慢慢的站起来，仿佛觉得有些糟。他这时确也有些忐忑了，慌张的将烟管插在裤带上，就想去舂米。蓬的一声，头上着了很粗的一下，他急忙回转身去，那秀才便拿了一支大竹杠站在他面前。

"你反了，……你这……"

大竹杠又向他劈下来了。阿Q两手去抱头，拍的正打在指节上，这可很有一些痛。他冲出厨房门，仿佛背上又着了一下似的。

"忘八蛋！"秀才在后面用了官话这样骂。

阿Q奔入舂米场，一个人站着，还觉得指头痛，还记得"忘八蛋"，因为这话是未庄的乡下人从来不用，专是见过官府的阔人用的，所以格外怕，而印象也格外深。但这时，他那"女……"的思想却也没有了。而且打骂之后，似乎一件事也已经收束，倒反觉得一无挂碍似的，便动手去舂米。舂了一会，他热起来了，又歇了手脱衣服。

脱下衣服的时候，他听得外面很热闹，阿Q生平本来最爱看热闹，便即寻声走出去了。寻声渐渐的寻到赵太爷的内院里，虽然在昏黄中，却辨得出许多人，赵府一家连两日不吃饭的太太也在内，还有间壁的邹七嫂，真正本家的赵白眼，赵司晨。

少奶奶正拖着吴妈走出下房来，一面说："你到外面来，……不要躲在自己房里想……"

"谁不知道你正经，……短见是万万寻不得的。"邹七嫂也从旁说。

吴妈只是哭，夹些话，却不甚听得分明。

阿Q想："哼，有趣，这小孤孀不知道闹着什么玩意儿了？"他想打听，走近赵司晨的身边。这时他猛然间看见赵大爷向他奔来，而且手里捏着一支大竹杠。他看见这一支大竹杠，便猛然间悟到自己曾经被打，和这一场热闹似乎有点相关。他翻身便走，想逃回舂米场，不图这支竹杠阻了他的去路，于是他又翻身便走，自然而然地走出后门，不多工夫，已在土谷祠内了。

阿Q坐了一会，皮肤有些起粟，他觉得冷了，因为虽在春季，而夜间颇有余寒，尚不宜于赤膊。他也记得布衫留在赵家，但倘若去取，又深怕秀才的竹杠。然而地保进来了。

"阿Q，你的妈妈的！你连赵家的用人都调戏起来，简直是造反。害得我晚上没有觉睡，你的妈妈的！……"

如是云云的教训了一通，阿Q自然没有话。临末，因为在晚上，应该送地保加倍酒钱四百文，阿Q正没有现钱，便用一顶毡帽做抵押，并且订定了五条件：

一、明天用红烛——要一斤重的——一对，香一封，到赵府上去赔罪。

二、赵府上请道士祓除缢鬼，费用由阿Q负担。

三、阿Q从此不准踏进赵府的门槛。

四、吴妈此后倘有不测，惟阿Q是问。

五、阿Q不准再去索取工钱和布衫。

阿Q自然都答应了，可惜没有钱。幸而已经春天，棉被可以无用，便质了二千大钱，履行条约。赤膊磕头之后，居然还剩几文，他也不再赎毡帽，统统喝了酒了。但赵家也并不烧香点烛，因为太太拜佛的时候可以用，留着了。那破布衫是大半做了少奶奶八月间生下来的孩子的衬尿布，那小半破烂的便都做了吴妈的鞋底。

第五章　生计问题

阿Q礼毕之后，仍旧回到土谷祠，太阳下去了，渐渐觉得世上有些古怪。他仔细一想，终于省悟过来：其原因盖在自己的赤膊。他记得破夹袄还在，便披在身上，躺倒了，待张开眼睛，原来太阳又已经照在西墙上头了。他坐起身，一面说道，"妈妈的……"

他起来之后，也仍旧在街上逛，虽然不比赤膊之有切肤之痛，却又渐渐的觉得世上有些古怪了。仿佛从这一天起，未庄的女人们忽然都怕了羞，伊们一见阿Q走来，便个个躲进门里去。甚而至于将近五十岁的邹七嫂，也跟着别人乱钻，而且将十一岁的女儿都叫进去了。阿Q很以为奇，而且想："这些东西忽然都学起小姐模样来了。这娼妇们……"

但他更觉得世上有些古怪，却是许多日以后的事。其一，酒店不肯赊欠了；其二，管土谷祠的老头子说些废话，似乎叫他走；其三，他虽然记不清多少日，但确乎有许多日，没有一个人来叫他做短工。酒店不赊，熬着也罢了；老头子催他走，噜苏一通也就算了；只是没有人来叫他做短工，却使阿Q肚子饿：这委实是一件非常"妈妈的"的事情。

阿Q忍不下去了，他只好到老主顾的家里去探问，——但独不许踏进赵府的门槛，——然而情形也异样：一定走出一个男人来，现了十分烦厌的相貌，像回复乞丐一般的摇手道：

"没有没有！你出去！"

阿Q愈觉得稀奇了。他想，这些人家向来少不了要帮忙，不至于现在忽然都无事，这总该有些蹊跷在里面了。他留心打听，才知道他们有事都去叫小Don。这小D，是一个穷小子，又瘦又乏，在阿Q的眼睛里，位置是在王胡之下的，谁料这小子竟谋了他的饭碗去。所以阿Q这一气，更与平常不同，当气愤愤的走着的时候，忽然将手一扬，唱道：

"我手执钢鞭将你打！……"

几天之后，他竟在钱府的照壁前遇见了小D。"仇人相见分外眼明"，阿Q便迎上去，小D也站住了。

"畜生！"阿Q怒目而视地说，嘴角上飞出唾沫来。

"我是虫豸，好么？……"小D说。

这谦逊反使阿Q更加愤怒起来，但他手里没有钢鞭，于是只得扑上去，伸手去拔小D的辫子。小D一手护住了自己的辫根，一手也来拔阿Q的辫子，阿Q便也将空着的一只手护住了自己的辫根。从先前的阿Q看来，小D本来是不足齿数的，但他近来挨了饿，又瘦又乏已经不下于小D，所以便成了势均力敌的现象，四只手拔着两颗头，都弯了腰，在钱家粉墙上映出一个蓝色的虹形，至于半点钟之久了。

"好了，好了！"看的人们说，大约是解劝的。

"好，好！"看的人们说，不知道是解劝，是颂扬，还是煽动。

然而他们都不听。阿Q进三步，小D便退三步，都站着；小D进三步，阿Q便退三步，又都站着。大约半点钟，——未庄少有自鸣钟，所以很难说，或者二十分，——他们的头发里便都冒烟，额上便都流汗，阿Q的手放松了，在同一瞬间，小D的手也正放松了，同时直起，同时退开，都挤出人丛去。

"记着罢，妈妈的……"阿Q回过头去说。

"妈妈的，记着罢……"小D也回过头来说。

这一场"龙虎斗"似乎并无胜败，也不知道看的人可满足，都没有发什么议论，而阿Q却仍然没有人来叫他做短工。

有一日很温和，微风拂拂的颇有些夏意了，阿Q却觉得寒冷起来，但这还可担当，第一倒是肚子饿。棉被，毡帽，布衫，早已没有了，其次就卖了棉袄；现在有裤子，却万不可脱的；有破夹袄，又除了送人做鞋底之外，决定卖不出钱。他早想在路上拾得一注钱，但至今还没有见；他想在自己的破屋里忽然寻到一注钱，慌张的四顾，但屋内是空虚而且了然。于是他决计出门求食去了。

他在路上走着要"求食"，看见熟识的酒店，看见熟识的馒头，但他都走过了，不但没有暂停，而且并不想要。他所求的不是这类东西了；他求的是什么东西，他自己不知道。

未庄本不是大村镇，不多时便走尽了。村外多是水田，满眼是新秧的嫩绿，夹着几个圆形的活动的黑点，便是耕田的农夫。阿Q并不赏鉴这田家乐，却只是走，因为他直觉的知道这与他的"求食"之道是很辽远的。但他终于走到静修庵的墙外了。

庵周围也是水田，粉墙突出在新绿里，后面的低土墙里是菜园。阿Q迟疑了一会，四面一看，并没有人。他便爬上这矮墙去，扯着何首乌藤，但泥土仍然簌簌的掉，阿Q的脚也索索的抖；终于攀着桑树枝，跳到里面了。里面真是郁郁葱葱，但似乎并没有黄酒馒头，以及此外可吃的之类。靠西墙是竹丛，下面许多笋，只可惜都是并未煮熟的，还有油菜早经结子，芥菜已将开花，小白菜也很老了。

阿Q仿佛文童落第似的觉得很冤屈，他慢慢走近园门去，忽而非常惊喜了，这分明是一畦老萝卜。他于是蹲下便拔，而门口突然伸出一个很圆的头来，又即缩回去了，这分明是小尼姑。小尼姑之流是阿Q本来视若草芥的，但世事须"退一步想"，所以他便赶紧拔起四个萝卜，拧下青叶，兜在大襟里。然而老尼姑已经出来了。

"阿弥陀佛，阿Q，你怎么跳进园里来偷萝卜！……阿呀，罪过呵，阿唷，阿弥陀佛！……"

"我什么时候跳进你的园里来偷萝卜？"阿Q且看且走的说。

"现在……这不是？"老尼姑指着他的衣兜。

"这是你的？你能叫得他答应你么？你……"

阿Q没有说完话，拔步便跑；追来的是一匹很肥大的黑狗。这本来在前门的，不知怎的到后园来了。黑狗哼而且追，已经要咬着阿Q的腿，幸而从衣兜里落下一个萝卜来，那狗给一吓，略略一停，阿Q已经爬上桑树，跨到土墙，连人和萝卜都滚出墙外面了。只剩着黑狗还在对着桑树嗥，老尼姑念着佛。

阿Q怕尼姑又放出黑狗来，拾起萝卜便走，沿路又捡了几块小石头，但黑狗却并不再出现。阿Q于是抛了石块，一面走一面吃，而且想道，这里也没有什么东西寻，不如进城去……

待三个萝卜吃完时，他已经打定了进城的主意了。

第六章　从中兴到末路

　　在未庄再看见阿Q出现的时候，是刚过了这年的中秋。人们都惊异，说是阿Q回来了，于是又回上去想道，他先前那里去了呢？阿Q前几回的上城，大抵早就兴高采烈的对人说，但这一次却并不，所以也没有一个人留心到。他或者也曾告诉过管土谷祠的老头子，然而未庄老例，只有赵太爷钱太爷和秀才大爷上城才算一件事。假洋鬼子尚且不足数，何况是阿Q：因此老头子也就不替他宣传，而未庄的社会上也就无从知道了。

　　但阿Q这回的回来，却与先前大不同，确乎很值得惊异。

　　天色将黑，他睡眼蒙胧的在酒店门前出现了，他走近柜台，从腰间伸出手来，满把是银的和铜的，在柜上一扔说，"现钱！打酒来！"穿的是新夹袄，看去腰间还挂着一个大搭裢，沉甸甸的将裤带坠成了很弯很弯的弧线。未庄老例，看见略有些醒目的人物，是与其慢也宁敬的，现在虽然明知道是阿Q，但因为和破夹袄的阿Q有些两样了，古人云，"士别三日便当刮目相待"，所以堂倌，掌柜，酒客，路人，便自然显出一种疑而且敬的形态来。掌柜既先之以点头，又继之以谈话：

　　"嚄，阿Q，你回来了！"

　　"回来了。"

　　"发财发财，你是——在……"

　　"上城去了！"

　　这一件新闻，第二天便传遍了全未庄。人人都愿意知道现钱和新夹袄的阿Q的中兴史，所以在酒店里，茶馆里，庙檐下，便渐渐的探听出来了。这结果，是阿Q得了新敬畏。

　　据阿Q说，他是在举人老爷家里帮忙。这一节，听的人都肃然了。这老爷本姓白，但因为合城里只有他一个举人，所以不必再冠姓，说起举人来就是他。这也不独在未庄是如此，便是一百里方圆之内也都如此，人们几乎多以为他的姓名就叫举人老爷的了。在这人的府上帮忙，那当然是可敬的。但据阿Q又说，他却不高兴再帮忙了，因为这举人老爷实在太"妈妈的"了。这一节，听的人都叹息而且快意，因为阿Q本不配在举人老爷家里帮忙，而不帮忙是可惜的。

据阿Q说，他的回来，似乎也由于不满意城里人，这就在他们将长凳称为条凳，而且煎鱼用葱丝，加以最近观察所得的缺点，是女人的走路也扭得不很好。然而也偶有大可佩服的地方，即如未庄的乡下人不过打三十二张的竹牌，只有假洋鬼子能够叉"麻酱"，城里却连小乌龟子都叉得精熟的。什么假洋鬼子，只要放在城里的十几岁的小乌龟子的手里，也就立刻是"小鬼见阎王"。这一节，听的人都赧然了。

"你们可看见过杀头么？"阿Q说，"咳，好看。杀革命党。唉，好看好看，……"他摇摇头，将唾沫飞在正对面的赵司晨的脸上。这一节，听的人都凛然了。但阿Q又四面一看，忽然扬起右手，照着伸长脖子听得出神的王胡的后项窝上直劈下去道：

"嚓！"

王胡惊得一跳，同时电光石火似的赶快缩了头，而听的人又都悚然而且欣然了。从此王胡瘟头瘟脑的许多日，并且再不敢走近阿Q的身边；别的人也一样。

阿Q这时在未庄人眼睛里的地位，虽不敢说超过赵太爷，但谓之差不多，大约也就没有什么语病的了。

然而不多久，这阿Q的大名忽又传遍了未庄的闺中。虽然未庄只有钱赵两姓是大屋，此外十之九都是浅闺，但闺中究竟是闺中，所以也算得一件神异。女人们见面时一定说，邹七嫂在阿Q那里买了一条蓝绸裙，旧固然是旧的，但只化了九角钱。还有赵白眼的母亲——一说是赵司晨的母亲，待考——也买了一件孩子穿的大红洋纱衫，七成新，只用三百大钱九二串。于是伊们都眼巴巴的想见阿Q，缺绸裙的想问他买绸裙，要洋纱衫的想问他买洋纱衫，不但见了不逃避，有时阿Q已经走过了，也还要追上去叫住他，问道：

"阿Q，你还有绸裙么？没有？纱衫也要的，有罢？"

后来这终于从浅闺传进深闺里去了。因为邹七嫂得意之余，将伊的绸裙请赵太太去鉴赏，赵太太又告诉了赵太爷而且着实恭维了一番。赵太爷便在晚饭桌上，和秀才大爷讨论，以为阿Q实在有些古怪，我们门窗应该小心些；但他的东西，不知道可还有什么可买，也许有点好东西罢。加以赵太太也正想买一件价廉物美的皮背心。于是家族决议，便托邹七嫂即刻去寻阿Q，而且为此新辟了第三种的例外：这晚上也姑且特准点油灯。

油灯干了不少了，阿Q还不到。赵府的全眷都很焦急，打着呵欠，或恨阿Q太飘忽，或怨邹七嫂不上紧。赵太太还怕他因为春天的条件不敢来，而赵太爷以为不足虑：因为这是"我"去叫他的。果然，到底赵太爷有见识，阿Q终于跟着邹七嫂进来了。

"他只说没有没有，我说你自己当面说去，他还要说，我说……"邹七嫂气喘吁吁的走着说。

"太爷！"阿Q似笑非笑的叫了一声，在檐下站住了。

"阿Q，听说你在外面发财，"赵太爷踱开去，眼睛打量着他的全身，一面说。"那很好，那很好的。这个，……听说你有些旧东西，……可以都拿来看一看，……这也并不是别的，因为我倒要……"

"我对邹七嫂说过了。都完了。"

"完了？"赵太爷不觉失声的说，"那里会完得这样快呢？"

"那是朋友的，本来不多。他们买了些，……"

"总该还有一点罢。"

"现在，只剩了一张门幕了。"

"就拿门幕来看看罢。"赵太太慌忙说。

"那么，明天拿来就是，"赵太爷却不甚热心了。"阿Q，你以后有什么东西的时候，你尽先送来给我们看，……"

"价钱决不会比别家出得少！"秀才说。秀才娘子忙一瞥阿Q的脸，看他感动了没有。

"我要一件皮背心。"赵太太说。

阿Q虽然答应着，却懒洋洋的出去了，也不知道他是否放在心上。这使赵太爷很失望，气愤而且担心，至于停止了打呵欠。秀才对于阿Q的态度也很不平，于是说，这忘八蛋要提防，或者竟不如吩咐地保，不许他住在未庄。但赵太爷以为不然，说这也怕要结怨，况且做这路生意的大概是"老鹰不吃窝下食"，本村倒不必担心的；只要自己夜里警醒点就是了。秀才听了这"庭训"，非常之以为然，便即刻撤消了驱逐阿Q的提议，而且叮嘱邹七嫂，请伊千万不要向人提起这一段话。

但第二日，邹七嫂便将那蓝裙去染了皂，又将阿Q可疑之点传扬出去了，可是确没有提起秀才要驱逐他这一节。然而这已经于阿Q很不利。最先，地保寻上门了，取了他的门幕去，阿Q说是赵太太要看的，而地保也不还，并且要议定每月的孝敬钱。其次，是村人对于他的敬畏忽而变相了，虽然还不敢来放肆，却很有远避的神情，而这神情和先前的防他来"嚓"的时候又不同，颇混着"敬而远之"的分子了。

只有一班闲人们却还要寻根究底的去探阿Q的底细。阿Q也并不讳饰，傲然的说出他的经验来。从此他们才知道，他不过是一个小角色，不但不能上墙，并且不能进洞，只站在洞外接东西。有一夜，他刚才接到一个包，正手再进去，不一会，只听得里面大嚷起来，他便赶紧跑，连夜爬出城，逃回未庄来了，从此不敢再去做。然而这故事却于阿Q更不利，村人对于阿Q的"敬而远之"者，本因为怕结怨，谁料他不过是一个不敢再偷的偷儿呢？这实在是"斯亦不足畏也矣"。

第七章　革命

宣统三年九月十四日——即阿Q将搭连卖给赵白眼的这一天——三更四点，有一只大乌篷船到了赵府上的河埠头。这船从黑魆魆中荡来，乡下人睡得熟，都没有知道；出去时将近黎明，却很有几个看见的了。据探头探脑的调查来的结果，知道那竟是举人老爷的船！

那船便将大不安载给了未庄，不到正午，全村的人心就很动摇。船的使命，赵家本来是很秘密的，但茶坊酒肆里却都说，革命党要进城，举人老爷到我们乡下来逃难了。惟有邹七嫂不以为然，说那不过是几口破衣箱，举人老爷想来寄存的，却已被赵太爷回复转去。其实举人老爷和赵秀才素不相能，在理本不能有"共患难"的情谊，况且邹七嫂又和赵家是邻居，见闻较为切近，所以大概该是伊对的。

然而谣言很旺盛，说举人老爷虽然似乎没有亲到，却有一封长信，和赵家排了"转折亲"。赵太爷肚里一轮，觉得于他总不会有坏处，便将箱子留下了，现就塞在太太的床底下。

至于革命党，有的说是便在这一夜进了城，个个白盔白甲：穿着崇正皇帝[1]的素。

阿Q的耳朵里，本来早听到过革命党这一句话，今年又亲眼见过杀掉革命党。但他有一种不知从那里来的意见，以为革命党便是造反，造反便是与他为难，所以一向是"深恶而痛绝之"的。殊不料这却使百里闻名的举人老爷有这样怕，于是他未免也有些"神往"了，况且未庄的一群鸟男女的慌张的神情，也使阿Q更快意。

"革命也好罢，"阿Q想，"革这伙妈妈的命，太可恶！太可恨！……便是我，也要投降革命党了。"

阿Q近来用度窘，大约略略有些不平；加以午间喝了两碗空肚酒，愈加醉得快，一面想一面走，便又飘飘然起来。不知怎么一来，忽而似乎革命党便是自己，未庄人却都是他的俘虏了。他得意之余，禁不住大声的嚷道：

"造反了！造反了！"

未庄人都用了惊惧的眼光对他看。这一种可怜的眼光，是阿Q从来没有

---

1. 对崇祯皇帝的误称。

见过的,一见之下,又使他舒服得如六月里喝了雪水。他更加高兴的走而且喊道:

"好,……我要什么就是什么,我欢喜谁就是谁。

得得,锵锵!

悔不该,酒醉错斩了郑贤弟,悔不该,呀呀呀……

得得,锵锵,得,锵令锵!

我手执钢鞭将你打……"

赵府上的两位男人和两个真本家,也正站在大门口论革命。阿Q没有见,昂了头直唱过去。

"得得,……"

"老Q,"赵太爷怯怯的迎着低声的叫。

"锵锵,"阿Q料不到他的名字会和"老"字联结起来,以为是一句别的话,与己无干,只是唱。"得,锵,锵令锵,锵!"

"老Q。"

"悔不该……"

"阿Q!"秀才只得直呼其名了。

阿Q这才站住,歪着头问道,"什么?"

"老Q,……现在……"赵太爷却又没有话,"现在……发财么?"

"发财?自然。要什么就是什么……"

"阿……Q哥,像我们这样穷朋友是不要紧的……"赵白眼惴惴的说,似乎想探革命党的口风。

"穷朋友?你总比我有钱。"阿Q说着自去了。

大家都怃然,没有话。赵太爷父子回家,晚上商量到点灯。赵白眼回家,便从腰间扯下搭连来,交给他女人藏在箱底里。

阿Q飘飘然的飞了一通,回到土谷祠,酒已经醒透了。这晚上,管祠的老头子也意外的和气,请他喝茶;阿Q便向他要了两个饼,吃完之后,又要了一支点过的四两烛和一个树烛台,点起来,独自躺在自己的小屋里。他说不出的新鲜而且高兴,烛火像元夜似的闪闪的跳,他的思想也迸跳起来了:

"造反？有趣，……来了一阵白盔白甲的革命党，都拿着板刀，钢鞭，炸弹，洋炮，三尖两刃刀，钩镰枪，走过土谷祠，叫道，'阿Q！同去同去！'于是一同去。……

"这时未庄的一伙鸟男女才好笑哩，跪下叫道，'阿Q，饶命！'谁听他！第一个该死的是小D和赵太爷，还有秀才，还有假洋鬼子，……留几条么？王胡本来还可留，但也不要了。……

"东西，……直走进去打开箱子来：元宝，洋钱，洋纱衫，……秀才娘子的一张宁式床先搬到土谷祠，此外便摆了钱家的桌椅，——或者也就用赵家的罢。自己是不动手的了，叫小D来搬，要搬得快，搬不快打嘴巴。……

"赵司晨的妹子真丑。邹七嫂的女儿过几年再说。假洋鬼子的老婆会和没有辫子的男人睡觉，吓，不是好东西！秀才的老婆是眼胞上有疤的。……吴妈长久不见了，不知道在那里，——可惜脚太大。"

阿Q没有想得十分停当，已经发了鼾声，四两烛还只点去了小半寸，红焰焰的光照着他张开的嘴。

"荷荷！"阿Q忽而大叫起来，抬了头仓皇的四顾，待到看见四两烛，却又倒头睡去了。

第二天他起得很迟，走出街上看时，样样都照旧。他也仍然肚饿，他想着，想不起什么来；但他忽而似乎有了主意了，慢慢的跨开步，有意无意的走到静修庵。

庵和春天时节一样静，白的墙壁和漆黑的门。他想了一想，前去打门，一只狗在里面叫。他急急拾了几块断砖，再上去较为用力的打，打到黑门上生出许多麻点的时候，才听得有人来开门。

阿Q连忙捏好砖头，摆开马步，准备和黑狗来开战。但庵门只开了一条缝，并无黑狗从中冲出，望进去只有一个老尼姑。

"你又来什么事？"伊大吃一惊的说。

"革命了……你知道？……"阿Q说得很含胡。

"革命革命，革过一革的，……你们要革得我们怎么样呢？"老尼姑两眼通红的说。

"什么？……"阿Q诧异了。

"你不知道，他们已经来革过了！"

"谁？……"阿Q更其诧异了。

"那秀才和洋鬼子！"

阿Q很出意外，不由得一错愕；老尼姑见他失了锐气，便飞速地关了门，阿Q再推时，牢不可开，再打时，没有回答了。

那还是上午的事。赵秀才消息灵，一知道革命党已在夜间进城，便将辫子盘在顶上，一早去拜访那历来也不相能的钱洋鬼子。这是"咸与维新"的时候了，所以他们便谈得很投机，立刻成了情投意合的同志，也相约去革命。他们想而又想，才想出静修庵里有一块"皇帝万岁万万岁"的龙牌，是应该赶紧革掉的，于是又立刻同到庵里去革命。因为老尼姑来阻挡，说了三句话，他们便将伊当作满政府，在头上很给了不少的棍子和栗凿。尼姑待他们走后，定了神来检点，龙牌固然已经碎在地上了，而且又不见了观音娘娘座前的一个宣德炉。

这事阿Q后来才知道。他颇悔自己睡着，但也深怪他们不来招呼他。他又退一步想道：

"难道他们还没有知道我已经投降了革命党么？"

第八章　不准革命

未庄的人心日见其安静了。据传来的消息，知道革命党虽然进了城，倒还没有什么大异样。知县大老爷还是原官，不过改称了什么，而且举人老爷也做了什么——这些名目，未庄人都说不明白——官，带兵的也还是先前的老把总。只有一件可怕的事是另有几个不好的革命党夹在里面捣乱，第二天便动手剪辫子，听说那邻村的航船七斤便着了道儿，弄得不像人样子了。但这却还不算太恐怖，因为未庄人本来少上城，即使偶有想进城的，也就立刻变了计，碰不着这危险。

阿Q本也想进城去寻他的老朋友，一得这消息，也只得作罢了。

但未庄也不能说是无改革。几天之后，将辫子盘在顶上的逐渐增加起来了，早经说过，最先自然是茂才公，其次便是赵司晨和赵白眼，后来是阿Q。倘在夏天，大家将辫子盘在头顶上或者打一个结，本不算什么稀奇事，但现在是暮秋，所以这"秋行夏令"的情形，在盘辫家不能不说是万分的英断，而在未庄也不能说无关于改革了。

赵司晨脑后空荡荡的走来，看见的人大嚷说：

"嚄，革命党来了！"

阿Q听到了很羡慕。他虽然早知道秀才盘辫的大新闻，但总没有想到自己可以照样做，现在看见赵司晨也如此，才有了学样的意思，定下实行的决心。他用一支竹筷将辫子盘在头顶上，迟疑多时，这才放胆的走去。

他在街上走，人也看他，然而不说什么话，阿Q当初很不快，后来便很不平。他近来很容易闹脾气了；其实他的生活，倒也并不比造反之前反艰难，人见他也客气，店铺也不说要现钱。而阿Q总觉得自己太失意：既然革了命，不应该只是这样的。况且有一回看见小D，愈使他气破肚皮了。

小D也将辫子盘在头顶上了，而且也居然用一支竹筷。

阿Q万料不到他也敢这样做，自己也决不准他这样做！小D是什么东西呢？他很想即刻揪住他，拗断他的竹筷，放下他的辫子，并且批他几个嘴巴，聊且惩罚他忘了生辰八字，也敢来做革命党的罪。但他终于饶放了，单是怒目而视的吐一口唾沫道："呸！"

这几日里，进城去的只有一个假洋鬼子。赵秀才本也想靠着寄存箱子的渊源，亲身去拜访举人老爷的，但因为有剪辫的危险，所以也就中止了。他写了一封"黄伞格"的信，托假洋鬼子带上城，而且托他给自己介绍介绍，去进自由党。

假洋鬼子回来时，向秀才讨还了四块洋钱，秀才便有一块银桃子挂在大襟上了；未庄人都惊服，说这是柿油党的顶子，抵得一个翰林；赵太爷因此也骤然大阔，远过于他儿子初隽秀才的时候，所以目空一切，见了阿Q，也就很有些不放在眼里了。阿Q正在不平，又时时刻刻感着冷落，一听得这银桃子的传说，他立即悟出自己之所以冷落的原因了：要革命，单说投降，是不行的；盘上辫子，也不行的；第一着仍然要和革命党去结识。他生平所知道的革命党只有两个，城里的一个早已"嚓"的杀掉了，现在只剩了一个假洋鬼子。他除却赶紧去和假洋鬼子商量之外，再没有别的道路了。

钱府的大门正开着，阿Q便怯怯的蹩进去。他一到里面，很吃了惊，只见假洋鬼子正站在院子的中央，一身乌黑的大约是洋衣，身上也挂着一块银桃子，手里是阿Q曾经领教过的棍子，已经留到一尺多长的辫子都拆开了披在肩背上，蓬头散发的像一个刘海仙。对面挺直地站着赵白眼和三个闲人，正在毕恭毕敬的听说话。

阿Q轻轻的走近了，站在赵白眼的背后，心里想招呼，却不知道怎么说才好：叫他假洋鬼子固然是不行的了，洋人也不妥，革命党也不妥，或者就应该叫洋先生了罢。

洋先生却没有见他，因为白着眼睛讲得正起劲：

"我是性急的，所以我们见面，我总是说：洪哥！我们动手罢！他却总说道No！——这是洋话，你们不懂的。否则早已成功了。然而这正是他做事小心的地方。他再三再四的请我上湖北，我还没有肯。谁愿意在这小县城里做事情。……"

"唔，……这个……"阿Q候他略停，终于用十二分的勇气开口了，但不知道因为什么，又并不叫他洋先生。

听着说话的四个人都吃惊的回顾他。洋先生也才看见：

"什么？"

"我……"

"出去！"

"我要投……"

"滚出去！"洋先生扬起哭丧棒来了。

赵白眼和闲人们便都吆喝道："先生叫你滚出去，你还不听么！"

阿Q将手向头上一遮，不自觉的逃出门外；洋先生倒也没有追。他快跑了六十多步，这才慢慢的走，于是心里便涌起了忧愁：洋先生不准他革命，他再没有别的路；从此决不能望有白盔白甲的人来叫他，他所有的抱负，志向，希望，前程，全被一笔勾销了。至于闲人们传扬开去，给小D王胡等辈笑话，倒是还在其次的事。

他似乎从来没有经验过这样的无聊。他对于自己的盘辫子，仿佛也觉得无意味，要侮蔑；为报仇起见，很想立刻放下辫子来，但也没有竟放。他游到夜间，赊了两碗酒，喝下肚去，渐渐的高兴起来了，思想里才又出现白盔白甲的碎片。

有一天，他照例的混到夜深，待酒店要关门，才踱回土谷祠去。

拍，吧！

他忽而听得一种异样的声音，又不是爆竹。阿Q本来是爱看热闹，爱管闲事的，便在暗中直寻过去。似乎前面有些脚步声；他正听，猛然间一个人从对面逃来了。阿Q一看见，便赶紧翻身跟着逃。那人转弯，阿Q也转弯，既转弯，那人站住了，阿Q也站住。他看后面并无什么，看那人便是小D。

"什么？"阿Q不平起来了。

"赵……赵家遭抢了！"小D气喘吁吁的说。

阿Q的心怦怦的跳了。小D说了便走；阿Q却逃而又停的两三回。但他究竟是做过"这路生意"的人，格外胆大，于是躄出路角，仔细的听，似乎有些嚷嚷，又仔细的看，似乎许多白盔白甲的人，络绎的将箱子抬出了，器具抬出了，秀才娘子的宁式床也抬出了，但是不分明，他还想上前，两只脚却没有动。

这一夜没有月，未庄在黑暗里很寂静，寂静到像羲皇时候一般太平。阿Q站着看到自己发烦，也似乎还是先前一样，在那里来来往往的搬，箱子抬出了，器具抬出了，秀才娘子的宁式床也抬出了，……抬得他自己有些不信他的眼睛了。但他决计不再上前，却回到自己的祠里去了。

土谷祠里更漆黑；他关好大门，摸进自己的屋子里。他躺了好一会，这才定了神，而且发出关于自己的思想来：白盔白甲的人明明到了，并不来打招呼，搬了许多好东西，又没有自己的份，——这全是假洋鬼子可恶，不准我造反，否则，这次何至于没有我的份呢？阿Q越想越气，终于禁不住满心痛恨起来，毒毒的点一点头："不准我造反，只准你造反？妈妈的假洋鬼子，——好，你造反！造反是杀头的罪名呵，我总要告一状，看你抓进县里去杀头，——满门抄斩，——嚓！嚓！"

第九章　　大团圆

赵家遭抢之后，未庄人大抵很快意而且恐慌，阿Q也很快意而且恐慌。但四天之后，阿Q在半夜里忽被抓进县城里去了。那时恰是暗夜，一队兵，一队团丁，一队警察，五个侦探，悄悄的到了未庄，乘昏暗围住土谷祠，正对门架好机关枪；然而阿Q不冲出。许多时没有动静，把总焦急起来了，悬了二十千的赏，才有两个团丁冒了险，踰垣进去，里应外合，一拥而入，将阿Q抓出来；直待擒出祠外面的机关枪左近，他才有些清醒了。

到进城，已经是正午，阿Q见自己被搀进一所破衙门，转了五六个弯，便推在一间小屋里。他刚刚一跄踉，那用整株的木料做成的栅栏门便跟着他的脚跟阖上了，其余的三面都是墙壁，仔细看时，屋角上还有两个人。

阿Q虽然有些忐忑，却并不很苦闷，因为他那土谷祠里的卧室，也并没有比这间屋子更高明。那两个也仿佛是乡下人，渐渐和他兜搭起来了，一个说是举人老爷要追他祖父欠下来的陈租，一个不知道为了什么事。他们问阿Q，阿Q爽利的答道，"因为我想造反。"

他下半天便又被抓出栅栏门去了，到得大堂，上面坐着一个满头剃得精光的老头子。阿Q疑心他是和尚，但看见下面站着一排兵，两旁又站着十几个长衫人物，也有满头剃得精光像这老头子的，也有将一尺来长的头发披在背后像那假洋鬼子的，都是一脸横肉，怒目而视地看他；他便知道这人一定有些来历，膝关节立刻自然而然的宽松，便跪了下去了。

"站着说！不要跪！"长衫人物都吆喝说。

阿Q虽然似乎懂得，但总觉得站不住，身不由己的蹲了下去，而且终于趁势改为跪下了。

"奴隶性！……"长衫人物又鄙夷似的说，但也没有叫他起来。

"你从实招来罢，免得吃苦。我早都知道了。招了可以放你。"那光头的老头子看定了阿Q的脸，沉静的清楚的说。

"招罢！"长衫人物也大声说。

"我本来要……来投……"阿Q胡里胡涂的想了一通，这才断断续续的说。

"那么，为什么不来的呢？"老头子和气的问。

"假洋鬼子不准我！"

"胡说！此刻说，也迟了。现在你的同党在那里？"

"什么？……"

"那一晚打劫赵家的一伙人。"

"他们没有来叫我。他们自己搬走了。"阿Q提起来便愤愤。

"走到那里去了呢？说出来便放你了。"老头子更和气了。

"我不知道，……他们没有来叫我……"

然而老头子使了一个眼色，阿Q便又被抓进栅栏门里了。他第二次抓出栅栏门，是第二天的上午。

大堂的情形都照旧。上面仍然坐着光头的老头子，阿Q也仍然下了跪。

老头子和气的问道，"你还有什么话说么？"

阿Q一想，没有话，便回答说，"没有。"

于是一个长衫人物拿了一张纸，并一支笔送到阿Q的面前，要将笔塞在他手里。阿Q这时很吃惊，几乎"魂飞魄散"了：因为他的手和笔相关，这回是初次。他正不知怎样拿；那人却又指着一处地方教他画花押。

"我……我……不认得字。"阿Q一把抓住了笔，惶恐而且惭愧的说。

"那么，便宜你，画一个圆圈！"

阿Q要画圆圈了，那手捏着笔却只是抖。于是那人替他将纸铺在地上，阿Q伏下去，使尽了平生的力画圆圈。他生怕被人笑话，立志要画得圆，但这可恶的笔不但很沉重，并且不听话，刚刚一抖一抖的几乎要合缝，却又向外一耸，画成瓜子模样了。

阿Q正羞愧自己画得不圆，那人却不计较，早已掣了纸笔去，许多人又将他第二次抓进栅栏门。

他第二次进了栅栏，倒也并不十分懊恼。他以为人生天地之间，大约本来有时要抓进抓出，有时要在纸上画圆圈的，惟有圈而不圆，却是他"行状"上的一个污点。但不多时也就释然了，他想：孙子才画得很圆的圆圈呢。于是他睡着了。

然而这一夜，举人老爷反而不能睡：他和把总呕了气了。

举人老爷主张第一要追赃，把总主张第一要示众。把总近来很不将举人老爷放在眼里了，拍案打凳的说道，"惩一儆百！你看，我做革命党还不上二十天，抢案就是十几件，全不破案，我的面子在那里？破了案，你又来迂。不成！这是我管的！"举人老爷窘急了，然而还坚持，说是倘若不追赃，他便立刻辞了帮办民政的职务。而把总却道，"请便罢！"于是举人老爷在这一夜竟没有睡，但幸而第二天倒也没有辞。

阿Q第三次抓出栅栏门的时候，便是举人老爷睡不着的那一夜的明天的上午了。他到了大堂，上面还坐着照例的光头老头子；阿Q也照例的下了跪。

老头子很和气的问道，"你还有什么话么？"

阿Q一想，没有话，便回答说，"没有。"

许多长衫和短衫人物，忽然给他穿上一件洋布的白背心，上面有些黑字。阿Q很气苦：因为这很像是戴孝，而戴孝是晦气的。然而同时他的两手反缚了，同时又被一直抓出衙门外去了。

阿Q被抬上了一辆没有篷的车，几个短衣人物也和他同坐在一处。这车立刻走动了，前面是一班背着洋炮的兵们和团丁，两旁是许多张着嘴的看客，后面怎样，阿Q没有见。但他突然觉到了：这岂不是去杀头么？他一急，两眼发黑，耳朵里嗡的一声，似乎发昏了。然而他又没有全发昏，有时虽然着急，有时却也泰然；他意思之间，似乎觉得人生天地间，大约本来有时也未免要杀头的。

他还认得路，于是有些诧异了：怎么不向着法场走呢？他不知道这是在游街，在示众。但即使知道也一样，他不过便以为人生天地间，大约本来有时也未免要游街要示众罢了。

他省悟了，这是绕到法场去的路，这一定是"嚓"的去杀头。他惘惘的向左右看，全跟蚂蚁似的人，而在无意中，却在路旁的人丛中发见了一个吴妈。很久违，伊原来在城里做工了。阿Q忽然很羞愧自己没志气：竟没有唱几句戏。他的思想仿佛旋风似的在脑里一回旋：《小孤孀上坟》欠堂皇，《龙虎斗》里的"悔不该……"也太乏，还是"手执钢鞭将你打"罢。他同时想将手一扬，才记得这两手原来都捆着，于是"手执钢鞭"也不唱了。

"过了二十年又是一个……"阿Q在百忙中，"无师自通"的说出半句从来不说的话。

"好！！！"从人丛里，便发出豺狼的嗥叫一般的声音来。

车子不住的前行，阿Q在喝采声中，轮转眼睛去看吴妈，似乎伊一向并没有见他，却只是出神的看着兵们背上的洋炮。

阿Q于是再看那些喝采的人们。

这刹那中，他的思想又仿佛旋风似的在脑里一回旋了。四年之前，他曾在山脚下遇见一只饿狼，永是不近不远的跟定他，要吃他的肉。他那时吓得几乎要死，幸而手里有一柄斫柴刀，才得仗这壮了胆，支持到未庄；可是永远记得那狼眼睛，又凶又怯，闪闪的像两颗鬼火，似乎远远的来穿透了他的皮肉。而这回他又看见从来没有见过的更可怕的眼睛了，又钝又锋利，不但已经咀嚼了他的话，并且还要咀嚼他皮肉以外的东西，永是不近不远的跟他走。

这些眼睛们似乎连成一气，已经在那里咬他的灵魂。

"救命,……"

然而阿Q没有说。他早就两眼发黑,耳朵里嗡的一声,觉得全身仿佛微尘似的迸散了。

至于当时的影响,最大的倒反在举人老爷,因为终于没有追赃,他全家都号咷了。其次是赵府,非特秀才因为上城去报官,被不好的革命党剪了辫子,而且又破费了二十千的赏钱,所以全家也号咷了。从这一天以来,他们便渐渐地都发生了遗老的气味。

至于舆论,在未庄是无异议,自然都说阿Q坏,被枪毙便是他的坏的证据;不坏又何至于被枪毙呢?而城里的舆论却不佳,他们多半不满足,以为枪毙并无杀头这般好看;而且那是怎样的一个可笑的死囚呵,游了那么久的街,竟没有唱一句戏:他们白跟一趟了。

《骆驼祥子》

老舍 ⊙ 著

一

我们所要介绍的是祥子，不是骆驼，因为"骆驼"只是个外号；那么，我们就先说祥子，随手儿把骆驼与祥子那点关系说过去，也就算了。

北平的洋车夫有许多派：年轻力壮，腿脚灵利的，讲究赁漂亮的车，拉"整天儿"，爱什么时候出车与收车都有自由；拉出车来，在固定的"车口"[1]或宅门一放，专等坐快车的主儿；弄好了，也许一下子弄个一块两块的；碰巧了，也许白耗一天，连"车份儿"也没着落，但也不在乎。这一派哥儿们的希望大概有两个：或是拉包车；或是自己买上辆车，有了自己的车，再去拉包月或散座就没大关系了，反正车是自己的。

比这一派岁数稍大的，或因身体的关系而跑得稍差点劲的，或因家庭的关系而不敢白耗一天的，大概就多数的拉八成新的车；人与车都有相当的漂亮，所以在要价儿的时候也还能保持住相当的尊严。这派的车夫，也许拉"整天"，也许拉"半天"。在后者的情形下，因为还有相当的

---

1. 停车的地方。

精气神，所以无论冬天夏天总是"拉晚儿"。夜间，当然比白天需要更多的留神与本事；钱自然也多挣一些。

年纪在四十以上，二十以下的，恐怕就不易在前两派里有个地位了。他们的车破，又不敢"拉晚儿"，所以只能早早的出车，希望能从清晨转到午后三四点钟，拉出"车份儿"和自己的嚼谷。他们的车破，跑得慢，所以得多走路，少要钱。到瓜市，果市，菜市，去拉货物，都是他们；钱少，可是无须快跑呢。

在这里，二十岁以下的——有的从十一二岁就干这行儿——很少能到二十岁以后改变成漂亮的车夫的，因为在幼年受了伤，很难健壮起来。他们也许拉一辈子洋车，而一辈子连拉车也没出过风头。那四十以上的人，有的是已拉了十年八年的车，筋肉的衰损使他们甘居人后，他们渐渐知道早晚是一个跟头会死在马路上。他们的拉车姿势，讲价时的随机应变，走路的抄近绕远，都足以使他们想起过去的光荣，而用鼻翅儿扇着那些后起之辈。可是这点光荣丝毫不能减少将来的黑暗，他们自己也因此在擦着汗的时节常常微叹。不过，以他们比较另一些四十上下岁的车夫，他们还似乎没有苦到了家。这一些是以前绝没想到自己能与洋车发生关系，而到了生和死的界限已经不甚分明，才抄起车把来的。被撤差的巡警或校役，把本钱吃光的小贩，或是失业的工匠，到了卖无可卖，当无可当的时候，咬着牙，含着泪，上了这条到死亡之路。这些人，生命最鲜壮的时期已经卖掉，现在再把窝窝头变成的血汗滴在马路上。没有力气，没有经验，没有朋友，就是在同行的当中也得不到好气儿。他们拉最破的车，皮带不定一天泄多少次气；一边拉着人还得一边儿央求人家原谅，虽然十五个大铜子儿已经算是甜买卖。

此外，因环境与知识的特异，又使一部分车夫另成派别。生于西苑海甸的自然以走西山，燕京，清华，较比方便；同样，在安定门外的走清河，北苑；在永定门外的走南苑……这是跑长趟的，不愿拉零座；因为拉一趟便是一趟，不屑于三五个铜子的穷凑了。可是他们还不如东交民巷的车夫的气儿长，这些专拉洋买卖的讲究一气儿由交民巷拉到玉泉山，颐和园或西山。气长也还算小事，一般车夫万不能争这项生意的原因，大半还是因为这些吃洋饭的有点与众不同的知识，他们会说外国话。英国兵，法国兵，所说的万寿山，雍和宫，"八大胡同"，他们都晓得。他们自己有一套外国话，不传授给别人。他们的跑法也特别，四六步儿不快不慢，低着头，目不旁视的，贴着马路边儿走，带出与世无争，而自有专长的神气。因为拉着洋人，他们可以不穿号坎，而一律的是长袖小白褂，白的或黑的裤子，裤筒特别肥，脚腕上系着细带；脚上是宽双脸千层底青布鞋；干净，利落，神气。一见这样的服装，别的车夫不会再过来争座与赛车，他们似乎是属于另一行业的。

有了这点简单的分析，我们再说祥子的地位，就像说——我们希望——一盘机器上的某种钉子那么准确了。祥子，在与"骆驼"这个外号发生关系以前，是个较比有自由的洋车夫，这就是说，他是属于年轻力壮，而且自己有车的那一类：自己的车，自己的生活，都在自己手里，高等车夫。

这可绝不是件容易的事。一年，二年，至少有三四年；一滴汗，两滴汗，不知道多少万滴汗，才挣出那辆车。从风里雨里的咬牙，从饭里茶里的自苦，才赚出那辆车。那辆车是他的一切挣扎与困苦的总结果与报酬，像身经百战的武士的一颗徽章。在他赁人家的车的时候，他从早到晚，由东到西，由南到北，像被人家抽着转的陀螺；他没有自己。可是在这种旋转之中，他的眼并没有花，心并没有乱，他老想着远远的一辆车，可以使他自由，独立，像自己的手脚的那么一辆车。有了自己的车，他可以不再受拴车的人们的气，也无须敷衍别人，有自己的力气与洋车，睁开眼就可以有饭吃。

他不怕吃苦，也没有一般洋车夫的可以原谅而不便效法的恶习，他的聪明和努力都足以使他的志愿成为事实。假若他的环境好一些，或多受着点教育，他一定不会落在"胶皮团"里，而且无论是干什么，他总不会辜负了他的机会。不幸，他必须拉洋车；好，在这个营生里他也证明出他的能力与聪明。他仿佛就是在地狱里也能作个好鬼似的。生长在乡间，失去了父母与几亩薄田，十八岁的时候便跑到城里来。带着乡间小伙子的足壮与诚实，凡是以卖力气就能吃饭的事他几乎全作过了。可是，不久他就看出来，拉车是件更容易挣钱的事；作别的苦工，收入是有限的；拉车多着一些变化与机会，不知道在什么时候与地点就会遇到一些多于所希望的报酬。自然，他也晓得这样的机遇不完全出于偶然，而必须人与车都得漂亮精神，有货可卖才能遇到识货的人。想了一想，他相信自己有那个资格：他有力气，年纪正轻；所差的是他还没有跑过，与不敢一上手就拉漂亮的车。但这不是不能胜过的困难，有他的身体与力气作基础，他只要试验个十天半月的，就一定能跑得有个样子，然后去赁辆新车，说不定很快的就能拉上包车，然后省吃俭用的一年二年，即使是三四年，他必能自己打上一辆车，顶漂亮的车！看着自己的青年的肌肉，他以为这只是时间的问题，这是必能达到的一个志愿与目的，绝不是梦想！

他的身量与筋肉都发展到年岁前边去；二十来的岁，他已经很大很高，虽然肢体还没被年月铸成一定的格局，可是已经像个成人了——一个脸上身上都带出天真淘气的样子的大人。看着那高等的车夫；他计划着怎样杀进他的腰去[1]，好更显出他的铁扇面似的胸，与直硬的背；扭头看看自己的肩，多么宽，多么威严！杀好了腰，再穿上肥腿的白裤，裤脚用鸡肠子带儿系住，露出那对"出号"的大脚！是的，他无疑的可以成为最出色的车夫；傻子似的他自己笑了。

他没有什么模样，使他可爱的是脸上的精神。头不很大，圆眼，肉鼻子，两条眉很短很粗，头上永远剃得发亮。腮上没有多余的肉，脖子可是几乎与头一边儿粗；脸上永远红扑扑的，特别亮的是颧骨与右耳之间一块不小的疤——小时候在树下睡觉，被驴啃了一口。他不甚注意他的模样，他爱自己的脸正如同他爱自己的身体，都那么结实硬棒；他把脸仿佛算在四肢之内，只要硬棒就好。是的，到城里以后，他还能头朝下，倒着立半天。这样立着，他觉得，他就很像一棵树，上下没有一个地方不挺脱的。

他确乎有点像一棵树，坚壮，沉默，而又有生气。他有自己的打算，有些心眼，但不好向别人讲论。在洋车夫里，个人的委屈与困难是公众的话料，"车口儿"上，小茶馆中，大杂院里，每人报告着形容着或吵嚷着自己的事，

---

[1]. 指将腰勒细。

而后这些事成为大家的财产,像民歌似的由一处传到一处。祥子是乡下人,口齿没有城里人那么灵便;设若口齿灵利是出于天才,他天生来的不愿多说话,所以也不愿学着城里人的贫嘴恶舌。他的事他知道,不喜欢和别人讨论。因为嘴常闲着,所以他有工夫去思想,他的眼仿佛是老看着自己的心。只要他的主意打定,他便随着心中所开开的那条路儿走;假若走不通的话,他能一两天不出一声,咬着牙,好似咬着自己的心!

他决定去拉车,就拉车去了。赁了辆破车,他先练练腿。第一天没拉着什么钱。第二天的生意不错,可是躺了两天,他的脚脖子肿得像两条瓠子似的,再也抬不起来。他忍受着,不管是怎样的疼痛。他知道这是不可避免的事,这是拉车必须经过的一关。非过了这一关,他不能放胆的去跑。

脚好了之后,他敢跑了。这使他非常的痛快,因为别的没有什么可怕的了:地名他很熟习,即使有时候绕点远也没大关系,好在自己有的是力气。拉车的方法,以他干过的那些推,拉,扛,挑的经验来领会,也不算十分难。况且他有他的主意:多留神,少争胜,大概总不会出了毛病。至于讲价争座,他的嘴慢气盛,弄不过那些老油子们。知道这个短处,他干脆不大到"车口儿"上去;哪里没车,他放在哪里。在这僻静的地点,他可以从容的讲价,而且有时候不肯要价,只说声:"坐上吧,瞧着给!"他的样子是那么诚实,脸上是那么简单可爱,人们好像只好信任他,不敢想这个傻大个子是会敲人的。即使人们疑心,也只能怀疑他是新到城里来的乡下老儿,大概不认识路,所以讲不出价钱来。以至人们问到,"认识呀?"他就又像装傻,又像耍俏的那么一笑,使人们不知怎样才好。

两三个星期的工夫,他把腿溜出来了。他晓得自己的跑法很好看。跑法是车夫的能力与资格的证据。那撇着脚,像一对蒲扇在地上扇乎的,无疑的是刚由乡间上来的新手。那头低得很深,双脚蹭地,跑和走的速度差不多,而颇有跑的表示的,是那些五十岁以上的老者们。那经验十足而没什么力气的却另有一种方法:胸向内含,度数很深;腿抬得很高;一走一探头;这样,他们就带出跑得很用力的样子,而在事实上一点也不比别人快;他们仗着"作派"去维持自己的尊严。祥子当然决不采取这几种姿态。他的腿长步大,腰里非常的稳，跑起来没有多少响声，步步都有些伸缩，车把不动，使座儿觉到安全，舒服。说站住，不论在跑得多么快的时候，大脚在地上轻蹭两蹭，就站住了；他的力气似乎能达到车的各部分。脊背微俯，双手松松拢住车把，他活动，利落，准确；看不出急促而跑得很快，快而没有危险。就是在拉包车的里面，这也得算很名贵的。

他换了新车。从一换车那天，他就打听明白了，像他赁的那辆——弓子软，铜活地道，雨布大帘，双灯，细脖大铜喇叭——值一百出头；若是漆工与铜活含忽一点呢，一百元便可以打住。大概的说吧，他只要有一百块钱，就能弄一辆车。猛然一想，一天要是能剩一角的话，一百元就是一千天，一千天！把一千天堆到一块，他几乎算不过来这该有多么远。但是，他下了决心，一千天，一万天也好，他得买车！第一步他应当，他想好了，去拉包车。遇上交际多，饭局多的主儿，平均一月有上十来个饭局，他就可以白落两三块的车饭钱。加上他每月再省出个块儿八角的，也许是三头五块的，一年就能剩起五六十块！这样，他的希望就近便多多了。他不吃烟，不喝酒，不赌钱，没有任何嗜好，没有家庭的累赘，只要他自己肯咬牙，事儿就没有个不成。他对自己起下了誓，一年半的工夫，他——祥子——非打成自己的车不可！是现打的，不要旧车见过新的。

他真拉上了包月。可是，事实并不完全帮助希望。不错，他确是咬了牙，但是到了一年半他并没还上那个誓愿。包车确是拉上了，而且谨慎小心的看着事情；不幸，世上的事并不是一面儿的。他自管小心他的，东家并不因此就不辞他；不定是三两个月，还是十天八天，吹了；他得另去找事。自然，他得一边儿找事，还得一边儿拉散座；骑马找马，他不能闲起来。在这种时节，他常常闹错儿。他还强打着精神，不专为混一天的嚼谷，而且要继续着积储买车的钱。可是强打精神永远不是件妥当的事：拉起车来，他不能专心一志的跑，好像老想着些什么，越想便越害怕，越气不平。假若老这么下去，几时才能买上车呢？为什么这样呢？难道自己还算个不要强的？在这么乱想的时候，他忘了素日的谨慎。皮轮子上了碎铜烂磁片，放了炮；只好收车。更严重一些的，有时候碰了行人，甚至有一次因急于挤过去而把车轴盖碰丢了。设若他是拉着包车，这些错儿绝不能发生；一搁下了事，他心中不痛快，便有点楞头磕脑的。碰坏了车，自然要赔钱；这更使他焦躁，火上加了油；为怕惹出更大的祸，他有时候懊睡一整天。及至睁开眼，一天的工夫已白白过去，他又后悔，自恨。还有呢，在这种时期，他越着急便越自苦，吃喝越没规则；他以为自己是铁作的，可是敢情他也会病。病了，他舍不得钱去买药，自己硬挺着；结果，病越来越重，不但得买药，而且得一气儿休息好几天。这些个困难，使他更咬牙努力，可是买车的钱数一点不因此而加快的凑足。

整整的三年，他凑足了一百块钱！

他不能再等了。原来的计划是买辆最完全最新式最可心的车，现在只好按着一百块钱说了。不能再等；万一出点什么事再丢失几块呢！恰巧有辆刚打好的车（定作而没钱取货的）跟他所期望的车差不甚多；本来值一百多，可是因为定钱放弃了，车铺愿意少要一点。祥子的脸通红，手哆嗦着，拍出九十六块钱来："我要这辆车！"铺主打算挤到个整数，说了不知多少话，把他的车拉出去又拉进来，支开棚子，又放下，按按喇叭，每一个动作都伴着一大串最好的形容词；最后还在钢轮条上踢了两脚，"听听声儿吧，铃铛似的！拉去吧，你就是把车拉碎了，要是钢条软了一根，你拿回来，把它摔在我脸上！一百块，少一分咱们吹！"祥子把钱又数了一遍，"我要这辆车，九十六！"铺主知道是遇见了一个心眼的人，看看钱，看看祥子，叹了口气："交个朋友，车算你的了；保六个月：除非你把大箱碰碎，我都白给修理；保单，拿着！"

祥子的手哆嗦得更厉害了，揣起保单，拉起车，几乎要哭出来。拉到个僻静地方，细细端详自己的车，在漆板上试着照照自己的脸！越看越可爱，就是那不尽合自己的理想的地方也都可以原谅了，因为已经是自己的车了。把车看得似乎暂时可以休息会儿了，他坐在了水簸箕的新脚垫儿上，看着车把上的发亮的黄铜喇叭。他忽然想起来，今年是二十二岁。因为父母死得早，他忘了生日是在哪一天。自从到城里来，他没过一次生日。好吧，今天买上了新车，就算是生日吧，人的也是车的，好记，而且车既是自己的心血，简直没什么不可以把人与车算在一块的地方。

怎样过这个"双寿"呢？祥子有主意：头一个买卖必须拉个穿得体面的人，绝对不能是个女的。最好是拉到前门，其次是东安市场。拉到了，他应当在最好的饭摊上吃顿饭，如热烧饼夹爆羊肉之类的东西。吃完，有好买卖呢就再拉一两个；没有呢，就收车；这是生日！

自从有了这辆车，他的生活过得越来越起劲了。拉包月也好，拉散座也好，他天天用不着为"车份儿"着急，拉多少钱全是自己的。心里舒服，对人就更和气，买卖也就更顺心。拉了半年，他的希望更大了：照这样下去，干上二年，至多二年，他就又可以买辆车，一辆，两辆……他也可以开车厂子了！

可是，希望多半落空，祥子的也非例外。

二

因为高兴，胆子也就大起来；自从买了车，祥子跑得更快了。自己的车，当然格外小心，可是他看看自己，再看看自己的车，就觉得有些不是味儿，假若不快跑的话。

他自己，自从到城里来，又长高了一寸多。他自己觉出来，仿佛还得往高里长呢。不错，他的皮肤与模样都更硬棒与固定了一些，而且上唇上已有了小小的胡子；可是他以为还应当再长高一些。当他走到个小屋门或街门而必须大低头才能进去的时候，他虽不说什么，可是心中暗自喜欢，因为他已经是这么高大，而觉得还正在发长，他似乎既是个成人，又是个孩子，非常有趣。

这么大的人，拉上那么美的车，他自己的车，弓子软得颤悠颤悠的，连车把都微微的动弹；车箱是那么亮，垫子是那么白，喇叭是那么响；跑得不快怎能对得起自己呢，怎能对得起那辆车呢？这一点不是虚荣心，而似乎是一种责任，非快跑，飞跑，不足以充分发挥自己的力量与车的优美。那辆车也真是可爱，拉过了半年来的，仿佛处处都有了知觉与感情，祥子的一扭腰，一蹲腿，或一直脊背，它都就马上应合着，给祥子以最顺心的帮助，他与它之间没有一点隔膜别扭的地方。赶到遇上地平人少的地方，祥子可以用一只手拢着把，微微轻响的皮轮像阵利飕的小风似的催着他跑，飞快而平稳。拉到了地点，祥子的衣裤都拧得出汗来，哗哗的，像刚从水盆里捞出来的。他感到疲乏，可是很痛快的，值得骄傲的，一种疲乏，如同骑着名马跑了几十里那样。

假若胆壮不就是大意，祥子在放胆跑的时候可并不大意。不快跑若是对不起人，快跑而碰伤了车便对不起自己。车是他的命，他知道怎样的小心。小心与大胆放在一处，他便越来越能自信，他深信自己与车都是铁作的。

因此，他不但敢放胆的跑，对于什么时候出车也不大去考虑。他觉得用力拉车去挣口饭吃，是天下最有骨气的事；他愿意出去，没人可以拦住他。外面的谣言他不大往心里听，什么西苑又来了兵，什么长辛店又打上了仗，什么西直门外又在拉伕，什么齐化门已经关了半天，他都不大注意。自然，街上铺户已都上了门，而马路上站满了武装警察与保安队，他也不便故意去找不自在，也和别人一样急忙收了车。可是，谣言，他不信。他知道怎样谨慎，特别因为车是自己的，但是他究竟是乡下人，不像城里人那样听见风便是雨。再说，他的身体使他相信，即使不幸赶到"点儿"上，他必定有办法，不至于吃很大的亏；他不是容易欺侮的，那么大的个子，那么宽的肩膀！

战争的消息与谣言几乎每年随着春麦一块儿往起长，麦穗与刺刀可以算作北方人的希望与忧惧的象征。祥子的新车刚交半岁的时候，正是麦子需要春雨的时节。春雨不一定顺着人民的盼望而降落，可是战争不管有没有人盼望总会来到。谣言吧，真事儿吧，祥子似乎忘了他曾经作过庄稼活；他不大关心战争怎样的毁坏田地，也不大注意春雨的有无。他只关心他的车，他的车能产生烙饼与一切吃食，它是块万能的田地，很驯顺的随着他走，一块活地,宝地。因为缺雨,因为战争的消息,粮食都长了价钱;这个,祥子知道。可是他和城里人一样的只会抱怨粮食贵,而一点主意没有;粮食贵,贵吧,谁有法儿教它贱呢?这种态度使他只顾自己的生活,把一切祸患灾难都放在脑后。

设若城里的人对于一切都没有办法,他们可会造谣言——有时完全无中生有,有时把一分真事说成十分——以便显出他们并不愚傻与不作事。他们像些小鱼,闲着的时候把嘴放在水皮上,吐出几个完全没用的水泡儿也怪得意。在谣言里,最有意思是关于战争的。别种谣言往往始终是谣言,好像谈鬼说狐那样,不会说着说着就真见了鬼。关于战争的,正是因为根本没有正确消息,谣言反倒能立竿见影。在小节目上也许与真事有很大的出入,可是对于战争本身的有无,十之八九是正确的。"要打仗了!"这句话一经出口,早晚准会打仗;至于谁和谁打,与怎么打,那就一个人一个说法了。祥子并不是不知道这个。不过,干苦工的人们——拉车的也在内——虽然不会欢迎战争,可是碰到了它也不一定就准倒霉。每逢战争一来,最着慌的是阔人们。他们一听见风声不好,赶快就想逃命;钱使他们来得快,也跑得快。他们自己可是不会跑,因为腿脚被钱赘的太沉重。他们得雇许多人作他们的腿,箱子得有人抬,老幼男女得有车拉;在这个时候,专卖手脚的哥儿们的手与脚就一律贵起来:"前门,东车站!""哪儿?""东——车——站!""呕,干脆就给一块四毛钱!不用驳回,兵荒马乱的!"

就是在这个情形下,祥子把车拉出城去。谣言已经有十来天了,东西已都涨了价,可是战事似乎还在老远,一时半会儿不会打到北平来。祥子还照常拉车,并不因为谣言而偷点懒。有一天,拉到了西城,他看出点棱缝来。在护国寺街西口和新街口没有一个招呼"西苑哪?清华呀?"的。在新街口附近他转悠了一会儿。听说车已经都不敢出城,西直门外正在抓车,大车小车骡车洋车一齐抓。他想喝碗茶就往南放车;车口的冷静露出真的危险,他有相当的胆子,但是不便故意的走死路。正在这个接骨眼儿,从南来了两辆车,车上坐着的好像是学生。拉车的一边走,一边儿喊:"有上清华的没有?嗨,清华!"

车口上的几辆车没有人答碴儿，大家有的看着那两辆车淡而不厌的微笑，有的叼着小烟袋坐着，连头也不抬。那两辆车还继续的喊："都哑巴了？清华！"

"两块钱吧，我去！"一个年轻光头的矮子看别人不出声，开玩笑似的答应了这么一句。

"拉过来！再找一辆！"那两辆车停住了。

年轻光头的楞了一会儿，似乎不知怎样好了。别人还都不动。祥子看出来，出城一定有危险，要不然两块钱清华——平常只是二三毛钱的事儿——为什么会没人抢呢？他也不想去。可是那个光头的小伙子似乎打定了主意，要是有人陪他跑一趟的话，他就豁出去了；他一眼看中了祥子："大个子，你怎样？"

"大个子"三个字把祥子招笑了，这是一种赞美。他心中打开了转儿：凭这样的赞美，似乎也应当捧那身矮胆大的光头一场；再说呢，两块钱是两块钱，这不是天天能遇到的事。危险？难道就那样巧？况且，前两天还有人说天坛住满了兵；他亲眼看见的，那里连个兵毛儿也没有。这么一想，他把车拉过去了。

拉到了西直门，城洞里几乎没有什么行人。祥子的心凉了一些。光头也看出不妙，可是还笑着说："招呼吧，伙计！是福不是祸，今儿个就是今儿个啦！"祥子知道事情要坏，可是在街面上混了这几年了，不能说了不算，不能耍老娘们脾气！

出了西直门，真是连一辆车也没遇上；祥子低下头去，不敢再看马路的左右。他的心好像直顶他的肋条。到了高亮桥，他向四围打了一眼，并没有一个兵，他又放了点心。两块钱到底是两块钱，他盘算着，没点胆子哪能找到这么俏的事。他平常很不喜欢说话，可是这阵儿他愿意跟光头的矮子说几句，街上清静得真可怕。"抄土道走吧？马路上——"

"那还用说，"矮子猜到他的意思，"只要一上了便道，咱们就算有点底儿了！"

还没拉到便道上，祥子和光头的矮子连车带人都被十来个兵捉了去！

虽然已到妙峰山开庙进香的时节,夜里的寒气可还不是一件单衫所能挡得住的。祥子的身上没有任何累赘,除了一件灰色单军服上身,和一条蓝布军裤,都被汗沤得奇臭——自从还没到他身上的时候已经如此。由这身破军衣,他想起自己原来穿着的白布小褂与那套阴丹士林蓝的夹裤褂;那是多么干净体面!是的,世界上还有许多比阴丹士林蓝更体面的东西,可是祥子知道自己混到那么干净利落已经是怎样的不容易。闻着现在身上的臭汗味,他把以前的挣扎与成功看得分外光荣,比原来的光荣放大了十倍。他越想着过去便越恨那些兵们。他的衣服鞋帽,洋车,甚至于系腰的布带,都被他们抢了去;只留给他青一块紫一块的一身伤,和满脚的疱!不过,衣服,算不了什么;身上的伤,不久就会好的。他的车,几年的血汗挣出来的那辆车,没了!自从一拉到营盘里就不见了!以前的一切辛苦困难都可一眨眼忘掉,可是他忘不了这辆车!

吃苦,他不怕;可是再弄上一辆车不是随便一说就行的事;至少还得几年的工夫!过去的成功全算白饶,他得重打鼓另开张打头儿来!祥子落了泪!他不但恨那些兵,而且恨世上的一切了。凭什么把人欺侮到这个地步呢?凭什么?"凭什么?"他喊了出来。

这一喊——虽然痛快了些——马上使他想起危险来。别的先不去管吧,逃命要紧!

他在哪里呢?他自己也不能正确的回答出。这些日子了,他随着兵们跑,汗从头上一直流到脚后跟。走,得扛着拉着或推着兵们的东西;站住,他得去挑水烧火喂牲口。他一天到晚只知道怎样把最后的力气放在手上脚上,心中成了块空白。到了夜晚,头一挨地他便像死了过去,而永远不再睁眼也并非一定是件坏事。

最初,他似乎记得兵们是往妙峰山一带退却。及至到了后山,他只顾得爬山了,而时时想到不定哪时他会一跤跌到山涧里,把骨肉被野鹰们啄尽,不顾得别的。在山中绕了许多天,忽然有一天山路越来越少,当太阳在他背后的时候,他远远的看见了平地。晚饭的号声把出营的兵丁唤回,有几个扛着枪的牵来几匹骆驼。

骆驼！祥子的心一动，忽然的他会思想了，好像迷了路的人忽然找到一个熟识的标记，把一切都极快的想了起来。骆驼不会过山，他一定是来到了平地。在他的知识里，他晓得京西一带，像八里庄，黄村，北辛安，磨石口，五里屯，三家店，都有养骆驼的。难道绕来绕去，绕到磨石口来了吗？这是什么战略——假使这群只会跑路与抢劫的兵们也会有战略——他不晓得。可是他确知道，假如这真是磨石口的话，兵们必是绕不出山去，而想到山下来找个活路。磨石口是个好地方，往东北可以回到西山；往南可以奔长辛店，或丰台；一直出口子往西也是条出路。他为兵们这么盘算，心中也就为自己画出一条道儿来：这到了他逃走的时候了。万一兵们再退回乱山里去，他就是逃出兵的手掌，也还有饿死的危险。要逃，就得乘这个机会。由这里一跑，他相信，一步就能跑回海甸！虽然中间隔着那么多地方，可是他都知道呀；一闭眼，他就有了个地图；这里是磨石口——老天爷，这必须是磨石口！——他往东北拐，过金顶山，礼王坟，就是八大处；从四平台往东奔杏子口，就到了南辛庄。为是有些遮隐，他顶好还顺着山走，从北辛庄，往北，过魏家村；往北，过南河滩；再往北，到红山头，杰王府；静宜园了！找到静宜园，闭着眼他也可以摸到海甸去！他的心要跳出来！这些日子，他的血似乎全流到四肢上去；这一刻，仿佛全归到心上来；心中发热，四肢反倒冷起来；热望使他浑身发颤！

一直到半夜，他还合不上眼。希望使他快活，恐惧使他惊惶，他想睡，但睡不着，四肢像散了似的在一些干草上放着。什么响动也没有，只有天上的星伴着自己的心跳。骆驼忽然哀叫了两声，离他不远。他喜欢这个声音，像夜间忽然听到鸡鸣那样使人悲哀，又觉得有些安慰。

远处有了炮声，很远，但清清楚楚的是炮声。他不敢动，可是马上营里乱起来。他闭住了气，机会到了！他准知道，兵们又得退却，而且一定是往山中去。这些日子的经验使他知道，这些兵的打仗方法和困在屋中的蜜蜂一样，只会到处乱撞。有了炮声，兵们一定得跑；那么，他自己也该精神着点了。他慢慢的，闭着气，在地上爬，目的是在找到那几匹骆驼。他明知道骆驼不会帮助他什么，但他和它们既同是俘虏，好像必须有些同情。军营里更乱了，他找到了骆驼——几块土岗似的在黑暗中趴伏着，除了粗大的呼吸，一点动静也没有，似乎天下都很太平。这个，教他壮起点胆子来。他伏在骆驼旁边，像兵丁藏在沙口袋后面那样。极快的他想出个道理来：炮声是由南边来的，即使不是真心作战，至少也是个"此路不通"的警告。那么，这些兵还得逃回山中去。真要是上山，他们不能带着骆驼。这样，骆驼的命运也就是他的命运。他们要是不放弃这几个牲口呢，他也跟着完事；他们忘记了骆驼，他就可以逃走。把耳朵贴在地上，他听着有没有脚步声儿来，心跳得极快。

不知等了多久，始终没人来拉骆驼。他大着胆子坐起来，从骆驼的双峰间望过去，什么也看不见，四外极黑。逃吧！不管是吉是凶，逃！

三

祥子已经跑出二三十步去，可又不肯跑了，他舍不得那几匹骆驼。他在世界上的财产，现在，只剩下了自己的一条命。就是地上的一根麻绳，他也乐意拾起来，即使没用，还能稍微安慰他一下，至少他手中有条麻绳，不完全是空的。逃命是要紧的，可是赤裸裸的一条命有什么用呢？他得带走这几匹牲口，虽然还没想起骆驼能有什么用处，可是总得算是几件东西，而且是块儿不小的东西。

他把骆驼拉了起来。对待骆驼的方法，他不大晓得，可是他不怕它们，因为来自乡间，他敢挨近牲口们。骆驼们很慢很慢的立起来，他顾不得细调查它们是不是都在一块儿拴着，觉到可以拉着走了，他便迈开了步，不管是拉起来一个，还是全"把儿"。

一迈步，他后悔了。骆驼——在口内负重惯了的——是走不快的。不但是得慢走，还须极小心的慢走，骆驼怕滑；一汪儿水，一片儿泥，都可以教它们劈了腿，或折扭了膝。骆驼的价值全在四条腿上；腿一完，全完！而祥子是想逃命呀！

可是，他不肯再放下它们。一切都交给天了，白得来的骆驼是不能放手的！

因拉惯了车，祥子很有些辨别方向的能力。虽然如此，他现在心中可有点乱。当他找到骆驼们的时候，他的心似乎全放在它们身上了；及至把它们拉起来，他弄不清哪儿是哪儿了，天是那么黑，心中是那么急，即使他会看看星，调一调方向，他也不敢从容的去这么办；星星们——在他眼中——好似比他还着急，你碰我，我碰你的在黑空中乱动。祥子不敢再看天上。他低着头，心里急而脚步不敢放快的往前走。他想起了这个：既是拉着骆驼，便须顺着大道走，不能再沿着山坡儿。由磨石口——假如这是磨石口——到黄村，是条直路。这既是走骆驼的大路，而且一点不绕远儿。"不绕远儿"在一个洋车夫心里有很大的价值。不过，这条路上没有遮掩！万一再遇上兵呢？即使遇不上大兵，他自己那身破军衣，脸上的泥，与那一脑袋的长头发，能使人相信他是个拉骆驼的吗？不像，绝不像个拉骆驼的！倒很像个逃兵！逃兵，被官中拿去还倒是小事；教村中的人们捉住，至少是活埋！想到这儿，他哆嗦起来，背后骆驼蹄子噗噗轻响猛然吓了他一跳。他要打算逃命，还是得放弃这几个累赘。可是到底不肯撒手骆驼鼻子上的那条绳子。走吧，走，走到哪里算哪里，遇见什么说什么；活了呢，赚几条牲口，死了呢，认命！

可是，他把军衣脱下来：一把，将领子扯掉；那对还肯负责任的铜钮也被揪下来，掷在黑暗中，连个响声也没发。然后，他把这件无领无钮的单衣斜搭在身上，把两条袖子在胸前结成个结子，像背包袱那样。这个，他以为可以减少些败兵的嫌疑；裤子也挽高起来一块。他知道这还不十分像拉骆驼的，可是至少也不完全像个逃兵了。加上他脸上的泥，身上的汗，大概也够个"煤黑子"的谱儿了。他的思想很慢，可是想得很周到，而且想起来马上就去执行。夜黑天里，没人看见他；他本来无须乎立刻这样办；可是他等不得。他不知道时间，也许忽然就会天亮。既没顺着山路走，他白天没有可以隐藏起来的机会；要打算白天也照样赶路的话，他必须使人相信他是个"煤黑子"。想到了这个，也马上这么办了，他心中痛快了些，好似危险已过，而眼前就是北平了。他必须稳稳当当的快到城里，因为他身上没有一个钱，没有一点干粮，不能再多耗时间。想到这里，他想骑上骆驼，省些力气可以多挨一会儿饥饿。可是不敢去骑，即使很稳当，也得先教骆驼跪下，他才能上去；时间是值钱的，不能再麻烦。况且，他要是上了那么高，便更不容易看清脚底下，骆驼若是摔倒，他也得陪着。不，就这样走吧。

大概的他觉出是顺着大路走呢；方向，地点，都有些茫然。夜深了，多日的疲乏，与逃走的惊惧，使他身心全不舒服。及至走出来一些路，脚步是那么平匀，缓慢，他渐渐的仿佛困倦起来。夜还很黑，空中有些湿冷的雾气，心中更觉得渺茫。用力看看地，地上老像有一岗一岗的，及至放下脚去，却是平坦的。这种小心与受骗教他更不安静，几乎有些烦躁。爽性不去管地上了，眼往平里看，脚擦着地走。四外什么也看不见，就好像全世界的黑暗都在等着他似的，由黑暗中迈步，再走入黑暗中；身后跟着那不声不响的骆驼。

外面的黑暗渐渐习惯了，心中似乎停止了活动，他的眼不由得闭上了。不知道是往前走呢，还是已经站住了，心中只觉得一浪一浪的波动，似一片波动的黑海，黑暗与心接成一气，都渺茫，都起落，都恍惚。忽然心中一动，像想起一些什么，又似乎是听见了一些声响，说不清；可是又睁开了眼。他确是还往前走呢，忘了刚才是想起什么来，四外也并没有什么动静。心跳了一阵，渐渐又平静下来。他嘱咐自己不要再闭上眼，也不要再乱想；快快的到城里是第一件要紧的事。可是心中不想事，眼睛就很容易再闭上，他必须想念着点儿什么，必须醒着。他知道一旦倒下，他可以一气睡三天。想什么呢？他的头有些发晕，身上潮渌渌的难过，头发里发痒，两脚发酸，口中又干又涩。他想不起别的，只想可怜自己。可是，连自己的事也不大能详细的想了，他的头是那么虚空昏胀，仿佛刚想起自己，就又把自己忘记了，像将要灭的蜡烛，连自己也不能照明白了似的。再加上四围的黑暗，使他觉得像在一团黑气里浮荡，虽然知道自己还存在着，还往前迈步，可是没有别的东西来证明他准是在哪里走，就很像独自在荒海里浮着那样不敢相信自己。他永远没尝受过这种惊疑不定的难过，与绝对的寂闷。平日，他虽不大喜欢交朋友，可是一个人在日光下，有太阳照着他的四肢，有各样东西呈现在目前，他不至于害怕。现在他还不害怕，只是不能确定一切，使他受不了。设若骆驼们要是像骡马那样不老实，也许倒能教他打起精神去注意它们，而骆驼偏偏是这么驯顺，驯顺得使他不耐烦；在心神最恍惚的时候，他忽然怀疑骆驼是否还在他的背后，教他吓一跳；他似乎很相信这几个大牲口会轻轻的钻入黑暗的岔路中去，而他一点也不晓得，像拉着块冰那样能渐渐的化尽。

不知道在什么时候，他坐下了。若是他就是这么死去，就是死后有知，他也不会记得自己是怎么坐下的，和为什么坐下的。坐了五分钟，也许是一点钟，他不晓得。他也不知道他是先坐下而后睡着，还是先睡着而后坐下的。大概他是先睡着而后坐下的，因为他的疲乏已经能使他立着睡去的。

他忽然醒了。不是那种自自然然的由睡而醒，而是猛的一吓，像由一个世界跳到另一个世界，都在一睁眼的工夫里。看见的还是黑暗，可是很清楚的听见一声鸡鸣，是那么清楚，好像有个坚硬的东西在他脑中划了一下。他完全清醒过来。骆驼呢？他顾不得想别的。绳子还在他手中，骆驼也还在他旁边。他心中安静了。懒得起来。身上酸懒，他不想起来；可也不敢再睡。他得想，细细的想，好主意。就是在这个时候，他想起他的车，而喊出"凭什么？"

"凭什么？"但是空喊是一点用处没有的。他去摸摸骆驼，他始终还不知自己拉来几匹。摸清楚了，一共三匹。他不觉得这是太多，还是太少；他把思想集中到这三匹身上，虽然还没想妥一定怎么办，可是他渺茫的想到，他的将来全仗着这三个牲口。

"为什么不去卖了它们，再买上一辆车呢？"他几乎要跳起来了！可是他没动，好像因为先前没想到这样最自然最省事的办法而觉得应当惭愧似的。喜悦胜过了惭愧，他打定了主意：刚才不是听到鸡鸣么？即使鸡有时候在夜间一两点钟就打鸣，反正离天亮也不甚远了。有鸡鸣就必有村庄，说不定也许是北辛安吧？那里有养骆驼的，他得赶快的走，能在天亮的时候赶到，把骆驼出了手，他可以一进城就买上一辆车。兵荒马乱的期间，车必定便宜一些；他只顾了想买车，好似卖骆驼是件毫无困难的事。

想到骆驼与洋车的关系，他的精神壮了起来，身上好似一向没有什么不舒服的地方。假若他想到拿这三匹骆驼能买到一百亩地，或是可以换几颗珍珠，他也不会这样高兴。他极快的立起来，扯起骆驼就走。他不晓得现在骆驼有什么行市，只听说过在老年间，没有火车的时候，一条骆驼要值一个大宝[1]，因为骆驼力气大，而吃得比骡马还省。他不希望得三个大宝，只盼望换个百儿八十的，恰好够买一辆车的。

越走天越亮了；不错，亮处是在前面，他确是朝东走呢。即使他走错了路，方向可是不差；山在西，城在东，他晓得这个。四外由一致的漆黑，渐渐能分出深浅，虽然还辨不出颜色，可是田亩远树已都在普遍的灰暗中有了形状。星星渐稀，天上罩着一层似云又似雾的灰气，暗淡，可是比以前高起许多去。祥子仿佛敢抬起头来了。他也开始闻见路旁的草味，也听见几声鸟鸣；因为看见了渺茫的物形，他的耳目口鼻好似都恢复了应有的作用。他也能看到自己身上的一切，虽然是那么破烂狼狈，可是能以相信自己确是还活着呢；好像噩梦初醒时那样觉得生命是何等的可爱。看完了他自己，他回头看了看骆驼——和他一样的难看，也一样的可爱。正是牲口脱毛的时候，骆驼身上已经都露出那灰红的皮，只有东一缕西一块的挂着些零散的，没力量的，随时可以脱掉的长毛，像些兽中的庞大的乞丐。顶可怜的是那长而无毛的脖子，那么长，那么秃，弯弯的，愚笨的，伸出老远，像条失意的瘦龙。可是祥子不憎嫌它们，不管它们是怎样的不体面，到底是些活东西。他承认自己是世上最有运气的人，上天送给他三条足以换一辆洋车的活宝贝；这不是天天能遇到的事。他忍不住的笑了出来。

灰天上透出些红色，地与远树显着更黑了；红色渐渐的与灰色融调起来，有的地方成为灰紫的，有的地方特别的红，而大部分的天色是葡萄灰的。又待了一会儿，红中透出明亮的金黄来，各种颜色都露出些光；忽然，一切东

---

1. 一种重五十两的银元宝。

西都非常的清楚了。跟着，东方的早霞变成一片深红，头上的天显出蓝色。红霞碎开，金光一道一道的射出，横的是霞，直的是光，在天的东南角织成一部极伟大光华的蛛网：绿的田，树，野草，都由暗绿变为发光的翡翠。老松的干上染上了金红，飞鸟的翅儿闪起金光，一切的东西都带出笑意。祥子对着那片红光要大喊几声，自从一被大兵拉去，他似乎没看见过太阳，心中老在咒骂，头老低着，忘了还有日月，忘了老天。现在，他自由的走着路，越走越光明，太阳给草叶的露珠一点儿金光，也照亮了祥子的眉发，照暖了他的心。他忘了一切困苦，一切危险，一切疼痛；不管身上是怎样褴褛污浊，太阳的光明与热力并没将他除外，他是生活在一个有光有热力的宇宙里；他高兴，他想欢呼！

看看身上的破衣，再看看身后的三匹脱毛的骆驼，他笑了笑。就凭四条这么不体面的人与牲口，他想，居然能逃出危险，能又朝着太阳走路，真透着奇怪！不必再想谁是谁非了，一切都是天意，他以为。他放了心，缓缓的走着，自要老天保佑他，什么也不必怕。走到什么地方了？不想问了，虽然田间已有男女来作工。走吧，就是一时卖不出骆驼去，似乎也没大关系了；先到城里再说，他渴想再看见城市，虽然那里没有父母亲戚，没有任何财产，可是那到底是他的家，全个的城都是他的家，一到那里他就有办法。远处有个村子，不小的一个村子，村外的柳树像一排高而绿的护兵，低头看着那些矮矮的房屋，屋上浮着些炊烟。远远的听到村犬的吠声，非常的好听。他一直奔了村子去，不想能遇到什么俏事，仿佛只是表示他什么也不怕，他是好人，当然不怕村里的良民；现在人人都是在光明和平的阳光下。假若可能的话，他想要一点水喝；就是要不到水也没关系；他既没死在山中，多渴一会儿算得了什么呢？！

村犬向他叫，他没大注意；妇女和小孩儿们的注视他，使他不大自在了。他必定是个很奇怪的拉骆驼的，他想；要不然，大家为什么这样呆呆的看着他呢？他觉得非常的难堪：兵们不拿他当个人，现在来到村子里，人家又看他像个怪物！他不晓得怎样好了。他的身量，力气，一向使他自尊自傲，可是在过去的这些日子，无缘无故的他受尽了委屈与困苦。他从一家的屋脊上看过去,又看见了那光明的太阳,可是太阳似乎不像刚才那样可爱了!

村中的唯一的一条大道上,猪尿马尿与污水汇成好些个发臭的小湖,祥子唯恐把骆驼滑倒,很想休息一下。道儿北有个比较阔气的人家,后边是瓦房,大门可是只拦着个木栅,没有木门,没有门楼。祥子心中一动;瓦房——财主;木栅而没门楼——养骆驼的主儿!好吧,他就在这儿休息会儿吧,万一有个好机会把骆驼打发出去呢!

"色!色!色!"祥子叫骆驼们跪下;对于调动骆驼的口号,他只晓得"色,色"是表示跪下;他很得意的应用出来,特意叫村人们明白他并非是外行。骆驼们真跪下了,他自己也大大方方的坐在一株小柳树下。大家看他,他也看大家;他知道只有这样才足以减少村人的怀疑。

坐了一会儿,院中出来个老者,蓝布小褂敞着怀,脸上很亮,一看便知道是乡下的财主。祥子打定了主意:

"老者,水现成吧?喝碗!"

"啊!"老者的手在胸前搓着泥卷,打量了祥子一眼,细细看了看三匹骆驼。"有水!哪儿来的?"

"西边!"祥子不敢说地名,因为不准知道。

"西边有兵呀?"老者的眼盯住祥子的军裤。

"教大兵裹了去,刚逃出来。"

"啊!骆驼出西口没什么险啦吧?"

"兵都入了山,路上很平安。"

"嗯!"老者慢慢点着头。"你等等,我给你拿水去。"

祥子跟了进去。到了院中,他看见了四匹骆驼。

"老者,留下我的三匹,凑一把儿吧?"

"哼!一把儿?倒退三十年的话,我有过三把儿!年头儿变了,谁还喂得起骆驼?!"老头儿立住,呆呆的看着那四匹牲口。待了半天:"前几天本想和街坊搭伙,把它们送到口外去放青[1]。东也闹兵,西也闹兵,谁敢走啊!在家里拉夏吧,看着就焦心,看着就焦心,瞧这些苍蝇!赶明儿天大热起来,再加上蚊子,眼看着好好的牲口活活受罪,真!"老者连连的点头,似乎有无限的感慨与牢骚。

"老者,留下我的三匹,凑成一把儿到口外去放青。欢蹦乱跳的牲口,一夏天在这儿,准教苍蝇蚊子给拿个半死!"祥子几乎是央求了。

"可是,谁有钱买呢?这年头不是养骆驼的年头了!"

"留下吧,给多少是多少;我把它们出了手,好到城里去谋生!"

老者又细细看了祥子一番,觉得他绝不是个匪类。然后回头看了看门外的牲口,心中似乎是真喜欢那三匹骆驼——明知买到手中并没好处,可是爱书的人见书就想买,养马的见了马就舍不得,有过三把儿骆驼的也是如此。况且祥子说可以贱卖呢;懂行的人得到个便宜,就容易忘掉东西买到手中有没有好处。

"小伙子,我要是钱富裕的话,真想留下!"老者说了实话。

"干脆就留下吧,瞧着办得了!"祥子是那么诚恳,弄得老头子有点不好意思了。

"说真的,小伙子;倒退三十年,这值三个大宝;现在的年头,又搭上兵荒马乱,我——你还是到别处吆喝吆喝去吧!"

"给多少是多少!"祥子想不出别的话。他明白老者的话很实在,可是不愿意满世界去卖骆驼——卖不出去,也许还出了别的毛病。

"你看,你看,二三十块钱真不好说出口来,可是还真不容易往外拿呢;这个年头,没法子!"

祥子心中也凉了些,二三十块?离买车还差得远呢!可是,第一他愿尽快办完,第二他不相信能这么巧再遇上个买主儿。"老者,给多少是多少!"

"你是干什么的,小伙子;看得出,你不是干这一行的!"祥子说了实话。

---

[1] 把牲畜放到青草地上吃草。

"呕，你是拿命换出来的这些牲口！"老者很同情祥子，而且放了心，这不是偷出来的；虽然和偷也差不远，可是究竟中间还隔着层大兵。兵灾之后，什么事儿都不能按着常理儿说。

"这么着吧，伙计，我给三十五块钱吧；我要说这不是个便宜，我是小狗子；我要是能再多拿一块，也是个小狗子！我六十多了；哼，还教我说什么好呢！"

祥子没了主意。对于钱，他向来是不肯放松一个的。可是，在军队里这些日子，忽然听到老者这番诚恳而带有感情的话，他不好意思再争论了。况且，可以拿到手的三十五块现洋似乎比希望中的一万块更可靠，虽然一条命只换来三十五块钱的确是少一些！就单说三条大活骆驼，也不能，绝不能，只值三十五块大洋！可是，有什么法儿呢！

"骆驼算你的了，老者！我就再求一件事，给我找件小褂，和一点吃的！"

"那行！"

祥子喝了一气凉水，然后拿着三十五块很亮的现洋，两个棒子面饼子，穿着将护到胸际的一件破白小褂，要一步迈到城里去！

四

祥子在海甸的一家小店里躺了三天，身上忽冷忽热，心中迷迷忽忽，牙床上起了一溜紫泡，只想喝水，不想吃什么。饿了三天，火气降下去，身上软得像皮糖似的。恐怕就是在这三天里，他与三匹骆驼的关系由梦话或胡话中被人家听了去。一清醒过来，他已经是"骆驼祥子"了。

自从一到城里来，他就是"祥子"，仿佛根本没有个姓；如今，"骆驼"

摆在"祥子"之上,就更没有人关心他到底姓什么了。有姓无姓,他自己也并不在乎。不过,三条牲口才换了那么几块钱,而自己倒落了个外号,他觉得有点不大上算。

刚能挣扎着立起来,他想出去看看。没想到自己的腿能会这样的不吃力,走到小店门口他一软就坐在了地上,昏昏沉沉的坐了好大半天,头上见了凉汗。又忍了一会儿,他睁开了眼,肚中响了一阵,觉出点饿来,极慢的立起来,找到了个馄饨挑儿。要了碗馄饨,他仍然坐在地上。呷了口汤,觉得恶心,在口中含了半天,勉强的咽下去;不想再喝。可是,待了一会儿,热汤像股线似的一直通到腹部,打了两个响嗝。他知道自己又有了命。

肚中有了点食,他顾得看看自己了。身上瘦了许多,那条破裤已经脏得不能再脏。他懒得动,可是要马上恢复他的干净利落,他不肯就这么神头鬼脸的进城去。不过,要干净利落就得花钱,剃剃头,换换衣服,买鞋袜,都要钱。手中的三十五元钱应当一个不动,连一个不动还离买车的数儿很远呢!可是,他可怜了自己。虽然被兵们拉去不多的日子,到现在一想,一切都像个噩梦。这个噩梦使他老了许多,好像他忽然的一气增多了好几岁。看着自己的大手大脚,明明是自己的,可是又像忽然由什么地方找到的。他非常的难过。他不敢想过去的那些委屈与危险,虽然不去想,可依然的存在,就好像连阴天的时候,不去看天也知道天是黑的。他觉得自己的身体是特别的可爱,不应当再太自苦了。他立起来,明知道身上还很软,可是刻不容缓的想去打扮打扮,仿佛只要剃剃头,换件衣服,他就能立刻强壮起来似的。

打扮好了,一共才花了两块二毛钱。近似搪布[1]的一身本色粗布裤褂一元,青布鞋八毛,线披儿织成的袜子一毛五,还有顶二毛五的草帽。脱下来的破东西换了两包火柴。

拿着两包火柴,顺着大道他往西直门走。没走出多远,他就觉出软弱疲乏来了。可是他咬上了牙。他不能坐车,从哪方面看也不能坐车:一个乡下

---

[1] 一种粗线织的稀疏的窄幅布。

人拿十里八里还能当作道儿吗,况且自己是拉车的。这且不提,以自己的身量力气而被这小小的一点病拿住,笑话;除非一跤栽倒,再也爬不起来,他满地滚也得滚进城去,决不服软!今天要是走不进城去,他想,祥子便算完了;他只相信自己的身体,不管有什么病!

晃晃悠悠的他放开了步。走出海甸不远,他眼前起了金星。扶着棵柳树,他定了半天神,天旋地转的闹慌了会儿,他始终没肯坐下。天地的旋转慢慢的平静起来,他的心好似由老远的又落到自己的心口中,擦擦头上的汗,他又迈开了步。已经剃了头,已经换上新衣新鞋,他以为这就十分对得起自己了;那么,腿得尽它的责任,走!一气他走到了关厢。看见了人马的忙乱,听见了复杂刺耳的声音,闻见了干臭的味道,踏上了细软污浊的灰土,祥子想趴下去吻一吻那个灰臭的地,可爱的地,生长洋钱的地!没有父母兄弟,没有本家亲戚,他的唯一的朋友是这座古城。这座城给了他一切,就是在这里饿着也比乡下可爱,这里有的看,有的听,到处是光色,到处是声音;自己只要卖力气,这里还有数不清的钱,吃不尽穿不完的万样好东西。在这里,要饭也能要到荤汤腊水的,乡下只有棒子面。才到高亮桥西边,他坐在河岸上,落了几点热泪!

太阳平西了,河上的老柳歪歪着,梢头挂着点金光。河里没有多少水,可是长着不少的绿藻,像一条油腻的长绿的带子,窄长,深绿,发出些微腥的潮味。河岸北的麦子已吐了芒,矮小枯干,叶上落了一层灰土。河南的荷塘的绿叶细小无力的浮在水面上,叶子左右时时冒起些细碎的小水泡。东边的桥上,来往的人与车过来过去,在斜阳中特别显着匆忙,仿佛都感到暮色将近的一种不安。这些,在祥子的眼中耳中都非常的有趣与可爱。只有这样的小河仿佛才能算是河;这样的树,麦子,荷叶,桥梁,才能算是树,麦子,荷叶,与桥梁。因为它们都属于北平。

坐在那里,他不忙了。眼前的一切都是熟习的,可爱的,就是坐着死去,他仿佛也很乐意。歇了老大半天,他到桥头吃了碗老豆腐:醋,酱油,花椒油,韭菜末,被热的雪白的豆腐一烫,发出点顶香美的味儿,香得使祥子要闭住气;捧着碗,看着那深绿的韭菜末儿,他的手不住的哆嗦。吃了一口,豆腐把身里烫开一条路；他自己下手又加了两小勺辣椒油。一碗吃完，他的汗已湿透了裤腰。半闭着眼，把碗递出去："再来一碗！"

站起来，他觉出他又像个人了。太阳还在西边的最低处，河水被晚霞照得有些微红，他痛快得要喊叫出来。摸了摸脸上那块平滑的疤，摸了摸袋中的钱，又看了一眼角楼上的阳光，他硬把病忘了，把一切都忘了，好似有点什么心愿，他决定走进城去。

城门洞里挤着各样的车，各样的人，谁也不敢快走，谁可都想快快过去，鞭声，喊声，骂声，喇叭声，铃声，笑声，都被门洞儿——像一架扩音机似的——嗡嗡的联成一片，仿佛人人都发着点声音，都嗡嗡的响。祥子的大脚东插一步，西跨一步，两手左右的拨落，像条瘦长的大鱼，随浪欢跃那样，挤进了城。一眼便看到新街口，道路是那么宽，那么直，他的眼发了光，和东边的屋顶上的反光一样亮。他点了点头。

他的铺盖还在西安门大街人和车厂呢，自然他想奔那里去。因为没有家小，他一向是住在车厂里，虽然并不永远拉厂子里的车。人和的老板刘四爷是已快七十岁的人了；人老，心可不老实。年轻的时候他当过库兵，设过赌场，买卖过人口，放过阎王账。干这些营生所应有的资格与本领——力气，心路，手段，交际，字号等等——刘四爷都有。在前清的时候，打过群架，抢过良家妇女，跪过铁索。跪上铁索，刘四并没皱一皱眉，没说一个饶命。官司教他硬挺了过来，这叫作"字号"。出了狱，恰巧入了民国，巡警的势力越来越大，刘四爷看出地面上的英雄已成了过去的事儿，即使黄天霸再世也不会有多少机会了。他开了个洋车厂子。土混混出身，他晓得怎样对付穷人，什么时候该紧一把儿，哪里该松一步儿，他有善于调动的天才。车夫们没有敢跟他耍骨头的。他一瞪眼，和他哈哈一笑，能把人弄得迷迷忽忽的，仿佛一脚登在天堂，一脚登在地狱，只好听他摆弄。到现在，他有六十多辆车，至坏的也是七八成新的，他不存破车。车租，他的比别家的大，可是到三节他比别家多放着两天的份儿。人和厂有地方住，拉他的车的光棍儿，都可以白住——可是得交上车份儿，交不上账而和他苦腻的，他扣下铺盖，把人当个破水壶似的扔出门外。大家若是有个急事急病，只须告诉他一声，他不含忽，水里火里他都热心的帮忙，这叫作"字号"。

刘四爷是虎相。快七十了，腰板不弯，拿起腿还走个十里二十里的。两只大圆眼，大鼻头，方嘴，一对大虎牙，一张口就像个老虎。个子几乎与祥子一边儿高，头剃得很亮，没留胡子。他自居老虎，可惜没有儿子，只有个三十七八岁的虎女——知道刘四爷的就必也知道虎妞。她也长得虎头虎脑，因此吓住了男人，帮助父亲办事是把好手，可是没人敢娶她作太太。她什么都和男人一样，连骂人也有男人的爽快，有时候更多一些花样。刘四爷打外，虎妞打内，父女把人和车厂治理得铁筒一般。人和厂成了洋车界的权威，刘家父女的办法常常在车夫与车主的口上，如读书人的引经据典。

在买上自己的车以前，祥子拉过人和厂的车。他的积蓄就交给刘四爷给存着。把钱凑够了数，他要过来，买上了那辆新车。

"刘四爷，看看我的车！"祥子把新车拉到人和厂去。

老头子看了车一眼，点了点头："不离！"

"我可还得在这儿住，多咱我拉上包月，才去住宅门！"祥子颇自傲的说。

"行！"刘四爷又点了点头。

于是，祥子找到了包月，就去住宅门；掉了事而又去拉散座，便住在人和厂。

不拉刘四爷的车，而能住在人和厂，据别的车夫看，是件少有的事。因此，甚至有人猜测，祥子必和刘老头子是亲戚；更有人说，刘老头子大概是看上了祥子，而想给虎妞弄个招门纳婿的"小人"。这种猜想里虽然怀着点妒羡，可是万一要真是这么回事呢，将来刘四爷一死，人和厂就一定归了祥子。这个，教他们只敢胡猜，而不敢在祥子面前说什么不受听的。其实呢，刘老头子的优待祥子是另有笔账儿。祥子是这样的一个人：在新的环境里还能保持着旧的习惯。假若他去当了兵，他决不会一穿上那套虎皮，马上就不傻装傻的去欺侮人。在车厂子里，他不闲着，把汗一落下去，他就找点事儿作。他去擦车，打气，晒雨布，抹油……用不着谁支使，他自己愿意干，干得高高兴兴，仿佛是一种极好的娱乐。厂子里靠常总住着二十来个车夫；收了车，大家不是坐着闲谈，便是蒙头大睡；祥子，只有祥子的手不闲着。初上来，大家以为他是向刘四爷献殷勤，狗事巴结人；过了几天，他们看出来他一点没有卖好讨俏的意思，他是那么真诚自然，也就无话可说了。刘老头子没有夸奖过他一句，没有格外多看过他一眼；老头子心里有数儿。他晓得祥子是把好手，即使不拉他的车，他也还愿意祥子在厂里。有祥子在这儿，先不提别的院子与门口永远扫得干干净净。虎妞更喜欢这个傻大个儿，她说什么，祥子老用心听着，不和她争辩；别的车夫，因为受尽苦楚，说话总是横着来；她一点不怕他们，可是也不愿多搭理他们；她的话，所以，都留给祥子听。当祥子去拉包月的时候，刘家父女都仿佛失去一个朋友。赶到他一回来，连老头子骂人也似乎更痛快而慈善一些。

祥子拿着两包火柴，进了人和厂。天还没黑，刘家父女正在吃晚饭。看见他进来，虎妞把筷子放下了：

"祥子！你让狼叼了去，还是上非洲挖金矿了？"

"哼！"祥子没说出什么来。

刘四爷的大圆眼在祥子身上绕了绕，什么也没说。

祥子戴着新草帽，坐在他们对面。

"你要是还没吃了的话，一块儿吧！"虎妞仿佛是招待个好朋友。

祥子没动，心中忽然感觉到一点说不出来的亲热。一向他拿人和厂当作家：拉包月，主人常换；拉散座，座儿一会儿一改；只有这里老让他住，老有人跟他说些闲话儿。现在刚逃出命来，又回到熟人这里来，还让他吃饭，他几乎要怀疑他们是否要欺弄他，可是也几乎落下泪来。

"刚吃了两碗老豆腐！"他表示出一点礼让。

"你干什么去了？"刘四爷的大圆眼还盯着祥子。"车呢？！"

"车？"祥子啐了口唾沫。

"过来先吃碗饭！毒不死你！两碗老豆腐管什么事？！"虎妞一把将他扯过去，好像老嫂子疼爱小叔那样。

祥子没去端碗，先把钱掏了出来："四爷，先给我拿着，三十块。"把点零钱又放在衣袋里。

刘四爷用眉毛梢儿问了句，"哪儿来的？"

祥子一边吃，一边把被兵拉去的事说了一遍。

"哼，你这个傻小子！"刘四爷听完，摇了摇头。"拉进城来，卖给汤锅，也值十几多块一头；要是冬天驼毛齐全的时候，三匹得卖六十块！"

祥子早就有点后悔，一听这个，更难过了。可是，继而一想，把三只活活的牲口卖给汤锅去挨刀，有点缺德；他和骆驼都是逃出来的，就都该活着。什么也没说，他心中平静了下去。

虎姑娘把家伙撤下去，刘四爷仰着头似乎是想起点来什么。忽然一笑，露出两个越老越结实的虎牙："傻子，你说病在了海甸？为什么不由黄村大道一直回来？"

"还是绕西山回来的，怕走大道教人追上，万一村子里的人想过味儿来，还拿我当逃兵呢！"

刘四爷笑了笑，眼珠往心里转了两转。他怕祥子的话有鬼病，万一那三十块钱是抢了来的呢，他不便代人存着赃物。他自己年轻的时候，什么不法的事儿也干过；现在，他自居是改邪归正，不能不小心，而且知道怎样的小心。祥子的叙述只有这么个缝子，可是祥子一点没发毛咕的解释开，老头子放了心。

"怎么办呢？"老头子指着那些钱说。

"听你的！"

"再买辆车？"老头子又露出虎牙，似乎是说："自己买上车，还白住我的地方？！"

"不够！买就得买新的！"祥子没看刘四爷的牙，只顾得看自己的心。

"借给你？一分利，别人借是二分五！"

祥子摇了摇头。

"跟车铺打印子，还不如给我一分利呢！"

"我也不打印子，"祥子出着神说："我慢慢的省，够了数，现钱买现货！"

老头子看着祥子，好像是看着个什么奇怪的字似的，可恶，而没法儿生气。待了会儿，他把钱拿起来："三十？别打马虎眼！"

"没错！"祥子立起来："睡觉去。送给你老人家一包洋火！"他放在桌子上一包火柴,又楞了楞:"不用对别人说,骆驼的事!"

五

刘老头子的确没替祥子宣传,可是骆驼的故事很快的由海甸传进城里来。以前,大家虽找不出祥子的毛病,但是以他那股子干倔的劲儿,他们多少以为他不大合群,别扭。自从"骆驼祥子"传开了以后,祥子虽然还是闷着头儿干,不大和气,大家对他却有点另眼看待了。有人说他拾了个金表,有人说他白弄了三百块大洋,那自信知道得最详确的才点着头说,他从西山拉回三十匹骆驼!说法虽然不同,结论是一样的——祥子发了邪财!对于发邪财的人,不管这家伙是怎样的"不得哥儿们",大家照例是要敬重的。卖力气挣钱既是那么不容易,人人盼望发点邪财;邪财既是那么千载难遇,所以有些彩气的必定是与众不同,福大命大。因此,祥子的沉默与不合群,一变变成了贵人语迟;他应当这样,而他们理该赶着他去拉拢。"得了,祥子!说说,说说你怎么发的财?"这样的话,祥子天天听到。他一声不响。直到逼急了,他的那块疤有点发红了,才说,"发财,妈的我的车哪儿去了?"

是呀,这是真的,他的车哪里去了?大家开始思索。但是替别人忧虑总不如替人家喜欢,大家于是忘记了祥子的车,而去想着他的好运气。过了些日子,大伙儿看祥子仍然拉车,并没改了行当,或买了房子置了地,也就对他冷淡了一些,而提到骆驼祥子的时候,也不再追问为什么他偏偏是"骆驼",仿佛他根本就应当叫作这个似的。

祥子自己可并没轻描淡写的随便忘了这件事。他恨不得马上就能再买上辆新车,越着急便越想着原来那辆。一天到晚他任劳任怨的去干,可是干着干着,他便想起那回事。一想起来,他心中就觉得发堵,不由得想到,要强又怎样呢,这个世界并不因为自己要强而公道一些,凭着什么把他的车白白抢去呢?即使马上再弄来一辆,焉知不再遇上那样的事呢?他觉得过去的事像个噩梦,使他几乎不敢再希望将来。有时候他看别人喝酒吃烟跑土窑子,几乎感到一点羡慕。要强既是没用,何不乐乐眼前呢?他们是对的。他,即使先不跑土窑子,也该喝两盅酒,自在自在。烟,酒,现在仿佛对他有种特别的诱力,他觉得这两样东西是花钱不多,而必定足以安慰他;使他依然能往前苦奔,而同时能忘了过去的苦痛。

可是,他还是不敢去动它们。他必须能多剩一个就去多剩一个,非这样不能早早买上自己的车。即使今天买上,明天就丢了,他也得去买。这是他的志愿,希望,甚至是宗教。不拉着自己的车,他简直像是白活。他想不到作官,发财,置买产业;他的能力只能拉车,他的最可靠的希望是买车;非买上车不能对得起自己。他一天到晚思索这回事,计算他的钱;设若一旦忘了这件事,他便忘了自己,而觉得自己只是个会跑路的畜生,没有一点起色与人味。无论是多么好的车,只要是赁来的,他拉着总不起劲,好像背着块石头那么不自然。就是赁来的车,他也不偷懒,永远给人家收拾得干干净净,永远不去胡碰乱撞;可是这只是一些小心谨慎,不是一种快乐。是的,收拾自己的车,就如同数着自己的钱,才是真快乐。他还是得不吃烟不喝酒,爽性连包好茶叶也不便于喝。在茶馆里,像他那么体面的车夫,在飞跑过一气以后,讲究喝十个子儿一包的茶叶,加上两包白糖,为是补气散火。当他跑得顺"耳唇"往下滴汗,胸口觉得有点发辣,他真想也这么办;这绝对不是习气,作派,而是真需要这么两碗茶压一压。只是想到了,他还是喝那一个子儿一包的碎末。有时候他真想责骂自己,为什么这样自苦;可是,一个车夫而想月间剩下俩钱,不这么办怎成呢?他狠了心。买上车再说,买上车再说!有了车就足以抵得一切!

对花钱是这样一把死拿,对挣钱祥子更不放松一步。没有包月,他就拉整天,出车早,回来得晚,他非拉过一定的钱数不收车,不管时间,不管两腿;有时他硬连下去,拉一天一夜。从前,他不肯抢别人的买卖,特别是对于那些老弱残兵；以他的身体，以他的车，去和他们争座儿，还能有他们的份儿？现在，他不大管这个了，他只看见钱，多一个是一个，不管买卖的苦甜，不管是和谁抢生意；他只管拉上买卖，不管别的，像一只饿疯的野兽。拉上就跑，他心中舒服一些，觉得只有老不站住脚，才能有买上车的希望。一来二去的骆驼祥子的名誉远不及单是祥子的时候了。有许多次，他抢上买卖就跑，背后跟着一片骂声。他不回口，低着头飞跑，心里说："我要不是为买车，决不能这么不要脸！"他好像是用这句话求大家的原谅，可是不肯对大家这么直说。在车口儿上，或茶馆里，他看大家瞪他；本想对大家解释一下，及至看到大家是那么冷淡，又搭上他平日不和他们一块喝酒，赌钱，下棋，或聊天，他的话只能圈在肚子里，无从往外说。难堪渐渐变为羞恼，他的火也上来了；他们瞪他，他也瞪他们。想起乍由山上逃回来的时候，大家对他是怎样的敬重，现在会这样的被人轻看，他更觉得难过了。独自抱着壶茶，假若是赶上在茶馆里，或独自数着刚挣到的铜子，设若是在车口上，他用尽力量把怒气纳下去。他不想打架，虽然不怕打架。大家呢，本不怕打架，可是和祥子动手是该当想想的事儿，他们谁也不是他的对手，而大家打一个又是不大光明的。勉强压住气，他想不出别的方法，只有忍耐一时，等到买上车就好办了。有了自己的车，每天先不用为车租着急，他自然可以大大方方的，不再因抢生意而得罪人。这样想好，他看大家一眼，仿佛是说：咱们走着瞧吧！

论他个人，他不该这样拼命。逃回城里之后，他并没等病好利落了就把车拉起来，虽然一点不服软，可是他时常觉出疲乏。疲乏，他可不敢休息，他总以为多跑出几身汗来就会减去酸懒的。对于饮食，他不敢缺着嘴，可也不敢多吃些好的。他看出来自己是瘦了好多，但是身量还是那么高大，筋骨还那么硬棒，他放了心。他老以为他的个子比别人高大，就一定比别人能多受些苦，似乎永没想到身量大，受累多，应当需要更多的滋养。虎姑娘已经嘱咐他几回了："你这家伙要是这么干，吐了血可是你自己的事！"

他很明白这是好话，可是因为事不顺心，身体又欠保养，他有点肝火盛。稍微棱棱着点眼："不这么奔，几儿能买上车呢？"

要是别人这么一楞楞眼睛,虎妞至少得骂半天街;对祥子,她真是一百一的客气,爱护。她只撇了撇嘴:

"买车也得悠停着来,当是你是铁作的哪!你应当好好的歇三天!"看祥子听不进去这个:"好吧,你有你的老主意,死了可别怨我!"

刘四爷也有点看不上祥子:祥子的拼命,早出晚归,当然是不利于他的车的。虽然说租整天的车是没有时间的限制,爱什么时候出车收车都可以,若是人人都像祥子这样死啃,一辆车至少也得早坏半年,多么结实的东西也架不住钉着坑儿使!再说呢,祥子只顾死奔,就不大匀得出工夫来帮忙给擦车什么的,又是一项损失。老头心中有点不痛快。他可是没说什么,拉整天不限定时间,是一般的规矩;帮忙收拾车辆是交情,并不是义务;凭他的人物字号,他不能自讨无趣的对祥子有什么表示。他只能从眼角唇边显出点不满的神气,而把嘴闭得紧紧的。有时候他颇想把祥子撵出去;看看女儿,他不敢这么办。他一点没有把祥子当作候补女婿的意思,不过,女儿既是喜爱这个楞小子,他就不便于多事。他只有这么一个姑娘,眼看是没有出嫁的希望了,他不能再把她这个朋友赶了走。说真的,虎妞是这么有用,他实在不愿她出嫁;这点私心他觉得有点怪对不住她的,因此他多少有点怕她。老头子一辈子天不怕地不怕,到了老年反倒怕起自己的女儿来,他自己在不大好意思之中想出点道理来:只要他怕个人,就是他并非完全是无法无天的人的证明。有了这个事实,或者他不至于到快死的时候遭了恶报。好,他自己承认了应当怕女儿,也就不肯赶出祥子去。这自然不是说,他可以随便由着女儿胡闹,以至于嫁给祥子。不是。他看出来女儿未必没那个意思,可是祥子并没敢往上巴结。

那么,他留点神就是了,犯不上先招女儿不痛快。

祥子并没注意老头子的神气,他顾不得留神这些闲盘儿。假若他有愿意离开人和厂的心意,那决不是为赌闲气,而是盼望着拉上包月。他已有点讨厌拉散座儿了,一来是因为抢买卖而被人家看不起,二来是因为每天的收入没有定数,今天多,明天少,不能预定到几时才把钱凑足,够上买车的数儿。他愿意心中有个准头,哪怕是剩的少,只要靠准每月能剩下个死数,他才觉得有希望，才能放心。他是愿意一个萝卜一个坑的人。

他拉上了包月。哼，和拉散座儿一样的不顺心！这回是在杨宅。杨先生是上海人，杨太太是天津人，杨二太太是苏州人。一位先生，两位太太，南腔北调的生了不知有多少孩子。头一天上工，祥子就差点发了昏。一清早，大太太坐车上市去买菜。回来，分头送少爷小姐们上学，有上初中的，有上小学的，有上幼稚园的；学校不同，年纪不同，长相不同，可是都一样的讨厌，特别是坐在车上，至老实的也比猴子多着两手儿。把孩子们都送走，杨先生上衙门。送到衙门，赶紧回来，拉二太太上东安市场或去看亲友。回来，接学生回家吃午饭。吃完，再送走。送学生回来，祥子以为可以吃饭了，大太太扯着天津腔，叫他去挑水。杨宅的甜水有人送，洗衣裳的苦水归车夫去挑。这个工作在条件之外，祥子为对付事情，没敢争论，一声没响的给挑满了缸。放下水桶，刚要去端饭碗，二太太叫他去给买东西。大太太和二太太一向是不和的，可是在家政上，二位的政见倒一致，其中的一项是不准仆人闲一会儿，另一项是不肯看仆人吃饭。祥子不晓得这个，只当是头一天恰巧赶上宅里这么忙，于是又没说什么，而自己掏腰包买了几个烧饼。他爱钱如命，可是为维持事情，不得不狠了心。

买东西回来，大太太叫他打扫院子。杨宅的先生，太太，二太太，当出门的时候都打扮得极漂亮，可是屋里院里整个的像个大垃圾堆。祥子看着院子直犯恶心，所以只顾了去打扫，而忘了车夫并不兼管打杂儿。院子打扫清爽，二太太叫他顺手儿也给屋中扫一扫。祥子也没驳回，使他惊异的倒是凭两位太太的体面漂亮，怎能屋里脏得下不去脚！把屋子也收拾利落了，二太太把个刚到一周岁的小泥鬼交给了他。他没了办法。卖力气的事儿他都在行，他可是没抱过孩子。他双手托着这位小少爷，不使劲吧，怕滑溜下去，用力吧，又怕给伤了筋骨，他出了汗。他想把这个宝贝去交给张妈——一个江北的大脚婆子。找到她，劈面就被她骂了一顿好的。杨宅用人，向来是三五天一换的，先生与太太们总以为仆人就是家奴，非把穷人的命要了，不足以对得起那点工钱。只有这个张妈，已经跟了他们五六年，唯一的原因是她敢破口就骂，不论先生，哪管太太，招恼了她就是一顿。以杨先生的海式咒骂的毒辣，以杨太太的天津口的雄壮，以二太太的苏州调的流利，他们素来是所向无敌的；及至遇到张妈的蛮悍，他们开始感到一种礼尚往来，英雄遇上了好汉的意味，所以颇能赏识她，把她收作了亲军。

祥子生在北方的乡间，最忌讳随便骂街。可是他不敢打张妈，因为好汉不和女斗；也不愿还口。他只瞪了她一眼。张妈不再出声了，仿佛看出点什么危险来。正在这个工夫，大太太喊祥子去接学生。他把泥娃娃赶紧给二太太送了回去。二太太以为他这是存心轻看她，冲口而出的把他骂了个花瓜。大太太的意思本来也是不乐意祥子替二太太抱孩子，听见二太太骂他，她也扯开一条油光水滑的嗓子骂，骂的也是他；祥子成了挨骂的藤牌。他急忙拉起车走出去，连生气似乎也忘了，因为他一向没见过这样的事，忽然遇到头上，他简直有点发晕。

一批批的把孩子们都接回来，院中比市场还要热闹，三个妇女的骂声，一群孩子的哭声，好像大栅栏在散戏时那样乱，而且乱得莫名其妙。好在他还得去接杨先生，所以急忙的又跑出去，大街上的人喊马叫似乎还比宅里的乱法好受一些。

一直转转到十二点，祥子才找到叹口气的工夫。他不止于觉着身上疲乏，脑子里也老嗡嗡的响；杨家的老少确是已经都睡了，可是他耳朵里还似乎有先生与太太们的叫骂，像三盘不同的留声机在他心中乱转，使他闹得慌。顾不得再想什么，他想睡觉。一进他那间小屋，他心中一凉，又不困了。一间门房，开了两个门，中间隔着一层木板。张妈住一边，他住一边。屋中没有灯，靠街的墙上有个二尺来宽的小窗户，恰好在一支街灯底下，给屋里一点亮。屋里又潮又臭，地上的土有个铜板厚，靠墙放着份铺板，没有别的东西。他摸了摸床板，知道他要是把头放下，就得把脚蹬在墙上；把脚放平，就得半坐起来。他不会睡元宝式的觉。想了半天，他把铺板往斜里拉好，这样两头对着屋角，他就可以把头放平，腿搭拉着点先将就一夜。

从门洞中把铺盖搬进来，马马虎虎的铺好，躺下了。腿悬空，不惯，他睡不着。强闭上眼，安慰自己：睡吧，明天还得早起呢！什么罪都受过，何必单忍不了这个！别看吃喝不好，活儿太累，也许时常打牌，请客，有饭局；

咱们出来为的是什么，祥子？还不是为钱？只要多进钱，什么也得受着！这样一想，他心中舒服了许多，闻了闻屋中，也不像先前那么臭了，慢慢的入了梦；迷迷忽忽的觉得有臭虫，可也没顾得去拿。

　　过了两天，祥子的心已经凉到底。可是在第四天上，来了女客，张妈忙着摆牌桌。他的心好像冻实了的小湖上忽然来了一阵春风。太太们打起牌来，把孩子们就通通交给了仆人；张妈既是得伺候着烟茶手巾把，那群小猴自然全归祥子统辖。他讨厌这群猴子，可是偷偷往屋中瞭了一眼，大太太管着头儿钱，像是很认真的样子。他心里说：别看这个大娘们厉害，也许并不胡涂，知道乘这种时候给仆人们多弄三毛五毛的。他对猴子们特别的拿出耐心法儿，看在头儿钱的面上，他得把这群猴崽子当作少爷小姐看待。

　　牌局散了，太太叫他把客人送回家。两位女客急于要同时走，所以得另雇一辆车。祥子喊来一辆，大太太撩袍拖带的混身找钱，预备着代付客人的车资；客人谦让了两句，大太太仿佛要拼命似的喊：

　　"你这是怎么了，老妹子！到了我这儿啦，还没个车钱吗！老妹子！坐上啦！"她到这时候，才摸出来一毛钱。

　　祥子看得清清楚楚，递过那一毛钱的时候，太太的手有点哆嗦。

　　送完了客，帮着张妈把牌桌什么的收拾好，祥子看了太太一眼。太太叫张妈去拿点开水，等张妈出了屋门，她拿出一毛钱来："拿去，别拿眼紧扫搭着我！"

　　祥子的脸忽然紫了，挺了挺腰，好像头要顶住房梁，一把抓起那张毛票，摔在太太的胖脸上："给我四天的工钱！"

　　"怎吗札？"太太说完这个，又看了祥子一眼，不言语了，把四天的工钱给了他。拉着铺盖刚一出街门，他听见院里破口骂上了。

六

　　初秋的夜晚，星光叶影里阵阵的小风，祥子抬起头，看着高远的天河，叹了口气。这么凉爽的天，他的胸脯又是那么宽，可是他觉到空气仿佛不够，胸中非常憋闷。他想坐下痛哭一场。以自己的体格，以自己的忍性，以自己的要强，会让人当作猪狗，会维持不住一个事情，他不只怨恨杨家那一伙人，而渺茫的觉到一种无望，恐怕自己一辈子不会再有什么起色了。拉着铺盖卷，他越走越慢，好像自己已经不是拿起腿就能跑个十里八里的祥子了。

　　到了大街上，行人已少，可是街灯很亮，他更觉得空旷渺茫，不知道往哪里去好了。上哪儿？自然是回人和厂。心中又有些难过。作买卖的，卖力气的，不怕没有生意，倒怕有了照顾主儿而没作成买卖，像饭铺理发馆进来客人，看了一眼，又走出去那样。祥子明知道上工辞工是常有的事，此处不留爷，自有留爷处。可是，他是低声下气的维持事情，舍着脸为是买上车，而结果还是三天半的事儿，跟那些串惯宅门的老油子一个样，他觉着伤心。他几乎觉得没脸再进人和厂，而给大家当笑话说："瞧瞧，骆驼祥子敢情也是三天半就吹呀，哼！"

　　不上人和厂，又上哪里去呢？为免得再为这个事思索，他一直走向西安门大街去。人和厂的前脸是三间铺面房，当中的一间作为柜房，只许车夫们进来交账或交涉事情，并不准随便来回打穿堂儿，因为东间与西间是刘家父女的卧室。西间的旁边有一个车门，两扇绿漆大门，上面弯着一根粗铁条，悬着一盏极亮的，没有罩子的电灯，灯下横悬着铁片涂金的四个字——"人和车厂"。车夫们出车收车和随时来往都走这个门。门上的漆深绿，配着上面的金字，都被那支白亮亮的电灯照得发光；出来进去的又都是漂亮的车，黑漆的黄漆的都一样的油汪汪发光，配着雪白的垫套，连车夫们都感到一些骄傲，仿佛都自居为车夫中的贵族。由大门进去，拐过前脸的西间，才是个四四方方的大院子，中间有棵老槐。东西房全是敞脸的，是存车的所在；南房和南房后面小院里的几间小屋，全是车夫的宿舍。

大概有十一点多了，祥子看见了人和厂那盏极明而怪孤单的灯。柜房和东间没有灯光，西间可是还亮着。他知道虎姑娘还没睡。他想轻手蹑脚的进去，别教虎姑娘看见；正因为她平日很看得起他，所以不愿头一个就被她看见他的失败。他刚把车拉到她的窗下，虎妞由车门里出来了：

"哟，祥子？怎——"她刚要往下问，一看祥子垂头丧气的样子，车上拉着铺盖卷，把话咽了回去。

怕什么有什么，祥子心里的惭愧与气闷凝成一团，登时立住了脚，呆在了那里。说不出话来，他傻看着虎姑娘。她今天也异样，不知是电灯照的，还是擦了粉，脸上比平日白了许多；脸上白了些，就掩去好多她的凶气。嘴唇上的确是抹着点胭脂，使虎妞也带出些媚气；祥子看到这里，觉得非常的奇怪，心中更加慌乱，因为平日没拿她当过女人看待，骤然看到这红唇，心中忽然感到点不好意思。她上身穿着件浅绿的绸子小夹袄，下面一条青洋绉肥腿的单裤。绿袄在电灯下闪出些柔软而微带凄惨的丝光，因为短小，还露出一点点白裤腰来，使绿色更加明显素净。下面的肥黑裤被小风吹得微动，像一些什么阴森的气儿，想要摆脱开那贼亮的灯光，而与黑夜联成一气。祥子不敢再看了，茫然的低下头去，心中还存着个小小的带光的绿袄。虎姑娘一向，他晓得，不这样打扮。以刘家的财力说，她满可以天天穿着绸缎，可是终日与车夫们打交待，她总是布衣布裤，即使有些花色，在布上也就不惹眼。祥子好似看见一个非常新异的东西，既熟识，又新异，所以心中有点发乱。

心中原本苦恼，又在极强的灯光下遇见这新异的活东西，他没有了主意。自己既不肯动，他倒希望虎姑娘快快进屋去，或是命令他干点什么，简直受不了这样的折磨，一种什么也不像而非常难过的折磨。

"嗨！"她往前凑了一步，声音不高的说："别楞着！去，把车放下，赶紧回来，有话跟你说。屋里见。"

平日帮她办惯了事，他只好服从。但是今天她和往日不同，他很想要思索一下；楞在那里去想，又怪僵得慌；他没主意，把车拉了进去。看看南屋，没有灯光，大概是都睡了；或者还有没收车的。把车放好，他折回到她的门前。忽然，他的心跳起来。

"进来呀，有话跟你说！"她探出头来，半笑半恼的说。

他慢慢走了进去。

桌上有几个还不甚熟的白梨，皮儿还发青。一把酒壶，三个白瓷酒盅。一个头号大盘子，摆着半只酱鸡，和些熏肝酱肚之类的吃食。

"你瞧，"虎姑娘指给他一个椅子，看他坐下了，才说："你瞧，我今天吃犒劳，你也吃点！"说着，她给他斟上一杯酒；白干酒的辣味，混合上熏酱肉味，显着特别的浓厚沉重。"喝吧，吃了这个鸡；我已早吃过了，不必让！我刚才用骨牌打了一卦，准知道你回来，灵不灵？"

"我不喝酒！"祥子看着酒盅出神。

"不喝就滚出去；好心好意，不领情是怎着？你个傻骆驼！辣不死你！连我还能喝四两呢。不信，你看看！"她把酒盅端起来，灌了多半盅，一闭眼，哈了一声。举着盅儿："你喝！要不我揪耳朵灌你！"

祥子一肚子的怨气，无处发泄；遇到这种戏弄，真想和她瞪眼。可是他知道，虎姑娘一向对他不错，而且她对谁都是那么直爽，他不应当得罪她。既然不肯得罪她，再一想，就爽性和她诉诉委屈吧。自己素来不大爱说话，可是今天似乎有千言万语在心中憋闷着，非说说不痛快。这么一想，他觉得虎姑娘不是戏弄他，而是坦白的爱护他。他把酒盅接过来，喝干。一股辣气慢慢的，准确的，有力的，往下走，他伸长了脖子，挺直了胸，打了两个不十分便利的嗝儿。

虎妞笑起来。他好容易把这口酒调动下去，听到这个笑声，赶紧向东间那边看了看。

"没人，"她把笑声收了，脸上可还留着笑容。"老头子给姑妈作寿去了，得有两三天的耽误呢；姑妈在南苑住。"一边说，一边又给他倒满了盅。

听到这个，他心中转了个弯，觉出在哪儿似乎有些不对的地方。同时，他又舍不得出去；她的脸是离他那么近，她的衣裳是那么干净光滑，她的唇是那么红，都使他觉到一种新的刺激。她还是那么老丑，可是比往常添加了一些活力，好似她忽然变成另一个人，还是她，但多了一些什么。他不敢对这点新的什么去详细的思索，一时又不敢随便的接受，可也不忍得拒绝。他的脸红起来。好像为是壮壮自己的胆气，他又喝了口酒。刚才他想对她诉诉委屈，此刻又忘了。红着脸，他不由得多看了她几眼。越看，他心中越乱；她越来越显出他所不明白的那点什么，越来越有一点什么热辣辣的力量传递过来，渐渐的她变成一个抽象的什么东西。他警告着自己，须要小心；可是他又要大胆。他连喝了三盅酒，忘了什么叫作小心。迷迷忽忽的看着她，他不知为什么觉得非常痛快，大胆；极勇敢的要马上抓到一种新的经验与快乐。平日，他有点怕她；现在，她没有一点可怕的地方了。他自己反倒变成了有威严与力气的，似乎能把她当作个猫似的，拿到手中。

　　屋内灭了灯。天上很黑。不时有一两个星刺入了银河，或划进黑暗中，带着发红或发白的光尾，轻飘的或硬挺的，直坠或横扫着，有时也点动着，颤抖着，给天上一些光热的动荡，给黑暗一些闪烁的爆裂。有时一两个星，有时好几个星，同时飞落，使静寂的秋空微颤，使万星一时迷乱起来。有时一个单独的巨星横刺入天角，光尾极长，放射着星花；红，渐黄；在最后的挺进，忽然狂悦似的把天角照白了一条，好像刺开万重的黑暗，透进并逗留一些乳白的光。余光散尽，黑暗似晃动了几下，又包合起来，静静懒懒的群星又复了原位，在秋风上微笑。地上飞着些寻求情侣的秋萤，也作着星样的游戏。

　　第二天，祥子起得很早，拉起车就出去了。头与喉中都有点发痛，这是因为第一次喝酒，他倒没去注意。坐在一个小胡同口上，清晨的小风吹着他的头，他知道这点头疼不久就会过去。可是他心中另有一些事儿，使他憋闷得慌，而且一时没有方法去开脱。昨天夜里的事教他疑惑，羞愧，难过，并且觉着有点危险。

　　他不明白虎姑娘是怎么回事。她已早不是处女，祥子在几点钟前才知道。他一向很敬重她，而且没有听说过她有什么不规矩的地方；虽然她对大家很随便爽快，可是大家没在背地里讲论过她；即使车夫中有说她坏话的，也是说她厉害，没有别的。那么，为什么有昨夜那一场呢？

　　这个既显着胡涂，祥子也怀疑了昨晚的事儿。她知道他没在车厂里，怎能是一心一意的等着他？假若是随便哪个都可以的话……祥子把头低下去。他来自乡间，虽然一向没有想到娶亲的事，可是心中并非没个算计；假若他有了自己的车，生活舒服了一些，而且愿意娶亲的话，他必定到乡下娶个年轻力壮，吃得苦，能洗能作的姑娘。像他那个岁数的小伙子们，即使有人管着，哪个不偷偷的跑"白房子"[1]？祥子始终不肯随和，一来他自居为要强的人，不能把钱花在娘儿们身上；二来他亲眼得见那些花冤钱的傻子们——有的才十八九岁——在厕所里头顶着墙还撒不出尿来。最后，他必须规规矩矩，才能对得起将来的老婆，因为一旦要娶，就必娶个一清二白的姑娘，所以自己也得像那么回事儿。可是现在，现在……想起虎妞，设若当个朋友看，她确是不错；当个娘们看，她丑，老，厉害，不要脸！就是想起抢去他的车，而且几乎要了他的命的那些大兵，也没有像想起她这么可恨可厌！她把他由乡间带来的那点清凉劲儿毁尽了，他现在成了个偷娘们的人！

再说，这个事要是吵嚷开，被刘四知道了呢？刘四晓得不晓得他女儿是个破货呢？假若不知道，祥子岂不独自背上黑锅？假若早就知道而不愿意管束女儿，那么他们父女是什么东西呢？他和这样人搀合着，他自己又是什么东西呢？就是他们父女都愿意，他也不能要她；不管刘老头子是有六十辆车，还是六百辆，六千辆！他得马上离开人和厂，跟他们一刀两断。祥子有祥子的本事，凭着自己的本事买上车，娶上老婆，这才正大光明！想到这里，他抬起头来，觉得自己是个好汉子，没有可怕的，没有可虑的，只要自己好好的干，就必定成功。

让了两次座儿，都没能拉上。那点别扭劲儿又忽然回来了。不愿再思索，可是心中堵得慌。这回事似乎与其他的事全不同，即使有了解决的办法，也不易随便的忘掉。不但身上好像粘上了点什么，心中也仿佛多了一个黑点儿，永远不能再洗去。不管怎样的愤恨，怎样的讨厌她，她似乎老抓住了他的心，越不愿再想，她越忽然的从他心中跳出来，一个赤裸裸的她，把一切丑陋与美好一下子，整个的都交给了他，像买了一堆破烂那样，碎铜烂铁之中也有一二发光的有色的小物件，使人不忍得拒绝。他没和任何人这样亲密过，虽

---

1. 指最下等的妓院。

然是突乎其来，虽然是个骗诱，到底这样的关系不能随便的忘记，就是想把它放在一旁，它自自然然会在心中盘绕，像生了根似的。这对他不仅是个经验，而也是一种什么形容不出来的扰乱，使他不知如何是好。他对她，对自己，对现在与将来，都没办法，仿佛是碰在蛛网上的一个小虫，想挣扎已来不及了。

迷迷忽忽的他拉了几个买卖。就是在奔跑的时节，他的心中也没忘了这件事，并非清清楚楚的，有头有尾的想起来，而是时时想到一个什么意思，或一点什么滋味，或一些什么感情，都是渺茫，而又亲切。他很想独自去喝酒，喝得人事不知，他也许能痛快一些，不能再受这个折磨！可是他不敢去喝。他不能为这件事毁坏了自己。他又想起买车的事来。但是他不能专心的去想，老有一点什么拦阻着他的心思；还没想到车，这点东西已经偷偷的溜出来，占住他的心，像块黑云遮住了太阳，把光明打断。到了晚间，打算收车，他更难过了。他必须回车厂，可是真怕回去。假如遇上她呢，怎办？他拉着空车在街上绕，两三次已离车厂不远，又转回头来往别处走，很像初次逃学的孩子不敢进家门那样。

奇怪的是，他越想躲避她，同时也越想遇到她，天越黑，这个想头越来得厉害。一种明知不妥，而很愿试试的大胆与迷惑紧紧的捉住他的心，小的时候去用竿子捅马蜂窝就是这样，害怕，可是心中跳着要去试试，像有什么邪气催着自己似的。渺茫的他觉到一种比自己还更有力气的劲头儿，把他要揉成一个圆球，抛到一团烈火里去；他没法阻止住自己的前进。

他又绕回西安门来，这次他不想再迟疑，要直入公堂的找她去。她已不是任何人，她只是个女子。他的全身都热起来。刚走到门脸上，灯光下走来个四十多岁的男人，他似乎认识这个人的面貌态度，可是不敢去招呼。几乎是本能的，他说了声："车吗？"那个人楞了一楞："祥子？"

"是呀，"祥子笑了。"曹先生？"

曹先生笑着点了点头。"我说祥子，你要是没在宅门里的话，还上我那儿来吧？我现在用着的人太懒，他老不管擦车，虽然跑得也怪麻利的；你来不来？"

"还能不来，先生！"祥子似乎连怎样笑都忘了，用小毛巾不住的擦脸。

"先生，我几儿上工呢？"

"那什么，"曹先生想了想，"后天吧。"

"是了，先生！"祥子也想了想："先生，我送回你去吧？"

"不用；我不是到上海去了一程子吗，回来以后，我不在老地方住了。现今住在北长街；我晚上出来走走。后天见吧。"曹先生告诉了祥子门牌号数，又找补了一句："还是用我自己的车。"

祥子痛快得要飞起来，这些日子的苦恼全忽然一齐铲净，像大雨冲过的白石路。曹先生是他的旧主人，虽然在一块没有多少日子，可是感情顶好；曹先生是非常和气的人，而且家中人口不多，只有一位太太，和一个小男孩。

他拉着车一直奔了人和厂去。虎姑娘屋中的灯还亮着呢。一见这个灯亮，祥子猛的木在那里。

立了好久，他决定进去见她；告诉她他又找到了包月；把这两天的车份儿交上；要出他的储蓄；从此一刀两断——这自然不便明说，她总会明白的。

他进去先把车放好，而后回来大着胆叫了声刘姑娘。

"进来！"

他推开门，她正在床上斜着呢，穿着平常的衣裤，赤着脚。依旧斜着身，她说："怎样？吃出甜头来了是怎着？"

祥子的脸红得像生小孩时送人的鸡蛋。楞了半天，他迟迟顿顿的说："我又找好了事，后天上工。人家自己有车……"

她把话接了过来："你这小子不懂好歹！"她坐起来，半笑半恼的指着他："这儿有你的吃，有你的穿；非去出臭汗不过瘾是怎着？老头子管不了我，我不能守一辈女儿寡！就是老头子真犯牛脖子，我手里也有俩体己，咱俩也能弄上两三辆车，一天进个块儿八毛的，不比你成天满街跑臭腿去强？我哪点不好？除了我比你大一点，也大不了多少！我可是能护着你，疼你呢！"

"我愿意去拉车！"祥子找不出别的辩驳。

"地道窝窝头脑袋！你先坐下，咬不着你！"她说完，笑了笑，露出一对虎牙。

祥子青筋蹦跳的坐下。"我那点钱呢？"

"老头子手里呢；丢不了，甭害怕；你还别跟他要，你知道他的脾气？够买车的数儿，你再要，一个小子儿也短不了你的；现在要，他要不骂出你的魂来才怪！他对你不错！丢不了，短一个我赔你俩！你个乡下脑袋！别让我损你啦！"

祥子又没的说了，低着头掏了半天，把两天的车租掏出来，放在桌上："两天的。"临时想起来："今儿个就算交车，明儿个我歇一天。"他心中一点也不想歇息一天；不过，这样显着干脆；交了车，以后再也不住人和厂。

虎姑娘过来，把钱抓在手中，往他的衣袋里塞："这两天连车带人都白送了！你这小子有点运气！别忘恩负义就得了！"说完，她一转身把门倒锁上。

七

祥子上了曹宅。

对虎姑娘，他觉得有点羞愧。可是事儿既出于她的引诱，况且他又不想贪图她的金钱，他以为从此和她一刀两断也就没有什么十分对不住人的地方了。他所不放心的倒是刘四爷拿着他的那点钱。马上去要，恐怕老头子多心。从此不再去见他们父女，也许虎姑娘一怒，对老头子说几句坏话，而把那点钱"炸了酱"。还继续着托老头子给存钱吧，一到人和厂就得碰上她，也怪难以为情。他想不出妥当的办法，越没办法也就越不放心。

他颇想向曹先生要个主意，可是怎么说呢？对虎姑娘的那一段是对谁也讲不得的。想到这儿，他真后悔了；这件事是，他开始明白过来，不能一刀两断的。这种事是永远洗不清的，像肉上的一块黑癜。无缘无故的丢了车，无缘无故的又来了这层缠绕，他觉得他这一辈子大概就这么完了，无论自己怎么要强，全算白饶。想来想去，他看出这么点来：大概到最后，他还得舍着脸要虎姑娘；不为要她，还不为要那几辆车么？"当王八的吃俩炒肉"！他不能忍受，可是到了时候还许非此不可！只好还往前干吧，干着好的，等着坏的；他不敢再像从前那样自信了。他的身量，力气，心胸，都算不了一回事；命是自己的，可是教别人管着；教些什么顶混账的东西管着。

按理说，他应当很痛快，因为曹宅是，在他所混过的宅门里，顶可爱的。曹宅的工钱并不比别处多，除了三节的赏钱也没有很多的零钱，可是曹先生与曹太太都非常的和气，拿谁也当个人对待。祥子愿意多挣钱，拼命的挣钱，但是他也愿意有个像间屋子的住处，和可以吃得饱的饭食。曹宅处处很干净，连下房也是如此；曹宅的饭食不苦，而且决不给下人臭东西吃。自己有间宽绰的屋子，又可以消消停停的吃三顿饭，再加上主人很客气，祥子，连祥子，也不肯专在钱上站着了。况且吃住都合适，工作又不累，把身体养得好好的也不是吃亏的事。自己掏钱吃饭，他决不会吃得这么样好，现在既有现成的菜饭，而且吃了不会由脊梁骨下去，他为什么不往饱里吃呢；饭也是钱买来的，这笔账他算得很清楚。吃得好，睡得好，自己可以干干净净像个人似的，是不容易找到的事。况且，虽然曹家不打牌，不常请客，没什么零钱，可是作点什么临时的工作也都能得个一毛两毛的。比如太太叫他给小孩儿去买丸药，她必多给他一毛钱，叫他坐车去，虽然明知道他比谁也跑得快。这点钱不算什么，可是使他觉到一种人情，一种体谅，使人心中痛快。祥子遇见过的主人也不算少了，十个倒有九个是能晚给一天工钱，就晚给一天，表示出顶好是白用人，而且仆人根本是猫狗，或者还不如猫狗。曹家的人是个例外，所以他喜欢在这儿。他去收拾院子，浇花，都不等他们吩咐他，而他们每见到他作这些事也必说些好听的话，更乘着这种时节，他们找出些破旧的东西，教他去换洋火，虽然那些东西还都可以用，而他也就自己留下。在这里，他觉出点人味儿。

在祥子眼里，刘四爷可以算作黄天霸。虽然厉害，可是讲面子，叫字号，决不一面儿黑。他心中的体面人物，除了黄天霸，就得算是那位孔圣人。他莫名其妙孔圣人到底是怎样的人物，不过据说是认识许多的字，还挺讲理。

在他所混过的宅门里，有文的也有武的；武的里，连一个能赶上刘四爷的还没有；文的中，虽然有在大学堂教书的先生，也有在衙门里当好差事的，字当然认识不少了，可是没遇到一个讲理的。就是先生讲点理，太太小姐们也很难伺候。只有曹先生既认识字，又讲理，而且曹太太也规规矩矩的得人心。所以曹先生必是孔圣人；假若祥子想不起孔圣人是什么模样，那就必应当像曹先生，不管孔圣人愿意不愿意。

其实呢，曹先生并不怎么高明。他只是个有时候教点书，有时候也作些别的事的一个中等人物。他自居为"社会主义者"，同时也是个唯美主义者，很受了维廉·莫利司[1]一点儿影响。在政治上，艺术上，他都并没有高深的见解；不过他有一点好处：他所信仰的那一点点，都能在生活中的小事件上实行出来。他似乎看出来，自己并没有惊人的才力，能够作出些惊天动地的事业，所以就按着自己的理想来布置自己的工作与家庭；虽然无补于社会，可是至少也愿言行一致，不落个假冒为善。因此，在小的事情上他都很注意，仿佛是说只要把小小的家庭整理得美好，那么社会怎样满可以随便。这有时使他自愧，有时也使他自喜，似乎看得明明白白，他的家庭是沙漠中的一个小绿洲，只能供给来到此地的一些清水与食物，没有更大的意义。

祥子恰好来到了这个小绿洲；在沙漠中走了这么多日子，他以为这是个奇迹。他一向没遇到过像曹先生这样的人，所以他把这个人看成圣贤。这也许是他的经验少，也许是世界上连这样的人也不多见。拉着曹先生出去，曹先生的服装是那么淡雅，人是那么活泼大方，他自己是那么干净利落，魁梧雄壮，他就跑得分外高兴，好像只有他才配拉着曹先生似的。在家里呢，处处又是那么清洁，永远是那么安静，使他觉得舒服安定。当在乡间的时候，他常看到老人们在冬日或秋月下，叼着竹管烟袋一声不响的坐着，他虽年岁还小，不能学这些老人，可是他爱看他们这样静静的坐着，必是——他揣摩着——有点什么滋味。现在，他虽是在城里，可是曹宅的清静足以让他想起

---

1. 即威廉·莫里斯，英国诗人，著名设计师。

乡间来，他真愿抽上个烟袋，咂摸着一点什么滋味。

不幸，那个女的和那点钱教他不能安心；他的心像一个绿叶，被个虫儿用丝给缠起来，预备作茧。为这点事，他自己放不下心；对别人，甚至是对曹先生，时时发楞，所答非所问。这使他非常的难过。曹宅睡得很早，到晚间九点多钟就可以没事了，他独自坐在屋中或院里，翻来覆去的想，想的是这两件事。他甚至想起马上就去娶亲，这样必定能够断了虎妞的念头。可是凭着拉车怎能养家呢？他晓得大杂院中的苦哥儿们，男的拉车，女的缝穷，孩子们捡煤核，夏天在土堆上拾西瓜皮啃，冬天全去赶粥厂。祥子不能受这个。再说呢，假若他娶了亲，刘老头子手里那点钱就必定要不回来；虎妞岂肯轻饶了他呢！他不能舍了那点钱，那是用命换来的！

他自己的那辆车是去年秋初买的。一年多了，他现在什么也没有，只有要不出来的三十多块钱，和一些缠绕！他越想越不高兴。

中秋节后十多天了，天气慢慢凉上来。他算计着得添两件穿的。又是钱！买了衣裳就不能同时把钱还剩下，买车的希望，简直不敢再希望了！即使老拉包月，这一辈子又算怎回事呢？

一天晚间，曹先生由东城回来得晚一点。祥子为是小心，由天安门前全走马路。敞平的路，没有什么人，微微的凉风，静静的灯光，他跑上了劲来。许多日子心中的憋闷，暂时忘记了，听着自己的脚步，和车弓子的轻响，他忘记了一切。解开了钮扣，凉风飕飕的吹着胸，他觉到痛快，好像就这么跑下去，一直跑到不知什么地方，跑死也倒干脆。越跑越快，前面有一辆，他"开"一辆，一会儿就过了天安门。他的脚似乎是两个弹簧，几乎是微一着地便弹起来；后面的车轮转得已经看不出条来，皮轮仿佛已经离开了地，连人带车都像被阵急风吹起来了似的。曹先生被凉风一飕，大概是半睡着了，要不然他必会阻止祥子这样的飞跑。祥子是跑开了腿，心中渺茫的想到，出一身透汗，今天可以睡痛快觉了，不至于再思虑什么。

已离北长街不远，马路的北半，被红墙外的槐林遮得很黑。祥子刚想收步，脚已碰到一些高起来的东西。脚到，车轮也到了。祥子栽了出去。咯喳，车把断了。"怎么了？"曹先生随着自己的话跌出来。祥子没出一声，就地爬起。曹先生也轻快的坐起来。"怎么了？"

新卸的一堆补路的石块，可是没有放红灯。

"摔着没有？"祥子问。

"没有；我走回去吧，你拉着车。"曹先生还镇定，在石块上摸了摸有没有落下来的东西。

祥子摸着了已断的一截车把："没折多少，先生还坐上，能拉！"说着，他一把将车从石头中扯出来。"坐上，先生！"

曹先生不想再坐，可是听出祥子的话带着哭音，他只好上去了。

到了北长街口的电灯下面，曹先生看见自己的右手擦去一块皮。"祥子你站住！"

祥子一回头，脸上满是血。

曹先生害了怕，想不起说什么好，"你快，快——"

祥子莫名其妙，以为是教他快跑呢，他一拿腰，一气跑到了家。

放下车，他看见曹先生手上有血，急忙往院里跑，想去和太太要药。

"别管我，先看你自己吧！"曹先生跑了进去。

祥子看了看自己，开始觉出疼痛，双膝，右肘全破了；脸蛋上，他以为流的是汗，原来是血。不顾得干什么，想什么，他坐在门洞的石阶上，呆呆的看着断了把的车。崭新黑漆的车，把头折了一段，秃碴碴的露着两块白木碴儿，非常的不调和，难看，像糊好的漂亮纸人还没有安上脚，光出溜的插着两根秫秸秆那样。祥子呆呆的看着这两块白木碴儿。

"祥子！"曹家的女仆高妈响亮的叫，"祥子！你在哪儿呢？"

他坐着没动，不错眼珠的钉着那破车把，那两块白木碴儿好似插到他的心里。

"你是怎个碴儿呀！一声不出，藏在这儿；你瞧，吓我一跳！先生叫你哪！"高妈的话永远是把事情与感情都搀合起来，显着既复杂又动人。她是三十二三岁的寡妇，干净，爽快，作事麻利又仔细。在别处，有人嫌她太张道，主意多，时常有些神眉鬼道儿的。曹家喜欢用干净瞭亮的人，而又不大注意那些小过节儿，所以她跟了他们已经二三年，就是曹家全家到别处去也老带着她。"先生叫你哪!"她又重了一句。及至祥子立起来,她看明他脸上的血:"可吓死我了,我的妈!这是怎么了?你还不动换哪,得了破伤风还了得!快走!先生那儿有药!"

祥子在前边走,高妈在后边叨唠,一同进了书房。曹太太也在这里,正给先生裹手上药,见祥子进来,她也"哟"了一声。

"太太,他这下子可是摔得够瞧的。"高妈唯恐太太看不出来,忙着往脸盆里倒凉水,更忙着说话:"我就早知道吗,他一跑起来就不顾命,早晚是得出点岔儿。果不其然!还不快洗洗哪?洗完好上点药,真!"

祥子托着右肘,不动。书房里是那么干净雅趣,立着他这么个满脸血的大汉,非常的不像样,大家似乎都觉出有点什么不对的地方,连高妈也没了话。

"先生!"祥子低着头,声音很低,可是很有力:"先生另找人吧!这个月的工钱,你留着收拾车吧:车把断了,左边的灯碎了块玻璃;别处倒都好好的呢。"

"先洗洗,上点药,再说别的。"曹先生看着自己的手说,太太正给慢慢的往上缠纱布。

"先洗洗!"高妈也又想起话来。"先生并没说什么呀,你别先倒打一瓦!"

祥子还不动。"不用洗,一会儿就好!一个拉包月的,摔了人,碰了车,没脸再……"他的话不够帮助说完全了他的意思,可是他的感情已经发泄净尽,只差着放声哭了。辞事,让工钱,在祥子看就差不多等于自杀。可是责任,脸面,在这时候似乎比命还重要,因为摔的不是别人,而是曹先生。假若他把那位杨太太摔了,摔了就摔了,活该!对杨太太,他可以拿出街面上的蛮横劲儿,因为她不拿人待他,他也不便客气;钱是一切,说不着什么脸面,哪叫规矩。曹先生根本不是那样的人,他得牺牲了钱,好保住脸面。他顾不得恨谁,只恨自己的命,他差不多想到:从曹家出去,他就永不再拉车;自己的命即使不值钱,可以拼上;人家的命呢?真要摔死一口子,怎办呢?以前他没想到过这个,因为这次是把曹先生摔伤,所以悟过这个理儿来。好吧,工钱可以不要,从此改行,不再干这背着人命的事。拉车是他理想的职业，搁下这个就等于放弃了希望。他觉得他的一生就得窝窝囊囊的混过去了，连成个好拉车的也不用再想，空长了那么大的身量！在外面拉散座的时候，他曾毫不客气的"抄"买卖，被大家嘲骂，可是这样的不要脸正是因为自己要强，想买上车，他可以原谅自己。拉包月而惹了祸，自己有什么可说的呢？这要被人知道了，祥子摔了人，碰坏了车；哪道拉包车的，什么玩艺！祥子没了出路！他不能等曹先生辞他，只好自己先滚吧！

"祥子，"曹先生的手已裹好，"你洗洗！先不用说什么辞工。不是你的错儿，放石头就应当放个红灯。算了吧，洗洗，上点药。"

"是呀，先生，"高妈又想起话来，"祥子是磨不开；本来吗，把先生摔得这个样！可是，先生既说不是你的错儿，你也甭再别扭啦！瞧他这样，身大力不亏的，还和小孩一样呢，倒是真着急！太太说一句，叫他放心吧！"高妈的话很像留声机片，是转着圆圈说的，把大家都说在里边，而没有起承转合的痕迹。

"快洗洗吧，我怕！"曹太太只说了这么一句。

祥子的心中很乱，末了听到太太说怕血，似乎找到了一件可以安慰她的事；把脸盆搬出来，在书房门口洗了几把。高妈拿着药瓶在门内等着他。

"胳臂和腿上呢？"高妈给他脸上涂抹了一气。

祥子摇了摇头，"不要紧！"

曹氏夫妇去休息。高妈拿着药瓶，跟出祥子来。到了他屋中，她把药瓶放下，立在屋门口里："待会儿你自己抹抹吧。我说，为这点事不必那么吃心。当初，有我老头子活着的日子，我也是常辞工。一来是，我在外头受累，他不要强，教我生气。二来是，年轻气儿粗，一句话不投缘，散！卖力气挣钱，不是奴才；你有你的臭钱，我泥人也有个土性儿；老太太有个伺候不着！现在我可好多了，老头子一死，我没什么挂念的了，脾气也就好了点。这儿呢——我在这儿小三年子了；可不是，九月九上的工——零钱太少，可是他们对人还不错。咱们卖的是力气，为的是钱；净说好的当不了一回事。可是话又得这么说，把事情看长远了也有好处：三天两头的散工，一年倒歇上六个月，也不上算；莫若遇上个和气的主儿，架不住干日子多了，零钱就是少点，可是靠常儿混下去也能剩俩钱。今儿个的事，先生既没说什么，算了就算了，何必呢。也不是我攀个大，你还是小兄弟呢，容易挂火。一点也不必，火气壮当不了吃饭。像你这么老实巴焦的，安安顿顿的在这儿混些日子，总比满天打油飞去强。我一点也不是向着他们说话，我是为你，在一块儿都怪好的！"她喘了口气："得，明儿见；甭犯牛劲，我是直心眼，有一句说一句！"

祥子的右肘很疼，半夜也没睡着。颠算了七开八得，他觉得高妈的话有理。什么也是假的，只有钱是真的。省钱买车；挂火当不了吃饭！想到这，来了一点平安的睡意。

八

曹先生把车收拾好，并没扣祥子的工钱。曹太太给他两丸"三黄宝蜡"，他也没吃。他没再提辞工的事。虽然好几天总觉得不大好意思，可是高妈的话得到最后的胜利。过了些日子，生活又合了辙，他把这件事渐渐忘掉，一切的希望又重新发了芽。独坐在屋中的时候，他的眼发着亮光，去盘算怎样省钱，怎样买车；嘴里还不住的嘟囔，像有点心病似的。他的算法很不高明，可是心中和嘴上常常念着"六六三十六"；这并与他的钱数没多少关系，不过是这么念道，心中好像是充实一些，真像有一本账似的。

他对高妈有相当的佩服，觉得这个女人比一般的男子还有心路与能力，她的话是抄着根儿来的。他不敢赶上她去闲谈，但在院中或门口遇上她，她若有工夫说几句，他就很愿意听她说。她每说一套，总够他思索半天的，所以每逢遇上她，他会傻傻忽忽的一笑，使她明白他是佩服她的话，她也就觉到点得意,即使没有工夫,也得扯上几句。

不过,对于钱的处置方法,他可不敢冒儿咕咚的就随着她的主意走。她的主意,他以为,实在不算坏;可是多少有点冒险。他很愿意听她说,好多学些招数,心里显着宽绰;在实行上,他还是那个老主意——不轻易撒手钱。

不错,高妈的确有办法:自从她守了寡,她就把月间所能剩下的一点钱放出去,一块也是一笔,两块也是一笔,放给作仆人的,当二三等巡警的,和作小买卖的,利钱至少是三分。这些人时常为一块钱急得红着眼转磨,就是有人借给他们一块而当两块算,他们也得伸手接着。除了这样,钱就不会教他们看见;他们所看见的钱上有毒,接过来便会抽干他们的血,但是他们还得接着。凡是能使他们缓一口气的,他们就有胆子拿起来;生命就是且缓一口气再讲,明天再说明天的。高妈,在她丈夫活着的时候,就曾经受着这个毒。她的丈夫喝醉来找她,非有一块钱不能打发;没有,他就在宅门外醉闹;她没办法,不管多大的利息也得马上借到这块钱。由这种经验,她学来这种方法,并不是想报复,而是拿它当作合理的,几乎是救急的慈善事。有急等用钱的,有愿意借出去的,周瑜打黄盖,愿打愿挨!

在宗旨上,她既以为这没有什么下不去的地方,那么在方法上她就得厉害一点,不能拿钱打水上飘;干什么说什么。这需要眼光,手段,小心,泼辣,好不至都放了鹰。她比银行经理并不少费心血,因为她需要更多的小心谨慎。资本有大小,主义是一样,因为这是资本主义的社会,像一个极细极大的筛子,一点一点的从上面往下筛钱,越往下钱越少;同时,也往下筛主义,可是上下一边儿多,因为主义不像钱那样怕筛眼小,它是无形体的,随便由什么极小的孔中也能溜下来。大家都说高妈厉害,她自己也这么承认;她的厉害是由困苦中折磨中锻炼出来的。一想起过去的苦处,连自己的丈夫都那样的无情无理,她就咬上了牙。她可以很和气,也可以很毒辣,她知道非如此不能在这个世界上活着。

她也劝祥子把钱放出去,完全出于善意;假若他愿意的话,她可以帮他的忙:

"告诉你,祥子,搁在兜儿里,一个子永远是一个子!放出去呢,钱就会下钱！没错儿，咱们的眼睛是干什么的？瞧准了再放手钱，不能放秃尾巴鹰。当巡警的到时候不给利，或是不归本，找他的巡官去！一句话，他的差事得搁下，敢打听明白他们放饷的日子，堵窝掏；不还钱，新新[1]！将一比十，放给谁，咱都得有个老底；好，放出去，海里摸锅，那还行吗？你听我的，准保没错！"

祥子用不着说什么，他的神气已足表示他很佩服高妈的话。及至独自一盘算，他觉得钱在自己手里比什么也稳当。不错，这么着是死的，钱不会下钱；可是丢不了也是真的。把这两三个月剩下的几块钱——都是现洋——轻轻的拿出来，一块一块的翻弄，怕出响声；现洋是那么白亮，厚实，起眼，他更觉得万不可撒手，除非是拿去买车。各人有各人的办法，他不便全随着高妈。

原先在一家姓方的家里，主人全家大小，连仆人，都在邮局有个储金折子。方太太也劝过祥子："一块钱就可以立折子，你怎么不立一个呢？俗言说得好，常将有日思无日，莫到无时盼有时；年轻轻的，不乘着年轻力壮剩下几个，一年三百六十天不能天天是晴天大日头。这又不费事，又牢靠，又有利钱，哪时蹩住还可以提点儿用，还要怎么方便呢？去，去要个单子来，你不会写，我给你填上，一片好心！"

祥子知道她是好心，而且知道厨子王六和奶妈子秦妈都有折子，他真想试一试。可是有一天方大小姐叫他去给放进十块钱，他细细看了看那个小折子，上面有字，有小红印；通共，哼，也就有一小打手纸那么沉吧。把钱交进去，人家又在折子上画了几个字，打上了个小印。他觉得这不是骗局，也得是骗局；白花花的现洋放进去，凭人家三画五画就算完事，祥子不上这个当。他怀疑方家是跟邮局这个买卖——他总以为邮局是个到处有分号的买卖，大概字号还很老，至少也和瑞蚨祥，鸿记差不多——有关系，所以才这样热心给拉生意。即使事实不是这样，现钱在手里到底比在小折子上强，强得

---

[1] 新鲜，奇怪。

多！折子上的钱只是几个字！

对于银行银号，他只知道那是出"座儿"的地方，假若巡警不阻止在那儿搁车的话，准能拉上"买卖"。至于里面作些什么事，他猜不透。不错，这里必是有很多的钱；但是为什么单到这里来鼓逗钱，他不明白；他自己反正不容易与它们发生关系，那么也就不便操心去想了。城里有许多许多的事他不明白，听朋友们在茶馆里议论更使他发胡涂，因为一人一个说法，而且都说的不到家。他不愿再去听，也不愿去多想，他知道假若去打抢的话，顶好是抢银行；既然不想去作土匪，那么自己拿着自己的钱好了，不用管别的。他以为这是最老到的办法。

高妈知道他是红着心想买车，又给他出了主意：

"祥子，我知道你不肯放账，为是好早早买上自己的车，也是个主意！我要是个男的，要是也拉车，我就得拉自己的车；自拉自唱，万事不求人！能这么着，给我个知县我也不换！拉车是苦事，可是我要是男的，有把子力气，我楞拉车也不去当巡警；冬夏常青，老在街上站着，一月才挣那俩钱，没个外钱，没个自由；一留胡子还是就吹，简直的没一点起色。我是说，对了，你要是想快快买上车的话，我给你个好主意：起上一只会，十来个人，至多二十个人，一月每人两块钱，你使头一会；这不是马上就有四十来的块？你横是多少也有个积蓄，凑吧凑吧就弄辆车拉拉，干脆大局！车到了手，你干上一只黑签儿会，又不出利，又是体面事，准得对你的心路！你真要请会的话，我来一只，决不含忽！怎样？"

这真让祥子的心跳得快了些！真要凑上三四十块，再加上刘四爷手里那三十多，和自己现在有的那几块，岂不就是八十来的？虽然不够买十成新的车，八成新的总可以办到了！况且这么一来，他就可以去向刘四爷把钱要回，省得老这么搁着，不像回事儿。八成新就八成新吧，好歹的拉着，等有了富余再换。

可是，上哪里找这么二十位人去呢？即使能凑上，这是个面子事，自己等钱用么就请会，赶明儿人家也约自己来呢？起会，在这个穷年月，常有哗啦了的时候！好汉不求人；干脆，自己有命买得上车，买；不求人！

看祥子没动静，高妈真想俏皮他一顿，可是一想他的直诚劲儿，又不大好意思了："你真行！'小胡同赶猪——直来直去'；也好！"

祥子没说什么，等高妈走了，对自己点了点头，似乎是承认自己的一把死拿值得佩服，心中怪高兴的。

已经是初冬天气，晚上胡同里叫卖糖炒栗子，落花生之外，加上了低悲的"夜壶呕"。夜壶挑子上带着瓦的闷葫芦罐儿，祥子买了个大号的。头一号买卖，卖夜壶的找不开钱，祥子心中一活便，看那个顶小的小绿夜壶非常有趣，绿汪汪的，也撅着小嘴，"不用找钱了，我来这么一个！"

放下闷葫芦罐，他把小绿夜壶送到里边去："少爷没睡哪？送你个好玩艺！"

大家都正看着小文——曹家的小男孩——洗澡呢，一见这个玩艺都憋不住的笑了。曹氏夫妇没说什么，大概觉得这个玩艺虽然蠢一些，可是祥子的善意是应当领受的，所以都向他笑着表示谢意。高妈的嘴可不会闲着："你看，真是的，祥子！这么大个子了，会出这么高明的主意；多么不顺眼！"

小文很喜欢这个玩艺，登时用手捧澡盆里的水往小壶里灌："这小茶壶，嘴大！"

大家笑得更加了劲。祥子整着身子——因为一得意就不知怎么好了——走出来。他很高兴，这是向来没有经验过的事，大家的笑脸全朝着他自己，仿佛他是个很重要的人似的。微笑着，又把那几块现洋搬运出来，轻轻的一块一块往闷葫芦罐里放，心里说："这比什么都牢靠！多咱够了数，多咱往墙上一碰；拍喳，现洋比瓦片还得多！"

他决定不再求任何人。就是刘四爷那么可靠，究竟有时候显着别扭，钱是丢不了哇，在刘四爷手里，不过总有点不放心。钱这个东西像戒指，总是在自己手上好。这个决定使他痛快，觉得好像自己的腰带又杀紧了一扣，使胸口能挺得更直更硬。

天是越来越冷了，祥子似乎没觉到。心中有了一定的主意，眼前便增多了光明；在光明中不会觉得寒冷。地上初见冰凌，连便道上的土都凝固起来，处处显出干燥，结实，黑土的颜色已微微发些黄，像已把潮气散尽。特别是在一清早，被大车轧起的土棱上镶着几条霜边，小风尖溜溜的把早霞吹散，露出极高极蓝极爽快的天；祥子愿意早早的拉车跑一趟，凉风飕进他的袖口，使他全身像洗冷水澡似的一哆嗦，一痛快。有时候起了狂风，把他打得出不来气，可是他低着头，咬着牙，向前钻，像一条浮着逆水的大鱼；风越大，他的抵抗也越大，似乎是和狂风决一死战。猛的一股风顶得他透不出气，闭住口，半天，打出一个嗝，仿佛是在水里扎了一个猛子。打出这个嗝，他继续往前奔走，往前冲进，没有任何东西能阻止住这个巨人；他全身的筋肉没有一处松懈，像被蚂蚁围攻的绿虫，全身摇动着抵御。这一身汗！等到放下车，直一直腰，吐出一口长气，抹去嘴角的黄沙，他觉得他是无敌的；看着那裹着灰沙的风从他面前扫过去，他点点头。风吹弯了路旁的树木，撕碎了店户的布幌，揭净了墙上的报单，遮昏了太阳，唱着，叫着，吼着，回荡着；忽然直驰，像惊狂了的大精灵，扯天扯地的疾走；忽然慌乱，四面八方的乱卷，像不知怎好而决定乱撞的恶魔；忽然横扫，乘其不备的袭击着地上的一切，扭折了树枝，吹掀了屋瓦，撞断了电线；可是，祥子在那里看着；他刚从风里出来，风并没能把他怎样了！胜利是祥子的！及至遇上顺风，他只须拿稳了车把，自己不用跑，风会替他推转了车轮，像个很好的朋友。

　　自然，他既不瞎，必定也看见了那些老弱的车夫。他们穿着一阵小风就打透的，一阵大风就吹碎了的，破衣；脚上不知绑了些什么。在车口上，他们哆嗦着，眼睛像贼似的溜着，不论从什么地方钻出个人来，他们都争着问，"车？！"拉上个买卖，他们暖和起来，汗湿透了那点薄而破的衣裳。一停住，他们的汗在背上结成了冰。遇上风，他们一步也不能抬，而生生的要曳着车走；风从上面砸下来，他们要把头低到胸口里去；风从下面来，他们的脚便找不着了地；风从前面来，手一扬就要放风筝；风从后边来，他们没法管束住车与自己。但是他们设尽了方法，用尽了力气，死曳活曳得把车拉到了地方，为几个铜子得破出一条命。一趟车拉下来，灰土被汗合成了泥，糊在脸上，只露着眼与嘴三个冻红了的圈。天是那么短，那么冷，街上没有多少人；这样苦奔一天，未必就能挣上一顿饱饭；可是年老的，家里还有老婆孩子；年小的，有父母弟妹！冬天，他们整个的是在地狱里，比鬼多了一口活气，而没有鬼那样清闲自在；鬼没有他们这么多的吃累！像条狗似的死在街头，是他们最大的平安自在；冻死鬼，据说，脸上有些笑容！

祥子怎能没看见这些呢。但是他没工夫为他们忧虑思索。他们的罪孽也就是他的，不过他正在年轻力壮，受得起辛苦，不怕冷，不怕风；晚间有个干净的住处，白天有件整齐的衣裳，所以他觉得自己与他们并不能相提并论，他现在虽是与他们一同受苦，可是受苦的程度到底不完全一样；现在他少受着罪，将来他还可以从这里逃出去；他想自己要是到了老年，绝不至于还拉着辆破车去挨饿受冻。他相信现在的优越可以保障将来的胜利。正如在饭馆或宅门外遇上驶汽车的，他们不肯在一块儿闲谈；驶汽车的觉得有失身份，要是和洋车夫们有什么来往。汽车夫对洋车夫的态度，正有点像祥子对那些老弱残兵；同是在地狱里，可是层次不同。他们想不到大家须立在一块儿，而是各走各的路，个人的希望与努力蒙住了各个人的眼，每个人都觉得赤手空拳可以成家立业，在黑暗中各自去摸索个人的路。祥子不想别人，不管别人，他只想着自己的钱与将来的成功。

街上慢慢有些年下的气象了。在晴明无风的时候，天气虽是干冷，可是路旁增多了颜色：年画，纱灯，红素蜡烛，绢制的头花，大小蜜供，都陈列出来，使人心中显着快活，可又有点不安；因为无论谁对年节都想到快乐几天，可是大小也都有些困难。祥子的眼增加了亮光，看见路旁的年货，他想到曹家必定该送礼了；送一份总有他几毛酒钱。节赏固定的是两块钱，不多；可是来了贺年的，他去送一送，每一趟也得弄个两毛三毛的。凑到一块就是个数儿；不怕少，只要零碎的进手；他的闷葫芦罐是不会冤人的！晚间无事的时候，他钉坑儿看着这个只会吃钱而不愿吐出来的瓦朋友，低声的劝告："多多的吃，多多的吃，伙计！多咱你吃够了，我也就行了！"

年节越来越近了，一晃儿已是腊八。欢喜或忧惧强迫着人去计划，布置；还是二十四小时一天，可是这些天与往常不同，它们不许任何人随便的度过，必定要作些什么，而且都得朝着年节去作，好像时间忽然有了知觉，有了感情，使人们随着它思索，随着它忙碌。祥子是立在高兴那一面的，街上的热闹，叫卖的声音，节赏与零钱的希冀，新年的休息，好饭食的想象……都使他像个小孩子似的欢喜，盼望。他想好，破出块儿八毛的，得给刘四爷买点礼物送去。礼轻人物重，他必须拿着点东西去，一来为是道歉，他这些日子没能去看老头儿，因为宅里很忙；二来可以就手要出那三十多块钱来。破费一块来钱而能要回那一笔款，是上算的事。这么想好，他轻轻的摇了摇那个扑满，想象着再加进三十多块去应当响得多么沉重好听。是的，只要一索回那笔款来，他就没有不放心的事了！

一天晚上，他正要再摇一摇那个聚宝盆，高妈喊了他一声："祥子！门口有位小姐找你；我正从街上回来，她跟我直打听你。"等祥子出来，她低声找补了句："她像个大黑塔！怪怕人的！"

祥子的脸忽然红得像包着一团火，他知道事情要坏！

九

祥子几乎没有力量迈出大门坎去。昏头打脑的，脚还在门坎内，借着街上的灯光，已看见了刘姑娘。她的脸上大概又擦了粉，被灯光照得显出点灰绿色，像黑枯了的树叶上挂着层霜。祥子不敢正眼看她。

虎妞脸上的神情很复杂：眼中带出些渴望看到他的光儿；嘴可是张着点，露出点儿冷笑；鼻子纵起些纹缕，折叠着些不屑与急切；眉棱棱着，在一脸的怪粉上显出妖媚而霸道。看见祥子出来，她的嘴唇撇了几撇，脸上的各种神情一时找不到个适当的归束。她咽了口唾沫，把复杂的神气与情感似乎镇压下去，拿出点由刘四爷得来的外场劲儿，半恼半笑，假装不甚在乎的样子打了句哈哈：

"你可倒好！肉包子打狗，一去不回头啊！"她的嗓门很高，和平日在车厂与车夫们吵嘴时一样。说出这两句来，她脸上的笑意一点也没有了，忽然的仿佛感到一种羞愧与下贱，她咬上了嘴唇。

"别嚷！"祥子似乎把全身的力量都放在唇上，爆裂出这两个字，音很小，可是极有力。

"哼！我才怕呢！"她恶意的笑了，可是不由她自己似的把声音稍放低了些。"怨不得你躲着我呢，敢情这儿有个小妖精似的小老妈儿；我早就知道你不是玩艺，别看傻大黑粗的，鞑子拔烟袋，不傻假充傻！"她的声音又高了起去。

"别嚷！"祥子唯恐怕高妈在门里偷着听话儿。"别嚷！这边来！"他一边说一边往马路上走。

"上哪边我也不怕呀，我就是这么大嗓儿！"嘴里反抗着，她可是跟了过来。

过了马路，来到东便道上，贴着公园的红墙，祥子——还没忘了在乡间的习惯——蹲下了。"你干吗来了？"

"我？哼，事儿可多了！"她左手插在腰间，肚子努出些来。低头看了他一眼，想了会儿，仿佛是发了些善心，可怜他了："祥子！我找你有事，要紧的事！"

这声低柔的"祥子"把他的怒气打散了好些，他抬起头来，看着她，她还是没有什么可爱的地方，可是那声"祥子"在他心中还微微的响着，带着温柔亲切，似乎在哪儿曾经听见过，唤起些无可否认的，欲断难断的，情分。他还是低声的，但是温和了些："什么事？"

"祥子！"她往近凑了凑："我有啦！"

"有了什么？"他一时蒙住了。

"这个！"她指了指肚子。"你打主意吧！"

楞头磕脑的，他"啊"了一声，忽然全明白了。一万样他没想到过的事都奔了心中去，来得是这么多，这么急，这么乱，心中反猛的成了块空白，像电影片忽然断了那样。街上非常的清静，天上有些灰云遮住了月，地上时时有些小风,吹动着残枝枯叶,远处有几声尖锐的猫叫。祥子的心里由乱而空白,连这些声音也没听见;手托住腮下,呆呆的看着地,把地看得似乎要动;想不出什么,也不愿想什么;只觉得自己越来越小,可又不能完全缩入地中去,整个的生命似乎都立在这点难受上;别的,什么也没有!他这才觉出冷来,连嘴唇都微微的颤着。

"别紧自蹲着,说话呀!你起来!"她似乎也觉出冷来,愿意活动几步。

他僵不吃的立起来,随着她往北走,还是找不到话说,混身都有些发木,像刚被冻醒了似的。

"你没主意呀?"她瞭了祥子一眼,眼中带出怜爱他的神气。

他没话可说。

"赶到二十七呀,老头子的生日,你得来一趟。"

"忙,年底下!"祥子在极乱的心中还没忘了自己的事。

"我知道你这小子吃硬不吃软,跟你说好的算白饶!"她的嗓门又高起来,街上的冷静使她的声音显着特别的清亮,使祥子特别的难堪。"你当我怕谁是怎着?你打算怎样?你要是不愿意听我的,我正没工夫跟你费唾沫玩!说翻了的话,我会堵着你的宅门骂三天三夜!你上哪儿我也找得着!我还是不论秧子[1]!"

"别嚷行不行?"祥子躲开她一步。

"怕嚷啊,当初别贪便宜呀!你是了味啦,教我一个人背黑锅,你也不拊开死××皮看看我是谁!"

"你慢慢说,我听!"祥子本来觉得很冷,被这一顿骂骂得忽然发了热,热气要顶开冻僵巴的皮肤,混身有些发痒痒,头皮上特别的刺闹得慌。

"这不结听!甭找不自在!"她撇开嘴,露出两个虎牙来。"不屈心,我真疼你,你也别不知好歹!跟我犯牛脖子,没你的好儿,告诉你!"

"不……"祥子想说"不用打一巴掌揉三揉",可是没有想齐全;对北

---

[1] 不管是谁。

平的俏皮话儿,他知道不少,只是说不利落;别人说,他懂得,他自己说不上来。

"不什么?"

"说你的!"

"我给你个好主意,"虎姑娘立住了,面对面的对他说:"你看,你要是托个媒人去说,老头子一定不答应。他是拴车的,你是拉车的,他不肯往下走亲戚。我不论,我喜欢你,喜欢就得了吗,管它娘的别的干什么!谁给我说媒也不行,一去提亲,老头子就当是算计着他那几十辆车呢;比你高着一等的人物都不行。这个事非我自己办不可,我就挑上了你,咱们是先斩后奏;反正我已经有了,咱们俩谁也跑不了啦!可是,咱们就这么直入公堂的去说,还是不行。老头子越老越胡涂,咱俩一露风声,他会去娶个小媳妇,把我硬撑出来。老头子棒之呢,别看快七十岁了,真要娶个小媳妇,多了不敢说,我敢保还能弄出两三个小孩来,你爱信不信!"

"走着说,"祥子看站岗的巡警已经往这边走了两趟,觉得不是劲儿。

"就在这儿说,谁管得了!"她顺着祥子的眼光也看见了那个巡警:"你又没拉着车,怕他干吗?他还能无因白故的把谁的××咬下来?那才透着邪行呢!咱们说咱们的!你看,我这么想:赶二十七老头子生日那天,你去给他磕三个头。等一转过年来,你再去拜个年,讨他个喜欢。我看他一喜欢,就弄点酒什么的,让他喝个痛快。看他喝到七八成了,就热儿打铁,你干脆认他作干爹。日后,我再慢慢的教他知道我身子不方便了。他必审问我,我给他个'徐庶入曹营——一语不发'。等他真急了的时候,我才说出个人来,就说是新近死了的那个乔二——咱们东边杠房的二掌柜的。他无亲无故的,已经埋在了东直门外义地里,老头子由哪儿究根儿去?老头子没了主意,咱们再慢慢的吹风儿,顶好把我给了你,本来是干儿子,再作女婿,反正差不很多;顺水推舟,省得大家出丑。你说我想的好不好?"

祥子没言语。

觉得把话说到了一个段落,虎妞开始往北走,低着点头,既像欣赏着自己的那片话,又仿佛给祥子个机会思索思索。这时,风把灰云吹裂开一块,露出月光，二人已来到街的北头。御河的水久已冻好，静静的，灰亮的，坦平的，坚固的，托着那禁城的城墙。禁城内一点声响也没有，那玲珑的角楼，金碧的牌坊，丹朱的城门，景山上的亭阁，都静悄悄的好似听着一些很难再听到的声音。小风吹过，似一种悲叹，轻轻的在楼台殿阁之间穿过，像要道出一点历史的消息。虎妞往西走，祥子跟到了金鳌玉蛛。桥上几乎没有了行人，微明的月光冷寂的照着桥左右的两大幅冰场，远处亭阁暗淡的带着些黑影，静静的似冻在湖上，只有顶上的黄瓦闪着点儿微光。树木微动，月色更显得微茫；白塔却高耸到云间，傻白傻白的把一切都带得冷寂萧索，整个的三海在人工的雕琢中显出北地的荒寒。到了桥头上，两面冰上的冷气使祥子哆嗦了一下，他不愿再走。平日，他拉着车过桥，把精神全放在脚下，唯恐出了错，一点也顾不得向左右看。现在，他可以自由的看一眼了，可是他心中觉得这个景色有些可怕：那些灰冷的冰，微动的树影，惨白的高塔，都寂寞的似乎要忽然的狂喊一声，或狂走起来！就是脚下这座大白石桥，也显着异常的空寂，特别的白净，连灯光都有点凄凉。他不愿再走，不愿再看，更不愿再陪着她；他真想一下子跳下去，头朝下，砸破了冰，沉下去，像个死鱼似的冻在冰里。

"明儿个见了！"他忽然转身往回走。

"祥子！就那么办啦，二十七见！"她朝着祥子的宽直的脊背说。说完，她瞭了白塔一眼，叹了口气，向西走去。

祥子连头也没回，像有鬼跟着似的，几出溜便到了团城，走得太慌，几乎碰在了城墙上。一手扶住了墙，他不由得要哭出来。楞了会儿，桥上叫："祥子！祥子！这儿来！祥子！"虎妞的声音！

他极慢的向桥上挪了两步，虎妞仰着点身儿正往下走，嘴张着点儿："我说祥子，你这儿来；给你！"他还没挪动几步，她已经到了身前："给你，你存的三十多块钱；有几毛钱的零儿，我给你补足了一块。给你！不为别的，就为表表我的心，我惦念着你，疼你，护着你！别的都甭说，你别忘恩负义就得了！给你！好好拿着，丢了可别赖我！"

祥子把钱——一打儿钞票——接过来，楞了会儿，找不到话说。

"得，咱们二十七见！不见不散！"她笑了笑。"便宜是你的，你自己细细的算算得了！"她转身往回走。

他攥着那打儿票子，呆呆的看着她，一直到桥背把她的头遮下去。灰云又把月光掩住；灯更亮了，桥上分外的白，空，冷。他转身，放开步，往回走，疯了似的；走到了街门，心中还存着那个惨白冷落的桥影，仿佛只隔了一眨眼的工夫似的。

到屋中，他先数了数那几张票子；数了两三遍，手心的汗把票子攥得发粘，总数不利落。数完，放在了闷葫芦罐儿里。坐在床沿上，呆呆的看着这个瓦器，他打算什么也不去想；有钱便有办法，他很相信这个扑满会替他解决一切，不必再想什么。御河，景山，白塔，大桥，虎妞，肚子……都是梦；梦醒了，扑满里却多了三十几块钱，真的！

看够了，他把扑满藏好，打算睡大觉，天大的困难也能睡过去，明天再说！

躺下，他闭不上眼！那些事就像一窝蜂似的，你出来，我进去，每个肚子尖上都有个刺！

不愿意去想，也实在因为没法儿想，虎妞已把道儿都堵住，他没法脱逃。

最好是跺脚一走。祥子不能走。就是让他去看守北海的白塔去，他也乐意；就是不能下乡！上别的都市？他想不出比北平再好的地方。他不能走，他愿死在这儿。

既然不想走，别的就不用再费精神去思索了。虎妞说得出来，就行得出来；不依着她的道儿走，她真会老跟着他闹哄；只要他在北平，她就会找得着！跟她，得说真的，不必打算耍滑。把她招急了，她还会抬出刘四爷来，刘四爷要是买出一两个人——不用往多里说——在哪个僻静的地方也能要祥子的命！

把虎妞的话从头至尾想了一遍，他觉得像掉在个陷阱里，手脚而且全被夹子夹住，决没法儿跑。他不能一个个的去批评她的主意，所以就找不出她的缝子来，他只感到她撒的是绝户网，连个寸大的小鱼也逃不出去！既不能一一的细想，他便把这一切作成个整个的，像千斤闸那样的压迫，全压到他的头上来。在这个无可抵御的压迫下，他觉出一个车夫的终身的气运是包括在两个字里——倒霉！一个车夫，既是一个车夫，便什么也不要作，连娘儿们也不要去粘一粘；一粘就会出天大的错儿。刘四爷仗着几十辆车，虎妞会仗着个臭×，来欺侮他！他不用细想什么了；假若打算认命，好吧，去磕头认干爹，而后等着娶那个臭妖怪。不认命，就得破出命去！

想到这儿，他把虎妞和虎妞的话都放在一边去；不，这不是她的厉害，而是洋车夫的命当如此，就如同一条狗必定挨打受气，连小孩子也会无缘无故的打它两棍子。这样的一条命，要它干吗呢？豁上就豁上吧！

他不睡了，一脚踢开了被子，他坐了起来。他决定去打些酒，喝个大醉；什么叫事情，哪个叫规矩，×你们的姥姥！喝醉，睡！二十七？二十八也不去磕头，看谁怎样得了祥子！披上大棉袄，端起那个当茶碗用的小饭碗，他跑出去。

风更大了些，天上的灰云已经散开，月很小，散着寒光。祥子刚从热被窝里出来，不住的吸溜气儿。街上简直已没了行人，路旁还只有一两辆洋车，车夫的手捂在耳朵上，在车旁跺着脚取暖。祥子一气跑到南边的小铺，铺中为保存暖气，已经上了门，由个小窗洞收钱递货。祥子要了四两白干，三个大子儿的落花生。平端着酒碗，不敢跑，而像轿夫似的疾走，回到屋中。急忙钻入被窝里去，上下牙磕打了一阵，不愿再坐起来。酒在桌上发着辛辣的味儿，他不很爱闻，就是对那些花生似乎也没心程去动。这一阵寒气仿佛是一盆冷水把他浇醒，他的手懒得伸出来，他的心也不再那么热。

躺了半天，他的眼在被子边上又看了看桌上的酒碗。不，他不能为那点缠绕而毁坏了自己，不能从此破了酒戒。事情的确是不好办，但是总有个缝子使他钻过去。即使完全无可脱逃，他也不应当先自己往泥塘里滚；他得睁着眼，清清楚楚的看着，到底怎样被别人把他推下去。

灭了灯，把头完全盖在被子里，他想就这么睡去。还是睡不着，掀开被看看，窗纸被院中的月光映得发青，像天要亮的样子。鼻尖觉到屋中的寒冷，寒气中带着些酒味。他猛的坐起来，摸住酒碗，吞了一大口！

十

　　个别的解决，祥子没那么聪明。全盘的清算，他没那个魄力。于是，一点儿办法没有，整天际圈着满肚子委屈。正和一切的生命同样，受了损害之后，无可如何的只想由自己去收拾残局。那斗落了大腿的蟋蟀，还想用那些小腿儿爬。祥子没有一定的主意，只想慢慢的一天天，一件件的挨过去，爬到哪儿算哪儿，根本不想往起跳了。

　　离二十七还有十多天，他完全注意到这一天上去，心里想的，口中念道的，梦中梦见的，全是二十七。仿佛一过了二十七，他就有了解决一切的办法，虽然明知道这是欺骗自己。有时候他也往远处想，譬如拿着手里的几十块钱到天津去；到了那里，碰巧还许改了行，不再拉车。虎妞还能追到他天津去？在他的心里，凡是坐火车去的地方必是很远，无论怎样她也追不了去。想得很好，可是他自己良心上知道这只是万不得已的办法，再分能在北平，还是在北平！这样一来，他就又想到二十七那一天，还是这样想近便省事，只要混过这一关，就许可以全局不动而把事儿闯过去；即使不能干脆的都摆脱清楚，到底过了一关是一关。

　　怎样混过这一关呢？他有两个主意：一个是不理她那回事，干脆不去拜寿。另一个是按照她所嘱咐的去办。这两个主意虽然不同，可是结果一样：不去呢，她必不会善罢甘休；去呢，她也不会饶了他。他还记得初拉车的时候，摹仿着别人，见小巷就钻，为是抄点近儿，而误入了罗圈胡同；绕了个圈儿，又绕回到原街。现在他又入了这样的小胡同，仿佛是：无论走哪一头儿，结果是一样的。

　　在没办法之中，他试着往好里想，就干脆要了她，又有什么不可以呢？可是，无论从哪方面想，他都觉着憋气。想想她的模样，他只能摇头。不管模样吧，想想她的行为；哼！就凭自己这样要强，这样规矩，而娶那么个破货，他不能再见人，连死后都没脸见父母！谁准知道她肚子里的小孩是他的不是呢？不错，她会带过几辆车来；能保准吗？刘四爷并非是好惹的人！即使一切顺利，他也受不了，他能干得过虎妞？她只须伸出个小指，就能把他支使的头晕眼花，不认识了东西南北。他晓得她的厉害！要成家，根本不能要她，没有别的可说的！要了她，便没了他，而他又不是看不起自己的人！没办法！

没方法处置她，他转过来恨自己，很想脆脆的抽自己几个嘴巴子。可是，说真的，自己并没有什么过错。一切都是她布置好的，单等他来上套儿。毛病似乎是在他太老实，老实就必定吃亏，没有情理可讲！

更让他难过的是没地方去诉诉委屈。他没有父母兄弟，没有朋友。平日，他觉得自己是头顶着天，脚踩着地，无牵无挂的一条好汉。现在，他才明白过来，悔悟过来，人是不能独自活着的。特别是对那些同行的，现在都似乎有点可爱。假若他平日交下几个，他想，像他自己一样的大汉，再多有个虎妞，他也不怕；他们会给他出主意，会替他拔创卖力气。可是，他始终是一个人；临时想抓朋友是不大容易的！他感到一点向来没有过的恐惧。照这么下去，谁也会欺侮他；独自一个是顶不住天的！

这点恐惧使他开始怀疑自己。在冬天，遇上主人有饭局，或听戏，他照例是把电石灯的水筒儿揣在怀里；因为放在车上就会冻上。刚跑了一身的热汗，把那个冰凉的小水筒往胸前一贴，让他立刻哆嗦一下；不定有多大时候，那个水筒才会有点热和劲儿。可是在平日，他并不觉得这有什么说不过去；有时候揣上它，他还觉得这是一种优越，那些拉破车的根本就用不上电石灯。现在，他似乎看出来，一月只挣那么些钱，而把所有的苦处都得受过来，连个小水筒也不许冻上，而必得在胸前抱着，自己的胸脯多么宽，仿佛还没有个小筒儿值钱。原先，他以为拉车是他最理想的事，由拉车他可以成家立业。现在他暗暗摇头了。不怪虎妞欺侮他，他原来不过是个连小水筒也不如的人！

在虎妞找他的第三天上，曹先生同着朋友去看夜场电影，祥子在个小茶馆里等着，胸前揣着那像块冰似的小筒。天极冷，小茶馆里的门窗都关得严严的，充满了煤气，汗味，与贱臭的烟卷的干烟。饶这么样，窗上还冻着一层冰花。喝茶的几乎都是拉包月车的，有的把头靠在墙上，借着屋中的暖和气儿，闭上眼打盹。有的拿着碗白干酒，让让大家，而后慢慢的喝，喝完一口，上面呃着嘴，下面很响的放凉气。有的攥着卷儿大饼，一口咬下半截，把脖子撑得又粗又红。有的绷着脸，普遍的向大家抱怨，他怎么由一清早到如今，还没停过脚，身上已经湿了又干，干了又湿，不知有多少回！其余的人多数是彼此谈着闲话，听到这两句，马上都静了一会儿，而后像鸟儿炸了巢似的都想起一日间的委屈，都想讲给大家听。连那个吃着大饼的也把口中匀出能调动舌头的空隙，一边儿咽饼，一边儿说话，连头上的筋都跳了起来："你当他妈的拉包月的就不蘑菇哪？！我打他妈的——嗝！——两点起到现在还水米没打牙！竟说前门到平则门——嗝！——我拉他妈的三个来回了！这个天，把屁眼都他妈的冻裂了，一劲的放气！"转圈看了大家一眼，点了点头，又咬了一截饼。

这，把大家的话又都转到天气上去，以天气为中心各自道出辛苦。祥子始终一语未发，可是很留心他们说了什么。大家的话，虽然口气，音调，事实，各有不同，但都是咒骂与不平。这些话，碰到他自己心上的委屈，就像一些雨点儿落在干透了的土上，全都吃了进去。他没法，也不会，把自己的话有头有尾的说给大家听；他只能由别人的话中吸收些生命的苦味，大家都苦恼，他也不是例外；认识了自己，也想同情大家。大家说到悲苦的地方，他皱上眉；说到可笑的地方，他也撇撇嘴。这样，他觉得他是和他们打成一气，大家都是苦朋友，虽然他一言不发，也没大关系。从前，他以为大家是贫嘴恶舌，凭他们一天到晚穷说，就发不了财。今天仿佛是头一次觉到，他们并不是穷说，而是替他说呢，说出他与一切车夫的苦处。

大家正说到热闹中间，门忽然开了，进来一阵冷气。大家几乎都怒目的往外看，看谁这么不得人心，把门推开。大家越着急，门外的人越慢，似乎故意的磨烦。茶馆的伙计半急半笑的喊："快着点吧，我一个人的大叔！别把点热气儿都给放了！"

这话还没说完，门外的人进来了，也是个拉车的。看样子已有五十多岁，穿着件短不够短，长不够长，莲蓬篓儿似的棉袄，襟上肘上已都露了棉花。脸似乎有许多日子没洗过，看不出肉色，只有两个耳朵冻得通红，红得像要落下来的果子。惨白的头发在一顶破小帽下杂乱的髭髭着；眉上，短须上，都挂着些冰珠。一进来,摸住条板凳便坐下了,挣扎着说了句:"沏一壶。"

这个茶馆一向是包月车夫的聚处,像这个老车夫,在平日,是决不会进来的。

大家看着他,都好像感到比刚才所说的更加深刻的一点什么意思,谁也不想再开口。在平日,总会有一两个不很懂事的少年,找几句俏皮话来拿这样的茶客取取笑,今天没有一个出声的。

茶还没有沏来,老车夫的头慢慢的往下低,低着低着,全身都出溜下去。大家马上都立了起来:"怎啦?怎啦?"说着,都想往前跑。

"别动!"茶馆掌柜的有经验,拦住了大家。他独自过去,把老车夫的脖领解开,就地扶起来,用把椅子戗在背后,用手勒着双肩:"白糖水,快!"说完,他在老车夫的脖子那溜儿听了听,自言自语的:"不是痰!"

大家谁也没动,可谁也没再坐下,都在那满屋子的烟中,眨巴着眼,向门儿这边看。大家好似都不约而同的心里说:"这就是咱们的榜样!到头发惨白了的时候,谁也有一个跟头摔死的行市!"

糖水刚放在老车夫的嘴边上,他哼哼了两声。还闭着眼,抬起右手——手黑得发亮,像漆过了似的——用手背抹了下儿嘴。

"喝点水!"掌柜的对着他耳朵说。

"啊?"老车夫睁开了眼。看见自己是坐在地上,腿蜷了蜷,想立起来。

"先喝点水,不用忙。"掌柜的说,松开了手。

大家几乎都跑了过来。

"哎!哎!"老车夫向四围看了一眼,双手捧定了茶碗,一口口的吸糖水。

慢慢的把糖水喝完,他又看了大家一眼:"哎,劳诸位的驾!"说得非常的温柔亲切,绝不像是由那个胡子拉碴的口中说出来的。说完,他又想往起立,过去三四个人忙着往起搀他。他脸上有了点笑意,又那么温和的说:"行,行,不碍!我是又冷又饿,一阵儿发晕!不要紧!"他脸上虽然是那么厚的泥,可是那点笑意教大家仿佛看到一个温善白净的脸。

大家似乎全动了心。那个拿着碗酒的中年人,已经把酒喝净,眼珠子通红,而且此刻带着些泪:"来,来二两!"等酒来到,老车夫已坐在靠墙的一把椅子上。他有一点醉意，可是规规矩矩的把酒放在老车夫面前："我的请，您喝吧！我也四十望外了，不瞒您说，拉包月就是凑合事，一年是一年的事，腿知道！再过二三年，我也得跟您一样！您横是快六十了吧？"

"还小呢，五十五！"老车夫喝了口酒。"天冷，拉不上座儿。我呀，哎，肚子空；就有几个子儿我都喝了酒，好暖和点呀！走在这儿，我可实在撑不住了，想进来取个暖。屋里太热，我又没食，横是晕过去了。不要紧，不要紧！劳诸位哥儿们的驾！"

这时候，老者的干草似的灰发，脸上的泥，炭条似的手，和那个破帽头与棉袄，都像发着点纯洁的光，如同破庙里的神像似的，虽然破碎，依然尊严。大家看着他，仿佛唯恐他走了。祥子始终没言语，呆呆的立在那里。听到老车夫说肚子里空，他猛的跑出去，飞也似又跑回来，手里用块白菜叶儿托着十个羊肉馅的包子。一直送到老者的眼前，说了声：吃吧！然后，坐在原位，低下头去，仿佛非常疲倦。

"哎！"老者像是乐，又像是哭，向大家点着头。"到底是哥儿们哪！拉座儿，给他卖多大的力气，临完多要一个子儿都怪难的！"说着，他立了起来，要往外走。

"吃呀！"大家几乎是一齐的喊出来。

"我叫小马儿去，我的小孙子，在外面看着车呢！"

"我去，您坐下！"那个中年的车夫说，"在这儿丢不了车，您自管放心，对过儿就是巡警阁子。"他开开了点门缝："小马儿！小马儿！你爷爷叫你哪！把车放在这儿来！"

老者用手摸了好几回包子，始终没往起拿。小马儿刚一进门，他拿起来一个："小马儿，乖乖，给你！"

小马儿也就是十二三岁，脸上挺瘦，身上可是穿得很圆，鼻子冻得通红，挂着两条白鼻涕，耳朵上戴着一对破耳帽儿。立在老者的身旁，右手接过包子来，左手又自动的拿起来一个，一个上咬了一口。

"哎！慢慢的！"老者一手扶在孙子的头上，一手拿起个包子，慢慢的往口中送。"爷爷吃两个就够，都是你的！吃完了，咱们收车回家，不拉啦。明儿个要是不这么冷呀，咱们早着点出车。对不对，小马儿？"

小马儿对着包子点了点头，吸溜了一下鼻子："爷爷吃三个吧，剩下都是我的。我回头把爷爷拉回家去！"

"不用！"老者得意的向大家一笑："回头咱们还是走着，坐在车上冷啊。"

老者吃完自己的份儿，把杯中的酒喝干，等着小马儿吃净了包子。掏出块破布来，擦了擦嘴，他又向大家点了点头："儿子当兵去了，一去不回头，媳妇——"

"别说那个！"小马儿的腮撑得像俩小桃，连吃带说的拦阻爷爷。

"说说不要紧！都不是外人！"然后向大家低声的："孩子心重，甭提多么要强啦！媳妇也走了。我们爷儿俩就吃这辆车；车破，可是我们自己的，就仗着天天不必为车份儿着急。挣多挣少，我们爷儿俩苦混，无法！无法！"

"爷爷，"小马儿把包子吃得差不离了，拉了拉老者的袖子，"咱们还得拉一趟，明儿个早上还没钱买煤呢！都是你，刚才二十子儿拉后门，依着我，就拉，你偏不去！明儿早上没有煤，看你怎样办！"

"有法子，爷爷会去赊五斤煤球。"

"还饶点劈柴？"

"对呀！好小子，吃吧；吃完，咱们该蹓跶着了！"说着，老者立起来，绕着圈儿向大家说："劳诸位哥儿们的驾啦！"伸手去拉小马儿，小马儿把未吃完的一个包子整个的塞在口中。

大家有的坐着没动，有的跟出来。祥子头一个跟出来，他要看看那辆车。

一辆极破的车，车板上的漆已经裂了口，车把上已经磨得露出木纹，一只唏哩哗啷响的破灯，车棚子的支棍儿用麻绳儿捆着。小马儿在耳朵帽里找出根洋火，在鞋底儿上划着，用两只小黑手捧着，点着了灯。老者往手心上吐了口唾沫，哎了一声，抄起车把来，"明儿见啦，哥儿们！"

祥子呆呆的立在门外，看着这一老一少和那辆破车。老者一边走还一边说话，语声时高时低；路上的灯光与黑影，时明时暗。祥子听着，看着，心中感到一种向来没有过的难受。在小马儿身上，他似乎看见了自己的过去；在老者身上，似乎看到了自己的将来！他向来没有轻易撒手过一个钱，现在他觉得很痛快，为这一老一少买了十个包子。直到已看不见了他们，他才又进到屋中。大家又说笑起来，他觉得发乱，会了茶钱，又走了出来，把车拉到电影园门外去等候曹先生。

天真冷。空中浮着些灰沙，风似乎是在上面疾走，星星看不甚真，只有那几个大的，在空中微颤。地上并没有风，可是四下里发着寒气，车辙上已有几条冻裂的长缝子，土色灰白，和冰一样凉，一样坚硬。祥子在电影园外立了一会儿，已经觉出冷来，可是不愿再回到茶馆去。他要静静的独自想一想。那一老一少似乎把他的最大希望给打破——老者的车是自己的呀！自从他头一天拉车，他就决定买上自己的车，现在还是为这个志愿整天的苦奔；有了自己的车，他以为，就有了一切。哼，看看那个老头子！

他不肯要虎妞，还不是因为自己有买车的愿望？买上车，省下钱，然后一清二白的娶个老婆；哼，看看小马儿！自己有了儿子，未必不就是那样。

这样一想，对虎妞的要挟，似乎不必反抗了；反正自己跳不出圈儿去，什么样的娘们不可以要呢？况且她还许带过几辆车来呢，干吗不享几天现成的福！看透了自己，便无须小看别人，虎妞就是虎妞吧，什么也甭说了！

电影散了，他急忙的把小水筒安好，点着了灯。连小棉袄也脱了，只剩了件小褂，他想飞跑一气，跑忘了一切，摔死也没多大关系！

十一

一想到那个老者与小马儿，祥子就把一切的希望都要放下，而想乐一天是一天吧，干吗成天际咬着牙跟自己过不去呢？！穷人的命，他似乎看明白了，是枣核儿两头尖：幼小的时候能不饿死，万幸；到老了能不饿死，很难。

只有中间的一段，年轻力壮，不怕饥饱劳碌，还能像个人儿似的。在这一段里，该快活快活的时候还不敢去干，地道的傻子；过了这村便没有这店！这么一想，他连虎妞的那回事儿都不想发愁了。

及至看到那个闷葫芦罐儿，他的心思又转过来。不，不能随便；只差几十块钱就能买上车了，不能前功尽弃；至少也不能把罐儿里那点积蓄瞎扔了，那么不容易省下来的！还是得往正路走，一定！可是，虎妞呢？还是没办法，还是得为那个可恨的二十七发愁。

愁到了无可如何，他抱着那个瓦罐儿自言自语的嘀咕：爱怎样怎样，反正这点钱是我的！谁也抢不了去！有这点钱，祥子什么也不怕！招急了我，我会跺脚一跑，有钱，腿就会活动！

街上越来越热闹了，祭灶的糖瓜摆满了街，走到哪里也可以听到"抚糖来，抚糖"的声音。祥子本来盼着过年，现在可是一点也不起劲，街上越乱，他的心越紧，那可怕的二十七就在眼前了！他的眼陷下去，连脸上那块疤都有些发暗。拉着车，街上是那么乱，地上是那么滑，他得分外的小心。心事和留神两气夹攻，他觉得精神不够用的了，想着这个便忘了那个，时常忽然一惊，身上痒刺刺的像小孩儿在夏天炸了痱子似的。

祭灶那天下午，溜溜的东风带来一天黑云。天气忽然暖了一些。到快掌灯的时候，风更小了些，天上落着稀疏的雪花，卖糖瓜的都着了急，天暖，再加上雪花，大家一劲儿往糖上撒白土子，还怕都粘在一处。雪花落了不多，变成了小雪粒，刷刷的轻响，落白了地。七点以后，铺户与人家开始祭灶，香光炮影之中夹着密密的小雪，热闹中带出点阴森的气象。街上的人都显出点惊急的样子，步行的，坐车的，都急于回家祭神，可是地上湿滑，又不敢放开步走。卖糖的小贩急于把应节的货物轰出去，上气不接下气的喊叫，听着怪震心的。

大概有九点钟了，祥子拉着曹先生由西城回家。过了西单牌楼那一段热闹街市，往东入了长安街，人马渐渐稀少起来。坦平的柏油马路上铺着一层薄雪，被街灯照得有点闪眼。偶尔过来辆汽车，灯光远射，小雪粒在灯光里带着点黄亮，像洒着万颗金砂。快到新华门那一带，路本来极宽，加上薄雪,更教人眼宽神爽,而且一切都仿佛更严肃了些。"长安牌楼",新华门的门楼,南海的红墙,都戴上了素冠,配着朱柱红墙,静静的在灯光下展示着故都的尊严。此时此地,令人感到北平仿佛并没有居民,直是一片琼宫玉宇,只有些老松默默的接着雪花。祥子没工夫看这些美景,一看眼前的"玉路",他只想一步便跑到家中;那直,白,冷静的大路似乎使他的心眼中一直的看到家门。可是他不能快跑,地上的雪虽不厚,但是拿脚,一会儿鞋底上就粘成一厚层;跺下去,一会儿又粘上了。霰粒非常的小,可是沉重有分量,既拿脚,又迷眼,他不能飞快的跑。雪粒打在身上也不容易化,他的衣肩上已积了薄薄的一层,虽然不算什么,可是湿漉漉的使他觉得别扭。这一带没有什么铺户,可是远处的炮声还继续不断,时时的在黑空中射起个双响或五鬼闹判儿。火花散落,空中越发显着黑,黑得几乎可怕。他听着炮声,看见空中的火花与黑暗,他想立刻到家。可是他不敢放开了腿,别扭!

更使他不痛快的是由西城起,他就觉得后面有辆自行车儿跟着他。到了西长安街,街上清静了些,更觉出后面的追随——车辆轧着薄雪,虽然声音不大,可是觉得出来。祥子,和别的车夫一样,最讨厌自行车。汽车可恶,但是它的声响大,老远的便可躲开。自行车是见缝子就钻,而且东摇西摆,看着就眼晕。外带着还是别出错儿,出了错儿总是洋车夫不对,巡警们心中的算盘是无论如何洋车夫总比骑车的好对付,所以先派洋车夫的不是。好几次,祥子很想抽冷子闸住车,摔后头这小子一交。但是他不敢,拉车的得到处忍气。每当要跺一跺鞋底儿的时候,他得喊声:"闸住!"到了南海前门,街道是那么宽,那辆脚踏车还紧紧的跟在后面。祥子更上了火,他故意的把车停住了,掸了掸肩上的雪。他立住,那辆自行车从车旁蹭了过去。车上的人还回头看了看。祥子故意的磨烦,等自行车走出老远才抄起车把来,骂了句:"讨厌!"

曹先生的"人道主义"使他不肯安那御风的棉车棚子,就是那帆布车棚也非到赶上大雨不准支上,为是教车夫省点力气。这点小雪,他以为没有支起车棚的必要,况且他还贪图着看看夜间的雪景呢。他也注意到这辆自行车,等祥子骂完,他低声的说,"要是他老跟着,到家门口别停住,上黄化门左先生那里去；别慌！"

　　祥子有点慌。他只知道骑自行车的讨厌，还不晓得其中还有可怕的——既然曹先生都不敢家去，这个家伙一定来历不小！他跑了几十步，便追上了那个人；故意的等着他与曹先生呢。自行车把祥子让过去，祥子看了车上的人一眼。一眼便看明白了，侦缉队上的。他常在茶馆里碰到队里的人，虽然没说过话儿，可是晓得他们的神气与打扮。这个的打扮，他看着眼熟：青大袄，呢帽，帽子戴得很低。

　　到了南长街口上，祥子乘着拐弯儿的机会，向后溜了一眼，那个人还跟着呢。他几乎忘了地上的雪，脚底下加了劲。直长而白亮的路，只有些冷冷的灯光，背后追着个侦探！祥子没有过这种经验，他冒了汗。到了公园后门，他回了回头，还跟着呢！到了家门口，他不敢站住，又有点舍不得走；曹先生一声也不响，他只好继续往北跑。一气跑到北口，自行车还跟着呢！他进了小胡同，还跟着！出了胡同，还跟着！上黄化门去，本不应当进小胡同，直到他走到胡同的北口才明白过来，他承认自己是有点迷头，也就更生气。

　　跑到景山背后，自行车往北向后门去了。祥子擦了把汗。雪小了些，可是雪粒中又有了几片雪花。祥子似乎喜爱雪花，大大方方的在空中飞舞，不像雪粒那么使人别气。他回头问了声："上哪儿，先生？"

　　"还到左宅。有人跟你打听我，你说不认识！"

　　"是啦！"祥子心中打开了鼓，可是不便细问。

　　到了左家，曹先生叫祥子把车拉进去，赶紧关上门。曹先生还很镇定，可是神色不大好看。嘱咐完了祥子，他走进去。祥子刚把车拉进门洞来，放好，曹先生又出来了，同着左先生；祥子认识，并且知道左先生是宅上的好朋友。

　　"祥子，"曹先生的嘴动得很快，"你坐汽车回去。告诉太太我在这儿呢。教她们也来，坐汽车来，另叫一辆，不必教你坐去的这辆等着。明白？好！告诉太太带着应用的东西，和书房里那几张画儿。听明白了？我这就给太太打电话，为是再告诉你一声，怕她一着急，把我的话忘了，你好提醒她一声。"

"我去好不好？"左先生问了声。

"不必！刚才那个人未必一定是侦探，不过我心里有那回事儿，不能不防备一下。你先叫辆汽车来好不好？"

左先生去打电话叫车，曹先生又嘱咐了祥子一遍："汽车来到，我这给了钱。教太太快收拾东西；别的都不要紧，就是千万带着小孩子的东西，和书房里那几张画，那几张画！等太太收拾好，教高妈打电话要辆车，上这儿来。这都明白了？等她们走后，你把大门锁好，搬到书房去睡，那里有电话。你会打电？"

"不会往外打，会接。"其实祥子连接电话也不大喜欢，不过不愿教曹先生着急，只好这么答应下。

"那就行！"曹先生接着往下说，说得还是很快："万一有个动静，你别去开门！我们都走了，剩下你一个，他们决不放手你！见事不好的话，你灭了灯，打后院跳到王家去。王家的人你认得？对！在王家藏会儿再走。我的东西，你自己的东西都不用管，跳墙就走，省得把你拿了去！你若丢了东西，将来我赔上。先给你这五块钱拿着。好，我去给太太打电话，回头你再对她说一遍。不必说拿人，刚才那个骑车的也许是侦探，也许不是；你也先别着慌！"

祥子心中很乱，好像有许多要问的话，可是因急于记住曹先生所嘱咐的，不敢再问。

汽车来了，祥子楞头磕脑的坐进去。雪不大不小的落着，车外边的东西看不大真，他直挺着腰板坐着，头几乎顶住车棚。他要思索一番，可是眼睛只顾看车前的红箭头，红得那么鲜灵可爱。驶车的面前的那把小刷子，自动的左右摆着，刷去玻璃上的哈气，也颇有趣。刚似乎把这看腻了，车已到了家门，心中怪不得劲的下了车。

刚要按街门的电铃，像从墙里钻出个人来似的，揪住他的腕子。祥子本能的想往出夺手，可是已经看清那个人，他不动了，正是刚才骑自行车的那个侦探。

"祥子，你不认识我了？"侦探笑着松了手。

祥子咽了口气，不知说什么好。

"你不记得当初你教我们拉到西山去?我就是那个孙排长。想起来了吧?"

"啊,孙排长!"祥子想不起来。他被大兵们拉到山上去的时候,顾不得看谁是排长,还是连长。

"你不记得我,我可记得你;你脸上那块疤是个好记号。我刚才跟了你半天,起初也有点不敢认你,左看右看,这块疤不能有错!"

"有事吗?"祥子又要去按电铃。

"自然是有事,并且是要紧的事!咱们进去说好不好!"孙排长——现在是侦探——伸手按了铃。

"我有事!"祥子的头上忽然冒了汗,心里发着狠儿说:"躲他还不行呢,怎能往里请呢!"

"你不用着急,我来是为你好!"侦探露出点狡猾的笑意。赶到高妈把门开开,他一脚迈进去:"劳驾劳驾!"没等祥子和高妈过一句话,扯着他便往里走,指着门房:"你在这儿住?"进了屋,他四下里看了一眼:"小屋还怪干净呢!你的事儿不坏!"

"有事吗?我忙!"祥子不能再听这些闲盘儿。

"没告诉你吗,有要紧的事!"孙侦探还笑着,可是语气非常的严厉。"干脆对你说吧,姓曹的是乱党,拿住就枪毙,他还是跑不了!咱们总算有一面之交,在兵营里你伺候过我;再说咱们又都是街面上的人,所以我担着好大的处分来给你送个信!你要是晚跑一步,回来是堵窝儿掏,谁也跑不了。咱们卖力气吃饭,跟他们打哪门子挂误官司?这话对不对?"

"对不起人呀!"祥子还想着曹先生所嘱托的话。

"对不起谁呀?"孙侦探的嘴角上带笑,而眼角棱棱着。"祸是他们自己闯的,你对不起谁呀?他们敢作敢当,咱们跟着受罪,才合不着!不用说别的,把你圈上三个月,你野鸟似的惯了,楞教你坐黑屋子,你受得了受不了?再说,他们下狱,有钱打点,受不了罪;你呀,我的好兄弟,手里没硬的,准拴在尿桶上!这还算小事,碰巧了他们花钱一运动,闹个几年徒刑;官面上交待不下去,要不把你垫了背才怪。咱们不招谁不惹谁的,临完上天桥吃黑枣,冤不冤?你是明白人,明白人不吃眼前亏。对得起人喽,又!告诉你吧，好兄弟，天下就没有对得起咱们苦哥儿们的事！"

祥子害了怕。想起被大兵拉去的苦处，他会想象到下狱的滋味。"那么我得走，不管他们？"

"你管他们，谁管你呢？！"

祥子没话答对。楞了会儿，连他的良心也点了头："好，我走！"

"就这么走吗？"孙侦探冷笑了一下。

祥子又迷了头。

"祥子，我的好伙计！你太傻了！凭我作侦探的，肯把你放了走？"

"那——"祥子急得不知说什么好了。

"别装傻！"孙侦探的眼盯住祥子的："大概你也有个积蓄，拿出来买条命！我一个月还没你挣得多，得吃得穿得养家，就仗着点外找儿，跟你说知心话！你想想，我能一撒巴掌把你放了不能？哥儿们的交情是交情，没交情我能来劝你吗？可是事情是事情，我不图点什么，难道教我一家子喝西北风？外场人用不着费话，你说真的吧！"

"得多少？"祥子坐在了床上。

"有多少拿多少，没准价儿！"

"我等着坐狱得了！"

"这可是你说的？可别后悔？"孙侦探的手伸入棉袍中，"看这个，祥子！我马上就可以拿你，你要拒捕的话，我开枪！我要马上把你带走，不要说钱呀，连你这身衣裳都一进狱门就得剥下来。你是明白人，自己合计合计得了！"

"有工夫挤我，干吗不挤挤曹先生？"祥子吭吃了半天才说出来。

"那是正犯，拿住呢有点赏，拿不住担'不是'。你，你呀，我的傻兄弟，把你放了像放个屁；把你杀了像抹个臭虫！拿钱呢，你走你的；不拿，好，天桥见！别磨烦，来干脆的，这么大的人！再说，这点钱也不能我一个人独吞了，伙计们都得沾补点儿，不定分上几个子儿呢。这么便宜买条命还不干，我可就没了法！你有多少钱？"

祥子立起来，脑筋跳起多高，攥上拳头。

"动手没你的,我先告诉你,外边还有一大帮人呢!快着,拿钱!我看面子,你别不知好歹!"孙侦探的眼神非常的难看了。

"我招谁惹谁了?!"祥子带着哭音,说完又坐在床沿上。

"你谁也没招;就是碰在点儿上了!人就是得胎里富,咱们都是底儿上的。什么也甭再说了!"孙侦探摇了摇头,似有无限的感慨。"得了,自当是我委屈了你,别再磨烦了!"

祥子又想了会儿,没办法。他的手哆嗦着,把闷葫芦罐儿从被子里掏了出来。

"我看看!"孙侦探笑了,一把将瓦罐接过来,往墙上一碰。

祥子看着那些钱洒在地上,心要裂开。

"就是这点?"

祥子没出声,只剩了哆嗦。

"算了吧!我不赶尽杀绝,朋友是朋友。你可也得知道,这些钱儿买一条命,便宜事儿!"

祥子还没出声,哆嗦着要往起裹被褥。

"那也别动!"

"这么冷的……"祥子的眼瞪得发了火。

"我告诉你别动,就别动!滚!"

祥子咽了口气,咬了咬嘴唇,推门走出来。

雪已下了寸多厚,祥子低着头走。处处洁白,只有他的身后留着些大黑脚印。

十二

　　祥子想找个地方坐下，把前前后后细想一遍，哪怕想完只能哭一场呢，也好知道哭的是什么；事情变化得太快了，他的脑子已追赶不上。没有地方给他坐，到处是雪。小茶馆们已都上了门，十点多了；就是开着，他也不肯进去，他愿意找个清静地方，他知道自己眼眶中转着的泪随时可以落下来。

　　既没地方坐一坐，只好慢慢的走吧；可是，上哪里去呢？这个银白的世界，没有他坐下的地方，也没有他的去处；白茫茫的一片，只有饿着肚子的小鸟，与走投无路的人，知道什么叫作哀叹。

　　上哪儿去呢？这就成个问题，先不用想到别的了！下小店？不行！凭他这一身衣服，就能半夜里丢失点什么，先不说店里的虱子有多么可怕。上大一点的店？去不起，他手里只有五块钱，而且是他的整部财产。上澡堂子？十二点上门，不能过夜。没地方去。

　　因为没地方去，才越觉得自己的窘迫。在城里混了这几年了，只落得一身衣服，和五块钱；连被褥都混没了！由这个，他想到了明天，明天怎办呢？拉车，还去拉车，哼，拉车的结果只是找不到个住处，只是剩下点钱被人家抢了去！作小买卖，只有五块钱的本钱，而连挑子扁担都得购买，况且哪个买卖准能挣出嚼谷呢？拉车可以平地弄个三毛四毛的，作小买卖既要本钱，而且没有准能赚出三餐的希望。等把本钱都吃进去，再去拉车，还不是脱了裤子放屁，白白赔上五块钱？这五块钱不能轻易放手一角一分，这是最后的指望！当仆人去，不在行；伺候人，不会；洗衣裳作饭，不会！什么也不行，什么也不会，自己只是个傻大黑粗的废物！

　　不知不觉的，他来到了中海。到桥上，左右空旷，一眼望去，全是雪花。他这才似乎知道了雪还没住，摸一摸头上，毛线织的帽子上已经很湿。桥上没人，连岗警也不知躲在哪里去了，有几盏电灯被雪花打的仿佛不住的眨眼。祥子看看四外的雪，心中茫然。

　　他在桥上立了许久，世界像是已经死去，没一点声音，没一点动静，灰白的雪花似乎得了机会，慌乱的，轻快的，一劲儿往下落，要人不知鬼不觉的把世界埋上。在这种静寂中，祥子听见自己的良心的微语。先不要管自己吧，还是得先回去看看曹家的人。只剩下曹太太与高妈，没一个男人！难道那最后的五块钱不是曹先生给的么？不敢再思索，他拔起腿就往回走，非常的快。

门外有些脚印，路上有两条新印的汽车道儿。难道曹太太已经走了吗？那个姓孙的为什么不拿她们呢？

不敢过去推门，恐怕又被人捉住。左右看，没人，他的心跳起来，试试看吧，反正也无家可归，被人逮住就逮住吧。轻轻推了推门，门开着呢。顺着墙根走了两步，看见了自己屋中的灯亮儿，自己的屋子！他要哭出来。弯着腰走过去，到窗外听了听，屋内咳嗽的一声，高妈的声音！他拉开了门。

"谁？哟，你！可吓死我了！"高妈捂着心口，定了定神，坐在了床上。"祥子，怎么回事呀？"

祥子回答不出，只觉得已经有许多年没见着她了似的，心中堵着一团热气。

"这是怎么啦？"高妈也要哭的样子的问："你还没回来，先生打来电，叫我们上左宅，还说你马上就来。你来了，不是我给你开的门吗？我一瞧，你还同着个生人，我就一言没发呀，赶紧进去帮助太太收拾东西。你始终也没进去。黑灯下火的教我和太太瞎抓，少爷已经睡得香香的，生又从热被窝里往外抱。包好了包，又上书房去摘画儿，你是始终不照面儿，你是怎么啦？我问你！糙糙的收拾好了，我出来看你，好，你没影儿啦！太太气得——一半也是急得——直哆嗦。我只好打电叫车吧。可是我们不能就这么'空城计'，全走了哇。好，我跟太太横打了鼻梁[1]，我说太太走吧，我看着。祥子回来呢，我马上赶到左宅去；不回来呢，我认了命！这是怎会说的！你是怎回事，说呀！"

---

1. 表示保证。

祥子没的说。

"说话呀！楞着算得了事吗？到底是怎回事？"

"你走吧！"祥子好容易找到了一句话："走吧！"

"你看家？"高妈的气消了点。

"见了先生，你就说，侦探逮住了我，可又，可又，没逮住我！"

"这像什么话呀？"高妈气得几乎要笑。

"你听着！"祥子倒挂了气："告诉先生快跑，侦探说了，准能拿住先生。左宅也不是平安的地方。快跑！你走了，我跳到王家去，睡一夜。我把这块的大门锁上。明天，我去找我的事。对不起曹先生！"

"越说我越胡涂！"高妈叹了口气。"得啦，我走，少爷还许冻着了呢，赶紧看看去！见了先生，我就说祥子说啦，教先生快跑。今个晚上祥子锁上大门，跳到王家去睡；明天他去找事。是这么着不是？"

祥子万分惭愧的点了点头。

高妈走后，祥子锁好大门，回到屋中。破闷葫芦罐还在地上扔着，他拾起瓦块片看了看，照旧扔在地上。床上的铺盖并没有动。奇怪，到底是怎回事呢？难道孙侦探并非真的侦探？不能！曹先生要是没看出点危险来，何至于弃家逃走？不明白！不明白！他不知不觉的坐在了床沿上。刚一坐下，好似惊了似的又立起来。不能在此久停！假若那个姓孙的再回来呢？！心中极快的转了转：对不住曹先生，不过高妈带回信去教他快跑，也总算过得去了。论良心，祥子并没立意欺人，而且自己受着委屈。自己的钱先丢了，没法再管曹先生的。自言自语的，他这样一边儿叨唠，一边儿往起收拾铺盖。

扛起铺盖，灭了灯，他奔了后院。把铺盖放下，手扒住墙头低声的叫："老程！老程！"老程是王家的车夫。没人答应，祥子下了决心，先跳过去再说。把铺盖扔过去，落在雪上，没有什么声响。他的心跳了一阵。紧跟着又爬上墙头，跳了过去。在雪地上拾起铺盖，轻轻的去找老程。他知道老程的地方。大家好像都已睡了，全院中一点声儿也没有。祥子忽然感到作贼并不是件很难的事，他放了点胆子，脚踏实地的走，雪很瓷实，发着一点点响声。找到了老程的屋子，他咳嗽了一声。老程似乎是刚躺下："谁？"

"我,祥子!你开开门!"祥子说得非常的自然,柔和,好像听见了老程的声音,就像听见个亲人的安慰似的。

老程开了灯,披着件破皮袄,开了门:"怎么啦?祥子!三更半夜的!"

祥子进去,把铺盖放在地上,就势儿坐在上面,又没了话。

老程有三十多岁,脸上与身上的肉都一疙瘩一块的,硬得出棱儿。平日,祥子与他并没有什么交情,不过是见面总点头说话儿。有时候,王太太与曹太太一同出去上街,他俩更有了在一处喝茶与休息的机会。祥子不十分佩服老程,老程跑得很快,可是慌里慌张,而且手老拿不稳车把似的。在为人上,老程虽然怪好的,可是有了这个缺点,祥子总不能完全钦佩他。

今天,祥子觉得老程完全可爱了。坐在那儿,说不出什么来,心中可是感激,亲热。刚才,立在中海的桥上;现在,与个熟人坐在屋里;变动的急剧,使他心中发空;同时也发着些热气。

老程又钻到被窝中去,指着破皮袄说:"祥子抽烟吧,兜儿里有,别野的。"别墅牌的烟自从一出世就被车夫们改为"别野"的。

祥子本不吸烟,这次好似不能拒绝,拿了支烟放在唇间吧唧着。

"怎么啦?"老程问:"辞了工?"

"没有,"祥子依旧坐在铺盖上,"出了乱子!曹先生一家子全跑啦,我也不敢独自看家!"

"什么乱子?"老程又坐起来。

"说不清呢,反正乱子不小,连高妈也走了!"

"四门大开,没人管?"

"我把大门给锁上了!"

"哼!"老程寻思了半天,"我告诉王先生一声儿去好不好?"说着,就要披衣裳。

"明天再说吧,事情简直说不清!"祥子怕王先生盘问他。

祥子说不清的那点事是这样:曹先生在个大学里教几点钟功课。学校里有个叫阮明的学生,一向跟曹先生不错,时常来找他谈谈。曹先生是个社会主义者,阮明的思想更激烈,所以二人很说得来。不过,年纪与地位使他们有点小冲突：曹先生以教师的立场看，自己应当尽心的教书，而学生应当好好的交待功课，不能因为私人的感情而在成绩上马马虎虎。在阮明看呢，在这种破乱的世界里，一个有志的青年应当作些革命的事业，功课好坏可以暂且不管。他和曹先生来往，一来是为彼此还谈得来，二来是希望因为感情而可以得到够升级的分数，不论自己的考试成绩坏到什么地步。乱世的志士往往有些无赖，历史上有不少这样可原谅的例子。

到考试的时候，曹先生没有给阮明及格的分数。阮明的成绩，即使曹先生给他及格，也很富余的够上了停学。可是他特别的恨曹先生。他以为曹先生太不懂面子；面子，在中国是与革命有同等价值的。因为急于作些什么，阮明轻看学问。因为轻看学问，慢慢他习惯于懒惰，想不用任何的劳力而获得大家的钦佩与爱护；无论怎说，自己的思想是前进的呀！曹先生没有给他及格的分数，分明是不了解一个有志的青年；那么，平日可就别彼此套近乎呀！既然平日交情不错，而到考试的时候使人难堪，他以为曹先生为人阴险。成绩是无可补救了，停学也无法反抗，他想在曹先生身上泄泄怒气。既然自己失了学，那么就拉个教员来陪绑。这样，既能有些事作，而且可以表现出自己的厉害。阮明不是什么好惹的！况且，若是能由这回事而打入一个新团体去，也总比没事可作强一些。

他把曹先生在讲堂上所讲的，和平日与他闲谈的，那些关于政治与社会问题的话编辑了一下，到党部去告发——曹先生在青年中宣传过激的思想。

曹先生也有个耳闻，可是他觉得很好笑。他知道自己的那点社会主义是怎样的不彻底，也晓得自己那点传统的美术爱好是怎样的妨碍着激烈的行动。可笑，居然落了个革命的导师的称号！可笑，所以也就不大在意，虽然学生和同事的都告诉他小心一些。镇定并不能——在乱世——保障安全。

寒假是肃清学校的好机会，侦探们开始忙着调查与逮捕。曹先生已有好几次觉得身后有人跟着。身后的人影使他由嬉笑改为严肃。他须想一想了：为造声誉，这是个好机会；下几天狱比放个炸弹省事，稳当，而有同样的价值。下狱是作要人的一个资格。可是，他不肯。他不肯将计就计的为自己造成虚假的名誉。凭着良心，他恨自己不能成个战士；凭着良心，他也不肯作冒牌的战士。他找了左先生去。

左先生有主意："到必要的时候，搬到我这儿来，他们还不至于搜查我来！"左先生认识人；人比法律更有力。"你上这儿来住几天，躲避躲避。总算我们怕了他们。然后再去疏通，也许还得花上俩钱。面子足，钱到手，你再回家也就没事了。"

孙侦探知道曹先生常上左宅去，也知道一追紧了的时候他必定到左宅去。他们不敢得罪左先生，而得吓唬就吓唬曹先生。多咱把他赶到左宅去，他们才有拿钱的希望，而且很够面子。敲祥子，并不在侦探们的计划内，不过既然看见了祥子，带手儿的活，何必不先拾个十头八块的呢？

对了，祥子是遇到"点儿"上，活该。谁都有办法，哪里都有缝子，只有祥子跑不了，因为他是个拉车的。一个拉车的吞的是粗粮，冒出来的是血；他要卖最大的力气，得最低的报酬；要立在人间的最低处，等着一切人一切法一切困苦的击打。

把一支烟烧完，祥子还是想不出道理来，他像被厨子提在手中的鸡，只知道缓一口气就好，没有别的主意。他很愿意和老程谈一谈，可是没话可说，他的话不够表现他的心思的，他领略了一切苦处，他的口张不开，像个哑巴。买车，车丢了；省钱，钱丢了；自己一切的努力只为别人来欺侮！谁也不敢招惹，连条野狗都得躲着，临完还是被人欺侮得出不来气！

先不用想过去的事吧，明天怎样呢？曹宅是不能再回去，上哪里去呢？"我在这儿睡一夜，行吧？"他问了句，好像条野狗找到了个避风的角落，暂且先忍一会儿；不过就是这点事也得要看明白了，看看妨碍别人与否。

"你就在这儿吧，冰天雪地的上哪儿去？地上行吗？上来挤挤也行呀！"

祥子不肯上去挤，地上就很好。

老程睡去，祥子来回的翻腾，始终睡不着。地上的凉气一会儿便把褥子冰得像一张铁，他蜷着腿，腿肚子似乎还要转筋。门缝子进来的凉风，像一群小针似的往头上刺。他狠狠的闭着眼，蒙上了头，睡不着。听着老程的呼声，他心中急躁，恨不能立起来打老程一顿才痛快。越来越冷，冻得嗓子中发痒，又怕把老程咳嗽醒了。

睡不着，他真想偷偷的起来，到曹宅再看看。反正事情是吹了，院中又没有人，何不去拿几件东西呢？自己那么不容易省下的几个钱，被人抢去，为曹宅的事而被人抢去，为什么不可以去偷些东西呢。为曹宅的事丢了钱，再由曹宅给赔上，不是正合适么？这么一想，他的眼亮起来，登时忘记了冷；走哇！那么不容易得到的钱，丢了，再这么容易得回来，走！

已经坐起来，又急忙的躺下去，好像老程看着他呢！心中跳了起来。不，不能当贼，不能！刚才为自己脱干净，没去作到曹先生所嘱咐的，已经对不起人；怎能再去偷他呢？不能去！穷死，不偷！

怎知道别人不去偷呢？那个姓孙的拿走些东西又有谁知道呢？他又坐了起来。远处有个狗叫了几声。他又躺下去。还是不能去，别人去偷，偷吧，自己的良心无愧。自己穷到这样，不能再教心上多个黑点儿！

再说，高妈知道他到王家来，要是夜间丢了东西，是他也得是他，不是他也得是他！他不但不肯去偷了，而且怕别人进去了。真要是在这一夜里丢了东西，自己跳到黄河里也洗不清！他不冷了，手心上反倒见了点汗。怎办呢？跳回宅里去看着？不敢。自己的命是拿钱换出来的，不能再自投罗网。不去，万一丢了东西呢？

想不出主意。他又坐起来，弓着腿坐着，头几乎挨着了膝。头很沉，眼也要闭上，可是不敢睡。夜是那么长，只没有祥子闭一闭眼的时间。

坐了不知多久，主意不知换了多少个。他忽然心中一亮，伸手去推老程："老程！老程！醒醒！"

"干吗？"老程非常的不愿睁开眼："撒尿，床底下有夜壶。"

"你醒醒！开开灯！"

"有贼是怎着？"老程迷迷忽忽的坐起来。

"你醒明白了？"

"嗯！"

"老程，你看看！这是我的铺盖，这是我的衣裳，这是曹先生给的五块钱；没有别的了？"

"没了；干吗？"老程打了个哈欠。

"你醒明白了？我的东西就是这些，我没拿曹家一草一木？"

"没有！咱哥儿们，久吃宅门的，手儿粘赘还行吗？干得着，干；干不着，不干；不能拿人家东西！就是这个事呀？"

"你看明白了？"

老程笑了："没错儿！我说，你不冷呀？"

"行！"

十三

因有雪光，天仿佛亮得早了些。快到年底，不少人家买来鸡喂着，鸡的鸣声比往日多了几倍。处处鸡啼，大有些丰年瑞雪的景况。祥子可是一夜没睡好。到后半夜，他忍了几个盹儿，迷迷忽忽的，似睡不睡的，像浮在水上那样忽起忽落，心中不安。越睡越冷，听到了四外的鸡叫，他实在撑不住了。不愿惊动老程，他蜷着腿，用被子堵上嘴咳嗽，还不敢起来。忍着，等着，心中非常的焦躁。好容易等到天亮，街上有了大车的轮声与赶车人的呼叱，他坐了起来。坐着也是冷，他立起来，系好了钮扣，开开一点门缝向外看了看。雪并没有多么厚，大概在半夜里就不下了；天似乎已晴，可是灰渌渌的看不甚清，连雪上也有一层很淡的灰影似的。一眼，他看到昨夜自己留下的大脚印，虽然又被雪埋上，可是一坑坑的还看得很真。

一来为有点事作，二来为消灭痕迹，他一声没出，在屋角摸着把笤帚，去扫雪。雪沉，不甚好扫，一时又找不到大的竹帚，他把腰弯得很低，用力去刮揸；上层的扫去，贴地的还留下一些雪粒，好像已抓住了地皮。直了两回腰，他把整个的外院全扫完，把雪都堆在两株小柳树的底下。他身上见了点汗,暖和,也轻松了一些。跺了跺脚,他吐了口长气,很长很白。

进屋,把笤帚放在原处,他想往起收拾铺盖。老程醒了,打了个哈欠,口还没并好,就手就说了话:"不早啦吧?"说得音调非常的复杂。说完,擦了擦泪,顺手向皮袄袋里摸出支烟来。吸了两口烟,他完全醒明白了。"祥子,你先别走!等我去打点开水,咱们热热的来壶茶喝。这一夜横是够你受的!"

"我去吧?"祥子也递个和气。但是,刚一说出,他便想起昨夜的恐怖,心中忽然堵成了一团。

"不;我去!我还得请请你呢!"说着,老程极快的穿上衣裳,钮扣通体没扣,只将破皮袄上拢了根搭包,叼着烟卷跑出去:"喝!院子都扫完了?你真成!请请你!"

祥子稍微痛快了些。

待了会儿,老程回来了,端着两大碗甜浆粥,和不知多少马蹄烧饼与小焦油炸鬼。"没沏茶,先喝点粥吧,来,吃吧;不够,再去买;没钱,咱赊得出来;干苦活儿,就是别缺着嘴,来!"

天完全亮了,屋中冷清清的明亮,二人抱着碗喝起来,声响很大而甜美。谁也没说话,一气把烧饼油鬼吃净。

"怎样?"老程剔着牙上的一个芝麻。

"该走了!"祥子看着地上的铺盖卷。

"你说说,我到底还没明白是怎回子事!"老程递给祥子一支烟,祥子摇了摇头。

想了想,祥子不好意思不都告诉给老程了。结结巴巴的,他把昨夜晚的事说了一遍,虽然很费力,可是说得不算不完全。

老程撇了半天嘴,似乎想过点味儿来。"依我看哪,你还是找曹先生去。事情不能就这么搁下,钱也不能就这么丢了!你刚才不是说,曹先生嘱咐了你,教你看事不好就跑?那么,你一下车就教侦探给堵住,怪谁呢?不是你不忠心哪,是事儿来得太邪,你没法儿不先顾自己的命!教我看,这没有什么对不起人的地方。你去,找曹先生去,把前后的事一五一十都对他实说,我想,他必不能怪你,碰巧还许赔上你的钱!你走吧,把铺盖放在这儿,早早的找他去。天短,一出太阳就得八点,赶紧走你的!"

祥子活了心,还有点觉得对不起曹先生,可是老程说得也很近情理——侦探拿枪堵住自己,怎能还顾得曹家的事呢?

"走吧!"老程又催了句。"我看昨个晚上你是有点绕住了;遇上急事,谁也保不住迷头。我现在给你出的道儿准保不错,我比你岁数大点,总多经过些事儿。走吧,这不是出了太阳?"

朝阳的一点光,借着雪,已照明了全城。蓝的天,白的雪,天上有光,雪上有光,蓝白之间闪起一片金花,使人痛快得睁不开眼!祥子刚要走,有人敲门。老程出去看,在门洞儿里叫:"祥子!找你的!"

左宅的王二,鼻子冻得滴着清水,在门洞儿里跺去脚上的雪。老程见祥子出来,让了句:"都里边坐!"三个人一同来到屋中。

"那什么,"王二搓着手说,"我来看房,怎么进去呀,大门锁着呢。那什么,雪后寒,真冷!那什么,曹先生,曹太太,都一清早就走了;上天津,也许是上海,我说不清。左先生嘱咐我来看房。那什么,可真冷!"

祥子忽然的想哭一场!刚要依着老程的劝告,去找曹先生,曹先生会走了。楞了半天,他问了句:"曹先生没说我什么?"

"那什么,没有。天还没亮,就都起来了,简直顾不得说话了。火车是,那什么,七点四十分就开!那什么,我怎么过那院去?"王二急于要过去。

"跳过去!"祥子看了老程一眼,仿佛是把王二交给了老程,他拾起自己的铺盖卷来。

"你上哪儿?"老程问。

"人和厂子,没有别的地方可去!"这一句话说尽了祥子心中的委屈,羞愧,与无可如何。他没别的办法,只好去投降!一切的路都封上了,他只能在雪白的地上去找那黑塔似的虎妞。他顾体面,要强,忠实,义气;都没一点用处,因为有条"狗"命!

老程接了过来:"你走你的吧。这不是当着王二,你一草一木也没动曹宅的!走吧。到这条街上来的时候,进来聊会子,也许我打听出来好事,还给你荐呢。你走后,我把王二送到那边去。有煤呀?"

"煤，劈柴，都在后院小屋里。"祥子扛起来铺盖。

街上的雪已不那么白了，马路上的被车轮轧下去，露出点冰的颜色来。土道上的，被马踏得已经黑一块白一块，怪可惜的。祥子没有想什么，只管扛着铺盖往前走。一气走到了人和车厂。他不敢站住，只要一站住，他知道就没有勇气进去。他一直的走进去，脸上热得发烫。他编好了一句话，要对虎妞说："我来了，瞧着办吧！怎办都好，我没了法儿！"及至见了她，他把这句话在心中转了好几次，始终说不出来，他的嘴没有那么便利。

虎妞刚起来，头发髭髭着，眼泡儿浮肿着些，黑脸上起着一层小白的鸡皮疙瘩，像拔去毛的冻鸡。

"哟！你回来啦！"非常的亲热，她的眼中笑得发了些光。"赁给我辆车！"祥子低着头看鞋头上未化净的一些雪。

"跟老头子说去，"她低声的说，说完向东间一努嘴。

刘四爷正在屋里喝茶呢，面前放着个大白炉子，火苗有半尺多高。见祥子进来，他半恼半笑的说："你这小子还活着哪？！忘了我啦！算算，你有多少天没来了？事情怎样？买上车没有？"

祥子摇了摇头，心中刺着似的疼。"还得给我辆车拉，四爷！"

"哼，事又吹了！好吧，自己去挑一辆！"刘四爷倒了碗茶，"来，先喝一碗。"

祥子端起碗来，立在火炉前面，大口的喝着。茶非常的烫，火非常的热，他觉得有点发困。把碗放下，刚要出来，刘四爷把他叫住了。

"等等走，你忙什么？告诉你：你来得正好。二十七是我的生日，我还要搭个棚呢，请请客。你帮几天忙好了，先不必去拉车。他们，"刘四爷向院中指了指，"都不可靠，我不愿意教他们吊儿郎当的瞎起哄。你帮帮好了。该干什么就干，甭等我说。先去扫扫雪，晌午我请你吃火锅。"

"是了，四爷！"祥子想开了，既然又回到这里，一切就都交给刘家父女吧；他们爱怎么调动他，都好，他认了命！

"我说是不是？"虎姑娘拿着时候进来了，"还是祥子，别人都差点劲儿。"

刘四爷笑了。祥子把头低得更往下了些。

"来，祥子！"虎妞往外叫他，"给你钱，先去买扫帚，要竹子的，好扫雪。得赶紧扫，今天搭棚的就来。"走到她的屋里，她一边给祥子数钱，一边低声的说："精神着点！讨老头子的喜欢！咱们的事有盼望！"

祥子没言语，也没生气。他好像是死了心，什么也不想，给它个混一天是一天。有吃就吃，有喝就喝，有活儿就作，手脚不闲着，几转就是一天，自己顶好学拉磨的驴，一问三不知，只会拉着磨走。

他可也觉出来，自己无论如何也不会很高兴。虽然不肯思索，不肯说话，不肯发脾气，但是心中老堵一块什么，在工作的时候暂时忘掉，只要有会儿闲工夫，他就觉出来这块东西——绵软，可是老那么大；没有什么一定的味道，可是噎得慌，像块海绵似的。心中堵着这块东西，他强打精神去作事，为是把自己累得动也不能动，好去闷睡。把夜里的事交给梦，白天的事交给手脚，他仿佛是个能干活的死人。他扫雪，他买东西，他去定煤气灯，他刷车，他搬桌椅，他吃刘四爷的犒劳饭，他睡觉，他什么也不知道，口里没话，心里没思想，只隐隐的觉得那块海绵似的东西！

地上的雪扫净，房上的雪渐渐化完，棚匠"喊高儿"上了房，支起棚架子。讲好的是可着院子的暖棚，三面挂檐，三面栏杆，三面玻璃窗户。棚里有玻璃隔扇，挂面屏，见木头就包红布。正门旁边一律挂彩子，厨房搭在后院。刘四爷，因为庆九，要热热闹闹的办回事，所以第一要搭个体面的棚。天短，棚匠只扎好了棚身，上了栏杆和布，棚里的花活和门上的彩子，得到第二天早晨来挂。刘四爷为这个和棚匠大发脾气，气得脸上飞红。因为这个，他派祥子去催煤气灯，厨子，千万不要误事。其实这两件绝不会误下，可是老头子不放心。祥子为这个刚跑回来，刘四爷又教他去给借麻将牌，借三四副，到日子非痛痛快快的赌一下不可。借来牌，又被派走去借留声机，作寿总得有些响声儿。祥子的腿没停住一会儿，一直跑到夜里十一点。拉惯了车，空着手儿走比跑还累得慌；末一趟回来，他，连他，也有点抬不起脚来了。

"好小子！你成！我要有你这么个儿子，少教我活几岁也是好的！歇着去吧，明天还有事呢！"

虎妞在一旁，向祥子挤了挤眼。

第二天早上，棚匠来找补活。彩屏悬上，画的是"三国"里的战景，三战吕布，长坂坡，火烧连营等等，大花脸二花脸都骑马持着刀枪。刘老头子仰着头看了一遍，觉得很满意。紧跟着家伙铺来卸家伙：棚里放八个座儿，围裙椅垫凳套全是大红绣花的。一份寿堂，放在堂屋，香炉蜡扦都是景泰蓝的，桌前放了四块红毡子。刘老头子马上叫祥子去请一堂苹果，虎妞背地里掖给他两块钱，教他去叫寿桃寿面，寿桃上要一份儿八仙人，作为是祥子送的。苹果买到，马上摆好；待了不大会儿，寿桃寿面也来到，放在苹果后面，大寿桃点着红嘴，插着八仙人，非常大气。

"祥子送的，看他多么有心眼！"虎妞堵着爸爸的耳根子吹嘘，刘四爷对祥子笑了笑。

寿堂正中还短着个大寿字，照例是由朋友们赠送，不必自己预备。现在还没有人送来，刘四爷性急，又要发脾气："谁家的红白事，我都跑到前面，到我的事情上了，给我个干摆台，×他妈妈的！"

"明天二十六，才落座儿，忙什么呀？"虎妞喊着劝慰。

"我愿意一下子全摆上；这么零零碎碎的看着揪心！我说祥子，水月灯今天就得安好，要是过四点还不来，我剐了他们！"

"祥子，你再去催！"虎妞故意倚重他，总在爸的面前喊祥子作事。祥子一声不出，把话听明白就走。

"也不是我说，老爷子，"她撇着点嘴说，"要是有儿子，不像我就得像祥子！可惜我错投了胎。那可也无法。其实有祥子这么个干儿子也不坏！看他，一天连个屁也不放，可把事都作了！"

刘四爷没答碴儿，想了想："话匣子呢？唱唱！"

不知道由哪里借来的破留声机，每一个声音都像踩了猫尾巴那么叫得钻心！刘四爷倒不在乎，只要有点声响就好。

到下午，一切都齐备了，只等次日厨子来落座儿。刘四爷各处巡视了一番，处处花红柳绿，自己点了点头。当晚，他去请了天顺煤铺的先生给管账，先生姓冯，山西人，管账最仔细。冯先生马上过来看了看，叫祥子去买两份红账本，和一张顺红笺。把红笺裁开，他写了些寿字，贴在各处。刘四爷觉得冯先生真是心细，当时要再约两手，和冯先生打几圈麻将。冯先生晓得刘四爷的厉害，没敢接碴儿。

牌没打成，刘四爷挂了点气，找来几个车夫，"开宝，你们有胆子没有？"

大家都愿意来，可是没胆子和刘四爷来，谁不知道他从前开过宝局！

"你们这群玩艺，怎么活着来的！"四爷发了脾气。"我在你们这么大岁数的时候，兜里没一个小钱也敢干，输了再说；来！"

"来铜子儿的？"一个车夫试着步儿问。

"留着你那铜子吧，刘四不哄孩子玩！"老头子一口吞了一杯茶，摸了摸秃脑袋。"算了，请我来也不来了！我说，你们去告诉大伙儿：明天落座儿，晚半天就有亲友来，四点以前都收车，不能出来进去的拉着车乱挤！明天的车份儿不要了，四点收车。白教你们拉一天车，都心里给我多念道点吉祥话儿，别没良心！后天正日子，谁也不准拉车。早八点半，先给你们摆，六大碗，俩七寸，四个便碟，一个锅子；对得起你们！都穿上大褂，谁短撅撅的进来把谁踢出去！吃完，都给我滚，我好招待亲友。亲友们吃三个海碗，六个冷荤，六个炒菜，四大碗，一个锅子。我先交待明白了，别看着眼馋。亲友是亲友；我不要你们什么。有人心的给我出十大枚的礼，我不嫌少；一个子儿不拿，干给我磕三个头，我也接着。就是得规规矩矩，明白了没有？晚上愿意还吃我，六点以后回来，剩多剩少全是你们的；早回来可不行！听明白了没有？"

"明天有拉晚儿的，四爷，"一个中年的车夫问，"怎么四点就收车呢？"

"拉晚的十一点以后再回来！反正就别在棚里有人的时候乱挤！你们拉车，刘四并不和你们同行，明白？"

大家都没的可说了，可是找不到个台阶走出去，立在那里又怪发僵；刘四爷的话使人人心中窝住一点气愤不平。虽然放一天车份是个便宜，可是谁肯白吃一顿，至少还不得出上四十铜子的礼；况且刘四的话是那么难听，仿佛他办寿，他们就得老鼠似的都藏起去。再说，正日子二十七不准大家出车，正赶上年底有买卖的时候，刘四牺牲得起一天的收入，大家陪着"泡"一天可受不住呢！大家敢怒而不敢言的在那里立着，心中并没有给刘四爷念着吉祥话儿。

虎妞扯了祥子一下，祥子跟她走出来。

大家的怒气仿佛忽然找到了出路，都瞪着祥子的后影。这两天了，大家都觉得祥子是刘家的走狗，死命的巴结，任劳任怨的当碎催。祥子一点也不知道这个，帮助刘家作事，为是支走心中的烦恼；晚上没话和大家说，因为本来没话可说。他们不知道他的委屈，而以为他是巴结上了刘四爷，所以不屑于和他们交谈。虎妞的照应祥子，在大家心中特别的发着点酸味，想到目前的事，刘四爷不准他们在喜棚里来往，可是祥子一定可以吃一整天好的；同是拉车的，为什么有三六九等呢？看，刘姑娘又把祥子叫出去！大家的眼跟着祥子，腿也想动，都搭讪着走出来。刘姑娘正和祥子在煤气灯底下说话呢，大家彼此点了点头。

十四

刘家的事办得很热闹。刘四爷很满意有这么多人来给他磕头祝寿。更足以自傲的是许多老朋友也赶着来贺喜。由这些老友，他看出自己这场事不但办得热闹，而且"改良"。那些老友的穿戴已经落伍，而四爷的皮袍马褂都是新作的。以职业说，有好几位朋友在当年都比他阔，可是现在——经过这二三十年来的变迁——已越混越低，有的已很难吃上饱饭。看着他们，再看看自己的喜棚，寿堂，画着长坂坡的挂屏，与三个海碗的席面，他觉得自己确是高出他们一头，他"改了良"。连赌钱，他都预备下麻将牌，比押宝就透着文雅了许多。

可是，在这个热闹的局面中，他也感觉到一点凄凉难过。过惯了独身的生活，他原想在寿日来的人不过是铺户中的掌柜与先生们，和往日交下的外场光棍。没想到会也来了些女客。虽然虎妞能替他招待，可是他忽然感到自家的孤独，没有老伴儿，只有个女儿，而且长得像个男子。假若虎妞是个男子，当然早已成了家，有了小孩，即使自己是个老鳏夫，或者也就不这么孤苦伶仃的了。是的，自己什么也不缺，只缺个儿子。自己的寿数越大，有儿子的希望便越小，祝寿本是件喜事，可是又似乎应落泪。不管自己怎样改了良，没人继续自己的事业，一切还不是白饶？

上半天，他非常的喜欢，大家给他祝寿，他大模大样的承受，仿佛觉出自己是鳌里夺尊的一位老英雄。下半天，他的气儿塌下点去。看着女客们携来的小孩子们，他又羡慕，又忌妒，又不敢和孩子们亲近，不亲近又觉得自己别扭。他要闹脾气，又不肯登时发作，他知道自己是外场人，不能在亲友面前出丑。他愿意快快把这一天过去，不再受这个罪。

还有点美中不足的地方，早晨给车夫们摆饭的时节，祥子几乎和人打起来。

八点多就开了饭，车夫们都有点不愿意。虽然昨天放了一天的车份儿，可是今天谁也没空着手来吃饭，一角也罢，四十子儿也罢，大小都有份儿礼金。平日，大家是苦汉，刘四是厂主；今天，据大家看，他们是客人，不应当受这种待遇。况且，吃完就得走，还不许拉出车去，大年底下的！

祥子准知道自己不在吃完就滚之列，可是他愿意和大家一块儿吃。一来是早吃完好去干事，二来是显着和气。和大家一齐坐下，大家把对刘四的不满意都挪到他身上来。刚一落座，就有人说了："哎，您是贵客呀，怎和我们坐在一处？"祥子傻笑了一下，没有听出来话里的意味。这几天了，他自己没开口说过闲话，所以他的脑子也似乎不大管事了。

大家对刘四不敢发作，只好多吃他一口吧；菜是不能添，酒可是不能有限制，喜酒！他们不约而同的想拿酒杀气。有的闷喝，有的猜开了拳；刘老头子不能拦着他们猜拳。祥子看大家喝，他不便太不随群，也就跟着喝了两盅。喝着喝着，大家的眼睛红起来，嘴不再受管辖。有的就说："祥子，骆驼，你这差事美呀！足吃一天，伺候着老爷小姐！赶明儿你不必拉车了，顶好跟包去！"祥子听出点意思来，也还没往心中去；从他一进人和厂，他就决定不再充什么英雄好汉，一切都听天由命。谁爱说什么，就说什么。他纳住了气。有的又说了："人家祥子是另走一路，咱们凭力气挣钱，人家祥子是内功！"大家全哈哈的笑起来。祥子觉出大家是"咬"他，但是那么大的委屈都受了，何必管这几句闲话呢，他还没出声。邻桌的人看出便宜来，有的伸着脖子叫："祥子，赶明儿你当了厂主，别忘了哥儿们哪！"祥子还没言语，本桌上的人又说了："说话呀，骆驼！"

祥子的脸红起来，低声说了句："我怎能当厂主？！"

"哼，你怎么不能呢，眼看着就咚咚嚓啦！"

祥子没绕搭过来，"咚咚嚓"是什么意思，可是直觉的猜到那是指着他与虎妞的关系而言。他的脸慢慢由红而白，把以前所受过的一切委屈都一下子想起来，全堵在心上。几天的容忍缄默似乎不能再维持，像憋足了的水，遇见个出口就要激冲出去。正当这个工夫，一个车夫又指着他的脸说："祥子，我说你呢，你才真是'哑巴吃扁食——心里有数儿'呢。是不是，你自己说，祥子？祥子？"

祥子猛的立了起来，脸上煞白，对着那个人问："出去说，你敢不敢？"

大家全楞住了。他们确是有心"咬"他，撇些闲盘儿，可是并没预备打架。

忽然一静，像林中的啼鸟忽然看见一只老鹰。祥子独自立在那里，比别人都高着许多，他觉出自己的孤立。但是气在心头，他仿佛也深信就是他们大家都动手，也不是他的对手。他钉了一句："有敢出去的没有？"

大家忽然想过味儿来，几乎是一齐的："得了，祥子，逗着你玩呢！"

刘四爷看见了："坐下，祥子！"然后向大家，"别瞧谁老实就欺侮谁，招急了我把你们全踢出去！快吃！"

祥子离了席。大家用眼梢儿撩着刘老头子，都拿起饭来。不大一会儿，又喊喊喳喳的说起来，像危险已过的林鸟，又轻轻的啾啾。

祥子在门口蹲了半天，等着他们。假若他们之中有敢再说闲话的，揍！自己什么都没了，给它个不论秧子吧！

可是大家三五成群的出来，并没再找寻他。虽然没打成，他到底多少出了点气。继而一想，今天这一举，可是得罪了许多人。平日，自己本来就没有知己的朋友，所以才有苦无处去诉；怎能再得罪人呢？他有点后悔。刚吃下去的那点东西在胃中横着，有点发痛。他立起来，管它呢，人家那三天两头打架闹饥荒的不也活得怪有趣吗？老实规矩就一定有好处吗？这么一想，他心中给自己另画出一条路来，在这条路上的祥子，与以前他所希望的完全不同了。这是个见人就交朋友，而处处占便宜，喝别人的茶，吸别人的烟，借了钱不还，见汽车不躲，是个地方就撒尿，成天际和巡警们要骨头，拉到"区"里去住两三天不算什么。是的，这样的车夫也活着，也快乐，至少是比祥子快乐。好吧，老实，规矩，要强，既然都没用，变成这样的无赖也不错。不但是不错，祥子想，而且是有些英雄好汉的气概，天不怕，地不怕，绝对不低着头吃哑巴亏。对了！应当这么办！坏嘎嘎是好人削成的。

　　反倒有点后悔，这一架没能打成。好在不忙，从今以后，对谁也不再低头。

　　刘四爷的眼里不揉沙子。把前前后后所闻所见的都搁在一处，他心中已明白了八九成。这几天了，姑娘特别的听话，哼，因为祥子回来了！看她的眼，老跟着他。老头子把这点事存在心里，就更觉得凄凉难过。想想看吧，本来就没有儿子，不能火火炽炽的凑起个家庭来；姑娘再跟人一走！自己一辈子算是白费了心机！祥子的确不错，但是提到儿婿两当，还差得多呢；一个臭拉车的！自己奔波了一辈子，打过群架，跪过铁索，临完教个乡下脑袋连女儿带产业全搬了走？没那个便宜事！就是有，也甭想由刘四这儿得到！刘四自幼便是放屁崩坑儿的人！

　　下午三四点钟还来了些拜寿的，老头子已觉得索然无味，客人越称赞他硬朗有造化，他越觉得没什么意思。

　　到了掌灯以后，客人陆续的散去，只有十几位住得近的和交情深的还没走，凑起麻将来。看着院内的空棚，被水月灯照得发青，和撤去围裙的桌子，老头子觉得空寂无聊，仿佛看到自己死了的时候也不过就是这样，不过是把喜棚改作白棚而已，棺材前没有儿孙们穿孝跪灵，只有些不相干的人们打麻将守夜！他真想把现在未走的客人们赶出去；乘着自己有口活气，应当发发威！可是，到底不好意思拿朋友杀气。怒气便拐了弯儿，越看姑娘越不顺眼。

祥子在棚里坐着呢，人模狗样的，脸上的疤被灯光照得像块玉石。老头子怎看这一对儿，怎别扭！

虎姑娘一向野调无腔惯了，今天头上脚下都打扮着，而且得装模作样的应酬客人，既为讨大家的称赞，也为在祥子面前露一手儿。上半天倒觉得这怪有个意思，赶到过午，因有点疲乏，就觉出讨厌，也颇想找谁叫骂一场。到了晚上，她连半点耐性也没有了，眉毛自己叫着劲，老直立着。

七点多钟了，刘四爷有点发困，可是不服老，还不肯去睡。大家请他加入打几圈儿牌，他不肯说精神来不及，而说打牌不痛快，押宝或牌九才合他的脾味。大家不愿中途改变，他只好在一旁坐着。为打起点精神，他还要再喝几盅，口口声声说自己没吃饱，而且抱怨厨子赚钱太多了，菜并不丰满。由这一点上说起，他把白天所觉到的满意之处，全盘推翻：棚，家伙座儿，厨子，和其他的一切都不值那么些钱，都捉了他的大头，都冤枉！

管账的冯先生，这时候，已把账杀好：进了二十五条寿幛，三堂寿桃寿面，一坛儿寿酒，两对寿烛，和二十来块钱的礼金。号数不少，可是多数的是给四十铜子或一毛大洋。

听到这个报告，刘四爷更火啦。早知道这样，就应该预备"炒菜面"！三个海碗的席吃着，就出一毛钱的人情？这简直是拿老头子当冤大脑袋！从此再也不办事，不能赔这份窝囊钱！不用说，大家连亲带友，全想白吃他一口；六十九岁的人了，反倒聪明一世，胡涂一时，教一群猴儿王八蛋给吃了！老头子越想越气，连白天所感到的满意也算成了自己的胡涂；心里这么想，嘴里就念叨着，带着许多街面上已不通行的咒骂。

朋友们还没走净，虎妞为顾全大家的面子，想拦拦父亲的撒野。可是，一看大家都注意手中的牌，似乎并没理会老头子叨唠什么，她不便于开口，省得反把事儿弄明了。由他叨唠去吧，都给他个装聋，也就过去了。

哪知道，老头子说着说着绕到她身上来。她决定不吃这一套！他办寿，她跟着忙乱了好几天，反倒没落出好儿来，她不能容让！六十九，七十九也不行，也得讲理！她马上还了回去：

"你自己要花钱办事，碍着我什么啦？"

老头子遇到了反攻，精神猛然一振。"碍着你什么了？简直的就跟你！你当我的眼睛不管闲事哪？"

"你看见什么啦？我受了一天的累，临完拿我杀气呀，先等等！说吧，你看见了什么？"虎姑娘的疲乏也解了，嘴非常的灵便。

"你甭看着我办事，你眼儿热！看见？我早就全看见了，哼！"

"我干吗眼儿热呀？！"她摇晃着头说。"你到底看见了什么？"

"那不是？！"刘四往棚里一指——祥子正弯着腰扫地呢。

"他呀？"虎妞心里哆嗦了一下，没想到老头的眼睛会这么尖。"哼！他怎样？"

"不用揣着明白的，说胡涂的！"老头子立了起来。"要他没我，要我没他，干脆的告诉你得了。我是你爸爸！我应当管！"

虎妞没想到事情破的这么快，自己的计划才使了不到一半，而老头子已经点破了题！怎办呢？她的脸红起来，黑红，加上半残的粉，与青亮的灯光，好像一块煮老了的猪肝，颜色复杂而难看。她有点疲乏；被这一激，又发着肝火，想不出主意，心中很乱。她不能就这么窝回去，心中乱也得马上有办法。顶不妥当的主意也比没主意好，她向来不在任何人面前服软！好吧，爽性来干脆的吧，好坏都凭这一锤子了！

"今儿个都说清了也好，就打算是这么笔账儿吧，你怎样呢？我倒要听听！这可是你自己找病，别说我有心气你！"

打牌的人们似乎听见他们父女吵嘴，可是舍不得分心看别的，为抵抗他们的声音，大家把牌更摔得响了一些，而且嘴里叫唤着红的，碰……

祥子把事儿已听明白，照旧低着头扫地，他心中有了底；说翻了，揍！

"你简直的是气我吗！"老头子的眼已瞪得极圆。"把我气死，你好去倒贴儿？甭打算，我还得活些年呢！"

"甭摆闲盘，你怎办吧？"虎妞心里噗通，嘴里可很硬。

"我怎办？不是说过了，有他没我，有我没他！我不能都便宜了个臭拉车的！"

祥子把笤帚扔了，直起腰来，看准了刘四，问："说谁呢？"

刘四狂笑起来："哈哈，你这小子要造反吗？说你哪，说谁！你给我马上滚！看着你不错，赏你脸，你敢在太岁头上动土，我是干什么的，你也不打听打听！滚！永远别再教我瞧见你，上他妈的这儿找便宜来啦，啊？"

老头子的声音过大了，招出几个车夫来看热闹。打牌的人们以为刘四爷又和个车夫吵闹，依旧不肯抬头看看。

祥子没有个便利的嘴，想要说的话很多，可是一句也不到舌头上来。他呆呆的立在那里，直着脖子咽唾沫。

"给我滚！快滚！上这儿来找便宜？我往外掏坏的时候还没有你呢，哼！"老头子有点纯为唬吓祥子而唬吓了，他心中恨祥子并不像恨女儿那么厉害，就是生着气还觉得祥子的确是个老实人。

"好了，我走！"祥子没话可说，只好赶紧离开这里；无论如何，斗嘴他是斗不过他们的。

车夫们本来是看热闹，看见刘四爷骂祥子，大家还记着早晨那一场，觉得很痛快。及至听到老头子往外赶祥子，他们又向着他了——祥子受了那么多的累，过河拆桥，老头子翻脸不认人，他们替祥子不平。有的赶过来问："怎么了，祥子？"祥子摇了摇头。

"祥子你等等走！"虎妞心中打了个闪似的，看清楚：自己的计划是没多大用处了，急不如快，得赶紧抓住祥子，别鸡也飞蛋也打了！"咱们俩的事，一条绳拴着两蚂蚱，谁也跑不了！你等等，等我说明白了！"她转过头来，冲着老头子："干脆说了吧，我已经有了，祥子的！他上哪儿我也上哪儿！你是把我给他呢？还是把我们俩一齐赶出去？听你一句话！"

虎妞没想到事情来得这么快，把最后的一招这么早就拿出来。刘四爷更没想到事情会弄到了这步天地。但是，事已至此，他不能服软，特别是在大家面前。"你真有脸往外说，我这个老脸都替你发烧！"他打了自己个嘴巴。"呸！好不要脸！"

打牌的人们把手停住了，觉出点不大是味来，可是胡里胡涂，不知是怎回事，搭不上嘴；有的立起来，有的呆呆的看着自己的牌。

话都说出来，虎妞反倒痛快了："我不要脸？别教我往外说你的事儿，你什么屎没拉过？我这才是头一回，还都是你的错儿：男大当娶，女大当聘，你六十九了，白活！这不是当着大众，"她向四下里一指，"咱们弄清楚了顶好，心明眼亮！就着这个喜棚，你再办一通儿事得了！"

"我？"刘四爷的脸由红而白，把当年的光棍劲儿全拿了出来："我放把火把棚烧了，也不能给你用！"

"好！"虎妞的嘴唇哆嗦上了，声音非常的难听，"我卷起铺盖一走，你给我多少钱？"

"钱是我的，我爱给谁才给！"老头子听女儿说要走，心中有些难过，但是为斗这口气，他狠了心。

"你的钱？我帮你这些年了；没我，你想想，你的钱要不都填给野娘们才怪，咱们凭良心吧！"她的眼又找到祥子，"你说吧！"

祥子直挺挺的立在那里，没有一句话可说。

十五

讲动武，祥子不能打个老人，也不能打个姑娘。他的力量没地方用。要无赖，只能想想，耍不出。论虎妞这个人，他满可以跺脚一跑。为目前这一场，她既然和父亲闹翻，而且愿意跟他走；骨子里的事没人晓得，表面上她是为祥子而牺牲；当着大家面前，他没法不拿出点英雄气儿来。他没话可说，只能立在那里，等个水落石出；至少他得作到这个，才能像个男子汉。

刘家父女只剩了彼此瞪着，已无话可讲；祥子是闭口无言。车夫们，不管向着谁吧，似乎很难插嘴。打牌的人们不能不说话了，静默得已经很难堪。不过，大家只能浮面皮的敷衍几句，劝双方不必太挂火，慢慢的说，事情没有过不去的。他们只能说这些,不能解决什么,也不想解决什么。见两方面都不肯让步,那么,清官难断家务事,有机会便溜了吧。

没等大家都溜净,虎姑娘抓住了天顺煤厂的冯先生:"冯先生,你们铺子里不是有地方吗?先让祥子住两天。我们的事说办就快,不能长占住你们的地方。祥子你跟冯先生去,明天见,商量商量咱们的事。告诉你,我出回门子,还是非坐花轿不出这个门!冯先生,我可把他交给你了,明天跟你要人!"

冯先生直吸气,不愿负这个责任。祥子急于离开这里,说了句:"我跑不了!"

虎姑娘瞪了老头子一眼,回到自己屋中,谵嗦着嗓子哭起来,把屋门从里面锁上。

冯先生们把刘四爷也劝进去,老头子把外场劲儿又拿出来,请大家别走,还得喝几盅:"诸位放心,从此她是她,我是我,再也不吵嘴。走她的,只当我没有过这么个丫头。我外场一辈子,脸教她给丢净!倒退二十年,我把他们俩全活劈了!现在,随她去;打算跟我要一个小铜钱,万难!一个子儿不给!不给!看她怎么活着!教她尝尝,她就晓得了,到底是爸爸好,还是野汉子好!别走,再喝一盅!"

大家敷衍了几句,都急于躲避是非。

祥子上了天顺煤厂。

事情果然办得很快。虎妞在毛家湾一个大杂院里租到两间小北房;马上找了裱糊匠糊得四白落地;求冯先生给写了几个喜字,贴在屋中。屋子糊好,她去讲轿子:一乘满天星的轿子,十六个响器,不要金灯,不要执事。一切讲好,她自己赶了身红绸子的上轿衣;在年前赶得,省得不过破五就动针。喜日定的是大年初六,既是好日子,又不用忌门。她自己把这一切都办好,告诉祥子去从头至脚都得买新的:"一辈子就这么一回!"

祥子手中只有五块钱!

虎妞又瞪了眼:"怎么?我交给你那三十多块呢?"

祥子没法不说实话了,把曹宅的事都告诉了她。她眨巴着眼似信似疑的:

"好吧，我没工夫跟你吵嘴，咱们各凭良心吧！给你这十五块吧！你要是到日子不打扮得像个新人，你可提防着！"

初六，虎妞坐上了花轿。没和父亲过一句话，没有弟兄的护送，没有亲友的祝贺；只有那些锣鼓在新年后的街上响得很热闹，花轿稳稳的走过西安门，西四牌楼，也惹起穿着新衣的人们——特别是铺户中的伙计——一些羡慕，一些感触。

祥子穿着由天桥买来的新衣，红着脸，戴着三角钱一顶的缎小帽。他仿佛忘了自己，而傻傻忽忽的看着一切，听着一切，连自己好似也不认识了。他由一个煤铺迁入裱糊得雪白的新房，不知道是怎回事：以前的事正如煤厂里，一堆堆都是黑的；现在茫然的进到新房，白得闪眼，贴着几个血红的喜字。他觉到一种嘲弄，一种白的，渺茫的，闷气。屋里，摆着虎妞原有的桌椅与床；火炉与菜案却是新的；屋角里插着把五色鸡毛的掸子。他认识那些桌椅，可是对火炉，菜案，与鸡毛掸子，又觉得生疏。新旧的器物合在一处，使他想起过去，又担心将来。一切任人摆布，他自己既像个旧的，又像是个新的，一个什么摆设，什么奇怪的东西；他不认识了自己。他想不起哭，他想不起笑，他的大手大脚在这小而暖的屋中活动着，像小木笼里一只大兔子，眼睛红红的看着外边，看着里边，空有能飞跑的腿，跑不出去！虎妞穿着红袄，脸上抹着白粉与胭脂，眼睛溜着他。他不敢正眼看她。她也是既旧又新的一个什么奇怪的东西，是姑娘，也是娘们；像女的，又像男的；像人，又像什么凶恶的走兽！这个走兽，穿着红袄，已经捉到他，还预备着细细的收拾他。谁都能收拾他，这个走兽特别的厉害，要一刻不离的守着他，向他瞪眼，向他发笑，而且能紧紧的抱住他，把他所有的力量吸尽。他没法脱逃。他摘了那顶缎小帽，呆呆的看着帽上的红结子，直到看得眼花——一转脸，墙上全是一颗颗的红点，飞旋着，跳动着，中间有一块更大的，红的，脸上发着丑笑的虎妞！

婚夕，祥子才明白：虎妞并没有怀了孕。像变戏法的，她解释给他听："要不这么冤你一下，你怎会死心踏地的点头呢！我在裤腰上塞了个枕头！哈哈，哈哈！"她笑得流出泪来："你个傻东西！甭提了，反正我对得起你；你是怎个人，我是怎个人？我楞和爸爸吵了，跟着你来，你还不谢天谢地？"

第二天，祥子很早就出去了。多数的铺户已经开了市，可是还有些家关着门。门上的春联依然红艳，黄的挂钱却有被风吹碎了的。街上很冷静，洋车可不少，车夫们也好似比往日精神了一些，差不离的都穿着双新鞋，车背后还有贴着块红纸儿的。祥子很羡慕这些车夫，觉得他们倒有点过年的样子，而自己是在个葫芦里憋闷了这好几天；他们都安分守己的混着，而他没有一点营生，在大街上闲晃。他不安于游手好闲，可是打算想明天的事，就得去和虎妞——他的老婆商议；他是在老婆——这么个老婆！——手里讨饭吃。空长了那么高的身量，空有那么大的力气，没用。他第一得先伺候老婆，那个红袄虎牙的东西；吸人精血的东西；他已不是人，而只是一块肉。他没了自己，只在她的牙中挣扎着，像被猫叼住的一个小鼠。他不想跟她去商议，他得走；想好了主意，给她个不辞而别。这没有什么对不起人的地方，她是会拿枕头和他变戏法的女怪！他窝心，他不但想把那身新衣扯碎，也想把自己从内到外放在清水里洗一回，他觉得混身都粘着些不洁净的，使人恶心的什么东西，教他从心里厌烦。他愿永远不再见她的面！

上哪里去呢？他没有目的地。平日拉车，他的腿随着别人的嘴走；今天，他的腿自由了，心中茫然。顺着西四牌楼一直往南，他出了宣武门：道是那么直，他的心更不会拐弯。出了城门，还往南，他看见个澡堂子。他决定去洗个澡。

脱得光光的，看着自己的肢体，他觉得非常的羞愧。下到池子里去，热水把全身烫得有些发木，他闭上了眼，身上麻麻酥酥的仿佛往外放射着一些积存的污浊。他几乎不敢去摸自己，心中空空的，头上流下大汗珠来。一直到呼吸已有些急促，他才懒懒的爬上来，混身通红，像个初生下来的婴儿。他似乎不敢就那么走出来，围上条大毛巾，他还觉得自己丑陋；虽然汗珠劈嗒啪嗒的往下落，他还觉得自己不干净——心中那点污秽仿佛永远也洗不掉：在刘四爷眼中，在一切知道他的人眼中，他永远是个偷娘们的人！

汗还没完全落下去，他急忙的穿上衣服，跑了出来。他怕大家看他的赤身！出了澡堂，被凉风一飕，他觉出身上的轻松。街上也比刚才热闹的多了。

响晴的天空，给人人脸上一些光华。祥子的心还是揪揪着，不知上哪里去好。往南，往东，再往南，他奔了天桥去。新年后，九点多钟，铺户的徒弟们就已吃完早饭，来到此地。各色的货摊，各样卖艺的场子，都很早的摆好占好。祥子来到，此处已经围上一圈圈的人，里边打着锣鼓。他没心去看任何玩艺，他已经不会笑。

平日，这里的说相声的，耍狗熊的，变戏法的，数来宝的，唱秧歌的，说鼓书的，练把式的，都能供给他一些真的快乐，使他张开大嘴去笑。他舍不得北平，天桥得算一半儿原因。每逢望到天桥的席棚，与那一圈一圈儿的人，他便想起许多可笑可爱的事。现在他懒得往前挤，天桥的笑声里已经没了他的份儿。他躲开人群，向清静的地方走，又觉得舍不得！不，他不能离开这个热闹可爱的地方，不能离开天桥，不能离开北平。走？无路可走！他还是得回去跟她——跟她！——去商议。他不能走，也不能闲着，他得退一步想，正如一切人到了无可如何的时候都得退一步想。什么委屈都受过了，何必单在这一点上叫真儿呢？他没法矫正过去的一切，那么只好顺着路儿往下走吧。

他站定了，听着那杂乱的人声，锣鼓响；看着那来来往往的人，车马，忽然想起那两间小屋。耳中的声音似乎没有了，眼前的人物似乎不见了，只有那两间白，暖，贴着红喜字的小屋，方方正正的立在面前。虽然只住过一夜，但是非常的熟习亲密，就是那个穿红袄的娘们仿佛也并不是随便就可以舍弃的。立在天桥，他什么也没有，什么也不是；在那两间小屋里，他有了一切。回去，只有回去才能有办法。明天的一切都在那小屋里。羞愧，怕事，难过，都没用；打算活着，得找有办法的地方去。

他一气走回来，进了屋门，大概也就刚交十一点钟。虎妞已把午饭作好：馏的馒头，熬白菜加肉丸子，一碟虎皮冻，一碟酱萝卜。别的都已摆好，只有白菜还在火上煨着，发出些极美的香味。她已把红袄脱去，又穿上平日的棉裤棉袄，头上可是戴着一小朵绒作的红花，花上还有个小金纸的元宝。祥子看了她一眼，她不像个新妇。她的一举一动都像个多年的媳妇，麻利，老到，还带着点自得的劲儿。虽然不像个新妇，可是到底使他觉出一点新的什么来；她作饭，收拾屋子；屋子里那点香味，暖气，都是他所未曾经验过的。不管她怎样，他觉得自己是有了家。一个家总有它的可爱处。他不知怎样好了。

"上哪儿啦？你！"她一边去盛白菜，一边问。

"洗澡去了。"他把长袍脱下来。

"啊！以后出去，言语一声！别这么大咧咧的甩手一走！"

他没言语。

"会哼一声不会？不会，我教给你！"

他哼了一声，没法子！他知道娶来一位母夜叉，可是这个夜叉会作饭，会收拾屋子，会骂他也会帮助他，教他怎样也不是味儿！他吃开了馒头。饭食的确是比平日的可口，热火；可是吃着不香，嘴里嚼着，心里觉不出平日狼吞虎咽的那种痛快，他吃不出汗来。

吃完饭，他躺在了炕上，头枕着手心，眼看着棚顶。

"嗨！帮着刷家伙！我不是谁的使唤丫头！"她在外间屋里叫。很懒的他立起来，看了她一眼，走过去帮忙。他平日非常的勤紧，现在他憋着口气来作事。在车厂子的时候，他常帮她的忙，现在越看她越讨厌，他永远没恨人像恨她这么厉害，他说不上是为了什么。有气，可是不肯发作，全圈在心里；既不能和她一刀两断，吵架是没意思的。在小屋里转转着，他感到整个的生命是一部委屈。

收拾完东西，她四下里扫了一眼，叹了口气。紧跟着笑了笑。"怎样？"

"什么？"祥子蹲在炉旁，烤着手；手并不冷，因为没地方安放，只好烤一烤。这两间小屋的确像个家，可是他不知道往哪里放手放脚好。

"带我出去玩玩？上白云观？不，晚点了；街上蹓蹓去？"她要充分的享受新婚的快乐。虽然结婚不成个样子，可是这么无拘无束的也倒好，正好和丈夫多在一块儿，痛痛快快的玩几天。在娘家，她不缺吃，不缺穿，不缺零钱；只是没有个知心的男子。现在，她要捞回来这点缺欠，要大摇大摆的在街上，在庙会上，同着祥子去玩。

祥子不肯去。第一他觉得满世界带着老婆逛是件可羞的事，第二他以为这么来的一个老婆，只可以藏在家中；这不是什么体面的事，越少在大家眼前显排越好。还有，一出去，哪能不遇上熟人，西半城的洋车夫们谁不晓得虎妞和祥子，他不能去招大家在他背后嘀嘀咕咕。

"商量商量好不好？"他还是蹲在那里。

"有什么可商量的？"她凑过来，立在炉子旁边。

他把手拿下去，放在膝上，呆呆的看着火苗。楞了好久，他说出一句来："我不能这么闲着！"

"受苦的命！"她笑了一声。"一天不拉车，身上就痒痒，是不是？你看老头子，人家玩了一辈子，到老了还开上车厂子。他也不拉车，也不卖力气，凭心路吃饭。你也得学着点，拉一辈子车又算老几？咱们先玩几天再说，事情也不单忙在这几天上，奔什么命？这两天我不打算跟你拌嘴，你可也别成心气我！"

"先商量商量！"祥子决定不让步。既不能跺脚一走，就得想办法作事，先必得站一头儿，不能打秋千似的来回晃悠。

"好吧，你说说！"她搬过个凳子来，坐在火炉旁。

"你有多少钱？"他问。

"是不是？我就知道你要问这个嘛！你不是娶媳妇呢，是娶那点钱，对不对？"

祥子像被一口风噎住，往下连咽了好几口气。刘老头子，和人和厂的车夫，都以为他是贪财，才勾搭上虎妞；现在，她自己这么说出来了！自己的车，自己的钱，无缘无故的丢掉，而今被压在老婆的几块钱底下；吃饭都得顺脊梁骨下去！他恨不能双手掐住她的脖子，掐！掐！掐！一直到她翻了白眼！把一切都掐死，而后自己抹了脖子。他们不是人，得死；他自己不是人，也死；大家不用想活着！

祥子立起来，想再出去走走；刚才就不应当回来。

看祥子的神色不对，她又软和了点儿："好吧，我告诉你。我手里一共有五百来块钱。连轿子,租房——三份儿[1],糊棚,作衣裳,买东西,带给你,归了包堆[2]花了小一百,还剩四百来块。我告诉你,你不必着急。咱们给它个得乐且乐。你呢,成年际拉车出臭汗,也该漂漂亮亮的玩几天;我呢,当了这么些年老姑娘,也该痛快几天。等到快把钱花完,咱们还是求老头子去。我呢,那天要是不跟他闹翻了,决走不出来。现在我气都消了,爸爸到底是爸爸。他呢,只有我这么个女儿,你又是他喜爱的人,咱们服个软,给他赔个'不是',大概也没有过不去的事。这多么现成!他有钱,咱们正当正派的承受过来,一点没有不合理的地方;强似你去给人家当牲口!过两天,你就先去一趟;他也许不见你。一次不见,再去第二次;面子都给他,他也就不能不回心转意了。然后我再去,好歹的给他几句好听的,说不定咱们就能都搬回去。咱们一搬回去,管保挺起胸脯,谁也不敢斜眼看咱;咱们要是老在这儿忍着,就老是一对黑人儿,你说是不是?"

  祥子没有想到过这个。自从虎妞到曹宅找他,他就以为娶过她来,用她的钱买上车,自己去拉。虽然用老婆的钱不大体面,但是他与她的关系既是种有口说不出的关系,也就无可如何了。他没想到虎妞还有这么一招。把长脸往下一拉呢,自然这的确是个主意,可是祥子不是那样的人。前前后后的一想,他似乎明白了点:自己有钱,可以教别人白白的抢去,有冤无处去诉。赶到别人给你钱呢,你就非接受不可;接受之后,你就完全不能再拿自己当个人,你空有心胸,空有力量,得去当人家的奴隶:作自己老婆的玩物,作老丈人的奴仆。一个人仿佛根本什么也不是,只是一只鸟,自己去打食,便会落到网里。吃人家的粮米,便得老老实实的在笼儿里,给人家啼唱,而随时可以被人卖掉!

  他不肯去找刘四爷。跟虎妞,是肉在肉里的关系;跟刘四,没有什么关系。已经吃了她的亏,不能再去央告她的爸爸!"我不愿意闲着!"他只说

---

1. 即付三个月的房租。
2. 总共一起。

了这么一句，为是省得费话与吵嘴。

"受累的命吗！"她敲着撩着的说。"不爱闲着，作个买卖去。"

"我不会！赚不着钱！我会拉车，我爱拉车！"祥子头上的筋都跳起来。

"告诉你吧，就是不许你拉车！我就不许你混身臭汗，臭烘烘的上我的炕！你有你的主意，我有我的主意，看吧，看谁别扭得过谁！你娶老婆，可是我花的钱，你没往外掏一个小钱。想想吧，咱俩是谁该听谁的？"

祥子又没了话。

十六

闲到元宵节，祥子没法再忍下去了。

虎妞很高兴。她张罗着煮元宵，包饺子，白天逛庙，晚上逛灯。她不许祥子有任何主张，可是老不缺着他的嘴，变法儿给他买些作些新鲜的东西吃。大杂院里有七八户人家，多数的都住着一间房；一间房里有的住着老少七八口。这些人有的拉车，有的作小买卖，有的当巡警，有的当仆人。各人有各人的事，谁也没个空闲，连小孩子们也都提着小筐，早晨去打粥，下午去拾煤核。只有那顶小的孩子才把屁股冻得通红的在院里玩耍或打架。炉灰尘土脏水就都倒在院中，没人顾得去打扫，院子当中间儿冻满了冰，大孩子拾煤核回来拿这当作冰场，嚷闹着打冰出溜玩。顶苦的是那些老人与妇女。老人们无衣无食，躺在冰凉的炕上，干等着年轻的挣来一点钱，好喝碗粥，年轻卖力气的也许挣得来钱，也许空手回来，回来还要发脾气，找着缝儿吵嘴。老人们空着肚子得拿眼泪当作水，咽到肚中去。那些妇人们，既得顾着老的，又得顾着小的，还得敷衍年轻挣钱的男人。她们怀着孕也得照常操作，只吃着窝窝头与白薯粥；不，不但要照常工作，还得去打粥，兜揽些活计——幸而老少都吃饱了躺下，她们得抱着个小煤油灯给人家洗，作，缝缝补补。屋子是那么小，墙是那么破，冷风从这面的墙缝钻进来，一直的从那面出去，把所有的一点暖气都带了走。她们的身上只挂着些破布，肚子盛着一碗或半碗粥，或者还有个六七个月的胎。她们得工作，得先尽着老的少的吃饱。她们浑身都是病，不到三十岁已脱了头发，可是一时一刻不能闲着，从病中走到死亡；死了，棺材得去向"善人"们募化。那些姑娘们，十六七岁了，没有裤子，只能围着块什么破东西在屋中——天然的监狱——帮着母亲作事，赶活。要到茅房去，她们得看准了院中无人才敢贼也似的往外跑；一冬天，她们没有见过太阳与青天。那长得丑的，将来承袭她们妈妈的一切；那长得有个模样的，连自己也知道，早晚是被父母卖出，"享福去"！

就是在个这样的杂院里，虎妞觉得很得意。她是唯一的有吃有穿，不用着急，而且可以走走逛逛的人。她高扬着脸，出来进去，既觉出自己的优越，并且怕别人沾惹她，她不理那群苦人。来到这里作小买卖的，几乎都是卖那顶贱的东西，什么刮骨肉，冻白菜，生豆汁，驴马肉，都来这里找照顾主。自从虎妞搬来，什么卖羊头肉的，熏鱼的，硬面饽饽的，卤煮炸豆腐的，也在门前吆喊两声。她端着碗，扬着脸，往屋里端这些零食，小孩子们都把铁条似的手指伸在口里看着她，仿佛她是个什么公主似的。她是来享受，她不能，不肯，也不愿，看别人的苦处。

祥子第一看不上她的举动，他是穷小子出身，晓得什么叫困苦。他不愿吃那些零七八碎的东西，可惜那些钱。第二，更使他难堪的，是他琢磨出点意思来：她不许他去拉车，而每天好菜好饭的养着他，正好像养肥了牛好往外挤牛奶！他完全变成了她的玩艺。他看见过：街上的一条瘦老的母狗，当跑腿的时候，也选个肥壮的男狗。想起这个，他不但是厌恶这种生活，而且为自己担心。他晓得一个卖力气的汉子应当怎样保护身体，身体是一切。假若这么活下去，他会有一天成为一个干骨头架子，还是这么大，而膛儿里全是空的。他哆嗦起来。打算要命，他得马上去拉车，出去跑，跑一天，回来倒头就睡，人事不知；不吃她的好东西，也就不伺候着她玩。他决定这么办，不能再让步；她愿出钱买车呢，好；她不愿意，他会去赁车拉。一声没出，他想好就去赁车了。

十七那天，他开始去拉车，赁的是"整天儿"。拉过两个较长的买卖，他觉出点以前未曾有过的毛病，腿肚子发紧，胯骨轴儿发酸。他晓得自己的病源在哪里，可是为安慰自己，他以为这大概也许因为二十多天没拉车，把腿摆生了；跑过几趟来，把腿蹓开，或者也就没事了。

又拉上个买卖，这回是帮儿车，四辆一同走。抄起车把来，大家都让一个四十多岁的高个子在前头走。高个子笑了笑，依了实，他知道那三辆车都比他自己"棒"。他可是卖了力气，虽然明知跑不过后面的三个小伙子，可是不肯倚老卖老。跑出一里多地，后面夸了他句："怎么着，要劲儿吗？还真不离！"他喘着答了句："跟你们哥儿们走车，慢了还行？！"他的确跑得不慢，连祥子也得掏七八成劲儿才跟得上他。他的跑法可不好看：高个子，他塌不下腰去，腰和背似乎是块整的木板，所以他的全身得整个的往前扑着；身子向前，手就显着靠后；不像跑，而像是拉着点东西往前钻。腰死板，他的胯骨便非活动不可；脚几乎是拉拉在地上，加紧的往前扭。扭得真不慢，可是看着就知道他极费力。到拐弯抹角的地方，他整着身子硬拐，大家都替他攥着把汗；他老像是只管身子往前钻，而不管车过得去过不去。

拉到了，他的汗劈嗒啪嗒的从鼻尖上，耳朵唇上，一劲儿往下滴嗒。放下车，他赶紧直了直腰，咧了咧嘴。接钱的时候，手都哆嗦得要拿不住东西似的。

在一块儿走过一趟车便算朋友，他们四个人把车放在了一处。祥子们擦擦汗，就照旧说笑了。那个高个子独自蹲了半天，干噘了一大阵，吐出许多白沫子来，才似乎缓过点儿来，开始跟他们说话儿：

"完了！还有那个心哪；腰，腿，全不给劲喽！无论怎么提腰，腿抬不起来；干着急！"

"刚才那两步就不离，你当是慢哪！"一个二十多岁矮身量的小伙子接过来："不屈心，我们三个都够棒的，谁没出汗？"

高个子有点得意，可又惭愧似的，叹了口气。

"就说你这个跑法,差不离的还真得教你给撅了,你信不信?"另一个小伙子说。"岁数了,不是说着玩的。"

高个子微笑着,摇了摇头:"也还不都在乎岁数,哥儿们!我告诉你一句真的,干咱们这行儿的,别成家,真!"看大家都把耳朵递过来,他放小了点声儿:"一成家,黑天白日全不闲着,玩完!瞧瞧我的腰,整的,没有一点活软气!还是别跑紧了,一咬牙就咳嗽,心口窝辣蒿蒿的!甭说了,干咱们这行儿的就得他妈的打一辈子光棍儿!连他妈的小家雀儿都一对一对儿的,不许咱们成家!还有一说,成家以后,一年一个孩子,我现在有五个了!全张着嘴等着吃!车份大,粮食贵,买卖苦,有什么法儿呢!不如打一辈子光棍,犯了劲上白房子,长上杨梅大疮,认命!一个人,死了就死了!这玩艺一成家,连大带小,好几口儿,死了也不能闭眼!你说是不是?"他问祥子。

祥子点了点头,没说出话来。

这阵儿,来了个座儿,那个矮子先讲的价钱,可是他让了,叫着高个子:"老大哥,你拉去吧!这玩艺家里还有五个孩子呢!"

高个子笑了:"得,我再奔一趟!按说可没有这么办的!得了,回头好多带回几个饼子去!回头见了,哥儿们!"

看着高个子走远了,矮子自言自语的说:"混他妈的一辈子,连个媳妇都摸不着!人家他妈的宅门里,一人搂着四五个娘们!"

"先甭提人家,"另个小伙子把话接过去。"你瞧干这个营生的,还真得留神,高个子没说错。你就这么说吧,成家为干吗?能摆着当玩艺看?不能!好,这就是楼子[1]!成天啃窝窝头,两气夹攻,多么棒的小伙子也得趴下!"

听到这儿,祥子把车拉了起来,搭讪着说了句:"往南放放,这儿没买卖。"

"回见!"那两个年轻的一齐说。

祥子仿佛没有听见。一边走一边踢腿,胯骨轴的确还有点发酸!本想收车不拉了,可是简直没有回家的勇气。家里的不是个老婆,而是个吸人血的

---

1. 即娄子,乱子。

妖精！

　　天已慢慢长起来，他又转晃了两三趟，才刚到五点来钟。他交了车，在茶馆里又耗了会儿。喝了两壶茶，他觉出饿来，决定在外面吃饱再回家。吃了十二两肉饼，一碗红豆小米粥，一边打着响嗝一边慢慢往家走。准知道家里有个雷等着他呢，可是他很镇定；他下了决心：不跟她吵，不跟她闹，倒头就睡，明天照旧出来拉车，她爱怎样怎样！

　　一进屋门，虎妞在外间屋里坐着呢，看了他一眼，脸沉得要滴下水来。祥子打算合合稀泥，把长脸一拉，招呼她一声。可是他不惯作这种事，他低着头走进里屋去。她一声没响，小屋里静得像个深山古洞似的。院中街坊的咳嗽，说话，小孩子哭，都听得极真，又像是极远，正似在山上听到远处的声音。

　　俩人谁也不肯先说话，闭着嘴先后躺下了，像一对永不出声的大龟似的。睡醒一觉，虎妞说了话，语音带出半恼半笑的意思："你干什么去了？整走了一天！"

　　"拉车去了！"他似睡似醒的说，嗓子里仿佛堵着点什么。

　　"呕！不出臭汗去，心里痒痒，你个贱骨头！我给你炒下的菜，你不回来吃，绕世界胡塞去舒服？你别把我招翻了，我爸爸是光棍出身，我什么事都作得出来！明天你敢再出去，我就上吊给你看看，我说得出来，就行得出来！"

　　"我不能闲着！"

　　"你不会找老头子去？"

　　"不去！"

　　"真豪横！"

　　祥子真挂了火，他不能还不说出心中的话，不能再忍："拉车，买上自己的车，谁拦着我，我就走，永不回来了！"

　　"嗯——"她鼻中旋转着这个声儿，很长而曲折。在这个声音里，她表示出自傲与轻视祥子的意思来，可是心中也在那儿绕了个弯儿。她知道祥子是个——虽然很老实——硬汉。硬汉的话是向不说着玩的。好容易捉到他，不能随便的放手。他是理想的人：老实，勤俭，壮实；以她的模样年纪说，实在不易再得个这样的宝贝。能刚能柔才是本事，她得溅溅他一把儿："我也知道你是要强啊，可是你也得知道我是真疼你。你要是不肯找老头子去呢，这么办：我去找。反正我是他的女儿，丢个脸也没什么的。"

"老头要咱们，我也还得去拉车！"祥子愿把话说到了家。

虎妞半天没言语。她没想到祥子会这么聪明。他的话虽然是这么简单，可是显然的说出来他不再上她的套儿，他并不是个蠢驴。因此，她才越觉得有点意思，她颇得用点心思才能拢得住这个急了也会尥蹶子的大人，或是大东西。她不能太逼紧了，找这么个大东西不是件很容易的事。她得松一把，紧一把，教他老逃不出她的手心儿去。"好吧，你爱拉车，我也无法。你得起誓，不能去拉包车，天天得回来；你瞧，我要是一天看不见你，我心里就发慌！答应我，你天天晚上准早早的回来！"

祥子想起白天高个子的话！睁着眼看着黑暗，看见了一群拉车的，作小买卖的，卖苦力气的，腰背塌不下去，拉拉着腿。他将来也是那个样。可是他不便于再别扭她，只要能拉车去，他已经算得到一次胜利。"我老拉散座！"他答应下来。

虽然她那么说，她可是并不很热心找刘四爷去。父女们在平日自然也常拌嘴，但是现在的情形不同了，不能那么三说两说就一天云雾散，因为她已经不算刘家的人。出了嫁的女人跟娘家父母总多少疏远一些。她不敢直入公堂的回去。万一老头子真翻脸不认人呢，她自管会闹，他要是死不放手财产，她一点法儿也没有。就是有人在一旁调解着，到了无可如何的时候，也只能劝她回来，她有了自己的家。

祥子照常去拉车，她独自在屋中走来走去，几次三番的要穿好衣服找爸爸去，心想到而手懒得动。她为了难。为自己的舒服快乐，非回去不可；为自己的体面，以不去为是。假若老头子消了气呢，她只要把祥子拉到人和厂去，自然会教他有事作，不必再拉车，而且稳稳当当的能把爸爸的事业拿过来。她心中一亮。假若老头子硬到底呢？她丢了脸，不，不但丢了脸，而且就得认头作个车夫的老婆了；她，哼！和杂院里那群妇女没有任何分别了。

她心中忽然漆黑。她几乎后悔嫁了祥子，不管他多么要强，爸爸不点头，他一辈子是个拉车的。想到这里，她甚至想独自回娘家，跟祥子一刀两断，不能为他而失去自己的一切。继而一想，跟着祥子的快活，又不是言语所能形容的。她坐在炕头上，呆呆的，渺茫的，追想婚后的快乐；全身像一朵大的红花似的，香暖的在阳光下开开。不，舍不得祥子。任凭他去拉车，他去要饭，也得永远跟着他。看，看院里那些妇女，她们要是能受，她也就能受。散了，她不想到刘家去了。

　　祥子，自从离开人和厂，不肯再走西安门大街。这两天拉车，他总是出门就奔东城，省得西城到处是人和厂的车，遇见怪不好意思的。这一天，可是，收车以后，他故意的由厂子门口过，不为别的，只想看一眼。虎妞的话还在他心中，仿佛他要试验试验有没有勇气回到厂中来，假若虎妞能跟老头子说好了的话；在回到厂子以前，先试试敢走这条街不敢。把帽子往下拉了拉，他老远的就溜着厂子那边，唯恐被熟人看见。远远的看见了车门的灯光，他心中不知怎的觉得非常的难过。想起自己初到这里来地光景，想起虎妞的诱惑，想起寿日晚间那一场。这些，都非常的清楚，像一些图画浮在眼前。在这些图画之间，还另外有一些，清楚而简短的夹在这几张中间：西山，骆驼，曹宅，侦探……都分明的，可怕的，联成一片。这些图画是那么清楚，他心中反倒觉得有些茫然，几乎像真是看着几张画儿，而忘了自己也在里边。及至想到自己与它们的关系，他的心乱起来，它们忽然上下左右的旋转，零乱而迷忽，他无从想起到底为什么自己应当受这些折磨委屈。这些场面所占的时间似乎是很长，又似乎是很短，他闹不清自己是该多大岁数了。他只觉得自己，比起初到人和厂的时候来，老了许多许多。那时候，他满心都是希望；现在，一肚子都是忧虑。不明白是为什么，可是这些图画决不会欺骗他。

　　眼前就是人和厂了，他在街的那边立住，呆呆的看着那盏极明亮的电灯。看着看着，猛然心里一动。那灯下的四个金字——人和车厂——变了样儿！他不识字，他可是记得头一个字是什么样子：像两根棍儿联在一处，既不是个叉子，又没作成个三角，那么个简单而奇怪的字。由声音找字，那大概就是"人"。这个"人"改了样儿，变成了"仁"——比"人"更奇怪的一个字。他想不出什么道理来。再看东西间——他永远不能忘了的两间屋子——都没有灯亮。

立得他自己都不耐烦了，他才低着头往家走。一边走着一边寻思，莫非人和厂倒出去了？他得慢慢的去打听，先不便对老婆说什么。回到家中，虎妞正在屋里嗑瓜子儿解闷呢。

"又这么晚！"她的脸上没有一点好气儿。"告诉你吧，这么着下去我受不了！你一出去就是一天，我连窝儿不敢动，一院子穷鬼，怕丢了东西。一天到晚连句话都没地方说去，不行，我不是木头人。你想主意得了，这么着不行！"

祥子一声没出。

"你说话呀！成心逗人家的火是怎么着？你有嘴没有？有嘴没有？"她的话越说越快，越脆，像一挂小炮似的连连的响。

祥子还是没有话说。

"这么着得了，"她真急了，可是又有点无可如何他的样子，脸上既非哭，又非笑，那么十分焦躁而无法尽量的发作。"咱们买两辆车赁出去，你在家里吃车份儿行不行？行不行？"

"两辆车一天进上三毛钱，不够吃的！赁出一辆，我自己拉一辆，凑合了！"祥子说得很慢，可是很自然；听说买车，他把什么都忘了。

"那还不是一样？你还是不着家儿！"

"这么着也行，"祥子的主意似乎都跟着车的问题而来，"把一辆赁出去，进个整天的份儿。那一辆，我自己拉半天，再赁出半天去。我要是拉白天，一早儿出去，三点钟就回来；要拉晚儿呢，三点才出去，夜里回来。挺好！"

她点了点头。"等我想想吧，要是没有再好的主意，就这么办啦。"

祥子心中很高兴。假若这个主意能实现，他算是又拉上了自己的车。虽然是老婆给买的，可是慢慢的攒钱，自己还能再买车。直到这个时候，他才觉出来虎妞也有点好处，他居然向她笑了笑，一个天真的，发自内心的笑，仿佛把以前的困苦全一笔勾销，而笑着换了个新的世界，像换一件衣服那么容易，痛快！

十七

　　祥子慢慢的把人和厂的事打听明白：刘四爷把一部分车卖出去，剩下的全倒给了西城有名的一家车主。祥子能猜想得出，老头子的岁数到了，没有女儿帮他的忙，他弄不转这个营业，所以干脆把它收了，自己拿着钱去享福。他到哪里去了呢？祥子可是没有打听出来。

　　对这个消息，他说不上是应当喜欢，还是不喜欢。由自己的志向与豪横说，刘四爷既决心弃舍了女儿，虎妞的计划算是全盘落了空；他可以老老实实的去拉车挣饭吃，不依赖着任何人。由刘四爷那点财产说呢，又实在有点可惜；谁知道刘老头子怎么把钱攥出去呢，他和虎妞连一个铜子也没沾润着。

　　可是，事已至此，他倒没十分为它思索，更说不到动心。他是这么想，反正自己的力气是自己的，自己肯卖力挣钱，吃饭是不成问题的。他一点没带着感情，简单的告诉了虎妞。

　　她可动了心。听到这个，她马上看清楚了自己的将来——完了！什么全完了！自己只好作一辈子车夫的老婆了！她永远逃不出这个大杂院去！她想到爸爸会再娶上一个老婆，而决没想到会这么抖手一走。假若老头子真娶上个小老婆，虎妞会去争财产，说不定还许联络好了继母，而自己得点好处……主意有的是，只要老头子老开着车厂子。决没想到老头子会这么坚决，这么毒辣，把财产都变成现钱，偷偷的藏起去！原先跟他闹翻，她以为不过是一种手段，必会不久便言归于好，她晓得人和厂非有她不行；谁能想到老头子会撒手了车厂子呢？！

　　春已有了消息，树枝上的鳞苞已显着红肥。但在这个大杂院里，春并不先到枝头上，这里没有一棵花木。在这里，春风先把院中那块冰吹得起了些小麻子坑儿，从秽土中吹出一些腥臊的气味，把鸡毛蒜皮与碎纸吹到墙角，打着小小的旋风。杂院里的人们，四时都有苦恼。那老人们现在才敢出来晒晒暖；年轻的姑娘们到现在才把鼻尖上的煤污减去一点，露出点红黄的皮肤来；那些妇女们才敢不甚惭愧的把孩子们赶到院中去玩玩；那些小孩子们才敢扯着张破纸当风筝,随意的在院中跑,而不至把小黑手儿冻得裂开几道口子。但是,粥厂停了锅,放赈的停了米,行善的停止了放钱;把苦人们仿佛都交给了春风与春光!正是春麦刚绿如小草,陈粮缺欠的时候,粮米照例的长了价钱。天又加长,连老人们也不能老早的就躺下,去用梦欺骗着饥肠。春到了人间,在这大杂院里只增多了困难。长老了的虱子——特别的厉害——有时爬到老人或小儿的棉花疙疸外,领略一点春光!

虎妞看着院中将化的冰,与那些破碎不堪的衣服,闻着那复杂而微有些热气的味道,听着老人们的哀叹与小儿哭叫,心中凉了半截。在冬天,人都躲在屋里,脏东西都冻在冰上;现在,人也出来,东西也显了原形,连碎砖砌的墙都往下落土,似乎预备着到了雨天便塌倒。满院花花绿绿,开着穷恶的花,比冬天要更丑陋着好几倍。哼,单单是在这时候,她觉到她将永远住在此地;她那点钱有花完的时候,而祥子不过是个拉车的!

教祥子看家,她上南苑去找姑妈,打听老头子的消息。姑妈说四爷确是到她家来过一趟,大概是正月十二那天吧,一来是给她道谢,二来为告诉她,他打算上天津,或上海,玩玩去。他说:混了一辈子而没出过京门,到底算不了英雄,乘着还有口气儿,去到各处见识见识。再说,他自己也没脸再在城里混,因为自己的女儿给他丢了人。姑妈的报告只是这一点,她的评断就更简单:老头子也许真出了外,也许光这么说说,而在什么僻静地方藏着呢;谁知道!

回到家,她一头扎在炕上,闷闷的哭起来,一点虚伪狡诈也没有的哭了一大阵,把眼泡都哭肿。

哭完,她抹着泪对祥子说:"好,你豪横!都得随着你了!我这一宝押错了地方。嫁鸡随鸡,什么也甭说了。给你一百块钱,你买车拉吧!"

在这里,她留了个心眼:原本想买两辆车,一辆让祥子自拉,一辆赁出去。现在她改了主意,只买一辆,叫祥子去拉;其余的钱还是在自己手中拿着。钱在自己的手中,势力才也在自己身上,她不肯都掏出来;万一祥子——在把钱都买了车之后——变了心呢?这不能不防备!再说呢,刘老头子这样一走,使她感到什么也不可靠,明天的事谁也不能准知道,顶好是得乐且乐,手里得有俩钱,爱吃口什么就吃口,她一向是吃惯了零嘴的。拿祥子挣来的——他是头等的车夫——过日子，再有自己的那点钱垫补着自己零花，且先顾眼前欢吧。钱有花完的那一天，人可是也不会永远活着！嫁个拉车的——虽然是不得已——已经是委屈了自己，不能再天天手背朝下跟他要钱，而自己袋中没一个铜子。这个决定使她又快乐了点，虽然明知将来是不得了，可是目前总不会立刻就头朝了下；仿佛是走到日落的时候，远处已然暗淡，眼前可是还有些亮儿，就趁着亮儿多走几步吧。

祥子没和她争辩，买一辆就好，只要是自己的车，一天好歹也能拉个六七毛钱，可以够嚼谷。不但没有争辩，他还觉得有些高兴。过去所受的辛苦，无非为是买上车。现在能再买上，那还有什么可说呢？自然，一辆车而供给两个人儿吃，是不会剩下钱的；这辆车有拉旧了的时候，而没有再制买新车的预备，危险！可是，买车既是那么不易，现在能买上也就该满意了，何必想到那么远呢！

杂院里的二强子正要卖车。二强子在去年夏天把女儿小福子——十九岁——卖给了一个军人。卖了二百块钱。小福子走后，二强子颇阔气了一阵，把当都赎出来，还另外作了几件新衣，全家都穿得怪齐整的。二强嫂是全院里最矮最丑的妇人，囔脑门，大腮帮，头上没有什么头发，牙老露在外边，脸上被雀斑占满，看着令人恶心。她也红着眼皮，一边哭着女儿，一边穿上新蓝大衫。二强子的脾气一向就暴，卖了女儿之后，常喝几盅酒；酒后眼泪在眼圈里，就特别的好找毛病。二强嫂虽然穿上新大衫，也吃口饱饭，可是乐不抵苦，挨揍的次数比以前差不多增加了一倍。二强子四十多了，打算不再去拉车。于是买了副筐子，弄了个杂货挑子，瓜果梨桃，花生烟卷，货很齐全。作了两个月的买卖，粗粗的一搂账，不但是赔，而且赔得很多。拉惯了车，他不会对付买卖；拉车是一冲一撞的事，成就成，不成就拉倒；作小买卖得苦对付，他不会。拉车的人晓得怎么赊东西，所以他磨不开脸不许熟人们欠账；欠下，可就不容易再要回来。这样，好照顾主儿拉不上，而与他交易的都贪着赊了不给，他没法不赔钱。赔了钱，他难过；难过就更多喝酒。醉了，在外面时常和巡警们吵，在家里拿老婆孩子杀气。得罪了巡警，打了老婆，都因为酒。酒醒过来，他非常的后悔，苦痛。再一想，这点钱是用女儿换来的，白白的这样赔出去，而且还喝酒打人，他觉得自己不是人。在这种时候，他能懊睡一天，把苦恼交给了梦。

他决定放弃了买卖，还去拉车，不能把那点钱全白白的糟践了。他买上了车。在他醉了的时候，他一点情理不讲。在他清醒的时候，他顶爱体面。因为爱体面，他往往摆起穷架子，事事都有个谱儿。买了新车，身上也穿得很整齐，他觉得他是高等的车夫，他得喝好茶叶，拉体面的座儿。他能在车口上，亮着自己的车，和身上的白裤褂，和大家谈天，老不屑于张罗买卖。他一会儿啪啪的用新蓝布掸子抽抽车，一会儿跺跺自己的新白底双脸鞋，一会儿眼看着鼻尖，立在车旁微笑，等着别人来夸奖他的车，然后就引起话头，说上没完。他能这样白"泡"一两天。及至他拉上了个好座儿，他的腿不给他的车与衣服作劲，跑不动！这个，又使他非常的难过。一难过就想到女儿，只好去喝酒。这么样，他的钱全白垫出去，只剩下那辆车。

在立冬前后吧，他又喝醉。一进屋门，两个儿子——一个十三，一个十一岁——就想往外躲。这个招翻了他，给他们一人一脚。二强嫂说了句什么，他奔了她去，一脚踹在小肚子上，她躺在地上半天没出声。两个孩子急了，一个拿起煤铲，一个抄起擀面杖，和爸爸拼了命。三个打在一团，七手八脚的又踩了二强嫂几下。街坊们过来，好容易把二强子按倒在炕上，两个孩子抱着妈妈哭起来。二强嫂醒了过来，可是始终不能再下地。到腊月初三，她的呼吸停止了，穿着卖女儿时候作的蓝大衫。二强嫂的娘家不答应，非打官司不可。经朋友们死劝活劝，娘家的人们才让了步，二强子可也答应下好好的发送她，而且给她娘家人十五块钱。他把车押出去，押了六十块钱。转过年来，他想出手那辆车，他没有自己把它赎回来的希望。在喝醉的时候，他倒想卖个儿子，但是绝没人要。他也曾找过小福子的丈夫，人家根本不承认他这么个老丈人，别的话自然不必再说。

祥子晓得这辆车的历史，不很喜欢要它，车多了去啦，何必单买这一辆，这辆不吉祥的车，这辆以女儿换来，而因打死老婆才出手的车！虎妞不这么看，她想用八十出头买过来，便宜！车才拉过半年来的，连皮带的颜色还没怎么变，而且地道是西城的名厂德成家造的。买辆七成新的，还不得个五六十块吗？她舍不得这个便宜。她也知道过了年不久，处处钱紧，二强子不会卖上大价儿，而又急等着用钱。她亲自去看了车，亲自和二强子讲了价，过了钱；祥子只好等着拉车，没说什么，也不便说什么，钱既不是他自己的。把车买好，他细细看了看，的确骨力硬棒。可是他总觉得有点别扭。最使他不高兴的是黑漆的车身，而配着一身白铜活，在二强子打这辆车的时候，原为黑白相映，显着漂亮；祥子老觉得这有点丧气，像穿孝似的。他很想换一份套子，换上土黄或月白色儿的，或者足以减去一点素净劲儿。可是他没和虎妞商议，省得又招她一顿闲话。

拉出这辆车去，大家都特别注意，有人竟自管它叫作"小寡妇"。祥子心里不痛快。他变着法儿不去想它，可是车是一天到晚的跟着自己，他老毛毛咕咕的，似乎不知哪时就要出点岔儿。有时候忽然想起二强子，和二强子的遭遇，他仿佛不是拉着辆车，而是拉着口棺材似的。在这辆车上，他时时看见一些鬼影，仿佛是。

可是，自从拉上这辆车，并没有出什么错儿，虽然他心中嘀嘀咕咕的不安。天是越来越暖和了，脱了棉的，几乎用不着夹衣，就可以穿单裤单褂了；北平没有多少春天。天长得几乎使人不耐烦了，人人觉得困倦。祥子一清早就出去，转转到四五点钟，已经觉得卖够了力气。太阳可是还老高呢。他不愿再跑，可又不肯收车，犹疑不定的打着长而懒的哈欠。

天是这么长，祥子若是觉得疲倦无聊，虎妞在家中就更寂寞。冬天，她可以在炉旁取暖，听着外边的风声，虽然苦闷，可是总还有点"不出去也好"的自慰。现在，火炉搬到檐下，在屋里简直无事可作。院里又是那么脏臭，连棵青草也没有。到街上去，又不放心街坊们，就是去买趟东西也得直去直来，不敢多散逛一会儿。她好像圈在屋里的一个蜜蜂，白白的看着外边的阳光而飞不出去。跟院里的妇女们，她谈不到一块儿。她们所说的是家长里短，而她是野调无腔的惯了，不爱说，也不爱听这些个。她们的委屈是由生活上的苦痛而来，每一件小事都可以引下泪来；她的委屈是一些对生活的不满意，她无泪可落，而是想骂谁一顿，出出闷气。她与她们不能彼此了解，所以顶好各干各的，不必过话。

一直到了四月半，她才有了个伴儿。二强子的女儿小福子回来了。小福子的"人"是个军官。他到处都安一份很简单的家，花个一百二百的弄个年轻的姑娘，再买份儿大号的铺板与两张椅子，便能快乐的过些日子。等军队调遣到别处，他撒手一走，连人带铺板放在原处。花这么一百二百的，过一年半载，并不吃亏，单说缝缝洗洗衣服，作饭，等等的小事，要是雇个仆人，连吃带挣的月间不也得花个十块八块的吗？这么娶个姑娘呢，既是仆人，又能陪着睡觉，而且准保干净没病。高兴呢，给她裁件花布大衫，块儿多钱的事。不高兴呢，教她光眼子在家里蹲着，她也没什么办法。等到他开了差呢，他一点也不可惜那份铺板与一两把椅子，因为欠下的两个月房租得由她想法子给上，把铺板什么折卖了还许不够还这笔账的呢。

小福子就是把铺板卖了，还上房租，只穿着件花洋布大衫，戴着一对银耳环，回到家中来的。

二强子在卖了车以后，除了还上押款与利钱，还剩下二十来块。有时候他觉得是中年丧妻，非常的可怜；别人既不怜惜他，他就自己喝盅酒，喝口好东西，自怜自慰。在这种时候，他仿佛跟钱有仇似的，拼命的乱花。有时候他又以为更应当努力去拉车，好好的把两个男孩拉扯大了，将来也好有点指望。在这么想到儿子的时候，他就嘎七马八的买回一大堆食物，给他们俩吃。看他俩狼吞虎咽的吃那些东西，他眼中含着泪，自言自语的说："没娘的孩子！苦命的孩子！爸爸去苦奔，奔的是孩子！我不屈心，我吃饱吃不饱不算一回事，得先让孩子吃足！吃吧！你们长大成人别忘了我就得了！"在这种时候，他的钱也不少花。慢慢的二十来块钱就全垫出去了。

没了钱，再赶上他喝了酒，犯了脾气，他一两天不管孩子们吃了什么。孩子们无法，只好得自己去想主意弄几个铜子，买点东西吃。他们会给办红白事的去打执事，会去跟着土车拾些碎铜烂纸，有时候能买上几个烧饼，有时候只能买一斤麦茬白薯，连皮带须子都吞了下去，有时候俩人才有一个大铜子，只好买了落花生或铁蚕豆，虽然不能挡饥，可是能多嚼一会儿。

小福子回来了，他们见着了亲人，一人抱着她一条腿，没有话可说，只流着泪向她笑。妈妈没有了，姐姐就是妈妈！

二强子对女儿回来，没有什么表示。她回来，就多添了个吃饭的。可是，看着两个儿子那样的欢喜，他也不能不承认家中应当有个女的，给大家作作饭，洗洗衣裳。他不便于说什么，走到哪儿算哪儿吧。

　　小福子长得不难看。虽然原先很瘦小，可是自从跟了那个军官以后，很长了些肉，个子也高了些。圆脸，眉眼长得很匀调，没有什么特别出色的地方，可是结结实实的并不难看。上唇很短，无论是要生气，还是要笑，就先张了唇，露出些很白而齐整的牙来。那个军官就是特别爱她这些牙。露出这些牙，她显出一些呆傻没主意的样子，同时也仿佛有点娇憨。这点神气使她——正如一切贫而不难看的姑娘——像花草似的，只要稍微有点香气或颜色，就被人挑到市上去卖掉。

　　虎妞，一向不答理院中的人们，可是把小福子看成了朋友。小福子第一是长得有点模样，第二是还有件花洋布的长袍，第三是虎妞以为她既嫁过了军官，总得算见过了世面，所以肯和她来往。妇女们不容易交朋友，可是要交往就很快；没有几天，她俩已成了密友。虎妞爱吃零食，每逢弄点瓜子儿之类的东西，总把小福子喊过来，一边说笑，一边吃着。在说笑之中，小福子愚傻的露出白牙，告诉好多虎妞所没听过的事，随着军官，她并没享福，可是军官高了兴，也带她吃回饭馆，看看戏，所以她很有些事情说，说出来教虎妞羡慕。她还有许多说不出口的事：在她，这是蹂躏；在虎妞，这是些享受。虎妞央告着她说，她不好意思讲，可是又不好意思拒绝。她看过春宫，虎妞就没看见过。诸如此类的事，虎妞听了一遍，还爱听第二遍。她把小福子看成个最可爱，最可羡慕，也值得嫉妒的人。听完那些，再看自己的模样，年岁，与丈夫，她觉得这一辈子太委屈。她没有过青春，而将来也没有什么希望，现在呢，祥子又是那么死砖头似的一块东西！越不满意祥子，她就越爱小福子，小福子虽然是那么穷，那么可怜，可是在她眼中是个享过福，见过阵式的，就是马上死了也不冤。在她看，小福子就足代表女人所应有的享受。

　　小福子的困苦，虎妞好像没有看见。小福子什么也没有带回来，她可是得——无论爸爸是怎样的不要强——顾着两个兄弟。她哪儿去弄钱给他俩预备饭呢？

二强子喝醉，有了主意："你要真心疼你的兄弟，你就有法儿挣钱养活他们！都指着我呀，我成天际去给人家当牲口，我得先吃饱；我能空着肚子跑吗？教我一个跟头摔死，你看着可乐是怎着？你闲着也是闲着，有现成的，不卖等什么？"

看看醉猫似的爸爸，看看自己，看看两个饿得像老鼠似的弟弟，小福子只剩了哭。眼泪感动不了父亲，眼泪不能喂饱了弟弟，她得拿出更实在的来。为教弟弟们吃饱，她得卖了自己的肉。搂着小弟弟，她的泪落在他的头发上，他说："姐姐，我饿！"姐姐！姐姐是块肉，得给弟弟吃！

虎妞不但不安慰小福子，反倒愿意帮她的忙：虎妞愿意拿出点资本，教她打扮齐整，挣来钱再还给她。虎妞愿意借给她地方，因为她自己的屋子太脏，而虎妞的多少有个样子，况且是两间，大家都有个转身的地方。祥子白天既不会回来，虎妞乐得的帮忙朋友，而且可以多看些，多明白些，自己所缺乏的，想作也作不到的事。每次小福子用房间，虎妞提出个条件，须给她两毛钱。朋友是朋友，事情是事情，为小福子的事，她得把屋子收拾得好好的，既须劳作，也得多花些钱，难道置买笤帚簸箕什么的不得花钱么？两毛钱绝不算多，因为彼此是朋友，所以才能这样见情面。

小福子露出些牙来，泪落在肚子里。

祥子什么也不知道，可是他又睡不好觉了。虎妞"成全"了小福子，也要在祥子身上找到失去了的青春。

十八

到了六月，大杂院里在白天简直没什么人声。孩子们抓早儿提着破筐去拾所能拾到的东西；到了九点，毒花花的太阳已要将他们的瘦脊背晒裂，只好拿回来所拾得的东西，吃些大人所能给他们的食物。然后，大一点的要是能找到世界上最小的资本，便去连买带拾，凑些冰核去卖。若找不到这点资本，便结伴出城到护城河里去洗澡，顺手儿在车站上偷几块煤，或捉些蜻蜓与知了儿卖与那富贵人家的小儿。那小些的，不敢往远处跑，都到门外有树的地方，拾槐虫，挖"金钢"[1]什么的去玩。孩子都出去，男人也都出去，妇女们都赤了背在屋中，谁也不肯出来；不是怕难看，而是因为院中的地已经晒得烫脚。

　　直到太阳快落，男人与孩子们才陆续的回来，这时候院中有了墙影与一些凉风，而屋里圈着一天的热气，像些火笼；大家都在院中坐着，等着妇女们作饭。此刻，院中非常的热闹，好像是个没有货物的集市。大家都受了一天的热，红着眼珠，没有好脾气；肚子又饿，更个个急叉白脸。一句话不对路，有的便要打孩子，有的便要打老婆；即使打不起来，也骂个痛快。这样闹哄，一直到大家都吃过饭。小孩有的躺在院中便睡去，有的到街上去撒欢。大人们吃饱之后，脾气和平了许多，爱说话的才三五成团，说起一天的辛苦。那吃不上饭的，当已无处去当，卖已无处去卖——即使有东西可当或卖——因为天色已黑上来。男的不管屋中怎样的热，一头扎在炕上，一声不出，也许大声的叫骂。女的含着泪向大家去通融，不定碰多少钉子，才借到一张二十枚的破纸票。攥着这张宝贝票子，她出去弄点杂合面来，勾一锅粥给大家吃。

　　虎妞与小福子不在这个生活秩序中。虎妞有了孕，这回是真的。祥子清早就出去，她总得到八九点钟才起来；怀孕不宜多运动是传统的错谬信仰，虎妞既相信这个，而且要借此表示出一些身份：大家都得早早的起来操作，唯有她可以安闲自在的爱躺到什么时候就躺到什么时候。到了晚上，她拿着个小板凳到街门外有风的地方去坐着，直到院中的人差不多都睡了才进来，

---

[1] 指槐虫的蛹。

她不屑于和大家闲谈。

小福子也起得晚，可是她另有理由。她怕院中那些男人们斜着眼看她，所以等他们都走净，才敢出屋门。白天，她不是找虎妞来，便是出去走走，因为她的广告便是她自己。晚上，为躲着院中人的注目，她又出去在街上转，约摸着大家都躺下，她才偷偷的溜进来。

在男人里，祥子与二强子是例外。祥子怕进这个大院，更怕往屋里走。院里众人的穷说，使他心里闹得慌，他愿意找个清静的地方独自坐着。屋里呢，他越来越觉得虎妞像个母老虎。小屋里是那么热，憋气，再添上那个老虎，他一进去就仿佛要出不来气。前些日子，他没法不早回来，为是省得虎妞吵嚷着跟他闹。近来，有小福子作伴儿，她不甚管束他了，他就晚回来一些。

二强子呢，近来几乎不大回家来了。他晓得女儿的营业，没脸进那个街门。但是他没法拦阻她，他知道自己没力量养活着儿女们。他只好不再回来，作为眼不见心不烦。有时候他恨女儿，假若小福子是个男的，管保不用这样出丑；既是个女胎，干吗投到他这里来！有时候他可怜女儿，女儿是卖身养着两个弟弟！恨吧疼吧，他没办法。赶到他喝了酒，而手里没了钱，他不恨了，也不可怜了，他回来跟她要钱。在这种时候，他看女儿是个会挣钱的东西，他是作爸爸的，跟她要钱是名正言顺。这时候他也想起体面来：大家不是轻看小福子吗，她的爸爸也没饶了她呀，他逼着她拿钱，而且骂骂咧咧，似乎是骂给大家听——二强子没有错儿，小福子天生的不要脸。

他吵，小福子连大气也不出。倒是虎妞一半骂一半劝，把他对付走，自然他手里得多少拿去点钱。这种钱只许他再去喝酒，因为他要是清醒着看见它们，他就会去跳河或上吊。

六月十五那天，天热得发了狂。太阳刚一出来，地上已像下了火。一些似云非云，似雾非雾的灰气低低的浮在空中，使人觉得憋气。一点风也没有。祥子在院中看了看那灰红的天，打算去拉晚儿——过下午四点再出去；假若挣不上钱的话，他可以一直拉到天亮：夜间无论怎样也比白天好受一些。

虎妞催着他出去，怕他在家里碍事，万一小福子拉来个客人呢。"你当在家里就好受哪？屋子里一到晌午连墙都是烫的！"

他一声没出,喝了瓢凉水,走了出去。

街上的柳树,像病了似的,叶子挂着层灰土在枝上打着卷;枝条一动也懒得动的,无精打采的低垂着。马路上一个水点也没有,干巴巴的发着些白光。便道上尘土飞起多高,与天上的灰气联接起来,结成一片毒恶的灰沙阵,烫着行人的脸。处处干燥,处处烫手,处处憋闷,整个的老城像烧透的砖窑,使人喘不出气。狗趴在地上吐出红舌头,骡马的鼻孔张得特别的大,小贩们不敢吆喝,柏油路化开;甚至于铺户门前的铜牌也好像要被晒化。街上异常的清静,只有铜铁铺里发出使人焦躁的一些单调的叮叮当当。拉车的人们,明知不活动便没有饭吃,也懒得去张罗买卖:有的把车放在有些阴凉的地方,支起车棚,坐在车上打盹;有的钻进小茶馆去喝茶;有的根本没拉出车来,而来到街上看看,看看有没有出车的可能。那些拉着买卖的,即使是最漂亮的小伙子,也居然甘于丢脸,不敢再跑,只低着头慢慢的走。每一个井台都成了他们的救星,不管刚拉了几步,见井就奔过去;赶不上新汲的水,便和驴马们同在水槽里灌一大气。还有的,因为中了暑,或是发痧,走着走着,一头栽在地上,永不起来。

连祥子都有些胆怯了!拉着空车走了几步,他觉出由脸到脚都被热气围着,连手背上都流了汗。可是,见了座儿,他还想拉,以为跑起来也许倒能有点风。他拉上了个买卖,把车拉起来,他才晓得天气的厉害已经到了不允许任何人工作的程度。一跑,便喘不过气来,而且嘴唇发焦,明知心里不渴,也见水就想喝。不跑呢,那毒花花的太阳把手和脊背都要晒裂。好歹的拉到了地方,他的裤褂全裹在了身上。拿起芭蕉扇搧搧,没用,风是热的。他已经不知喝了几气凉水,可是又跑到茶馆去。两壶热茶喝下去,他心里安静了些。茶由口中进去,汗马上由身上出来,好像身上已是空膛的,不会再藏储一点水分。他不敢再动了。

坐了好久,他心中腻烦了。既不敢出去,又没事可作,他觉得天气仿佛成心跟他过不去。不,他不能服软。他拉车不止一天了,夏天这也不是头一遭,他不能就这么白白的"泡"一天。想出去,可是腿真懒得动,身上非常的软,好像洗澡没洗痛快那样,汗虽出了不少,而心里还不畅快。又坐了会儿，他再也坐不住了，反正坐着也是出汗，不如爽性出去试试。

一出来，才晓得自己的错误。天上那层灰气已散，不甚憋闷了，可是阳光也更厉害了许多：没人敢抬头看太阳在哪里，只觉得到处都闪眼，空中，屋顶上，墙壁上，地上，都白亮亮的，白里透着点红；由上至下整个的像一面极大的火镜，每一条光都像火镜的焦点，晒得东西要发火。在这个白光里，每一个颜色都刺目，每一个声响都难听，每一种气味都混含着由地上蒸发出来的腥臭。街上仿佛已没了人，道路好像忽然加宽了许多，空旷而没有一点凉气，白花花的令人害怕。祥子不知怎么是好了，低着头，拉着车，极慢的往前走，没有主意，没有目的，昏昏沉沉的，身上挂着一层粘汗，发着馊臭的味儿。走了会儿，脚心和鞋袜粘在一块，好像踩着块湿泥，非常的难过。本来不想再喝水，可是见了井不由得又过去灌了一气，不为解渴，似乎专为享受井水那点凉气，由口腔到胃中，忽然凉了一下，身上的毛孔猛的一收缩，打个冷战，非常舒服。喝完，他连连的打嗝，水要往上漾！

走一会儿，坐一会儿，他始终懒得张罗买卖。一直到了正午，他还觉不出饿来。想去照例的吃点什么，看见食物就要恶心。胃里差不多装满了各样的水，有时候里面会轻轻的响，像骡马似的喝完水肚子里光光光的响动。

拿冬与夏相比，祥子总以为冬天更可怕。他没想到过夏天这么难受。在城里过了不止一夏了，他不记得这么热过。是天气比往年热呢，还是自己的身体虚呢？这么一想，他忽然的不那么昏昏沉沉的了，心中仿佛凉了一下。自己的身体，是的，自己的身体不行了！他害了怕，可是没办法。他没法赶走虎妞，他将要变成二强子，变成那回遇见的那个高个子，变成小马儿的祖父。祥子完了！

正在午后一点的时候，他又拉上个买卖。这是一天里最热的时候，又赶上这一夏里最热的一天，可是他决定去跑一趟。他不管太阳下是怎样的热了：假若拉完一趟而并不怎样呢，那就证明自己的身子并没坏；设若拉不下来这个买卖呢，那还有什么可说的，一个跟头栽死在那发着火的地上也好！

刚走了几步，他觉到一点凉风，就像在极热的屋里由门缝进来一点凉气似的。他不敢相信自己；看看路旁的柳枝，的确是微微的动了两下。街上突然加多了人，铺户中的人争着往外跑，都攥着把蒲扇遮着头，四下里找："有了凉风！有了凉风！凉风下来了！"大家几乎要跳起来嚷着。路旁的柳树忽然变成了天使似的，传达着上天的消息："柳条儿动了！老天爷，多赏点凉风吧！"

还是热，心里可镇定多了。凉风，即使是一点点，给了人们许多希望。几阵凉风过去，阳光不那么强了，一阵亮，一阵稍暗，仿佛有片飞沙在上面浮动似的。风忽然大起来，那半天没有动作的柳条像猛的得到什么可喜的事，飘洒的摇摆，枝条都像长出一截儿来。一阵风过去，天暗起来，灰尘全飞到半空。尘土落下一些，北面的天边见了墨似的乌云。祥子身上没了汗，向北边看了一眼，把车停住，上了雨布，他晓得夏天的雨是说来就来，不容工夫的。

刚上好了雨布，又是一阵风，黑云滚似的已遮黑半边天。地上的热气与凉风搀合起来，夹杂着腥臊的干土，似凉又热；南边的半个天响晴白日，北边的半个天乌云如墨，仿佛有什么大难来临，一切都惊慌失措。车夫急着上雨布，铺户忙着收幌子，小贩们慌手忙脚的收拾摊子，行路的加紧往前奔。又一阵风。风过去，街上的幌子，小摊，与行人，仿佛都被风卷了走，全不见了，只剩下柳枝随着风狂舞。

云还没铺满了天，地上已经很黑，极亮极热的晴午忽然变成黑夜了似的。风带着雨星，像在地上寻找什么似的，东一头西一头的乱撞。北边远处一个红闪，像把黑云掀开一块，露出一大片血似的。风小了，可是利飕有劲，使人颤抖。一阵这样的风过去，一切都不知怎好似的，连柳树都惊疑不定的等着点什么。又一个闪，正在头上，白亮亮的雨点紧跟着落下来，极硬的砸起许多尘土，土里微带着雨气。大雨点砸在祥子的背上几个，他哆嗦了两下。雨点停了，黑云铺匀了满天。又一阵风，比以前的更厉害，柳枝横着飞，尘土往四下里走，雨道往下落；风，土，雨，混在一处，联成一片，横着竖着都灰茫茫冷飕飕，一切的东西都被裹在里面，辨不清哪是树，哪是地，哪是云，四面八方全乱，全响，全迷忽。风过去了，只剩下直的雨道，扯天扯地的垂落，看不清一条条的，只是那么一片，一阵，地上射起了无数的箭头，房屋上落下万千条瀑布。几分钟，天地已分不开，空中的河往下落，地上的河横流,成了一个灰暗昏黄,有时又白亮亮的,一个水世界。

祥子的衣服早已湿透,全身没有一点干松地方;隔着草帽,他的头发已经全湿。地上的水过了脚面,已经很难迈步;上面的雨直砸着他的头与背,横扫着他的脸,裹着他的裆。他不能抬头,不能睁眼,不能呼吸,不能迈步。他像要立定在水中,不知道哪是路,不晓得前后左右都有什么,只觉得透骨凉的水往身上各处浇。他什么也不知道了,只心中茫茫的有点热气,耳旁有一片雨声。他要把车放下,但是不知放在哪里好。想跑,水裹住他的腿。他就那么半死半活的,低着头一步一步的往前曳。坐车的仿佛死在了车上,一声不出的任着车夫在水里挣命。

雨小了些,祥子微微直了直脊背,吐出一口气:"先生,避避再走吧!"

"快走!你把我扔在这儿算怎回事?"坐车的跺着脚喊。

祥子真想硬把车放下,去找个地方避一避。可是,看看身上,已经全往下流水,他知道一站住就会哆嗦成一团。他咬上了牙,蹚着水不管高低深浅的跑起来。刚跑出不远,天黑了一阵,紧跟着一亮,雨又迷住他的眼。

拉到了,坐车的连一个铜板也没多给。祥子没说什么,他已顾不过命来。

雨住一会儿,又下一阵儿,比以前小了许多。祥子一气跑回了家。抱着火,烤了一阵,他哆嗦得像风雨中的树叶。虎妞给他冲了碗姜糖水,他傻子似的抱着碗一气喝完。喝完,他钻了被窝,什么也不知道了,似睡非睡的,耳中刷刷的一片雨声。

到四点多钟,黑云开始显出疲乏来,绵软无力的打着不甚红的闪。一会儿,西边的云裂开,黑的云峰镶上金黄的边,一些白气在云下奔走;闪都到南边去,曳着几声不甚响亮的雷。又待了一会儿,西边的云缝露出来阳光,把带着雨水的树叶照成一片金绿。东边天上挂着一双七色的虹,两头插在黑云里,桥背顶着一块青天。虹不久消散了,天上已没有一块黑云,洗过了的蓝空与洗过了的一切,像由黑暗里刚生出一个新的,清凉的,美丽的世界。连大杂院里的水坑上也来了几个各色的蜻蜓。

可是,除了孩子们赤着脚追逐那些蜻蜓,杂院里的人们并顾不得欣赏这雨后的晴天。小福子屋的后檐墙塌了一块,姐儿三个忙着把炕席揭起来,堵住窟窿。院墙塌了好几处，大家没工夫去管，只顾了收拾自己的屋里：有的台阶太矮，水已灌到屋中，大家七手八脚的拿着簸箕破碗往外淘水。有的倒了山墙，设法去填堵。有的屋顶漏得像个喷壶，把东西全淋湿，忙着往出搬运，放在炉旁去烤，或搁在窗台上去晒。在正下雨的时候，大家躲在那随时可以塌倒而把他们活埋了的屋中，把命交给了老天；雨后，他们算计着，收拾着，那些损失；虽然大雨过去，一斤粮食也许落一半个铜子，可是他们的损失不是这个所能偿补的。他们花着房钱，可是永远没人来修补房子；除非塌得无法再住人，才来一两个泥水匠，用些素泥碎砖稀松的堵砌上——预备着再塌。房钱交不上，全家便被撵出去，而且扣了东西。房子破，房子可以砸死人，没人管。他们那点钱，只能租这样的屋子；破，危险，都活该！

　　最大的损失是被雨水激病。他们连孩子带大人都一天到晚在街上找生意，而夏天的暴雨随时能浇在他们的头上。他们都是卖力气挣钱，老是一身热汗，而北方的暴雨是那么急，那么凉，有时夹着核桃大的冰雹；冰凉的雨点，打在那开张着的汗毛眼上，至少教他们躺在炕上，发一两天烧。孩子病了，没钱买药；一场雨，催高了田中的老玉米与高粱，可是也能浇死不少城里的贫苦儿女。大人们病了，就更了不得；雨后，诗人们吟咏着荷珠与双虹；穷人家，大人病了，便全家挨了饿。一场雨，也许多添几个妓女或小贼，多有些人下到监狱去；大人病了，儿女们作贼作娼也比饿着强！雨下给富人，也下给穷人；下给义人，也下给不义的人。其实，雨并不公道，因为下落在一个没有公道的世界上。

　　祥子病了。大杂院里的病人并不止于他一个。

十九

　　祥子昏昏沉沉的睡了两昼夜，虎妞着了慌。到娘娘庙，她求了个神方：一点香灰之外，还有两三味草药。给他灌下去，他的确睁开眼看了看，可是待了一会儿又睡着了，嘴里唧唧咕咕的不晓得说了些什么。虎妞这才想起去请大夫。扎了两针，服了剂药，他清醒过来，一睁眼便问："还下雨吗？"

　　第二剂药煎好，他不肯吃。既心疼钱，又恨自己这样的不济，居然会被一场雨给激病，他不肯喝那碗苦汁子。为证明他用不着吃药，他想马上穿起衣裳就下地。可是刚一坐起来，他的头像有块大石头赘着，脖子一软，眼前冒了金花，他又倒下了。什么也无须说了，他接过碗来，把药吞下去。

　　他躺了十天。越躺着越起急，有时候他趴在枕头上，有泪无声的哭。他知道自己不能去挣钱，那么一切花费就都得由虎妞往外垫；多咱把她的钱垫完，多咱便全仗着他的一辆车子；凭虎妞的爱花爱吃，他供给不起，况且她还有了孕呢！越起不来越爱胡思乱想，越想越愁得慌，病也就越不容易好。

　　刚顾过命来，他就问虎妞："车呢？"

　　"放心吧，赁给丁四拉着呢！"

　　"啊！"他不放心他的车，唯恐被丁四，或任何人，给拉坏。可是自己既不能下地，当然得赁出去，还能闲着吗？他心里计算：自己拉，每天好歹一背拉[1]总有五六毛钱的进项。房钱，煤米柴炭，灯油茶水，还先别算添衣服，也就将够两个人用的，还得处处抠搜，不能像虎妞那么满不在乎。现在，每天只进一毛多钱的车租，得干赔上四五毛，还不算吃药。假若病老不好，该怎办呢？是的，不怪二强子喝酒，不怪那些苦朋友们胡作非为，拉车这条路是死路！不管你怎样卖力气，要强，你可就别成家，别生病，别出一点岔儿。哼！他想起来，自己的头一辆车，自己攒下的那点钱，又招谁惹谁了？不因

---

1. 平均。

生病，也不是为成家，就那么无情无理的丢了！好也不行，歹也不行，这条路上只有死亡，而且说不定哪时就来到，自己一点也不晓得。想到这里，由忧愁改为颓废，嗐，干它的去，起不来就躺着，反正是那么回事！他什么也不想了，静静的躺着。不久他又忍不下去了，想马上起来，还得去苦奔；道路是死的，人心是活的，在入棺材以前总是不断的希望着。可是，他立不起来。只好无聊的，乞怜的，要向虎妞说几句话：

"我说那辆车不吉祥，真不吉祥！"

"养你的病吧！老说车，车迷！"

他没再说什么。对了，自己是车迷！自从一拉车，便相信车是一切，敢情……

病刚轻了些，他下了地。对着镜子看了看，他不认得镜中的人了：满脸胡子拉碴，太阳与腮都瘪进去，眼是两个深坑，那块疤上有好多皱纹！屋里非常的热闷，他不敢到院中去，一来是腿软得像没了骨头，二来是怕被人家看见他。不但在这个院里，就是东西城各车口上，谁不知道祥子是头顶头[1]的棒小伙子。祥子不能就是这个样的病鬼！他不肯出去。在屋里，又憋闷得慌。他恨不能一口吃壮起来，好出去拉车。可是，病是毁人的，它的来去全由着它自己。

歇了有一个月，他不管病完全好了没有，就拉上车。把帽子戴得极低，为是教人认不出来他，好可以缓着劲儿跑。"祥子"与"快"是分不开的，他不能大模大样的慢慢蹭，教人家看不起。

身子本来没好利落，又贪着多拉几号，好补上病中的亏空，拉了几天，病又回来了。这回添上了痢疾。他急得抽自己的嘴巴，没用，肚皮似乎已挨着了腰，还泻。好容易痢疾止住了，他的腿连蹲下再起来都费劲，不用说想去跑一阵了。他又歇了一个月！他晓得虎妞手中的钱大概快垫完了！

到八月十五，他决定出车；这回要是再病了，他起了誓，他就去跳河！

---

1. 头等，第一等。

在他第一次病中，小福子时常过来看看。祥子的嘴一向干不过虎妞，而心中又是那么憋闷，所以有时候就和小福子说几句。这个，招翻了虎妞。祥子不在家，小福子是好朋友；祥子在家，小福子是，按照虎妞的想法，"来吊棒[1]！好不要脸！"她力逼着小福子还上欠着她的钱，"从此以后，不准再进来！"

小福子失去了招待客人的地方，而自己的屋里又是那么破烂——炕席堵着后檐墙，她无可如何，只得到"转运公司"去报名。可是，"转运公司"并不需要她这样的货。人家是介绍"女学生"与"大家闺秀"的，门路高，用钱大，不要她这样的平凡人物。她没了办法。想去下窑子，既然没有本钱，不能混自家的买卖，当然得押给班儿里。但是，这样办就完全失去自由，谁照应着两个弟弟呢？死是最简单容易的事，活着已经是在地狱里。她不怕死，可也不想死，因为她要作些比死更勇敢更伟大的事。她要看着两个弟弟都能挣上钱，再死也就放心了。自己早晚是一死，但须死一个而救活了俩！想来想去，她只有一条路可走：贱卖。肯进她那间小屋的当然不肯出大价钱，好吧，谁来也好吧，给个钱就行。这样，倒省了衣裳与脂粉；来找她的并不敢希望她打扮得怎么够格局，他们是按钱数取乐的；她年纪很轻，已经是个便宜了。

虎妞的身子已不大方便，连上街买趟东西都怕有些失闪，而祥子一走就是一天，小福子又不肯过来，她寂寞得像个被拴在屋里的狗。越寂寞越恨，她以为小福子的减价出售是故意的气她。她才不能吃这个瘪子：坐在外间屋，敞开门，她等着。有人往小福子屋走，她便扯着嗓子说闲话，教他们难堪，也教小福子吃不住。小福子的客人少了，她高了兴。

小福子晓得这么下去，全院的人慢慢就会都响应虎妞，而把自己撑出去。她只是害怕，不敢生气，落到她这步天地的人晓得把事实放在气和泪的前边。她带着小弟弟过来，给虎妞下了一跪。什么也没说，可是神色也带出来：这一跪要还不行的话，她自己不怕死，谁可也别想活着！最伟大的牺牲是忍辱，最伟大的忍辱是预备反抗。

---

1. 男女间戏谑。

虎妞倒没了主意。怎想怎不是味儿，可是带着那么个大肚子，她不敢去打架。武的既拿不出来，只好给自己个台阶：她是逗着小福子玩呢，谁想弄假成真，小福子的心眼太死。这样解释开，她们又成了好友，她照旧给小福子维持一切。

自从中秋出车，祥子处处加了谨慎，两场病教他明白了自己并不是铁打的。多挣钱的雄心并没完全忘掉，可是屡次的打击使他认清楚了个人的力量是多么微弱；好汉到时候非咬牙不可，但咬上牙也会吐了血！痢疾虽然已好，他的肚子可时时的还疼一阵。有时候腿脚正好蹓开了，想试着步儿加点速度，肚子里绳绞似的一拧，他缓了步，甚至于忽然收住脚，低着头，缩着肚子，强忍一会儿。独自拉着座儿还好办，赶上拉帮儿车的时候，他猛孤仃的收住步，使大家莫名其妙，而他自己非常的难堪。自己才二十多岁，已经这么闹笑话，赶到三四十岁的时候，应当怎样呢？这么一想，他轰的一下冒了汗！

为自己的身体，他很愿再去拉包车。到底是一工儿活有个缓气的时候；跑的时候要快，可是休息的工夫也长，总比拉散座儿轻闲。他可也准知道，虎妞绝对不会放手他，成了家便没了自由，而虎妞又是特别的厉害。他认了背运。

半年来的，由秋而冬，他就那么一半对付，一半挣扎，不敢大意，也不敢偷懒，心中憋憋闷闷的，低着头苦奔。低着头，他不敢再像原先那么楞葱似的，什么也不在乎了。至于挣钱，他还是比一般的车夫多挣着些。除非他的肚子正绞着疼，也总不肯空放走一个买卖，该拉就拉，他始终没染上恶习。什么故意的绷大价，什么中途倒车，什么死等好座儿，他都没学会。这样，他多受了累，可是天天准进钱。他不取巧，所以也就没有危险。

可是，钱进得太少，并不能剩下。左手进来，右手出去，一天一个干净。他连攒钱都想也不敢想了。他知道怎样省着，虎妞可会花呢。虎妞的"月子"是转过年二月初的。自从一入冬，她的怀已显了形，而且爱故意的往外腆着，好显出自己的重要。看着自己的肚子，她简直连炕也懒得下。作菜作饭全托付给了小福子，自然那些剩汤腊水的就得教小福子拿去给弟弟们吃。这个，就费了许多。饭菜而外，她还得吃零食，肚子越显形，她就觉得越须多吃好东西；不能亏着嘴。她不但随时的买零七八碎的，而且嘱咐祥子每天给她带回点儿来。祥子挣多少，她花多少，她的要求随着他的钱涨落。祥子不能说什么。他病着的时候，花了她的钱，那么一还一报，他当然也得给她花。祥子稍微紧一紧手，她马上会生病，"怀孕就是害九个多月的病，你懂得什么？"她说的也是真话。

  到过新年的时候，她的主意就更多了。她自己动不了窝，便派小福子一趟八趟的去买东西。她恨自己出不去，又疼爱自己而不肯出去，不出去又憋闷的慌，所以只好多买些东西来看着还舒服些。她口口声声不是为她自己买而是心疼祥子："你苦奔了一年，还不吃一口哪？自从病后，你就没十分足壮起来；到年底下还不吃，等饿得像个瘪臭虫哪？"祥子不便辩驳，也不会辩驳；及至把东西作好，她一吃便是两三大碗。吃完，又没有运动，她撑得慌，抱着肚子一定说是犯了胎气！

  过了年，她无论如何也不准祥子在晚间出去，她不定哪时就生养，她害怕。这时候，她才想起自己的实在岁数来，虽然还不肯明说，可是再也不对他讲，"我只比你大'一点'了"。她这么闹哄，祥子迷了头。生命的延续不过是生儿养女，祥子心里不由得有点喜欢，即使一点也不需要一个小孩，可是那个将来到自己身上，最简单而最玄妙的"爸"字，使铁心的人也得要闭上眼想一想，无论怎么想，这个字总是动心的。祥子，笨手笨脚的，想不到自己有什么好处和可自傲的地方；一想到这个奇妙的字，他忽然觉出自己的尊贵，仿佛没有什么也没关系，只要有了小孩，生命便不会是个空的。同时，他想对虎妞尽自己所能的去供给，去伺候，她现在已不是"一"个人；即使她很讨厌，可是在这件事上她有一百成的功劳。不过，无论她有多么大的功劳，她的闹腾劲儿可也真没法受。她一会儿一个主意，见神见鬼的乱哄，而祥子必须出去挣钱，需要休息，即使钱可以乱花，他总得安安顿顿的睡一夜，好到明天再去苦曳。她不准他晚上出去，也不准他好好的睡觉，他一点主意也没有，成天际晕晕忽忽的，不知怎样才好。有时候欣喜，有时候着急，有时候烦闷，有时候为欣喜而又要惭愧，有时候为着急而又要自慰，有时候为烦闷而又要欣喜，感情在他心中绕着圆圈，把个最简单的人闹得不知道了东西南北。有一回，他竟自把座儿拉过了地方，忘了人家雇到哪里！

灯节左右，虎妞决定叫祥子去请收生婆，她已支持不住。收生婆来到，告诉她还不到时候，并且说了些要临盆时的征象。她忍了两天，就又闹腾起来。把收生婆又请了来，还是不到时候。她哭着喊着要去寻死，不能再受这个折磨。祥子一点办法没有，为表明自己尽心，只好依了她的要求，暂不去拉车。

一直闹到月底，连祥子也看出来，这是真到了时候，她已经不像人样了。收生婆又来到，给祥子一点暗示，恐怕要难产。虎妞的岁数，这又是头胎，平日缺乏运动，而胎又很大，因为孕期里贪吃油腻；这几项合起来，打算顺顺当当的生产是希望不到的。况且一向没经过医生检查过，胎的部位并没有矫正过；收生婆没有这份手术，可是会说：就怕是横生逆产呀！

在这杂院里，小孩的生与母亲的死已被大家习惯的并为一谈。可是虎妞比别人都更多着些危险，别个妇人都是一直到临盆那一天还操作活动，而且吃得不足，胎不会很大，所以倒能容易产生。她们的危险是在产后的失调，而虎妞却与她们正相反。她的优越正是她的祸患。

祥子，小福子，收生婆，连着守了她三天三夜。她把一切的神佛都喊到了，并且许下多少誓愿，都没有用。最后，她嗓子已哑，只低唤着"妈哟！妈哟！"收生婆没办法，大家都没办法，还是她自己出的主意，叫祥子到德胜门外去请陈二奶奶——顶着一位虾蟆大仙。陈二奶奶非五块钱不来，虎妞拿出最后的七八块钱来："好祥子，快快去吧！花钱不要紧！等我好了，我乖乖的跟你过日子！快去吧！"

陈二奶奶带着"童儿"——四十来岁的一位黄脸大汉——快到掌灯的时候才来到。她有五十来岁，穿着蓝绸子袄，头上戴着红石榴花，和全份的镀金首饰。眼睛直勾勾的，进门先净了手，而后上了香；她自己先磕了头，然后坐在香案后面，呆呆的看着香苗。忽然连身子都一摇动，打了个极大的冷战，垂下头，闭上眼，半天没动静。屋中连落个针都可以听到，虎妞也咬上牙不敢出声。慢慢的，陈二奶奶抬起头来，点着头看了看大家；"童儿"扯了扯祥子，教他赶紧磕头。祥子不知道自己信神不信，只觉得磕头总不会出错儿。迷迷忽忽的，他不晓得磕了几个头。立起来，他看着那对直勾勾的"神"眼，和那烧透了的红亮香苗，闻着香烟的味道，心中渺茫的希望着这个阵式里会有些好处，呆呆的，他手心上出着凉汗。

虾蟆大仙说话老声老气的，而且有些结巴："不，不，不要紧！画道催，催，催生符！"

"童儿"急忙递过黄绵纸，大仙在香苗上抓了几抓，而后沾着唾沫在纸上画。

画完符，她又结结巴巴的说了几句，大概的意思是虎妞前世里欠这孩子的债，所以得受些折磨。祥子晕头打脑的没甚听明白，可是有些害怕。

陈二奶奶打了个长大的哈欠，闭目楞了会儿，仿佛是大梦初醒的样子睁开了眼。"童儿"赶紧报告大仙的言语。她似乎很喜欢："今天大仙高兴，爱说话！"然后她指导着祥子怎样教虎妞喝下那道神符，并且给她一丸药，和神符一同服下去。

陈二奶奶热心的等着看看神符的效验，所以祥子得给她预备点饭。祥子把这个托付给小福子去办。小福子给买来热芝麻酱烧饼和酱肘子；陈二奶奶还嫌没有盅酒吃。

虎妞服下去神符，陈二奶奶与"童儿"吃过了东西，虎妞还是翻滚的闹。直闹了一点多钟，她的眼珠已慢慢往上翻。陈二奶奶还有主意，不慌不忙的叫祥子跪一股高香。祥子对陈二奶奶的信心已经剩不多了，但是既花了五块钱，爽性就把她的方法都试验试验吧；既不肯打她一顿，那么就依着她的主意办好了，万一有些灵验呢！

直挺挺的跪在高香前面，他不晓得求的是什么神，可是他心中想要虔诚。看着香火的跳动，他假装在火苗上看见了一些什么形影，心中便祷告着。香越烧越矮，火苗当中露出些黑道来，他把头低下去，手扶在地上，迷迷忽忽的有些发困，他已两三天没得好好的睡了。脖子忽然一软，他唬了一跳，再看，香已烧得剩了不多。他没管到了该立起来的时候没有，挂着地就慢慢立起来，腿已有些发木。

陈二奶奶和"童儿"已经偷偷的溜了。

祥子没顾得恨她,而急忙过去看虎妞,他知道事情到了极不好办的时候。虎妞只剩了大口的咽气,已经不会出声。收生婆告诉他,想法子到医院去吧,她的方法已经用尽。

祥子心中仿佛忽然的裂了,张着大嘴哭起来。小福子也落着泪,可是处在帮忙的地位,她到底心里还清楚一点。"祥哥!先别哭!我去上医院问问吧?"

没管祥子听见了没有,她抹着泪跑出去。

她去了有一点钟。跑回来,她已喘得说不上来话。扶着桌子,她干嗽了半天才说出来:医生来一趟是十块钱,只是看看,并不管接生。接生是二十块。要是难产的话,得到医院去,那就得几十块了。"祥哥!你看怎办呢?!"

祥子没办法,只好等着该死的就死吧!

愚蠢与残忍是这里的一些现象;所以愚蠢,所以残忍,却另有原因。

虎妞在夜里十二点,带着个死孩子,断了气。

二十

祥子的车卖了!

钱就和流水似的,他的手已拦不住;死人总得抬出去,连开张殃榜也得花钱。

祥子像傻了一般,看着大家忙乱,他只管往外掏钱。他的眼红得可怕,眼角堆着一团黄白的眵目糊;耳朵发聋,楞楞磕磕的随着大家乱转,可不知道自己作的是什么。

跟着虎妞的棺材往城外走,他这才清楚了一些,可是心里还顾不得思索任何事情。没有人送殡，除了祥子，就是小福子的两个弟弟，一人手中拿着薄薄的一打儿纸钱，沿路撒给那拦路鬼。

楞楞磕磕的，祥子看着杠夫把棺材埋好，他没有哭。他的脑中像烧着一把烈火，把泪已烧干，想哭也哭不出。呆呆的看着，他几乎不知那是干什么呢。直到"头儿"过来交待，他才想起回家。

屋里已被小福子给收拾好。回来，他一头倒在炕上，已经累得不能再动。眼睛干巴巴的闭不上，他呆呆的看着那有些雨漏痕迹的顶棚。既不能睡去，他坐了起来。看了屋中一眼，他不敢再看。心中不知怎样好。他出去买了包"黄狮子"烟来。坐在炕沿上，点着了一支烟；并不爱吸。呆呆的看着烟头上那点蓝烟，忽然泪一串串的流下来，不但想起虎妞，也想起一切。到城里来了几年，这是他努力的结果，就是这样，就是这样！他连哭都哭不出声来！车，车，车是自己的饭碗。买，丢了；再买，卖出去；三起三落，像个鬼影，永远抓不牢，而空受那些辛苦与委屈。没了，什么都没了，连个老婆也没了！虎妞虽然厉害，但是没了她怎能成个家呢？看着屋中的东西，都是她的，她本人可是埋在了城外！越想越恨，泪被怒火截住，他狠狠的吸那支烟，越不爱吸越偏要吸。把烟吸完，手捧着头，口中与心中都发辣，要狂喊一阵，把心中的血都喷出来才痛快。

不知道什么工夫，小福子进来了，立在外间屋的菜案前，呆呆的看着他。

他猛一抬头，看见了她，泪极快的又流下来。此时，就是他看见只狗，他也会流泪；满心的委屈，遇见个活的东西才想发泄；他想跟她说说，想得到一些同情。可是，话太多，他的嘴反倒张不开了。

"祥哥！"她往前凑了凑，"我把东西都收拾好了。"

他点了点头，顾不及谢谢她；悲哀中的礼貌是虚伪。

"你打算怎办呢？"

"啊？"他好像没听明白，但紧跟着他明白过来，摇了摇头——他顾不得想办法。

她又往前走了两步，脸上忽然红起来，露出几个白牙，可是话没能说出。她的生活使她不能不忘掉羞耻，可是遇到正经事，她还是个有真心的女人；

女子的心在羞耻上运用着一大半。"我想……"她只说出这么点来。她心中的话很多；脸一红，它们全忽然的跑散，再也想不起来。

　　人间的真话本来不多，一个女子的脸红胜过一大片话；连祥子也明白了她的意思。在他的眼里，她是个最美的女子，美在骨头里，就是她满身都长了疮，把皮肉都烂掉，在他心中她依然很美。她美，她年轻，她要强，她勤俭。假若祥子想再娶，她是个理想的人。他并不想马上就续娶，他顾不得想任何的事。可是她既然愿意，而且是因为生活的压迫不能不马上提出来，他似乎没有法子拒绝。她本人是那么好，而且帮了他这么多的忙，他只能点头，他真想过去抱住她，痛痛快快的哭一场，把委屈都哭净，而后与她努力同心的再往下苦奔。在她身上，他看见了一个男人从女子所能得的与所应得的安慰。他的口不大爱说话，见了她，他愿意随便的说；有她听着，他的话才不至于白说；她的一点头，或一笑，都是最美满的回答，使他觉得真是成了"家"。

　　正在这个时候，小福子的二弟弟进来了："姐姐！爸爸来了！"

　　她皱了皱眉。她刚推开门，二强子已走到院中。

　　"你上祥子屋里干什么去了？"二强子的眼睛瞪圆，两脚拌着蒜，东一晃西一晃的扑过来："你卖还卖不够，还得白教祥子玩？你个不要脸的东西！"

　　祥子，听到自己的名字，赶了出来，立在小福子的身后。

　　"我说祥子，"二强子歪歪拧拧的想挺起胸脯，可是连立也立不稳："我说祥子，你还算人吗？你占谁的便宜也罢，单占她的便宜？什么玩艺！"

　　祥子不肯欺负个醉鬼，可是心中的积郁使他没法管束住自己的怒气。他赶上一步去。四只红眼睛对了光，好像要在空气中激触，发出火花。祥子一把扯住二强子的肩，就像提拉着个孩子似的，掷出老远。

　　良心的谴责，借着点酒，变成狂暴：二强子的醉本来多少有些假装。经这一摔，他醒过来一半。他想反攻，可是明知不是祥子的对手。就这么老老实实的出去，又十分的不是味儿。他坐在地上，不肯往起立，又不便老这么坐着。心中十分地乱，嘴里只好随便的说了："我管教儿女，与你什么相干？揍我？你姥姥！你也得配！"

　　祥子不愿还口，只静静的等着他反攻。

小福子含着泪,不知怎样好。劝父亲是没用的,看着祥子打他也于心不安。她将全身都摸索到了,凑出十几个铜子儿来,交给了弟弟。弟弟平日绝不敢挨近爸爸的身,今天看爸爸是被揍在地上,胆子大了些。"给你,走吧!"

　　二强子棱棱着眼把钱接过去,一边往起立,一边叨唠:"放着你们这群丫头养的!招翻了太爷,妈的弄刀全宰了你们!"快走到街门了,他喊了声"祥子!搁着这个碴儿,咱们外头见!"

　　二强子走后,祥子和小福子一同进到屋中。

　　"我没法子!"她自言自语的说了这么句,这一句总结了她一切的困难,并且含着无限的希望——假如祥子愿意娶她,她便有了办法。

　　祥子,经过这一场,在她的身上看出许多黑影来。他还喜欢她,可是负不起养着她两个弟弟和一个醉爸爸的责任!他不敢想虎妞一死,他便有了自由;虎妞也有虎妞的好处,至少是在经济上帮了他许多。他不敢想小福子要是死吃他一口,可是她这一家人都不会挣饭吃也千真万确。爱与不爱,穷人得在金钱上决定,"情种"只生在大富之家。

　　他开始收拾东西。

　　"你要搬走吧?"小福子连嘴唇全白了。

　　"搬走!"他狠了心,在没有公道的世界里,穷人仗着狠心维持个人的自由,那很小很小的一点自由。

　　看了他一眼,她低着头走出去。她不恨,也不恼,只是绝望。

　　虎妞的首饰与好一点的衣服,都带到棺材里去。剩下的只是一些破旧的衣裳,几件木器,和些盆碗锅勺什么的。祥子由那些衣服中拣出几件较好的来,放在一边;其余的连衣服带器具全卖。他叫来个"打鼓儿的"[1],一口价卖了十几块钱。他急于搬走,急于打发了这些东西,所以没心思去多找几个人来慢慢的绷着价儿。"打鼓儿的"把东西收拾了走,屋中只剩下他的一份铺盖和那几件挑出来的衣服,在没有席的炕上放着。屋中全空,他觉得痛快了些,

---

1. 走街串巷,收买旧货的小贩。

仿佛摆脱开了许多缠绕,而他从此可以远走高飞了似的。可是,不大一会儿,他又想起那些东西。桌子已被搬走,桌腿儿可还留下一些痕迹——一堆堆的细土,贴着墙根形成几个小四方块。看着这些印迹,他想起东西,想起人,梦似的都不见了。不管东西好坏,不管人好坏,没了它们,心便没有地方安放。他坐在了炕沿上,又掏出支"黄狮子"来。

随着烟卷,他带出一张破毛票儿来。有意无意的他把钱全掏了出来;这两天了,他始终没顾到算一算账。掏出一堆来,洋钱,毛票,铜子票,铜子,什么也有。堆儿不小,数了数,还不到二十块。凑上卖东西的十几块,他的财产全部只是三十多块钱。

把钱放在炕砖上,他瞪着它们,不知是哭好,还是笑好。屋里没有人,没有东西,只剩下他自己与这一堆破旧霉污的钱。这是干什么呢?

长叹了一声,无可如何的把钱揣在怀里,然后他把铺盖和那几件衣服抱起来,去找小福子。

"这几件衣裳,你留着穿吧!把铺盖存在这一会儿,我先去找好车厂子,再来取。"不敢看小福子,他低着头一气说完这些。

她什么也没说,只答应了两声。

祥子找好车厂,回来取铺盖,看见她的眼已哭肿。他不会说什么,可是设尽方法想出这么两句:"等着吧!等我混好了,我来!一定来!"

她点了点头,没说什么。

祥子只休息了一天,便照旧去拉车。他不像先前那样火着心拉买卖了,可也不故意的偷懒,就那么淡而不厌的一天天的混。这样混过了一个来月,他心中觉得很平静。他的脸腮满起来一些,可是不像原先那么红扑扑的了;脸色发黄,不显着足壮,也并不透出瘦弱。眼睛很明,可没有什么表情,老是那么亮亮的似乎挺有精神,又似乎什么也没看见。他的神气很像风暴后的树,静静的立在阳光里,一点不敢再动。原先他就不喜欢说话,现在更不爱开口了。天已很暖,柳枝上已挂满嫩叶,他有时候向阳放着车,低着头自言自语的嘴微动着,有时候仰面承受着阳光,打个小盹;除了必须开口,他简直的不大和人家过话。

烟卷可是已吸上了瘾。一坐在车上，他的大手便向脚垫下面摸去。点着了支烟，他极缓慢的吸吐，眼随着烟圈儿向上看，呆呆的看着，然后点点头，仿佛看出点意思来似的。

拉起车来，他还比一般的车夫跑得麻利，可是他不再拼命的跑。在拐弯抹角和上下坡儿的时候，他特别的小心。几乎是过度的小心。有人要跟他赛车，不论是怎样的逗弄激发，他低着头一声也不出，依旧不快不慢的跑着。他似乎看透了拉车是怎回事，不再想从这里得到任何的光荣与称赞。

在厂子里，他可是交了朋友；虽然不大爱说话，但是不出声的雁也喜欢群飞。再不交朋友，他的寂寞恐怕就不是他所能忍受的了。他的烟卷盒儿，只要一掏出来，便绕着圈儿递给大家。有时候人家看他的盒里只剩下一支，不好意思伸手，他才简截的说："再买！"赶上大家赌钱，他不像从前那样躲在一边，也过来看看，并且有时候押上一注，输赢都不在乎的，似乎只为向大家表示他很合群，很明白大家奔忙了几天之后应当快乐一下。他们喝酒，他也陪着；不多喝，可是自己出钱买些酒菜让大家吃。以前他所看不上眼的事，现在他都觉得有些意思——自己的路既走不通，便没法不承认别人作得对。朋友之中若有了红白事，原先他不懂得行人情，现在他也出上四十铜子的份子，或随个"公议儿"。不但是出了钱，他还亲自去吊祭或庆贺，因为他明白了这些事并非是只为糟蹋钱，而是有些必须尽到的人情。在这里人们是真哭或真笑，并不是瞎起哄。

那三十多块钱，他可不敢动。弄了块白布，他自己笨手八脚的拿个大针把钱缝在里面，永远放在贴着肉的地方。不想花，也不想再买车，只是带在身旁，作为一种预备——谁知道将来有什么灾患呢！病，意外的祸害，都能随时的来到自己身上，总得有个预备。人并不是铁打的，他明白过来。

快到立秋，他又拉上了包月。这回，比以前所混过的宅门里的事都轻闲；要不是这样，他就不会应下这个事来。他现在懂得选择事情了，有合适的包月才干；不然，拉散座也无所不可，不像原先样那火着心往宅门里去了。他晓得了自己的身体是应该保重的，一个车夫而想拼命——像他原先那样——只有丧了命而得不到任何好处。经验使人知道怎样应当油滑一些，因为命只有一条啊！

　　这回他上工的地方是在雍和宫附近。主人姓夏，五十多岁，知书明礼；家里有太太和十二个儿女。最近娶了个姨太太，不敢让家中知道，所以特意的挑个僻静地方另组织了个小家庭。在雍和宫附近的这个小家庭，只有夏先生和新娶的姨太太；此外还有一个女仆，一个车夫——就是祥子。

　　祥子很喜欢这个事。先说院子吧，院中一共才有六间房，夏先生住三间，厨房占一间，其余的两间作为下房。院子很小，靠着南墙根有棵半大的小枣树，树尖上挂着十几个半红的枣儿。祥子扫院子的时候，几乎两三笤帚就由这头扫到那头，非常的省事。没有花草可浇灌，他很想整理一下那棵枣树，可是他晓得枣树是多么任性，歪歪拧拧的不受调理，所以也就不便动手。

　　别的工作也不多。夏先生早晨到衙门去办公，下午五点才回来，祥子只须一送一接；回到家，夏先生就不再出去，好像避难似的。夏太太倒常出去，可是总在四点左右就回来，好让祥子去接夏先生——接回他来，祥子一天的工作就算交待了。再说，夏太太所去的地方不过是东安市场与中山公园什么的，拉到之后，还有很大的休息时间。这点事儿，祥子闹着玩似的就都作了。

　　夏先生的手很紧，一个小钱也不肯轻易撒手；出来进去，他目不旁视，仿佛街上没有人，也没有东西。太太可手松，三天两头的出去买东西；若是吃的，不好吃便给了仆人；若是用品，等到要再去买新的时候，便先把旧的给了仆人，好跟夏先生交涉要钱。夏先生一生的使命似乎就是鞠躬尽瘁的把所有的精力与金钱全敬献给姨太太；此外，他没有任何生活与享受。他的钱必须借着姨太太的手才会出去，他自己不会花，更说不到给人——据说，他的原配夫人与十二个儿女住在保定，有时候连着四五个月得不到他的一个小钱。

　　祥子讨厌这位夏先生：成天际弯弯着腰，缩缩着脖，贼似的出入，眼看着脚尖，永远不出声，不花钱，不笑，连坐在车上都像个瘦猴；可是偶尔说一两句话，他会说得极不得人心，仿佛谁都是混账，只有他自己是知书明礼的君子人。祥子不喜欢这样的人。可是他把"事"看成了"事"，只要月间进钱，管别的干什么呢？！况且太太还很开通，吃的用的都常得到一些；算了吧，直当是拉着个不通人情的猴子吧。

对于那个太太，祥子只把她当作个会给点零钱的女人，并不十分喜爱她。她比小福子美多了，而且香粉香水的沤着，绫罗绸缎的包着，更不是小福子所能比上的。不过，她虽然长得美，打扮得漂亮，可是他不知为何一看见她便想起虎妞来；她的身上老有些地方像虎妞，不是那些衣服，也不是她的模样，而是一点什么态度或神味，祥子找不到适当的字来形容。只觉得她与虎妞是，用他所能想出的字，一道货。她很年轻，至多也就是二十二三岁，可是她的气派很老到，绝不像个新出嫁的女子，正像虎妞那样永远没有过少女的腼腆与温柔。她烫着头，穿着高跟鞋，衣服裁得正好能帮忙她扭得有棱有角的。连祥子也看得出，她虽然打扮得这样入时，可是她没有一般的太太们所有的气度。但是她又不像是由妓女出身。祥子摸不清她是怎回事。他只觉得她有些可怕，像虎妞那样可怕。不过，虎妞没有她这么年轻，没有她这么美好；所以祥子就更怕她，仿佛她身上带着他所尝受过的一切女性的厉害与毒恶。他简直不敢正眼看她。

  在这儿过了些日子，他越发的怕她了。拉着夏先生出去，祥子没见过他花什么钱；可是，夏先生也有时候去买东西——到大药房去买药。祥子不晓得他买的是什么药；不过，每逢买了药来，他们夫妇就似乎特别的喜欢，连大气不出的夏先生也显着特别的精神。精神了两三天，夏先生又不大出气了，而且腰弯得更深了些，很像由街上买来的活鱼，乍放在水中欢炽一会儿，不久便又老实了。一看到夏先生坐在车上像个死鬼似的，祥子便知道又到了上药房的时候。他不喜欢夏先生，可是每逢到药房去，他不由得替这个老瘦猴难过。赶到夏先生拿着药包回到家中，祥子便想起虎妞，心中说不清的怎么难受。他不愿意怀恨着死鬼，可是看看自己，看看夏先生，他没法不怨恨她了；无论怎说，他的身体是不像从前那么结实了，虎妞应负着大部分的责任。

  他很想辞工不干了。可是，为这点不靠边的事而辞工，又仿佛不像话；吸着"黄狮子"，他自言自语的说，"管别人的闲事干吗？！"

二十一

　　菊花下市的时候，夏太太因为买了四盆花，而被女仆杨妈摔了一盆，就和杨妈吵闹起来。杨妈来自乡间，根本以为花草算不了什么重要的东西；不过，既是打了人家的物件，不管怎么不重要，总是自己粗心大意，所以就一声没敢出。及至夏太太闹上没完，村的野的一劲儿叫骂，杨妈的火儿再也按不住，可就还了口。乡下人急了，不会拿着尺寸说话，她抖着底儿把最粗野的骂出来。夏太太跳着脚儿骂了一阵，教杨妈马上卷铺盖滚蛋。

　　祥子始终没过来劝解，他的嘴不会劝架，更不会劝解两个妇人的架。及至他听到杨妈骂夏太太是暗门子，千人骑万人摸的臭×，他知道杨妈的事必定吹了。同时也看出来，杨妈要是吹了，他自己也得跟着吹；夏太太大概不会留着个知道她的历史的仆人。杨妈走后，他等着被辞；算计着，大概新女仆来到就是他该卷铺盖的时候了。他可是没为这个发愁，经验使他冷静的上工辞工，犯不着用什么感情。

　　可是，杨妈走后，夏太太对祥子反倒非常的客气。没了女仆，她得自己去下厨房作饭。她给祥子钱，教他出去买菜。买回来，她嘱咐他把什么该剥了皮，把什么该洗一洗。他剥皮洗菜，她就切肉煮饭，一边作事，一边找着话跟他说。她穿着件粉红的卫生衣，下面衬着条青裤子，脚上趿拉着双白缎子绣花的拖鞋。祥子低着头笨手笨脚的工作，不敢看她，可是又想看她，她的香水味儿时时强烈的流入他的鼻中，似乎是告诉他非看看她不可，像香花那样引逗蜂蝶。

　　祥子晓得妇女的厉害，也晓得妇女的好处；一个虎妞已足使任何人怕女子，又舍不得女子。何况，夏太太又远非虎妞所能比得上的呢。祥子不由得看了她两眼，假若她和虎妞一样的可怕，她可是有比虎妞强着许多倍使人爱慕的地方。

　　这要搁在二年前，祥子决不敢看她这么两眼。现在，他不大管这个了：一来是经过妇女引诱过的，没法再管束自己。二来是他已经渐渐入了"车夫"

的辙：一般车夫所认为对的，他现在也看着对；自己的努力与克己既然失败，大家的行为一定是有道理的，他非作个"车夫"不可，不管自己愿意不愿意；与众不同是行不开的。那么，拾个便宜是一般的苦人认为正当的，祥子干吗见便宜不捡着呢？他看了这个娘们两眼，是的，她只是个娘们！假如她愿意呢，祥子没法拒绝。他不敢相信她就能这么下贱，可是万一呢？她不动，祥子当然不动；她要是先露出点意思，他没主意。她已经露出点意思来了吧？要不然，干吗散了杨妈而不马上去雇人，单教祥子帮忙作饭呢？干吗下厨房还擦那么多香水呢？祥子不敢决定什么，不敢希望什么，可是心里又微微的要决定点什么，要有点什么希望。他好像是作着个不实在的好梦，知道是梦，又愿意继续往下作。生命有种热力逼着他承认自己没出息，而在这没出息的事里藏着最大的快乐——也许是最大的苦恼，谁管它！

一点希冀，鼓起些勇气；一些勇气激起很大的热力；他心中烧起火来。这里没有一点下贱，他与她都不下贱，欲火是平等的！

一点恐惧，唤醒了理智；一点理智浇灭了心火；他几乎想马上逃走。这里只有苦恼，上这条路的必闹出笑话！

忽然希冀，忽然惧怕，他心中像发了疟疾。这比遇上虎妞的时候更加难过；那时候，他什么也不知道，像个初次出来的小蜂落在蛛网上；现在，他知道应当怎样的小心，也知道怎样的大胆，他莫名其妙的要往下淌，又清清楚楚的怕掉下去！

他不轻看这位姨太太，这位暗娼，这位美人，她是一切，又什么也不是。假若他也有些可以自解的地方，他想，倒是那个老瘦猴似的夏先生可恶，应当得些恶报。有他那样的丈夫，她作什么也没过错。有他那样的主人，他——祥子——作什么也没关系。他胆子大起来。

可是，她并没理会他看了她没有。作得了饭，她独自在厨房里吃；吃完，她喊了声祥子："你吃吧。吃完可得把家伙刷出来。下半天你接先生去的时候，就手儿买来晚上的菜，省得再出去了。明天是星期，先生在家，我出去找老妈子去。你有熟人没有，给荐一个？老妈子真难找！好吧，先吃去吧，别凉了！"

她说得非常的大方，自然。那件粉红的卫生衣忽然——在祥子眼中——仿佛素净了许多。他反倒有些失望，由失望而感到惭愧，自己看明白自己已不是要强的人，不仅是不要强的人，而且是坏人！胡胡涂涂的扒搂了两碗饭，他觉得非常的无聊。洗了家伙，到自己屋中坐下，一气不知道吸了多少根"黄狮子"！

到下午去接夏先生的时候，他不知为什么非常的恨这个老瘦猴。他真想拉得欢欢的，一撒手，把这老家伙摔个半死。他这才明白过来，先前在一个宅门里拉车，老爷的三姨太太和大少爷不甚清楚，经老爷发觉了以后，大少爷怎么几乎把老爷给毒死；他先前以为大少爷太年轻不懂事，现在他才明白过来那个老爷怎么该死。可是，他并不想杀人，他只觉得夏先生讨厌，可恶，而没有法子惩治他。他故意的上下颠动车把，摇这个老猴子几下。老猴子并没说什么，祥子反倒有点不得劲儿。他永远没作过这样的事，偶尔有理由的作出来也不能原谅自己。后悔使他对一切都冷淡了些，干吗故意找不自在呢？无论怎说，自己是个车夫，给人家好好作事就结了，想别的有什么用？

他心中平静了，把这场无结果的事忘掉；偶尔又想起来，他反觉有点可笑。

第二天，夏太太出去找女仆。出去一会儿就带回来个试工的。祥子死了心，可是心中怎想怎不是味儿。

星期一午饭后，夏太太把试工的老妈子打发了，嫌她太不干净。然后，她叫祥子去买一斤栗子来。

买了斤熟栗子回来，祥子在屋门外叫了声。

"拿进来吧，"她在屋中说。

祥子进去，她正对着镜子擦粉呢，还穿着那件粉红的卫生衣，可是换了一条淡绿的下衣。由镜子中看到祥子进来，她很快的转过身来，向他一笑。祥子忽然在这个笑容中看见了虎妞，一个年轻而美艳的虎妞。他木在了那里。他的胆气，希望，恐惧，小心，都没有了，只剩下可以大可以小的一口热气，撑着他的全体。这口气使他进就进，退便退，他已没有主张。

次日晚上，他拉着自己的铺盖，回到厂子去。

平日最怕最可耻的一件事，现在他打着哈哈似的泄露给大家——他撒不出尿来了！

大家争着告诉他去买什么药，或去找哪个医生。谁也不觉得这可耻，都同情的给他出主意，并且红着点脸而得意的述说自己这种的经验。好几位年轻的曾经用钱买来过这种病，好几位中年的曾经白拾过这个症候，好几位拉过包月的都有一些分量不同而性质一样的经验，好几位拉过包月的没有亲自经验过这个，而另有些关于主人们的故事，颇值得述说。祥子这点病使他们都打开了心，和他说些知己的话。他自己忘掉羞耻，可也不以这为荣，就那么心平气和的忍受着这点病，和受了点凉或中了些暑并没有多大分别。到疼痛的时候，他稍微有点后悔；舒服一会儿，又想起那点甜美。无论怎样呢，他不着急；生活的经验教他看轻了生命，着急有什么用呢。

这么点药，那么个偏方，揍出他十几块钱去；病并没有除了根。马马虎虎的，他以为是好了便停止住吃药。赶到阴天或换节气的时候，他的骨节儿犯疼，再临时服些药，或硬挺过去，全不拿它当作一回事。命既苦到底儿，身体算什么呢？把这个想开了，连个苍蝇还会在粪坑上取乐呢，何况这么大的一个活人。

病过去之后，他几乎变成另一个人。身量还是那么高，可是那股正气没有了，肩头故意的往前松着些，搭拉着嘴，唇间叨着支烟卷。有时候也把半截烟放在耳朵上夹着，不为那个地方方便，而专为耍个飘儿。他还是不大爱说话，可是要张口的时候也勉强的要点俏皮，即使说得不圆满利落，好歹是那么股子劲儿。心里松懈，身态与神气便吊儿郎当。

不过，比起一般的车夫来，他还不能算是很坏。当他独自坐定的时候，想起以前的自己，他还想要强，不甘心就这么溜下去。虽然要强并没有用处，可是毁掉自己也不见得高明。在这种时候，他又想起买车。自己的三十多块钱，为治病已花去十多块，花得冤枉！但是有二十来块打底儿，他到底比别人的完全扎空枪更有希望。这么一想，他很想把未吸完的半盒"黄狮子"扔掉，从此烟酒不动，咬上牙攒钱。由攒钱想到买车，由买车便想到小福子。他觉得有点对不起她，自从由大杂院出来，始终没去看看她，而自己不但没往好了混，反倒弄了一身脏病！

　　及至见了朋友们，他照旧吸着烟，有机会也喝点酒，把小福子忘得一干二净。和朋友们在一块，他并不挑着头儿去干什么，不过别人要作点什么，他不能不陪着。一天的辛苦与一肚子的委屈，只有和他们说说玩玩，才能暂时忘掉。眼前的舒服驱逐走了高尚的志愿，他愿意快乐一会儿，而后混天地黑的睡个大觉；谁不喜欢这样呢，生活既是那么无聊，痛苦，无望！生活的毒疮只能借着烟酒妇人的毒药麻木一会儿，以毒攻毒，毒气有朝一日必会归了心，谁不知道这个呢，可又谁能有更好的主意代替这个呢？！

　　越不肯努力便越自怜。以前他什么也不怕，现在他会找安闲自在：刮风下雨，他都不出车；身上有点酸痛，也一歇就是两三天。自怜便自私，他那点钱不肯借给别人一块，专为留着风天雨天自己垫着用。烟酒可以让人，钱不能借出去，自己比一切人都娇贵可怜。越闲越懒，无事可作又闷得慌，所以时时需要些娱乐，或吃口好东西。及至想到不该这样浪费光阴与金钱，他的心里永远有句现成的话，由多少经验给他铸成的一句话："当初咱倒要强过呢，有一丁点好处没有？"这句话没人能够驳倒，没人能把它解释开；那么，谁能拦着祥子不往低处去呢？！

　　懒，能使人脾气大。祥子现在知道怎样对人瞪眼。对车座儿，对巡警，对任何人，他决定不再老老实实的敷衍。当他勤苦卖力的时候，他没得到过公道。现在，他知道自己的汗是怎样的宝贵，能少出一滴便少出一滴；有人要占他的便宜，休想。随便的把车放下，他懒得再动，不管那是该放车的地方不是。巡警过来干涉，他动嘴不动身子，能延宕一会儿便多停一会儿。赶到看见非把车挪开不可了，他的嘴更不能闲着，他会骂。巡警要是不肯挨骂，那么，打一场也没什么，好在祥子知道自己的力气大，先把巡警揍了，再去坐狱也不吃亏。在打架的时候，他又觉出自己的力气与本事，把力气都砸在别人的肉上，他见了光明，太阳好像特别的亮起来。攒着自己的力气好预备打架，他以前连想也没想到过，现在居然成为事实了，而且是件可以使他心中痛快一会儿的事；想起来，多么好笑呢！

　　不要说是个赤手空拳的巡警，就是那满街横行的汽车，他也不怕。汽车迎头来了，卷起地上所有的灰土，祥子不躲，不论汽车的喇叭怎样的响，不管坐车的怎样着急。汽车也没了法，只好放慢了速度。它慢了，祥子也躲开了，少吃许多尘土。汽车要是由后边来，他也用这一招。他算清楚了，反正汽车不敢伤人，那么为什么老早的躲开，好教它把尘土都带起来呢？巡警是专为给汽车开道的，唯恐它跑得不快与带起来的尘土不多，祥子不是巡警，就不许汽车横行。在巡警眼中，祥子是头等的"刺儿头"，可是他们也不敢惹"刺儿头"。苦人的懒是努力而落了空的自然结果，苦人的耍刺儿含着一些公理。

对于车座儿，他绝对不客气。讲到哪里拉到哪里，一步也不多走。讲到胡同口"上"，而教他拉到胡同口"里"，没那个事！座儿瞪眼，祥子的眼瞪得更大。他晓得那些穿洋服的先生们是多么怕脏了衣裳，也知道穿洋服的先生们——多数的——是多么强横而吝啬。好，他早预备好了；说翻了，过去就是一把，抓住他们五六十块钱一身的洋服的袖子，至少给他们印个大黑手印！赠给他们这么个手印儿，还得照样的给钱，他们晓得那只大手有多么大的力气，那一把已将他们的小细胳臂攥得生疼。

他跑得还不慢，可是不能白白的特别加快。座儿一催，他的大脚便蹭了地："快呀，加多少钱？"没有客气，他卖的是血汗。他不再希望随他们的善心多赏几个了，一分钱一分货，得先讲清楚了再拿出力气来。

对于车，他不再那么爱惜了。买车的心既已冷淡，对别人家的车就漠不关心。车只是辆车，拉着它呢，可以挣出嚼谷与车份便算完结了一切；不拉着它呢，便不用交车份，那么只要手里有够吃一天的钱，就无须往外拉它。人与车的关系不过如此。自然，他还不肯故意的损伤了人家的车，可是也不便分外用心的给保护着。有时候无心中的被别个车夫给碰伤了一块，他决不急里蹦跳的和人家吵闹，而极冷静的拉回厂子去，该赔五毛的，他拿出两毛来，完事。厂主不答应呢，那好办，最后的解决总出不去起打；假如厂主愿意打呢，祥子陪着！

经验是生活的肥料，有什么样的经验便变成什么样的人，在沙漠里养不出牡丹来。祥子完全入了辙，他不比别的车夫好，也不比他们坏，就是那么个车夫样的车夫。这么着，他自己觉得倒比以前舒服，别人也看他顺眼；老鸦是一边黑的，他不希望独自成为白毛儿的。

冬天又来到，从沙漠吹来的黄风一夜的工夫能冻死许多人。听着风声，祥子把头往被子里埋，不敢再起来。直到风停止住那狼嗥鬼叫的响声，他才无可如何的起来，打不定主意是出去好呢，还是歇一天。他懒得去拿那冰凉的车把，怕那噎得使人恶心的风。狂风怕日落，直到四点多钟，风才完全静止，昏黄的天上透出些夕照的微红。他强打精神，把车拉出来。揣着手，用胸部顶着车把的头，无精打采的慢慢的晃，嘴中叼着半根烟卷。一会儿，天便黑了，他想快拉上俩买卖，好早些收车。懒得去点灯，直到沿路的巡警催了他四五次，才把它们点上。

在鼓楼前，他在灯下抢着个座儿，往东城拉。连大棉袍也没脱，就那么稀里胡芦的小跑着。他知道这不像样儿，可是，不像样就不像样吧；像样儿谁又多给几个子儿呢？这不是拉车，是混；头上见了汗，他还不肯脱长衣裳，能凑合就凑合。进了小胡同，一条狗大概看穿长衣拉车的不甚顺眼，跟着他咬。他停住了车，倒攥着布掸子，拼命的追着狗打。一直把狗赶没了影，他还又等了会儿，看它敢回来不敢。狗没敢回来，祥子痛快了些："妈妈的！当我怕你呢！"

"你这算哪道拉车的呀？听我问你！"车上的人没有好气儿的问。

祥子的心一动，这个语声听着耳熟。胡同里很黑，车灯虽亮，可是光都在下边，他看不清车上的是谁。车上的人戴着大风帽，连嘴带鼻子都围在大围脖之内，只露着两个眼。祥子正在猜想。车上的人又说了话：

"你不是祥子吗？"

祥子明白了，车上的是刘四爷！他轰的一下，全身热辣辣的，不知怎样才好。

"我的女儿呢？"

"死了！"祥子呆呆的在那里立着，不晓得是自己，还是另一个人说了这两个字。

"什么？死了？"

"死了!"

"落在他妈的你手里,还有个不死?!"

祥子忽然找到了自己:"你下来!下来!你太老了,禁不住我揍;下来!"

刘四爷的手颤着走下来。"埋在了哪儿?我问你!"

"管不着!"祥子拉起车来就走。

他走出老远,回头看了看,老头子——一个大黑影似的——还在那儿站着呢。

二十二

祥子忘了是往哪里走呢。他昂着头,双手紧紧握住车把,眼放着光,迈着大步往前走;只顾得走,不管方向与目的地。他心中痛快,身上轻松,仿佛把自从娶了虎妞之后所有的倒霉一股拢总都喷在刘四爷身上。忘了冷,忘了张罗买卖,他只想往前走,仿佛走到什么地方他必能找回原来的自己,那个无牵无挂,纯洁,要强,处处努力的祥子。想起胡同中立着的那块黑影,那个老人,似乎什么也不必再说了,战胜了刘四便是战胜了一切。虽然没打这个老家伙一拳,没踹他一脚,可是老头子失去唯一的亲人,而祥子反倒逍遥自在;谁说这不是报应呢!老头子气不死,也得离死差不远!刘老头子有一切,祥子什么也没有;而今,祥子还可以高高兴兴的拉车,而老头子连女儿的坟也找不到!好吧,随你老头子有成堆的洋钱,与天大的脾气,你治不服这个一天现混两个饱的穷光蛋!

越想他越高兴,他真想高声的唱几句什么,教世人都听到这凯歌——祥子又活了,祥子胜利了!晚间的冷气削着他的脸,他不觉得冷,街灯发着寒光，祥子心中觉得舒畅的发热，处处是光，照亮了自己的将来。半天没吸烟了，不想再吸，从此烟酒不动，祥子要重打鼓另开张，照旧去努力自强，今天战胜了刘四，永远战胜刘四；刘四的诅咒适足以叫祥子更成功，更有希望。一口恶气吐出，祥子从此永远吸着新鲜的空气。看看自己的手脚，祥子不还是很年轻么？祥子将要永远年轻，教虎妞死，刘四死，而祥子活着，快活的，要强的，活着——恶人都会遭报，都会死，那抢他车的大兵，不给仆人饭吃的杨太太，欺骗他压迫他的虎妞，轻看他的刘四，诈他钱的孙侦探，愚弄他的陈二奶奶，诱惑他的夏太太……都会死，只有忠诚的祥子活着，永远活着！

"可是，祥子你得从此好好的干哪！"他嘱咐着自己。"干吗不好好的干呢？我有志气，有力量，年纪轻！"他替自己答辩："心中一痛快，谁能拦得住祥子成家立业呢？把前些日子的事搁在谁身上，谁能高兴，谁能不往下溜？那全过去了，明天你们会看见一个新的祥子，比以前的还要好，好得多！"

嘴里咕哝着，脚底下便更加了劲，好像是为自己的话作见证——不是瞎说，我确是有个身子骨儿。虽然闹过病，犯过见不起人的症候，有什么关系呢。心一变，马上身子也强起来，不成问题！出了一身的汗，口中觉得渴，想喝口水，他这才觉出已到了后门。顾不得到茶馆去，他把车放在城门西的"停车处"，叫过提着大瓦壶，拿着黄砂碗的卖茶的小孩来，喝了两碗刷锅水似的茶；非常的难喝，可是他告诉自己，以后就得老喝这个，不能再都把钱花在好茶好饭上。这么决定好，爽性再吃点东西——不好往下咽的东西——就作为勤苦耐劳的新生活的开始。他买了十个煎包儿，里边全是白菜帮子，外边又"皮"又牙碜[1]。不管怎样难吃，也都把它们吞下去。吃完，用手背抹了抹嘴。上哪儿去呢？

可以投奔的，可依靠的，人，在他心中，只有两个。打算努力自强，他得去找这两个——小福子与曹先生。曹先生是"圣人"，必能原谅他，帮助

---

[1] 食物中夹杂着沙子，咬起来使牙齿不舒服。

他，给他出个好主意。顺着曹先生的主意去作事，而后再有小福子的帮助；他打外，她打内，必能成功，必能成功，这是无可疑的！

谁知道曹先生回来没有呢？不要紧，明天到北长街去打听；那里打听不着，他会上左宅去问。只要找着曹先生，什么便都好办了。好吧，今天先去拉一晚上，明天去找曹先生；找到了他，再去看小福子，告诉她这个好消息：祥子并没混好，可是决定往好里混，咱们一同齐心努力的往前奔吧！

这样计划好，他的眼亮得像个老鹰的眼，发着光向四外扫射，看见个座儿，他飞也似跑过去，还没讲好价钱便脱了大棉袄。跑起来，腿确是不似先前了，可是一股热气支撑着全身，他拼了命！祥子到底是祥子，祥子拼命跑，还是没有别人的份儿。见一辆，他开一辆，好像发了狂。汗痛快的往外流。跑完一趟，他觉得身上轻了许多，腿又有了那种弹力，还想再跑，像名马没有跑足，立定之后还踢腾着蹄儿那样。他一直跑到夜里一点才收车。回到厂中，除了车份，他还落下九毛多钱。

一觉，他睡到了天亮；翻了个身，再睁开眼，太阳已上来老高。疲乏后的安息是最甜美的享受，起来伸了个懒腰，骨节都轻脆的响，胃中像完全空了，极想吃点什么。

吃了点东西，他笑着告诉厂主："歇一天，有事。"心中计算好：歇一天，把事情都办好，明天开始新的生活。

一直的他奔了北长街去，试试看，万一曹先生已经回来了呢。一边走，一边心里祷告着：曹先生可千万回来了，别教我扑个空！头一样儿不顺当，样样儿就都不顺当！祥子改了，难道老天爷还不保佑么？

到了曹宅门外，他的手哆嗦着去按铃。等着人来开门，他的心要跳出来。对这个熟识的门，他并没顾得想过去的一切，只希望门一开，看见个熟识的脸。他等着，他怀疑院里也许没有人，要不然为什么这样的安静呢，安静得几乎可怕。忽然门里有点响动，他反倒吓了一跳。门开了，门的响声里夹着一声最可宝贵，最亲热可爱的"哟！"高妈！

"祥子？可真少见哪！你怎么瘦了？"高妈可是胖了一些。

"先生在家？"祥子顾不得说别的。

"在家呢。你可倒好，就知道有先生，仿佛咱们就谁也不认识谁！连个好儿也不问！你真成，永远是'客（怯）木匠——一锯（句）'！进来吧！你混得倒好哇？"她一边往里走，一边问。

"哼！不好！"祥子笑了笑。

"那什么，先生，"高妈在书房外面叫，"祥子来了！"

曹先生正在屋里赶着阳光移动水仙呢："进来！"

"唉，你进去吧，回头咱们再说话儿；我去告诉太太一声；我们全时常念叨你！傻人有个傻人缘，你倒别瞧！"高妈叨唠着走进去。

祥子进了书房："先生，我来了！"想要问句好，没说出来。

"啊，祥子！"曹先生在书房里立着，穿着短衣，脸上怪善净的微笑。"坐下！那——"他想了会儿："我们早就回来了，听老程说，你在——对，人和厂。高妈还去找了你一趟，没找到。坐下！你怎样？事情好不好？"

祥子的泪要落下来。他不会和别人谈心，因为他的话都是血作的，窝在心的深处。镇静了半天，他想要把那片血变成的简单的字，流泻出来。一切都在记忆中，一想便全想起来，他得慢慢的把它们排列好，整理好。他是要说出一部活的历史，虽然不晓得其中的意义，可是那一串委屈是真切的，清楚的。

曹先生看出他正在思索，轻轻的坐下，等着他说。

祥子低着头楞了好大半天，忽然抬头看看曹先生，仿佛若是找不到个人听他说，就不说也好似的。

"说吧！"曹先生点了点头。

祥子开始说过去的事，从怎么由乡间到城里说起。本来不想说这些没用的事，可是不说这些，心中不能痛快，事情也显着不齐全。他的记忆是血汗与苦痛砌成的，不能随便说着玩，一说起来也不愿掐头去尾。每一滴汗，每一滴血，都是由生命中流出去的，所以每一件事都有值得说的价值。

进城来，他怎样作苦工，然后怎样改行去拉车。怎样攒钱买上车，怎样丢了……一直说到他现在的情形。连他自己也觉着奇怪，为什么他能说得这么长，而且说得这么畅快。事情，一件挨着一件，全想由心中跳出来。事情自己似乎会找到相当的字眼，一句挨着一句，每一句都是实在的，可爱的，可悲的。他的心不能禁止那些事往外走，他的话也就没法停住。没有一点迟疑，混乱，他好像要一口气把整个的心都拿出来。越说越痛快，忘了自己，因为自己已包在那些话中，每句话中都有他，那要强的，委屈的，辛苦的，堕落的，他。说完，他头上见了汗，心中空了，空得舒服，像晕倒过去而出了凉汗那么空虚舒服。

"现在教我给你出主意？"曹先生问。

祥子点了点头；话已说完，他似乎不愿再张口了。

"还得拉车？"

祥子又点了点头。他不会干别的。

"既是还得去拉车，"曹先生慢慢的说，"那就出不去两条路。一条呢是凑钱买上车，一条呢是暂且赁车拉着，是不是？你手中既没有积蓄，借钱买车，得出利息，还不是一样？莫如就先赁车拉着。还是拉包月好，事情整重，吃住又都靠盘儿。我看你就还上我这儿来好啦；我的车卖给了左先生，你要来的话，得赁一辆来；好不好？"

"那敢情好！"祥子立了起来。"先生不记着那回事了？"

"哪回事？"

"那回，先生和太太都跑到左宅去！"

"呕！"曹先生笑起来。"谁记得那个！那回，我有点太慌。和太太到上海住了几个月，其实满可以不必，左先生早给说好了，那个阮明现在也作了官，对我还不错。那，大概你不知道这点儿；算了吧，我一点也没记着它。还说咱们的吧：你刚才说的那个小福子，她怎么办呢？"

"我没主意！"

"我给你想想看：你要是娶了她，在外面租间房，还是不上算；房租，煤灯炭火都是钱，不够。她跟着你去作工，哪能又那么凑巧，你拉车，她作女仆，不易找到！这倒不好办！"曹先生摇了摇头。"你可别多心，她到底可靠不可靠呢？"

祥子的脸红起来，哽吃了半天才说出来："她没法子才作那个事，我敢下脑袋，她很好！她……"他心中乱开了：许多不同的感情凝成了一团，又忽然要裂开，都要往外跑；他没了话。

"要是这么着呀，"曹先生迟疑不决的说，"除非我这儿可以将就你们。你一个人占一间房，你们俩也占一间房；住的地方可以不发生问题。不知道她会洗洗作作的不会，假若她能作些事呢，就让她帮助高妈；太太不久就要生小孩，高妈一个人也太忙点。她呢，白吃我的饭，我可就也不给她工钱，你看怎样？"

"那敢情好！"祥子天真的笑了。

"不过，这我可不能完全作主，得跟太太商议商议！"

"没错！太太要不放心，我把她带来，教太太看看！"

"那也好，"曹先生也笑了，没想到祥子还能有这么个心眼。"这么着吧，我先和太太提一声，改天你把她带来；太太点了头，咱们就算成功！"

"那么先生，我走吧？"祥子急于去找小福子，报告这个连希望都没敢希望过的好消息。

祥子出了曹宅，大概有十一点左右吧，正是冬季一天里最可爱的时候。这一天特别的晴美，蓝天上没有一点云，日光从干凉的空气中射下，使人感到一些爽快的暖气。鸡鸣犬吠，和小贩们的吆喝声，都能传达到很远，隔着街能听到些响亮清脆的声儿，像从天上落下的鹤唳。洋车都打开了布棚，车上的铜活闪着黄光。便道上骆驼缓慢稳当的走着，街心中汽车电车疾驰，地上来往着人马，天上飞着白鸽，整个的老城处处动中有静，乱得痛快，静得痛快，一片声音，万种生活，都覆在晴爽的蓝天下面，到处静静的立着树木。

祥子的心要跳出来，一直飞到空中去，与白鸽们一同去盘旋！什么都有了：事情，工钱，小福子，在几句话里美满的解决了一切，想也没想到呀！看这个天，多么晴爽干燥，正像北方人那样爽直痛快。人遇到喜事，连天气也好了，他似乎没见过这样可爱的冬晴。为更实际的表示自己的快乐，他买了个冻结实了的柿子，一口下去，满嘴都是冰凌！扎牙根的凉，从口中慢慢凉到胸部，使他全身一颤。几口把它吃完，舌头有些麻木，心中舒服。他扯开大步，去找小福子。心中已看见了那个杂院，那间小屋，与他心爱的人；

只差着一对翅膀把他一下送到那里。只要见了她，以前的一切可以一笔勾销，从此另辟一个天地。此刻的急切又超过了去见曹先生的时候，曹先生与他的关系是朋友，主仆，彼此以好换好。她不仅是朋友，她将把她的一生交给他，两个地狱中的人将要抹去泪珠而含着笑携手前进。曹先生的话能感动他，小福子不用说话就能感动他。他对曹先生说了真实的话，他将要对小福子说些更知心的话，跟谁也不能说的话都可以对她说。她，现在，就是他的命，没有她便什么也算不了一回事。他不能仅为自己的吃喝努力，他必须把她从那间小屋救拔出来，而后与他一同住在一间干净暖和的屋里，像一对小鸟似的那么快活，体面，亲热！她可以不管二强子，也可以不管两个弟弟，她必须来帮助祥子。二强子本来可以自己挣饭吃，那两个弟弟也可以对付着去俩人拉一辆车，或作些别的事了；祥子，没她可不行。他的身体，精神，事情，没有一处不需要她的。她也正需要他这么个男人。

越想他越急切，越高兴；天下的女人多了，没有一个像小福子这么好，这么合适的！他已娶过，偷过；已接触过美的和丑的，年老的和年轻的；但是她们都不能挂在他的心上，她们只是妇女，不是伴侣。不错，她不是他心目中所有的那个一清二白的姑娘，可是正因为这个，她才更可怜，更能帮助他。那傻子似的乡下姑娘也许非常的清白，可是绝不会有小福子的本事与心路。况且，他自己呢？心中也有许多黑点呀！那么，他与她正好是一对儿，谁也不高，谁也不低，像一对都有破纹，而都能盛水的罐子，正好摆在一起。

无论怎想，这是件最合适的事。想过这些，他开始想些实际的：先和曹先生支一月的工钱，给她买件棉袍，齐理齐理鞋脚，然后再带她去见曹太太。穿上新的，素净的长棉袍，头上脚下都干干净净的，就凭她的模样，年岁，气派，一定能拿得出手去，一定能讨曹太太的喜欢。没错儿！

走到了地方，他满身是汗。见了那个破大门，好像见了多年未曾回来过的老家；破门，破墙，门楼上的几棵干黄的草，都非常可爱。他进了大门，一直奔了小福子的屋子去。顾不得敲门，顾不得叫一声，他一把拉开了门。一拉开门，他本能的退了回来。炕上坐着个中年的妇人，因屋中没有火，她围着条极破的被子。祥子楞在门外，屋里出了声："怎么啦！报丧哪？怎么不言语一声楞往人家屋里走啊？！你找谁？"

祥子不想说话。他身上的汗全忽然落下去，手扶着那扇破门，他又不敢把希望全都扔弃了："我找小福子！"

"不知道！赶明儿你找人的时候，先问一声再拉门！什么小福子大福子的！"

坐在大门口，他楞了好大半天，心中空了，忘了他是干什么呢。慢慢的他想起一点来，这一点只有小福子那么大小，小福子在他心中走过来，又走过去，像走马灯上的纸人，老那么来回的走，没有一点作用，他似乎忘了他与她的关系。慢慢的，小福子的形影缩小了些，他的心多了一些活动。这才知道了难过。

在不准知道事情的吉凶的时候，人总先往好里想。祥子猜想着，也许小福子搬了家，并没有什么更大的变动。自己不好，为什么不常来看看她呢？惭愧令人动作，好补补自己的过错。最好是先去打听吧。他又进了大院，找住个老邻居探问了一下。没得到什么正确的消息。还不敢失望，连饭也不顾得吃，他想去找二强子；找到那两个弟弟也行。这三个男人总在街面上，不至于难找。

见人就问，车口上，茶馆中，杂院里，尽着他的腿的力量走了一天，问了一天，没有消息。

晚上，他回到车厂，身上已必疲乏，但是还不肯忘了这件事。一天的失望，他不敢再盼望什么了。苦人是容易死的，苦人死了是容易被忘掉的。莫非小福子已经不在了么？退一步想，即使她没死，二强子又把她卖掉，卖到极远的地方去，是可能的；这比死更坏！

烟酒又成了他的朋友。不吸烟怎能思索呢？不喝醉怎能停止住思索呢？

二十三

祥子在街上丧胆游魂的走，遇见了小马儿的祖父。老头子已不拉车，身上的衣裳比以前更薄更破，扛着根柳木棍子，前头挂着个大瓦壶，后面悬着个破元宝筐子，筐子里有些烧饼油鬼和一大块砖头。他还认识祥子。

说起话来，祥子才知道小马儿已死了半年多，老人把那辆破车卖掉，天天就弄壶茶和些烧饼果子在车口儿上卖。老人还是那么和气可爱，可是腰弯了许多，眼睛迎风流泪，老红着眼皮像刚哭完似的。

祥子喝了他一碗茶，把心中的委屈也对他略略说了几句。

"你想独自混好？"老人评断着祥子的话："谁不是那么想呢？可是谁又混好了呢？当初，我的身子骨儿好，心眼好，一直混到如今了，我落到现在的样儿！身子好？铁打的人也逃不出去咱们这个天罗地网。心眼好？有什么用呢！善有善报，恶有恶报，并没有这么八宗事！我当年轻的时候，真叫作热心肠儿，拿别人的事当自己的作。有用没有？没有！我还救过人命呢，跳河的，上吊的，我都救过，有报应没有？没有！告诉你，我不定哪天就冻死，我算是明白了，干苦活儿的打算独自一个人混好，比登天还难。一个人能有什么蹦儿[1]？看见过蚂蚱吧？独自一个儿也蹦得怪远的，可是教个小孩子逮住，用线儿拴上，连飞也飞不起来。赶到成了群，打成阵，哼，一阵就把整顷的庄稼吃净，谁也没法儿治它们！你说是不是？我的心眼倒好呢，连个小孙子都守不住。他病了，我没钱给他买好药，眼看着他死在我的怀里！甭说了，什么也甭说了！——茶来！谁喝碗热的？"

祥子真明白了：刘四，杨太太，孙侦探——并不能因为他的咒骂就得了恶报；他自己，也不能因为要强就得了好处。自己，专仗着自己，真像老人所说的，就是被小孩子用线拴上的蚂蚱，有翅膀又怎样呢？

---

1. 指本领。

他根本不想上曹宅去了。一上曹宅，他就得要强，要强有什么用呢？就这么大咧咧的瞎混吧：没饭吃呢，就把车拉出去；够吃一天的呢，就歇一天，明天再说明天的。这不但是个办法，而且是唯一的办法。攒钱，买车，都给别人预备着来抢，何苦呢？何不得乐且乐呢？

　　再说，设若找到了小福子，他也还应当去努力，不为自己，还不为她吗？既然找不到她，正像这老人死了孙子，为谁混呢？他把小福子的事也告诉了老人，他把老人当作了真的朋友。

　　"谁喝碗热的？"老人先吆喝了声，而后替祥子来想："大概据我这么猜呀，出不去两条道儿：不是教二强子卖给人家当小啊，就是押在了白房子。哼，多半是下了白房子！怎么说呢？小福子既是，像你刚才告诉我的，嫁过人，就不容易再有人要；人家买姨太太的要整货。那么，大概有八成，她是下了白房子。我快六十岁了，见过的事多了去啦：拉车的壮实小伙子要是有个一两天不到街口上来，你去找吧，不是拉上包月，准在白房子趴着呢；咱们拉车人的姑娘媳妇要是忽然不见了，总有七八成也是上那儿去了。咱们卖汗，咱们的女人卖肉，我明白，我知道！你去上那里找找看吧，不盼着她真在那里，不过，——茶来！谁喝碗热的？！"

　　祥子一气跑到西直门外。

　　一出了关厢，马上觉出空旷，树木削瘦地立在路旁，枝上连只鸟也没有。灰色的树木，灰色的土地，灰色的房屋，都静静的立在灰黄色的天下；从这一片灰色望过去，看见那荒寒的西山。铁道北，一片树林，林外几间矮屋，祥子算计着，这大概就是白房子了。看看树林，没有一点动静；再往北看，可以望到万牲园外的一些水地，高低不平的只剩下几棵残蒲败苇。小屋子外没有一个人，没动静。远近都这么安静，他怀疑这是否那个出名的白房子了。他大着胆往屋子那边走，屋门上都挂着草帘子，新挂上的，都黄黄的有些光泽。他听人讲究过，这里的妇人，在夏天，都赤着背，在屋外坐着，招呼着行人。那来照顾她们的，还老远的要唱着窑调，显出自己并不是外行。为什么现在这么安静呢？难道冬天此地都不作买卖了么？

　　他正在这么猜疑，靠边的那一间的草帘子动了一下，露出个女人头来。

祥子吓了一跳，那个人头，猛一看，非常像虎妞的。他心里说："来找小福子，要是找到了虎妞，才真算见鬼！"

"进来吧，傻乖乖！"那个人头说了话，语音可不像虎妞的；嗓子哑着，很像他常在天桥听见的那个卖野药的老头子，哑而显着急切。

屋子里什么也没有，只有那个妇人和一铺小炕，炕上没有席，可是炕里烧着点火，臭气烘烘的非常的难闻。炕上放着条旧被子，被子边儿和炕上的砖一样，都油亮油亮的。妇人有四十来岁，蓬着头，还没洗脸。她下边穿着条夹裤，上面穿着件青布小棉袄，没系钮扣。祥子大低头才对付着走进去，一进门就被她搂住了。小棉袄本没扣着，胸前露出一对极长极大的奶来。

祥子坐在了炕沿上，因为立着便不能伸直了脖子。他心中很喜欢遇上了她，常听人说，白房子有个"白面口袋"，这必定是她。"白面口袋"这个外号来自她那两个大奶。祥子开门见山的问她看见个小福子没有，她不晓得。祥子把小福子的模样形容了一番，她想起来了：

"有，有这么个人！年纪不大，好露出几个白牙，对，我们都管她叫小嫩肉。"

"她在哪屋里呢？"祥子的眼忽然睁得带着杀气。

"她？早完了！""白面口袋"向外一指，"吊死在树林里了！"

"怎么？"

"小嫩肉到这儿以后，人缘很好。她可是有点受不了，身子挺单薄。有一天，掌灯的时候，我还记得真真的，因为我同着两三个娘们正在门口坐着呢。唉，就是这么个时候，来了个逛的，一直奔了她屋里去；她不爱同我们坐在门口，刚一来的时候还为这个挨过打，后来她有了名，大伙儿也就让她独自个儿在屋里，好在来逛她的决不去找别人。待了有一顿饭的工夫吧，客人走了，一直就奔了那个树林去。我们什么也没看出来，也没人到屋里去看她。赶到老叉杆[1]跟她去收账的时候，才看见屋里躺着个男人，赤身露体，睡得才香呢。他原来是喝醉了。小嫩肉把客人的衣裳剥下来，自己穿上，逃了。她

---

1. 指妓院老板。

真有心眼。要不是天黑了,要命她也逃不出去。天黑,她又女扮男装,把大伙儿都给蒙了。马上老叉杆派人四处去找,哼,一进树林,她就在那儿挂着呢。摘下来,她已断了气,可是舌头并没吐出多少,脸上也不难看,到死的时候她还讨人喜欢呢!这么几个月了,树林里到晚上一点事儿也没有,她不出来唬吓人,多么仁义!……"

祥子没等她说完,就晃晃悠悠的走出来。走到一块坟地,四四方方的种着些松树,树当中有十几个坟头。阳光本来很微弱,松林中就更暗淡。他坐在地上,地上有些干草与松花。什么声音也没有,只有树上的几个山喜鹊扯着长声悲叫。这绝不会是小福子的坟,他知道,可是他的泪一串一串的往下落。什么也没有了,连小福子也入了土!他是要强的,小福子是要强的,他只剩下些没有作用的泪,她已作了吊死鬼!一领席,埋在乱死岗子,这就是努力一世的下场头!

回到车厂,他懊睡了两天。绝不想上曹宅去了,连个信儿也不必送,曹先生救不了祥子的命。睡了两天,他把车拉出去,心中完全是块空白,不再想什么,不再希望什么,只为肚子才出来受罪,肚子饱了就去睡,还用想什么呢,还用希望什么呢?看着一条瘦得出了棱的狗在白薯挑子旁边等着吃点皮和须子,他明白了他自己就跟这条狗一样,一天的动作只为捡些白薯皮和须子吃。将就着活下去是一切,什么也无须乎想了。

人把自己从野兽中提拔出,可是到现在人还把自己的同类驱逐到野兽里去。祥子还在那文化之城,可是变成了走兽。一点也不是他自己的过错。他停止住思想,所以就是杀了人,他也不负什么责任。他不再有希望,就那么迷迷忽忽的往下坠,坠入那无底的深坑。他吃,他喝,他嫖,他赌,他懒,他狡猾,因为他没了心,他的心被人家摘了去。他只剩下那个高大的肉架子,等着溃烂,预备着到乱死岗子去。

冬天过去了,春天的阳光是自然给一切人的衣服,他把棉衣卷巴卷巴全卖了。他要吃口好的,喝口好的,不必存着冬衣,更根本不预备着再看见冬天;今天快活一天吧,明天就死!管什么冬天不冬天呢!不幸,到了冬天,自己还活着,那就再说吧。原先,他一思索,便想到一辈子的事;现在,他只顾眼前。经验告诉了他，明天只是今天的继续，明天承继着今天的委屈。卖了棉衣，他觉得非常的痛快，拿着现钱作什么不好呢，何必留着等那个一阵风便噎死人的冬天呢？

慢慢的，不但是衣服，什么他也想卖，凡是暂时不用的东西都马上出手。他喜欢看自己的东西变成钱，被自己花了；自己花用了，就落不到别人手中，这最保险。把东西卖掉，到用的时候再去买；假若没钱买呢，就干脆不用。脸不洗，牙不刷，原来都没大关系，不但省钱，而且省事。体面给谁看呢？穿着破衣，而把烙饼卷酱肉吃在肚中，这是真的！肚子里有好东西，就是死了也有些油水，不至于像个饿死的老鼠。

祥子，多么体面的祥子，变成个又瘦又脏的低等车夫。脸，身体，衣服，他都不洗，头发有时候一个多月不剃一回。他的车也不讲究了，什么新车旧车的，只要车份儿小就好。拉上买卖，稍微有点甜头，他就中途倒出去。坐车的不答应，他会瞪眼，打起架来，到警区去住两天才不算一回事！独自拉着车，他走得很慢，他心疼自己的汗。及至走上帮儿车，要是高兴的话，他还肯跑一气，专为把别人落在后边。在这种时候，他也很会掏坏，什么横切别的车，什么故意拐硬弯，什么别扭着后面的车，什么抽冷子搡前面的车一把，他都会。原先他以为拉车是拉着条人命，一不小心便有摔死人的危险。现在，他故意的要坏；摔死谁也没大关系，人都该死！

他又恢复了他的静默寡言。一声不出的，他吃，他喝，他掏坏。言语是人类彼此交换意见与传达感情的，他没了意见，没了希望，说话干吗呢？除了讲价儿，他一天到晚老闭着口；口似乎专为吃饭喝茶与吸烟预备的。连喝醉了他都不出声，他会坐在僻静的地方去哭。几乎每次喝醉他必到小福子吊死的树林里去落泪；哭完，他就在白房子里住下。酒醒过来，钱净了手，身上中了病。他并不后悔；假若他也有后悔的时候，他是后悔当初他干吗那么要强，那么谨慎，那么老实。该后悔的全过去了，现在没有了可悔的事。

现在，怎能占点便宜，他就怎办。多吸人家一支烟卷，买东西使出个假铜子去，喝豆汁多吃几块咸菜，拉车少卖点力气而多挣一两个铜子，都使他觉到满意。他占了便宜，别人就吃了亏，对，这是一种报复！慢慢的再把这个扩大一点，他也学会跟朋友们借钱，借了还是不想还；逼急了他可以撒无赖。初一上来，大家一点也不怀疑他，都知道他是好体面讲信用的人，所以他一张嘴，就把钱借到。他利用着这点人格的残余到处去借，借着如白捡，借到手便顺手儿花去。人家要债，他会作极可怜的样子去央求宽限；这样还不成，他会去再借二毛钱，而还上一毛五的债，剩下五分先喝了酒再说。一来二去，他连一个铜子也借不出了，他开始去骗钱花。凡是以前他所混过的宅门，他都去拜访，主人也好，仆人也好，见面他会编一套谎，骗几个钱；没有钱，他央求赏给点破衣服，衣服到手马上也变了钱，钱马上变了烟酒。他低着头思索，想坏主意，想好一个主意就能进比拉一天车还多的钱；省了力气，而且进钱，他觉得非常的上算。他甚至于去找曹宅的高妈。远远的等着高妈出来买东西，看见她出来，他几乎是一步便赶过去，极动人的叫她一声高大嫂。

"哟！吓死我了！我当是谁呢？祥子啊！你怎这么样了？"高妈把眼都睁得圆了，像看见一个怪物。

"甭提了！"祥子低下头去。

"你不是跟先生都说好了吗？怎么一去不回头了？我还和老程打听你呢，他说没看见你，你到底上哪儿啦？先生和太太都直不放心！"

"病了一大场，差点死了！你和先生说说，帮我一步，等我好利落了再来上工！"祥子把早已编好的话，简单的，动人的，说出。

"先生没在家，你进来见见太太好不好？"

"甭啦！我这个样儿！你给说说吧！"

高妈给他拿出两块钱来："太太给你的，嘱咐你快吃点药！"

"是了！谢谢太太！"祥子接过钱来，心里盘算着上哪儿开发了它。高妈刚一转脸，他奔了天桥，足玩了一天。

慢慢的把宅门都串净，他又串了个第二回，这次可就已经不很灵验了。他看出来，这条路子不能靠长，得另想主意，得想比拉车容易挣钱的主意。在先前，他唯一的指望便是拉车；现在，他讨厌拉车。自然他一时不能完全和车断绝关系，可是只要有法子能暂时对付三餐，他便不肯去摸车把。他的身子懒，而耳朵很尖，有个消息，他就跑到前面去。什么公民团啊，什么请愿团啊，凡是有人出钱的事，他全干。三毛也好，两毛也好，他乐意去打一天旗子，随着人群乱走。他觉得这无论怎样也比拉车强，挣钱不多，可是不用卖力气呢。打着面小旗，他低着头，嘴里叼着烟卷，似笑非笑的随着大家走，一声也不出。到非喊叫几声不可的时候，他会张开大嘴，而完全没声，他爱惜自己的嗓子。对什么事他也不想用力，因为以前卖过力气而并没有分毫的好处。在这种打旗呐喊的时候，设若遇见点什么危险，他头一个先跑开，而且跑得很快。他的命可以毁在自己手里，再也不为任何人牺牲什么。为个人努力的也知道怎样毁灭个人，这是个人主义的两端。

二十四

又到了朝顶进香的时节，天气暴热起来。

卖纸扇的好像都由什么地方忽然一齐钻出来，跨着箱子，箱上的串铃哗啷哗啷的引人注意。道旁，青杏已论堆儿叫卖，樱桃照眼的发红，玫瑰枣儿盆上落着成群的金蜂，玻璃粉在大磁盆内放着层乳光，扒糕与凉粉的挑子收拾得非常的利落，摆着各样颜色的作料，人们也换上浅淡而花哨的单衣，街上突然增加了许多颜色，像多少道长虹散落在人间。清道夫们加紧的工作，不住的往道路上泼洒清水，可是轻尘依旧往起飞扬，令人烦躁。轻尘中却又有那长长的柳枝，与轻巧好动的燕子，使人又不得不觉到爽快。一种使人不知怎样好的天气，大家打着懒长的哈欠，疲倦而又痛快。

秧歌，狮子，开路，五虎棍，和其他各样的会，都陆续的往山上去。敲着锣鼓，挑着箱笼，打着杏黄旗，一当儿跟着一当儿，给全城一些异常的激动，给人们一些渺茫而又亲切的感触，给空气中留下些声响与埃尘。赴会的，看会的，都感到一些热情，虔诚，与兴奋。乱世的热闹来自迷信，愚人的安慰只有自欺。这些色彩，这些声音，满天的晴云，一街的尘土，教人们有了精神，有了事作：上山的上山，逛庙的逛庙，看花的看花……至不济的还可以在街旁看看热闹，念两声佛。

天这么一热，似乎把故都的春梦唤醒，到处可以游玩，人人想起点事作，温度催着花草果木与人间享乐一齐往上增长。南北海里的绿柳新蒲，招引来吹着口琴的少年，男男女女把小船放到柳阴下，或荡在嫩荷间，口里吹着情歌，眉眼也会接吻。公园里的牡丹芍药，邀来骚人雅士，缓步徘徊，摇着名贵的纸扇；走乏了，便在红墙前，绿松下，饮几杯足以引起闲愁的清茶，偷眼看着来往的大家闺秀与南北名花。就是那向来冷静的地方，也被和风晴日送来游人，正如送来蝴蝶。崇效寺的牡丹，陶然亭的绿苇，天然博物院的桑林与水稻，都引来人声伞影；甚至于天坛，孔庙，与雍和宫，也在严肃中微微有些热闹。好远行的与学生们，到西山去，到温泉去，到颐和园去，去旅行，去乱跑，去采集，去在山石上乱画些字迹。寒苦的人们也有地方去，护国寺，隆福寺，白塔寺，土地庙，花儿市，都比往日热闹：各种的草花都鲜艳的摆在路旁，一两个铜板就可以把"美"带到家中去。豆汁摊上，咸菜鲜丽得像朵大花，尖端上摆着焦红的辣椒。鸡子儿正便宜，炸蛋角焦黄稀嫩的惹人咽着唾液。天桥就更火炽，新席造起的茶棚，一座挨着一座，洁白的桌布，与妖艳的歌女，遥对着天坛墙头上的老松。锣鼓的声音延长到七八小时，天气的爽燥使锣鼓特别的轻脆，击乱了人心。妓女们容易打扮了，一件花洋布单衣便可以漂亮的摆出去，而且显明的露出身上的曲线。好清静的人们也有了去处，积水滩前，万寿寺外，东郊的窑坑，西郊的白石桥，都可以垂钓，小鱼时时碰得嫩苇微微的动。钓完鱼，野茶馆里的猪头肉，卤煮豆腐，白干酒与盐水豆儿，也能使人醉饱；然后提着钓竿与小鱼，沿着柳岸，踏着夕阳，从容的进入那古老的城门。

到处好玩，到处热闹，到处有声有色。夏初的一阵暴热像一道神符，使这老城处处带着魔力。它不管死亡，不管祸患，不管困苦，到时候它就施展出它的力量，把百万的人心都催眠过去，作梦似的唱着它的赞美诗。它污浊，它美丽，它衰老，它活泼，它杂乱，它安闲，它可爱，它是伟大的夏初的北平。

正是在这个时节，人们才盼着有些足以解闷的新闻，足以念两三遍而不厌烦的新闻，足以读完报而可以亲身去看到的新闻，天是这么长而晴爽啊！

这样的新闻来了！电车刚由厂里开出来，卖报的小儿已扯开尖嗓四下里追着人喊："枪毙阮明的新闻，九点钟游街的新闻！"一个铜板，一个铜板，又一个铜板，都被小黑手接了去。电车上，铺户中，行人的手里，一张一张的全说的是阮明：阮明的相片，阮明的历史，阮明的访问记，大字小字，插图说明，整页的都是阮明。阮明在电车上，在行人的眼里，在交谈者的口中，老城里似乎已没有了别人，只有阮明；阮明今天游街，今日被枪毙！有价值的新闻，理想的新闻，不但口中说着阮明，待一会儿还可看见他。妇女们赶着打扮；老人们早早的就出去，唯恐腿脚慢，落在后边；连上学的小孩们也想逃半天学，去见识见识。到八点半钟，街上已满了人，兴奋，希冀，拥挤，喧嚣，等着看这活的新闻。车夫们忘了张罗买卖，铺子里乱了规矩，小贩们懒得吆喝，都期待着囚车与阮明。历史中曾有过黄巢，张献忠，太平天国的民族，会挨杀，也爱看杀人。枪毙似乎太简单，他们爱听凌迟，砍头，剥皮，活埋，听着像吃了冰激凌似的，痛快得微微的哆嗦。可是这一回，枪毙之外，还饶着一段游街，他们几乎要感谢那出这样主意的人，使他们会看到一个半死的人捆在车上，热闹他们的眼睛；即使自己不是监斩官，可也差不多了。这些人的心中没有好歹，不懂得善恶，辨不清是非，他们死擤着一些礼教，愿被称为文明人；他们却爱看千刀万剐他们的同类，像小儿割宰一只小狗那么残忍与痛快。一朝权到手，他们之中的任何人也会去屠城，把妇人的乳与脚割下堆成小山，这是他们的快举。他们没得到这个威权，就不妨先多看些杀猪宰羊与杀人，过一点瘾。连这个要是也摸不着看，他们会对个孩子也骂千刀杀，万刀杀，解解心中的恶气。

响晴的蓝天，东边高高的一轮红日，几阵小东风，路旁的柳条微微摆动。东便道上有一大块阴影，挤满了人：老幼男女，丑俊胖瘦，有的打扮得漂亮近时，有的只穿着小褂，都谈笑着，盼望着，时时向南或向北探探头。一人探头，大家便跟着，心中一齐跳得快了些。这样，越来越往前拥，人群渐渐挤到马路边上，成了一座肉壁，只有高低不齐的人头乱动。巡警成队的出来维持秩序，他们拦阻，他们叱呼，他们有时也抓出个泥块似的孩子砸巴两拳，招得大家哈哈的欢笑。等着，耐心的等着，腿已立酸，还不肯空空回去；前头的不肯走，后面新来的便往前拥，起了争执，手脚不动，专凭嘴战，彼此诟骂，大家喊好。孩子不耐烦了，被大人打了耳光；扒手们得了手，失了东西的破口大骂。喧嚣，叫闹，吵成一片，谁也不肯动，人越增多，越不肯动，表示一致的喜欢看那半死的囚徒。

忽然，大家安静了，远远的来了一队武装的警察。"来了！"有人喊了声。紧跟着人声嘈乱起来，整群的人像机器似的一齐向前拥了一寸，又一寸，来了！来了！眼睛全发了光，嘴里都说着些什么，一片人声，整街的汗臭，礼教之邦的人民热烈的爱看杀人呀。

阮明是个小矮个儿，倒捆着手，在车上坐着，像个害病的小猴子；低着头，背后插着二尺多长的白招子。人声就像海潮般的前浪催着后浪，大家都撇着点嘴批评，都有些失望：就是这么个小猴子呀！就这么稀松没劲呀！低着头，脸煞白，就这么一声不响呀！有的人想起主意，要逗他一逗："哥儿们，给他喊个好儿呀！"紧跟着，四面八方全喊了"好！"像给戏台上的坤伶喝彩似的，轻蔑的，恶意的，讨人嫌的，喊着。阮明还是不出声，连头也没抬一抬。有的人真急了，真看不上这样软的囚犯，挤到马路边上呸呸的啐了他几口。阮明还是不动，没有任何的表现。大家越看越没劲，也越舍不得走开；万一他忽然说出句："再过二十年又是一条好汉"呢？万一他要向酒店索要两壶白干，一碟酱肉呢？谁也不肯动，看他到底怎样。车过去了，还得跟着，他现在没什么表现，焉知道他到单牌楼不缓过气来而高唱几句《四郎探母》呢？跟着！有的一直跟到天桥；虽然他始终没作出使人佩服与满意的事，可是人们眼瞧着他吃了枪弹，到底可以算不虚此行。

在这么热闹的时节，祥子独自低着头在德胜门城根慢慢的走。走到积水滩，他四下看了看。没有人，他慢慢的，轻手蹑脚的往湖边上去。走到湖边，找了棵老树，背倚着树干，站了一会儿。听着四外并没有人声，他轻轻的坐下。苇叶微动，或一只小鸟忽然叫了一声，使他急忙立起来，头上见了汗。他听，他看，四下里并没有动静，他又慢慢的坐下。这么好几次，他开始看惯了苇叶的微动，听惯了鸟鸣，决定不再惊慌。呆呆的看着湖外的水沟里，一些小鱼，眼睛亮得像些小珠，忽聚忽散，忽来忽去；有时候头顶着一片嫩萍，有时候口中吐出一些泡沫。靠沟边，一些已长出腿的蝌蚪，直着身儿，摆动那黑而大的头。水忽然流得快一些，把小鱼与蝌蚪都冲走，尾巴歪歪着顺流而下，可是随着水也又来了一群，挣扎着想要停住。一个水蝎极快的跑过去。水流渐渐的稳定，小鱼又结成了队，张开小口去啃一个浮着的绿叶，或一段小草。稍大些的鱼藏在深处，偶尔一露背儿，忙着转身下去，给水面留下个旋涡与一些碎纹。翠鸟像箭似的由水面上擦过去，小鱼大鱼都不见了，水上只剩下浮萍。祥子呆呆的看着这些，似乎看见，又似乎没看见，无心中的拾起块小石，投在水里，溅起些水花，击散了许多浮萍，他猛的一惊，吓得又要立起来。

坐了许久，他偷偷的用那只大的黑手向腰间摸了摸。点点头，手停在那里；待了会，手中拿出一落儿钞票，数了数，又极慎重的藏回原处。

他的心完全为那点钱而活动着：怎样花费了它，怎样不教别人知道，怎样既能享受而又安全。他已不是为自己思索，他已成为钱的附属物，一切要听它的支配。

这点钱的来头已经决定了它的去路。这样的钱不能光明正大的花出去。这点钱，与拿着它们的人，都不敢见阳光。人们都在街上看阮明，祥子藏在那清静的城根，设法要到更清静更黑暗的地方去。他不敢再在街市上走，因为他卖了阮明。就是独自对着静静的流水，背靠着无人迹的城根，他也不敢抬头，仿佛有个鬼影老追随着他。在天桥倒在血迹中的阮明，在祥子心中活着，在他腰间的一些钞票中活着。他并不后悔，只是怕，怕那个无处无时不紧跟着他的鬼。

阮明作了官以后，颇享受了一些他以前看作应该打倒的事。钱会把人引进恶劣的社会中去，把高尚的理想撇开，而甘心走入地狱中去。他穿上华美的洋服，去嫖，去赌，甚至于吸上口鸦片。当良心发现的时候，他以为这是万恶的社会陷害他，而不完全是自己的过错；他承认他的行为不对，可是归罪于社会的引诱力太大，他没法抵抗。一来二去，他的钱不够用了，他又想起那些激烈的思想，但是不为执行这些思想而振作；他想利用思想换点钱来。把思想变成金钱，正如同在读书的时候想拿对教员的交往白白的得到及格的分数。懒人的思想不能和人格并立，一切可以换作金钱的都早晚必被卖出去。他受了津贴。急于宣传革命的机关，不能极谨慎的选择战士，愿意投来的都是同志。但是，受津贴的人多少得有些成绩，不管用什么手段作出的成绩；机关里要的是报告。阮明不能只拿钱不作些事。他参加了组织洋车夫的工作。祥子呢，已是作摇旗呐喊的老行家；因此，阮明认识了祥子。

　　阮明为钱，出卖思想；祥子为钱，接受思想。阮明知道，遇必要的时候，可以牺牲了祥子。祥子并没作过这样的打算，可是到时候就这么作了——出卖了阮明。为金钱而工作的，怕遇到更多的金钱；忠诚不立在金钱上。阮明相信自己的思想，以思想的激烈原谅自己一切的恶劣行为。祥子听着阮明所说的，十分有理，可是看阮明的享受也十分可羡慕——"我要有更多的钱，我也会快乐几天！跟姓阮的一样！"金钱减低了阮明的人格，金钱闪花了祥子的眼睛。他把阮明卖了六十块钱。阮明要的是群众的力量，祥子要的是更多的——像阮明那样的——享受。阮明的血洒在津贴上，祥子把钞票塞在了腰间。

　　一直坐到太阳平西，湖上的蒲苇与柳树都挂上些金红的光闪，祥子才立起来，顺着城根往西走。骗钱，他已作惯；出卖人命，这是头一遭。何况他听阮明所说的还十分有理呢！城根的空旷，与城墙的高峻，教他越走越怕。偶尔看见垃圾堆上有几个老鸦，他都想绕着走开，恐怕惊起它们，给他几声不祥的啼叫。走到了西城根，他加紧了脚步，一条偷吃了东西的狗似的，他溜出了西直门。晚上能有人陪伴着他，使他麻醉，使他不怕，是理想的去处；白房子是这样的理想地方。

　　入了秋，祥子的病已不允许他再拉车，祥子的信用已丧失得赁不出车来。他作了小店的照顾主儿。夜间，有两个铜板，便可以在店中躺下。白天，他去作些只能使他喝碗粥的劳作。他不能在街上去乞讨，那么大的个子，没有人肯对他发善心。他不会在身上作些彩，去到庙会上乞钱，因为没受过传授，不晓得怎么把他身上的疮化装成动人的不幸。作贼，他也没那套本事，贼人也有团体与门路啊。只有他自己会给自己挣饭吃，没有任何别的依赖与援助。他为自己努力，也为自己完成了死亡。他等着吸那最后的一口气，他是个还有口气的死鬼，个人主义是他的灵魂。这个灵魂将随着他的身体一齐烂化在泥土中。

北平自从被封为故都，它的排场，手艺，吃食，言语，巡警……已慢慢的向四外流动，去找那与天子有同样威严的人和财力的地方去助威。那洋化的青岛也有了北平的涮羊肉；那热闹的天津在半夜里也可以听到低悲的"硬面——饽饽"；在上海，在汉口，在南京，也都有了说京话的巡警与差役，吃着芝麻酱烧饼；香片茶会由南而北，在北平经过双熏再往南方去；连抬杠的杠夫也有时坐上火车到天津或南京去抬那高官贵人的棺材。

北平本身可是渐渐的失去原有的排场，点心铺中过了九月九还可以买到花糕，卖元宵的也许在秋天就下了市，那二三百年的老铺户也忽然想起作周年纪念，借此好散出大减价的传单……经济的压迫使排场去另找去路，体面当不了饭吃。

不过，红白事情在大体上还保存着旧有的仪式与气派，婚丧嫁娶仿佛到底值得注意，而多少要些排场。婚丧事的执事，响器，喜轿与官罩，到底还不是任何都市所能赶上的。出殡用的松鹤松狮，纸扎的人物轿马，娶亲用的全份执事，与二十四个响器，依旧在街市上显出官派大样，使人想到那太平年代的繁华与气度。

祥子的生活多半仗着这种残存的仪式与规矩。有结婚的，他替人家打着旗伞；有出殡的，他替人家举着花圈挽联；他不喜，也不哭，他只为那十几个铜子，陪着人家游街。穿上杠房或喜轿铺所预备的绿衣或蓝袍，戴上那不合适的黑帽，他暂时能把一身的破布遮住，稍微体面一些。遇上那大户人家办事，教一干人等都剃头穿靴子，他便有了机会使头上脚下都干净利落一回。脏病使他迈不开步，正好举着面旗，或两条挽联，在马路边上缓缓的蹭。

可是，连作这点事，他也不算个好手。他的黄金时代已经过去了，既没从洋车上成家立业，什么事都随着他的希望变成了"那么回事"。他那么大的个子，偏争着去打一面飞虎旗，或一对短窄的挽联；那较重的红伞与肃静牌等等，他都不肯去动。和个老人，小孩，甚于至妇女，他也会去争竞。他不肯吃一点亏。

打着那么个小东西，他低着头，弯着背，口中叼着个由路上拾来的烟卷头儿，有气无力的慢慢的蹭。大家立定，他也许还走；大家已走，他也许多站一会儿；他似乎听不见那施号发令的锣声。他更永远不看前后的距离停匀不停匀，左右的队列整齐不整齐，他走他的，低着头像作着个梦，又像思索着点高深的道理。那穿红衣的锣夫，与拿着绸旗的催押执事，几乎把所有的村话都向他骂去："孙子！我说你呢，骆驼！你他妈的看齐！"他似乎还没有听见。打锣的过去给了他一锣锤，他翻了翻眼，朦胧的向四外看一下。没管打锣的说了什么，他留神的在地上找，看有没有值得拾起来的烟头儿。

体面的，要强的，好梦想的，利己的，个人的，健壮的，伟大的，祥子，不知陪着人家送了多少回殡；不知道何时何地会埋起他自己来，埋起这堕落的，自私的，不幸的，社会病胎里的产儿，个人主义的末路鬼！

图书在版编目（CIP）数据

文学名著一本读 / 老舍等著. — 北京：北京联合出版公司，2021.1
 ISBN 978-7-5596-4443-5

Ⅰ.①文⋯ Ⅱ.①老⋯ Ⅲ.①阅读课－中学－课外读物 Ⅳ.①G634.333

中国版本图书馆CIP数据核字（2020）第138460号

文学名著一本读

作　者：老　舍　林海音等　　产品经理：范　榕
出品人：赵红仕　　　　　　　出版监制：辛海峰　陈　江
责任编辑：牛炜征　　　　　　特约编辑：徐馨如　郭　梅
封面设计：阿　鬼　　　　　　美术编辑：任尚洁

北京联合出版公司出版
（北京市西城区德外大街83号楼9层　100088）
北京联合天畅文化传播公司发行
廊坊市祥丰印刷有限公司印刷　新华书店经销
字数 745千字　710毫米×1000毫米　1/16　47.75印张
2021年1月第1版　2021年1月第1次印刷
ISBN 978-7-5596-4443-5
定价：99.00元

版权所有，侵权必究
未经许可，不得以任何方式复制或抄袭本书部分或全部内容
如发现图书质量问题，可联系调换。质量投诉电话：010-88843286/64258472-800